U0785121

2018年度望城区十大新闻事件

2018年，望城坚持以习近平新时代中国特色社会主义思想为指导，以建设美丽强盛幸福的名望之城为目标，驶过一段乘风破浪的航程，取得丰硕的成果。2月1日，望城区委宣传部综合一年来重大事件的新闻性、影响力、传播度，发布“2018年度十大新闻事件”。这些新闻事件客观记录过去一年望城发生的重大事件，充分展现望城经济社会发展和改革创新发展成果。

NO. 1 习近平新时代中国特色社会主义思想和中共十九大精神在雷锋故里落地生根精彩纷呈

按照学懂、弄通、做实的要求，大力推动习近平新时代中国特色社会主义思想“七进”，“万颗红心向党·万场文艺下乡”成为宣讲十九大精神亮丽品牌，持续开展中共十九大精神学习培训工作，全年开展六期区管领导干部专题轮训，指导各级各单位开展学习培训，实现分层培训、全员覆盖。组织集中测试、知识抢答赛、主题演讲赛、微宣讲、大研讨、大调研活动，不断完善新时代文明实践中心“金种子行动”体系建设，打通宣传群众、教育群众、关心群众、服务群众的“最后一公里”，习近平新时代中国特色社会主义思想和中共十九大精神在雷锋故里落地生根精彩纷呈。

NO. 2 “雷锋窝子”现象获中央政治局委员、中宣部部长黄坤明肯定批示

2018年1月9日，在北京举办望城“雷锋窝子”现象座谈会暨《雷锋》杂志望城专刊首发式，望城区传承雷锋精神孕育“雷锋窝子”现象被人民日报内参报道，并获中央政治局委员、中宣部部长黄坤明肯定批示，“雷锋窝子”享誉全国。3月5日，率先出台《长沙市望城区学雷锋促进鼓励办法（试行）》，全面提升学雷锋人员合法权益的保障水平。2018年，雷锋纪念馆重新布展开馆，雷锋精神研究会成立，在全区评选表彰55颗“雷锋之星”，全区1人获评“中国好人”，1人获评“湖南好人”，12人获评“长沙好人”，雷锋家乡学雷锋品牌持续擦亮，雷锋精神引领作用不断增强。

NO. 3 望城经开区获评“国家新型工业化产业示范基地”

2018年2月13日，望城经开区入选“国家新型工业化产业示范基地”，园区再获一项国家级荣誉。近年来，望城经开区紧紧围绕“打造千亿主导产业、进军全国百强园区”的奋斗目标，全面实施“产业强园”和“人才兴园”两大战略，为创建国家新型工业化产业示范基地打下坚实基础。2018年，着力在主攻产业价值链、抢占发展制高点上谋求更大作为，全年新引进项目33个，其中引进重大产业链项目16个，总投资428.15亿元。12月20日，在全市重大产业项目建设观摩中，望城经开区获得国家级园区组第一名。

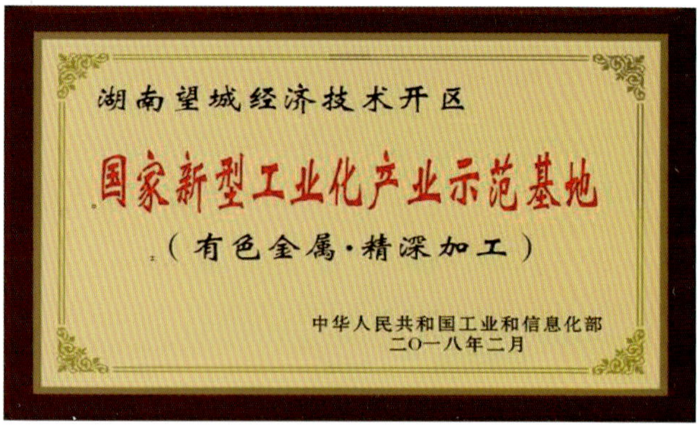

NO. 4 伟创力长沙智能制造产业园从开工建设到首台产品下线仅86天，刷新项目建设的“望城速度”

7月12日，首台湖南望城造的华为荣耀智能手机在伟创力长沙智能制造产业园下线。伟创力一期年产2400万台手机项目从开工建设到试生产仅86天，不仅创造项目建设的“望城速度”，也刷新长沙乃至湖南产业项目建设的发展速度，得到长沙市委书记胡衡华点赞。伟创力长沙智能制造产业园项目总投资50亿元，按照工业4.0标准，面向未来20年发展打造智能制造生产基地，开启望城智能终端产业发展新纪元。

NO. 5 新华联铜官窑古镇盛大开园 湘江古镇群文化品牌持续擦亮

8月28日，湖南省首个投资超百亿的文旅项目新华联铜官窑古镇正式对外开放，以历史文化为魂，以陶瓷文化为根，以唐风古韵筑形，再现汉唐盛世风采。2018年，长沙铜官窑博物馆正式开馆，以“诗意的彩瓷”为主题，展现1200多年前唐代长沙铜官窑陶瓷文化发展史，“黑石号”162件（套）沉船打捞出水文物首次面向公众开放。书堂山国学小镇一期顺利投运，中青旅托管靖港古镇，慧润民宿等一批文旅项目广受青睐，全区接待游客、旅游综合收入快速增长。聚焦长沙铜官窑以及湘江古镇群发展建设，“中国最具魅力古镇群”品牌持续擦亮。

NO. 6　2018长沙 · 望城国际铁人三项赛成功举办

9月16日，首届2018长沙 · 望城国际铁人三项赛在望城鸣枪开赛，这是望城按照奥运会标准首次自主组织的一次既高端又接地气、深受广大市民欢迎的原创赛事活动，赛事规模大、规格高、影响大，具有很好的品牌效应。大赛全景展示望城区“山水洲镇”秀美风光，对望城提升区域形象、加快推动全域旅游发展和体育休闲产业转型升级具有十分重要的意义。

NO. 7　苏士澍等文化名人走进望城，庆祝改革开放40周年暨望城恢复建制40周年系列活动鼓舞人心

10月29日，庆祝改革开放40周年暨望城恢复建制40周年书堂山全国书法名家作品邀请展在望城开幕，中国书法家协会主席苏士澍出席并宣布展览开幕。100位中国当代书坛名家受邀创作古今诗词楹联书法作品共100幅送展，中央电视台、《中国文化报》推出重点报道。2018年，望城围绕庆祝改革开放40周年暨望城恢复建制40周年开展一系列活动，引导广大党员干部群众坚定“四个自信”、砥砺奋勇前行。一大批讴歌改革开放、展示发展成果的优秀作品纷纷涌现，望城文学艺术迎来春天。望城籍作家纪红建代表作《乡村国是》斩获第七届鲁迅文学奖，实现湖南报告文学类别在鲁奖奖项上零的突破。

NO. 8　96%的政务服务事项“最多跑一次” 营商环境优化广受赞誉

2018年以来，望城区全面推进“放管服”改革升级版“极简便民审批服务”，281项政务服务事项实现“就近办”，96% 的政务服务事项可以实现“最多跑一次”，企业开办时间3天之内可以办完、重大产业项目报建时间 45 天之内可以办结。积极落实“千人帮千企百日大行动”，25个企业帮扶小分队全面走访118家企业，下发政策包118个，收集问题281个，解决问题265个，兑现政策奖补资金6083.98万元，为企业融资4亿多元，企业满意度达100%。

NO. 9 望城获评“中国工业百强区”

11月21日，《中国工业百强县(市)、百强区发展报告》发布，望城获评中国工业百强区，榜单中排名第70位。2018年，望城扎实开展“产业发展突破年”活动，产业链和“五个100”项目建设卓有成效，伟创力一期建成投产、二期加快建设，五矿国家新能源材料产业基地一期投产，中信戴卡一期实现满负荷生产、二期竣工投产。望城区委宣传部、区发改局联合二十家中央、省、市及境外主流媒体启动第二届“聚焦产业大发展寻找最美建设者”活动，新华社全文刊发湖南分社常务副总编辑段羡菊号召新闻媒体和新闻工作者的倡议书《段羡菊：为产业建设奉献新闻力量》，20家主流媒体聚焦望城产业发展推出200余篇报道，“寻找最美建设者”活动成为全市宣传工作围绕中心服务大局的亮丽品牌。

NO. 10 望城空气质量优良率提升幅度位居全市前列 “望城蓝”成为品质生活新常态

2018年，望城强力推进环境大治理，坚决打赢蓝天保卫战。率先全市配备区蓝天办专职副主任，率先实行“区领导带队开展蓝天保卫战巡查工作制度”和“周末及节假日蓝天保卫战巡查工作制度”。全年累计空气质量优良天数324天，优良率88.76%，PM2.5与2017年同比下降16.3%，PM10与2017年同比下降13.4%，群众环保意识显著增强，“望城蓝”成为品质生活新常态。

2019年的蓝图已经绘就，号角已经吹响，激励着望城人以更加饱满的热情、更加昂扬的斗志、更加务实的作风，奋进新时代，再创新成绩。

望城区行政区划图

长沙市望城区人民政府编制　湖南省民政厅监制　湖南地图出版社出版发行

湖南省行政区划系列图编号：4301122016008　审图号：湘S（2016）48号

强盛之城

2018年望城坚持高质量发展，实体经济加快推进，完成地区生产总值671.42亿元（含雷锋街道），同比增长8.6%。完成财政总收入90.31亿元，比上年增加10.02亿元，增长12.9%，获评中国工业百强区。深入开展“产业发展突破年”活动，省“五个100”(100个重大产业建设项目、100个科技创新项目、100个重大产品的创新，引进100个500强企业、100个科技创新人才)产业项目推进有力，证通电子一期、中信戴卡二期、中粮中茶、澳优乳业智慧工厂、托阳一期等重大项目建成投产，率先全市优化整合产业园区，主导产业、骨干企业稳步增长，省科技成果转移转化示范县建设稳步推进。全区新增高新技术企业26家、科技创新小巨人企业13家，专利申请量增长40%，高新技术产值增长29%，黄金创业园获批“国家小型微型企业产业创新示范基地”，五矿中央有色研究院获批“国家制造业双创平台试点示范项目”，望城经开区获“国家新型工业化产业示范基地”。

数说『2018』

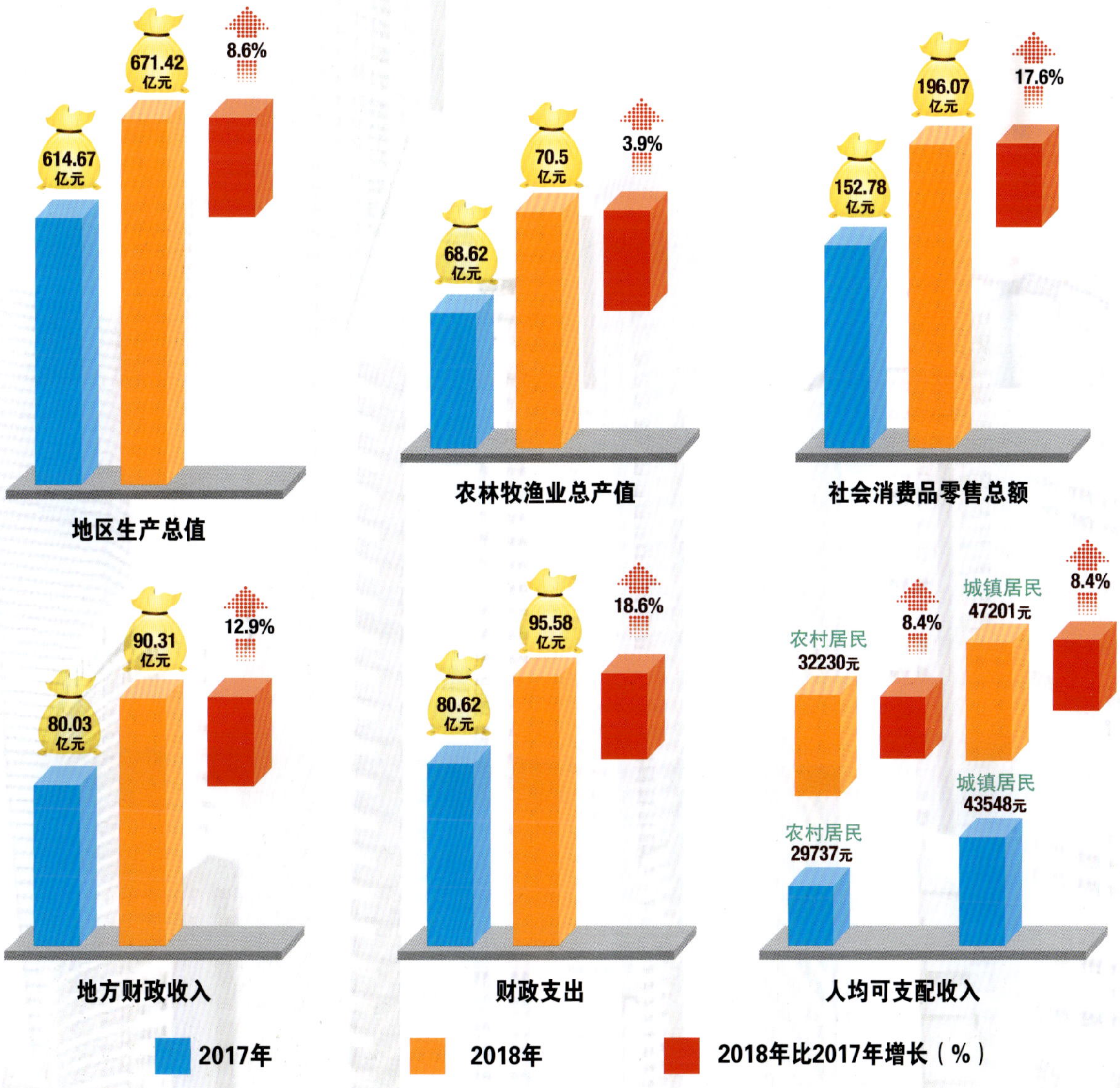

说明：地区生产总值和农林牧渔业总产值根据全国第三次农业普查和相关数据进行调整，增长速度按可比价计算

望城高新技术产业开发区揭牌仪式

2018年8月17日，长沙市委书记胡衡华(中)调研五矿新能源项目

2018年9月19日，首架C919大型客机起落架长沙交付仪式举行

首件国产大型客机C919起落架

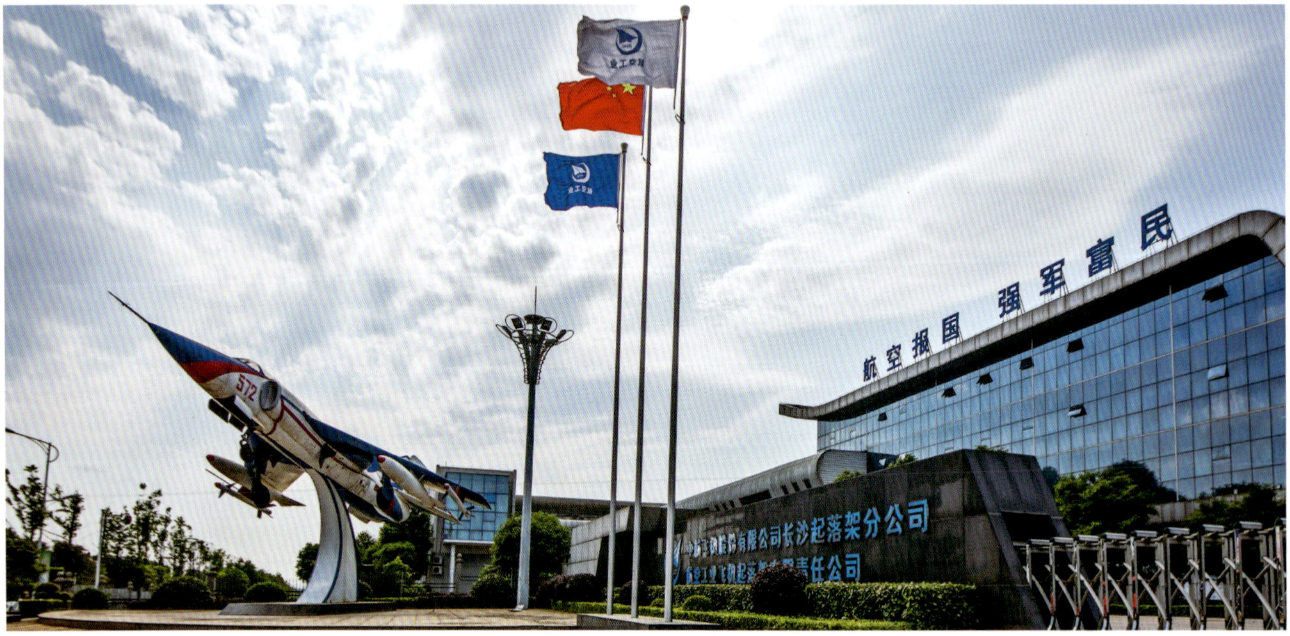

中航长沙起落架公司

2018年8月8日，望城经开区代表长沙市与华为达成软件开发云战略合作

2018年11月23日，泰嘉股份与德国百年企业昂兹公司赋能合作

望城回响大直播

WANGCHENG YEARBOOK

2018年11月27日，中欧国际货运澳优专列顺利抵湘

2018年1月29日，伟创力项目签约落户望城

2018年4月28日，长沙铜官港开港仪式

湖南航天磁电高性能磁性材料生产车间

全自动化的轮毂车间

2018年4月26日，望城区首届专利奖颁奖（刘金芳 摄）

望城高新区一角

吴赣药业开工

湾田国际（肖毅 摄）

望城 年鉴 2019

WANGCHENG YEARBOOK

长沙市望城区地方志编纂委员会　编

方志出版社
Publishing House of Local Records

图书在版编目(CIP)数据

望城年鉴. 2019/长沙市望城区地方志编纂委员会编.
——北京：方志出版社，2019. 12
ISBN 978-7-5144-3910-6

Ⅰ. ①望… Ⅱ. ①长… Ⅲ. ①望城—2019—年鉴
Ⅳ. ①Z526. 44

中国版本图书馆CIP数据核字(2019)第259879号

望城年鉴（2019）

编　　者:	长沙市望城区地方志编纂委员会
责任编辑:	罗　滔
出 版 者:	方志出版社
	地址　北京市朝阳区潘家园东里9号（国家方志馆4层）
	邮编　100021
	网址　http: //www.fzph.org
发　　行:	方志出版社图书经销中心
	电话（010）67110500
经　　销:	各地新华书店
印　　刷:	湖南省日大彩色印务有限公司
开　　本:	889×1194　　1/16
印　　张:	23
字　　数:	773千字
版　　次:	2019年12月第1版　　2019年12月第1次印刷
印　　数:	0001~1000册

ISBN 978-7-5144-3910-6　　定价：210.00元

·版权所有　翻印必究·

《望城年鉴》编辑委员会

顾　　问　孔玉成　喻金平　骆志平

主　　任　范焱斌

副 主 任　喻志军　周志辉　姚建刚　戴水文
陶建军　邓建华　苏敏芳　凌立霞

成　　员　龙　军　郭文波　周立仁　舒　勇　黄建平
李树先　熊建新　丁　翔　吴南军　陈宏武
刘文勇　张红元　冯德亮　朱凌云

《望城年鉴》编辑部

主　　编　范焱斌

常务副主编　龙　宇

副 主 编　李富强　张姣美

编　　辑　宁利宏　任俊国　赵运良　刘俊杰　魏小超　杨英占　刘湘东

翻　　译　张姣美

编辑说明

一、《望城年鉴（2019）》（以下简称本年鉴）以马克思列宁主义、毛泽东思想、邓小平理论、“三个代表”重要思想、科学发展观、习近平新时代中国特色社会主义思想为指导，坚持辩证唯物主义和历史唯物主义的立场、观点和方法，全面记载2018年1月1日至12月31日望城区各乡镇（街道）、各部门、各行业的基本情况、主要工作和重要事件，收录部分文件和统计资料，反映望城区2018年经济、政治、社会、生态、文化等领域的情况及存在的某些问题。所载资料力求全面、系统、真实、准确。

二、本年鉴采用分类编辑法，设类目、分目、条目三个层次，全书共有26个类目，170个分目，1117个子目。正文体例有概述、概况、条目、专文、特载、附录、资料等，以条目为主体，卷末设置索引。新增《历代名人诗咏望城(选编)》特色栏目。

三、本年鉴所载内容均由各部门、各单位专人撰写、领导审核，最后由编委会定稿。

四、本年鉴中有关全区国民经济和社会发展的主要数据由区统计局提供，行业数据由各部门提供。由于统计口径不同，引用数据时请读者以望城区统计公报为准。

五、本年鉴中行政区划图由区民政局提供，插排图片由各单位提供，彩色专版部分图片由区内相关部门提供。

六、本年鉴标点、数字的使用按照《出版物上标点符号用法》（GB/T15834–2011）、《出版物上数字用法》（GB/T15835–2011）统一规范，计量单位均采用国际通用公制单位。

七、随书附赠《望城年鉴（2019）》卡片U盘。

目录

特载

专文

大事记

望城概况

中共长沙市望城区委员会

长沙市望城区人民代表大会

长沙市望城区人民政府

中国人民政治协商会议长沙市望城区委员会

中共长沙市望城区纪律检查委员会 长沙市望城区监察委员会

民主党派

社会团体

军事

经济管理与监督

区域开发与园区经济

商贸服务·旅游管理

交通·邮政·电力·通信

城乡建设与管理

环境保护

医疗卫生和计划生育

教育

科学技术

文化·体育

人物

光荣榜

统计资料

附录

主题索引

彩版目录

Main Contents

Rule by Law

Military

Economic Management and Supervision

Agricuture and Rural Economy

Industry

Regional Development and Park Economy

Commerce • Tourism

Finance • Insurance Services

Traffic• Post •Telecommunication• Electric power

Town and Country Construction

Environmental Protection

Medical Treatment and Health and Family Planning

Education

Science and Technology

Culture and P • E

Social Livelihood

District and Towns

People

Honor Roll

Statistical information

Appendix

Subject Indexes

Catalog of the pictures

特载

责任编辑 ◎ 张姣美

跨"阅"40年

——新老照片看望城！

历史的航程波澜壮阔，时代的大潮奔腾不息。40 年众志成城，40 年砥砺奋进，40 年春风化雨。2018 年是改革开放 40 周年暨望城恢复建制 40 周年，雷锋家乡望城也同祖国各地一样，发生翻天覆地的变化，城乡面貌焕然一新、民生福祉大幅改善、人民幸福指数节节攀升。由望城区委宣传部牵头组织，区史志档案局、区文体广电局、区广播电视台（区融媒体中心）等具体实施，共同推出《跨“阅”40 年——新老照片看望城》专题，分四个篇章，即：经济跨越新高度、城乡颜值新担当、幸福民生新画卷、文化生态新名片。让我们一起跟随光影，穿越时空，回望一段非凡历程，见证一个伟大时代，憧憬一座名望之城。

望城，我们深爱的这座城！

纪念望城改革开放 40 周年图集之一

经济跨越新高度

JINGJI KUAYUE XINGAODU

这是创造“望城速度”的 40 年。

从“望”城，到“融”城，再到“建”城，望城在科学发展中经历着翻天覆地的深刻变化，完成由传统农业支撑向先进制造业、现代都市农业、高端服务业融合发展的成功转型，地区生产总值由 1978 年的 1.9 亿元增长至 2018 年的 671.42 亿元财政收入由 1978 年的 0.19 亿元跃升到 2018 年的 90 亿元，区域综合竞争实力、投资潜力连续 6 年位居市，辖区全国百强，近四年 GDP 年均增速居全市第一。

沿着强盛之路，勇往直前。

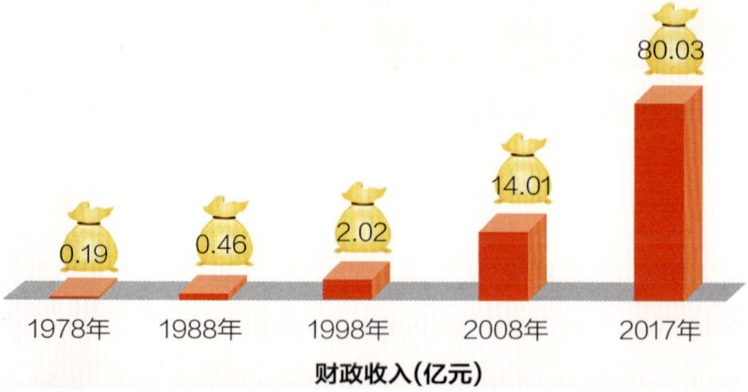

▲该图摄于1992年

▲该图摄于1989年

▼该图摄于1989年

▼图为长沙河西铝丝制钉厂，摄于1992年

▼该图摄于1989年

▼图为昔日粮票、1988年建成的粮贸大楼及城北市场

▼图为1978年的望城县乔口渔场

纪念望城改革开放 40 周年图集之二

城乡颜值新担当

CHENGXIANG YANZHI XINDANDANG

这是迸发“望城活力”的 40 年。

走进望城，如在公园。望城致力打造都市近郊乡村振兴样板，协同推进新型城镇化、海绵城市、智慧城市建设，2018 年城镇化水平达 63%，获评湖南省首个省级生态区，全区建设休闲公园 195 处 500 多公顷，体育、图书、娱乐等公益性文体场所 405 处，街道、道路亮化美化 2000 多千米。一幅以湘江为轴的画卷，在这片山水间徐徐展开，尽显山水生态自然之美和城市人文和谐之美。

沿着美丽之路，尽写芳华。

▼图为当年建设中的雷锋路一部分

▼图为1980年11月，城关镇在东部斑马湖建成斑马湖渔场

望城
巨变
昔
乔口老街
跨"阅"40年
今
渔都新貌

望城
巨变
昔
铜官老街
跨"阅"40年
今
陶都新貌

望城
巨变
昔
洗笔泉
跨"阅"40年
今
楷圣故里

望城
巨变
昔
新康乡
跨"阅"40年
今
新康戏乡

纪念望城改革开放 40 周年图集之三

幸福民生新画卷

XINGFU MINSHENG XINHUAJUAN

这是凝聚“望城民心”的 40 年。

望城始终坚持以人民为中心的发展思想，倾力民生事务，民生福祉持续改善，人民群众安居乐业。从 2013 年起，将新增财力的 80% 用于民生投入，教育、医疗、社保、就业、民政、文体等工作齐头并进，综治公众满意度测评连续六年位居全市前列，向人民交出一张张温暖人心的漂亮答卷。

沿着幸福之路，越走越宽。

▲图为1986年雷高公路通车典礼

▲1998年1月9日，长石铁路全线通车，图为望城火车站

望城
巨变
昔
踩士
跨"阅"40年
今
公交

望城
巨变
昔
湘江轮渡
跨"阅"40年
今
航电枢纽

望城
巨变
昔
担土筑堤
跨"阅"40年
今
湘江大堤

望城
巨变
昔
雷锋路社区
跨"阅"40年
今
雷锋路社区

◀图为望城一中老校门及教学楼

▼图为1976年县人民医院兴建的住院楼

▲图为整体搬迁规划建设中的区人民医院。

▼图为1996年区自来水公司铺设输水管线

▼该图摄于1982年年底

纪念望城改革开放 40 周年图集之四

文化生态新名片

WENHUA SHENGTAI XINMINGPIAN

这是闪耀“望城文化”的 40 年。

望城文化底蕴厚重，文化资源丰富。多年来，区委区政府在全区全广植雷锋元素、选树先进典型，以雷锋精神兴区育人；开展群众文化活动、传承非遗文化，为全区人民打造幸福精神文化家园。生态环境也发生了翻天覆地的变化，宜居宜业成为望城新名片。露天电影、花鼓戏、集体舞、陶艺体验、读书分享会、雷锋文学艺术奖等这些都是多姿多彩的文体活动成为望城人民文化生活的见证。

沿着人文之路，星光璀璨。

▼图为1968年11月20日建成的雷锋纪念馆

今惜字塔

茶亭花海

静慎村

盘龙岭村

▼图摄于1991年

▼图为露天电影场景

纪念望城改革开放 40 周年图集之五

雷锋

LEI FENG

弹指一挥 40 年，变化的是历史方位，不变的是为民初心和这座城市对雷锋精神的传承。

▲望城县雷锋学校的小学生帮助五保户阎一爹家做事

▲1990年3月8日雷锋纪念馆参观情景

▲2008年望城消防战士在汶川救灾

▲消防中队战士义务照顾“五保”老人

▲2018年望城区举行纪念毛泽东等老一辈无产阶级革命家“向雷锋同志学习”题词55周年活动

雷锋家乡学雷锋，学了雷锋出雷锋。全区有学雷锋志愿者32万，遍布机关、学校、村社。全区共创建450个志愿服务站点、20个“雷锋超市”、雷锋驿站6支专业志愿服务队，构建守望相助、关爱他人的爱心网络；建立以“雷锋580”爱心物资捐赠救助中心为总站，20个城镇社区和街镇中心村“雷锋超市”为网点的扶贫济困工作平台等。近五年来，望城涌现出1个"全国学雷锋模范消防大队"“时代楷模”先进集体望城消防大队，1个全国学雷锋活动示范点，1名“全国道德模范”，7名“中国好人”，省、市“道德模范”“长沙好人”及提名70余人。

在“变化”中，我们守住自己的“不变”；在“不变”中，我们不断与时俱进，持续擦亮“好人之乡、首善之区、名望之城”的城市名片。

一组组今昔对比的照片
一个个时空交错的瞬间
一波波改革开放的大潮
一朵朵激荡迸发的浪花
我们曾经这样走来
也会如此坚定走下去
肩负时代使命 强化责任担当
奋力开创名望之城
高质量发展新局面

专文

责任编辑 ◎ 刘俊杰

“商圈党建”聚合力

——2018 年望城区“商圈党建”工作纪实

望城区是省会长沙第六区。近几年来，楼宇商圈市场等新经济组织不断涌现、快速发展。2018 年，全区有规模以上商圈市场 4 个，入驻“两新”组织 1500 多家，个体工商户 4000 多家，“两新”组织和两新党员 50% 以上分布在商圈市场。面对新经济、新业态、新形势，望城区委按照市委“城市基层党建年”统一部署，立足湾田、正荣、金桥等商圈市场实际，坚持自下而上问需求、从上往下沉资源，积极构建以商圈市场党组织为核心、以下辖党支部为枢纽、群团组织共参与的“1+3+N”(1 指湾田商贸物流园党委，3 代表工会联合会、共青团组织和妇联，N 个市场党支部）的工作体系，推动商圈市场内各级组织有机融合、互联互通、共建共享。

*发挥优势，加强商圈党建组织建设。*加强商圈市场党建工作，必须发挥党的组织优势，让各级党组织联动起来，把各领域党建工作融合起来，努力做到上级给力、基层用力、各领域发力，实现同频共振、整体推进。作为全区商圈党建的“一线指挥部”，区委组织部（区委两新工委）发挥“枢纽”作用，强化责任，建立健全商圈市场党建工作帮扶责任体系，将区委两新工委 21 个成员单位纳入会员单位，定期协调和指导商圈市场党建工作。2018 年，组织市监、卫计、工、青、妇等职能部门召开商圈市场党建工作协调会议 8 次，收集问题 100 余条，解决实际问题 13 个，有效地发挥桥梁、纽带作用；街道党工委是商圈市场党建工作的“龙头”，切实加强对辖区商圈市场党组织的组织领导。街道（社区）书记兼任商圈市场党组织第一书记，统筹辖区范围内村（社区）、国有企事业单位等党组织力量，对商圈市场党建阵地建设工作进行领导；各商圈市场党组织是一个个“战斗堡垒”，实行兼职委员制。党支部书记及工青妇群团组织负责人，均由商圈市场内优秀党员、商户代表兼任。每一个党组织班子成员均联点 1 个以上党支部，每月定期召开专（兼）职委员联席会议，邀请商户党员、群众列席，共商共解难题。为切实抓好全区商圈市场党建工作，区委组织部选派 2 名热心党务工作、经验丰富的党员干部担任党建指导员，进行业务指导。为解决驻区单位参与共驻共建积极性不高的问题，区委通过打造商圈市场党建示范点；搭建区域化党群合作平台；探索区域协动、横向联动、上下互动的“三动”工作机制和商圈市场党建工作联席会、街道区域化党建工作指导委员会、区委商圈市场党建工作协调指导委员会三级联动机制，加强组织联结，建立健全党建工作机制，完善党建工作日常调度，在全区各商圈市场形成共商区域发展、共抓基层党建、共同服务商户、共建美好家园的工作氛围。2018 年，正荣财富中心商圈党总支下辖支部与所结对的望府路社区、国税局机关党支部开展主题党日活动 8 次。全区打造市级商圈党建示范点 3 个，区级党建示范点 20 个，各商圈市场党组织阵地做到应建皆建。

*创新模式，发挥商圈党建先锋作用。*开展商圈党建工作，目的在于助推商圈市场的发展，必须紧密结合商圈市场经营实际，创新党组织设置方式，找准党组织、党员发挥作用的着力点，汇聚各方面智慧力量，共同推动商圈市场经济发展进步；必须做到党员在哪里，党的组织就覆盖到哪里，党的工作就开展到哪里，党组织的战斗堡垒作用和党员的先锋作用就发挥到哪里，党对经济工作的引领作用就延伸到哪里。为此，在商圈党建工作中，全区各基层党组织采取上门走访、设立流动党员报到站等方式，对商圈市场党员进行逐人登记造册，统一组建区域性商圈市场党组织。并根据商圈市场业态布局和行业协会的不同特点，采取单独组建、片区联建、行业统建等模式，实现党组织覆盖与企业发展经营相融合。通过采取党建带群建，搭建工、青、妇群团组织架构，将党的工作覆盖到商圈市场每个角落。为充分发挥商圈党建对经济工作的引领作用和党员的先锋作用。全区各级各部门党组织充分发挥自身优势，与商圈各党组织结对共建。区市监局主管商圈市场，主动与正荣、湾田等商圈市场党组织对接，为商圈市场中的商户党员集中统一授牌，深入开展党员经营户“亮身份、晒承诺”活动，

要求党员带头诚信经营、遵纪守法，并签订经营承诺书，主动公开价格、保障质量，在人民群众的心目中树立放心消费的商圈市场形象和共产党员的良好形象；正荣商圈党总支要求辖区内入党积极分子、流动党员全部亮身份、接受党员群众监督；湾田商贸物流园以湾田“雷锋小屋”为载体，以支部为单位，建立党员联系商户制度，党员深入园区商户，了解园区经营户、职工、外来务工人员日常生产生活中的痛点，建立需求清单，较好地发挥党组织的战斗堡垒作用，较好地树立党员在人民群众中的形象。

强化服务，实现商圈党建工作目标。服务党员群众、凝聚人心是商圈党建工作的目标和任务。为此，2018 年，全区商圈党建工作以党员群众需求为导向。打破行政隶属壁垒，坚持资源共享，着力增强党组织服务功能。湾田商贸物流园通过线上线下收集商户和群众需求，根据需求匹配区域资源，积极开展双向认领，形成“三张清单”，即需求清单、资源清单和项目清单。2018 年走访商户 100 多家，摸排需求清单数十类，涉及党建、公共服务、文娱、公益等多个业态领域；经过精准对接，在“湾田幸福家”设立项目清单数十个，落地区域化党建项目 12 个，其中政府公共服务类项目 3 个，便民服务类项目 3 个、社科服务类项目 4 个、生活休闲类项目 2 个。针对各商圈市场经营户和党员群众需经常与政府职能部门对接问题，为方便群众，湾田商贸物流园参照“政务大厅”模式，以综合服务大厅为平台，设置党群、工商、统计、社会事务办理、商管等 13 个服务窗口，相关职能部门工作人员实行每周轮流坐班制，深入园区，为企业、商户、创业人员提供发展、生活、党群等“零距离”党务政务服务，实现党建工作与商圈市场经济发展互促共进的目标。针对商圈市场个体工商户多、年轻人聚集以及党员职工业余时间较少、工作压力较大、文娱需求较高等特点，全区各商圈党组织不断强化党组织的导向功能，发挥好引领作用，整合工、青、妇社团组织资源，联合区文体、卫计、党校和雷锋纪念馆等职能部门，定期或不定期组织开展各类文化娱乐活动。湾田商贸物流园和正荣商圈市场党组织开展的商户子弟夏（冬）令营、“湾田露天电影夜”下园区、广场舞、妇女园艺插花、儿童厨艺等党群活动深受商圈市场党员群众喜爱。2018 年全区商圈市场党组织开展的党群活动 20 项，累计服务 326 次，服务人数 6000 人，极大地丰富商圈市场党员群众的精神文化需求。

2018 年，望城针对辖区楼宇经济、商圈经济发展迅猛、入驻“两新”组织数量庞大的实际，以区域化融合党建为抓手，充分发挥城市基层党组织核心引领作用，形成集党建服务、社会服务、企业服务“三位一体”的商圈市场党建服务格局，打造湾田、正荣、金桥等商圈市场党建示范品牌，推动全区楼宇商圈市场党建迈上新的台阶，为全区经济社会发展提供坚强的组织保障 。

（区委组织部供稿）

多措并举助推产业发展新突破

——2018 年“产业发展突破年”工作纪实

随着全区“项目落地年”“大项目突破年”“项目建设竞赛年”和“项目建设提速提标年”等系列活动的开展，望城的项目建设进入空前发展阶段。2018 年，区委、区政府为寻求产业发展新突破，进一步推项目、强产业、优环境，深入开展“产业发展突破年”活动。多措并举助推产业发展新的突破。

深化改革，优化环境，“望城服务”不断提升。营商环境是项目建设发展的“软实力”。2018 年，按照“长沙市优化营商环境三年行动方案”工作部署，望城以刀刃向内的决心，突出效能提升，努力营造高效、公平、可预期和廉洁的营商环境。深化“放管服”改革，提升政务服务水平。按照党中央、国务院提出的“六个一”工作目标（企业开办时间再减一半、项目审批时间再砍一半、政务服务一网办通、企业和群众办事力争只进一扇门、“最多跑一次”、凡是没有法律法规依据的证明一律取消），大力推进审批服务便民化，努力让群众办事不出社区、企业办事不出园区，努力实现“一次办”，推动信息共享、流程优化、一网通办，真正做到让数据多跑路、群众少跑腿。切实增强工作执行力，让“马上就办”“办就办好”蔚然成风。完善企业帮扶，营造“亲”“清”政商关系。以“亲”为前提，以“清”为保障，全面推行“随叫随到、不叫不到、服务周到”的“保姆式”服务，构建交往有道、公私分明的新型政商关系。尊重企业家和企业家精神，大力倡导亲商、尊商、重商、护商理念。稳定企业家预期，在全社会营造支持企业家、关心企业家的浓厚氛围。大力完善交通、学校、医院等生活性配套，为企业生产和企业家生活提供便利条件，让企业家们在望城安心发展、快乐生活。持续巩固“千人帮千企百日大行动”成果，积极构建长效帮扶机制，出实招、出硬招帮助中小微企业解决各类问题，提振企业发展信心。狠抓惠企政策落地，不折不扣兑现中央减税降费政策和省、市有关惠企政策，切实减轻企业负担，增强企业发展后劲。持续开展“雷霆行动”，严厉打击强揽工程、恶意阻工、故意破坏正常建设经营秩序等违法行为，切实保护企业合法权益。强化资金保障。破解要素制约难题。围绕资金、土地、人才等要素保障，创新思路、创新方法，让更多的资源要素集聚，让发展动能充分释放。发挥财政资金的引导作用，用活用好产业投资基金、贷款贴息、奖励补贴等各类资金，撬动社会资本支持实体经济发展。加快建立银企对接长效机制，让金融更好地服务产业发展、项目建设。搭建融资桥梁，充分发挥担保公司担保增信作用，提高中小企业融资担保比重，让更多金融资本为中小企业发展注入“源头活水”。强化用地保障，释放园区活力。加大土地报批力度，强化征拆扫尾攻坚，加大净地储备，积极推进节约集约用地，重点保障重大产业项目用地需求；盘活存量、用好增量，加大闲置用地清理力度，按照“两主一特”（国家级园区两个主导产业一个特色产业）“一主一特”（省级园区一个主导产业一个特色产业）定位，逐步疏解园区非核心产业，实现“腾笼换鸟”，切实提高土地利用“亩产效益”；大力推进“高新园区、高效园区、绿色园区”建设，全面推进园区内部改革，深化简政放权，赋予园区更多经济管理权限，确保园区轻装上阵抓产业，心无旁骛谋发展；完善以亩均效益和项目履约率为重点的考核体系，加快园区转型升级。2018 年，全区通过持续践行“三到”（随叫随到、不叫不到、服务周到）服务，扎实推进“最多跑一次”改革，深入开展“千人帮千企”“项目攻坚季”等活动，全力破解伟创力招工等难题。营商环境不断优化，“尊重企业家、优待投资者、服务纳税人”的氛围不断浓厚。

奋勇担当，奋力前行，“望城速度”刷新纪录。2018 年，望城以高质量发展为主题，以产业链建设为主线，以项目建设为主攻，奋勇担当，奋力前行，推动产业发展实现新突破，迈上新台阶，在“早”字上出实招，不断刷新项目建设速度。坚持“开工一批、推进一批、投产一批”，创造条件推动签约项目早开工、在建项目早竣工、投产项目早达效。发改、国土、住建、环保等职能部门围绕做实项目前期工作改革创新，加强对项目单位的业务指导和服务，不断简化手续、特事特办，最大限度压缩项目审批时限。全区52名区级领导干部、24个部门和街镇对口联系帮扶69个重点项目，协调解决各类问题。通过组织开展集中开工、寻找最美建设者、全市重大项目观摩等系列活动，通过不断优化项目服务，在全区范围内掀起项目建设热潮。伟创力一期、五矿新能源等一批重大产业项目顺利投产，亿达、苏宁等一批重点项目快速推进。苏宁云商集团投资建设的苏宁云商，实现当年开工，当年投入使用。“戴卡速度”“五矿速度”“伟创力速度”“新华联铜官窑速度”一次又一次刷新项目建设的“望城速度”，其中“伟创力速度”一期厂房改造建设从开工到第一台手机下线仅用86天，实现当年签约、当年动工、当年投产。得到省委书记杜家毫、省长许达哲和长沙市委书记胡衡华、长沙市长胡忠雄等省、市领导的高度肯定和点赞，并在2019年湖南省政府工作报告中对招商引资的“望城速度”给予高度肯定。在“快”上下功夫，不断刷新产业发展速度。作为全区产业发展的“中枢”，望城经开区全年引进产业项目49个，总投资171.2亿元。其中投资50亿元级项目2个，10亿元级项目2个；世界500强企业5家，上市公司8家。伟创力长沙智能制造产业园、中信戴湘个性化铝轮毂生产基地、京东亚洲一号等重大产业项目相继落户。全年在建产业项目82个，在建面积414.5万平方米，五矿新能源一期、中信戴卡二期、澳优智慧工厂等43个项目竣工投产，新增产能100亿元以上。全年规模工业总产值同比增长39.3%，规模工业增加值同比增长38.6%，税收收入同比增长21%，固定资产投资同比增长34.8%，社会消费品零售总额同比增长184.6%，主要经济指标增速名列全市前列。《湖南省产业园区建设领导小组关于湖南省2017年省级及以上产业园区综合评价情况的通报》显示，望城经开区在全省产业园区中排名第六，获批国家新型工业化产业示范基地，获绩效考核国家级园区第一名。

因链施策，精准发力，“望城制造”长足发展。“经济工作向产业聚焦、产业发展向产业链发力”的发展思路是望城产业发展实现突破的不二法宝。2018年，望城以产业链建设为着力点，因链施策，精准发力，狠抓产业链招商工作。产业链成为推动高质量发展的“突破口”和“主抓手”。全区聚焦价值链高端和产业链核心环节，坚持以智能制造统领产业链建设，抢抓长沙创建“国家智能制造中心”重大机遇，以望城经开区、高新区发挥智能制造为主战场、主阵地，深耕伟创力、五矿等龙头企业，推动有色金属、食品加工等传统产业和智能终端、电商等新兴产业搭上“智能快车”。不断推动制造业向高端、智能、绿色转型升级，先后引进一批50亿元量级以上的旗舰型、龙头型、基地型项目，伟创力一期、中信戴卡二期三期、五矿新能源一期等500强投资项目相继建成投运。智能终端、新型轻合金、食品加工、电商等产业链建设成果丰硕，现代商贸业取得重大进展，京东亚洲一号、苏宁云商等一批项目加快落地；湘江古镇群“二次创业”成效显著，铜官窑古镇、书堂山国学小镇一期等一批项目顺利投运。望城真正成为“小巨人”企业、“独角兽”企业和行业领军企业、高新技术企业的制高点。1月29日，伟创力长沙智能制造产业园项目在长沙签约落户望城，成为在湘投资的第168家世界500强企业。2018年，望城经开区获评“国家新型工业化产业示范基地”，望城成功入围全国工业百强区。望城制造业在全市、全省的地位、分量和影响显著提升。

2018年是望城区经济社会发展成果丰硕的一年。区委、区政府牢固树立经济工作以产业为中心的鲜明导向，通过扎实开展“产业发展突破年”活动，锲而不舍抓产业、推项目、强实体、优环境，全年铺排投资建设实施项目410个，年度计划投资629.1亿元，其中：上级政府投资项目36个，年度计划投资71.6亿元；区级政府投资项目233个，年度计划投资163.4亿元；社会投资项目141个，年度计划投资394.1亿元。项目建设成为望城产业发展的“引擎”，产业发展成为望城经济发展的动力。

（区发改局供稿）

幸福在家门口提升

——2018年望城区社区提质提档工作纪实

2018年，望城区认真贯彻落实市委、市政府社区全面提质提档三年行动计划决策部署，以完善社区基础配套、提升社区环境品质、优化公共服务、促进社区和谐稳定为重点，秉承“提城市品质、优服务效能、树特色品牌”的理念，坚持问题导向，从群众最关心、最直接的热点难点入手，真心实意为群众办实事、解难事、做好事；扎实推进社区硬件提质、软件提档，将社区全面提质提档作为美化城市环境、推动社区发展、增加居民福祉的重要抓手，全面提升社区治理水平。

高位统筹，科学调度解难题。社区全面提质提档涉及面广，影响到千家万户，牵涉方方面面，是民生工程。做得好，群众拥护，做得不好，好事就会变坏事，将影响安定和谐，影响党在群众中的形象。区委政府高度重视社区提质提档工作。2018年，区委书记亲自联点重、难点社区——中南社区，多次召开专门会议专题研究企业“三供一业”(指国企(含企业和科研院所)将家属区水、电、暖和物业管理职能从国企剥离，转由社会专业单位实施管理的一项政策性和专业性较强、涉及面广、操作异常复杂的一项管理工作)分离移交问题，有效破解社区提质提档中出现的重点难点问题。并明确一名区委副书记主抓社区提质提档工作，协调处理社区提质提档工作中存在的问题，对社区全面提质提档的方案审定、拆围透绿等关键节点、关键问题进行专题调度、全面统筹和把关；分管副区长多次深入社区一线调研，积极协调调度，强化顶层设计，并就具体问题召开专题会议研究解决；区四大家领导深入社区一线指导提质提档工作，帮助基层社区解难题、指方向、定方案，为社区提质提档工作保驾护航；区委常委会、区长办公会每月定期召开工作例会听取社区全面提质提档情况专题汇报，进行集中调度；各牵头单位、后盾单位深入社区调研指导，及时帮助社区答疑解惑、培育典型、总结经验。为确保社区提质提档工作顺利实施，以问题为导向，强化督查指导。区委、区政府督查室根据不同时间节点安排督查内容，通报工作情况。并采取一季一督查方式，督促工作落实。由于区委、政府的高度重视，2018年全区社区提质提档工作得以顺利进行。

资源整合，多元投入聚合力。资金是确保社区提质提档的前提。社区提质提档工作资金量大，所需经费大部分需区财政投入。区财政逐年加大社区提质提档建设的经费投入，在2016年、2017年分别投入0.36亿元、1.5亿元的基础之上，2018年，明确投入规模1.98亿元用于社区提质提档。为解决资金缺口，区委、区政府主要领导多方调度，在保障社区提质提档1亿元的财政专项投入的基础上，分别安排专项资金1000万元用于社区提质提档过程中的公共服务、文化挖掘和杆管线项目建设。区直相关单位也积极整合资源，在城管、市政、社区品牌打造等方面，加大对提质提档社区项目铺排和经费投入。针对人居环境项目范围内围墙、杂屋等拆除难题，根据围墙、杂屋权属，动员社会力量共同参与，实行分头包干负责，社区居民从旁观者变身参与者，自愿无偿拆除杂屋，极大缓解基层社区在提质提档过程中的资金压力。正荣财富、晟通集团、联诚国际等楼盘企业在社区用房置换、社区阵地改造，物业用房配套等方面慷慨相助，居民活动空间不足老大难问题得到妥善解决。

注重交流，提升影响优服务。社区全面提质提档工作是增进民生福祉、提升城市品质、强化基层治理的重要举措。作为民生工程，牢固树立以人民为中心的理念。处处为民众所想，处处体现为群众服务，尊重群众的意愿，满足群众的需求，注重群众的认同；按照因地制宜、补齐短板、整洁清爽、通畅有序、高效实用、幸福民生的基本思路，实现“推门见景，推窗见绿”，切实提升居民家门口的幸福感；解决好人民群众最关心、最直接、最现实的热点难点问题，让人民群众从身边每天的变化中增强获得感；强力推进社区硬件提质，高标准完善社区基础配套设施建设，切实提升老旧社区的品质内涵，让人民群众享受社区提质提档带来的舒适便利；必须强化社区软件提档，进一步下放权力进社区，把工作做实做细接地气，提升基层服务效能和水平，让群众最关心、最直接的问题能在社区得到办结。为此，2018年在社区的提质提档过程中，自

始至终,从上至下,都以获取群众认同为最终目标,以居民点赞为最大收获。不论是社区提质提档方案制定,还是项目实施,都始终注重让居民群众全过程参与,通过与居民良性互动,汇聚民智,凝聚民心,赢得群众支持。创新工作方法,落实工作措施,注重工作交流与协作。区联席会议统筹调度,加快施工进度,统筹项目施工进展,压实各级责任,专门召开杆管线单位协调会,明确杆管线单位先拿方案、先行进场,杆管线建设坚持同步推进,避免二次开挖,重复建设;根据每周天气预报结合现场施工情况,提前铺排施工进程,高质高效施工;区直主管建设部门、街道、施工方厘清责任,签订"军令状",保证工程施工质量、进度、安全;区联席办分时轮班进驻工地,形成常规巡查;各社区居民成立义务监督队,积极参与社区共建;区招投标办为加快建设速度,因事施策,对社区招投标工作实行分批挂网,优先老旧社区和农安小区。为充分发挥党组织的战斗堡垒作用和党员的先锋模范作用,在社区提质提档工作中,区委把加强社区党的建设贯穿社区提质提档工作始终,将开放式党小组、党建主题小区等建到居民家门口,并以此为载体,开展形式多样的党建主题活动,积极推行社区党建引领社区治理,让社区党组织基层堡垒作用得到充分发挥。

因地制宜,提质提档重实效。望城旧城区建设于二十世纪七八十年代,同质化问题比较突出。为防止社区的提质提档后再一次出现"千篇一律"和"雷同"等问题,在全区提质提档过程中,区委政府要求创新理念,注重借鉴。秉承"走出去""请进来"工作思路,学习外地成功经验和做法,取长补短,相互借鉴。坚持"一社一特"的工作思路,根据自身特点,因地制宜,将社区打造成各具特色的"新城区";注重挖掘社区文化底蕴,实现城市品质提升与保留历史记忆的协调。地处高塘岭街道的雷锋路社区是雷锋曾经工作和生活的地方,在社区提质提档过程中,社区以"雷锋精神源泉、文明幸福家园"为主题,将雷锋元素全面融入小区改造。通过复原雷锋景、雷锋屋,设置雷锋精神展示墙,树立雷锋雕塑,精心绘制雷锋故事,将雷锋文化元素融入社区提质提档建设每一个环节,将雷锋文化植根于整个小区,充分体现雷锋家乡学雷锋的特点;白芙塘社区围绕"文明生态园、算学白芙塘"的建设定位,通过设立数学兴趣课堂、打造取忠公园,将数学家丁取忠的核心内涵充分融入社区提质改造中,社区品质大幅提升;西塘街社区紧紧围绕"宜居宜业、活力西塘"的服务理念,全面升级全省第一家社区爱心超市,实现与困难群众"零距离",原来凹凸不平的路面被崭新的沥青路面所取代,原本老旧破损的墙面粉饰一新,昔日杂乱无章的线路得到有效整理,规范停车位,清洁路面,居民幸福指数不断提高;杨丰社区围绕"品质杨丰,精彩生活"的提质理念,探索出阳光党建"1+N"(1指党建为龙头,N即各类群团工作,即党建带群建)服务模式,通过多样化的社区服务,深化小区业主自治,及时解决城市管理难题。旺旺路社区、聚宾小区、聚缘公园、善美家园等在提质提档过程中深入挖掘小区的文化内涵,充分利用社区内的历史元素,打造各具特色、极具地域文化的亮点工程,为全区提质提档工作树立榜样。

城市的发展,不能只把目光聚焦在光鲜的大马路和高楼大厦上,要让发展的"阳光"洒向所有背街小巷和基层社区。为此,全区社区提质提档工作打破固有思维,创新思维模式,引入城市"绿道""绿肺"理念,让城市慢行系统在小区贯通;望城高塘岭街道雷锋路社区以前被围墙分隔成了不同院落,一排排违章杂屋、车库占去不少绿化面积,小车乱停乱放现象也较为严重。经过提质提档,违章建筑全部拆除并铺上绿色草皮,围墙得以打通,社区发生美丽蝶变。推门见景、开窗见绿、道路整洁、空气清新的"新城区"提升市民幸福指数。为加强公共服务,全区社区提质提档实施"三社联动"项目建设。升级"一站式"服务大厅,实现前台受理、网上办理,社区电子政务网络平台全覆盖,社区服务逐步迈入专业化、社会化道路。突出优化公共服务,一大批涉及养老、教育、医疗、文化等方面民生实施项目落地居民小区。社区居民走出家门口就能够享受到便捷优质服务。社区提质提档改造,真正成为服务群众、满足群众诉求的民生工程。

2018年,望城社区提质提档改造工作,以全国文明城市复核验收工作为抓手,将市民素质提升贯穿创建工作全程;将最美庭院、身边好人评选活动与社区提质提档工作有机结合。注重示范带头,营造共建共享的和谐氛围,取得丰硕成果,百姓的自豪感、自信心、凝聚力明显增强;获得感、安全感、幸福感得到实实在在的提升。《光明日报》、中新社、湖南卫视、《长沙晚报》等媒体先后对望城社区提质提档工作进行深度采访报道。雷锋路、西塘街、高塘岭、旺旺路等社区提质提档典型经验多次被中央、省、市媒体宣传推介。望城社区提质提档工作真正成为名副其实的实事工程、民生工程。

(区民政局供稿)

人文之城

2018年，望城坚持以雷锋精神兴区育人，推进文明首善之区建设。雷锋纪念馆重新布展对外开放，雷锋精神研究会成立，成功举办书堂山全国书法名家作品邀请展等庆祝改革开放40周年暨望城恢复建制40周年活动，千龙湖国际铁人三项赛、“姚基金”全国希望小学篮球赛及“每日有书、每周有戏、每月有约、四季欢歌”成为望城特色“文化大餐”，改造升级6个街镇文化站，望城电视实现高标清同步播出，新建5个图书分馆、15个市级示范性村（社区）综合文化服务中心，全民健身工程覆盖率100%，举办各类赛事近900场。雷锋故乡的城市形象和文化影响力进一步提升。

2018年3月24日，省民政厅党组书记、厅长唐白玉（左二）调研望城区社会组织孵化基地

2018年5月10日，长沙望城区开展“510”暨党员领导干部廉洁从政系列活动

2018年5月19日，在望城消防大队举办“雷锋的名义 永恒的旗帜”系列活动

2018年3月16日，新时代身边雷锋先进事迹首场报告会

2018年7月14日，“相约乔江书院”分享斗书会

望城非物质文化遗产之望城剪纸

孩子们在高塘岭社区阅览室阅读

WANGCHENG YEARBOOK

望城籍作家纪红建获鲁迅文学奖

书堂山泥爸爸场景学育园

“一路芳华 巾帼赞歌”系列活动

“每月有约 星动望城”惠民演出活动之《红于二月花》剧照

WANGCHENG
YEARBOOK

2018年11月23日，红十字应急救护志愿服务金色阳光工作站成立

铜官陶瓷技艺传承

新华联铜官窑度假区黑石号特技秀表演

千龙湖铁人三项赛

西塘街社区党建主题小区

办理“还鱼入江”刑事附带民事公益诉讼案件

雷锋生平事迹陈列新馆

WANGCHENG
YEARBOOK

2018年1月26日，武警望城中队官兵到驻地附近街道清扫积雪，用实际行动践行雷锋精神

铜官窑博物馆

长沙市望城区雷锋慈善会及爱心组织慰问洗车河镇九年制学校

人防宣传

脱贫攻坚再发力

——2018年望城区脱贫攻坚工作情况综述

2018年，望城区委、区政府坚持把脱贫攻坚作为头等大事和第一民生工程，按照“六个精准”（扶贫对象精准、措施到户精准、项目安排精准、资金使用精准、因村派人（第一书记）精准、脱贫成效精准）和“五个一批”（指发展生产脱贫一批、易地搬迁脱贫一批、生态补偿脱贫一批、发展教育脱贫一批、社会保障兜底一批）的要求，实施精准扶贫、精准脱贫，全面推动各项扶贫政策落实，努力提升贫困群众的获得感和幸福感。

紧咬目标任务，夯实工作责任。全区有建档立卡贫困村（社区）108个，其中省定贫困村8个；有建档立卡贫困人口5614户17178人。经过几年努力，到2017年年底，脱贫4988户15749人，8个省定贫困村全部退出，但仍有1490户4792人的脱贫任务。为压实减贫责任，2018年，区与各街镇、村（社区）层层签订减贫责任状，制定脱贫计划，针对贫困户致贫原因，将产业、就业、危房改造、教育助学和健康扶贫等措施量化到户，分年度分措施到户到人，将减贫任务分解落实到户到人。为统一思想，提高认识，区委组织全区党员干部深学笃用习总书记关于精准扶贫工作重要论述。区委理论学习中心组（扩大）在第八次集中学习专门就习近平总书记关于脱贫攻坚的重要思想进行专题学习和研讨。全区各级各部门将脱贫攻坚纳入党委、政府研究工作的重要议程，区委常委会8次、区长办公会3次专题研究精准扶贫，全区召开推进脱贫攻坚专题会议2次，组织业务培训5次。为进一步充实力量，区委精准扶贫工作领导小组办公室配备专职干部9名，各街镇明确党（工）委副书记和分管副职专抓扶贫工作，并成立扶贫办，每街镇明确3名扶贫专干，村（社区）设立2名扶贫专干。同时调整垂直管理部门的驻村帮扶任务，重新安排139个联点帮扶单位（其中驻村单位100个），派驻105名驻村工作队队长、94名队员、39名结对帮扶联络员、4707名结对帮扶干部，全面强化帮扶责任。为压实责任，全区认真落实“三走访三签字”活动。区委书记、区长对8个省定贫困村进行遍访，对20多户贫困户进行走访慰问，解决实际困难和问题12个；14个街镇党政主要负责人对辖区内所有扶贫对象所在的村（社区）进行走访，每个村（社区）至少走访5户贫困户；村支部书记、村主任和驻村队员对全村贫困户进行遍访，并在脱贫验收表上签字。为打通脱贫攻坚“最后一公里”，全区大力开展精准扶贫集中攻坚月活动。通过开展作风建设、进行专项扶贫大攻坚，将脱贫攻坚责任压实压牢。2018年年底，按照贫困人口脱贫退出条件和程序，全区实现脱贫1490户4792人，超额完成省下达的减贫4780人的计划任务。

紧抓作风建设，推动工作落实。为落实扶贫攻坚“精准”二字，2018年，根据省扶贫办统一部署，全区围绕“精准”做文章，在精准识贫方面再发力，通过对所有建档立卡贫困户的家庭信息情况进行区级大比对、大排查、再评议，对全区建档立卡贫困户采取动态管理模式。全区剔除识别不准对象1231人（包括整户清退330户1154人，单个清退77人），新纳入贫困人口174人（包括整户新识别36户99人，单个人口补录75人），自然增加154人，自然减少720人，另特殊情况保留的“四类人员”备案80户304人，脱贫成果保留的“四类人员”备案349户1261人，错评、漏评情况得到有效纠正。为防止扶贫领域里的腐败问题。全区围绕扶贫领域“作风建设年”要求，开展突出问题集中整改和作风问题专项治理工作，重点整改“四个意识”不够强、责任落实不到位、工作措施不精准、项目资金管理不规范、工作作风不扎实、考核监督从严要求不够等6个方面问题。同时聚焦中央巡视组反馈的五大类问题，梳理出13个脱贫攻坚领域问题并加以落实整改。公开区委书记、区长脱贫攻坚服务热线，及时受理解决各类扶贫信访问题；在108个村（社区）成立脱贫攻坚理事会，引导和带领村民积极参与脱贫攻坚各项事业；利用督查问效，有效解决扶贫领域里的懒政、怠政问题。2018年，区扶贫办联合区委督查室、区政府督查室、区驻村帮扶办、区纪委党风政风监督室等单位进行联合专项督查2次，采用“四不两直”（即不发通知、不打招呼、不听汇报、不用陪同接待、直奔基层、直插现场）常态化督查20余次，下发交办函百余件、督查通报7期。查处扶贫领域腐败和作风问题66

个,处理86人,其中党纪政务处分16人,问责70人,移送司法机关1人,党内问责4人,追缴违纪资金28.8万元。为进一步完善扶贫机制,区委政府坚持问题导向,健全防范问题反复反弹的长效机制,加强制度机制建设。先后出台危房改造、教育扶贫、就业扶贫、产业扶贫等专项扶贫资金管理细则,完善专项扶贫、驻村工作、街镇精准扶贫考核管理办法以及《街镇党政正职脱贫攻坚工作问责规定(试行)》等系列文件,从制度机制层面消除隐患、堵住漏洞。区委巡察办先后对14个街镇和8个省定贫困村脱贫攻坚工作情况进行专项巡察,督查被巡察单位在扶贫领域是否存在贪污挪用、吃拿卡要、挥霍浪费、优亲厚友等损害群众利益行为,以严明的纪律打赢脱贫攻坚战。区审计局对2017年区级财政扶贫专项资金2600万元进行全面审计,确保问题全部整改到位;11月,根据区委常委会安排,再次对2017年7月至2018年10月期间的中央、省、市、区扶贫资金进行全面审计,2次接受市审计局对2017年度的各级扶贫资金和政策落实情况审计;区财政局采取专项检查、联合检查等形式,对各级财政扶贫专项资金进行拉网式检查,对检查发现的问题进行通报并下达整改通知书,确保扶贫资金使用更加规范、精准,政策落实更为全面有效。

紧扣精准施策,确保政策到位。为确保党的政策到位,深入人心,将党的温暖送到每一个贫困户手中。全区大力宣传中央、省、市、区脱贫攻坚的政策法规,编印《2018年脱贫攻坚到户政策告知书》,动员各级帮扶责任人入户宣传,让群众对党的扶贫政策深入进行了解。2018年,全区各专项扶贫工作组举办行业扶贫专题培训20余场次,街镇扶贫办、驻村第一书记宣讲团、自力更生贫困户典型代表、产业扶贫帮扶企业开展政策宣传、技术技能培训、精神扶贫、文化扶贫等专场200余场次,累计培训扶贫干部4000多人,党的扶贫政策做到人人皆知。为脱贫攻坚过程中精准施策,推动政策措施实施,全区在产业、教育、危房改造等12个领域苦下功夫。产业扶贫方面,建立2018—2020年脱贫攻坚项目库,铺排产业扶贫专项资1958万元金,扶持“四跟四走”(即资金跟着穷人走,穷人跟着能人走,能人跟着产业项目走,产业项目跟着市场走)产业项目159个。教育扶贫方面,发放资助金678万元,资助贫困学生4596人次,发放雨露计划职业教育补助资金176.25万元,资助在读中、高职贫困学生1170人次。危房改造方面,完成农村危房改造任务358户,其中建档立卡危改户51户,实现动态清零;优先支持建档立卡贫困户,兜底解决自筹资金和投工投劳能力极弱的深度贫困户住房安全问题;帮助住房最危险、经济最贫困的农户解决最基本安全住房问题。兜底扶贫方面,精准确定低保兜底保障对象290户714人,每人保障金不少于4000元/年,确保兜住兜牢。健康扶贫方面,对区内3052名“五保户”、重症精神病患者在区、乡两级住院实行兜底保障,区民政、“雷锋580”、红十字会等救助10379人次,发放医疗救助资金3352万元,其中最高救助额度高5万元。区内各级各类医院实行贫困人口先诊疗后付费。启动“一站式”结算。至2018年12月,医疗总费用2158万元,报销总金额2030万元,政府兜底88.60万元,兜底救助6379人次,贫困人口住院费用综合报销比例90%。金融扶贫方面,切实加强风险防控,确保省、市扶贫小额信贷风险防控要求得到落实。对全区所有建档立卡贫困农户按60元/人的标准,安排“扶贫特惠保”参保费用105万元,建档立卡贫困户参保率100%。就业扶贫方面,举办就业扶贫专场招聘会15场,提供职业介绍18805人次,就业创业指导17687人次,建立扶贫车间10个,提供公益性援助岗位97个。交通扶贫方面,完成农村公路精准扶贫项目26个,里程24.3千米,完成计划的100%。安全饮水方面,全区农村集中供水水质合格率100%,贫困群众饮水安全问题全面解决。农网改造方面,全面完成农网改造任务,新建村级60千瓦光伏发电站1座。电商扶贫方面,新建143个电商服务站点,实现村级电商服务站全覆盖。旅游扶贫方面,组织大型景区点和旅游企业,通过提供就业岗位、回收农户土特产、旅游经营技术指导等方式对贫困村进行点对点帮扶,带动362户建档立卡贫困户脱贫增收。

落实对口扶贫,彰显雷锋家乡特色。望城作为湘西龙山县洗车河镇对口扶贫单位,2018年区财政投入对口帮扶深度贫困县龙山县洗车河镇扶贫专项资金1180万元,帮扶当地3个贫困村实现如期退出,131户577人如期脱贫,促推当地镇村基础设施大幅改善,公共服务水平和产业发展条件稳步提升,当地群众的获得感和幸福感不断增强。发展脱贫产业。组建黄桃种植合作联社,建立贫困村合作社3个。通过“公司+合作社+基地+农户”形式构建分享式利益链接,发展黄桃28.4公顷、生态水稻11.33公顷、高淀粉红薯10公顷,为村集体和贫困户增收62万元。完善基础设施。投入资金近500万元,完成乡村公路建设12.5千米,铺设安全饮水管网8500米,建设蓄水池140立方米。实行就业脱贫。组织开展大型企业招聘活动,支持伟创力长沙项目龙山招聘,输送劳动力372人。依据产业发展需要,举办黄桃、水稻、红薯种植技术人才培训,实现本地就业。帮扶特困群众。设立50万元特殊救助资金,为106户318人解决燃眉之急。引导单位、企业爱心人士赴当地开展助学送医及“一家一”对口帮扶行动,一批因病因灾致贫返贫特困群体得到有效救助。

2018年,全区扶贫攻坚工作亮点纷呈,特色明显。脱贫攻坚合力更为强劲。依托雷锋故里、好人之乡的人文优势,坚持以雷锋精神做实结对帮扶工作。因户施策制定帮扶措施,宣讲和帮助落实扶贫政策,激励贫困户自力更生,积极脱贫,极大地提升贫困户的满意度。脱贫增收渠道不断拓宽。采取铺之以岗、授之以渔、扶之以志等方法。精准对接企业用工需求,举办“春风行动”“农村贫困残疾人帮扶”专项招聘活动,为贫困劳动力和农村贫困残疾人开发就业援助岗位;创建区级就业扶贫基地,助推贫困户实现“就近就业,就业一人,脱贫一人”目标;设就业扶贫培训基地,对农村贫困劳动力开展实用技能培训;选配就业服务指导员,开展“三劝”(重树信心、就业创业、技能提升)“三到位”(政策宣传到位、上门服务到位、动态管理到位）工作。推进扶贫车间建设，多措并举满足贫困群众就业需求。脱贫内生动力不断增强。采用“新型经营主体+贫困户”模式，坚持“四跟四走”原则，统筹整合各级财政产业扶贫专项资金，精准对接贫困户的产业需求，铺排“四跟四走”产业项目；推进“一村一品”，因地制宜发展优势产业，贫困村“一村一品”产业扶贫格局已基本形成；积极探索创新扶贫模式、体制机制、工作方法和脱贫路径，不断开辟产业扶贫新模式，探索可复制、可推广的新经验。总之，2018年望城扶贫攻坚工作通过建班子、带队伍、强基础、抓产业、聚民心，夯实扶贫基础，补齐脱贫短板，抓好扶贫产业，转变干部作风，凝聚党风民心，打赢打好脱贫攻坚战。

（区扶贫办供稿）

反腐倡廉 永远在路上

——2018年望城区党风廉政建设综述

2018年是全面贯彻中共十九大精神的开局之年，是改革开放40周年和望城恢复建制40周年，也是中共长沙市望城区纪律检查委员会(以下简称区纪委)和长沙市望城区监察委员会(以下简称区监委)合署办公开展工作的第一年。区委加强对党风廉政建设和反腐败工作的领导，强化管党治党政治责任。全区各级纪检监察组织认真履行党章和宪法赋予的职责，不松劲、不停步、再出发。党风政风持续好转，党内政治生态气象更新，反腐败斗争取得压倒性胜利，全面从严治党取得重大成果。

抓教育培训，强化政治纪律、政治规矩。区委始终把党的政治建设摆在首位，把学习贯彻习近平新时代中国特色社会主义思想和中共十九大精神作为首要政治任务，不断推进廉政教育常态化。2018年，举办“5·10”廉洁从政主题系列活动，开展“家庭助廉送清风”和“廉政文艺下乡巡演”等工作，获新华社、人民网等中央省、市13家主流媒体竞相报道；在“廉洁望城”微信公众号开辟学习专栏，组织全区党员干部逐条学习《中国共产党纪律处分条例》，极大地教育全区党员干部，极大地提升党员干部的廉政意识；《廉洁好家风》等廉政文艺节目，寓教于乐，深受党员群众喜爱；加强对重点领域、关键岗位人员廉政教育，强化党员干部纪律规矩意识；在发案单位开展警示教育，以身边事教育身边人，教育效果立竿见影；分6批次组织全区副科级以上干部集中轮训，将学习抓紧抓实；出台《关于坚决维护党中央集中统一领导的有关规定》，树牢“四个意识”，践行“两个维护”，将“两个维护”融入监督执纪问责中，不折不扣贯彻落实中央和省委、市委、区委重大决策部署，严肃查处违反政治纪律政治规矩典型，做到令行禁止、政令畅通；将雷锋公园打造成为首个廉洁文化主题公园，把雷锋文化根植于廉洁文化之中，全区知廉敬廉行廉氛围更加浓厚。2018年，通过抓党员干部政治规矩政治纪律的教育，全区查处违反政治纪律、政治规矩的典型案例8起，对管党治党不力的3个党组织和27名党员领导干部严肃问责。严肃纠正扶贫不力、作风不实等问题13起，有效查处悦禧山庄系列问题案，有力保障中央政令畅通和省市区委重大决策部署落地生根。为防止“灯下黑”，区纪委、监委从严从实强化干部队伍管理，加强纪检监察机关党的建设。通过举办学习中共十九大精神、《中华人民共和国监察法》等主题讲座，重温入党誓词、主题党日系列活动等，鞭策纪检监察干部不忘初心、牢记使命、忠诚履职；通过开展“双学双比”、组织政治轮训暨业务培训集中“大练兵”、探索公开竞岗、跨岗锻炼和跟班轮训，强化实战训练，提高履职水平；坚持刀刃向内，成立纪检监察干部监督室，出台《纪检监察干部行为准则》等制度，建立纪检监察干部廉政档案，扎实开展廉洁家访，对纪检监察干部违纪违法问题“零容忍”。2018年，先后对3名纪检监察干部进行组织处理。

抓巡视巡察，彰显利剑作用、震慑力量。区委把中央、省委巡视反馈意见整改作为一项重要的政治任务，强化“整改不落实就是对党不忠诚”的政治担当，主动对标对表，整治突出问题。对照巡视反馈意见，建立问题清单、任务清单、责任清单，实行清单管理、对账销号，中央、省委巡视组交办件办结率100%。制定下发区委巡察工作规划，采取“一拖二”(即巡察1个党委单位的同时对其下属的2个二级机构或党支部同时开展巡察)的方式，对区教育局党委、白沙洲街道党工委等24个单位党组织巡察，发现问题282个，移送问题线索29条，立案查处14人。率先全市探索巡察街镇带村(社区)模式，出台《关于推进一届任期内对村社区党组织巡察全覆盖的实施意见》，打通党内监督末梢。督促相关单位完善各类制度，巩固巡察整改成果，推动建立长效机制。在巡视巡查过程中，严抓中央八项规定精神落实。坚决落实省委省政府“约法三章”(哪个地方出了问题，就追究这个地方党委书记的责任；哪个部门出了问题，就追究这个部门一把手的责任；哪个环节出了问题，就追究这个环节直接责任人的责任；对换届中的违纪违规问题，一律快查严办，一律通报曝光，一律上追一级)和市委市政府“五个一律”即凡违反八项规定的，一律先免职后调查；对自查中发现的以往问题且未按要求及时整改的，视为拒不整改，一律顶格处理；对违规收送红包礼金的党员干部和公职人员，对收送双方都要处理，并将处理结果计入廉政档案，纪检监察机关出具党风廉政建设意见时实行“一票否决”；一律坚持一案双查，对专项治理期间查处的问题，既要追究直接责任人的责任，又要追究党委(党组)主体责任和纪委(纪检组)监督责任，并一律通报曝光)，全区查处违反中央八项规定精神问题81起、处分93人，通报曝光42人，自查自纠违规配备使用办公用房1534平方米，补缴违规公款吃喝费用48.65万元，查处“一桌餐”典型案例，公款吃喝明显收敛。坚决打赢整治违规收送红包礼金歼灭战，查处典型问题36起、处分37人，红包礼金问题得到有效遏制；紧盯重点人、重点事、重点领域和关键环节，加大审查调查力度，全区纪检监察系统立案285件、处分279人，查处科级以上干部37人，同比分别增长25%、29%、131%。严肃查处茶亭镇原党委书记、区机关事务局原党组书记、局长、英雄岭村原党支部书记、洪开桥村原党支部书记、村主任，白箬铺社区原党支部书记等一批典型案件。高质量完成省政府驻深圳办事处原调研员纪某、市财政局原投资评审中心副主任谷某等上级指定管辖案件17件。深挖彻查涉黑涉恶腐败案件8起，查处扶贫领域腐败和作风问题71起、“雁过拔毛”式腐败问题69起、“小官大贪”典型问题13起、“提篮子”典型案例4起，巩固强化了“不敢腐”的震慑。严肃查处侵害群众利益行为，坚持以解决群众反映强烈的突出问题作为纪检监察工作的出发点和落脚点，严厉整治群众身边腐败和作风问题，全区查处典型问题138起，处分人数216人；查处扶贫领域腐败和作风问题69起，处理96人，追缴违纪资金33.53万元。坚决向“提篮子”式腐败问题亮剑，组织全区1576名副科实职以上干部签订承诺书，查处“提篮子”典型问题4人。坚决打赢整治违规收送红包礼金歼灭战，全区396名党员干部主动退缴红包礼金386.98万元，查处违规收送红包礼金问题35起，处理40人，党纪政务处分35人，问责5人。2月27日《长沙晚报》头版头条以《向红包礼金说不，这个年过得清爽》为题进行专题报道，市纪委主要领导专门批示给予肯定。

抓机制改革，充实一线力量、筑牢反腐防线。改革是纪检监察工作的不竭动力。为引导党员干部敢于干事，勇于担当，区委出台《关于鼓励干部担当负责提升干部队伍状态的实施办法》，强化鼓励干部担当作为的激励机制和为干部担当负责的保障机制，大力营造鼓励探索、宽容错误的氛围，积极构建敢想敢干、敢闯敢试的环境，对群众举报和来信来访及时核查、甄别、澄清，旗帜鲜明地保护担当者。全年为24名干部澄清不实举报，切实保护干部奋发进取的勇气、锐气和正气。对在产业建设、征地拆迁、精准扶贫、乡村振兴、项目建设一线表现突出的干部予以重点关注和提拔重用，为担当者担当、为负责者负责，营造干事创业的良好氛围；积极倡导“破除社会陋习，共树文明新风”，以优良党风带政风促民风好转；坚持把监督挺在前面，切实增强纪律、监察、派驻、巡察监督合力。全方面采集廉政信息，建立健全领导干部廉政档案。严把选人用人政治关、品行关、作风关、廉洁关。区委成立巡察工作领导小组、巡察办和3个巡察组，严格按照“时间表”和“路线图”，在区委的坚强领导和人大、组织、政法、检察、编制等机关部门的配合支持下，全面完成区监委组建和人员转隶。区纪委监委把握改革目标任务，调整内设机构设置，强化职能权限配置，优化人员编制配备，充实监督执纪、审查调查一线力量，推动职能、人员、工作深度融合。严格程序、权限、时限，试用11项调查措施。在区委大力支持下，谈话场所提质改造顺利完成并投入使用。严格对标对表，积极探索纪法贯通、法法衔接有效机制，建立健全信访举报、线索处置、案件审理等制度规范，出台《办理职务犯罪案件衔接办法实施细则》，反腐败工作法治化规范化水平切实提高，2018年回复党风廉政意见550人。对受处分人员的处分决定执行情况进行专项检查，对116名受处分人员教育回访，让监督执纪既有硬度更有温度。开展作风建设“一月一主题”督查，发现问题线索65件。深化运用“四种形态”，全区第一、二种形态分别占比81.3%、14.6%，监督执纪向“管住大多数”拓展。擦亮派驻监督探头，13家派驻纪检监察组全年立案71起，办案数量和质量实现双提升。不敢腐的震慑更加强化。

2018年望城反腐倡廉工作取得显著成效。始终坚持强化党的全面领导的根本原则，坚决维护党中央权威和集中统一领导，保证党的路线方针政策和党中央重大决策部署贯彻落实；始终坚守协助党委推进全面从严治党的职责定位，坚定不移推进党的建设新的伟大工程，不断以党的自我革命推动党领导的社会革命；始终坚持以人民为中心的政治立场，着力解决群众反映强烈、损害群众利益的突出问题，不断巩固党执政的政治基础和群众基础；始终肩负起推进反腐败斗争的重大任务，坚持标本兼治、固本培元，构建不敢腐、不能腐、不想腐的有效机制。始终铭记打铁必须自身硬的重要要求，以改革创新精神加强纪检监察机关自身建设，当好党和人民的忠诚卫士。

（区纪委、监委供稿）

大事记

责任编辑 ◎ 魏小超

1月

4日 中央电视台新闻频道《新闻直播间》栏目以《湖南长沙水葫芦爆发侵占河道，上下游联动清理53.34公顷水葫芦已打捞近八成》为题推介高塘岭街道“河长制”工作。

9日 望城“雷锋窝子”现象座谈会暨《雷锋》杂志望城专刊首发式在北京湖南大厦举行。区委常委、宣传部部长姚建刚介绍望城学雷锋情况。茶亭镇党委作典型发言。新华社、中央电视台、《光明日报》、人民网等30多家中央主流媒体对该事件进行报道。

10日 省妇联婚调课题组一行到望城区婚调中心开展考察、调研，详细了解望城区婚调中心运行情况。

12日 湖南省水运建设投资集团有限公司与望城区人民政府签订铜官港及水运物流园二期项目商务协议。

18日 市委副书记徐宏源在望城主持召开长沙现代农业综合配套改革试验区建设现场办公会，并实地察看苏蓼垸农业公园白泥湖鲌鱼养殖基地和乡里里手循环微流水工厂化养殖基地。

24日 省文化厅“送戏曲进万村，送书画进万家”文化惠民活动走进长沙望城区乔口镇。

25日 市委常委、宣传部部长高山深入新华联铜官窑国际文化旅游度假区项目调研，召开现场办公会，听取相关情况汇报。

29日 伟创力长沙智能制造产业园项目签约仪式在长沙举行，项目正式落户国家级望城经济技术开发区。项目规划总面积41.33公顷，总投资50亿元，主要生产智能手机终端和智能电子产品，将带动上下游配套企业、加速吸引人才聚集、助推望城区域经济发展。

2月

2日 望城经开区举行2017年度“产业强园”评先活动总结表彰暨2018年经济工作会议，共拨出1534万元重奖2017年度“产业强园”评先活动中的先进单位和先进个人。

5日 望城召开“争创国家生态文明建设示范区、争当洞庭湖生态环境专项整治排头兵”暨打赢蓝天保卫战动员部署大会。

▲ 中粮湖南中茶茶业综合产业园在望城开工建设。中国茶叶有限公司党委书记、董事长殷建豪，区委书记孔玉成出席开工仪式。

6日 市委常委、宣传部部长高山，副市长刘明理到望城区开展春节前走访慰问活动，看望慰问全国劳模程德明，走访困难企业博翔纺织厂和部分困难群众及优抚对象，送上慰问物资和新春祝福。

12日 区法院开展的“涉民工工资专项行动”，累计为300余名农民工执行到位490余万元，对符合司法救助条件的8件案件当事人给予司法救助8.3万元，切实保障农民工兄弟的合法权益。

13日 省纪委常委、市委常委、市纪委书记、市监察委主任蔡亭英带队检查望城区安全生产工作。

26日 岳麓污水处理厂尾水排放工程管道通水。完成中央环保督察组交办任务，切实承担起保长株潭一库清水的重任。

28日 省委常委、宣传部部长蔡振红，市委常委、宣传部部长高山等领导考察雷锋生平事迹陈列馆新馆。

▲ 市委副书记、市长、湖南湘江新区党工委书记胡忠雄调研望城经济社会发展情况。实地察看中粮可口可乐华中饮料有限公司和新华联铜官窑旅游国际度假区项目，并召开座谈会。

▲ “2018雷锋精神论坛”在望城举行。论坛以“雷锋精神与红色文化”为主题，有关专家学者、雷锋生前战友以及全国学雷锋活动先进典型代表共聚一堂，探讨研究雷锋精神的时代价值。

3月

1日 雷锋生平事迹陈列馆（新馆）正式对外开放。新馆陈展面积由原来的1072平方米扩至3881平方米，分“平凡的人生”“伟大的精神”“永远的榜样”三个部分进行展示，共陈列展出文物实物340件、照片299张、雷锋日记诗文61篇，各类绘画作品55幅、音视频资料32套。

3日 长沙市纪念毛泽东“向雷锋同志学习”题词55周年暨“雷锋家乡学雷锋，扮靓园区风景线”志愿服务活动月启动仪式在雷锋纪念馆举行。全国道德模范廖月娥、省、市道德模范代表、学雷锋标兵、最美志愿者与来自北京、上海、广州、深圳、成都等地青年志愿者组织负责人携手按下手掌，向现场大屏幕注入好人力量。

5日 望城区“弘扬雷锋精神、学习宣传道德模范”

主题活动在望城区茶亭镇苏蓼村综合文化广场举行，全国道德模范周美玲、孝老爱亲中国好人向铁梅等身边模范现场讲述自己的故事。

7日 湖南省台办到望城调研台资企业。实地察看旺旺乳饮新厂、罗莎蛋糕、交泰建材、台杰食品、统盈工贸等企业，并召开座谈会。

13日 省委常委、市委书记胡衡华到望城经开区中国航发中传机械有限公司、湖南泰嘉新材料有限公司和湖南航天磁电有限公司等骨干企业调研，他指出，望城要向智能制造聚焦，向产业链高端聚焦，以一流营商环境培育更多智能制造标杆企业，助推长沙高质量发展。

14日 省体育局副局长熊倪等到望城职业中专考察，调研学校创建省足球协会青少年训练基地和教练员、裁判员培训基地事宜。

15日 望城高新区举行揭牌仪式。2017年12月，湖南省政府批准筹建望城高新区。高新区前身为望城经开区铜官循环经济工业基地，规划面积11.85平方千米，已形成以新材料、生物医药为主，现代物流业为辅的产业格局，成为望城区对外开放的新高地、区域经济的增长极。

16日 长沙市“新时代身边雷锋”先进事迹首场报告会在望城举行。省委常委、市委书记、市文明委主任胡衡华出席报告会并为王湘莲、余纯等25名“长沙好人身边雷锋”颁奖。

▲ 省交通厅率调研组到望城调研农村公路建设，实地察看丁字客运站、茶亭镇中心养护站等。

▲ 全省学校与公共场所卫生执法工作推进会召开，望城的学校卫生执法经验在会上被推介。

20日 省纪委常委、市委常委、市纪委书记、市监察委主任蔡亭英调研望城重大项目建设，实地走访望城经开区湖南汇渠建筑有限公司，了解生产车间施工建设情况。

22日 首批湖南产“魔爪”能量型维生素运动饮料在望城经济技术开发区中粮可口可乐华中饮料有限公司正式下线。中粮可口可乐华中饮料有限公司拥有10条生产线，年产能100万吨，是华中地区规模最大、达到世界先进水平的可口可乐工厂。“魔爪”饮料下线有效推动可口可乐产品创新，助力消费升级，满足湖南消费者多样需求，并有效推动望城食品加工产业转型升级发展。

30日 乔口镇公开拍卖该镇盘龙岭村5宗土地193.33公顷的5年租赁权。这是长沙市第一宗农村土地租赁经营权公开拍卖。

4月

6日 省委副书记、省长许达哲，市委副书记、市长胡忠雄参观雷锋纪念馆（新馆）。

8日 望城区召开“极简便民审批（服务）”改革动员大会。印发《长沙市望城区人民政府办公室关于明确将部分民生服务事项下放到街镇、村（社区）的通知》和《长沙市望城区“极简便民审批（服务）”下放街镇、村（社区）事项承接方案》。

12日 中央电视台少儿频道以“长沙望城：模拟法庭 播撒法制种子”为主题对望城法院举行的小法官模拟法庭活动进行报道。

▲ 雷锋纪念馆获评全市党员教育培训示范基地，参加集中授牌，并作为示范基地代表作交流发言。

13日 铜官陶瓷产业亮相2018中国（宁波）特色文化产业博览会，以“黑石号”为创意概念设立独立展位，展出30套120余件陶瓷展品。

17日 水利部部长鄂竟平，省委副书记、省长许达哲，副省长隋忠诚，市委副书记、市长胡忠雄等到望城检查靖港镇老沩水河防汛抗旱工作。

▲ 伟创力长沙智能制造产业园开工仪式在望城经开区举行。省委常委、长沙市委书记胡衡华，长沙市委副书记、市长、湖南湘江新区党工委书记胡忠雄，伟创力集团首席执行官迈克尔·麦克纳曼、首席运营官佛朗索瓦·巴比亚，华为公司生产采购认证部部长吴昆红等出席。

18日 湖南湘江新区产业项目建设年集中开工月“奋进春之声”系列活动暨湘江集团项目集中开工动员仪式在雷锋街道水质净化厂项目驻地举行。雷锋水质净化厂（一期）、梅溪湖分布式能源站和新学士路西延线3大项目集中开工建设，总投资19.3亿元。

▲ 长沙港铜官港区一期码头开港试运行，设计年吞吐量60万吨。

23日 省军区到望城对民兵应急工作进行点验。

28日 国务院办公厅印发通报（国办发〔2018〕28号），表扬望城在土地节约集约利用、土地利用秩序、土地利用计划执行等方面的工作。

5月

8日 承载滨水核心区雨水和岳麓污水处理厂尾水排放的高沙脊泵站电排通水。

9日 2018中国（深圳）国际文化产业博览会开幕，望城区作为长沙地区唯一有布展区域的区县参展。展览结合“一带一路”主题，精选泥人刘、府窑陶瓷等7家企业的大师作品参展，吸引大批观众了解长沙窑、了解黑石号。

11日 长沙市第七届全民健身自行车赛在靖港镇千龙湖生态旅游区举办。

13日 中共中央政治局原常委、全国政协原主席贾庆林考察长沙铜官窑博物馆，省委书记、省人大常委会主任杜家毫陪同。

14日 长沙铜官窑博物馆建成开馆。该馆位于长沙铜官窑国家考古遗址公园西北角，以“诗意的彩瓷”为主题，展示1200多年前唐代长沙铜官窑陶瓷文化发展史。全馆建筑面积11436.5平方米，布展面积6272平方米，以褐色为主色调，包括序厅、千年的积淀、瓦渣坪往事、土火之艺、教育互动区、彩韵唐风、世界的长沙窑 7 个展厅，展出文物 1000 余件。

▲ 《中国信息报》以《传承湖湘文化 复兴古镇文明——“四张名片”点亮名望之城》为题，向全国推介望城实施乡村振兴战略，做强特色产业的先进经验。

15 日 省委常委、市委书记胡衡华实地考察联智桥隧技术有限公司，专题调研望城加快新旧动能转换推动经济高质量发展工作。

▲ 省人大常委会党组成员、副主任韩永文一行调研望城湘江保护与治理工作，实地察看湘江综合枢纽上游船舶污染物收集点，了解运营情况。

▲ 区城投集团与长沙先导快线有限公司签订战略合作协议，在望城区共同推广新能源共享汽车项目合作。

17 日 省委常委、宣传部部长蔡振红带队调研望城文物工作，实地察看铜官古街、长沙铜官窑国家考古遗址公园、铜官窑博物馆等。

18 日 市委常委、组织部部长张宏益一行到望城调研抓党建促乡村振兴、脱贫攻坚工作。

▲ 中共中央十八届、十九届候补委员，全国总工会兼职副主席、“当代雷锋”郭明义，《雷锋》杂志总编辑陶克将军（原解放军报副总编）到雷锋纪念馆参观。

24 日 省委副书记乌兰调研望城农业供给侧结构性改革工作，到乔口镇田心坪村、靖港镇芦江社区高标准龙虾养殖基地、铜官街道乡里里手农业科技公司，详细了解农产品种植养殖和产业项目情况。

25 日 省人大常委会副主任王柯敏、省政府副省长吴桂英等率省人大教科文卫委、省政府办公厅、省发改委、省卫生计生委等相关部门负责人和部分省人大代表到黄金卫生院开展基层医疗服务能力调研。

28 日 深圳市湖南望城商会在深圳成立。这是望城在全国成立的第一个异地商会组织。

▲ 市委副书记、市长、湖南湘江新区党工委书记胡忠雄调研望城经开区伟创力长沙智能制造产业园、晟通科技、TDK 湖南新视电子技术有限公司、智慧园区指挥中心，了解产业链发展、项目建设、审批办理、人才引进等情况。

▲ 2018 年长沙市洞庭湖区防汛抢险应急演练活动在望城举行。本次演练在全省率先融入直升机、无人机、远程监控调度指挥等现代高科技救援项目，全面提升望城在突发自然灾害时的应急反应和协调能力。

31 日 总投资 5 亿元的宝能智慧城市供应链中心项目签约落户望城经开区。该项目建成后，将降低长沙中小企业物流成本，加速资金流转，助力长沙打造国家交通物流中心。

6月

7 日 望城公租房阳光操作模式获《湖南日报》、红网等主流媒体推介，公共租赁住房和租赁补贴实现“应保尽保”。

20 日 省纪委常委、市委常委、市纪委书记、监委主任蔡亭英调研望城脱贫攻坚、产业发展、美丽乡村建设和基层组织建设等工作，实地察看红南公路提质改造工程、盘龙岭村土地合作社、姑塘“水八仙”扶贫合作社和村部提质改造情况，并走访慰问对口帮扶的贫困户。

22 日 《中国组织人事报》头版头条以《长沙望城区大龙村，省级贫困村的“逆袭”》为题，推介大龙村党建工作。

25 日 市委副书记徐宏源到靖港镇前榜村、乔口镇盘龙岭村和靖港镇杨家山村，调研农村基层党建和脱贫攻坚工作推进情况。

26 日 省人民政府副省长、党组成员隋忠诚一行先后到乔口镇大垅围村和茶亭镇静慎村，了解农村垃圾分类减量、乡贤文化建设、农村污水生活处理和农民集中居住试点等情况。

▲ 市委副书记徐宏源调研靖港镇脱贫攻坚和农村基础党建工作。

30 日 第五届湖南土家摸泥节长沙站暨书堂山国学小镇两岸文创交流会在望城书堂山欧阳询文化园召开，省委常委、统战部部长黄兰香出席。

7月

5 日 市委常委、湖南湘江新区党工委副书记、管委会主任张迎春一行调研伟创力智能制造产业园、长沙亿达智造小镇、中信戴卡二期、长沙戴湘个性化轮毂等项目，详细了解重大产业项目推进情况，并召开座谈会，认真听取企业需求与建议，为项目建设排忧解难。

6 日 省侨联副主席孙民生一行到望城区调研侨资企业希杰斯建材科技有限公司发展情况，与企业创始人、首席技术执行官史才军教授及其团队交流座谈。

12 日 中国工程院院士、省农科院院长邹学校带领省蔬菜研究所所长马艳青等到望城区调研靖港蔬菜产业发展情况。

▲ 伟创力长沙智能制造产业园一期项目举行试生产仪式，首批“望城造”华为智能手机亮相。

20 日 国家税务总局长沙市望城区税务局举行挂牌仪式，由原长沙市望城区国家税务局、长沙市望城区地方税务局合并而成。

▲ 中央电视台综合频道、新闻频道《朝闻天下》栏目以《诚信建设万里行》为题，对望城法院执行工作进行专题报道。

23 日 望城大道下穿石长铁路段实现主线通车，连接望城区行政中心至岳麓大道的南北交通大动脉望城大道实现主道全线贯通。

24 日 2018 年姚基金希望小学篮球季集训及联赛（全国）在望城区长郡月亮岛学校拉开帷幕。

25 日 省人大农业与农村委员会主任委员刘宗林一行到乌山街道团山湖村开展支部联基层活动并调研美丽乡村建设情况。

8月

11日 望城籍作家纪红建凭长篇报告文学《乡村国是》获第七届鲁迅文学奖。这是望城籍作家第一次获鲁奖，也是湖南文学界第一次凭报告文学获此殊荣。

17日 省委常委、市委书记胡衡华调研望城产业项目工作，现场察看中国五矿国家新能源材料产业基地和伟创力长沙智能制造产业园项目。

21日 省委常委、市委书记胡衡华到乔口镇盘龙岭村、白箬铺镇光明村、高塘岭街道雷锋路社区，专题调研望城乡村振兴和基层党建工作。

25日 望城区700余名新聘教师在雷锋大剧院参加岗前培训并庄严宣誓。

26日 《人民日报》以《长沙市望城区静慎村激活内生动力，让青山变金山》为题，报道静慎村在全面发挥基层组织战斗堡垒作用和党员先锋模范作用助推乡村振兴的工作成效。

▲ 湖南省长沙洗心禅寺慈善基金会发起的“万名学子助学计划”之2018年度助学捐赠仪式在洗心禅寺前坪举行，606名寒门学子获得洗心基金会的爱心资助242.746万元。

28日 湖南省首个投资过百亿元的大型文化旅游项目新华联铜官窑古镇举行开园仪式，正式对外开放。古镇在经典还原历史古建筑和重现大唐辉煌盛景的同时，深度挖掘丝路文化、陶瓷文化、盛唐文化和湖湘文化。

9月

4日 省人大常委会副主任、党组书记，省总工会主席刘莲玉率全省市、县两级人大常委会负责同志学习班成员实地考察中信戴卡南方智能制造产业园、新华联铜官窑古镇等，详细了解望城智能制造和文游产业发展情况。

5日 中国农业科学院南方经济作物研究中心项目签约仪式在望城举行。该项目由中国农业科学院麻类研究所建设，计划投资5000万元，建科学试验区、成果展示区、产业示范区、科研设施和服务区4个功能区，辐射及带动洞庭湖区域及长江中下游地区现代农业快速发展。

▲ 长沙证通云计算有限公司与华为技术有限公司在望城签署战略合作协议。以落地望城的“华为云”为基础网络，共同拓展智慧城市业务，打造智慧大数据运营中心，构建覆盖全省的智慧城市应用服务体系。

10日 长郡斑马湖中学正式开学，迎来建校第一批师生，为望城再添优质教育资源。

11日 市委副书记徐宏源调研督查望城精准扶贫工作，实地察看茶亭镇卫生院、望群光伏发电扶贫项目和谭家园村中华蜜蜂放养扶贫项目，详细了解健康扶贫、产业扶贫等方面情况。

12日 副省长陈文浩一行实地察看岳麓污水处理厂尾水下移工程、洞庭湖生态环境治理示范片区和大众垸水系连通工程，调研望城生态环境整治工作落实情况。

▲ 市委副书记、市长、湖南湘江新区党工委书记胡忠雄调研望城蔬菜产业发展情况。

15日 由湖南湘船重工有限公司制造的300吨级“中国渔政21003号”渔政船在望城湘江码头下水交付，鸣笛启航。这是目前湖南建造的最大吨位渔政船。该船总长49.9米，宽7.60米，满载排水量365吨，巡航时速约15海里。

16日 首届2018长沙·望城国际铁人三项赛在千龙湖畔正式鸣枪开赛。共有来自中国、美国、澳大利亚、加拿大、法国、瑞典、瑞士、巴西、匈牙利9个国家的精英选手参加。经过激烈角逐，来自澳大利亚的克雷格亚历山大和来自美国的劳伦·高斯分别摘得男子、女子全程邀请组桂冠。

19日 C919首件起落架在望城中航公司装配完成、试验和检验后在望城经开区正式亮相，并由利勃海尔中航起航空（长沙）有限责任公司交付给中国商用飞机有限责任公司。标志着长沙正式具备C919国产大型客机起落架的整体装配能力。

20日 市委常委、宣传部部长高山到靖港镇开展精准扶贫调研。

▲ 国家政策性粮食库存数量和质量大清查试点工作督查组到望城督查政策性粮食库存数量和质量大清查试点工作，实地察看中储粮长沙直属库茶亭库和望城金霞粮油购销有限公司靖港库。

21日 长沙市楼宇商圈市场党建工作现场推进会在望城区湾田商贸物流园召开。

25日 《湖南日报》以《风景美 风气纯 风格高——长沙市望城区推开乡村振兴一扇窗》为题报道茶亭镇乡村振兴典型经验。

26日 长沙市委常委、市委统战部部长谭小平带队到望城区检查安全生产工作。

26—27日 中国可持续发展研究会理事、创新与绿色发展专业委员会秘书长、新华社经济参考报主任吴燕川一行到望城调研采访国家可持续发展实验区建设情况。

28日 全市移风易俗经验交流暨农村精神文明建设现场推进会在茶亭召开，市委副书记、市长、湖南湘江新区党工委书记胡忠雄出席，并实地观摩茶亭镇静慎村乡贤广场和生活污水处理设施，了解移风易俗、乡贤文化建设和人居环境整治等工作情况。

29日 许广高速湖南岳阳新开到长沙望城路段（即“岳望高速”）通车试运营，标志着全国南北大动脉许广高速湖南段（原S61岳临高速）全线贯通，省委书记杜家毫出席通车仪式。

▲ 国家发改委社会司司长欧晓理一行调研望城历史文化遗产保护利用工作，实地察看长沙铜官窑博物馆，了解铜官窑遗址保护与开发利用情况。

10月

1日 银星湾公园建成开园，成为市民亲水、休闲绝佳场所，为长沙新增一处城市“绿肺”。

▲ 区文旅投与湖南华夏投资集团共同合作打造的书堂山国学小镇·泥爸爸场景育学园开园，推动书堂山国学小镇整体开发和全区研学游产业发展。

2日 省人民政府副省长隋忠诚到雷锋纪念馆参观。

4日 市政府副市长廖建华到望城区调研房地产业发展，对楼盘品质提升给予充分肯定。

9日 全国“扫黄打非”办汤清淇副司长一行到望城区高塘岭街道雷锋路社区复核 “扫黄打非”进基层标兵单位创建工作。

14日 国家民委监督检查司杜宇副司长一行调研望城一中民族教育工作。

16日 中共长沙市望城区委深化机构改革领导小组成立，设办公室和4个工作组（望办发〔2018〕38号），启动全区深化机构改革工作。

20日 湖南吴赣药业项目开工仪式在望城高新区举行。该项目旨在打造国内化学原料药、化学制剂、生物医药领域具有影响力的创新研发生产基地和总部经济。

23日 由长沙市文联，望城区委宣传部联合主办、华夏剪纸博物馆承办的“望城折迭剪纸艺术展”在长沙市博物馆开幕。

24日 区委书记孔玉成带领区直相关单位负责人、14个街镇主要及分管负责人，110个涉农村（社区）党支部（总支）书记，到浏阳、宁乡、长沙县等各乡村振兴示范点取经，交流学习新型村级集体经济“四型”及农村人居环境“五治”工作经验。

▲ 长沙市委常委、市委秘书长夏建平深入望城经开区，调度督查伟创力长沙智能制造产业园项目建设，实地察看伟创力长沙智能制造产业园项目一期生产现场和二期建设工地，了解生产运营与产业链招商以及项目建设等情况。

25日 望城区融媒体中心挂牌成立，标志着望城区新闻媒体告别传统单兵作战模式，实现抱团发展的大升级，这也是机构平台从“相加”到“相融”的一次重大变革。

29日 莱茵河畔杜塞尔多的“文化中国·湖南文化走进德国”大型文化交流活动举行。区委宣传部、区文化创意产业协会、铜官陶瓷新匠人代表参加，并组织近20家铜官陶瓷企业50余件作品参展。“海上瓷路之源”的铜官陶瓷展区成为活动热点。

▲ 省住建厅举办的乡镇规划建设管理干部培训班上，白箬铺镇就“农村垃圾分类实际先进做法”这一主题在论坛和年会上发表主旨演讲，推介在垃圾分类减量工作上的科学管理方法和典型举措。

▲ 庆祝改革开放40周年暨望城恢复建制40周年书堂山全国书法名家作品邀请展在雷锋大剧院开幕，中国书法家协会主席苏士澍出席。

30日 省委书记、省人大常委会主任杜家毫实地察看长沙市岳麓污水处理厂监控室和尾水排放管道终点沩水河口，详细了解污水集纳范围、处理工艺、排放标准、中水回收利用、湿地建设等情况，现场督办环保督察问题整改。

▲ 光明村慧润·蝶梦山谷民宿二期乡创学院和乡村美学馆项目建成并投入运营。

31日 第三届长沙文创十大工匠“金手指”传人颁奖典礼暨长沙市文创示范园区基地楼宇授牌仪式举行。铜官陶瓷《和浩十二生肖壶》创作者金和浩、《远古唐风》创作者周国兵获得“金手指”传人称号。湘台文创园、铜官窑考古遗址公园、铜官创新创客中心分别获得市示范园区、基地、楼宇称号。

11月

1日 湖南省委常委、市委书记胡衡华调研大众垸的水系连通项目和湘江村示范片建设。

▲ 出席全球农业南南合作高层论坛的60个国家代表100余人到白箬铺镇光明村观摩美丽乡村建设。

2日 第16届中国国际农产品交易会暨第20届中国中部（湖南）农业博览会在长沙开幕，乌山贡米、望城鲌鱼、东城生态椒等望城特色农产品集中亮相，吸引了众多客商和市民关注。

9日 中南大学党委常委、副校长陈春阳带队到望城，就湖南有色金属控股集团、中南大学、望城区政府三方共建中南大学科技园望城孵化基地事项进行专题调研。

11日 区委书记孔玉成，区委副书记、区长范焱斌率相关部门负责人到望城一中现场办公，集中解决学校当前建设与发展中的难题，推动望城教育改革发展、释放活力、提质增效。

15日 市委常委、市委统战部部长谭小平到望城现场督办中央环保督察“回头看”交办重点问题的办理整改情况。

19日 “纪念改革开放40周年——网络名人看湖南”活动在望城区正式启动。中央网信办网络社会工作局副局长刘红岩，省委网信办副主任屈贵全，湖南日报社党组成员、社委、华声在线股份有限公司总裁龚定名等出席活动。

20日 湖南雷锋纪念馆建馆50周年的纪念日。中国梦·雷锋情全国第二届“雷锋杯”公益书画作品展在湖南雷锋纪念馆隆重开幕。海军原副政委，中国学雷锋“两会”主任冷宽，湖南省人大常委会原副主任唐之享，湖南省军区原副政委黄祖示出席开幕式。

21日 《中国工业百强县（市）、百强区发展报告》发布，望城获评中国工业百强区，排名榜单第70位。

▲ 以长沙现代农业综合配套改革试验区为申报和实施主体，望城区获评“2018年湖南省农村一二三产业融合发展示范县”。

▲ 云游茶叶产业园入选湖南省特色强农项目。

▲ 长沙市望城区工会第二次代表大会开幕。

22日 乌山街道高冲村居民张友杰、李世希、李根生三人将在苏宁云商湖南电商产业园项目施工动土过程中发现金银器77件（套）交由湖南省博物馆收藏。

23日 省委常委、省委统战部部长黄兰香到望城经开区金桥国际市场集群调研。

▲ 共青团长沙市望城区第一次代表大会在雷锋大剧院开幕。

24日 全国总工会党组副书记、副主席、书记处书记张工率全总宣讲调研组调研大汉控股集团。

27日 湖南省委统战部副部长符俊根一行到望城区调研民营企业发展和“同心美丽乡村”创建工作，实地考察长沙新华联铜官窑国际文化旅游度假区项目及茶亭镇静慎村。

28日 汉代长沙王陵墓群安防二期增补工程接受省、市文物局专家验收，并于11月30日获省文物局验收批复。

▲ 2018中国(长沙)网络安全·智能制造大会在长沙国际会展中心开幕。望城经开区衡开智能、伟创力、戴湘集团、泰嘉新材等12家园区企业参展，智能泊车装置、智能充电桩、智能无人机等一批产品亮相，集中展示望城经开区最新智能制造成果。

29日 省委常委、市委书记胡衡华到望城专题调研重点企业运行发展情况。市委常委、市委秘书长夏建平参加调研。

30日 望城区人民政府与中青旅湘江（长沙）文旅股份有限公司签订靖港古镇一期综合运营管理服务合同，全面实施靖港古镇一期运营管理。

12月

2日 《湖南日报》以《望城：支部建在项目激活“新功能”》为题，对望城区支部建在项目上的创新做法进行专题推介。

2—5日 国家文物局在国家考古遗址公园联盟第八届联席会议发表《国家考古遗址公园发展报告》，充分肯定长沙铜官窑国家考古遗址公园在运营管理、机构建设、队伍建设和制度建设等方面的工作成效。

4日 启动高塘岭街道雷锋路、中南、湘陵、望府路和丁字湾街道石韵、月亮岛街道桃花井和金瑞等7个社区提质提档工作。

▲ 西藏自治区党委副书记、区人大常委会主任洛桑江村率西藏自治区党政代表团到望城一中，看望慰问西藏班师生。

6日 省市场监督管理局调研望城市场监督管理工作。

11日 省委书记杜家毫调研伟创力技术（长沙）有限公司。

13日 中国陶瓷工业协会第七次会员代表大会在新华联铜官窑古镇举行，中国轻工业联合会会长张崇和，中国社会科学院中国社会科学评价院院长荆林波、中国工程院院士江东亮、王迎军等全国高等院校的专家教授，以及来自各产区陶瓷工业代表参加会议。

15日 “楷圣故里 朝圣书堂 ”湖南省首届楷书展暨全国名家邀请展在望城区书堂中学拉开序幕。省文联主席欧阳斌，市文联党组书记王俏，省书协副主席、市书协主席孔小平，以及全省各市州200余名书法爱好者共同出席开幕式。

17日 《湖南日报》市州新闻版以《望城：基层党建激活“一池春水”》为题，对望城区城市基层党建工作进行专题推介。

18日 望城区雷锋精神研究会成立，并召开第一次会员大会。

19—20日 全市重大产业项目流动观摩会举行。省委常委、市委书记胡衡华，市委副书记、市长、湖南湘江新区党工委书记胡忠雄与各区县(市)、园区和市直部门负责人到望城实地观摩、督导项目建设推进工作，聚焦高质量发展的“望城速度”。

20日 潇湘北路主线通车，望城再添连接市区快速通道。

21日 央视《记住乡愁》栏目组走进望城，与望城文艺界代表、铜官陶瓷手艺人等面对面座谈，全面搜集相关历史文化素材。

23日 中共长沙市望城区委二届十次全体(扩大)会议召开，区委书记孔玉成作题为《肩负时代使命 强化责任担当 奋力开创名望之城高质量发展新局面》的工作报告。

26日 惠州市德赛电池有限公司与望城经开区签订合作协议，拟投资3亿元建设德赛电池望城智造产业园，助力长沙打造千亿级智能手机产业集群。

27—30日 政协长沙市望城区第二届委员会第三次会议召开。区政协党组书记、主席骆志平向大会作题为《同心同向 共谋发展 为推动名望之城高质量发展建言聚力》的工作报告。

28日 中国五矿国家新能源材料产业基地(一期)暨湖南长远锂科有限公司铜官基地投产启动仪式在望城高新区举行。中国五矿集团有限公司党组副书记、总经理兼中冶集团董事长国文清，省委常委、市委书记胡衡华，副省长陈飞出席并见证。市委副书记、市长、湖南湘江新区党工委书记胡忠雄，中国五矿集团有限公司党组成员、副总经理焦健出席并致辞。中国国新控股有限责任公司党委副书记、总经理莫德旺，市领导夏建平、刘明理出席。

29日 望城区第二届人民代表大会第三次会议召开，区委副书记、区长范焱斌作政府工作报告。

30日 望城区第二届人民代表大会第三次会议召开，区人大党组书记、主任喻金平作人大工作报告。

31日 望城区第二届人民代表大会第三次会议闭幕。大会通过李智勇等11名代表联名提出的《加强中心城区内老旧小区提质改造与管理的议案》。

望城概况

责任编辑 ◎ 张姣美

历史文化

【历史遗存】 望城古为荆楚之地，历史文化厚重。拥有古城桥地段新石器时代屈家岭文化遗址，有距今5000年以上、总面积约2万平方米的团头湖遗址群，有商周高沙脊文化遗址，有“风篷岭一号”汉王墓及唐铜官窑遗址等文化遗存。特别是唐代铜官民窑首创的釉下彩瓷闻名于世。累计有国家级重点文物保护单位1处（长沙铜官窑遗址）、省级重点文物保护单位9处。

【历史人物】 望城圣贤之风，山高水长。自唐代以来，人才辈出，各领风骚。欧阳询书法楷模天下，丁取忠《白芙堂算学丛书》集古今数学之大成，诗圣杜甫、抗元名相文天祥、扬州八怪之郑板桥先生等，均在望城留下题咏佳作。辛亥革命至今，望城涌现以郭亮、刘畤西、叶魁、易顺鼎、谭蒙、谭天觉为代表的革命先烈，以袁仲贤、李觉、佘景行、刘人瑞、沈立人、谭希林、陶承、李灿英、章蕴等为代表的志士仁人，以雷锋为代表的易钦、侯德云、邓佑生、赵异湘、佘君由等雷锋精神传人，以柳志强、黄仲子、杨冬秀、胡爱农、张怀安、何义芳等为代表的行业精英，以欧阳翥、李肖聃、陈希孺等为代表的学界翘楚，以王三乐、何德润、刘子振、张国钧等为代表的艺苑能人，以任雨农、谭德静、陈敦正、叶济安等为代表的海外贤达。

【人文景点】 望城文化旅游资源丰富，有中国历史文化名镇靖港古镇、乔口渔都、新康戏乡、书堂山欧阳询文化园、铜官古镇及新华联铜官窑旅游度假区等特色景点，湖南省党史陈列馆、雷锋纪念馆、郭亮烈士陵园、陶承故居、秘密电台旧址等红色景点。近几年，深度挖掘旅游文化。“望城乡村古镇游”为全国十大乡村旅游精品线，中国休闲农业与乡村旅游节每年一届，长驻望城。

自然地理

【区域位置】 望城是伟大的共产主义战士雷锋的故乡，属长沙市市辖区，居湘中东北，位于北纬28°08′29″~28°33′37″、东经112°38′45″~113°02′27″之间。东连长沙县，南接开福区、岳麓区，西南与宁乡市水陆相邻，西北与益阳市赫山区、北与湘阴县隔水相望，东北沿京广铁路与汨罗市一线相连。辖区东西最大距离58千米，南北最大距离39千米，2018年，全区总面积969平方千米。其中陆地836平方千米，占86.3%；水域133平方千米，占13.7%。

【地貌】 望城地处湘中丘陵向洞庭湖平原过渡地带，地势由南向北倾斜。兼有低山，以岗地、丘陵、平原为主。东南部黑麋峰、九峰山、书堂山、麻潭山群山绵亘，俯瞰江流；西南部观音山、谷山、白鹤山、乌山层峦叠翠，秀甲四方。区域内岗地面积较大，岗顶多为平展伸延，地表缓和起伏；中部多为丘陵岗地，海拔在60~150米之间，土质红黄，林木苍翠；东北、西北部为滨湖冲积平原区，土地平旷，湖泊密集，团头湖为其最大。境内最高峰位于桥驿镇黑麋峰，海拔590.5米，最低点位于乔口镇湛湖，海拔23.5米。

【自然资源】 境内已探明地下矿藏有金、铁、锰、磷、石灰石、花岗岩、玄武岩、青石、陶土、河砂砾石、矿泉水等30多种。广泛开发的有花岗岩、砖瓦用黏土和建筑用砂。花岗岩主要位于望城区丁字湾街道、茶亭镇和桥驿镇境内，已探明地质储量1313.1万立方米，可采量1100万立方米，年产量34.5万立方米。丁字花岗岩在南宋时期就作建筑材料，从清代起开采从无间断。中华人民共和国成立后，丁字花岗岩石材先后用于国家人民大会堂及武汉长江大桥建设。建筑用砂取于湘江河内，实行依法有序开采，年开采量850万立方米。沿湘江东岸陶瓷黏土历经千年开采而不衰，南部富藏石灰岩。

望城区土壤成土母质母岩主要为板页岩、花岗岩，次为石灰岩、红色黏土类和河湖冲积物类。土壤分9个土类、21个亚类，以红壤、潮土、水稻土为主，山地黄壤、山地黄棕壤、石灰土等少量分布其中，各类土壤适宜多种农作物生长。

望城区地带性植被为亚热带常绿阔叶林，由于优越的自然条件，动植物种类较多，生物资源丰富。森林植被主要为常绿阔叶混交林、针阔混交林、针叶林及毛竹林，主要树种为马尾松、杉木、湿地松、毛竹、樟树、栎类等；经济林主要有油茶、柑橘、梨、核桃、板栗、桃等；药用植物有杜仲、厚朴、黄檗等。2018年森林覆盖率34.18%。

境内有野生动物216种，其中被列为国家二级保护动物的有白额雁、鸢、雀鹰、松雀鹰、红隼、红角鸮、领角鸮、斑头鸺鹠、穿山甲、虎纹蛙、白鹇11种，有野生种子植物272种，其中属国家一类保护树种有水杉，白鹤山麓发现的朱砂玉兰长沙地区首见，黑麋峰顶发现的山茱萸能在该低纬度处生长，实属罕见。

【水文气候】 境内河道属长江流域，湘江是流经境内最大的河流，其自长沙市岳麓区三汊矶从南入境，纵贯境内南北35千米，携一级支流8条、二级支流13条，至东城团鱼洲北下洞庭。各级支流呈叶脉状向东西两侧展开，斜贯全区。其中湘江西侧有烂泥湖撇洪河、沩水河、八曲河、马桥河、龙王港等一级支流5条，东侧有沙河、石渚河、黄龙河等一级支流3条。

2018年，全区有33.33公顷以上堤垸22个（湘江干流堤垸14个），其中66.67公顷以上的9个，666.67公顷以上堤垸7个，6666.67公顷以上堤垸1个；一线堤防164.3千米（湘江干流堤防69千米），湘江贯穿区境35千米，总保护面积2.4万公顷；水库44座，总库容3610万立方米，其中，中型水库1座、小(I)型水库7座、小(II)型水库36座。

望城区属于亚热带季风气候，温和湿润，四季分明，冬夏长，春秋短。春季开春早，气温回升快，降水丰沛，多阴雨；夏季气候炎热，降水集中，雨热同季，易发生盛夏干旱，也易出现暴雨洪涝；秋季以秋高气爽天气为主，日照强，降水少，晴日多，易发生干旱；冬季少严寒，雨雪少。

1981—2010年，年平均气温17.4℃，最冷月平均气温4.9℃（1月），最热月平均气温29.2℃（7月），极端最高气温40.6℃（2003年8月2日），极端最低气温–10.3℃（1991年12月29日），年平均雨日为150.1天，降水量1428.1毫米，其中4—9月降水量为917.4毫米，占全年总降水量的63.3%。年平均相对湿度79%。年平均无霜期为271天。全年平均日照1545.3小时，占日照时数24.9%。年平均风速为2.35米/秒，最多风向为西北风。主要气象灾害有洪涝、高温、干旱、低温阴雨、冰雹、大风、寒潮、雷暴。2018年望城区年平均气温18.1℃，最高气温38.3℃，最低气温–5.1℃，年降水量1315.8毫米。

人口·民族

【人口】 2018年，户籍人口58.9万人（不含雷锋街道），比上年年末增加1.8万人。户籍人口中男性29.2万人，女性29.7万人。常住人口47.8万人。人口出生率为15.6‰，人口死亡率为6.7‰，人口自然增长率为8.9‰。

【民族】 望城属少数民族散居区，境内人口以汉族为主，有土家族、苗族、侗族、蒙古族、回族、白族和瑶族等29个少数民族，少数民族人口近3000人；超过500人的有土家族和苗族，超过100人的有侗族和蒙古族，超过50人的有回族、白族和瑶族。

2018年，新建6个少数民族群众服务站，分别为经开区服务站、长沙医学院服务站、望城一中服务站、中南社区服务站、旺旺路社区服务站和兴城社区服务站，分布在少数民族群众聚集的社区、学校、企业等区域。境内长沙医学院是参与国家教育部等8部委批准开展的“内地高校支援新疆第六次协作计划”学校之一，学校有回族、维吾尔族、土家族等29个少数民族，在读少数民族学生共计2000余人，望城一中于2002年设立西藏班，共招收16届来自西藏的藏族学生，有14届毕业生。

建置·区划

【建置沿革】 望城境域自秦、汉设郡、县以来，经三国、晋、隋、唐及五代，历为长沙郡、长沙国、长沙县辖境；至宋哲宗元符元年(1098)，划境内南半部入善化，经南宋、元、明、清各朝，境内一直属长沙、善化两县，民国元年(1912)，裁两县并入长沙府，直属湖南省管辖，次年改为长沙县，沿袭至中华人民共和国成立初期。1951年5月，经中央政务院批准析长沙县湘江东岸西北角一部分和西岸全部地区建置望城县，属长沙专区，县人民政府驻地初设望城坡，后迁高塘岭，1952年10月，县改属湘潭专区管辖。1956年6月，将团头湖以西的利民乡全部划归益阳县。1959年3月在全国区划调整中，望城县建制撤销，并入长沙县，属长沙市管辖。1977年12月，经国务院批准恢复望城县建制，除望岳公社划归长沙市郊区外，仍辖1958年时属地，辖7区34个公社、4个镇、2个县属场，县人民政府驻地高塘岭。1996年6月，霞凝乡划归长沙市开福区，天顶乡划归长沙市岳麓区。2008年6月，雨敞坪镇、莲花镇、坪塘镇、含浦镇划入长沙市岳麓区，雷锋镇由长沙市高新技术开发区托管。2011年5月20日，经国务院批准，撤销望城县，设立长沙市望城区，望城区以原望城县行政区域为行政区域。2012年，经省民政厅、长沙市人民政府批准，望城区撤销高塘岭镇、星城镇、丁字镇、黄金镇，相应设立高塘岭街道、星城街道、丁字街道、黄金街道。8月28日，望城区再次进行街道区划调整，将高塘岭街道拆分为高塘岭、喻家坡2个街道；星城街道拆分为白沙洲、大泽湖、月亮岛3个街道；丁字街道拆分为丁字湾、书堂山2个街道；黄金街道拆分为金山桥、黄金园、廖家坪3个街道。2014年6月，廖家坪街道由长沙市高新技术开发区托管。

【行政区划】 2015年11月，望城开展乡镇区划调整，将靖港镇和格塘镇成建制合并设立靖港镇；将新康乡和高塘岭街道成建制合并设立高塘岭街道；将茶亭镇和东城镇成建制合并设立茶亭镇；将东城镇慎家桥社区五杉片（含跃进、染匠、禾家、姚家、五杉、大官、鱼心7个居民小组）划入铜官镇华城村，将茶亭镇郭亮村划入铜官镇，将铜官镇和书堂山街道成建制合并设立铜官街道；将乌山镇和喻家坡街道成建制合并设立乌山街道；将雷锋镇和廖家坪街道成建制合并成立雷锋街道。合并后下辖白箬铺、靖港、乔口、茶亭、桥驿5个乡镇，雷锋、黄金园、金山桥、白沙洲、大泽湖、月亮岛、乌山、高塘岭、铜官、丁字湾10个街道，共有125个村民委员会、40个社区居民委员会。全境纳入长株潭“两型社会”综合配套改革试验核心区和洞庭湖生态经济区，2015年5月，高塘岭、喻家坡、白沙洲、大泽湖、月亮岛、金山桥、黄金园和廖家坪(由高新区托管)8个街道纳入新区核心规划范围。2016年3月，完成并村工作，合并后全区有128个村（社区）。2018年年末，辖10个街道（其中雷锋街道交由高新区托管），5个镇，98个行政村、19个农村社区、32个城市社区。

国民经济和社会发展状况

【综述】 2018年实现地区生产总值671.42亿元（含雷锋街道），比上年（下同）增长8.6%。其中第一产业增加值40.39亿元，增长3.8%；第二产业增加值444.59亿元，增长8.6%；第三产业增加值186.44亿元，增长10.1%。第一、二、三产业分别拉动GDP增长0.2、6.1、2.3个百分点，三次产业对GDP增长的贡献率分别为2.8%、70.7%、26.5%。三次产业结构调整为6.0:66.2:27.8，与上年比较，第一产业所占比重下降0.4个百分点，第二产业比重下降2个百分点，第三产业比重上升2.4个百分点。工业对经济增长的贡献率52.3%，拉动GDP增长4.5个百分点，全部工业增加值占GDP比重49.3%，较上年下降3.2个百分点。

【农业、农村】 全区完成农林牧渔业总产值70.5亿元，比上年（下同）增长3.9%。其中，农业产值46.18亿元，增长4.0%；林业产值1.38亿元，增长6.9%；牧业产值12.74亿元，增长1.6%；渔业产值4.83亿元，增长5.5%；农林牧渔服务业产值5.36亿元，增长7.1%。年末，全区总播种面积93.1千公顷。全年粮食播种面积51.51千公顷，其中：水稻播种面积47.62千公顷。全年粮食产量33.96万吨，其中水稻总产量32.42万吨。全年蔬菜播种面积28.53千公顷，比上年增加0.97千公顷，蔬菜产量101.90万吨，增长6.2%；茶叶产量0.06万吨，增长3.4%；水果产量4.29万吨，增长5.2%。

全年出栏肉猪53.34万头，当年肉类总产量4.52万吨。其中：猪肉产量4.18万吨，牛肉产量0.05万吨，羊肉产量0.01万吨，猪牛羊肉产量均与上年基本持平。水产品产量1.18万吨，增长6.7%，其中：鱼类(含鳝鱼、泥鳅)产量1.08万吨，增长6.9%；虾蟹类产量0.96万吨，增长6.6%；贝类产量0.01万吨，与上年基本持平。

【工业和建筑业】 全年工业增加值比上年增长8.0%。其中规模以上工业增加值同比增长9.2%。实现规模以上工业总产值867.05亿元，其中望城经开区规模以上工业总产值608.20亿元(含挂靠园区企业)，同比增长39.7%，占全区规模以上工业的70.1%，对规模以上工业增长的贡献率112.3%。

规模以上工业中，食品制造业产值143.66亿元，占规模以上工业的比重16.6%；有色金属冶炼和压延加工业产值136.06亿元，占比15.7%；非金属矿物制品业产值93.17亿元，占比10.7%；电力生产和供应业产值29.20亿元，占比3.4%。

在规模以上工业产值中：国有企业完成26.68亿元，占规模以上工业总产值的3.1%，比上年增长3.7%；集体企业完成4.45亿元，占比0.5%，增长7.0%；股份合作企业完成1.52亿元，占比0.2%，下降7.7%；股份制企业完成634.94亿元，占比73.2%，增长20.7%；外商及港、澳、台投资企业完成190.89亿元，占比22.0%，增长38.7%；其他经济类型企业完成8.58亿元，占比1.0%，下降51.9%。

年末规模以上工业企业347家，其中2018年新增规模以上工业企业39家。全区规模以上工业企业全年实现主营业务收入610.75亿元，比上年增长3.4%；利润总额32.60亿元，增长2.9%。

全区资质以上建筑企业64家，完成建筑业总产值457.59亿元，比上年增长8.3%。全年房屋建筑施工面积1708.54万平方米，增长24.6%；房屋建筑竣工面积77.78万平方米，比上年增长10.5%。

【固定资产投资】 全年完成固定资产投资比上年增长11.3%。全区计划总投资超过5000万元的在建项目（不含房地产）261个，完成投资占固定资产投资总额的74.4%。

在固定资产投资中，第一产业（不含水利建设投资）完成投资比上年下降78.9%；第二产业完成投资增长66.5%，其中工业投资增长80.3%；第三产业完成投资下降12.9%。全年基础设施建设完成投资增长1.2%。

全年完成房地产开发投资126.28亿元，比上年下降5.9%。全区商品房销售面积471.51万平方米。全区商品房销售额310.60亿元，其中住宅销售额275.00亿元，增长27.7%。

【国内贸易】 全年实现社会消费品零售总额196.07亿元，比上年（下同）增长17.6%。按经营地统计，城镇消费品零售额173.49亿元，增长17.3%；乡村消费品零售额22.58亿元，增长19.6%。按行业统计，批发业16.33亿元，增长61.6%；零售业161.67亿元，增长13.2%；住宿业2.59亿元，增长29.8%；餐饮业15.48亿元，增长30.2%。限额以上单位商品零售额148.38亿元，比上年增长20.0%。分类别看，粮油、食品类下降4.1%；石油及制品类增长10.3%；烟酒类增长11.3%；建筑及装潢材料类增长3.5%；汽车类增长3.8%。

【交通和邮电】 境内铁路总里程60千米，设火车站6个。公路总里程2590.99千米，其中高速公路88.1千米，国省干线公路153.03千米，全区路网密度272.45千米/百平方千米。全年完成邮政业务总量1.01亿元，比上年增长21.9%。全年完成电信业务总量1.21亿元，比上年增长11.05%，年末固定电话用户4.53万户。

【对外经贸和旅游】 全年完成外贸进出口总额70542万美元，比上年增长26.4%。其中进口总额40023万美元，同比增长70.5%，出口总额30519万美元，同比下降5.0%。全区有各类景区、点91处。其中：主要景点13处，国家AAAA级旅游景区4家，国家AAA级旅游景区7家。全年接待游客2000.17万人次，同比增长21.2%；实现旅游综合收入105.03亿元，同比增长29.5%。

【财税金融】 全区一般公共预算收入90.31亿元，比上年增加10.28亿元，增长12.9%。其中地方一般公共预算收入49.66亿元，比上年增加3.59亿元，增长7.8%；上划所得税17.79亿元，增长36.4%；上划中央"三税"17.55亿元，增长8.5%；上划省"五税"5.31亿元，增长12.0%。全区一般公共预算支出95.58亿元，增长18.6%。全区政府性基金预算收入67.11亿元，比上年增加21.47亿元，增长47.0%。其中：国土基金收入55.55亿元，比上年增加10.51亿元，增长23.3%。金融机构年末各项存款余额612.72亿元，同比增长3.3%，其中居民储蓄存款余额271.56亿元，增长4.1%。年末各项贷款余额480.73亿元，增长16.2%。

【科技和教育】 推广转化重大科技成果30项，专利申请1551件，授权802件。实现高新技术产业产值521.71亿元，同比增长24.5%；实现高新技术产业增加值140.54亿元，同比增长17.6%。2018年年末全区有普通中学27所，中等职业中学1所，小学74所。普通中学专任教师2508人，中等职业中学专任教师162人，小学专任教师1749人。普通中学在校学生人数24527人，中等职业中学在校学生2514人，小学在校学生数44872人。当年学龄儿童入学率100%；初中升学率为99.3%；高中升学率为89.0%。

【文化、卫生和体育】 全年完成送体育赛事下乡900余场，送戏下乡180余场，送电影下乡2000余场，送图书下乡2万余册。建成市级示范性村（社区）文化活动室（中心）15个，全面完成"一圈两场三道"（一圈"是指15分钟生活圈，"两场"是指停车场、农贸市场，"三道"是指人行道、自行车道、历史文化步道）建设任务77项文体项目建设，全民健身工程覆盖率100%。年末拥有各类医院、卫生院、社区卫生服务中心36个，床位3746张，卫生技术人员3847人，其中执业医师1353人，执业助理医师382人。婴儿死亡率由2010年的5.6‰下降到2018年的3.19‰。

【人民生活和社会保障】 全体居民人均可支配收入40255元，增长8.7%。其中，城镇居民人均可支配收入47201元，增长8.4%，农村居民人均可支配收入32232元，增长8.4%。城乡居民人均消费支出27078元。年末汽车保有量17.07万辆。城镇新增就业8086人，农村劳动力转移就业3640人，零就业家庭实现动态清零，城镇登记失业率3.2%。五项社会保险参保97.97万人，归集社会保险费29.27亿元，发放保险金19.10亿元。城乡居民养老保险、城乡居民医疗保险参保缴费率分别为98.0%和98.0%。限价商品房建设项目实现1个预售，启动5个项目建设前期工作。完成农村危房改造266户。发放公积金贷款17.7亿元。

【环境、节能和安全生产】 全年环境污染治理完成投资额15.15亿元，比上年增长7.9%。全年空气质量优良天数324天，优良率为88.8%。饮用水源地达到或好于Ⅲ类水体比例为100.0%。单位GDP能耗下降4.25%。全社会用电量25.08亿千瓦时，其中工业用电量10.58亿千瓦时，居民生活用电量8.05亿千瓦时。2018年，全区发生各类安全生产事故（不含火灾事故）6起，死亡2人。与上年相比事故减少9起，同比下降64.7%。死亡人数减少3人，同比下降60%。全年未发生较大以上安全生产事故，亿元GDP事故死亡率为0.0032人，万人火灾事故死亡率为0人，万人交通事故死亡率为0.446人。

中共长沙市望城区委员会

责任编辑 ◎ 宁利宏

重要会议

【区委常委会会议】 2018年，区委召开常委会会议23次。1月8日，传达学习贯彻市人大、政协会议精神；研究部署当前工作；研究雷锋街道析置有关工作。1月19日，传达学习贯彻全市环境保护工作暨强力推进环境大治理，坚决打赢蓝天保卫战动员部署大会精神，审定《望城区“强力推进环境大治理 坚决打赢蓝天保卫战”三年行动计划（2018—2020）》；审定《长沙市望城区债务风险防范管理暂行办法》；研究2018年项目铺排计划有关工作；研究征地拆迁补偿有关工作；审定《关于开展专项整治党员干部违规收送红包礼金问题歼灭战工作方案》；审定《长沙市望城区关于全面推进政务公开工作的实施意见》。1月25日，听取2017年民兵预备役工作情况汇报，研究2018年主要军事工作任务。2月2日，传达长沙市区县（市）委书记抓基层党建和意识形态工作述职评议考核会议和市委2017年第三轮巡察情况通报会精神；研究有关人事问题；研究国家生态文明建设示范区创建有关工作，审定《长沙市望城区洞庭湖生态环境专项整治三年行动计划（2018—2020年）》；审定《关于加强和改进党委（党组）理论学习中心组学习实施细则》。2月8日，传达学习贯彻市纪委全会精神，研究纪检监察和巡察工作；研究学雷锋有关工作；研究规范津补贴有关工作；审定《关于在全区大兴调查研究之风深入开展“抓重点、补短板、强弱项”大调研活动实施方案》。2月12日，传达学习贯彻2018年市蓝天保卫战工作领导小组第一次会议、全市2017年度领导班子绩效考核通报讲评暨2018年度重大项目推进大会、2018年第一季度全市产业链建设推进工作调度会议精神。2月26日，研究政法工作；研究信访工作；审定2018年“雷锋之星”候选人名单。3月6日，听取街镇和区直单位党组织书记抓基层党建工作和意识形态工作综合评分情况汇报，研究确定综合评价结果。3月14日，传达学习贯彻市委副书记、代市长、湘江新区党工委书记胡忠雄望城调研讲话精神；研究党办工作；研究组织工作；研究宣传思想工作；研究统战工作；审定2017年度绩效考核结果；审定2017年度表彰奖励名单。3月22日，传达学习杜家毫书记在省委常委会议上关于防范和化解政府债务问题的讲话精神；审定《中共长沙市望城区委常委会关于坚决维护党中央集中统一领导的规定》等系列文件；研究2018年对口帮扶龙山县洗车河镇精准脱贫攻坚工作。4月13日，研究贯彻落实省委常委、市委书记胡衡华望城调研讲话精神任务分解相关工作；听取2018—2020年区与街镇财政管理体制（草案）情况汇报，审定《关于进一步强化政府性债务科学管理推动经济高质量发展的通知》；研究城市基层党建工作；研究经开区托管望城区乌山中小企业园相关工作；研究有关人事问题；研究有关案件；传达学习市委作风建设工作紧急会议精神；研究扶贫领域腐败和作风问题专项治理工作；研究统计有关工作。5月31日，传达学习市委网络安全和信息化领导小组会议精神；研究2018年精准扶贫工作；研究绩效考核工作；研究推进党支部“五化”建设有关工作；审议《关于进一步加强和改进优秀年轻干部培养选拔工作的实施办法》。6月19日，传达学习长沙市中央巡视组交办信访件办理工作推进会会议精神，研究全区中央巡视组交办信访件办理及信访维稳工作；传达学习全省优化发展环境现场推进会会议精神；研究防范和化解政府债务风险有关工作；审定《关于进一步深化区领导与党外代表人士、非公有制经济人士联谊交友制度的通知》；研究有关人事问题。7月4日，传达学习全市基层党建重点任务暨城市基层党建年工作推进会会议精神；研究城投集团、棚改投、交建投整合转型相关工作；研究2018年政府投资项目“调停缓撤”相关工作；研究雷锋精神研究会筹备工作；研究2018年度老干部工作、关心下一代工作。7月24日，研究乡村振兴相关工作；传达学习全国组织工作会议精神，研究《全区基层党建工作重点任务暨“城市基层党建年”工作推进会方案》；研究区委巡察线索移交有关案件；研究统计有关工作。7月30日，研究有关人事问题，研究部署8月主要工作。9月14日，学习传达《湖南省委办公厅湖南省人民政府办公厅印发〈关于禁止利用领导干部职权或职务上的影响“提篮子”谋取私利的规定〉的通知》和《中共长沙市委办公厅关于严禁利用领导干部职务影响力“提篮子”的通知》文件精神，审定《中共长沙市望城区委办公室关于严禁利用领导干部职务影响力“提篮子”的通知》。9月30日，传达学习贯彻十三届市委第四轮巡察情况通报会精神和《关于进一步深化全市巡视整改工作的通知》精神；传达学习贯彻全市组织工作会议精神；传达学习贯彻忠雄市长调研望城蔬菜产业讲话精神；传达学习贯彻全市移风易俗经验交流暨农村精神文明建设现场推进会会议精神，研究全区移风易俗工作；传达学习贯彻“习近平新时代中国特色社会主义政法思想”相关文件精神，研究“雪亮工程”（原天网工程）建设有关工作、审定《长沙市望城区关于加快推进失信被执行人信用监督、警示和惩戒联动机制建设的实施意见》；传达学习贯彻黄关春书记在全省平安稳定风险排查整改专项行动视频调度会上的讲话精神及省、市领导近期关于安保维稳工作的批示、指示精神，听取全区维稳工作情况汇报；研究教育PPP及学校建设有关工作。10月16日，传达学习贯彻省委第四巡视组巡视长沙市工作动员会议精神；传达学习贯彻《关于一些地方政绩观存在偏差以及搞形象工程政绩工程等引发政府债务风险问题的通报》文件精神；传达学习《关于切实防止对口帮扶中搞形象工程问题的通知》文件精神；传达学习《地方党政领导干部安全生产责任制规定》文件精神，审定《关于推进安全生产领域改革发展的实施办法》；研究融媒体中心建设有关工作；研究“新时代新担当新作为”先进典型评选表彰工作；审议区人大代表、人大常委增补建议人选名单；审定《关于坚持生态优先绿色发展在深入实施长江经济带发展战略中推动望城高质量发展的三年行动计划（2018—2020年）》。10月31日，研究2018年全区秋冬修水利工作；研究河长制湖长制有关工作；研究望城区污水处理厂三期扩容提标工程实施方案；听取“10•29”事故有关情况汇报，研究道路交通整治百日行动有关工作；研究领导干部在企业兼职清理整改工作；研究有关案件。11月8日，传达学习中央、省、市精准扶贫及全市实施乡村振兴战略工作讲评会议精神，研究相关工作；传达学习贯彻中央第四生态环境保护督察组对湖南省开展“回头看”工作动员会会议精神、全市配合中央生态环保督查“回头看”和省委巡视交办件办理及相关事项工作调度会会议精神；听取全区扫黑除恶有关工作及村（社区）“两委”成员违纪违法、涉黑涉恶问题专项排查相关工作汇报；研究宗教工作；研究有关人事问题。12月16日，研究2019年主要经济指标；研究2019年财政预算相关工作；审定区委二届十次全体（扩大）会议工作报告。12月23日，听取区人大、政协“两会”筹备工作情况汇报，审定区人大常委会、区人民政府、区政协常委会工作报告。

（欧阳祥生）

【区委二届十次全体（扩大）会议】 12月23日，中共长沙市望城区委二届十次全体(扩大)会议召开。区委书记孔玉成向全会作题为《肩负时代使命 强化责任担当 奋力开创名望之城高质量发展新局面》的报告。全会认为，2018年以来，区委常委会在以习近平同志为核心的党中央坚强领导下，认真贯彻省委、市委决策部署，以强烈的省会担当和新区作为，推动经济、政治、文化、社会、生态文明建设和党的建设取得新成效，名望之城高质量发展迈出坚实步伐。全区上下学习贯彻习近平新时代中国特色社会主义思想和中共十九大精神持续深入，产业发展取得重大突破，“三大攻坚战”强力推进，乡村振兴战略开局良好，城市功能格局基本奠定，全面深化改革扎实推进，宣传思想文化和宗教工作切实加强，民生福祉持续改善，全面从严治党向纵深发展，全区各项事业发展迈上新台阶。预计全年地区生产总值同比增长9%；规模以上工业增加值增长10%；财政总收入增长12.5%，突破90亿元；固定资产投资增长11%；社会消费品零售总额增长14%；空气质量优良率提升至89%。玉成书记指出，要科学谋划2019年工作，在高质量发展进程中奋力赶超。一是要加快推进新旧动能转换，抓产业升级攻坚、园区重塑攻坚和创新引领攻坚，深入开展“产业发展攻坚年”活动，以滚石上山不松劲、爬坡过坎不避难的决心和勇气，推动望城在新旧动能转换中迎头赶上、后发赶超。二是要加快推进开放融合发展，强化规划引领，构建开放交通，优化营商环境，在高水平全面开放中迈出更大步伐，在全方位融合发展中彰显更大作为。三是要加快推进乡村振兴战略，把握农业农村现代化总目标，推进“五个振兴”，突出主攻方向，注重改革创新，拉高标杆，发挥优势，推动望城乡村振兴干在实处、走在前列。四是要加快推进生态文明建设，紧盯“双争”目标，打好污染防治攻坚战，加强生态保护，推动绿色发展，力争生态环境治理取得突破性进展。五是要加快推进民生福祉改善，坚持以人民为中心的发展思想，打好精准脱贫攻坚战，优化公共服务，强化社会保障，让高质量发展成果更多更公平惠及人民群众。六是要加快推进社会治理现代化，创新社会治理方式，提升社会文明程度，实现社会治理社会化、法治化、智能化、专业化。

（瞿峻龙）

工作纪要

【政研、调研、改革工作】 参谋辅政富有成效。积极开展“抓重点、补短板、强弱项”大调研活动，认真开展专题研究，提出的“大力开展‘产业发展攻坚年’活动”工作思路和“产业项目攻坚季”“精准脱贫攻坚月”“中招与市并轨”等建议被区委采纳。全年起草各类文稿300多个，其中《湖南日报》、《新湘评论》、《长沙通讯》、《长沙晚报》署名文章10多篇，区委全会报告、纪委全会讲话、“两会”讲话等大型报告30余个，讲话材料、活动致辞200多个。编辑《名望之城》3期，刊发文章近100篇。全面小康持续推进。在获评全省首批全面小康达标区的基础上，坚持优势指标抓巩固、短板指标抓提升，扎实推进全面小康工作，2018年，全区全面小康实现程度达97%以上。深化改革成果丰硕。以纪念改革开放40周年暨望城恢复建制40周年为契机，圆满完成57项重点改革任务，实现市对区绩效考核并列第一。“带地入建”农村居民集中居住模式获得省委常委、市委书记肯定性批示，望城作为先进典型在全市乡村振兴战略推进工作会议上作交流发言。“极简便民”改革实现240项民生事项下放“就近办”、96%的政务服务事项“最多跑一次”，营商环境得到持续改善，群众办事更加便捷，相关举措先后在中国新闻网、湖南新闻联播、湖南日报等进行报道。应急联动指挥体系建设全省领先，被中国新闻网专题报道。城市基层党建体制机制创新做法被人民网进行宣传推介。

（谭鑫伟）

【秘书工作】 制定每周工作预安排，统筹区内四大家领导重要公务活动，科学编排区内各项重要会议活动，为领导有效开展工作提供良好服务。规范会议程序，严格会议管理，切实改进会风，接待上级领导及其他考察接待70次，召开常委会会议24次、大型会议35次，组织调研35次，各类活动、开工动员、项目签约、投产仪式共47次，组织外出考察7次。精心筹备组织区人大、政协“两会”、新华联铜官窑古镇开放、伟创力智能制造产业园项目开工、乡村振兴现场观摩等大型会议和活动。与区直各部门、各街镇密切联系，及时了解和掌握基层工作情况。做好全区办公系统业务指导工作，有力提升全区办公室工作服务水平。进一步强化区委办公室内部值班、考勤制度，规范工作程序，严格内部管理，保障各项工作无断档，不脱节。

（李 凯）

【文电工作】 坚持以严谨细致的作风，遵循严格规范的程序，严把文件政策关、法律关、文字关，确保所发文件符合法律法规、上级精神和全区实际。着力精简文件，防止以文件贯彻文件。全年以区委、区委办公室名义制发文件178个，其中望发文件27个，望办发文件41个，望发组文件4个，望字文件26个，望纪要文件21个，区委常委议事协调会议纪要文件39个，望办通知文件20个，确保中央省市区决策的及时下达和贯彻实施。规范办理上级明电及部门请示、报告等呈签件396份，上级传阅文件364份，及时交办、定期催办区领导批示，坚决杜绝错送、乱送和积压延误现象发生，确保工作落实到位。严格要求，认真做好党内法规工作。坚持从制度建设入手，切实提高法规工作规范化水平。明确制发党内规范性文件的“五审”程序，切实保障党内规范性文件权威。严格遵循“有件必备，有备必审，有错必究”原则，按程序向市委报备党内规范性文件32份，无一漏报、瞒报现象。进一步加强下备一级工作，共收到区纪委、区委各工作部门及街镇报备的文件42份。

（叶晨馨）

【信息工作】 2018年《望城要情》编印78期，区领导批示47条，得到领导高度重视及全区各级各部门大力支持，解决一批民生问题，破解不少工作难题，发现很多先进典型，在全区上下产生良好影响。全年上报省、市委办公厅信息380条，被采用100余条。市委办在相关业务通报中指出，望城区在重大敏感事件、重要舆情上报送及时、准确、全面，相关信息获市委主要领导批示，有力推进工作开展及舆情处置。认真做好领导批示的反馈信息、预约信息工作，及时报送多起重大紧急信息；春节、“五一”、“十一”等节假日安排专人值班，坚持每天报送信息，确保重大紧急信息无一迟报、漏报、瞒报。

（杨蒙娣）

【督查工作】 紧紧围绕区委中心工作，把发现问题、揭示问题、解决问题作为督查工作的主攻方向。针对中央巡视组交办信访件、中央环保督察“回头看”、办公用房清理、项目攻坚、千人帮千企、精准扶贫、蓝天保卫战、防治污染攻坚战等工作，开展各类督查调研70余次，编发督查通报26期，通报各类问题100余个。抓好区委主要领导批指示、区委会议精神落实情况督查，全年跟踪督办批指示事项170项、区委常委会会议及区委常委议事协调会议明确事项453项。办理人民网省委书记留言3条、红网长沙“书记信箱”留言122条、红网望城“书记信箱”留言142条。红网问政湖南首页对望城网民留言办理工作进行重点推介，区委办公室被评为2018年度“全市留言办理先进单位”。突出党委督查室作为政治机关的作用，在坚决落实上级党委办公厅、督查室决策指示上不打折扣。制定《2018年区委重点工作督查清单》，将贯彻落实各级党委重大决策部署、扫黑除恶行动、“三大攻坚战”等工作逐项落实到位。清理督查检查考核事项，将132项督查检查考核事项通过撤销、合并减少至23项，减轻基层负担。区委督查室连续两年获省委办授予“全省党委督查工作先进基层单位”荣誉称号。

（姚 觅）

【机要保密工作】 机要工作情况。规范办理密码电报和各类文电，全年传输办理特提、特急、加急等密电、明电544份，上级涉密文件1400余份、非涉密文件3200余份。配合做好核心密码主渠道密钥更换工作，加强核心密码设备管理，确保密码通信绝对畅通。落实24小时值班工作，从严规范值班交接，确保中央省市政令畅通。做好区委常委会会议记录工作，全年撰写区委常委会会议纪要22个。积极推进电子政务内网建设，电子政务内网（一期）建设任务基本完成。高标准推进安可终端试点部署工作。稳妥推进党政专用通信二级网建设，机房建设顺利完工，红机电话顺利开通。切实加强党委视频会议室管理，全年调试、召开视频会议12次。保密工作情况。保密监督检查方面，通过开展保密检查调研，全面摸清全区保密管理工作情况，查明部分单位存在的保密管理问题和保密违法案件，跟踪督促整改落实，对违规违纪行为予以追责。保密宣传教育方面，组织113家单位参加“保密在身边”巡展活动，印制《保密工作实务手册》300册，组织保密检查反馈意见会议，专门讲解保密工作重点难点；保密管理方面，重点加强涉密人员、涉密文件及网络的保密管理，配合做好涉密领域国产化替代工作、安可电子政务外网接入终端工作以及各类考试的保密监管和服务保障工作。

（欧阳祥生、王芝兰）

【接待工作】 严格按照相关规定，从“吃”“住”“行”三方面入手，规范公务接待。牵头组织参与雷锋精神论坛、书堂山国学小镇文创交流活动启动仪式、全市产业链项目观摩、新华联铜官窑古镇开放、市区两级离退休干部望城考察、区人大、政协“两会”等重大活动的接待和后勤保障工作，受到各级领导来宾好评。特别是省委办公厅离退休老同志的考察接待，得到省委办公厅高度认可。全年接待各级来宾80批次，4000余人。坚持求真务实，加强指导督促。注重与各区直部门和街镇共享接待资源，宣传学习各项最新政策。配合区财政、审计部门做好对全区接待经费的检查工作。将公务接待各项规定与专业技能培训融入具体指导中，从就餐形式、标准控制、服务细节等方面对接待单位进行一对一指导把关。指导建议区内酒店明确目标定位，处理好政务接待、商务接待和社会接待的关系，不断提高公务接待工作服务水平。坚持挖掘特色，推动优质创新。挖掘饮食文化，以望城本地土菜为基础，融合湖湘文化，让客人既吃出望城特色，又吃出“家”的感觉。突出本地特色，通过细节向来宾展示望城深厚的文化底蕴。以接待为桥梁，全面展现望城最新经济发展变化，推介望城经济社会成果，使美丽强盛幸福的名望之城给宾客留下美好印象。

（钟　珍）

附：

2018年中共长沙市望城区委文件目录

7月25日，望发〔2018〕1号　关于全面落实乡村振兴战略的实施意见

7月25日，望发〔2018〕3号　关于印发《长沙市望城区绩效考核实施办法》的通知

1月9日，望发〔2018〕4号　关于振兴望城工业实体经济的实施意见（试行）

2月26日，望发〔2018〕5号　印发《关于开展扫黑除恶专项斗争的实施方案》的通知

3月2日，望发〔2018〕6号　关于印发《长沙市望城区学雷锋鼓励保护暂行办法》的通知

3月2日，望发〔2018〕7号　关于授予李湘枚等同志“雷锋之星”荣誉称号的决定

3月2日，望发〔2018〕8号　关于批转《长沙市望城区人大常委会2018年工作要点》的通知

3月16日，望发〔2018〕9号　关于批转《中国人民政治协商会议长沙市望城区委员会2018年工作要点》的通知

3月20日，望发〔2018〕10号　关于2017年度绩效考核结果的通报

3月20日，望发〔2018〕11号　关于2017年度政法综治维稳工作等评比表彰情况的通报

3月31日，望发〔2018〕12号　关于印发《长沙市望城区“强力推进环境大治理 坚决打赢蓝天保卫战”三年行动计划（2018—2020年）》的通知

3月31日，望发〔2018〕13号　关于加强常委会自身建设的意见

3月31日，望发〔2018〕14号　关于印发《中共长沙市望城区委全会工作规则（试行）》的通知

3月31日，望发〔2018〕15号　关于印发《中共长沙市望城区委常委会工作规则》的通知

4月4日，望发〔2018〕16号　印发《中共长沙市望城区委常委会关于坚决维护党中央集中统一领导的有关规定》的通知

4月4日，望发〔2018〕17号　关于印发《中共长沙市望城区委常委会2018年工作要点》的通知

4月4日，望发〔2018〕18号　印发《关于加强新形势下党的督促检查工作的实施细则》的通知

4月8日，望发〔2018〕19号　印发《中共长沙市望城区委关于进一步贯彻落实中央八项规定精神的实施办法》的通知

4月17日，望发〔2018〕20号　关于进一步强化政府性债务科学管理推动经济高质量发展的通知

4月23日，望发〔2018〕21号　印发《关于开展违反中央八项规定精神突出问题专项治理工作的实施方案》的通知

5月6日，望发〔2018〕22号　印发《关于进一步加强和改进优秀年轻干部培养选拔工作的实施办法》的通知

6月20日，望发〔2018〕23号　关于印发《长沙市望城区关于开展扶贫领域作风问题专项治理工作的实施方案》的通知

7月25日，望发〔2018〕24号　关于印发《长沙市望城区稳步推进农村集体产权制度改革实施方案》的通知

7月25日，望发〔2018〕25号　关于加快发展壮大新型村级集体经济的实施意见

10月25日，望发〔2018〕26号　印发《关于坚持生态优先绿色发展在深入实施长江经济带发展战略中推动望城高质量发展的三年行动计划（2018—2020年）》的通知

11月1日，望发〔2018〕27号　印发《关于推进安全生产领域改革发展的实施办法》的通知

区直机关党建

【概况】 2018年，区直机关工委直接管理的区直机关党组织80个，其中机关党委11个、机关党总支9个、机关党支部60个，党员4007人。

【机关思想政治教育】 强化党务干部培训。3月，举办区直机关党组织书记培训班，组织参观经开区智慧党建，邀请经开区工会主席、党建办主任瞿宏斌授课，对各级机关党组织如何推进机关党建重点工作进行深入系统的指导。举行“中共十九大精神”闭卷测试。4月，组织区直机关党组织书记、副书记、组织委员集中参加“党的十九大精神”闭卷测试，同时要求各区直机关党组织以各党支部为单位，组织在职党员、预备党员、发展对象、入党积极分子进行考试，发放十九大知识答卷3500张，全区各机关单位党员参学率100%、参考率98.5%，充分调动了区直机关广大党员政治理论学习的积极性和主动性。举办中共十九大知识竞赛。为引导和激励区直机关党员干部自觉学懂弄通做实中共十九大精神，5月，举办“拥抱新时代、担当新使命”学习贯彻中共十九大精神知识抢答赛。送书籍促学习。响应习近平总书记“全党来个大学习”的号召，为区直机关各党组织统一征订《共产党宣言》(党员干部普及读本)《中国道路的成功密码》《论“四个伟大”》《怎样当好新时代支部书记》《怎样做好新时代支部工作》《习近平谈治国理政300题》《中国共产党支部工作条例》等书籍，发放到每个机关党支部，为机关党务干部和党员学习习近平新时代中国特色社会主义思想和党风廉政建设、“三会一课”等基层党建基本制度等提供了引导式的精神食粮。加强社会主义核心价值观教育。邀请冯健、冯正其等老领导为区直机关党员和发展对象开展传承雷锋精神巡讲；组织区直机关单位党员开展“人生灯塔——雷锋日记”主题演讲赛，引导党员干部传承美德，传播正能量。指导各级党组织开展主题党日活动。指导各机关党组织开展好革命传统教育、重温入党誓词、学习道德模范、“保卫蓝天见行动”等主题党日活动，将党建工作与业务工作、与区委区政府中心工作有机结合起来，提升党员队伍的战斗力、凝聚力。

【机关党建工作责任】 认真履行抓机关党建工作的主体责任。年初制定下发《区直机关2018年党建工作要点》，全面部署机关党建工作，同时认真督导区直机关党组织制定并实施年度工作计划和任务清单；每月按时下发《区直单位机关党组织工作重点提示》；每季组织“对标对表”式的机关党建督导、调研，确保机关党组织工作有条不紊地进行。从严规范党组织机构配置。认真做好机关党组织成立、改选、换届工作，确保各级机关党组织有序有力有效运行。2018年，6个机关党组织进行换届选举，11个机关党组织进行改选，增设机关党组织4个。从严落实基层党建重点工作。规范党的组织生活，指导各区直单位党组织从“三会一课”、书记讲党课、班子民主生活会、支部组织生活会、主题党日活动等规定动作入手，致力于党建工作规范化、制度化建设；规范党员管理，认真落实《发展党员工作细则》，严格发展党员工作程序，严把党员入口关。制定和落实年度党员发展计划，认真完成发展党员审批工作。全年发展入党积极分子101名，预备党员40名；抓好党费收缴工作。所收党费全部存入区委组织部党费专户；做好全国党员管理信息系统的维护和管理、组织关系转接、党内统计年报等工作，党建日常基础工作日益规范。从严强化党建督查考核。严格落实“一季一督查、半年一讲评、年终综合评定”的工作制度，制定《区直机关2018年党建工作任务清单》，采取走访座谈、实地查看、调阅资料等多种方式对区直机关党建工作进行督查，建立督查考核台账，纳入年底综合考评依据，同时指导各单位认真开展查漏补缺，整改落实，促进了党内政治生活规范化、严肃化。从严推进党支部“五化”建设。按照区委组织部的工作部署，指导各党支部对标建设标准开展自查，建立问题清单，明确目标要求，制定具体措施，全面推进党支部“五化”建设。及

2018年5月，区直机关“拥抱新时代，担当新使命”党的十九大精神知识竞赛

时上报各级党支部“五化”建设工作推进进度情况，并对所属党支部“五化”建设推进情况进行调研走访，向区委基层党建办推荐发改局机关党支部、国土局不动产登记中心党支部等4个机关党组织作为五星级（示范化）支部。

【推进机关党风廉政建设】 加强党纪党规宣传教育。切实加强机关作风建设，教育引导党员把纪律规矩挺在前面，加强对违纪人员的处理、教育，及时查处区直单位违纪党员57人，维护区直机关党组织和党员干部的正面形象。规范党内政治生活。认真学习贯彻《关于新形势下党内政治生活若干准则》，进一步加强和规范党内政治生活，要求机关党员亮党员身份、亮岗位职责、亮服务承诺，在服务窗口推行党员佩戴党员徽章。以党支部为单位，全面开展党员公开承诺活动，利用党务公开栏等平台，公开展示党员党内职务、工作岗位、服务承诺等内容，增强机关党员干部的服务意识、奉献意识，引导机关党员把党员义务扛起来，把党员形象树起来。

【加强机关文化建设】 加强机关精神文明建设。组织铲雪除冰行动。年初和年底，面对低温雨雪冰冻的恶劣天气，及时安排区直机关单位开展责任路段铲雪除冰行动，维护人民生命财产安全。举行赈灾募捐。9月，开展“雷锋的名义 永恒的旗帜”跟着郭明义爱心团队和望城消防献爱心活动，下发倡议书，号召区直机关各单位党员干部和爱心人士为35岁以下困难青少年尿毒症患者进行爱心捐款，协助成立青少年尿毒症患者关爱基金专款。开展爱心义卖。组织开展庆祝中国共产党成立97周年暨“不忘初心 为爱赶集”爱心赶集活动，为社会献爱心。组织无偿献血。9月，发动91家区直单位党员干部职工义务献血，有261名干部职工义务献血，全面完成献血任务。组织关爱帮扶。严格标准、认真筛选、及时调整、完善困难职工档案，各机关党组织与工委一道，走访慰问老党员和生活困难党员35人，将组织温暖送上门。开展百姓城管党员志愿者行动，参与文明城市建设、脱贫攻坚。开展文娱活动。举办区直机关气排球培训班，牵头组织首届“健康湖南”望城区全民运动会气排球海选赛暨区直机关气排球赛，丰富了广大干部职工的业余生活。注重发挥群团组织作用。加大党建带群团组织建设力度，支持群团组织依照各自章程独立负责地开展工作。机关关工委注重发挥“五老”优势，组织举办区直机关“十佳敬老孝亲美德少年”评选、以“传承雷锋精神，争做当代雷锋”为主题的学雷锋活动、青年干部职工“话改革 颂辉煌”征文比赛和干部职工在校中小学生才艺展示赛，组织2017年考上大专以上干部子弟开展“知我望城、爱我望城”的活动，联合区电视台开办“成长秀”专栏宣传推介全区青少年杰出代表和先进事迹，促进了机关青少年子弟、青年干部职工健康成长；机关联合工会充分履行维护干部职工合法权益的职责，做好困难职工帮扶工作，开展好书推荐等活动，营造机关健康文明、生动活泼、和谐奋进的良好氛围。

【举办中共十九大精神知识抢答赛】 为全面深入学习贯彻习近平新时代中国特色社会主义思想及中共十九大精神，调动区直机关广大党员干部政治理论学习的积极性，把学习成效转化为建设美丽强盛幸福的名望之城的实际行动，5月30日，在雷锋大剧院举办“拥抱新时代、担当新使命”中共十九大精神知识抢答赛。来自区交通局、住建局等9个区直单位党组织组成8支队伍集体亮相竞答、其余单位党组织现场抽答，灵活新颖的比赛方式展现出党员干部朝气蓬勃、积极向上的精神风貌。经过激烈角逐，区住建局、人社局、史志档案局和高新区联合队分别获一、二、三等奖。

（彭译萱）

组织工作

【概况】 中共长沙市望城区委组织部内设办公室、研究室、干部科、干部监督科、干部教育培训科(人才科)、组织科(党代表联络办)6个科室。区委党员教育中心、区干部档案信息管理中心2个下属二级机构，区委基层党建工作领导小组办公室、区绩效考核工作办公室、区委非公有制经济组织和社会组织工作委员会挂靠区委组织部。在职在编干部职工31人。

【基层党建工作】 狠抓管党责任落实。抓实基层党组织书记“双述双评”，对近两年来基层党建述职评议考核成绩靠后、党建工作明显滑坡的9名党组织书记及分管班子成员，机关党建“灯下黑”现象的3名分管领导进行组织约谈。狠抓党支部“五化”建设。研究出台《关于推进党支部“五化”建设的通知》，明确10个领域基层党支部“五化”建设细则，对全区138个村社区全面调研，进一步加强基层支部建设，年底验收评定30个“五星级”党支部。狠抓城市基层党建。紧紧围绕六项重点任务，全力推进任务落实和工作创新。区委书记带头“双报到”，带动全区10382名在职党员完成居住地社区报到，1000余名党员干部做到“双报到”。各城市社区牵头组织形式多样的党内活动和志愿服务80余次。“党建引领、多方共治”小区治理架构进展顺利，全年建立小区支部51个，楼盘小区党组织覆盖达74%，工作覆盖实现100%。投入120万元重点指导打造19个小区“雷锋驿站”。全面推行社区错班制、AB岗位制、提倡延时服务制度，确保城市社区公共服务中心365天开放。区域化党建联席会议覆盖280个联席成员单位，提出需求清单334项，资源清单321项，签订共建项目240余个，共建共治共享的区域化党建格局基本形成。狠抓基层基础保障。有序推进离任村（社区）干部生活补贴发放，狠抓11个软弱涣散基层党组织整顿。全面深化驻村帮扶工作，成立驻村办、并明确5名专职人员集中办公，安排139个联点帮扶单位，派驻105名驻村工作队队长、86名队员、39名结对帮扶联络员、4707名结对帮扶干部，驻村和结对帮扶实现两个“全覆盖”。坚持党建引领乡村振兴，涌现出茶亭镇大龙村等一批典型，《中国组织人事报》进行长篇报道。狠抓党员教育管理。分19批次组织3118名入党积极分子、发展对象、预备党员、两新党员进行集中培训，对123名积极分子和发展对象因培训不合格被取消资格或延期发展。建党97周年之际，全面部署开展“不忘初心、薪火相传”政治生日、“不忘初心、为爱赶集”爱心赶集等活动，被新华社、湖南卫视、《湖南日报》、《长沙晚报》等媒体推介报道。严格教育管理，《农村（社区）不合格党员案例动漫释纪》微视频在第十四届全国党员教育电视片观摩交流活动中荣获一等奖，被中组部评为十佳策划作品。

【“两新”党建工作】 突出政治建设，传导责任压力。制定出台《“两争一创”实施方案》。实行月提示、季调研、年述职，常态化推进党建工作。完善述职评议制度，首次启动对教育、民政、卫计、市监4个行业党组织书记的述职评议。全年深入两新组织调研指导党建工作80次，先后8次召开区委两新工委全体（扩大）会和商圈市场党建联席会。突出新兴领域党建。把两新党建工作的着力点放在服务城市基层治理上，将70多个两新组织纳入街道区域化党建范围。用“店小二”精神抓实新兴领域党建，率先全市推行“市场吹哨、部门报到”工作机制，落地“湾田幸福家”、正荣商圈党建联盟区域化党建项目29个。承办全市楼宇商圈市场党建工作现场推进会，望城区和湾田在会上作经验交流发言。

【干部队伍建设】 锻造高素质专业化干部队伍。先后出台《望城区领导干部交流办法》《进一步加强和改进优秀年轻干部培养选拔工作的实施办法》等文件，着力激发干部工作热情活力。在干部调整中，注重向年轻干部倾斜，目前，望城区85年以后出生的科级干部有99人，2018年接收19名“双一流大学”优秀选调生。强化干部教育培训。全年举办主体班21期次，调训2223人次；部门办班24期次，培训干部2905人次。完成省市调训32期次，选送132名干部赴省、市委党校、国内高校提升充电。加强干部理论武装。分5期对全区712名科级干部开展党的十九大精神集中轮训，并督促指导区直各单位对十九大精神进行集中轮训，培训人数达6000余人次；抓好干部监督管理。出台《拟提拔人选考察对象报告个人有关事项暂行办法》《关于对区管干部进行提醒、函询和诫勉的实施办法（试行）》等文件。激励干部担当作为。深入开展“部长恳谈”活动，全年一对一、面对面谈心谈话600余人次，10余名在急难险重任务岗位工作出色的干部得到提拔重用。大力选树新时代新担当新作为先进典型，初步推荐对象160名。同时，创新综合考核指标体系，完善考核方法，强化结果运用，不断激发干部干事创业的动能。

【人才队伍建设】 推进“长沙人才新政22条”政策落实落地，制定“望10条”，举办人才新政宣传推介暨校企对接会，吸引省内50余家高校前来参会，并与区内80余家重点企业深入交流洽谈，得到新华社、《湖南日报》、湖南卫视等30余家媒体广泛关注。兑现市、区人才政策，截至2018年12月，办理人才落户877人，受理并审核上报租房和生活补贴802人、购房补贴85人，发放租房和生活补贴260万元、购房补贴225万元。选派36名农业、医卫科技特派员开展科技帮扶工作。持续推进选调选拔工作，全年选调公务员6名，事业单位人员16名，招聘政府雇员66名、党务工作者24名、编外合同制教师583名。

【开展基层党建工作专项巡察】 7—10月，区委决定在二届区委第八轮常规巡察中，探索开展基层党建工作专项巡察。此轮巡察中，由区委组织部牵头，从组织、编制、人社部门抽调专人组成3个小组，配合区委巡察组对6个街道党建工作进行为期2周的专项巡察。巡察围绕基层组织建设、干部人事编制制度落实、机关人事管理三个大的方面，聚焦党建责任落实、党支部“五化“建设、城市基层党建、党组织和党员作用发挥、落实党管干部原则、中层干部任免、机构编制管理等重点任务展开。通

2018年9月21日，长沙市楼宇商圈市场党建工作现场推进会在望城召开

过听取汇报、查阅资料、开展党建业务知识测试、个别谈话、实地走访等多种方式，走访谈话264人次，收集问题112个，向区纪委监委移交问题线索10条。通过巡察着力发现街镇党工委在加强基层党的建设上存在的突出问题，把全面从严治党向纵深发展的压力传导下去，助推基层党组织把管党治党的责任真正担当起来。同时借力巡察摸清干部日常表现，及时发现和处理不担当不作为干部，推动干部工作难点问题的整改，实现组织工作和干部工作的双促进、双提高。区委组织部创新落实基层党建工作专项巡察的做法被《湖南日报》等省内重要媒体宣传推介。区委组织部以基层党组织建设为着力点，选优配强村支“两委”班子，打造一支指导有方、能拼善战的“脱贫带头人”队伍。同时，鼓励各基层党组织积极探索“贫困户＋土地合作社＋农业企业”等发展模式，走出一条产业精准扶贫的新路子，涌现出茶亭镇大龙村、静慎村，白箬铺镇光明村等党建助推脱贫攻坚先进基层组织典型。特别是茶亭镇大龙村、静慎村等成功经验分别被《中国组织人事报》、《人民日报》等中央媒体长篇幅推介报道，茶亭镇大龙村党总支书记李新民受到省委组织部通报表扬。

【《农村（社区）不合格党员案例动漫释纪》微视频获第十四届全国党员教育电视片观摩交流活动微视频组“一等奖”和“十佳策划奖”】 区委组织部和长沙市委组织部联合创作的微视频《农村（社区）不合格党员案例动漫释纪》，在近年来不合格党员处置工作成果的基础上，针对少数党员“不在组织、不像党员、不起作用、不守规矩”等方面，总结提炼出农村（社区）党员不合格十种情形，以系列动画片形式创作展示出10个贴近实际、通俗易懂的农村（社区）不合格党员案例，深入浅出、寓教于乐，触动人心，对农村（社区）党员具有重大教育意义和警示作用。该片分为“彭三叔修庙记”“李富贵传谣记”“丁福来敷衍记”“钱梦财贿选记”“刘老满失职记”“周二妞落后记”“孙春牛阻工记”“赵向前敛财记”“张大蛮撂责记”“高小胖聚赌记”10集，以“负面典型”形式倒逼党员履行义务，争当合格党员，为基层党组织和党员提供生动鲜活的学习资源，得到中组部的充分肯定和专家评委的高度认可，获第十四届全国党员教育电视片观摩交流活动微视频组“一等奖”和“十佳策划奖”。

【推行“党建＋扶贫”工作模式】 2018年，全面推行“党建＋扶贫”工作模式，以党建为引领，助推脱贫攻坚。设立驻村帮扶办公室，配合区扶贫办出台管理考核办法，并派出督查组开展工作督查，全年督查20余次，下发交办函127件、督查通报3期，有力推动工作开展。同时，对驻村履职工作不力的2名区直部门一把手和9个单位15名分管领导及驻村干部进行提醒谈话，对8名责任人下达书面提醒函，并责令相关单位召回8名驻村第一书记。

（高　超）

宣传工作

【概况】 2018年，区委宣传部内设办公室、理教政研室、文化艺术发展办公室、学雷锋活动指导办公室、文化产业发展办公室等5个科室，有干部职工29人（含政府雇员6人）。管理机构有文明办、新闻中心、网宣办、其中文明办下设未成年人思想道德建设办公室。区属媒体有望城广播电视台、望城新媒体中心。

【党管意识形态工作】 召开意识形态工作推进会等专题会议3次，下发意识形态责任制相关规范性文件7个。督促各级党组织层层签订意识形态工作责任书，将意识形态工作纳入区委巡察范围，全年开展3批次21个单位的巡察，对巡察发现的问题下发整改清单，并督促完成整改。开展意识形态领域隐患排查、专项督查行动7次，下发相关问题整改《交办函》14份。健全七大阵地管理制度和管理台账，梳理排查意识形态领域风险点6处，逐条逐项列出问题清单，整改落实。开展文化阵地专项整治3次，户外广告专项整治2次，网络意识形态专项督查约谈相关责任人10名；搭建高校意识形态沟通平台，对区内6所高校进行意识形态工作专项走访，推动意识形态工作责任落细落实落到位。

【理论武装工作】 出台专项制度，规范全区中心组学习；组织10次区委理论学习中心组学习，对街镇的中心组学习情况开展一次旁听。围绕“坚定文化自信”“农村群众思想状况”“创新社区思想政治工作”等主题开展调研，形成一批有价值、有深度的理论成果。完成《习近平谈治国理政》第二卷和《习近平新时代中国特色社会主义思想三十讲》等书籍征订任务。组织开展“万颗红心向党•万场文艺下乡”活动，开展送文艺活动下乡、送文化作品下乡、送影视作品下乡、送理论宣讲下乡、送体育赛事下乡等近万场文艺宣传活动，学习宣传贯彻习近平新时代中国特色社会主义思想和中共十九大精神。组织“将改革开放进行到底”理论微巡讲活动，举办“践行新思想•长沙新作为”微宣讲望城专场比赛，开展微巡讲500余场。

【学雷锋志愿服务活动】 出台《长沙市望城区学雷锋鼓励保护暂行办法》，鼓励学雷锋行为，强化学雷锋人员的奖励和保护；举办2018年雷锋精神论坛活动、纪念毛泽东等老一辈无产阶级革命家“向雷锋同志学习”题词55周年活动，进一步诠释雷锋精神的时代内涵；举办望城区55颗“雷锋之星”表彰，在全区开展学雷锋先进典型评选表彰活动；围绕“人生灯塔——雷锋日记”主题，组织全区各单位开展主题演讲赛；组织望城消防大队事迹报告团在全市开展“全国学雷锋模范消防大队”巡讲报告会，每月，开展“雷锋生前好友（同事）雷锋精神巡讲”进学校、进社区、进机关活动。深入挖掘和推介先进典型，姚建刚获评“中国好人”，陈金华获评“湖南好人”，全区12人获评“长沙好人·身边雷锋”。

【文明创建工作】 理顺区文明创建工作机制，全区文明创建成果有效巩固。组织开展“整治婚丧陋习推进移风易俗”专项行动，“微行动传递爱心”志愿服务活动，雷锋日记主题演讲赛，“雷锋的名义 永恒的旗帜——‘学雷锋模范消防大队’倡议全国青年志愿者做新时代雷锋传人”活动。承办长沙市移风易俗经验交流暨农村精神文明建设现场推进会。

【文化艺术活动】 开展第二届“雷锋文学艺术奖”。立足“国”字号品牌，与中国书法家协会合作，举办“庆祝改革开放40周年暨望城恢复建制40周年书堂山全国书法名家作品邀请展”。创新宣扬雷锋精神手段，赴北京举办“望城雷锋窝子现象”座谈会暨《雷锋》杂志望城增刊首发式。开展文化交流，举行中外著名作家望城采风、交流活动。开展以宣传贯彻中共十九大精神和改革开放暨望城恢复建制40周年为主题系列文化活动。3月，在全区开展“庆祝改革开放40周年暨望城恢复建制40周年诗词大赛”，收到诗词联参赛稿件668件，最终确定获奖作者40位。部分获奖和特邀作品在区档案馆一楼进行为期1个月的集中展示。5月，在全区开展书法、美术、摄影大赛暨作品展活动，征集到书法作品180多件，美术作品120多件，摄影作品1100多张，活动评选表彰一批优秀作品，出版作品集，并进行为期2个月的展览。“每日一书，每周有戏，每月有约，四季欢歌”活动品牌初见雏形。多渠道宣传中共十九大精神，举行“万颗红星向党·万场文艺下乡”活动启动式暨“四季欢歌 幸福望城”系列文艺会演首场活动。

【文化产业工作】 出台区级文化产业发展扶持政策，区委宣传部联合区财政局出台《长沙市望城区文化发展专项资金使用管理办法》和《长沙市望城区文化产业和文化艺术奖励扶持实施细则（试行）》。湖南省首个投资过百亿元的大型文化旅游项目新华联铜官窑古镇盛大开放，以亲子游乐、课堂教学、校外实践等为核心内容的农耕主题育学园都遨华夏泥爸爸亲子育学园开园营业。铜官陶瓷代表望城文化走出国门，组织铜官陶瓷新匠人代表参加位于莱茵河畔杜塞尔多的“文化中国·湖南文化走进德国”大型文化交流活动，近20家铜官陶瓷企业50余件作品参展“海上瓷路之源”的铜官陶瓷展区成为活动热点。铜官陶瓷产业亮相2018中国（宁波）特色文化产业博览会，望城区以“黑石号”为创意概念设立独立展位。举行第三届长沙文创十大工匠“金手指”传人颁奖典礼暨长沙市文创示范园区基地楼宇授牌仪式。在第五批国家级、第四批省级非物质文化遗产传承人评选活动中，泥人刘陶艺刘坤庭、广华鑫陶艺刘志广分别获得国家级、省级非物质文化遗产传承人称号。

（熊帅杨）

【“雷锋窝子”现象享誉全国】 《人民日报》先后在综合版和综合版头条刊发《雷锋家乡长沙市望城区发布学雷锋鼓励保护办法》《弘扬雷锋精神、增添发展底气》2篇重磅报道；新华社《湖南领导专供》封面特别关注《“学雷锋”根治基层治理的“望城路径”》，深度解读望城区以学雷锋常态化制度化助推基层治理的经验做法；《经济日报》综合版头条以近2/3的版面图文刊发《雷锋故里雷锋多》；央视新闻频道《新闻直播间》以2分钟篇幅推出《湖南长沙茶亭镇：发扬雷锋精神 建美丽乡村》；中国县域经济报以头版头条转整版刊发《雷锋家乡雷锋多 望城出了个“雷锋窝”》，“雷锋窝子”现象在全国形成重大影响。

（周 岚）

【承办“2018雷锋精神论坛”】 2月28日，“2018雷锋精神论坛”在望城举行。省委常委、宣传部部长蔡振红，省军区原政委、省雷锋精神研究会会长杨忠民等领导出席论坛。本次活动由中共湖南省委宣

2018年3月16日，省委常委、市委书记、市文明委主任胡衡华（前排左5）及市区领导和长沙市先进事迹报告会成员合影

传部、省文明办、长沙市文明委、湖南省社会科学院联合主办，市委宣传部、市文明办、望城区委、望城区人民政府和湖南省雷锋精神研究会共同承办。此次论坛以“雷锋精神与红色文化”为主题，与会领导、专家学者、雷锋生前战友以及全国学雷锋活动先进典型代表齐聚一堂，探讨研究雷锋精神的时代价值。望城作为雷锋的家乡，着力在研究阐释、宣传教育、实践养成上当好表率、走在前列。

（文明办）

【举行中外著名作家望城采风、交流活动】 为弘扬中国文化特色，激发文化创新活力，进一步宣传推荐望城区政治经济及文化特色，让中外作家讲好望城故事，5月和9月，先后两次邀请中国作协副主席、全国政协常委白胜庚、全国政协委员聂震宁、鲁迅文学奖获得者陈世旭、侯健飞、温亚军、电影《山楂树之恋》编剧肖克凡等近40名中外著名作家到望城参加向雷锋家乡学校捐书仪式、专家文化讲座、铜官窑采风等活动，此行著名作家们以望城文化为主题撰写大量文学作品，先后有40余篇在《人民日报》《中国日报》《中国文化报》等报纸发表，并编辑出版《中外著名作家——长沙望城风采》一书在全国新华书店、各大网站发行。

（刘鹏宇）

【举办《长沙市望城区学雷锋鼓励保护暂行办法》发布活动】 3月5日，在毛泽东主席等老一辈无产阶级革命家“向雷锋同志学习”题词55周年之际，在湖南雷锋纪念馆举办《长沙市望城区学雷锋鼓励保护暂行办法》（以下简称《办法》）发布活动，充分保障学雷锋人员的合法权益。办法共5章、30条，包括总则、鼓励和保护、评定和表彰、优抚及附则等内容，是目前国内首个学雷锋鼓励保护办法。《办法》突出对学雷锋的兜底保障，规定因学雷锋受伤、致残、牺牲的救治、救助、抚恤措施，明确由财政最后兜底的保障办法。强化对学雷锋人员的权益保障，规范对学雷锋人员荣誉的评定和表彰，提高学雷锋先进人员的政治待遇，明确学雷锋鼓励保护的工作机构，细化违反办法的相关法律责任。望城区委、区政府主要领导、区直部门及各街镇主要负责同志，新评定的55名雷锋之星及中小学生代表、驻区部队官兵代表、区宣传思想文化系统干部职工代表等500余人参加发布活动。

（文明办）

【继续开展寻找“最美建设者”活动】 区委宣传部、区发改局联合《人民日报》等30家中央、省、市、境外媒体连续举办寻找“最美建设者”活动，全区100多家单位和项目方云集响应，踊跃报名，媒体记者深入一线，生动讲述项目建设者的创业故事，用镜头展现火热的建设场景，人民网、凤凰网、《湖南日报》、《长沙晚报》、香港大公文汇传媒集团、红网等多家主流媒体陆续开设“寻找望城最美建设者”专栏，持续推出望城区项目建设者的创业故事，累计发稿500余篇。新华社湖南分社常务副总编辑段羡菊在新华社客户端发表倡议书《为产业建设奉献新闻力量》，倡议媒体工作者聚焦望城发展，日点击量近70万次。

（周　岚）

【举办“庆祝改革开放40周年暨望城恢复建制40周年书堂山全国书法名家作品邀请展”】 10月29日，中国书法家协会主席苏士澍，副主席毛国典、包俊宜、刘金凯、刘洪彪、孙晓云等100位当代书坛名家作品受邀参展，开幕式当天，苏士澍、刘洪彪等20位中书协理事以上书法名家亲临活动现场。开展“写好中国字，做好中国人”书法进校园活动。通过举办大型文化活动不断激发文艺工作者的创新创造活力，不断提升书堂山“楷圣故里”的知名度和影响力，宣传推介望城湘江古镇群文化魅力，助推望城书法艺术及文化产业发展。

（刘鹏宇）

【铜官陶瓷代表望城文化走出国门】 10月29日—11月2日，为期4天的“文化中国·湖南文化走进德国”大型文化交流活动在莱茵河畔的德国杜塞尔举行。区委宣传部、区文化创意产业协会、铜官陶瓷新匠人代表望城全程参与交流活动。活动现场专设长沙铜官窑陶瓷展区，50余件铜官新老匠人的作品分外引人注目，“一带一路”“海上瓷路”“黑石号”等故事，吸引了6000多名德国观众特别是德国华侨、留学生的热切关注。长沙铜官窑匠人代表泥人刘传人刘嘉豪向德国友人现场展示铜官的拉坯技艺，热情的德国观众现场体验，铜官陶艺人用行动诠释了湖湘文化的内涵。

（文明办）

【开展“整治婚丧陋习推进移风易俗”专项行动】 成立以区委书记为组长的移风易俗工作领导小组，先后出台《关于在全区倡导“破除社会陋习 共树文明新风”的通知》《望城区“破除社会陋习、共树文明新风”专项行动实施方案》《望城区开展整治婚丧陋习推进移风易俗的实施方案》，确定“婚丧事宜、人情礼金、烟花鞭炮”三大治理重点，明晰示范先行、分步实施、整区推进的“路线图”，将移风易俗纳入党建考评、作风建设、文明创建的重要内容。坚持“党员示范、干部带头”“典型示范、宣传劝导”“疏堵结合、标本兼治”的原则，开展移风易俗、弘扬时代新风专项行动，通过狠刹大操大办歪风、实行禁止和限制燃放烟花鞭炮、限制使用一次性用品、全面实行垃圾分类减量、全面提升环境卫生，全面推动望城区城乡社会文明程度的不断提高。

（文明办）

【启动“万颗红心向党·万场文艺下乡”活动】 6月13日，由区委宣传部、区文明办联合主办的“万颗红心向党·万场文艺下乡”活动启动式暨“四季欢歌·幸福望城”系列文艺会演首场活动启动，为望城群众送上一份精神文化大餐。“万颗红心向党•万场文艺下乡”活动是望城区宣传习近平新时代中国特色社会主义思想和中共十九大精神的创新举措,通过部门、街镇、村(社区)、学校、文艺社团等在全区范围内广泛开展一系列独具匠心的精彩活动,其中送文艺演出下乡活动2000场、送文艺作品下乡活动270场、送影视作品下乡活动2800场、送理论宣讲下乡活动2000场、送体育赛事下乡活动1800场,切实推动习近平新时代中国特色社会主义思想天天见、天天新、天天深。

(李思晓)

【出台文化产业发展扶持政策】 为进一步推进文化望城建设,7月,区委宣传部联合区财政局出台《长沙市望城区文化发展专项资金使用管理办法》(以下简称《办法》)和《长沙市望城区文化产业和文化艺术奖励扶持实施细则(试行)》,对区内文化产业引导资金管理、申报及绩效考核等方面进行规范。《办法》明确专项资金的使用范围、申报条件、审核标准、绩效管理等。专项资金重点扶持文化产业项目建设、文化艺术创作生产、文化人才的培育鼓励,为全区文化产业发展、文化事业的繁荣铺好基石。

(文产办)

统战工作

【概况】 2018年,区委统一战线工作部内设办公室、党外人士联络办公室,归口管理区委台湾工作办公室(区人民政府台湾事务办公室)、区民族宗教事务管理局、区归侨侨眷联合会,有在职在编干部职工17人。

【形成大统战工作格局】 区委高度重视统战工作,将统战工作纳入区委重要议事日程,区委3次召开常委会议研究统战工作、审定《关于进一步健全全区领导与党外代表人士、非公有制经济人士联谊交友制度的通知》、听取宗教工作情况汇报,区委书记2次主持召开民族宗教工作领导小组会议,10次对统战工作进行批示。区委领导带头与党外代表人士、非公有制经济代表人士联谊交友,拓展联谊对象,创新联谊方式,区领导与14位党外代表人士、非公有制经济代表人士开展茶谈面对面。领导小组成员单位根据职能职责,认真做好本单位本行业本系统统战工作。精心组织“三级书记(区委书记、街镇书记、村社区书记)抓统战”活动,在全区初步形成党委高度重视、部门共同参与、各界广泛关注的大统战工作格局。

【促进非公有制经济“两个健康”发展】 精心组织“猎梦计划”活动。全年开展青商会企业家“上海借智”主题活动、“产业•行业•企业”主题“商道”活动和“他山之石,可以攻玉”望城区青年企业家深圳学习分享会,举办3期非公有制企业“联合课堂”讲座。省委常委、省委统战部部长黄兰香到望城考察大汉集团,走访“猎梦空间”,对“猎梦计划”给予充分肯定。“猎梦计划”自实施以来,已开展14期主题活动,累计600多名青年企业家参与学习培训、交流分享,为企业之间增进了解、达成共识、互利共赢搭建了平台,《实施“猎梦计划”,探索青年企业家成长新路径》获2018年度全省统战工作实践创新成果奖。“猎梦计划”获长沙市“一会一品牌”优秀项目,受到省、市区领导的高度关注和肯定,深受广大企业欢迎。精心组织针对性的课题调研。开展“‘研发人员在望城’实证研究”“产业工人供需情况调查”“关于设置非公有制企业风险防控‘联合课堂’的实践探索”“区域内‘四零’采购”“绿色食品加工产业链建设”等重点课题调研,召开课题评审会和汇报会,将课题成果进行多渠道转化,服务营商环境。精心组织专题宣传。10月中旬至12月上旬,集中开展“一听二查三推”专题活动,在“听”和“查”基础上,组织对全区优化营商环境的理念、机制以及好做法、好故事进行专题推介,优化营商环境,促进非公有制经济“两个健康”发展。自11月30日起推进《故事比逻辑更有力量——长沙市望城区营商环境里的“大小”文章》七集专题报道,截至12月7日,除电视节目观众外,移动端各渠道的点击量超110万人次。《“回响”望城营商环境大家谈》通过新闻频道、政法频道等同步直播,智慧长沙和央视移动新闻网平台观看人数接近12万人次,排在长沙广电全媒体大直播的第一位,传播了优化营商环境正能量。

【党外工作】 支持民主党派基层组织加强自身建设。赴各民主党派支部主委所在单位,与单位领导、主委进行交流。进行民主小院提质改造,为各民主党派提供集中办公场所和经费支持。支持民主党派开展专题调研、主题教育活动以及社会公益活动。召开组织部、统战部工作联席会议,审议通过《区委组织部、区委统战部党外干部工作联席会议制度》《望城区党外干部“六个共同”工作制度》。建立区委常委、党员副区长与党外代表人士联谊交友制度,推动党外人士建议、提案落地实施。开展新的社会阶层人士的调查摸底,建立100余人新的社会阶层代表人士人物库。制定新的社会阶层人士统战工作联席会议制度,召开全区新的社会阶层人士统战工作联席会议。培养联系15名党外网络代表人士,组织区内长沙欧美同学会会员开展“寻找‘红色记忆’”主题活动,打造2个新的社会阶层人士实践创新基地。指导创建区级“同心创建”工作点7个,茶亭镇静慎村获评市级“同心创建”示范点,高塘岭街道斑马湖社区、望城区青年企业家成长计划(猎梦计划)获评市级“同心创建”工作点,静慎村“九贤治村”、高塘岭街道“1+3”模式富有成效。11月,省委统战部副部长符俊根到望城区考察,对同心美丽乡村建设给予充分肯定。

2018 年 11 月 22 日，省委常委、省委统战部部长黄兰香（右一）调研望城民营经济发展

【统战宣传工作】 全年在《长沙统一战线》内刊发表文章 11 篇，报送并被三湘统战采稿 3 篇、长沙市统一战线门户网站采稿 72 篇，报送统战理论研究文章 4 篇，按时按量报送并完成年度信息任务。打造“雷锋故里•同心之声”微信公众号，组织策划 6 大宣传专栏，其中包括 12 期《读书分享》、13 期“书记抓统战”、10 期《统战部的朋友圈》，8 期《子衿视界》、7 期《故事比逻辑更有力量——望城区营商环境里的大小文章》等，《坚持“四注重”“四治理” 遏制乱建庙宇歪风》被长沙市委《内情参考》刊发，撰写区委统战部改革开放 40 年工作纪实稿并汇入《望城区改革开放 40 年实录》。《湖南日报》《长沙晚报》等省、市媒体多次报道区委统战部社会扶贫“千金计划”等重大活动。

【黄兰香调研金桥国际市场集群】 11 月 22 日，湖南省委常委、省委统战部部长黄兰香一行莅临大汉集团调研考察，大汉集团董事长、大汉国际工匠院创始人傅胜龙等陪同考察。黄兰香一行先后参观大汉金桥营销中心、金谷广场、大汉国际工匠院项目施工现场、新商业生态展馆、创客大学、党建馆、职工之家等地，详细了解大汉金桥新商业生态城的发展情况，并参与座谈会，就企业互联网转型发展、工匠人才队伍建设等工作听取专题汇报。黄兰香对企业的健康发展给予肯定并强调，要认真贯彻落实国家领导人在民营企业座谈会上的重要讲话精神，把鼓励、支持、引导民营经济发展的政策落地落实，促进非公有制经济健康发展和非公有制经济人士健康成长。各级政府部门需要全力支持包括大汉集团在内的湖南民营企业的工作，为企业的发展营造良好环境，增强企业发展信心，助推企业发展壮大。

【社会扶贫“千金计划”转型升级】 社会扶贫“千金计划”被省委统战部评为 2017 年全省统战工作创新项目。2018 年，区委统战部积极协调相关区直部门和社会各界，恒心恒力抓好社会扶贫和公益慈善工作。通过搭建工作平台，创新管理模式，分别在 6 月 6 日全国爱眼日、“九九”重阳节和 12 月 5 日国际志愿者日（“千金计划”两周年纪念日）等特殊时间节点，开展以就医义诊、敬老爱老和“从精准扶贫到精准脱贫”对话为主题的“3 场“千金计划”社会扶贫纪行活动，并签订 3 年 50 万元的恒康医院医疗救助扶贫协议和为期 2 年的“万企帮万村”精准扶贫行动村企结对帮扶协议，逐步将“千金计划”转型为全区性社会扶贫和公益慈善的双重平台，汇聚最广大的社会爱心和扶贫力量。截至 12 月初，“千金计划”两年来共开展 8 期纪行活动，完成 267 家爱心企业和社会组织与 858 户贫困家庭的结成帮扶，落实精准帮扶项目 641 个，提供就业岗位 572 个，筹集社会资金 3493 万元，为建档立卡贫困家庭解决就医、就学、就业、危房改造等方面的具体问题，形成社会扶贫的持续力量。首批“善心千金同心人物”恒康医院院长周斌入选湖南省 2018 年“百名最美扶贫人物”。

【推出“三级书记抓统战”专栏】 以构建和深化“大统战”工作格局为总揽，切实加强党对统战工作的领导，发挥各级党组织书记等“关键少数”的“关键作用”，形成区、乡镇（街道）、村（社区）“三级书记”带头抓统战、用“法宝”，各方力量齐抓共管的工作格局，有效提升统战能力，释放统战能量，为全区经济社会发展贡献统战智慧和力量。区级主流媒体和“雷锋故里•同心之声”同步推出“书记抓统战”专栏 13 期。“雷锋故里•同心之声”微信平台阅读量数以万计，形成强烈反响。

（丁亚玲）

【对台工作】 区委台湾办公室、区政府台湾事务办公室为区委部门管理单位，归口区委统战部管理，2018 年，有在职在编干部 2 人（其中主任 1 人、副主任 1 人）。

服务台企台商。先后深入旺旺集团、湖南罗莎、捷顺工艺等台资企业，了解他们的生产生活情况，听取他们的诉求，协调解决好他们所反映的实际困难和问题。年初，全区面临用气紧张的状况，第一时间现场走访台企，积极联系相关部门，帮助协调用气用电问题；1 月 24 日，区委常委、统战部部长喻霞元带队走访看望湖南统盈工贸有限公司董事长陈德龙先生，并就统盈工贸用地返款事宜与区委副书记、经开区党工委书记张毅等领导召开专题会议，及时妥善解决；2月6日开始，区委统战部副部长、台办主任邓义利用3天时间带队深入走访慰问多家台资企业，给台商朋友们送去新春的祝福，也将党和政府的关怀和温暖送到台商朋友心中；3月7日，省委台办主任肖祥清、副主任蒲祖泉带领经济处相关负责人到望城调研台资企业，调研过程中了解到湖南罗莎食品有限公司因食堂承包合同产生矛盾纠纷，邓义主任多次带队上门深入了解情况，并积极沟通协调，最终解决纠纷；10月22日，区委常委、统战部部长喻霞元到全国糖酒商品交易会现场参观调研湖南统盈工贸有限公司展位。湖南交泰建材、湖南旺旺食品有限公司、湖南统盈工贸有限公司3家台企积极参与区委领导与企业家联谊交友的“茶谈面对面”活动，进一步拉近区领导与非公有制企业之间距离，同时优化了营商环境，构建了“亲清”新型政商关系。

服务台胞台属。开展春节走访慰问活动。对辖区内的定居台胞、重点台属进行走访慰问。协助办理港澳台居民居住证，在接到市台办通知后，区台办第一时间进行摸底，主动搞好服务，耐心做好来访接待及政策咨询，尽量让每位台胞能够享受党的惠台优惠政策，使他们安心在大陆生活工作居住。帮助台胞朋友陈岱君补办台胞证，在省、市台办的协调帮助下，以最快的时间拿到台胞证；对台胞台商台属因个人权益如小孩就学、建房征拆、户籍迁移等反映的问题，做好政策解释及协调沟通工作。

推进两岸交流交往。5月18日，台湾新同盟会台北分会会员参访团到望城区参观白箬铺镇光明村，区台办和白箬铺镇进行精心安排，给台湾客人留下很好的印象；6月27日，区委书记和望城经开区党工委书记到上海旺旺总部拜访蔡衍明董事长；6月30日至7月8日，由湖南华夏投资集团和台湾文创产业联盟协会联手合作在书堂山国学小镇举办“书堂山花朝节·台湾精品文创市集”，有20余家台湾文创企业和49位台湾青年文创业者跨海来赶集，区台办主动协调服务，保证了活动的顺利开展；10月30日，湘台经贸文化交流合作会成员代表组团到望城台企旺旺集团考察，市委台办副主任王劲峰，区委常委、统战部部长喻霞元陪同考察。

（王华璇）

【民族宗教】 区民族宗教事务局为正科级机构，2018年，有在职在编工作人员4人（其中局长1人、副局长1人）。

服务少数民族群众。2018年，新建立6个少数民族群众服务站，分别为经开区服务站、长沙医学院服务站、望城一中服务站、中南社区服务站、旺旺路社区服务站和兴城社区服务站。增进民族团结，支持民族教育，2018年，为43名少数民族学生办理高考加分。望城一中西藏班增设山南班，高考一本上线率达90%。

规范宗教事务管理。严格落实宗教工作“三级网络、两级责任制”，在街镇、村（社区）、宗教（民间信仰）活动场所统一设置责任公示牌，绘制场所布局“一张图”，推行宗教工作一本清。9月，选派宗教工作重点街镇主要负责人参加在清华大学举办的宗教管理能力提升专题培训班，深入学习习近平总书记关于宗教工作的重要讲话精神。积极开展“五进五好”活动，推进国旗、中共十九大精神、政策法规、中华优秀传统文化、社会主义核心价值观进宗教场所。10月1日，区佛协在洗心禅寺举行隆重的升国旗仪式，区佛协会长、洗心禅寺方丈悟圣获评2018年度全市首届同心人物。将新修订的《宗教事务条例》1万余册下发至街镇、村（社区）、宗教团体、宗教活动场所。10月19日，举办宗教政策法规知识培训班，培训对象延伸到村（社区）党组织书记。联合国土、征地部门出台《望城区民间庙宇征拆补偿操作细则》，对合法建设的民间庙宇征拆统一标准。实施涉宗教项目前置审查制和项目论证制，将民宗部门纳入区规委会成员单位，对招商引资、项目入驻等进行前置审查，对涉宗教项目的报批、报建、建设、验收等，逐一召开项目论证会，确保依法、安全、有序。开展全区宗教（民间信仰）活动场所“四美”创建（环境美、姓名美、人文美、声誉美）。坚持“四注重”（注重解决问题，主动治理，注重突破重点，分类治理，注重方式方法，稳妥治理，注

2018年9月21日，全省宗教干部培训班学员170余人到洗心禅寺现场观摩和交流学习

重建章立制，长效治理），在全区开展治理乱建庙宇专项行动，拆除非法乱建庙宇20处，综合整治9处，10月19日，长沙市召开专项治理乱建庙宇总结分析会，望城整治经验，在全市推介。开展戴公庙等综合整治，以“三取消、三规范、两加强”（取消代敬行为、取消私设功德箱、取消门票；规范摊贩管理、规范场所管理体制、规范场所建设；加强基层组织建设；加强日常监督管理）为重点整治内容，彻底治理各类乱象，规范场所管理。严格实行宗教教职人员登记备案管理制度，建立健全宗教活动场所三类人员（宗教教职人员、受洗皈依人员、流动挂单人员）台账登记制度，宗教、公安和街镇不定期对宗教活动场所人员进行核查。在宗教活动场所推行会计代理制，由团体聘请专业会计负责账务管理，重点场所每季度、一般场所每半年将财务情况上报至宗教团体和区民宗局。

（袁安波）

【洗心基金会举行2018年度助学捐赠仪式】 8月26日，洗心基金会“万名学子助学计划”之2018年度助学捐赠仪式在洗心禅寺举行，606名寒门学子获得洗心基金会的爱心资助242.746万元。洗心基金会自2012年启动“万名学子助学计划”以来，至2018年已连续开展7年，共资助湖南14个市州的贫困学子6290名，发放善款2303.049万元，坚持“全公开、都走访、零成本”运作，获得“省级同心项目”、湖南首批“慈善组织”和“AAAA级社会组织”等荣誉。

【开展“四美”创建经验交流暨消防演练活动】 1月30日，望城区委统战部、区民宗局联合区安监局、区消防大队，组织开展“四美”宗教（民间信仰）活动场所创建经验交流暨消防演练活动。各街镇统战委员，宗教团体、宗教场所（民间信仰场所）负责人等100余人参加活动，省民宗委、市委统战部、市民宗局、市消防支队、市安监局以及区人大、区政府、区政协等相关领导应邀参加。上午，集中观摩洗心禅寺、基督教中心堂、齐天古庙3个“四美”创建示范场所，在洗心禅寺举办消防演练活动，区佛教代表队、道教代表队、基督教代表队、民间信仰代表队4支队伍开展消防实操。下午，在雷锋大剧院召开“四美”宗教场所（民间信仰场所）创建经验交流会。区委统战部副部长、民宗局局长苏景文作“四美”创建工作讲评；区安监局局长周宏杰作2017年度宗教活动场所安全工作讲评；示范场所、团体、先进个人代表作交流发言；会上表彰一批示范场所、一类场所、优秀组织、先进个人。

【规范宗教领域秩序】 切实加强党对宗教工作的领导，集中开展乱建庙宇专项治理，共计拆除非法乱建庙宇20处，综合整治9处，实现“刹歪风、振新风，零增量、消存量，拆违章、建规章，成常态、见长效”的目标。市委《内情参考》对望城区专项治理乱建庙宇工作进行刊发。深入开展“四美”宗教（民间信仰）活动场所创建，以示范场所创建和“四美”手册宣传引导，对标进行全区宗教活动场所的整改和提升。12月26日，望城区举办2018年度“四美”宗教（民间信仰）活动场所创建交流观摩活动暨总结分析会，表彰一批“四美”创建优秀组织、示范场所、一类场所和先进个人。望城区宗教管理工作不断规范，9月19日，全省宗教干部培训班学员170余人赴望城开展现场观摩和交流学习。

（袁安波）

党校

【概况】 2018年，区委党校内设办公室、教务科、教研室、后勤科4个科室，有教职工21人。

【干部教育培训工作】 开展中共十九大精神宣讲和轮训。全区科级干部分5期、共计1011人次集中轮训，每期邀请2位、共10位区委常委为学员授课；推出中共十九大精神新专题15堂，宣讲送课171堂，实现全区党员干部分层培训、全员覆盖；邀请省、市党校资深专家教授辅导解读，并举全校之力集体打磨推出《新时代、新征程、新境界》等十九大新专题。与丁字湾街道合作培养“宣讲员”，对基层党员分层、分类宣讲教育，与基层单位合作撰写的经验文章《四类管理抓实党员教育管理》被“共产党员”网刊发。举办5期学制一周以上的重要主体班。全年举办各类培训班88期次，学员11606人次，其中青干班、科干班、中层干部班（2期）、妇干班等主体班5期次，学员217人；创新培训实践刷新学员认识，每天的“微问答”“微分享”“微交流”让动脑、动口、动手成为学员的学习常态，“1+4+1”实践教学围绕“放管服改革”“乡村振兴”“征地拆迁”“信访维稳”等地方经济社会发展的热点难点问题展开学习和研讨，成为学员深入“名望之城”建设实践的重要窗口。党校培训活动吸引省、市媒体相继报道，新湖南以《望城区开展中层干部培训班，提高干部履职能力》为题报道2018年中层干部培训班培训情况；《湖南党校报》《长沙党建》专题报道区委书记与青干班学员“面对面”交流的活动，扩大了影响。

【教学科研工作】 召开教学科研工作调度会。以集体备课、新课试讲、反复磨课等方式打造教学专题；以集体商议、全体调研、反复讨论等方式打磨科研课题。邀请专家指导。邀请省委党校覃正爱、唐月娥等专家教授为理论教员打造党课进行辅导；邀请省委党校科研处处长林国标等专家教授到党校传授科研工作经验。学习先进经验。选派理论教员到中央党校、省、市委党校进修学习，到省、市委党校学习科研工作经验；组织理论教员集体赴岳阳市委党校、宁乡刘少奇纪念馆、临澧县委党校等地学习考察党课打造经验，推进课题调研和专题打造工作。教学方面，先后推出《不忘初心 牢记使命——中国共产党从困难走向辉煌的不竭动力》《坚定文化自信，凝聚发展动力》等教学专题课42个。全年撰写55篇文章，取得科研成果67项，其中，《坚持与发展：以〈共产党宣言〉的理论精髓科学把握习近平新时代中国特色社会主义思想》获省社会主义学会一等奖；《四个统一：习近平新时代中国特色社会主义思想的辩证性理论特质》获省社科联征文一等奖；黄建幸教授分别参与《关于全面落实乡村振兴战略开创新时代望城工作新局面的实施意见》《长沙市望城区学雷锋鼓励保护暂行办法》等重要文件起草工作，党校“智库”作用进一步提升。2018年，连续第四年获评全市科研工作先进单位。

【筹建“雷锋学院”打造“雷锋党课”】 按照区委打造一流“红色学府”的目标，做好发展党校事业与助推地方经济社会发展的结合文章，筹建“雷锋学院”，打造“雷锋党课”。主动做好项目建设前期的协调推进工作，召开7次议事协调会，与经开区、发改、国土、规划、财政、乌山街道等配合，完成项目规划和设计、土地报批、教职工宿舍征收、集体土地房屋征拆，全力以赴推动项目建设。区委明确雷锋学院和党校新校区合建的规划设计方案，已投入项目建设专项资金5813万元，软件建设方案的研究论证同步展开，一个“雷锋学院”初显轮廓；在区委书记等区委领导的牵头部署下，以一场“7选2”的“雷锋精神”主题党课教学比赛为阶段性节点，分2个阶段、经8个轮次集体打磨评审，一堂“雷锋党课”已趋成熟；在现有校园增设雷锋文化长廊、雷锋主题教室、雷锋日记宣传牌，在科干班、妇干班授出全新“雷锋精神”主题党课，并推出“争做雷锋式好干部”主题学习活动，一块“雷锋名片”越擦越亮。

【获评“全省教学示范性县级党校”】 “全省教学示范性县级党校”评估工作开始后，通过主动对接、精心准备，历时6个多月，针对办学基础设施、教学内容与方法、科研成果转化、培训规模与效果、办学特色等8类51项指标逐项自查自评，完善提高，突出教学示范经验总结，充分与省、市委党校沟通对接，根据相关指标，有针对性地开展“全省教学示范性县级党校”创建工作。投入15万元搬迁并改造扩大图书馆、增设阅览室，增配图书5000余册。投入88万元，对5间教室的多媒体音响设施设备实现改造升级，对食堂实施煤改气，对宿舍防水工程实施改造，对校园实施全面监控管理，对校园路面进行维修，对校园绿化进行维护。获评“全省教学示范性县级党校”。

（王 天）

党史及党史联络工作

【概况】 2018年，区委党史联络组围绕“研史、鉴政、育才”宗旨，践行“铸魂、励志、传承、创新”发展理念，科学谋划各项工作任务，获评2018年度全市党史工作先进单位。

【党史文物征集】 配合中国共产党长沙历史馆建设，组织人员研究《中国共产党长沙历史陈列大纲(征求意见稿)》，提出相应修改意见，争取更多的望城元素进入陈列大纲，扩大望城党史的影响。根据中国共产党长沙历史馆征集文物要求，结合全区“抓重点 补短板 强弱项”大调研活动，联合区文物管理局，5—7月，分3组到全区15个街镇开展党史文物征集调研走访。通过实地走访、座谈等方式，收集党史资源线索百余条，党史资料和图片50余件；对馆藏文物进行整理和摸底，造册上报市委党史研究室。

【党史编研】 结合时政做好党史编研。编辑出版《实践与探索——望城改革开放40年专辑》；《中共长沙市望城区委工作纪事(2011—2016)》审核通过，完成出版发行；按质按量完成省市党史部门交办的《长沙党委工作纪事》组稿工作、省编《回忆录(湖南农业发展专辑)》征文；按省、市编撰《湖湘红色遗址概览》《湖湘红色手迹》要求，上报《郭亮纪念园概览》和郭亮手迹、国家领导人对雷锋的题词等资料。

【开展党史宣教活动】 协助雷锋艺术团编导大型花鼓戏《“独臂将军”刘畴西》，提供史料并进行史料业务把关，传承望城籍革命先烈的先进事迹与不屈精神。与区雷锋图书馆、武警望城中队联合开展“忆党史、悦读书、强信念”军民共建活动，向武警指战员赠送党史书籍，讲授党史课，激发他们服务第二故乡的工作热情。参与“爱的春天”2018湖湘文化走进敬老院活动，为老人们赠送党史书籍，丰富其精神生活。为湖南都市频道提供烈士陈锡纯、刘畴西的人物史料并接受采访，向大众传播望城先烈事迹。与望城新媒体中心合作，在望城发布上开设《望城历史上的今天》，让望城昨日走进今天，传播正能量，全面展示改革开放以来望城的经济社会发展成就。与区政协、区电视台合作，策划《望城故事》栏目，提供党史资料。

【聘请党史研究员】 继续与区史志档案局实行“两块牌子、一套人马”的运作模式，加强对党史工作的决策、协调、组织、指导。3月，聘请区内5位熟悉地方党史、有工作激情的改任非领导职务的同志为党史研究员，区委常委、区委办主任戴水文为他们颁发聘书，勉励他们发挥自身的资源优势和影响力，为党史研究添砖加瓦。

【编辑出版《实践与探索——望城改革开放40年专辑》】 为纪念改革开放40周年与望城恢复建制40周年，选取改革开放以来望城工业、交通、城建、旅游、文化等发展迅速、影响广泛、成就显著的领域进行专题创作，收录文章22篇，总计15万字，直观反映望城由农业县成为省会新区的精彩蝶变，为改革开放40周年献礼。

【开展党史资源调研】 5月7—11日，为配合做好长沙市党史馆陈列布展，区委党史联络组、区史志档案局联合区文物局，在全区组织开展党史资源调研工作。调研组前往各个街镇，与域内重大事件、重大建设的亲历者、见证者和知名文化人士、社会收藏家、老照相馆、爱好摄影的退休干部进行座谈，实地察看革命遗址、遗迹及党史实物等党史资源并走访知情人士。掌握辖区内现存新民主主义时期24处革命遗址遗迹、30处革命烈士墓葬的保存现状，搜集200多张图片资料，挖掘20多条地下党员线索，并征集部分土地证、知青下放证、抗洪荣誉证书等文物资料。

（张理希）

老干部工作

【概况】 2018年，区委老干部局内设综合科（含老年教育科）、安置服务科，下设老干部休养所、老干中心活动室，局机关在编人员9人（其中工勤人员2人），二级机构在编人员5人。

【落实老干部政治待遇】 坚持定期向老同志通报工作情况，重要会议和活动邀请老同志参加，重大决定听取老同志意见；组织全区离休干部、处级退休干部考察重点工程建设活动；举办银发先锋大课堂暨老干部形势报告会，特邀国防科大资深教授易金务作《中美战略博弈》报告；坚持为老干部订阅报纸杂志、阅读文件制度，2018年为老干部订阅长沙晚报100余份，老年人杂志2000余份。

【落实老干部生活待遇】 巩固和落实离休干部“三个机制”，完善困难离退休干部及遗孀、配偶的帮扶机制，出台《望城区困难离退休干部帮扶救助办法》；转发市委组织部、市委老干部局、市财政厅、市人社局《关于调整离休干部交通费标准的通知》，交通费标准提高到处级干部每人每月110元，科级及以下干部每人每月80元；由社保发放的机关事业单位离休干部工资转交老干部局发放；认真组织春节、端午节、中秋节、重阳节“四节”慰问，并于春节前夕，上门走访全区离休干部和副处级以上退休干部；全年看望住院老干部21人次，吊唁逝世老干部7人，整生祝寿2人；慰问特殊困难离退休干部149人，共发放慰问金19.24万元。

【发挥老干部作用】 坚持把为党和人民事业增添正能量作为老干部工作的价值取向，围绕党委、政府的中心大局，开展各类正能量活动。组织两支队伍参加全省“走进新时代•共筑中国梦”广场舞比赛，分别获市二等奖、三等奖，其中月亮岛街道名都艺术团的《京舞飞扬》晋级全省决赛，为近年来望城参加全省老干部系统同类比赛的最好成绩；组织参加全省“不忘初心 牢记使命”微党课视频竞赛；2018年望城区“五老”金牌讲师团全年宣讲260多场，听众约2.1万人次；区关工委举办“学雷锋、赞锐驰、守孝悌、励志成才”青少年主题教育活动，学习“最美孝心少年”周锐驰事迹，并表彰10名孝敬父母、友爱他人的孝心少年；老干部书画协会多次开展送联下乡活动，投身镇、村、企业、校园文化建设，积极参加各级各类书画展，主办和协办4个市区级大型书画赛事活动，创办“望城书画”刊物。

【离退休干部工作委员会工作】 全区离退休干部党支部数量达60个，党支部“三会一课”正常开展率98.2%；区史志档案局获省示范化“五化”党支部称号，区公安局、茶亭镇、铜官街道获市示范化“五化”党支部称号。5月8—20日，由副局长罗淑冬、王宏分别率队深入各街镇及区直重点单位调研老干部“两项待遇”、离退休干部党组织建设和老年教育工作，重点了解各单位离退休干部党支部的成立和工作开展情况，并督促部分应建而未建支部的单位尽快建立支部。6月14日，举办“不忘初心•牢记使命”离退休干部党支部书记讲党课竞赛活动。9月26日，推荐区史志档案局老干支部书记吴汉林、乌山街道老干支部书记肖千明参加全市“不忘初心 牢记使命”离退休干部党支部书记讲党课决赛。

【举办“大美金秋·快乐运动”老干部趣味运动会】 11月8日，由望城区委老干部局、区文体广电局、区老年人体育协会联合举办的“大美金秋•快乐运动”望城区老干部趣味运动会在区文化体育中心体育馆举行。比赛设妙手镖师、夹玻璃球接力、顶天立地（书本）接力、快乐套圈、赶小猪(篮球)接力、趣味保龄球6个项目。共有来自区直部门和街镇的46个单位近300名退休老干部参加角逐，充分展示了新时代雷锋家乡老干部老当益壮的风采，积极向上的精神风貌，在全社会营造尊老、爱老、助老的良好氛围。

（谭望岳）

关心下一代工作

【概况】 2018年，全区共有关心下一代工作机构263个（其中街镇14个，村、社区128个，教育系统22个，直属单位77个，民营企业22个），35岁以下青少年13.5万人，其中，在校青少年4.3万人，参与关心下一代工作“五老”人员1.6万人。

【开展“传承红色基因”系列教育活动】 3月23日，全省“传承红色基因、争做时代新人”主题活动启动仪式在望城区雷锋纪念馆举行，此次活动由望城区承办。来自韶山毛泽东同志纪念馆和湖南雷锋纪念馆的优秀讲解员以讲故事的形式，为金山桥街道桐林中心小学的近200名师生上了一节生动的党史国史教育课，孩子们聆听了革命前辈们的英勇事迹，接受了心灵的洗礼与熏陶，深受鼓舞。全区广大中小学生踊跃参加市关工委“红旗飘飘，引我成长”主题教育活动，其中2名学生获市一等奖，6名学生获市二等奖，11名学生获市三等奖。

【开展“学雷锋、赞锐驰、守孝悌、励志成才”青少年主题教育活动】 3月30日，区关工委牵头举行“学雷锋、赞锐驰、守孝悌、励志成才”青少年主题教育活动。活动由区关工委、文明办、教育局和丁字湾街道联合主办，丁字学区校承办。活动现场组织观看周锐驰事迹宣传片和情景剧《你是我的眼》，近距离了解“最美孝心少年”周锐驰事迹。发起向周锐驰学习倡议书，表彰孝敬父母、友爱他人的孝心少年，号召全区中小学生学习雷锋精神，争做新时代雷锋传人。

【开展学雷锋志愿服务活动】 开展雷锋生前好友（同事）雷锋精神巡讲活动。区关工委、文明办牵头组织冯健、冯正其、张建文、易正昌、李湘枚5位雷锋生前好友（同事）讲述雷锋的故事。2017年10月以来，每月下旬开展一次巡讲活动，让雷锋精神代代相传。区关工委文化志愿服务团队志愿者张建文、李湘枚、谭荒芳等“五老”每季度走进2所乡村学校少年宫，以“励志成才，做雷锋式好少年”为主题，为近2000名师生们送上“励志课”。此外，各级关工委在社区环境清扫、学雷锋志愿服务、重阳节敬老活动、城管志愿服务、文明创建志愿服务等方面，将辖区青少年的实践活动与街道、社区开展的工作有机结合，引导青少年增强主人翁意识，推动活动取得实效。

【开展未成年人法制宣教活动】 各基层关工委把加强未成年人法制教育，预防未成年人违法犯罪作为重要任务切实抓好。通过专题讲座、模拟法庭、法律知识问答、“守法小公民”、演讲比赛、失足青少年现身说法等形式，教育青少年知法、懂法、守法。莲湖社区莲湖小学的同学们在望城区法院进行模拟法庭庭审体验，4月13日，央视少儿频道播出《长沙望城：模拟法庭 播撒法制种子》节目，引起全国人民的广泛关注。6月22日，乔口镇关工委联合禁毒协会开展“2018‘健康人生 绿色无毒’禁毒宣传”活动，活动现场展出禁毒宣传橱窗40多个，利用氢气球悬挂禁毒条幅20幅，发放禁毒倡议书2000多份，发放其他禁毒宣传资料1200多份，努力为青少年健康成长保驾护航。

【实施帮扶青少年工程】 开展各类帮扶活动，帮助青少年圆好梦、做好人。实施助学行动，连续24年坚持实施“关爱明天·爱心助学”工程，帮助5000多名寒门学子实现学习深造梦想。争取区委、区政府下拨和多方筹措助学金近50万元，向258名考上一本、二本的困难学生发放助学金和获得省、市、区各种荣誉的优秀学子发放奖学金。关爱困境少儿，全区有在校留守儿童711人，流动儿童109人，单亲孩子480人，孤儿12人，残疾孩子36人，服刑人员子女4人，贫困孩子（含重病孩子）801人，精神困惑孩子30人。通过开展“爱心赶集”活动、组织动员“五老”开展多种形式的关爱和互助活动，依托假日学校、三点半课堂、校外辅导站等青少年关爱服务平台，全方位关爱青少年健康成长。

（周衍曾）

信访工作

【概况】 2018年，区信访局内设办公室、来访接待科(驻京劝返)、办案办理科、网信督办科、财务科、群工办、监察室7个职能科室，有在职在编干部职工14人。

全年信访形势总体保持平稳态势，呈现出“四降两升一好”的局面：即，进京非访人次同比下降44.4％、到省市上访1人次同比下降1.8%、到省市集访人次同比下降15.3%、来区集访人次同比下降33.7%；网上信访占比率名次提升至全市第一、网上信访群众参评率同比提升2.8%，信访秩序继续向好的方向发展。

【落实信访责任制】 健全工作机制，促进信访疑难问题的解决。为充分发挥区信访联席会议和信访联席办的综合协调作用，望城区完善处理“信访突出问题”“群体性事件”信访联席会议制度，出台“行业管信访工作机制”，使大批重大疑难信访问题通过联席会议的方式得到解决。强化信访责任，促进重点人员的疏导稳控。按照“属地分管”原则，区信访联席办严格实行“五包一”责任制，指导督促各街镇对全区重点人员制定稳控化解方案，明确班子成员及时跟踪反馈意见，做到“桩桩有人管”“件件有着落”“事事有回音”。拓宽信访渠道，促进党群干群关系的密切。2018年，将湖南省网上信访信息系统延伸至全区14个街镇和54个区直部门，创建“望城网上信访投诉平台”，实现全区信访网络精准联通，使“网上信访”日趋成为望城群众信访的主渠道。

【治理信访源头】 为进一步解决群众各类矛盾纠纷，从源头上减少信访问题，积极规范信访秩序，整合信访工作力量，形成协调配合、齐抓共管的工作格局。加强初信初访办理。实行初信初访“半月结案”的工作模式，对符合信访受理要求的初信初访事项在第一时间进行转送交办，明确专人跟踪督办。精心协助领导接访。年初，区委区政府印发《关于做好2018年领导干部定期接待群众来访工作的通知》，严格按照领导接访要求制定接访方案，规范接访范围，公示接访时间，建立接访台账。做好基层信访工作。为有效激发基层信访工作活力，积极维护好群众合法权益，出台《望城区信访工作“三无”街镇、“三无”村（社区）创建活动实施方案》，促进基层完善信访工作机制，将矛盾化解在初始。

【化解信访积案】 按照（长信联发〔2018〕4号）文件要求，望城区出台《望城区信访工作“四大攻坚”活动实施方案》，开展“四大攻坚”（重点领域、重点群体、重点问题、重点人员）工作。做好上级交办工作，区委、区政府高度重视中央、省委巡视组的交办工作。区领导先后10余次组织召开专题会议，调度讲评、现场交办处理中央、省委巡视组交办的信访案件，副县级以上（含副县级）领导联案领办，深入一线调度解决信访难题。依法开展非访治理工作。按照《关于依法处理信访活动中违法犯罪行为的指导意见》（湘政发〔2014〕14号）文件的规定，强化信访信息预警摸排，借助专业技术手段，加强信息预警监测，及时掌握各种情报信息，有效预防，加强管控，做到预警在先、防范在前。

（肖　刚）

长沙市望城区人民代表大会

责任编辑◎宁利宏

概述

【概况】 2018年，望城区第二届人民代表大会常务委员会有29名组成人员。有在职机关干部职工55人。区人民代表大会设立财政经济委员会、法制委员会2个专门委员会，区人大常委会设置办公室、选举任免联络工作委员会、城乡建设资源与环境保护工作委员会、内务司法工作委员会、农业工作委员会和教育科学文化卫生工作委员会6个工作机构。派出丁字湾、铜官、高塘岭、乌山、金山桥、黄金园、白沙洲、大泽湖、月亮岛、雷锋、白马11个街道人大工作委员会。全年举行常委会会议10次、主任会议17次，听取和审议“一府两院”工作报告20项，开展执法检查5次，视察调研和工作评议25次，依法作出决议、决定16项。

【服务发展大局】 助推经济高质量发展。坚持把项目建设作为望城工作的重中之重，广泛汇聚人大智慧和力量，专心、用情、尽力，紧扣区委“产业发展突破年”活动主线，持续开展政府性投资项目部门评议，力促全区形成抓产业项目、强实体经济的浓厚氛围。先后两次集中走访调研经开区、城投集团等项目业主单位及178个项目现场，广泛征求意见建议，及时向被评议部门下发整改意见书并督促整改落实，年底开展集中测评，15个被评议部门办事程序进一步优化、服务效能进一步提升。组织主任会议成员视察中信戴卡、伟创力、五矿新能源等新项目，支持园区招优引强、集聚集群发展，加快产业转型升级。专题调研先进装备制造产业链，突出建链、强链、补链，推动园区开展产业链精准招商。落实区领导联系重点项目要求，常委会领导坚持在一线研究、在一线调度、在一线服务，及时协调解决拆迁安置、要素保障等制约项目推进的突出问题，促进湖南外国语职业学院、长益高速扩容（望城段）、高标准农田、西气东输、石长铁路望城货运站等重大项目加快建设。主动结合打赢“三大攻坚战”来谋划、部署和推进人大工作，助力破解发展瓶颈，决胜全面建成小康社会。围绕防范化解重大风险攻坚战主动作为，重点调研政府性债务及平台公司债务情况，督促政府及其相关部门摸清债务底数，严控债务规模，整合融资平台，规范融资行为，科学融资偿债。围绕污染防治攻坚战履职尽责，听取和审议区人民政府2017年环境状况和环境保护目标完成情况的报告，开展环境保护专题询问，督促加强环保能力建设，推动开展三年截污行动、雨污分流改造、工地扬尘污染防治等专项整治行动，有效解决一批突出的环保问题。审查批准《长沙市望城区生态文明建设示范区规划（2016—2020）》，全区生态文明建设系统化、科学化水平进一步提升。围绕精准脱贫攻坚战动员全系统参与，对全区乡村振兴、产业扶贫工作进行深入调研，提出加强规划引领、整合涉农资金、激活土地资源、实施人才兴乡工程、培育和引进农业龙头企业等建议，助力形成稳定脱贫增收长效机制。

【依法履职行权】 增强监督实效。有序推进专题询问常态化，主动增加频次、拓展主题、改进方式，先后开展环境保护、司法公正和水安全专题询问，专题询问的质量不断提高。规范询问组织程序，强化问前调研，充分发扬民主、集中民智；精准选取问题，询问方式实现从“开卷”到“闭卷”的转变，增强专业性、严肃性和权威性；狠抓询问整改，严格督促履行承诺，初步形成从方案制定到问后督办的系统化、制度化流程，确保问到关键、问出深度、问明责任。扩大询问公开，专题询问全程网络直播，让老百姓能够看到政府及其相关部门解决问题的诚意和决心，切实发挥专题询问回应关切、凝聚共识的作用，体现人大监督的人民立场和人民情怀。依法审查批准区人民政府2018年部门预算、2017年财政决算，听取和审议2018年上半年财政预算执行及其他财政收支情况报告，审查批准2018年财政预算调整方案，预算“硬约束”进一步凸显。突出财权与事权相匹配的基本原则，前移预算审查关口，深度介入预算编制前期工作，推动预算编制与项目铺排同步启动、及时对接，着力提升预算的科学性、前瞻性和严肃性。坚持为审计监督“撑腰打气”，对2017年“同级审”反映问题进行跟踪整改，开展满意度测评，审计发现问题和涉及金额逐年减少，部门预算执行及专项资金使用更加规范。紧盯支出预算和政策拓展，最大限度地发挥财政资金的使用绩效和政策引导作用。高度关注望城水安全，开展水安全专题询问，督促政府及其相关部门加快弥补基础设施欠账，尽快实现湘江一线堤防全部达标；加强地下排污管网建设和农村自来水管网改造，重点抓好马桥河、新沩水等河流治理，努力提升水安全保障能力。坚持听取和审议全区城乡规划实施情况汇报，要求政府及其相关部门提升规划编制理念，强化规划法治意识，让规划更好地服务民生。聚焦教育医疗等民生事业优先发展，加强对PPP模式的审查监督，助力解决污水处理厂三期扩建及提标工程、房地产配套学校建设等项目融资难题；开展学前教育调研，促进规范办学行为，合理布局资源，满足群众"好入园""入好园"需求；加强征拆等前期工作协调，助推区人民医院整体迁建项目加快建设。推动发展成果普惠共享，视察爱卫工作，促进全区加大垃圾分类减量和农村改厕力度；持续倡树文明新风，大力推进移风易俗；积极探讨发挥雷锋名人效应，呼吁加强非物质文化遗产传承载体和人才建设，更好塑造望城全域旅游品牌；听取民政工作情况汇报，促进加强优抚安置、敬老养老、救灾救济等服务保障。率先开展司法公正专题询问，通过严肃问答、严明要求、严格整改，促进案件侦查、审查起诉、审判执行、社区矫正等司法全过程的公平正义，彻底打通实现公平正义的"最后一公里"，让望城人民切实感受到更多的司法安全感和获得感。坚持听取全区依法行政工作报告，推动政府及其相关部门行政负责人出庭应诉，贯彻落实法律顾问及公职律师制度，不断加强法治政府建设。突出司法监督常态化，积极开展听庭评议活动，累计向司法机关和行政机关反馈庭审意见建议30余条。紧盯基层贯彻实施难点，加大执法检查力度，对道路交通安全法、人民防空法、公共文化服务保障法、档案法、广播电视管理条例5部法律法规开展执法检查。积极协助参与上级立法3部，10余条建议得到采纳。关注黑麋峰森林公园生态旅游资源保护，推动市人大研究启动相关立法工作。深化备案审查工作，努力做到"有件必备、有备必审、有错必纠"，全年备案审查规范性文件22件，提出修改意见建议11条。积极开展宪法宣传教育活动，自觉弘扬宪法精神，树立宪法权威。认真办理来信来访，切实落实公众合法诉求。全年共依法任免"一府一委两院"国家工作人员和法律职务43人次，依法补选3名市人大代表和13名区人大代表。

【发挥代表作用】 深化人大代表联络站建设，完善硬件设施，丰富日常活动，使之真正成为学习交流的阵地、联系群众的桥梁和为民履职的平台。积极组织代表参加市、区"一府两院"半年度工作通报会，轮流安排代表列席区人大常委会会议300余人次，邀请代表参加常委会调研、视察、执法检查等活动150余人次，切实保障代表知情知政权利。加强代表履职学习，指导乡镇、街道人大开展人大代表培训，代表履职能力得到有效提升。持续开展精准扶贫、关爱孤寡老人等特色"双联"活动，展现人大代表履职尽责、奉献爱心的良好形象。加强乡镇、街道人大工作指导，坚持开展代表接待日、部门评议等活动，代表履职热情不断高涨。坚持代表"对人民负责、受人民监督"的原则，县乡两级人大代表向选民述职32人次，让选民了解代表履职情况，让代表接受选民群众监督，密切了代表与选民群众的联系。坚持把解决议案建议提出问题摆在首位，完善督办工作机制，加强督办全过程协调、沟通和反馈，努力实现部门负责、代表满意、群众受益。区二届人大二次会议期间和闭会期间收到的71件建议，均已办理并答复代表，面商率、办理态度满意率均为100%，办理结果满意率达90%以上，建议提出问题解决率保持在70%以上。

【加强自身建设】 坚持以党章为根本遵循，大力加强常委会党组及机关党的建设，成立区人大机关党总支，下设3个支部，严肃党内政治生活，落实"三会一课"、民主生活会、组织生活会等组织制度，不断增强党组织的凝聚力和战斗力。切实把政治建设摆在首位，通过党组学习、主题讲座、专题党课、"微课堂"等多种方式深入学习习近平新时代中国特色社会主义思想，及时学习《中华人民共和国宪法》、《中华人民共和国监察法》等重要法律，实现理论学习和业务学习经常化，努力提升人大干部能力素质。加强人大工作对外宣传，精心编印《望城人大》内刊，办好办活官方微信公众号，努力畅通联络渠道、传播人大声音、讲好人大故事。2018年，全国人大和各地省、市、区县人大到望城考察调研20余次，人大工作影响力不断提升。深化机关制度建设，着力提高常委会工作科学化水平。制定《区人大常委会专项工作评议暂行办法》，规范专项评议工作流程。审议通过《区人大常委会关于进一步提高人大常委会会议质量的若干规定》，建立会前调研和重点发言制度，会议审议质量得到有效提升。

重要会议

【区第二届人大常委会第12次会议】 2018年2月1日，长沙市望城区第二届人大常委会举行第12次会议。表决通过区人民法院有关人事议案，依法任命周丹、袁利平、刘典闳、周健成4人为长沙市望城区人民法院审判委员会委员。开展项目建设提速提标年活动主要部门工作评议集中测评活动。表决通过《长沙市望城区人大常委会2018年工作要点》。

【区第二届人大常委会第13次会议】 4月17日，长沙市望城区第二届人大常委会举行第13次会议。上午，会议审议通过人事任免和代表辞职的有关议案，组织新任命的国家工作人员集中向宪法宣誓；听取和审议全区环境状况和环境保护目标完成情况的报告；表决通过《长沙市望城区生态文明建设示范区规划（2016—2020）》和《长沙市望城区人大常委会关于对2018年政府性投资项目建设工作进行专项评议的决定》。下午，开展环境保护工作专题询问并全程网络直播。

【区第二届人大常委会第15次会议】 6月28日，长沙市望城区第二届人大常委会举行第15次会议。听取和审议区规划分局局长舒志清受区人民政府委托所作的关于全区城乡规划实施情况的报告，表决通过《关于进一步提高长沙市望城区人民代表大会常务委员会会议质量的若干规定》和《长沙市望城区人民代表大会常务委员会专项工作评议暂行办法》。

【区第二届人大常委会第16次会议】 8月30日，长沙市望城区第二届人大常委会举行第16次会议。通过有关人事事项，组织对任命的人员进行向宪法宣誓。会议听取并审议区发改局局长舒勇关于2018年上半年全区国民经济和社会发展计划执行情况的报告；听取并审议区财政局局长吴南军关于长沙市望城区2017年财政决算（草案）和2018年1—6月预算执行情况的报告；听取并审议区审计局局长任长庚关于2017年度区本级预算执行和其他财政收支情况的审计工作报告；听取并审议区人大财经委主任委员阳立强关于2017年区财政决算草案的审查报告；表决通过长沙市望城区人民代表大会常务委员会关于批准2017年区本级财政决算（草案）的决议；会议还书面听取关于区人大常委会会议审议意见落实情况报告。

【区第二届人大常委会第17次会议】 9月28日，长沙市望城区第二届人大常委会举行第17次会议。上午表决通过区人民法院和区人民检察院有关人事议案，听取并审议区人民政府依法行政工作情况报告、区公安局司法公正工作情况报告，区人民法院司法公正工作情况报告，区人民检察院司法公正工作情况报告，书面听取区司法局关于司法公正工作情况报告。下午开展司法公正工作专题询问。

【区第二届人大常委会第18次会议】 10月16日，长沙市望城区第二届人大常委会举行第18次会议。表决通过《长沙市望城区人大常委会关于接受朱红建辞去区第二届人大代表职务的决定》。

【区第二届人大常委会第19次会议】 10月26日，长沙市望城区第二届人大常委会举行第19次会议。表决通过《长沙市望城区人大常委会关于接受丁翔等6人辞去长沙市望城区第二届人大代表职务的决定》和《长沙市望城区人大常委会关于补选10名区二届人大代表的决定》；听取区财政局局长吴南军关于2018年财政预算调整方案草案的报告和区人大财经委主任委员阳立强所作的初审报告，表决通过《长沙市望城区人大常委会关于批准2018年区预算调整方案的决议》。

【区第二届人大常委会第20次会议】 11月13日，长沙市望城区第二届人大常委会举行第20次会议。表决通过代表辞职和补选的有关议案。

【区第二届人大常委会第21次会议】 11月26日，长沙市望城区第二届人大常委会举行第21次会议。上午，表决通过代表辞职的有关议案；听取和审议2017年“同级审”反映问题整改情况报告，并进行“同级审”整改测评；听取和审议全区水安全工作情况报告；表决通过《长沙市望城区人民政府关于提请将望城区污水处理厂三期扩建及提标工程政府相关支出纳入区中长期财政预算的议案》；表决通过《长沙市望城区人大常委会关于召开长沙市望城区第二届人民代表大会第三次会议的决定》。下午，开展水安全工作专题询问。

【区第二届人大常委会第22次会议】 12月18日，长沙市望城区第二届人大常委会举行第22次会议。上午，听取和审议并表决通过代表辞职和人事任免有关议案，补选张毅、宫平、许愔3名同志为长沙市第十五届人民代表大会代表；听取和审议区人大代表资格审查报告和异动情况报告和区二届人大二次会议代表议案和建议批评意见办理及督办情况报告；听取和审议区发改局等15个单位服务项目建设及调研反馈意见整改情况报告，并进行满意度测评。下午，听取和审议长沙市望城区2018年国民经济和社会发展计划执行情况与2019年国民经济和社会发展计划草案的报告和长沙市望城区2018财政预算计划执行情况与2019年财政预算草案的报告；听取和审议区二届人大三次会议筹备工作相关情况报告和长沙市望城区人民代表大会常务委员会工作报告。

（邓贤龙）

长沙市望城区人民政府

责任编辑 ◎ 宁利宏

重要会议

【区第二届人民政府第 12 次常务会议】 1 月 8 日，召开区第二届人民政府第 12 次常务会议，研究雷锋街道析置工作。原则同意《长沙市望城区雷锋街道析置工作实施方案（送审稿）》，明确由区民政局负责，根据会议讨论意见对方案作进一步修改完善，按程序报区委常委会议审定后，迅速向市人民政府提交专项请示，争取早日批复，尽快依法依规依程序组织实施。

【区第二届人民政府第 13 次常务会议】 1 月 16 日，召开区第二届人民政府第 13 次常务会议，研究部署《政府工作报告》任务分解交办有关工作；研究全区 2018 年投资建设项目计划铺排有关工作；审议《长沙市望城区债务风险防范管理暂行办法（送审稿）》；研究有偿收回公坤石材采矿权有关工作；审议《长沙市望城区关于加快推进装配式建筑发展的实施方案（送审稿）》。

原则同意区政府研究室拟定的区《政府工作报告》目标任务责任分解表。明确由区政府办牵头，根据会议精神作进一步修改完善，同时结合望城实际，将市《政府工作报告》进行任务分解，按程序报区政府审定后发文实施。会议明确各级各部门、各街镇要认真对照目标任务，突出污染防治、严控地方债务、精准扶贫、产业链建设等工作重点，狠抓责任落实，确保完成各项目标任务。明确由周志辉同志牵头，严格落实中央、省、市相关精神，严防金融风险，特别是严控园区及平台公司的隐形债务。明确在 2018 年 1 月 31 日前，各产业链牵头部门要提出相应产业发展行动计划、现状分析，并根据行动计划，精准招商。原则同意区发改局提出的《2018 年投资建设项目计划（送审稿）》《2018 年区领导、后盾单位联系重大项目实施方案（送审稿）》《2018 年“产业发展突破年”活动总体方案（送审稿）》，明确由周志辉牵头，组织相关部门就会上提出的意见、建议进行研究后，再按程序报区委常委会议审定。明确由区财政、金融、国土、规划、征拆等部门负责，根据 2018 年项目铺排情况，制订详细的要素保障计划，确保铺排的项目能够顺利实施。明确由区发改局牵头，注重创新建设模式，积极研究推进片区综合开发模式，加快政府投资平台转型发展。原则同意区财政局提出的《长沙市望城区债务风险防范管理暂行办法（送审稿）》，明确由区财政局牵头，根据会议精神，结合省、市相关文件，进一步完善细化该办法后，按程序报区委、区政府审定后实施。明确由区法制办牵头，对公坤石材采矿权价值补偿进行法律论证，提出相关法律意见报区人民政府审定；由区财政局牵头，参考长沙市周边地区类似事件处置方式，对公坤石材资本金借款利息进行论证，提出书面意见报区人民政府审定。明确公坤石材采矿权有偿收回后续补偿工作，由区国土局另行提交书面意见，按程序报区人民政府审定后实施。原则同意区住建局提出的《长沙市望城区关于加快推进装配式建筑发展的实施方案（送审稿）》，明确由区住建局负责根据会议精神修改完善，按程序报区政府审定后实施。明确区内三环线以内为装配式建筑重点推进区域，新建项目原则上采用装配式建筑技术建造，单体建筑装配率原则上不低于 50%，且在土地招标过程中应明确写入招标条件，建设基本程序应前置到出地环节。原则上鼓励采用装配式建筑技术，明确由区住建局牵头，针对政府性投资项目，在立项、土地出让、设计等阶段提前介入，予以明确。

【区第二届人民政府第 14 次常务会议】 3 月 31 日，召开区第二届人民政府第 14 次常务会议，研究以下事项：传达学习省委有关文件精神；研究“极简便民审批（服务）”改革有关工作；研究全区农业种植结构调整有关工作；研究纬地置业剩余地块转让有关工作；研究新华联铜官窑国际文化旅游度假区、澳优总部、柏乐园等项目用地协议出让有关工作；研究全区棚户区改造有关工作。

会议原则同意《长沙市望城区“极简便民审批（服务）”改革民生服务事项下放目录（送审稿）》，明确由区民政局负责，根据会议精神进一步完善细化下放目录，按程序报区人民政府审定后下发实施。原则同意《长沙市望城区“极简便民审批（服务）”下放街镇、村（社区）事项承接方案（送审稿）》，明确由区政务服务中心负责，根据会议精神进一步完善细化承接方案，按程序报区人民政府审定后下发实施。原则同意《社会（政府）投资建设项目审批流程图（送审稿）》，明确由区发改局负责，根据会议精神配套相应的工作机制，进一步完善和细化流程要求，按程序报区人民政府审定后实施。原则同意《长沙市望城区“极简便民”办事指南（送审稿）》，明确由区政务服务中心负责，根据会议精神进一步精简审批环节，减少证明材料，进一步完善和细化办事指南，按程序报区人民政府审定后实施。原则同意《长沙市望城区“极简便民审批（服务）”改革审批结果快递寄达服务方案（送审稿）》，明确由区政务服务中心负责，根据会议精神进一步完善和细化服务方案，按程序报区人民政府审定后实施。原则同意《长沙市望城区关于进一步深化行政审批“三集中、三到位”工作的实施方案（送审稿）》，明确由区政务服务中心负责，根据会议精神进一步完善和细化实施方案，按程序报区人民政府审定后实施。原则同意《长沙市望城区2018年优化经济发展环境暨政风行风测评工作方案（送审稿）》，明确由区政务服务中心负责，根据会议精神进一步完善和细化工作方案，按程序报区人民政府审定后实施。原则同意《长沙市望城区“极简便民审批（服务）”改革动员会议方案（送审稿）》，明确由区编办（审改办）负责，根据会议精神进一步完善和细化会议方案，适时召开会议推进“极简便民审批（服务）”改革工作。明确要在2018年4月15日前将相关民生事项全面下放到位，设定过渡期为1个月，确保在5月15日后所有下放事项能正常运行。区直相关部门、街镇要更加注重群众和企业的“获得感”，扎实推进“极简便民审批（服务）”改革工作，力争群众办理政务事项不出村（社区），逐步减少街镇政务服务平台的办件量；同时要加大“极简便民审批（服务）”改革宣传力度，加强事中事后监管，保障权限下放事项下得了、接得住。原则同意《长沙市望城区种植结构调整及休耕修复治理工作实施方案（2018—2020年）》和《长沙市望城区种植结构调整奖励补贴资金预算表》的相关内容。明确种植结构调整奖补资金先统筹省、市两级专项资金，不足部分由区财政兜底解决。区农林局要严格政策执行，严格项目申报审批把关。同意将纬地置业高裕垸剩余地块按照国有资产产权交易的方式进行公开转让。同意由区国资局牵头，区水利投具体负责，聘请有资质的中介机构对转让土地进行资产价格评估。评估结果经区监委、发改局、国土局、国资局核准后报区人民政府批准。明确由区规划分局牵头，支持复核该宗土地相关规划指标并调整该宗土地商住比；由区国资局支持办理相关资产转让手续；由区国土局支持办理土地权证分割手续；由区国土局牵头，加大对外宣传招商力度，确保土地转让保值增值。关于土地转让交易过程中产生的区级税费全额拨入区水利投作为水利项目建设资金的事宜，另行召开专题会议进行研究。同意将石渚湖公园项目19.42公顷、网挂〔2017〕07号地块周边2处面积共0.18公顷的零星土地以协议出让方式出让给长沙新华联铜官窑国际文化旅游开发有限公司；石渚湖土地出让用途为公园绿地，容积率≤0.025，出让年限50年，协议出让价格按区政府与新华联公司签订的商务协议约定价格375万元/公顷执行；2处零星用地出让用途为商业用地，容积率≤0.5，出让年限终止日期与已受让的网挂〔2017〕07号宗地保持一致，协议出让价格按〔2017〕07号宗地成交价99.356万元/亩执行。明确由区商务局牵头，负责对与新华联项目有关的商务协议履约情况进行全面清理；同时，明确今后一律不再在商务协议中签订各类勾地协议。同意将澳优总部项目用地周边临星月路地块0.67公顷、临普瑞路地块0.02公顷土地以协议出让方式出让给湖南营养港房地产开发有限公司；出让用途为商业商务用地（B1B2），容积率≤2.8，建筑密度≤40%，绿地率≥28%，使用权终止日期与网挂〔2016〕27号宗地保持一致；协议出让价格按网挂〔2016〕27号宗地出让合同（合同编号4301222017001）执行，即净用地单价3363.6万元/公顷。同意将柏乐园项目用地周边3.07亩零星土地以协议出让方式出让给湖南柏乐园文化投资有限公司；出让用途为商业、居住用地（商住比6:4），容积率≤2.0，建筑密度≤26%，绿地率≥40%，出让年限终止日期与已受让的网挂〔2013〕11号、12号宗地保持一致，即商业用地终止日期为2053年7月29日，住宅用地终止日期为2083年7月29日；协议出让价格按相邻宗地成交价执行，即北端1.42亩零星土地出让价格为1051.5万元/公顷，南端1.65亩零星土地出让价格为1051.8万元/公顷。明确洪家洲项目先行搬迁，再考虑土地征收。洪家洲项目所需配套资本金、转户参保等资金由区财政先期调度、足额保障，从后期土地指标和国土资金增值收益中解决；洪家洲项目贷款（本息）偿还纳入财政常年预算。明确由区文旅投牵头，对所实施的靖港和铜官窑棚改项目进行研究论证，充分放大靖港项目效益；由区文旅投牵头制定靖港和铜官窑棚改项目所需配套资本金和贷款本息偿还方案，按程序报区政府专题研究。铜官窑棚改项目可探索采取租赁农民房屋的方法，对项目范围内的农民进行搬迁，再对原有民宅风格进行改造的新方式推动。明确由区财政解决铜官镇棚改项目532万元利息周转金，该项目贷款本息偿还纳入财政常年预算。明确由区住保局负责，进一步加大与市棚投公司的协调力度，争取政策和资金支持。

【区第二届人民政府第15次常务会议】 4月12日，召开区第二届人民政府第15次常务会议，研究了以下事项：(1)学习《中华人民共和国宪法》《习近平谈治国理政》（第二卷）、胡衡华书记在全市城市基层党建年社区党建工作动员部署会议上的讲话等文件会议精神；(2)传达学习习近平总书记关于安全生产有关指示精神；(3) 审议《关于调整和完善区与街镇财政管理体制的通知（送审稿）》；(4) 审议《关于进一步强化债务科学管理推动经济高质量发展的意见（送审稿）》。

会议学习《中华人民共和国宪法》《习近平谈治国理政》（第二卷）及市委通报（胡衡华书记在全市城市基层党建年社区党建工作动员部署会议上的讲话）等法律法规、政策理论书籍及有关文件精神，传达学习习近平总书记关于安全生产有关指示精神，听取区财政局作有关工作情况汇报，并对相关工作进行认真研究。会议决定持续深入学习有关法律法规、理论文件精神。《中华人民共和国宪法》是国家的根本大法，是治国安邦的总章程，是全面依法治国的总依据。会议强调，全区各级各部门要加强学习，以习近平新时代中国特色社会主义思想为指导，坚定“四个自信”，维护宪法法律权威，加强学习宣传，认真贯彻实施。全区各级各部门要积极加强政策理论学习，认真研学《习近平谈治国理政》（第二卷），不断提升为人民服务的工作水平；要认真贯彻落实胡衡华书记在全市城市基层党建年社区党建工作动员部署会议上的讲话精神，切实增强抓好城市基层党建的责任感和紧迫感，提升城市基层治理体系和治理能力，推动各项工作取得实效。传达学习习近平总书记关于安全生产有关指示精神。会议认为，安全生产工作永远在路上，各级各部门务必高度重视安全生产工作；发展绝不能以牺牲人的生命为代价，必须始终将其作为一条不可逾越的红线和底线。原则通过《关于调整和完善区与街镇财政管理体制的通知（送审稿）》，由区财政局根据会议意见作进一步修改完善后，提交区委常委会议审定。会议认为，调整完善区与街镇财政管理体制很有必要，要坚持强化基层保障、实行差异化政策、适当激励、面上统筹以及财力可承受等原则。原则同意出台《关于进一步强化债务科学管理推动经济高质量发展的意见（送审稿）》，由区财政局根据会议意见作进一步修改完善后，提交区委常委会议审定。

【区第二届人民政府第 16 次常务会议】 6 月 1 日，召开区第二届人民政府第 16 次常务会议，研究了以下事项：(1) 集中学习《习近平谈治国理政》（第二卷）；(2) 传达学习安全生产有关文件、会议精神，研究部署安全生产有关工作；(3) 审议《长沙市望城区“一圈两场三道”两年行动计划（送审稿）》；(4) 审议《长沙市望城区突发公共卫生事件应急预案（送审稿）》和《长沙市望城区突发事件医疗卫生救援应急预案》（送审稿）；(5) 研究全区禁毒有关工作；(6) 研究全区烟花爆竹禁止和限制燃放有关工作；(7) 研究湖南湘雅百合置业公司土地置换及万达地块土地置换有关工作；(8) 审议《融资平台整合转型工作方案（送审稿）》和《防范化解政府性债务风险工作方案（送审稿）》。

区政府办领学《习近平谈治国理政》（第二卷）有关内容、区安监局传达学习安全生产有关文件及会议精神，听取区安监局、规划分局、卫计局、公安局、国土局、城投集团、财政局所作相关情况汇报，并对有关工作进行认真研究。会议集中学习《习近平谈治国理政》（第二卷）第二部分：决胜全面建成小康社会，并根据学习内容开展学习讨论与交流。传达学习中共中央办公厅、国务院办公厅印发的《地方党政领导干部安全生产责任制规定》及 2018 年 5 月 31 日全国安全生产电视电话会议精神。会议要求全区各级各部门高度重视安全生产工作，全面深化红线意识，树立底线思维，强化源头管控和系统治理，为全区经济社会发展提供强有力的安全保障。原则同意区安监局提出的安全生产各项工作部署。安全生产工作要坚持专业化监管发展方向，保持严管重罚高压态势，不断压实企业主体责任。同意对“省级安全生产示范区”创建工作做出贡献的 14 个街镇给予一次性安全生产补助资金总计 122 万元。同意在安全生产专项经费年初预算 300 万元的基础上增加 30 万元，用于解决区安委会示范创建工作经费，并纳入常年预算。同意先行安排 27 万元用于解决化工行业安全发展规划经费，具体经费以政府采购合同协议价为准。原则同意《长沙市望城区“一圈两场三道”两年行动计划（送审稿）》的建设项目库。明确由区委副书记、区长范焱斌负责总调度，区委常委、常务副区长周志辉负责日常调度。明确区发改局为“一圈两场三道”项目考核及调度、协调牵头单位，同意将“一圈两场三道”项目纳入重点工程进行调度，并将项目建设情况纳入全区年度绩效考核。明确“一圈两场三道”项目建设应与城市双修、社区提质提档、市政工程建设等工作进行统筹。明确由区财政局负责，对项目库中项目建设资金进行把关，据实保障。原则同意《长沙市望城区突发公共卫生事件应急预案（送审稿）》和《长沙市望城区突发事件医疗卫生救援应急预案（送审稿）》，明确由区卫计局负责，根据会议意见进行完善，按程序报区政府审定后印发实施。明确由区公安局负责，依托高塘岭街道社区戒毒（康复）中心，打造望城区社区戒毒康复亮点工程。同意追加社区戒毒（康复）中心工作经费 80 万元，其中聘请工作人员经费 50 万元，社会服务购买经费 10 万元，日常工作经费 20 万元。原则同意《长沙市望城区禁止和限制燃放烟花爆竹工作方案（送审稿）》；明确由区法制办负责，对《长沙市望城区人民政府关于望城区禁止和限制燃放烟花爆竹的通告（送审稿）》进行审核，按程序报区人民政府审定后印发实施。同意区国土局提出的土地置换方案，将湖南湘雅百合置业公司“百合湖滨”项目东地块 1.85 公顷土地置换到望城大道东侧原海绵厂地块，置入土地面积 1.85 公顷，用途为商业 (0.17 公顷)、居住 (1.69 公顷)，容积率 ≤ 2.5，由湘雅百合置业公司负责缴纳置换土地差价款，并承担相关契税。明确置入土地交付时间为2019年12月31日，交地条件为红线外“五通”（通路、通电、通讯、通给水、排水）。明确由区国土局和湖南湘雅百合置业公司作为置换双方，签订置换协议，办理土地置换手续。明确由区政府办姚家和牵头，区国土局具体负责，加快与湘雅百合置业公司的对接洽谈，统筹协商土地置换所涉及的补偿等相关问题，做到一次性解决相关遗留事项。置换协议中应注明置换后湘雅百合置业公司办理（原海绵厂地块）国土证与交地的具体时间。同意对湘雅百合置业公司代征高塘岭大道土地以及湘雅百合置业公司东地块项目按要求停止建设产生的规划设计费、土地使用税等给予补偿。明确由周正茂牵头，姚家和具体负责，区国土、规划、财政、住保、审计等部门配合，拟定补偿方案报区人民政府审定。同意“百合湖滨”项目调整容积率按批准调容时同类项目楼面地价标准补缴土地价款，明确由区国土局负责，加快协商谈判，提出补缴方案报区人民政府审定。明确由区城投集团负责，区土地储备中心配合，于2018年8月30日前将原海绵厂地块转移登记至区土地储备中心名下。明确由区规划分局负责，于2018年6月30日前实施置换地块规划调整，出具该地块正式规划设计条件。明确由区审计局负责，出具相关地价评估的正式审计报告，作为置换的相关依据。明确由区国土局牵头，望城经开区与乌山街道配合，加快办理海绵厂项目搬迁用地地块的红线报批工作；由乌山街道负责，在7月完成地块拆迁工作。原则同意区城投集团已摘牌地块（长郡斑马湖中学8.48公顷地块，白沙洲街道潇湘北路与望府东路交叉口东南角2.92公顷地块，共11.41公顷）与区政府西侧万达项目地块(9.93公顷)的置换方案。明确万达项目商业部分容积率不超过2.5，住宅部分容积率不超过2.7；由区规划分局报市级相关部门审批。明确由区国土局负责，按照相关土地正式规划条件，委托专业机构进行土地评估，再由区审计局进行审计；明确由周志辉牵头，区审计局负责，制定土地评估工作标准。明确由区财政负责，就区城投集团已摘牌地块因规划调整造成损失的补偿问题，结合全区平台公司整合转型工作进行统筹结算。政府性债务风险防范是“三大攻坚战”首要战役的重要内容，全区上下应统一思想，高度重视，严格按照上级有关规定和纪律要求，采取强有力的措施，加快推进平台公司整合转型和各项化债具体工作，切实防范化解债务风险。原则同意《融资平台整合转型工作方案》（具体方案为全区整合组建3家平台公司，其中园区1家、区级2家），明确由区财政局负责，根据会议意见修改完善后，提交区委常委会议审定。原则同意《防范化解政府性债务风险工作方案（送审稿）》，明确由区财政局负责，根据会议意见修改完善后，提交区委常委会议审定。

【区第二届人民政府第17次常务会议】 7月4日，召开区第二届人民政府第17次常务会议，研究以下事项：研究城投集团、棚改投、交建投整合转型有关工作；审议《望城经开区托管望城高新区实施方案（送审稿）》；审议《长沙市望城区应对低温雨雪冰冻灾害应急预案（送审稿）》；审议《长沙市望城区市政基础设施建设验收移交管理办法（送审稿）》；审议《长沙市望城区土地违约金遗留问题处置措施（送审稿）》；研究国梅农庄有限公司项目用地有关工作。

会议议定：原则同意区财政局提出的城投集团、棚改投、交建投整合转型工作中关于整合方式、领导班子、机构编制、人员管理、资产债务、办公场地、平台转型等具体事项的处理建议，由区财政局根据会议意见作进一步修改完善后，按程序提交区委常委会议审定。明确要坚持平台公司“市场化、竞争类”的发展定位，按照现代企业管理制度和公司治理结构，完善管理体制，加强统筹调度，实现人、财、事、物的整体划转，确保项目建设不断档，债务关系理顺好，人才队伍有保障。明确由周志辉牵头，统筹推动平台公司实质性整合转型，在7月15日前拿出可操作、可落地的整体实施方案。明确由区城投集团牵头，棚改投、交建投配合，区财政局、金融办、审计局加强指导监管，加快清产核资，制定资产债务移交具体方案；由区人社局、区委组织部、编办负责，制定平台公司人员管理、薪酬体系方案；由区机关事务局负责，制定平台公司办公场地方案。以上方案，按程序报相关会议审定后实施。明确强调各相关单位要强化规矩意识，严肃工作纪律，确保平台公司整合平稳过渡。原则同意《望城经开区托管望城高新区实施方案（送审稿）》，明确由区编办负责，根据会议意见进一步修改完善方案，报区委深化改革领导小组会议研究审定。明确园区托管后由望城经开区负主体责任，要发挥“1+1＞2”的合力优势。明确继续保留望城高新区牌子，作为经开区二级机构相对独立运行。原则同意《长沙市望城区应对低温雨雪冰冻灾害应急预案（送审稿）》，明确由区应急联动指挥中心负责，根据会议意见进一步修改完善方案，按程序报区政府审定后实施。原则同意《长沙市望城区市政基础设施建设验收移交管理办法（送审稿）》，明确由区住建局负责，根据会议意见进一步修改完善方案，按程序报区政府审定后实施。明确建设单位是市政基础设施的主体责任单位，对市政基础设施的设计、建设、验收、移交和档案的移交保管负主体责任。明确要保证竣工档案的真实性，要建立电子化、数字化档案，为今后的应急、维护、管理工作提供依据。明确市政基础设施的维护管理单位要参与前期的初步设计审查和后期的验收移交工作。项目建设单位和维护管理单位要就市政基础设施的维护管理定期提出合理建议。原则同意《长沙市望城区土地违约金遗留问题处理措施（送审稿）》，由区国土局负责根据会议精神进一步修改完善，作为内部决策依据，不再另行发文。明确以全面推行“熟地”出让方式时点为节点，望城区征收土地违约金的时间节点为2015年1月1日，2015年1月1日以前出让的宗地，土地违约金从2015年1月1日开始计算。明确望城区土地违约金遗留问题优惠措施的截止时间节点为2017年12月31日，2017年12月31日以后出让的宗地，土地违约金须全额征缴。明确由区财政局、区国土局负责集中清欠，尽快解决遗留问题。原则同意区国土局提出的解决方案，即按照区长办公会议纪要〔2017〕21号文件精神，将国梅农庄地面建筑物挂牌出让收益（扣除相应税费后）资金拨付至白箬铺镇人民政府，由白箬铺镇人民政府拨付给国梅农庄有限公司，用于统筹解决维稳等诸多遗留问题。明确由区规划分局、住建局、消防大队等部门出具地面建筑物规划、建筑工程质量合格、符合消防要求等情况证明或意见；由区不动产登记中心凭相关资料办理不动产登记，不动产登记后的相关手续由摘牌单位按程序申请办理；明确不再办理有关报规报建手续，不再缴纳有关报规报建费用。明确由区金融办、白箬铺镇人民政府负责，密切关注国梅农庄集资有关问题，详细了解目前国梅农庄现状情况。明确由区民政局负责，督促国梅农庄项目规范化建设和运营。

【区第二届人民政府第18次常务会议】 7月23日，召开区第二届人民政府第18次常务会议，研究以下事项：审议《长沙市望城区食品药品违法行为举报奖励实施办法（送审稿）》和《长沙市望城区食品安全工作责任追究办法（送审稿）》；研究长沙龙湖房地产0.62公顷用地有关工作；研究乡村振兴有关工作；研究松源生物、托阳医药、方盛制药、铜官港水运物流园一期项目规划条件变更有关工作。

会议分别听取区食药工商质监局、国土局、农林局、规划分局作有关工作情况汇报，并对相关工作进行认真研究。原则同意《长沙市望城区食品药品违法行为举报奖励实施办法（送审稿）》《长沙市望城区食品安全工作责任追究办法（送审稿）》，由区食药工商质监局根据会议讨论意见，进一步修改完善后，按程序报区政府审定后实施。区直各相关部门、街镇要进一步提高认识，加大政策宣传力度，营造食品药品安全社会共治氛围；要切实加强食品安全领域监管措施，严厉打击食品药品违法犯罪，全力保障人民群众食品药品安全。同意区国土局提出的长沙龙湖房地产0.62公顷用地有关工作处置意见，即：将因金甲冲路南延线和长望路修建形成的两处零星用地（面积分别为0.06公顷、0.19公顷）按居住用地协议出让给长沙龙湖房地产开发有限公司。其中0.95亩土地协议出让价格按区审计局审计结果确定为214万元，出让年限与网挂〔2013〕26号宗地保持一致；2.78亩土地协议出让价格按区审计局审计结果确定为542万元，出让年限与网挂〔2013〕28号宗地保持一致。同意将因金甲冲路南延线和长望路修建形成的0.37公顷零星用地按教育用地协议出让给长沙龙湖房地产开发有限公司，协议出让价格按区审计局审计结果确定为997.14万元。区国土局根据区教育局与龙湖地产签订的2.92公顷土地（含之前住宅用地变更的教育用地38.28亩）产权交割协议办理不动产转移登记。明确由区国土局牵头，各相关平台公司参与，针对不同区域用地成本进行摸底调研，拿出翔实数据供区政府决策参考。原则同意《关于全面落实乡村振兴战略的实施意见（送审稿）》《关于加快发展壮大新型村级集体经济的实施意见（送审稿）》《关于稳步推进农村集体产权制度改革的实施方案（送审稿）》，明确由区农林局根据市级文件精神和会议讨论意见，对拟出台的文件内容进行全面复核、修改完善后，按程序报区委常委会议审定。原则同意《长沙市望城区农村“五治”工作三年行动计划（2018—2020年）（送审稿）》，明确由区农林局根据会议讨论意见，进一步修改完善后，按程序报区政府审定后实施。原则同意《长沙市望城区村级集体经济发展目标任务安排表》。原则同意以区委办、区政府办名义联合发文，成立中共长沙市望城区委实施乡村振兴战略工作领导小组，领导小组办公室设区农林局，明确由区农林局按程序报区委常委会议审定。同意区农林局安排3名临聘人员充实到领导小组办公室。各相关单位安排1名班子成员分管，1名专干具体负责，各街镇安排1名班子成员分管，2名专干具体负责乡村振兴有关工作。明确由区农林局牵头，参照环委会调度机制，采取联席会议模式，在工作任务、部门联动、资金保障上统筹推进、整体布局乡村振兴工作。推进乡村振兴工作，要抓住关键。一是要抓实党建，发挥党建引领作用，引导乡村移风易俗；二是要掌握农村耕地、集体建设用地现状，必须规划好建设用地上限；三是要推进产业发展，明晰集体资产产权，引导农民加入合作社，打造特色农业，形成适度规模化的经营模式；四是要配齐公共设施，明确由规划部门牵头，制定配备标准；五是要保护生态，保护青山绿水是底线。

明确由周志辉牵头，易文龙配合，在加强对现有涉农资金统筹的基础上，针对具体事项，根据原有预算，实事求是地保障对乡村振兴具体事项的投入。原则同意召开全区加快实施乡村振兴战略工作动员大会，与全区脱贫攻坚推进工作会议一并召开。原则同意在市观摩活动之前适时组织一次全区实施乡村振兴战略工作观摩活动。同意重点打造光明大观园片区、苏蓼垸片区、大众垸片区3个乡村振兴示范片；明确全区建设、试点、改革等项目或资金重点向示范片区倾斜，领导小组每季调度一次示范片建设工作，相关单位每月调度一次工作。

原则同意选择有净资产且经营性资产较大的高塘岭街道裕农村和有集体资源性资产的乔口镇盘龙岭村作为开展集体产权制度改革试点的2个村，区财政据实保障工作经费，具体方案报区政府审定。区集体产权制度改革办公室工作人员采取抽调方式解决，具体方案按程序报批后实施。在严格落实环保措施，做到污染“零排放”的前提下，原则同意松源生物、托阳制药、方盛制药项目启动变更规划条件，用地性质由二类工业用地调整为三类工业用地，其他指标不变，相关手续按程序办理。原则同意铜官港水运物流园一期项目启动变更规划条件，用地性质由一类物流仓储用地调整为二类工业用地，建筑限高由24米调整为60米，其他指标不变，相关手续按程序办理。明确在项目建设中要注重建筑造型、城市天际轮廓线和城市景观的营造。明确要进一步提升加工工艺，实现全自动化生产方式，强调要守住环保底线，形成园区产业竞争优势。

【区第二届人民政府第19次常务会议】 9月29日，召开区第二届人民政府第19次常务会议。会议研究了以下事项：研究“三大攻坚战”有关工作；研究政府投资项目管理及招投标有关工作；研究土地例行督察整改有关工作；研究华润置地0.70公顷土地协议出让有关工作；审议《长沙市望城区货币安置区限价商品房配建实施细则（送审稿）》；研究望城区污水处理厂三期扩建及提标工程实施方案；审议《中共长沙市望城区委长沙市望城区人民政府关于推进安全生产领域改革发展的实施办法（送审稿）》；审议《长沙市望城区推进“最多跑一次”改革实施方案（送审稿）》；研究全区2019年学校建设有关工作；审议《长沙市望城区处置大面积停电事件应急预案（送审稿）》及《长沙市望城区通信保障应急预案（送审稿）》；审议《长沙市望城区便民生鲜农产品市场建设与管理办法（送审稿）》。

会议分别听取区财政局、农林局、环保局、国土局、住建局、安监局、政务服务中心、教育局、经信局、商务局等单位作相关工作情况汇报，并对有关问题进行认真研究。“三大攻坚战”是党中央、国务院部署的重要工作任务，全区各单位、各部门要切实统一思想认识，提高政治站位，强化责任担当，全力以赴，坚决打赢“三大攻坚战”，实现望城经济社会高质量发展。打赢“三大攻坚战”，一是要摸清底数，精准施策。不论是政府债务管控，还是扶贫攻坚、污染防治，都要主动查找风险隐患，坚持问题导向，强化工作举措，确保各项工作有效落实。二是要整合资源，形成合力。区财政局、农林局、环保局要切实发挥好牵头作用，充分调动各方力量，强化资金保障，形成打赢“三大攻坚战”的工作合力。三是要压实责任，有序推进。区政府督查室要进一步加大督查力度，督促各单位严格按计划完成“三大攻坚战”各项工作任务。明确由区住建局负责，法制办把关，严格按照《必须招标的工程项目规定》（国家发展改革委令第16号）、《必须招标的基础设施和公用事业项目范围规定》（发改法规〔2018〕843号）等文件要求，将《关于进一步加强和规范政府投资项目招标投标工作的若干意见》（望政发〔2017〕2号）文件按程序报区政府予以废止。原则同意《关于修订〈长沙市望城区小额政府投资建设项目优化审批办法〉的通知（送审稿）》，明确由区发改局负责，根据会议精神进行修改完善，按程序经相关区直单位会签后联合发文，于2018年10月1日起施行。原则同意《长沙市望城区政府投资建设项目工程变更操作细则（送审稿）》，明确由区发改局负责，根据会议精神进行修改完善，按程序报区政府审批后印发，于2018年10月1日起施行。原则同意《长沙市望城区政府投资建设项目技术服务付费内部操作细则（送审稿）》，明确由区财政局负责，根据会议精神进行修改完善，按程序报区政府审批后印发，于2018年10月1日起施行。明确必须从严管理政府投资项目，高效服务社会投资项目；必须坚持“客观、公正、高效”的原则；要提升前期工作质量，加强过程监管。明确由周正茂牵头，就政府投资项目的事中事后监管提出具体措施。原则同意《长沙市望城区土地督察问题整改专项工作方案（送审稿）》和《长沙市望城区土地督察问题整改工作督查方案（送审稿）》，明确由区国土局负责，根据会议要求进行修改，按程序报区政府审定后印发。明确土地例行督察问题整改工作由范焱斌总牵头，由周志辉负责违规融资抵押问题整改工作，由周正茂负责其他督察问题整改工作。明确各责任主体要安排专人与区国土局对接，加快组卷速度，区国土局、规划分局、农林局和各街镇要采取集中办公等方式，加快完善各项手续。明确各街镇、园区要充分利用国庆假期，集中人员和力量，加快须拆除违法用地的拆除进度，严格按标准进行复耕复绿，并迅速举证到区国土局。要加大违法用地拆除工作的宣传力度，起到典型示范和警示警醒作用。明确由区政府督查室牵头，建立一周一督查、一周一通报的工作机制，切实加强对督察问题整改工作的督查督办。原则同意将高塘岭街道小湖河北路以西0.70公顷土地以协议方式出让给华润置地（湖南）发展有限公司（以下简称“华润置地公司”）。同意华润置地公司将该0.70公顷土地与已摘牌的网挂〔2016〕24号地块5.65公顷土地统一开发。明确该0.70公顷土地的协议出让条件为：土地用途为二类居住用地（配套商业建筑不得超过总计容建筑面积的3%），容积率≤1.2，建筑密度≤30%，绿地率≥40%，建筑限高40米，使用权终止日期与网挂〔2016〕24号地块保持一致。明确该0.70公顷土地协议出让价格为2346万元。原则同意《长沙市望城区货币安置区限价商品房配建实施细则（送审稿）》，明确由区住建局负责，根据会议精神进行完善，按程序报区政府审定后印发。原则同意《长沙市望城区污水处理厂三期扩建及提标工程实施方案》及其核心边界条件，明确由区住建局负责，根据会议精神进行修改完善，按程序报区人大常委会审定。原则同意将该项目政府责任支出列入未来年度政府财政中长期支出预算。明确各要素保障部门要加快手续办理、加强项目推动。明确由区住建局牵头，对该项目建设和运行制定严格的考核标准。原则同意《中共长沙市望城区委长沙市望城区人民政府关于推进安全生产领域改革发展的实施办法（送审稿）》，明确由区安监局根据会议精神进行修改完善，报区委常委会议审议。原则同意《长沙市望城区推进“最多跑一次”改革实施方案（送审稿）》，明确由区政务服务中心负责，根据会议精神进一步量化方案，确保最终实施效果，按程序报区人民政府审定后实施。区直各有关单位要认真对照目标任务，按照时间节点，加快事项清理、流程梳理，有序推进各项工作，切实提升行政审批效率，确保实施效果。原则同意教育PPP项目中的6所公办学校（即观音岩九年一贯制学校、香桥小学、青石九年一贯制学校、金潇小学、思源九年一贯制学校、美琪学校）调整为区财政投资项目，前期工作由区教育局继续推进。明确由区财政局牵头，在不违背政府债务和融资等相关规定的前提下，对区城投集团作为美琪中学、金潇小学、思源九年一贯制学校项目建设主体的可行性进行充分论证，拿出具体意见报区政府研究。明确由区发改局牵头，研究采取市场方式选择代建单位时其应具备的资质、代建收费标准等。明确2019年投入的6所学校建设资金全部纳入政府财政预算。同意将雅礼丁江学校的规划用地划拨至嘉宇地产；同意暂停芦江小学项目。明确由苏敏芳牵头，负责推进学校建设等相关的事项，加快建设进度，确保2019年开学的学校如期投入使用。明确由区教育局根据会议精神，对学校建设有关工作方案进行补充完善后，报区委常委会议审定。原则同意《长沙市望城区处置大面积停电事件应急预案（送审稿）》，明确由区经信局负责，根据会议精神进行修改完善，按程序报区政府审定后印发。原则同意《长沙市望城区通信保障应急预案（送审稿）》，明确由区经信局负责，根据会议精神进行修改完善，按程序报区政府审定后印发。原则同意《长沙市望城区便民生鲜农产品市场建设与管理办法（送审稿）》，明确由区商务局负责，根据会议精神进行修改完善，按程序报区政府审定后印发。明确便民生鲜农产品市场建设工作要结合长沙市“一圈两场三道”相关工作要求，加快实施，实现便民生鲜市场建设与城市发展相协调，充分满足人民群众的生活需要。

【区第二届人民政府第20次常务会议】 12月7日，召开区第二届人民政府第20次常务会议，会议研究以下事项：审议《长沙市望城区重大动物疫情应急预案（送审稿）》；审议《关于进一步加强控违拆违工作的意见（送审稿）》；审议《长沙市望城区个人建房管理办法（送审稿）》；研究长株潭城际铁路（茶亭地块）划拨供地有关工作；研究靖港古镇项目退出有关工作；研究2019年债务化解及项目融资管控有关工作；研究经开区两宗母公司土地使用权变更至全资子公司有关工作；研究2019年财政预算等有关工作。

会议分别听取区财政局、国土局、城管局、畜牧局、靖港镇、望城经开区投融资办等单位作相关工作情况汇报，并对有关问题进行认真研究。原则同意《长沙市望城区重大动物疫情应急预案（送审稿）》，明确由区畜牧局负责，根据会议精神作进一步完善后，按程序报区人民政府审定后印发。原则同意《关于进一步加强控违拆违工作的意见（送审稿）》，明确由区城管局负责，根据会议精神作进一步完善后，按程序报区人民政府审定后印发。原则同意增补控违拆违专项经费，明确由区城管局商区财政局提出具体方案，按程序报区人民政府审定后再行调整。原则同意《长沙市望城区个人建房管理办法（送审稿）》，明确由区国土局负责，根据会议精神作进一步完善后，按程序报区人民政府审定后印发。在正式实施该办法时，各相关单位要加强政策宣讲、解读。明确由区国土局负责，告知长沙市铁路建设投资开发有限公司，划拨用地按当前政策无法用于融资，拟划拨地块须符合《划拨用地目录》相关规定。明确由区国土局负责，与长沙市铁路建设投资开发有限公司对接，确认拟划拨地块不用于融资且符合划拨用地相关规定后，将位于茶亭镇代公桥村的12.73公顷土地划拨至长沙市铁路建设投资开发有限公司名下。原则同意区国土局提出的划拨用地供应程序，即：由区征地办将宗地纳入拆迁计划；由长沙市铁路建设投资开发有限公司向区发改局申请办理立项；由区规划分局出具宗地规划设计条件；由区国土局测算用地成本及划拨供地价格，报区人民政府审定；由长沙市铁路建设投资开发有限公司支付土地划拨价款；由区国土局实施拆迁安置补偿；由区国土局办理划拨土地决定书和不动产登记。原则同意靖港镇提出的靖港古镇合作项目退出方案，即：在广西旅发集团及其下属公司全面解决靖港古镇合作项目所涉及遗留问题、账务问题后，按照“零负债、零遗留”的原则，采取公司并购的方式，由区文旅投为主体，并购湖南省中锦靖港古镇旅游发展有限公司，并购上限值为4000万元。明确由苏敏芳同志牵头，妥善处理靖港古镇合作项目所涉及的遗留问题。靖港镇及相关部门要认真核实遗留问题清单，及时做好有关公开公示工作，逐项解决到位，确保全部遗留问题全面解决到位。明确由区财政局按照相关政策，依法依规对区文旅投并购工作予以支持。政府性债务风险防范是“三大攻坚战”

的首要战役，全区上下应提高政治站位，增强警醒意识，牢固树立“过紧日子”思想，坚决打赢风险防范攻坚战。明确由区发改局牵头，严格政府投资项目审批，重大项目提交相关会议集体研究。各相关部门要精准谋划土地招商、出让等工作，切实防控债务风险，促进地方经济社会发展。各平台公司要科学铺排项目，严控投资规模，加强资金筹措，制定详细收支计划，严防债务违约。明确由各平台公司负责，积极研究转型方案；由区财政局统筹研究全区平台公司转型整合总体方案。原则同意望城经开区管委会提交的两宗土地使用权变更方案，即：同意湖南财润投资有限责任公司望城项目开发主体为其全资子公司“长沙鑫润房地产开发有限责任公司”；同意湖南梦洁家纺有限责任公司梦洁望城工业园项目开发主体为其全资子公司“湖南梦洁家居有限责任公司”。同意将湖南财润投资有限责任公司于2012年摘牌取得的6.75公顷土地（原摘牌价格：净用地合1770万元/公顷），按原值划转至其全资子公司“长沙鑫润房地产开发有限责任公司”名下；同意将湖南梦洁家纺有限责任公司于2012年摘牌取得的6.26公顷土地（原摘牌价格：净用地合31.6万元/亩），按原值划转至其全资子公司“湖南梦洁家居有限责任公司”名下。明确由区税务局、国土局、望城经开区规划建设局等相关部门负责，按程序尽快办理好相关手续。同意授权望城经开区管委会对母公司土地使用权转让给全资子公司行为分宗予以审定。同意母公司以成本价格转让给全资子公司，不再进行土地评估的，由望城经开区管委会出具相关文件对具体转让事项予以明确，区税务局、国土局等相关部门按照程序办理相关手续。明确各园区及各招商主体在招商协议中必须要求项目单位在望城设立独立企业法人后再进行土地挂牌工作；区国土局应在挂牌及出让程序上予以优化，尽可能在签订出让合同前，解决母子公司土地使用权转让问题。要严格专项资金管理，进一步树立“过紧日子”的思想，2019年原则上不新增部门专项，严禁部门专项“二次分配”，年终结余由财政统一收回。进一步加强公共专项统筹，相关主管部门根据2019年财政预算，制定完善专项资金管理办法，加快拟定公共专项实施方案，按程序报批拨付，切实提高资金使用效益。原则同意2019年财政总收入目标计划为100亿元、国土基金收入目标计划为55亿元。区财税相关部门和平台公司要进一步加强谋划，全力以赴扎实推进土地出让、征拆安置、债务化解等工作，确保实现全年工作目标计划。原则同意区财政局提交的2019年财政预算草案，明确由区财政局负责，根据会议意见作进一步修改完善后，按程序提交相关会议审定。

【区第二届人民政府第21次常务会议】 12月17日，召开区第二届人民政府第21次常务会议，研究以下事项：研究《长沙市望城区人民政府工作规则（修订草案）》等制度文件修订有关工作；审议《政府工作报告（送审稿）》；审议《长沙市望城区林业有害生物灾害应急预案（送审稿）》；研究扫黑除恶有关工作。

会议分别听取区政府办、农林局、公安局等单位作有关工作情况汇报，并对相关工作进行认真研究。原则同意《长沙市望城区人民政府工作规则（修订草案）》《长沙市望城区人民政府全体会议工作规范（修订草案）》《长沙市望城区人民政府常务会议工作规范（修订草案）》《长沙市望城区人民政府专题会议（区长办公会议）工作规范（修订草案）》《长沙市望城区人民政府会议组织规程（修订草案）》5个文件修订草案，明确由区政府办根据会议精神进一步修改完善，按程序审定后印发实施。会议强调，要进一步严肃会议纪律，切实提升会议效率，提高会议质量；要坚持公文流转内循环，对重大决策事项要进行专题评估、测评，为科学决策、民主决策提供依据。原则同意《政府工作报告（送审稿）》，明确由写作班子负责，根据会议讨论的意见和建议，作进一步修改完善。明确由周志辉牵头，对2018年总体数据及2019年发展目标，进行核定；明确由各位分管副区长对《政府工作报告（送审稿）》相关数据、内容把关；明确由万畅红牵头，对《政府工作报告（送审稿）》进行文稿把关。《政府工作报告（送审稿）》修改完善后，按程序提交区委常委会议审定。原则同意《长沙市望城区林业有害生物灾害应急预案（送审稿）》，明确由区农林局负责，根据会议精神及望城区情，进一步完善后，按程序审定后印发。会议强调，做好全区林业有害生物灾害防治工作，一是区农林局要进一步摸清底数，翔实掌握全区林业有关数据；二是各相关部门要加强预警监测，切实加强对林地的保护；三是要根据望城区情，提高应急预案的实施性、有效性、可操作性。扫黑除恶专项斗争是党中央、国务院作出的重大部署，关系到人民群众生命安全和社会大局稳定，工作十分重要。全区各级各部门要切实提高政治站位，加强自身建设，要进一步增强部门联动能力、工作统筹能力。充分肯定全区在扫黑除恶专项斗争中取得的成绩。同意区公安局提出的加强部门协作，拓宽线索渠道、保障专案经费、深挖彻查“保护伞”等工作建议，明确将适时组织召开专题会议进行研究。

工作纪要

【行政执法监督】 进一步完善重大决策程序，把公众参与、专家论证、风险评估、合法性审查和集体讨论作为重大行政决策的必经程序。严格贯彻执行“三重一大”事项集体决策制度，坚持重大行政决策合法性审查前置程序。2018年8次区政府常务会议41项议事议题及区长办公会议重大涉法议题全部经合法性审查后再提交讨论，行政决策法律审查程序发挥实际作用。2018年区政府法制办参加各类会议380余次，多次提出建设性意见，区政府依法决策程序到位、保障有力。在环保攻坚、征拆会战等中心工作中，区政府把法律作为推动工作开展的利器和法宝，严格规范执法，全面履行政府职责。持续开展案卷评查，在月度执法案件目录报备的基础上，随机抽评并及时反馈。组织人员积极参加全市执法案卷集中评查，将共性问题和易忽视的细节及时通报区内执法单位，有效提升行政执法办案质量和案卷装订质量。在市政府及上级主管部门的严格评查中，未发现任何合法性的重大问题。执法人员管理常抓不懈，全省执法人员电子化考试组织有序，对接省、市政府争取了新一年度电子题库的及时开放，保障了新一批136名申领执法证人员及时学习模考。截至2018年年底，全区有1068名机关单位工作人员取得行政执法资格。通过精简机构、梳理整合职能职责，有效解决交通公路领域多头管理、执法交叉等问题。将湘江水域渔业资源保护执法、天然水域非法捕捞监管执法、野生水生动植物保护等渔政执法职能集中，扎实推进农业领域综合执法体制改革。

【办理涉法事务】 2018年，区政府办理行政复议、诉讼案件128件，其中办理各类行政案60件；新收行政复议案件68件，其中有10件为盈峰翠邸小区拆违案件；办理省、市政府行政复议答复案件6件；办理行政处理案件5件。严格依法推进文烈宏案在桥驿违法建房、骗取国有建设用地等问题的整改工作，确保整改工作经得起历史的检验。在靖港古镇原开发主体退出谈判过程中，酌情考虑广西旅投的合理诉求，为问题解决找到切实可行的路径。2018年，审查文件109件，经“统一登记、统一编号、统一公布”程序制发政府规范性文件20件，全部及时报区人大及市政府备案，没有发生一起文件严重不当、违法被撤销或责令停止执行的情况。对有效规范性文件开展产权保护、公平竞争、证明事项等多次专项清理，对教育配套设施建设、公租房管理等重大举措制定出台，法制办全程参与把关，确保政策和改革于法有据。整体解读关于2000年师范中专毕业生招生就业的相关省、市政策文件，在对该群体的信访诉求回复中，取得法律上的主动。严格审查社区楼盘配套学校建设费用归集相关规范性文件，完善捐资协议，有效规避法律风险。2018年，区政府法制办审查各类合同80件，出具法律意见63份，涉及合同金额200亿元。

【督查工作】 2018年，围绕区委、区政府作出的重要决策部署和各项重点目标任务制定年度政府督查工作要点，将落实区委、区政府的决策部署贯穿于工作全过程，狠抓落实，务求实效。全年对重点工程项目、违法用地、征地安置、作风建设、农田水利、精准扶贫、“放管服”改革、安全生产、环境保护、截污治污、食品安全、畜禽退养、建议提案办理、电力“630”攻坚、重大会议会风会纪及精神传达落实等工作开展专项督查共计百余次，牵头编发《望城督查》12期、《望城督查（专报）》5期，与区委督查室共同编发《望城督查》28期。对市、区《政府工作报告》年度目标任务，政府常务会议、区长办公会议精神的落实情况进行跟踪督查，为领导掌握情况、调度工作提供一手信息。参与制定2018年全区综合目标管理考核方案及实施细则，配合开展全区目标管理考核和区直单位的综合目标管理考核工作，积极推动各项工作指标任务完成。精心组织召开建议提案交办动员大会，切实加强日常管理和督促检查，及时协调解决办理过程中的难题，邀请区人大、政协领导及相关委室负责人进行业务指导、集中督办，主动开展并抓实办理工作回头看，确保办理实效。在规定的时间节点前完成全部建议和提案的办理工作，面商率、答复率、办结率、办理态度满意率均保持100%，解决率稳中有升。配合区委督查室做好统筹规范督查检查考核，加强归口管理、计划管理、严格控制督查总量，清理一批形式主义、劳民伤财、虚头巴脑的督查检查考核事项，确保督查工作落到实处。协调督促省、市“重点民生实事”及“一圈两场三道”工作推进，实行月度报表、集中督查、分类调度制度，27项“重点民生实事”指标及86项“一圈两场三道”建设任务均如期全面完成。

【外事侨务】 2018年，紧紧围绕市委、市政府决策部署，全力服务建设美丽强盛幸福的名望之城这一宏伟目标，进一步创新工作思路，加大工作力度，凝聚工作合力，推动外事侨务工作再上新台阶。健全完善外事工作机制和管理体制，有效遏制计划外团组的数量，进一步提高因公出国（境）的针对性和实效性。严格执行外事归口审批和管理制度，摸清境外组织在望城区活动的基本情况，做好涉外安全的预防处理，确保问题零发生。对区内归侨侨眷的生活状况进行广泛深入调查，对生活困难的归侨侨眷进行救济和慰问，为他们带去党和政府的关怀和温暖。先后做好美中跨太平洋基金会美国国会议员助手一行考察铜官窑、铜官古镇；韩国龟尾市市长、议长参观铜官窑遗址博物馆；冰岛驻华公使鲍德松夫妇、澳大利亚奥本市原市长、现名誉市长林丽华女士考察铜官窑和靖港镇；全球农业南南合作高层论坛、安哥拉人民解放运动高级干部考察团考察光明村；澳大利亚史蒂芬斯港市姐妹城市委员会凯文博市一行考察铜官窑、靖港镇，就与望城区结为国际友好城市达成初步意向，促进望城对外宣传。做好“一法两办法”市人大执法检查，在“5·12”全国防灾减灾日宣传海外安全常识，印发公附：

2018年长沙市望城区人民政府文件目录

1月31日，望政发〔2018〕1号《关于对2018年区〈政府工作报告〉目标任务进行责任分解的通知》

1月31日，望政发〔2018〕2号《关于对2018年市〈政府工作报告〉目标任务进行责任分解的通知》

1月3日，望政发〔2018〕3号《(湖南龙骧洪鑫物流集团有限公司)收回国有建设用地使用权决定书》

1月3日，望政发〔2018〕4号《(海利泵业)收回国有建设用地使用权决定书》

1月11日，望政发〔2018〕5号《长沙市望城区政府投资建设项目管理办法》

1月10日，望政发〔2018〕6号《靖港产镇融合征收范围公告(靖港税务所)》

4月2日，望政发〔2018〕7号《关于委派刘灿辉同志为区城投集团董事长的通知》

1月25日，望政发〔2018〕8号《关于同意设立长兴路社区的批复》

1月31日，望政发〔2018〕9号《关于认真办理区二届人大二次会议建议和区政协二届二次会议提案的通知》

1月31日，望政发〔2018〕10号《关于表彰2017年度议案建议提案办理工作优秀集体和优秀个人的决定》

2月6日，望政发〔2018〕11号《关于公布望城区委党校改扩建项目国有土地上房屋征收范围的公告》

2月6日，望政发〔2018〕12号《关于望城区精神病医院改扩建项目国有土地上房屋征收范围的公告》

2月11日，望政发〔2018〕13号《关于调整望城区部分行政区划的通知》

2月12日，望政发〔2018〕14号《关于〈长沙市望城区委党校改扩建项目房屋征收补偿方案〉征求意见的公告》

2月10日，望政发〔2018〕15号《关于下达长沙市望城区2018年投资建设项目计划的通知》

2月14日，望政发〔2018〕16号《关于明确政府购买棚户区改造项目服务主体的通知》

2月28日，望政发〔2018〕17号《表彰望城区2018年度民兵预备役工作先进单位和先进个人的通报》

3月6日，望政发〔2018〕18号《关于〈长沙市望城区土地整治规划(2016—2020年)〉的批复》

3月8日，望政发〔2018〕19号《关于收回国有建设用地使用权决定书(丁字国土所)》

3月22日，望政发〔2018〕20号《区委党校改扩建项目征收决定》

3月22日，望政发〔2018〕21号《区委党校改扩建项目征收决定公告》

3月27日，望政发〔2018〕22号《关于开展无证船舶集中整治的通告》

3月29日，望政发〔2018〕23号《关于长沙市望城区河道禁止采砂的通告》

4月9日，望政发〔2018〕24号《关于支持和顺石油铜官油库建设铁路专用线的批复》

4月9日，望政发〔2018〕25号《关于收回国有土地使用权决定书 物资管理中心》

4月9日，望政发〔2018〕26号《关于关闭长沙市望城区铜官镇迎华空心机砖厂等3家非煤矿山的决定》

4月10日，望政发〔2018〕27号《关于长沙市望城区2018年度安全生产行政执法工作计划的批复》

4月17日，望政发〔2018〕28号《关于撤销挖口子、官桥渡口的通知》

4月20日，望政发〔2018〕29号《关于同意长沙市望城区城市建设投资集团有限公司申请发行绿色债券的决定》

4月20日，望政发〔2018〕30号《关于明确2018年财政收入计划的通知(国税、地税、国土、财政)》

4月20日，望政发〔2018〕31号《关于明确2018年街镇、园区财政收入计划的通知》

4月20日，望政发〔2018〕32号《关于调整和完善区与街镇财政管理体制的通知》

4月25日，望政发〔2018〕33号《关于长沙市望城区2016—2017年度专利奖评选结果的通报》

4月25日，望政发〔2018〕34号《关于对铜官街道李争光稳定砂临时生产点"12•11"窒息事故报告的批复》

5月7日，望政发〔2018〕35号《关于严厉制止、打击违法挖砂、采石、取土等行为的通告》

5月7日，望政发〔2018〕36号《关于征求〈金星路与雷锋大道交叉口广场景观项目房屋征收补偿方案(征求意见稿)〉意见的公告》

5月7日，望政发〔2018〕37号《关于征求〈湖南师大附中星城实验中学二小建设项目房屋征收补偿方案(征求意见稿)〉意见的公告》

5月7日，望政发〔2018〕38号《关于征求〈望城区精神病医院改扩建项目房屋征收补偿方案(征求意见稿)〉意见的公告》

5月9日，望政发〔2018〕39号《关于收回国有土地使用权决定书 兆星地产》

5月10日，望政发〔2018〕40号《关于规范湘江(望城段)船舶停泊秩序的通告》

5月15日，望政发〔2018〕41号《关于湖南望城经济开发区铜官循环经济工业基地更名为望城高新技术产业开发区(筹)的批复》

5月15日，望政发〔2018〕42号《关于关闭长沙市望城

区格塘镇凌冲机砖厂等7家非煤矿山的决定》

5月30日，望政发〔2018〕43号《关于批准对长沙湘南晟航动力设备有限公司作出责令停业、关闭行政处罚的决定》

5月30日，望政发〔2018〕44号《关于批准对长沙市望城区湘鸥木材加工厂作出责令停业、关闭行政处罚的决定》

6月19日，望政发〔2018〕45号《关于对湖南新华联建设工程有限公司铜官窑国际文化旅游小区演艺中心建设项目"12•25"垮塌事故报告的批复》

6月22日，望政发〔2018〕46号《关于同意茶亭镇东城社区更名为静慎村的批复》

6月26日，望政发〔2018〕47号《关于望城区中心城区禁止和限制燃放烟花爆竹的通告》

6月27日，望政发〔2018〕48号《关于批准对长沙市望城区树新木制品加工有限公司作出责令停业、关闭行政处罚的决定》

6月28日，望政发〔2018〕49号《关于同意设立石韵社区的批复》

6月28日，望政发〔2018〕50号《关于同意设立观音湖社区和黄金社区的批复》

7月2日，望政发〔2018〕51号《关于同意设立金甲、金瑞、桃花井、天鹅塘和名都等五个社区的批复》

7月9日，望政发〔2018〕52号《关于严禁露天焚烧农作物秸秆的通告》

7月17日，望政发〔2018〕53号《关于下达2018年政府投资项目"调停缓撤"计划的通知》

7月20日，望政发〔2018〕54号《关于同意长沙市望城区城市建设投资集团有限公司发行中期票据的批复》

7月23日，望政发〔2018〕55号《关于公布望城区靖港镇棚户区改造项目国有土地上房屋征收范围的公告》

8月1日，望政发〔2018〕56号《关于认真做好第四次全国经济普查工作的通知》

8月1日，望政发〔2018〕57号《关于批准对长沙市望城区乌山镇绿雨生态农庄作出责令停业、关闭行政处罚的决定》

8月7日，望政发〔2018〕58号《关于暂停执行有关文件的通知》

8月20日，望政发〔2018〕59号《靖港产镇融合征收范围公告》

8月29日，望政发〔2018〕60号《收回国有土地使用权决定书（高塘岭镇车站大道的望国用〔2003〕字第385号〈国有土地使用证〉登记的24705.64平方米土地使用权、望城区高塘岭街道望城大道19号的望变更国用（2013）第234）》

8月29日，望政发〔2018〕61号《收回决定书（城投148.31亩）》

8月29日，望政发〔2018〕62号《收回决定书（城投长郡斑马湖171.13亩）》

8月29日，望政发〔2018〕63号《关于确认王宙同志见义勇为行为的通知》

9月4日，望政发〔2018〕64号《关于征求〈长沙市望城区靖港镇棚户区改造项目房屋征收补偿方案（征求意见稿）〉意见的公告》

9月7日，望政发〔2018〕65号《关于批准对孙再兴个人建设的樟脑提炼作坊作出责令停业、关闭行政处罚的决定（孙再兴）》

9月30日，望政发〔2018〕66号《关于禁火期间严禁一切野外用火的通告》

10月8日，望政发〔2018〕67号《关于同意长沙市望城区城市建设投资集团有限公司申请发行非公开公司债券的批复》

10月15日，望政发〔2018〕68号《关于征求〈长沙市望城区靖港镇棚户区改造项目房屋征收补偿方案（征求意见稿）〉意见的公告》

10月22日，望政发〔2018〕69号《长沙市望城区推进"最多跑一次"改革实施方案》

10月31日，望政发〔2018〕70号《关于批准对长沙市望城区片片红农机专业合作社作出责令停业、关闭行政处罚的决定》

10月31日，望政发〔2018〕71号《关于批准对长沙市望城区瑶望种植专业合作社作出责令停业、关闭行政处罚的决定》

10月31日，望政发〔2018〕72号《关于批准对赵建文个人经营的养猪场作出责令停业、关闭行政处罚的决定》

10月31日，望政发〔2018〕73号《关于批准对长沙博阳木业有限公司作出责令停业、关闭行政处罚的决定》

11月2日，望政发〔2018〕74号《关于撤销〈长沙市望城区人民政府关于长沙大河西天潮帝豪项目征收土地的公告〉的公告》

5月26日，望政发〔2018〕75号《关于印发〈长沙市望城区民兵调整改革实施方案〉的通知》

11月23日，望政发〔2018〕76号《关于加强江河垂钓、露营烧烤管理的通告（望城区）》

12月5日，望政发〔2018〕77号《关于2018年度贫困户新识别和脱贫退出的公告》

12月20日，望政发〔2018〕78号《关于对〈靖港镇柏叶村土地利用（2018—2022年）〉的批复》

12月29日，望政发〔2018〕79号《关于2018年行政执法案卷评查情况的通报》

12月25日，望政发〔2018〕80号《关于对望城区"10•29"道路交通事故调查报告的批复》

民出国提醒手册等材料2000余册，依托社区阵地建设，切实做好依法护侨工作，完善联动工作机制，浓厚维侨护侨的良好氛围。2018长沙·望城国际铁人三项赛、长沙锦标赛·美巡系列赛在望城区龙湖高尔夫成功举办，提升名望之城对外知名度；中外著名作家望城采风、交流活动圆满成功，为望城政治经济、文化教育发展开辟新视野、拓宽新领域；铜官窑博物馆开馆暨《中国铜官窑上人》纪录片开播活动，对外展示望城悠久厚重陶瓷文化。2018年以来外事侨务办组织联系区内重点工程项目、企业主要负责人对外出访、商务洽谈，鼓励有实力企业走出去，积极拓展东南亚、欧美等市场，取得丰硕成果。

机构编制工作

【概况】 2018年，区机构编制委员会办公室设综合科、机构编制管理科、机构编制监督检查科、事业单位登记管理科（对外保留事业单位登记管理局）、审改科5个科室，下设事业单位机构编制电子政务中心，有干部职工10人。

全区党政群机构78个，其中区直64个、街道9个、镇5个；各类事业机构412个，较2017年增加4个，其中纳入财政预算373个，经费自理39个。行政编制配备情况：全区党政群机关配备行政编制1847名，较2017年增加4名，其中区直机关行政编制1062名，镇行政编制250名（含财政所76名）；政法专项编制535名。非行政编制配备情况：全区机关配备工勤人员编制166名，其中区直机关配备工勤人员编制109名，镇机关配备工勤人员编制14名，政法系统工勤人员43名；区直机关其他事业编制33名。使用行政编制人员情况：全区党政群机关使用行政编制的在职人数1826人，较2017年增加12人，其中区直机关1051人，镇机关192人（含财政所48人）；政法系统使用政法专项编制595人。事业编制配备情况：按照省、市要求，全区编制总额不超过2012年年底数的要求，全区核定事业单位编制7457名（含区直机关其他事业编制33名），其中：财政预算6589名（其中全额5064名、差额1525名），经费自理868名。事业编制人员情况：全区各类事业机构实有在职人数7302人，较2017年减少63人，其中纳入财政预算6683人，单位经费自理619人。

【机构设立】 成立长沙市望城区湘江古镇群管理服务中心，主要负责望城区湘江古镇群项目推进和管理服务工作。成立周南望城学校。

【机构更名】 对望城经济技术开发区管理委员会9个内设机构和二级事业单位机构进行更名：湖南望城经济开发区管理委员会办公室更名为望城经济技术开发区管理委员会办公室；湖南望城经济开发区管理委员会规划建设局更名为望城经济技术开发区管理委员会规划建设局；湖南望城经济开发区管理委员会招商合作局更名为望城经济技术开发区管理委员会招商合作局；湖南望城经济开发区管理委员会产业发展局更名为望城经济技术开发区管理委员会产业发展局；湖南望城经济开发区管理委员会社会事务局更名为望城经济技术开发区管理委员会社会事务局；湖南望城经济开发区管理委员会监察室更名为望城经济技术开发区管理委员会监察室；湖南望城经济开发区管理委员会工会联合会更名为望城经济技术开发区管理委员会工会联合会；湖南望城经济开发区管理委员会财政分局更名为望城经济技术开发区管理委员会财政分局；湖南望城经济开发区管理委员会投（融）资管理办公室更名为望城经济技术开发区管理委员会投（融）资管理办公室。将区纪委派驻纪检组统一更名为区纪委区监委派驻纪检监察组：中共长沙市望城区纪律检查委员会长沙市望城区监察委员会驻区委办公室纪检监察组；中共长沙市望城区纪律检查委员会长沙市望城区监察委员会驻区政府办公室纪检监察组；中共长沙市望城区纪律检查委员会长沙市望城区监察委员会驻区委组织部纪检监察组；中共长沙市望城区纪律检查委员会长沙市望城区监察委员会驻区委宣传部纪检监察组；中共长沙市望城区纪律检查委员会长沙市望城区监察委员会驻区委政法委机关纪检监察组；中共长沙市望城区纪律检查委员会长沙市望城区监察委员会驻区交通运输局纪检监察组；中共长沙市望城区纪律检查委员会长沙市望城区监察委员会驻区住房和城乡建设局纪检监察组；中共长沙市望城区纪律检查委员会长沙市望城区监察委员会驻区公安局纪检监察组；中共长沙市望城区纪律检查委员会长沙市望城区监察委员会驻区财政局纪检监察组；中共长沙市望城区纪律检查委员会长沙市望城区监察委员会驻区教育局纪检监察组；中共长沙市望城区纪律检查委员会长沙市望城区监察委员会驻区卫生和计划生育局纪检监察组；中共长沙市望城区纪律检查委员会长沙市望城区监察委员会驻区城市管理局纪检监察组；中共长沙市望城区纪律检查委员会长沙市望城区监察委员会驻区农业和林业局纪检监察组。将长沙市望城区教研培训装备中心更名为长沙市望城区中小学教师发展中心。

【人员编制调整】 对区公共资源交易中心撤销后有关人员编制进行调整：原区住建局划转的11名编制、12名在编人员、2名退休人员按照"编随人走"的原则调整到其下属二级机构。其中：区建设工程质量安全管理办公室增加全额事业编制4名，区燃气热力管理办公室增加全额事业编制5名，区建筑市场和建筑材料管理站增加全额事业编制2名；原区国土局划转的2名编制及人员按照"人员及编制分流回原事业单位"的原则将人员及编制对应调整到区国土局下属白箬铺国土资源中心所和国土资源市场管理中心；原区卫计局下属事业单位划转的1名编制及人员连人带编调整到区卫计局下属区疾病预防控制中心；原区财政局下属事业单位划转的1名编制调整至区财政局下属区财政预决算（投资）评审中心。对长沙市望城区规划建筑勘测设计院转制为企业后相关人员编制进行调整：撤销长沙市望城区规划建筑勘测设计院事业单位建制，收回原核定的16名事业编制；根据长沙市望城区规划建筑勘测设计院在编人员参与改制的相关意见和请求，同意核销参与改制的5名编制；同意将区规划建筑勘测设计院编制内另外3名按照人员身份和编制性质对等的原则安置在规划分局所属区规划信息服务中心。核增望城经济技术开发区管理委员会全额拨款事业编制5名（从市直事业编制总量内调剂），计入望城区本级事业编制总量。

【明确机构级别和领导职数】 望城区广播电视台为区委宣传部所属正科级事业单位，核定领导职数：台长（正科职）1名、副台长（副科职）2名，总编辑（副科职）1名。望城区卫生防疫站更名为区疾病预防控制中心，明确为区卫生和计划生育局所属正科级事业单位，核定领导职数：主任（正科职）1名，副主任（副科职）3名。区人民医院为区卫生和计划生育局所属正科级事业单位，核定领导职数：书记兼院长（正科职）1名、副书记兼纪委书记（副科职）1名、副院长（副科职）2名。区教育后勤产业办公室为区教育局所属副科级事业单位，核定主任（副科职）职数1名。区建设工程质量安全管理办公室为区住建局所属副科级事业单位，核定主任（副科职）职数1名。区建筑市场和建筑材料管理站为区住建局所属副科级事业单位，核定站长（副科职）职数1名。区社会救助局为区民政局所属副科级事业单位，核定局长（副科职）职数1名。区生活无着人员救助管理站为区民政局所属副科级事业单位，核定站长（副科职）职数1名。区财政统发中心为区财政局所属副科级事业单位，核定主任（副科职）职数1名。区收费管理局更名为区非税收入管理局，明确为区财政局所属副科级事业单位，核定局长（副科职）职数1名。区乡镇财政管理局为区财政所属副科级事业单位，核定局长（副科职）职数1名。区人力资源开发和就业服务中心为区人社局所属副科级事业单位，核定主任（副科职）职数1名。区城乡居民养老保险管理中心为区人社局所属副科级事业单位，核定主任（副科职）职数1名。区城乡居民医疗保险管理中心为区人社局所属副科级事业单位，核定主任（副科职）职数1名。区企业社会保险工作局更名为区社会保险工作局，明确为区人社局所属副科级事业单位，核定局长（副科职）1名。区政府投资项目管理局为区发改局所属副科级事业单位，核定局长（副科职）职数1名。区能源局为区发改局所属副科级事业单位，核定局长（副科职）职数1名。区国土资源执法监察大队为区国土局所属副科级事业单位，核定大队长（副科职）职数1名。区农技服务中心为区农林局（中共长沙市望城区委农村工作办公室）所属副科级事业单位，核定主任（副科职）职数1名。区农业机械服务中心为区农林局所属副科级事业单位，核定主任（副科职）职数1名。区文物管理局为区文体局所属副科级事业单位，核定局长（副科职）职数1名。明确望城经济技术开发区政务服务中心为正科级事业单位，加挂企业服务中心牌子，核定领导职数：主任（正科职）1名、副主任（副科职）1名。明确长沙市望城区湘江古镇管理服务中心为长沙市望城区旅游局所属副科级事业单位，核定主任（副科职）领导职数1名。

【归口管理单位调整】 调整原向阳中学所属各学校归口管理单位：原向阳中学所属向阳中学、高冲小学、前进小学、城西幼儿园等调整至育红中学（乌山学区校）管理；原向阳中学所属高塘岭实验小学、高塘岭中心小学、裕龙小学、莲湖小学、高塘小学、机关幼儿园、局直属幼儿园等调整至新康中学（高塘岭学区校）管理。

【“极简便民审批（服务）”改革】 全面梳理政务服务事项目录，分批次公布“最多跑一次”事项725项，占总事项96%。同步开展流程梳理和证明材料清理等工作，取消村社证明材料86项，区直部门证明材料58项。规范行政审批中介服务事项，保留37项，规范调整30项，取消9项。率先全市下放园区、街镇、村（社区）“就近办”民生事项227项；同步下沉服务个体工商及企业审批等事项13项；按市审改办〔2018〕4号文件精神新增“就近办”事项41项，实现281项政务服务事项“就近办”。基本完成“3550”改革目标。企业开办必备的企业登记、印章刻制、发票申领三个环节的审批时限由平均20个工作日压缩至3个工作日；16个不动产登记事项已压缩至5个工作日内，不动产异议登记、查封登记、注销查封登记可即时办结，纯土地抵押权注销登记和房地合一抵押权转移登记3小时可取；社会投资项目从供地到施工许可证核发的审批时限由52个工作日压缩至36个工作日。继续推进政务服务标准化建设。将全区2655项政务服务事项全面引入省“互联网＋政务服务”平台，同步完成实施清单填录。10月，启用“互联网＋政务”（基层工作平台）平台进行在线审批，并延伸至街镇、村社。

【全区机构改革启动】 6月底，区编委办对全区涉改单位开展专题调研，提前为改革摸底。10月16日，望城区成立区委深化机构改革领导小组及其办公室和相关工作组，从区委组织部、区委改革办、区编办、区法制办、区人社局抽调工作人员集中办公，制定工作规则，分解工作任务，倒排工作日程，实行工作情况“一日一上报、一周一调度”。

改革方案从酝酿起草到形成送审稿，历时数月、数易其稿，年底，区委党委会会议专题审议通过后报省、市机构改革办审定。

【率先全市推进园区优化整合】为进一步理顺园区管理体制，推进园区整合优化发展，7月30日，长沙市望城区召开望城经济技术开发区托管望城高新技术产业开发区(筹)工作会议，印发《望城经济技术开发区托管望城高新技术产业开发区(筹)工作方案》，按照“八统一分”“两保留四授权”、集中审批的原则，率先全市推进园区优化整合。“八统一分”，即以望城经开区为主体，建立统一的管理体制和协调机制，明确将望城高新区整体委托望城经开区管理，原来两个园区的一切事务由望城经开区统筹负责。望城经开区、望城高新区范围内的规划建设、产业布局、项目招商、平台融资、土地征拆、人事编制、财政保障、绩效考核等由望城经开区统一负责、统筹考虑；具体工作在总体规划和统一部署下分工实施。“两保留四授权”，即保留望城高新区的牌子，保留望城高新区干部政治待遇；在统一管理、统一决策前提下，项目招商、基础设施建设、土地征拆、财政保障由望城经开区授权望城高新区分工实施。集中审批，即行政审批事项全部由望城经开区承担，望城高新区主要负责事项受理、全程代办和企业服务。

【争取机构编制扶持】主动作为，在机构编制政策趋严的环境下，在机构编制事项冻结前争取一批机构编制事项：从市直事业编制总量内调剂核增经开区管委会全额拨款事业编制5名；为加强保密机构建设，衔接争取将6名乡镇行政编制调整到市属区级；同时为保障和加强基层工作，将2名乡镇行政编制调整到市属区级，用于街道机关，切实解决乡镇改设街道后仍使用乡镇行政编制的问题；争取下达2016年度安置军转干部行政编制，望城区核增行政编制4名，缓解行政编制紧张的局面；望城经济技术开发区政务服务中心升格为正科级事业单位，区湘江古镇群管理服务中心升格为副科级事业单位，增加正科级职数1名、副科级职数2名；为进一步加强和规范机构编制管理，重新核定望城区21个副科级及以上机构的机构级别和领导职数，共明确正科级职数3名、副科级职数27名。

（曾　斌）

人力资源管理

【概况】2018年，区人力资源和社会保障局内设办公室、财务室、监察室、就业促进科、养老保险科、工资福利科、人事管理科、医疗工伤科8个科室。下辖人力资源开发和就业服务中心、社会保险工作局、城乡居民养老保险管理中心、医疗保险管理服务中心、城乡居民医疗保险管理服务中心、失业保险管理服务中心、工伤保险管理服务中心、劳动监察大队（劳监仲裁法制科、劳动人事争议仲裁院）、信息中心9个二级机构，编制126人（其中行政编制22人，事业编制102人，工勤编制2人），在职在编干部职工117人。

【扶持创业就业工作】搭建平台，帮扶群体就业。服务待就业群体，除每月人力资源市场定期招聘外，围绕“4050”（女性年满40男性年满50的劳动力）人员、高校毕业生、失地农民、返乡农民工、残疾人等重点群体，组织“春风行动”“区长送我去就业”“民营企业招聘周”“高校毕业生就业服务月”等专场招聘会15场，提供就业岗位2.4万个，达成用工意向1.2万人；服务用工企业，开展“新华联铜官窑古镇专场招聘会”，入职441人；全力支持伟创力项目劳动用工，按照“区内+驻点+校企+市场”四位一体招聘模式，打好人力资源定向供给“组合拳”，累计输送求职人员18289人，在职人数3950人，充分满足现阶段的用工需求。夯实扶贫基础，切实保障就业。组织专人上户调查采集全区贫困劳动力信息并开展“311”(即每年至少推荐3次岗位信息，进行1次职业指导，举办1次免费技能培训)服务，精准掌握全区农村贫困劳动力就业情况和就业意愿，采集16~59周岁建档立卡贫困人口信息1.2万条；积极打造10个就业

2018年9月11日，长沙市望城区就业扶贫技能培训班开班（刘竞舟　摄）

扶贫援助性基地（就业扶贫车间）和5个就业扶贫培训基地，开展实用技术各类培训19期，培训学员1206人，切实提高贫困劳动力就业能力；统筹各街镇有就业意愿但不能外出就业劳动力，开发保洁、保绿及零散灵活就业扶贫公益性援助岗位100个。突出“双创”（大众创业、万众创新），持续推进就业。开展“返乡创业者创新力提升训练营”活动，通过“进阶式培训+练习+实训+指导”服务模式，提升创业项目的有效性与成功率；举办第二届全民创业大赛，为18个项目发放奖励资金17.6万元；做好区本级创新创业带动就业项目扶持工作，55家初创企业获得项目扶持资金281万元。用活动带动政策宣传，营造创新创业良好氛围，激发大众创业热情。就业创业培训量化指标完成情况：新增城镇就业0.76万人（104%），失业人员再就业0.24万人（105%），就业困难对象再就业0.08万人（104%），创业带动城乡就业1.22万人（122%），带动城镇就业0.36万人（120%），新增农村劳动力转移就业0.36万人（129%），新增贫困劳动力转移就业229人（163%），新增创业担保贷款发放1566.5万元（101%），城镇登记失业率3.16%(120%)，贫困家庭“两后生”（贫困家庭初、高中毕业5年内未继续就读的人）技能培训25人（100%），对口帮扶龙山建档立卡劳动力技能培训30人（100%），农民工职业技能培训2660人（133%），对口帮扶龙山劳动力转移就业49人（123%）。

【人事人才管理服务】 加快建设人才高地。在全方位落实“长沙市人才新政22条”基础上，自加压力、量身打造个性化“望城人才新政10条”，高效建成人才服务窗口，充分彰显对人才尊重。新政实施以来，人才服务窗口受理人才咨询8000余次，发放各类奖补资金364万元；围绕重点产业人才需求，从岗位战略性、市场供给和产业需求三个维度出发，编制《2018年度长沙市望城区紧缺急需人才需求目录》。创新招聘模式。坚持为机关事业单位提供人才保障职能定位，大胆探索选调选拔新模式，利用第三方中介机构人才大数据库和专家评委的优势拓宽人才招聘渠道；对事业单位招聘专业人才，在笔试、面试基础上，增加技能测试，实现岗位精准识别。人事管理常抓不懈。组织开展清理全区各级各类创建示范活动，增强创建示范活动实效性；开展专技人员职称评聘工作；准确核定视同缴费年限，有序推进机关事业单位退休人员养老保险改革待遇计发工作；全面实施机关事业单位集中休假制度，完成全区公务员工资、企业薪酬试调查、机关事业单位年度工资福利等统计工作。

【维护劳动者权益】 注重源头治理。着力推进市对区绩效考核目标，将农民工工资支付保障工作纳入对行业主管部门绩效考核指标，督促各成员单位合力开展农民工工资支付保障工作；稳步推进集体合同和工资集体协商，已建工会组织企业工资集体协商建制率93%。加大劳动监察执法力度。扎实开展用人单位劳动用工等各项专项执法检查，发挥“两网化”平台作用，及时查处举报投诉案件，接待来访、来电、来函举报投诉和咨询1987起，涉及劳动者7944人，涉及民工工资6536万元；突出抓好治欠保支工作，联合区住建局等行业主管部门对区内所有在建项目的治欠保支长效机制落实情况采取体检式、拉网式排查，针对部分不规范项目下达整改通知书，不定期地针对问题项目开展“回头看”检查，力求全区各项目依法签订劳动合同、实名制管理、按时足额支付工资、银行代发工资等制度的建立得到切实保障，排查项目158个，办结农民工欠薪案件122件，为农民工追回工资3613万元；开展清理整顿人力资源市场秩序专项检查，严肃查处职业介绍领域的违法犯罪活动及违法违规行为，联合发改、公安、市场等相关部门组成执法组对区内71家人力资源服务机构、13家劳务派遣机构、26家从事职业中介活动组织以及713家用人单位开展执法检查，切实维护人力资源市场良好秩序。提升基层劳动争议调解能力。坚持“预防为主、基层为主、调解为主”原则，受理各类劳动争议案件295起，涉及职工权益标的3628万元，法定时间结案率100%。

【提升公共服务能力】 增强业务经办能力。推进“最多跑一次”政务服务改革，全面梳理服务清单81项，向基层下放服务事项79项，取消证明材料10份，“最多跑一次”实现率达100%。推进人社信息化进程。开通企业职工养老保险网上服务平台，为参保企业提供社保业务的在线办理与查询；开发“就业通”微信公众号，免费为企业和求职者提供招聘及就业服务，共享人才搜索、职位搜索、专场招聘、扶持政策等最新资讯；建立人事综合管理平台，实现机关事业单位工作人员人事信息、工资调整和审批等业务规范化操作与数据化管理；开通“智慧人社”APP技术认证渠道，参保人员通过手机即可完成待遇领取资格自主认证，逐步实现变“群众跑腿”为“信息跑路”。

【举办望城区就业扶贫技能培训班】 9月11日，由区人社局主办的望城区就业扶贫技能培训在望城区就业扶贫蔬菜培训基地乌山街道金树生态农庄举行开班启动仪式。特邀授课专家老师、望城区精准扶贫对象、“两后生”、各街镇人社服务站负责人、媒体记者及嘉宾70余人参加启动仪式。培训班从9月11日起至10月26日止，通过在蔬菜种植、水产品养殖、湘莲种植、甲鱼养殖、龙虾养殖及花卉种植五个区级就业扶贫培训基地开设19班次，培训建档立卡贫困劳动力1206人次。本次培训班针对贫困户所在街镇当地特色，开展农村实用技能培训，结合理论讲解和实际操作教学流程，使受训学员更深入地了解培训课程，帮助培训对象掌握就业创业技能，早日摆脱贫困现状。在实现转移和稳定就业同时，更进一步发展特色产业，加快精准脱贫，推动乡村振兴战略落地见效。

【召开望城区“人才新政十条”宣讲培训工作会】 为进一步宣传望城“人才新政十条”，让政策更快更好落地，4月2日，中共长沙市望城区委组织部、长沙市望城区人力资源和社会保障局联合望城经开区管委会，组织各街镇、经济园区及辖区内企业召开望城区“人才新政十条”宣讲培训工作会，望城区委组织部、区人社局、区教育局、区卫计委等职能部门就本部门涉及政策进行讲解及答疑。望城经开区、铜官循环工业园、国家农业科技园窗口工作人员、街镇人才服务专员、园区骨干企业人力资源负责人100余人参加培训。整个培训会紧凑而生动，各职能部门就本部门涉及政策，重点围绕申请条件、申报流程等内容进行系统全面、层次清晰且通俗易懂讲解，逐一解答会中现场提出热点、难点和疑惑问题。参加培训各街镇、经济开发园区工作人员、企业人力资源负责人与授课人员现场互动频繁，进一步加深了对政策理解，掌握各项业务的政策及申报流程，增强为民办实事的本领。

（周弘舟）

政府投资项目建设管理

【概况】 2018年，区工务局内设办公室、前期科、投资管理科、财务科、工程建设一科、工程建设二科、社会事务科7个科室，下设区政府投资项目代建管理服务中心，有在职在编工作人员11人，政府雇员11人。

根据区政府投资项目建设计划，工务局负责建设管理政府投资实施项目31个（新建项目22个、续建项目9个），年投资101258万元（其中黄金中学改扩建等9个项目为市重大项目）。

2018年11月，桥驿公办幼儿园完成竣工验收（李奇 摄）

【提升管理水平】 压实责任。年初，召开专题党组会制订“项目建设攻坚表”，对每个项目的立项、设计、预算、招投标、开工等关键环节倒排具体完成日期，明确责任领导、责任人，实行“一日一跟踪、一周一调度、一月一讲评、一季一总结”工作机制。突破专业。成立工务局技术管理小组，建立设计前组织联合现场踏勘，设计中组织估算、施工图及预算联审，施工中组织变更签证联审的工作机制，减少因前期工作不够深入导致的设计变更、清单漏项等超预算的情况。组织相关部门、单位召开联审会52次，发现设计漏洞1000多条，避免设计变更8000多万元。强化监督。开展安全生产大检查和打击建筑工地假冒特种作业操作证专项检查，做好建筑工地扬尘污染防治工作。开展安全生产大检查5次、日常巡查16次，扬尘污染防治常规检查200余次，发现并整改问题27项次。开展“安全生产月活动”，所有建设项目实现安全生产零事故。

【打造优质工程】 优方法、抓效率，确保前期工作到位。优化流程管理，把相关程序由以往的“串联”改为“并联”推进。仅用两个月完成应急抢险工程丁字湾翻身污水主管改造项目前期工作并开工建设。重程序、抓质量，确保工程质效齐优。严格执行《长沙市望城区政府投资建设项目管理办法》（望政发〔2018〕5号），制订《望城区工务局项目签证变更办理流程图》《直接委托项目选择和确定承包人管理办法（试行）》，严格控制变更，确需变更项目必须先审批后施工，协调区住建、发改、财政等部门组织召开工程变更论证会议10次，研究各类变更21项，严格按程序做好工程变更审批工作。彩陶源片区污水提升泵站及管网建设项目，总投资12782万元，总用地面积为8206.21平方米，为新华联铜官窑大型市政配套项目，工务局顶住压力、真抓实干，仅用7个月完成建设工作，有效解决彩陶源片区的污水提升排放问题。

【控制项目成本】 科学编制长沙市一中金山桥学校（石子岭学校）、莲湖九年一贯制学校等32个项目造价文件，组织编制并协调财评审核预算60项，涉及工程造价约8.25亿元，未出现重大错项、漏项；组织办理彩陶源片区污水提升泵站及管网、区医疗废水处理系统等26个项目结算审核，均在预算控制范围内。

【改善中介服务】 出台《长沙市望城区工务局工程项目中介服务机构

考核管理办法（试行）》，全年对所有项目服务入库单位进行2次考核，注重对考核结果的运用，其中7家单位轮空一次，3家单位考核不合格直接退库，有效提高中介机构的服务水平。

（李　锦）

征拆安置

【概况】 2018年，区人民政府征地办公室（以下简称征地办）内设监察室、工会、综合科、征拆科、安置科、法规科、财务科7个科室，有在职在编工作人员16人。

【征拆工作】 牵头研究制定《长沙市望城区集体土地征地拆迁工作经费使用和管理实施细则》（望政办发〔2018〕101号）。牵头研究地上附着物“调标”工作，同步开展“望城区征地补偿安置办法”和“望城区征地补偿安置办法实施细则”修订工作。开展省国土资源厅关于征地补偿标准调整应对工作，梳理核准适应新老标准项目，全区面上拆迁腾地过渡平稳。组织实施征拆项目146个、面积1680公顷。签订拆迁协议1468户，拆除房屋1635栋，完成长益复线扩容、湘江大道北延线等80个项目征拆，按“四清”标准腾地891公顷。

【安置工作】 落实社保。缴付拆迁安置社保资金9.12亿元，新增纳入社保6880人；社保资金解缴率100%，社保人员纳入率99.66%，两项指标均超过政策要求水平(95%)。限价商品房配套工作紧跟其上。新增建成三润星城、盛腾雅苑2宗限价商品房，在建美高梅、滨江御苑等3宗限价商品房，新增铺排铜官、大泽湖、白沙洲3宗限价商品房，其中铜官、白沙洲2宗地块已完成拆迁腾地；核发限价商品房购房指标49.29万平方米。发放失地少地农民生活补助费6165.6万元，享受该项政策13015人。留地安置工作创新个人建房相对集中居住模式，既缓解街镇统建资金压力，又缩短安置过渡时间；靖港镇北横线、乔口镇防洪整治工程等项目均采用个人建房相对集中居住模式安置。

行政执法

【概况】 2018年，区行政综合执法局内设督查科、办公室、党建办、法制宣教科、财务装备科、政工人事科6个科室。下设正科级事业单位行政综合执法大队，执法大队分设行政综合执法一中队、行政综合执法二中队、行政综合执法三中队3个执法中队，有干部职工35人。

【河道管理】 源头治理，规范湘江河道秩序。严格落实河长制和洞庭湖生态环境专项整治工作要求，大力整治影响湘江河道治理成效“老大难”问题，清理“僵尸船”21艘，拆除违建预制厂4处，减少航道内安全隐患，降低水质污染；清理整治非法改装吸砂船，开展集中整治行动，将吸砂船吸砂设备强制切除或驱离望城水域，对不具备吸砂能力采砂船只指定集中停靠，严密巡查监管鱼尾洲和乔口应急码头两个集中停靠点，从源头出发加强非法盗采砂石行为整治；牵头和协调联动市海事、市渔政、区畜牧及属地街镇等部门清理无证船舶（包括渔船）700余艘，从源头杜绝非法捕捞行为的发生；协同地方海事处整顿船舶停靠秩序，所有船舶必须在9处锚地指定停靠，对铜官沿线10余艘无序停靠民用趸船进行整顿；整治湘江长沙综合枢纽、沩水水闸、白沙洲街道望城水厂取水口、铜官新华联段湘江岸线、铜官洪家洲及京珠复线桥段岸线等重点区域内的垂钓行为，解决因垂钓产生影响生产安全、破坏环境卫生、车辆违停占道等问题，进一步规范湘江岸线秩序。依法行政，严厉打击涉河违法行为。查处涉河违法行为32起，其中水利河道案15起，渔政执法案17起，罚没款36.13万元。水利河道案与上年度同比下降85.6%，河道内非法采砂仅发现2起，均进行重罚。对盗采砂石案件处以罚款20万元、没收非法所得并强制切除非法采砂设备行政处罚，以案释法，对涉河违法行为起到震慑作用，巩固河道岸线治理成果。部门联动，构建联合执法新格局。创新执法方式，推进联合执法，成效显著。与市海事、市渔政、市水务、湘阴砂石综合执法局等部门建立联合执法机制。清理整治“僵尸船”和无证船舶等执法行动得到相关部门大力支持，保证了整治效果。6月28日，与湘阴砂石综合执法局紧密配合，截停一艘在湘阴盗采砂石逃逸至望城水域吸砂船和一艘准备接货的自卸驳，建立健全跨区域联合执法的新体制。强化区内联合执法。加强与水务局、地方海事处、水上派出所、砂管办、畜牧局联动协作，建立信息共享机制，各项整治行动得到区内相关部门积极参与和大力支持。长效管控，巩固执法成效。加强对湘江河道日常巡查监管，确保岸线治理成果。对湘江河道实行24小时不间断巡查，各类涉河违法行为，得到及时发现及时查处。对中央环保督察和省环保督察交办的望城船舶厂非法卸砂和三汊矶大桥下垂钓问题，重点关注，安排专人全天候24小时值守，确保交办问题不反弹；及时清理巡查中发现沩水、乔口柳林江河道内拦网、地笼、迷魂阵等非法捕捞设施；主动与“反电联盟长沙工作站”和“望城公益反电鱼”等公益组织建立联系，通过信息共享，提高对电捕鱼行为发现率、处置率。通过巡查，发现并驱离非法改装吸砂船40余艘次，强制整改15艘，扣押处置无证渔船50余艘，没收销毁渔网182副、划杆176根、电捕鱼工具48套（件），清除地笼150余个、迷魂阵89个。

【服务中心工作】 协助拆迁行动。参加政法委组织司法强拆和拆违控违行动26次，出动执法队员600余人次，执法车辆40余台次。参与新华联铜官窑古镇开园系列活动、2018年长沙望城国际铁人三项赛等安保工作。在中央和省环保督察、国家旅游局调研铜官窑、长江委河湖采砂整治行动督导检查、市水污染防治督察等重大活动中，全员出动，维持良好岸线秩序，展示良好望城形象。

【破解无证船舶专项整治“大难题”】 4月26—28日，湘江三汊矶大桥东岸的长沙市海事局码头，8艘执法艇满载40余名执法人员，往三汊矶大桥下游驶去，开展湘江三汊矶大桥至湘江航电枢纽段水域内无证船舶专项整治执法行动序幕。湘江三汊矶大桥作为岳麓区、开福区和望城区湘江水域分界线，是各类无证船舶躲避整治“避风港”。因为交界处3个区无证船舶整治工作的不同步，作为整治对象无证船舶就利用交界水域监管控制难度大带来便利，往返于各区水域，规避整治。截至4月25日，分散停靠于望城区水域内的各地无证船舶有177艘之多，严重影响湘江河道的秩序，为即将到来的汛期防汛工作带来较大的安全隐患。望城区人民政府与长沙市地方海事局、长沙市渔政站经过多次协商，在湘江三汊矶大桥至湘江航电枢纽段水域内开展联合执法行动，对该段水域内无证船舶进行全面彻底清理。望城区行政综合执法局、望城区公安局水上派出所、长沙市地方海事局、长沙市渔政站共出动执法人员50余人，施工人员30余人，动用执法艇9艘、大型自卸驳1艘、随船吊机1台、起锚艇3艘。利用整治设备将无证船舶集中停靠在白沙洲街道黄田村水上服务区趸船处，再对集中停靠点渔船利用大型自卸驳船装载运送至湘阴县吴公村湖南宏宇造船有限公司水域进行存放，确保湘江航电枢纽上游至三叉矶大桥段水域内无无证船舶滞留。行动涉及的望城区月亮岛街道、大泽湖街道、白沙洲街道、丁字湾街道均派出公安、城管等部门参与。整个联合执法行动持续3天时间，共清理无证船舶136艘。湖南都市频道、长沙政法频道对联合执法行动进行专题报道。

（徐　涛）

金融管理

【概况】 长沙市望城区金融工作办公室内设综合办公室（产业科）、监管科2个科室，有11人，其中在职在编干部9人（主任1人、副主任3人、科员5人），政府雇员1人，临聘人员1人。

【推进信贷投放】 年末金融机构各项存款余额612.72亿元，同比增长3.3%，其中居民储蓄存款余额271.56亿元，增长4.1%。年末各项贷款余额480.73亿元，增长16.2%。

【打造金融特色功能区】 推进金融后台中心建设。分层次建设金融服务体系。截至2018年年末，引进银行金融机构网点和营业机构4个，并以这些机构为核心为入驻金桥国际的广大商家和企业提供便捷的前台金融服务。完成项目一期工程施工建设。除数据中心需在项目周边其他机构共享外，其他金融后援服务机构入驻条件基本具备。开展湖南金融中心北延相关工作。在2017年争取湖南金融中心北延至滨水新城月亮岛片区的基础上，根据区领导安排，2018年联合滨水新城、区城投集团、区财政局、区规划局等单位与市政府、湘江新区管委会相关部门进行具体对接，就湖南金融中心北延至望城的产业定位、规划范围、政策支持形成初步意见。

【推进企业（挂牌）上市工作】 2018年1月，区内军信环保有限公司在全国中小企业股份转让系统（新三板）挂牌；8月，农美农业在湖南股交所挂牌。加大对拟上市（挂牌）企业辅导力度。组织区内企业参加省、市有关培训及辅导6场，平均培训企业7家（场）。完成对拟上市（挂牌）企业的两次集中培训工作，完成对15家企业的一对一辅导。完善相关扶持政策。6月，出台《长沙市望城区人民政府办公室关于建立企业上市（挂牌）联席会议及绿色通道制度的通知》（望政办发〔2018〕56号），建立全区多部门联合支持企业上市工作机制，强化企业上市过程中涉及的政府服务。加强调研及对接，做好跟进服务。5月底，组织召开全区拟上市（挂牌）企业的调研活动，区长范焱斌现场听取拟上市企业实际困难和问题，要求相关部门予以支持解决；6月，组织有关部门协调解决马良数码建设幼教系统示范点、联智桥隧企业周边交通设施不全、军信环保权证过户等问题。申请有关补助资金。上半年完成申请马良数码省金融业发展专项资金16万元，下半年向省金融办、省财政厅申报望城区湖南农美农业股份有限公司涉农企业股改挂牌专项补助资金30万元。

【优化区域金融生态环境防范和处置非法集资】 2018年进一步优化政务、商务、司法等环境，深入推动金融生态环境建设，严格按照中央和省、市的统一部署，坚决打赢防范化解金融风险攻坚战，着力化解金融领域不稳定事件。广泛开展各类金融知识宣传。望城广播电视台开辟专栏，全年进行打击非法集资宣传；联合公安、街镇在人流密集区进行现场宣传；将非法集资举报热线进行多渠道公示，发动群众对非法集资进行举报；组织全区非法集资宣传月活动动员会议，发动全区行业主、监管部门和各街镇开展宣传。打早打小，提前化解非法集资隐患。上报提前化解非法集资隐患6起，达到市对区考核最高加分数；完成移诉案件3起，超过2015—2017年平均数2起。全面展开风险排查。对打非领导小组成员单位进行更新；针对区内实际，对非法集资重点行业——养老机构进行全面摸排，分类处置；联合公安、工商等部门对区内重点区域的写字楼宇、创业园区、人流集中的街镇进行全面摸排，发现风险企业6家。开展小贷、融资性担保公司现场检查4次，有效防范金融风险。

【做好企业帮扶工作】 完成交办任务。收到区帮扶办交办企业融资问题8个，因企施策，精准对接，8个问题已全部办结处理，办结率100%。积极开展银企对接活动。组织长沙2018年度金融服务园区行——望城区金融服务“双进”（进园区、进企业）活动、联合经开区产业局组织开展“千人帮千企百日大行动”融资对接活动、湖湘贡等企业专场融资需求对接会。3场银企对接活动，出台政策印发手册。出台《长沙市望城区普惠金融“一中心多站点”服务体系建设实施方案》，到2020年，全区基本建立与全面小康相适应的普惠金融服务和保障体系。结合区内各银行机构针对中小微企业和普惠金融等方面特色化、专营化信贷产品，编制《中小微企业和普惠金融信贷手册》，印制2000本发放给区内广大实体企业，改变传统向银行推荐企业的做法，向企业推荐银行，更好地促进了银企双方沟通交流。

政务服务

【概况】 2018年，区政务服务中心内设办公室、业务科、大厅窗口管理科、优化科4个科室，下设区电子政务办1个二级机构。有在职在编干部职工16人，政府雇员5人。

【推进行政审批制度改革】 起草《长沙市望城区推进“最多跑一次”改革实施方案》，全面梳理全区政务服务事项目录，清理出“最多跑一次”事项725项，占全区政务服务总事项的96%，同步开展事项流程梳理和证明材料清理，取消村（社区）证明材料86项。率先全市推行“就近办”改革，梳理、汇总下放街镇、村社“就近办”民生事项268项，按照民生、项目、市场三类印发办事服务指南，同步完善街镇、村社政务服务平台，升级设备配置，开展业务集中培训，出台考核细则，加强对便民服务窗口考核与管理，规范下放事权运行，提高服务质量。牵头成立“智慧政务组”，并充分共享省、市“互联网＋政务服务”成果，建立“基层窗口受理、材料网上流转、主管部门审批、基层窗口反馈”三级联动办事模式，初步搭建一个覆盖区级、街（镇）、村（社）三级的“互联网＋政务服务”办事平台。

【打造雷锋政务超市服务品牌】 牵头起草《长沙市望城区关于进一步深化行政审批“三集中、三到位”工作实施方案》，按照“前台综合受理、后台分类审批、统一窗口出件”模式，依照各窗口部门服务功能，将雷锋政务超市设置为民生事务服务、市场主体服务、项目建设审批服务功能专区，设置综合受理窗口、联合审批会议室、中介服务区、自助服务区等，实行商事主体审批结果免费寄达服务。1—12月，政务大厅接待办事人员865734人，受理事项789894件，办结事项781242件，接待上级领导、其他兄弟单位参观指导32批次，严格执行服务承诺制度、首问责任制度、一次性告知制度、限时办结制度、办事公开制度、效能评估制等办事制度，积极推行绿色通道服务、预约服务、延时服务、代办服务，政务服务水平全面提升。

【深化政府信息公开和电子政务】 长沙市政府门户网站望城区信息公开目录发布信息2530余条，望城区政府门户网站发布各类信息27430余条，其中政务公开工作要点专栏发布信息2000余条，主站发布各类信息12220余条，各单位部门信息公开目录发布信息13210余条。按照B级标准建设电子政务机房，实现全区党政群机关单位、村（社区）、学校全覆盖，未发生重大网络安全事故。接收及回复政府信息依申请公开件156件。

【优化经济发展环境】 全区行政审批在线电子监察系统全年受理22121件，办结21264件，未出现红黄牌。起草《长沙市望城区

2018年7月19日，市长胡忠雄（中）考察项目审批工作（罗晗 摄）

2018年优化经济发展环境暨政风行风测评工作方案》及《长沙市望城区优化营商环境三年行动方案》，采取每季度对区内企业发放调查问卷，不定时实地走访等确保涉企检查收到有效反馈，建立政企双方沟通顺畅、交流良好的氛围；按照要求做好事中事后监管，并下发涉企检查备案通知；深入推进政风行风民主评议机制，推动政府部门持续提升服务水平。接收企业群众投诉案件4起，组织协调会3次。

【望城区率先全省实现“就近办”全覆盖】 为着力打造群众“最多跑一次，跑也不出村（社）”服务模式，望城区率先全省将268项民生事项下沉到所有园区、街镇、村（社）办理，实现正常运转，率先全省实现“‘就近办’全覆盖，服务零距离”。“就近办”改革实施以来，望城区全面推行“前台综合受理、后台分类流转、统一窗口出件”服务模式，街镇政务服务中心和村（社）公共服务中心统一设置综合窗口和帮代办窗口，着力提升村社公共服务中心服务功能，方便当地群众。升级改造网上办事大厅，将相关部门业务网延伸到街镇、村社，打造网上传输数据的快速通道，下沉民生事项中80项能在网上办理。望城区“就近办”改革得到中新网、《湖南日报》、《长沙晚报》等媒体专题报道推介。

（石智华）

机关事务管理

【概况】 2018年，区机关事务管理局为区人民政府直属事业单位，内设办公室、计财科、物业管理科、后勤管理科、公共机构节能科、安全保卫科、公务用车服务管理中心，在编人员25人。

【后勤保障工作】 坚持天天巡查、月月考评，加强物业监督管理，区域环境卫生、园林绿化、维护维修等综合满意率95%以上。办各类考察接待和会（剧）务服务，获各级肯定。严格来访登记、严格车辆停放管理，升级地下车库车牌识别系统。在区域范围增设摄像点摄像头152个，对所有设备老化、图像不清晰的摄像头全部进行更换；增设灭火器72个，更换灭火器药剂1448个；严格24小时值班巡查和人员登记管理制度，区域安全消防管理工作到位。严格停车管理，通过温馨提示和“开单”方式解决停车难、停车乱问题，区域车辆停靠管理秩序井然。参照市区标准提高区域干部用餐补助标准；致力食品安全管理，严控超市商品定价，纯手工包点已成品牌。“一卡通”系统更新、洗车场扩容升级，文印、银行、快递等配套项目管理规范，方便区域干部职工。

【机关节能工作】 坚持日常巡查、季度通报，加强行政中心区域日常节能管理。认真组织实施合同能源管理和节能项目改造，行政中心二期合同能源管理项目、后勤中心节能改造项目、卫生、教育系统合同能源推广项目均有序实施。联合区发改局（两型办）举办“节能降耗·保卫蓝天”主题大型户外宣传活动。通过专题展示、节能知识问答、趣味互动等方式对节能政策法规、节能小窍门、资源国情知识等进行广泛宣传，取得良好效果。节能知识培训、能耗统计培训、节能项目申报及资金监管等工作有序实施。

【公务用车管理工作】 完成区公务用车网络平台建设，202辆应纳公车全部纳入市公车管理系统。严格执行公车定点停放、定点加油、定点维修等制度，严格执行车辆调派、驾驶、检查等规定，根据作风建设要求开展多轮公务用车使用情况督查，杜绝“六个不得”(不得以特殊用途等理由变相超编制、超标准配备公务用车；不得以任何方式换用、借用、占用下属单位或者其他单位和个人车辆；不得接受企事业单位和个人赠送的车辆；不得以任何理由挪用或固定个人使用执法执勤、应急、机要通讯等公务用车；不得以公务交通补贴名义变相发放福利；公务人员不得既领取公务交通补贴，又违规乘坐公务用车)等与公务无关事宜。严格车辆日常维修和保养，截至10月底，平台车辆维修保养及装饰费用共计67.46万元，油耗50.8万元，行驶里程54.04万千米，平均油耗0.94元/千米，既保障了行车安全、又

2018年6月14日，举办公共机构节能培训班

节约运行成本。加强监督管理，督促劳务派遣公司做好司勤人员的安全教育和培训，积极为平台司勤人员争取相关待遇，维护队伍稳定，提高服务质量。

【文明创建工作】 以迎国家、省级文明城市检查为契机，切实履行职责，不断巩固区域文明创建成果。安排专人对接文明创建工作，坚持24小时巡查制度，对行政中心区域环境卫生、园林绿化、维护维修等问题及时发现、及时解决。组织人员对老政府大院、二生活区、招待所宿舍区的3个院落进行全方面集中整治。组织全局干部职工开展以“文明礼让·节约惜福”文明劝导活动。在市民广场和行政中心区域设立核心价值观宣传标牌、张贴宣传画，浓厚文明城市氛围，引导干部群众积极践行核心价值观。大力宣传和表彰身边的好人好事，并积极向上级文明办进行推荐，职工彭励获评2018年第三季度“望城好人·身边雷锋”。积极开展社会公德、职业道德、家庭美德、个人品德宣传教育，引导干部职工向往和追求讲道德、尊道德、守道德的生活，培养干部职工敬业精神和高尚情操。

【国有资产调配管理工作】 安排专人对行政中心区域国有资产（含食堂和物业交付使用的资产）进行一次全面清查、登记在册，做到固定资产管理系统台账与财务固定资产台账账账核对、账账相符。做好区环保局二次污染源清查办公室、教育局、老科协、政务中心(交警大队等单位)、疾控中心、退役军人事务局等单位所需办公用房的调配，确保办公需求。做好机构改革工作中新一轮办公用房调配前期摸底等工作。会同区纪委、区委督查室、区政府督查室对全区党政机关办公用房使用情况开展4轮次集中督查，全区党政机关办公用房使用未出现违规现象。根据作风建设中关于办公用房管理规定的要求，加班加点，组织人员对行政中心部分办公用房进行改造调整，确保全区党政机关办公用房使用情况顺利通过各级检查验收。

【垃圾分类处理工作】 制定《长沙市望城区党政机关等公共机构生活垃圾强制分类实施方案》，对全区党政机关垃圾分类处理作出安排部署。组织各单位办公室人员参加垃圾分类培训；制作垃圾分类宣传海报，在区行政中心各楼栋大厅进行宣传展示；下发望城区行政中心区域垃圾分类指导手册1000余份，全方位对垃圾分类进行宣传。在行政中心区域设立垃圾分拣中心，在楼层楼道设置可回收垃圾、其他垃圾和有害垃圾三分类垃圾收集容器；在后勤中心增设易腐垃圾收集容器；在办公室内放置可回收垃圾和其他垃圾两分类收集容器。聘请专业讲师对保洁人员进行垃圾分类工作强化培训和模拟测验。定期、及时对生活垃圾分拣、清运等环节进行监督、检查，定期对相关信息进行总结、归纳。

（文四喜）

移民安置

【概况】 2018年，区移民开发管理局内设办公室、项目科、后期扶持科3个科室，有在职在编干部10人，政府雇员1人，临聘人员2人。

2018年，区移民开发管理局下拨项目建设资金820.44万元，发放移民直补资金127.62万元。提质建设蔬菜基地60公顷，开展整村推进移民后期扶持项目1个，启动美丽乡村建设项目2个。开展移民转移就业技能培训、农业实用技术培训5期，培训移民245人。驻村扶助贫困村1个，脱贫21户70人。

【项目扶持工作】 加大项目扶持投入。打造移民产业品牌，投入项目资金356万元开展库区产业扶持。其中投入51万元支持区万亩蔬菜基地建设项目，扶持三桥村汇丰生态农业、石豪村庆园农业蔬菜基地、格塘村鼎盛农业蔬菜基地等基地建设项目7个，提质改造蔬菜基地60公顷。改善重点移民村生产生活环境，投入327万元用于靖港镇、白箬铺镇、桥驿镇、铜官街道等街镇重点移民村基础设施建设。重点扶助桥驿镇黑麋峰村、靖港镇众兴社区、白箬铺镇淑一村等移民贫困村开展道路硬化、村组亮化、公路绿化建设以及山塘改造、渠道整修等农田配套设施建设，改善移民人居生活环境，便利移民生产生活，建设库区美丽家园。

【移民资金管理工作】 加强项目管理和移民资金管理。召开2018年度移民项目资金拨付暨项目计划申报会议，明确项目资金拨付流程和审批制度，严把项目资金拨付关。在移民资金审批与监督上，实施明确的分工负责制，对报账资金严格实行“专人、专户、专账”三专管理，确保资金专款专用。认真开展移民资金审计工作。4月下旬，接受省移民局对移民项目资金的稽查，针对发现的问题向相关街镇逐一下发整改通知，5月底，整改工作全面完成。

【移民基础工作】 召开移民干部业务培训会议，对各街镇、重点移民村近期发展规划进行调研，广泛听取移民群众意见，初步掌握移民需求扶持项目建设基本情况。对移民人口动态管理工作进行安排，到重点街镇现场核对相关数据，对全区移民人口进行一次全面梳理，核减移民人口28人，核准2018年度实际直补人口2136人，及时完成移民信息系统数据更新。强化机关管理，完善机关各项管理制度，对项目资金的下拨、报账、资料报送等各方面程序和内容进行规范，对往年出台相关文件进行重新审核和修改完善，机关管理和项目管理更加规范有序。

【移民后期扶持整村推进工作】 持续推进移民后期扶持整村推进工

作，追加资金30万余元，继续支持桥驿镇黑麋峰村整村推进工作，新增桥驿镇杨桥村为整村推进工作重点村，投入移民后扶资金110万元，实施杨桥村整村推进建设项目，先后实施杨桥村雨潭岭、尤子岭移民安置小区房屋立面改造、小区路面沥青改造、道路亮化及绿化工程；完善杨桥村文化教育基础设施，支持杨桥村移民安置小区文化广场建设，打造主题为孝、廉文化的美丽乡村示范片区；引导移民依托黑麋峰森林公园和体育休闲小镇建设深度开发，从事民宿、餐饮，发展村域旅游，提高自身造血功能。

【移民帮扶工作】 加大移民帮扶力度。与长沙市宏宇职业培训学校、望城湘港珍禽养殖专业合作社合作，积极开展种植、养殖等实用技术培训。开展移民就业培训5期，培训移民245人，其中农业实用技术运用培训移民195人，转移就业技能培训移民50人。加大困难移民的帮扶力度，投入60万元，启动扶贫助困项目11个，帮助区域内11个建档立卡贫困移民脱贫。安排专项资金4万元进行移民大病救助，扶助因病致贫移民10人。资助移民计生对象22户，发放资金1.38万元，资助在校贫困生23人。发放资金2.7万元，补助贫困移民大学生13人。

【精准扶贫工作】 全局干部多次下村到户，走访慰问靖港镇新峰村困难群众和困难移民家庭12户，开展"一户一策"帮扶工作。组织精准扶贫户开展业务培训和养殖技术培训，增强困难群众对国家扶贫政策、水库移民扶助政策了解，为贫困户提供种苗及技术指导，扶助贫困户开展鸡鸭、水产养殖。投入26万元完善新峰村通村、通组公路提质改造；扶助新峰村横屋生态农业公司基地建设、创丰现代农业有限公司基地建设各5万元。

【召开移民项目资金拨付暨项目计划申报会议】 为规范移民项目和资金管理，提高移民资金使用效益，7月6日，望城区移民局、望城区财政局召开2018年度移民项目资金拨付暨项目计划申报会议。会议组织学习省财政厅、省水库移民开发管理局《关于印发〈湖南省水库移民资金管理办法〉的通知》（湘财综指〔2017〕27号），对2018年度移民项目资金拨付方式和项目计划申报、审批流程变动进行解读，听取与会人员的意见，经过讨论和不断完善，形成望城区移民项目资金直接由区财政局按区移民局上报批复项目计划拨付到各街镇财政所，由街镇财政所按照项目进度，适时下拨村、企的资金拨付新模式。

（张灵辉）

应急联动管理

【概况】 2018年，区应急联动指挥中心设应急调度科、网格管理科、热线平台科、综合办公室等4个科室。有在编人员6人，临聘人员44人，退伍士官5人，政府雇员1人，借调人员3人。

【完善应急联动平台】 望城应急联动平台完成基础主体功能配套升级工作，配置应急、环保、城管、综治、公安等部门业务入格，实现跨部门、跨地区数据共享和业务协同，为下一步智慧城市建设夯实了数据保障基础，给智慧城市建设高效运转提供了强有力科技支撑。平台完成开发需求50个，解决平台问题故障105个。平台成为应急、城管、环保等部门处置业务的重要工具。

【搭建应急对讲系统】 应急联动指挥中心在黑麋峰、乌山、紫鑫御湖湾大楼和应急指挥车分别架设无线中继站，搭建一套覆盖望城全区的应急对讲系统，作为电信等公网通信联络方式的必要补充，在遇到突发事件和自然灾害，一般通信手段无法使用时，应急对讲系统可应急保障指挥联络，在2018年度防汛演练中发挥基础联络作用。

【建立移动应急车载视频系统】 中心两台应急指挥车配置车载视频系统，在遇到突发情况时可第一时间到达现场对现场画面进行监控，将视频监控通过无线网络传输到应急联动指挥中心进行指挥调度，确保领导在中心能实时把控事件现场情况。

【打造社会治理网格化工作新格局】 严格按照区委、区政府关于全区网格化建设要求，围绕"极简便民"审批（服务）改革与行政权限下沉相

长沙市洞庭湖区防汛抢险应急演练

结合，实现问题解决在基层、矛盾化解在基层和服务延伸到基层。创新科技手段，将综合治理、城市管理、环境保护、公共安全和应急调度等业务全部纳入应急联动指挥平台进行网格化管理，实现跨部门、跨地区的数据共享和业务协同，同时建立望城区网格化工作联席会议制度，每月集中对社区治理网格化疑难问题进行讨论、沟通，真正让群众反映的诉求和问题得到最快最好解决。

【开展应急演练】 开展应急演练20余次，其中，望城区承办的“长沙市洞庭湖区防汛抢险应急演练”，在全省率先融入直升机、无人机、远程监控调度指挥等现代高科技救援项目，取得很好演练效果，获得省、市领导一致好评。

【升级应急指挥大厅调度平台】 中心将14个街镇、部分区直一级联动单位及区政法委纳入统一电视会商系统，可多个会场同步进行高清视频会议。指挥大厅可实时调取“天网”视频及部分社会监控，实现公安天网与应急指挥高度融合，扩建渣土监控和工地高清探头，可随时对工地建设情况进行查看，实现视频全覆盖，为智慧城市日常管理提供有利条件。

【开展“一圈两场三道”网格化试点工作】 5月起，在雷锋路、高塘岭、桑梓3个社区开展“一圈（15分钟生活圈）两场（停车场、农贸市场）三道（人行道、自行车道、历史文化步道）”网格化试点工作，先后3次召开联席会议现场调度，28个区直单位职能职责和网格员下沉社区，建立网格员公示栏，接受群众监督。各网格员深入社区一对一对接，面对面交流，实地解决问题，社区反映问题渠道更畅，问题解决更快，机关与基层联系更紧密，干部与群众距离更近。社区反映最强烈的城市管理、用水用电、噪声扰民、油烟污染等1792件问题，都得到快速解决。6月28日，市政府组织全市各区、县（市）长在雷锋路社区现场观摩“一圈两场三道”工作时，对望城区网格化工作给予充分肯定。

（刘小芳）

档案工作

【概况】 2018年，区史志档案局内设办公室、党史室、方志室、档案业务指导室等4个科室，有干部职工19人。

【启动信息化建设】 主动与区发改局、财政局、政务中心等部门研讨对接，严格按程序、按要求、分步骤推进投资约1000万元的档案信息化建设。信息化建设项目包括档案业务应用系统及应用支撑系统开发、档案数字化加工、智能库房建设，按照“存量档案数字化加工、增量电子档案同步移交、档案数据服务政务智慧云、多途径快捷查询”建设原则实施，将大幅提升全区各类档案数据的保存、管理、共享和利用水平，提高档案业务工作效率，最大限度地保证档案信息安全，为群众提供更优质的服务。完成档案综合查询大厅、数字化加工室装修工程和场地布置，完成档案信息化系统开发、数字化加工外包及智能库房建设的公开招投标，12月中旬，档案信息化加工队伍进场。

【加强档案利用服务】 完成区水务局、教育局、高塘岭街道等61家单位档案业务指导。接收区政法委、规划局、机关事务局等10家单位文书档案1952卷、7904件档案入馆。为配合做好国有企业退休人员社会化管理试点工作，将中国航发中传机械有限公司1845名退休人员的档案接收进馆，完成172平方米改制企业人员档案专用库房建设，预计可满足中央及省属驻区11家企业退休人员档案存放需要。主动跟进农村土地承包权确权登记颁证档案工作，派出业务骨干对确权登记档案管理进行业务指导，指导农林局建设标准化专用档案库房。完成文旅投等15个单位《文件材料归档范围和档案保管期限表》修改审批。配合全区行政审批改革进程，进一步梳理档案接待窗口各项对外服务事项，按全区统一标准明确流程，精简资料。全年接待档案利用查询754人次，查阅档案2121卷（件），复印7276张，汇编典型事例20例。

【国企退休人员档案库房建成投入使用】 6月25日，对照政府采购合同和档案库房建设相关标准，对新建国有企业退休人员社会化管理工作档案库房建设进行严格检查。为配合做好国有企业退休人员社会化管理试点工作，区档案局将中国航发中传机械有限公司1845名退休人员的档案接收进馆，建成172平方米的改制企业人员档案专用库房。经过检查，库房顺利通过验收并投入使用，设计可满足中央及省属驻区11家企业退休人员档案的存放需要。

【开展全区档案工作督查】 6月4—15日，区委督查室、区政府督查室、区档案局组成联合督查组，对全区14个街镇及68个区直机关进行全覆盖式档案工作督查。将法制宣传教育与执法检查相结合，重点检查各单位宣传贯彻执行档案法情况，进一步掌握基层档案工作现状，指出存在问题，采取针对性措施，促进档案工作规范化建设。督查组对各单位档案工作机构设置、人员配备、硬件设施以及档案的收集、整理、保管移交、开发利用等方面进行全面检查，对各单位进行现场业务指导。9月7日，就全区《中华人民共和国档案法》贯彻执行督查情况向区人大进行专题汇报。区人大到法院、经开区等多个部门实地调研、开展座谈，共同探讨档案工作中遇到实际问题和望城档案工作未来发展方向。

（张理希）

中国人民政治协商会议长沙市望城区委员会

责任编辑 ◎ 宁利宏

概述

【概况】 2018年，中国人民政治协商会议长沙市望城区委员会工作机构设办公室、提案法制委员会、经济科技委员会、群团联络委员会、文化教育卫生体育委员会、人口资源环境委员会，有在职在编干部职工37人。

【协商议政】 聚焦发展大局协商议政。着眼大局开展全会协商，以区政协二届二次会议为平台，广大委员围绕全区2018年工作布局，提出建设性意见100余条，为全局工作建有用之言。注重实效开展专题协商，围绕“区直部门服务社会投资项目工作”“‘双争’工作”等课题，开展常委会专题协商4次，提出建议20余条，为重点工作献务实之策。搭建平台开展对口协商，围绕“耕地生态修复”“推进精准脱贫长效化”“医疗卫生工作”“提升部门服务效能”等课题，开展专委会对口协商6次，提出建议30余条，为部门工作谋可行之道。聚焦发展重点调研献策。以主席会议视察为载体，围绕全区各方面重点工作调研献计。关注基层工作推进，视察14个街镇特色工作，整理收集7个区级层面、18个街镇层面问题建议，提交区委、区政府决策。关注经济转型升级发展，视察“产业链招商”“滨水新城建设发展”，提出“在引导培育优势产业链建设上实现园区产业发展更加专业高端有特色”“以高品质高标杆高效能推动滨水新城建设”等建议。关注生态文明建设，视察“生态城市创建”“原生态文化旅游资源保护”，提出“园林绿化要成为城市规划建设的品质外衣，生态文化保护要成为现代城区的本底”“推动地方文化、旅游与特色农产品深度融合”等建议；发挥优势促进洞庭湖生态环境治理，全力配合省政协调研监督工作组民主监督调研，积极在省政协专题协商会、“两省四市一区政协主席联席会议”上推介“望城经验”，提出“望城方案”。关注民生事业推进，视察“全区教育发展情况”“医疗卫生事业发展”，提出“进一步贯彻落实教育优先发展理念”“持之以恒强基层，努力提高医疗卫生服务能力”等建议。聚焦发展难点精准建言。以大会发言为载体，围绕全区发展难点聚智献策。推动二届二次大会发言课题全部转为重点提案，区政府分管领导领衔督办，相关建议得到区委、区政府高度重视，“极简便民审批（服务）”改革成效显著，债务风险防控措施到位。立足区域发展关键点，二届三次大会发言以推动区域高质量转型发展为主题，重点围绕“优化财政支持方式，充分利用政府产业投资基金撬动望城区实体经济发展”“打造人才竞争优势，推动实体经济高质量转型发展”“持续发力，推动望城文化旅游产业高质量发展”“进一步提升理念，推进城市高品质发展”“科学完善街镇考核机制，进一步释放基层活力”5个子课题，动员近40名政协委员和相关单位干部参与，问计200余名调研对象，深入了解区内实际情况，积极考察学习外地成功经验，反复讨论研究意见建议，力求向区委、区政府精准建言。

【协商监督】 围绕民生实事强化专题协商监督。根据区委统一安排，围绕区直部门服务社会投资项目情况开展民主评议，组成6个评议小组召集近40名政协委员参与，分区域对141个社会投资项目进行走访、座谈，当面听取119位企业负责人意见建议，收集各类意见建议102条，多次组织专题视察、专题协商、问题对接协商，集中解决部分制约项目推进的各类问题。同时，将零散意见分析整理归纳形成评议报告呈送区委、区政府决策，重点指出“要素保障不全”等四个方面问题，提出“突出重视房地产问题，促进房地产业平稳健康发展”等六个方面建议，为区域经济发展贡献了政协力量。围绕重大部署强化提案协商监督。紧扣区委、区政府重大部署和群众关注点，有效发挥委员提案常规监督作用。坚持将协商贯穿提案提、立、办、督全过程，强化办前提前协商、办中跟踪协商、办后运用协商；加大提案督办力度，强化带案视察、重点督办和办理评议，提高提案办理实效。二届二次会议收到93件提案，推动7件区重点提案由区政府分管领导领办，推动“深化行政集中审批改革”提案成为省、市重点提案，有效解决一批民生热点问题，委员满意率保持较高水平。围绕民生热点强化社情民意协商监督。坚持将社情民意工作作为汇集民情、反映民意重要渠道，进一步打造平台、提升实效。全力办好《幸福望城大家谈》电视访谈栏目，围绕“电梯安全”“蓝天保卫战”“河长制”等主题，成功录制播放8期节目，邀请政协委员、专家学者、市民代表、职能部门负责人等社会各界人士，立足不同视角，共商解决之道。进一步完善社情民意信息收集、交办、反馈、奖励机制，组建骨干队伍，建立办理单位书面函复、政协领导现场踏勘制度，区一级编发社情民意信息44期，其中32篇建议得到相关部门采纳办理；另有1篇社情民意被全国政协采用，5篇被市政协采用，推动解决一批民生实事。

【加强合作共事团结联谊】 加强与党派团体合作共事，坚持民主协商、平等议事、求同存异、体谅包容原则，优先安排大会发言、联合开展调研、督办重点提案等形式，为其参政议政、发表见解创造条件、提供便利。举行政协系统庆祝望城恢复建制40周年座谈会，组织委员深情回忆望城40年来发展成果，激励政协系统上下继续砥砺奋进助力区域发展。加强与省内外政协组织联络联谊，接待深圳望城商会和天津、广东、山东等地考察团队50余批次，积极推介望城特色亮点助力引资引智。

【发挥委员主体作用】 创新政协委员管理方式，制订《委员履职工作规则》，对委员履职内容、履职方式、履职保障、履职管理提出具体要求，对委员履职实行评分制考核，进一步激发委员履职积极性。各专委会、区直活动组坚持创新活动形式，组织委员开展学习培训、调研视察、联络联谊活动，委员除全会外全年参与活动人均4次以上；各街镇根据自身实际，积极组织委员发挥优势参与调研献策、民主评议、扶贫帮困、政策宣传等工作，为当地发展贡献力量。深入推进委员“三个一”扶贫行动和精准扶贫工作，226名政协委员两年来帮扶联系3000多名贫困人员，各类爱心捐款达1100余万元，支持1797人实现创业就业。

【文史宣传工作】 倡导“文化工匠”精神，潜心做好存史资政、团结育人工作。立足挖掘区内文化资源，搜集整理120处文化印迹图文资料，聘请60多位中书协篆刻名家精心篆刻望城文化印章，编辑出版《望城文化印谱》；着手整理区域诗歌历史，筹备编撰《望城历代诗赋词联曲选集》。立足讲活文史故事，依托区电视台，开办《望城故事》栏目，制作播出18期节目，深度讲述望城历史名人、历史事件故事。立足“以文会友、以文交友”，与省政协书画院，省、市书协合作，举办“楷圣故里 朝圣书堂”湖南省首届楷书作品展暨全国名家邀请展，邀请一批楷书名家，吸引省内2000余名楷书爱好者参与，所有参展作品将全部用于爱心慈善活动，进一步扩大楷圣故里影响；依托望城诗联，举办“纪念改革开放暨望城恢复建制40周年诗词联大赛”活动，编辑出版作品集《吟赏辉煌》。

【拓宽履职渠道】 拓宽政协对外开放渠道。积极开拓各类履职渠道，推动政协履职进入“云时代”。搭建平台推动政协委员走进社区、走近群众，各街镇依托政务中心、社区或楼盘，建设1个以上智慧政协委员工作室，委员在基层影响力进一步提升；沈科、胡凌志、刘云峰等委员还根据自身工作特点，建立特色鲜明委员工作室，在特定领域发挥委员作用。持续推进委员履职现代化建设，“政协云”成为委员知情明政、履职尽责重要载体，“望城政协”微信公众号成为政协信息即时传送平台。加强与媒体合作，认真办好《幸福望城大家谈》《望城故事》等栏目，精心制播节目26期，政协影响进一步扩大。

重要会议

【政协长沙市望城区第二届委员会第三次会议】 2018年12月27—30日，政协长沙市望城区第二届委员会第三次会议在区行政中心雷锋大剧院召开。会议听取区委副书记、区长范焱斌所作的政府工作报告，听取、讨论和协商计划工作报告、财政工作报告、法院工作报告和检察院工作报告，审议批准区政协主席骆志平代表政协第二届委员会常务委员会所作的工作报告，审议批准区政协副主席严毅夫代表政协第二届委员会常务委员会所作的提案工作报告，并通报二届三次会议提案征集情况。会上，5名政协委员分别作以“进一步提升理念，推进城市高品质发展”“科学完善街镇考核机制，进一步释放基层活力”“优化财政支持方式，充分利用政府产业投资基金撬动望城区实体经济发展”“持续发力，推动望城文化旅游产业高质量发展”“打造人才竞争优势，推动实体经济高质量转型’建议”为主题的大会发言。区委书记孔玉成在会上作重要讲话。

会议认为，过去的一年，中共长沙市望城区委团结带领全区广大干部群众，深入学习贯彻习近平新时代中国特色社会主义思想和中共十九大精神，认真贯彻省委、市委决策部署，以强烈的省会担当和新区作为，推动经济、政治、文化、社会、生态文明建设和党的建设取得新成效。全区产业发展取得重大突破，“三大攻坚战”强力推进，乡村振兴战略开局良好，城市功能格局基本奠定，全面深化改革扎实推进，宣传思想文化和宗教工作切实加强，民生福祉持续改善，全面从严治党向纵深发展，名望之城高质量发展迈出坚实步伐。

会议认为，今年以来，区政协在中共长沙市望城区委坚强领导下，在区人民政府大力支持下，深入学习贯彻中共十九大精神，坚持以习近平新时代中国特色社会主义思想为指引，牢牢把握团结和民主两大主题，紧扣发展大局协商议政，聚焦民生实事监督建言，围绕汇聚共识开放履职，积极发挥凝心聚力重要平台、协商民主重要渠道作用，为建设更加美丽强盛幸福名望之城贡献了政协智慧和力量。

会议认为，2019年是新中国成立70周年，也是决胜全面建成小康社会、推进高质量发展关键之年。我们要不断更新思想观念，坚定信心决心，持续强化省会担当和新区作为，围绕“在高质量发展进程中奋力赶超”这一目标，紧扣“一城三区”建设，坚定不移抓重点、补短板、强弱项，着力在创新、协调、绿色、开放、共享发展上高点定位、集中发力、实现突破，构筑新时代望城发展战略优势、竞争优势、领先优势，勇立高质量发展时代潮头。

会议要求，区政协和广大政协委员要全面贯彻习近平新时代中国特色社会主义思想和中共十九大精神，始终坚持团结和民主两大主题，把握时代要求在履职方向上尽忠诚，聚焦中心大局在议政建言上多作为，紧扣重大部署在民主监督上求实效，深化团结联谊在凝心聚力上见功夫，为推动名望之城高质量发展凝聚共识、凝聚智慧、凝聚力量。

会议号召，区政协和广大政协委员要更加紧密地团结在以习近平同志为核心的党中央周围，在中共长沙市望城区委坚强领导下，以坚定信念、担当品质、为民情怀、务实作风，努力推进人民政协事业迈上新台阶，为推动名望之城高质量发展做出新的更大贡献，以优异成绩迎接中华人民共和国成立70周年！

【政协长沙市望城区第二届委员会第八至第十四次常委会议】 2018年3月6日上午，区政协二届八次常委会议在区政协常委会议室召开。会议审议通过《区政协2018年工作要点》《区政协2018年度协商与监督工作计划》，骆志平主席在会上作关于2018年政协工作重要讲话。

5月16日下午，区政协二届九次常委会议在雷锋大剧院一楼主席团会议室召开。常委们先后视察铜官窑古镇、五矿新能源和托阳制药，听取区发改局负责人关于社会投资项目建设情况的汇报和区政协人资环委主任、民主评议小组办公室主任王准关于民主评议区直部门服务社会投资项目情况汇报，对区政协民主评议区直部门服务社会投资项目情况进行详细了解与分析，提出宝贵意见和建议。

6月21日上午，区政协二届十次常委会议在区政协常委会议召开。会议学习习近平总书记关于加强和改进人民政协工作的重要思想等文件精神，审议《政协长沙市望城区委员会委员履职工作规则》，骆志平主席在会上作重要讲话。

9月13日下午，区政协二届十一次常委会议在区政协常委会议室召开。常委们先后视察望城区污水处理厂、湘江村、老沩水—团头湖水系连通项目，听取区环保局关于“争创国家生态文明建设示范区”有关工作情况的汇报和区发改局关于“争当洞庭湖生态环境专项整治排头兵”有关工作情况汇报，对全区“双争”工作进行详细了解与分析，提出宝贵意见和建议。会议还决定区政协人事任免事项，审议通过区政协委员、常务委员调整事项。

12月20日上午，区政协二届十二次常委会议在区政协常委会议室召开。会议审议通过召开区政协二届三次会议的决定（草案）、提案截止日期决定（草案）、会议议程（草案）、日程（草案）、会议秘书长和副秘书长名单（草案）、委员分组办法和讨论人员名单（草案）等事项，审定了区政协二届常委会工作报告和提案工作报告。

12月29日上午，区政协二届十三次常委（扩大）会议在雷锋大剧院一楼主席团会议室召开。会议听取各组审议常委会工作报告、提案工作报告的意见，协商区委组织部关于区监察委员会主任候选人建议名单。

12月30日上午，区政协二届十四次常委（扩大）会议在雷锋大剧院一楼主席团会议室召开。会议听取各组协商政府、计划、财政和法院、检察院工作报告意见，收集三个决议（草案）审议情况，听取各组协商区监察委员会主任候选人建议名单意见。

（冯　恋）

中共长沙市望城区纪律检查委员会
长沙市望城区监察委员会

责任编辑 ◎ 宁利宏

概述

【概况】 2018年，中共长沙市望城区纪律检查委员会（以下简称区纪委）和长沙市望城区监察委员会（以下简称区监委）合署办公，实行两块牌子、一套人马。区纪委、监委机关设办公室、组织部、宣传部、党风政风监督室（区政府纠正行业不正之风办公室）、信访室、案件监督管理室、第一至第六纪检监察室、案件审理室、纪检监察干部监督管理室等14个内设机构。区委成立巡察工作领导小组，巡察办设在区纪委，设立3个巡察组。区纪委监委机关有干部职工编制66名，其中领导班子成员11人；设机关党委1个，有党支部4个、党员63人。

2018年，是改革开放40周年和望城恢复建制40周年，区监察委员会开展工作第一年。区委牢固树立“四个意识”，坚决贯彻中央和省委、市委要求，把全面从严治党责任牢牢扛在肩上、抓在手上，切实加强对反腐败工作统一领导。区委组织部、区委政法委、法院、检察院、公安局、财政局、审计局等反腐败协调小组成员单位紧密协作，共同发力；全区各级党组织和党员领导干部认真落实党风廉政建设责任制，真抓实干、齐抓共管，营造良好政治生态；各级纪检监察机关从严监督执纪，忠诚履职尽责，全区党风廉政建设和反腐败工作不断取得新成效。“5•10”廉洁从政主题活动、整治违规收送红包礼金、惩治涉黑涉恶腐败等工作得到中央纪委和省、市纪委领导肯定。中央电视台、《湖南日报》、《长沙晚报》多次重点报道望城区全面从严治党经验做法。

工作纪要

【管党治党工作】 坚守职责定位，协助区委推进全面从严治党，以“清单”形式明确主体责任26项和监督责任15项，对责任落实情况进行专项督查，发出责任“提醒函”38张，对落实“两个责任”不力的3个单位和27名领导干部进行责任追究。严肃查处违反政治纪律行为的典型案件8起。严把政治关廉洁关形象关，回复党风廉政意见550人次。加大对党纪政令执行情况的监督检查，对137名不负责、不担当的党员领导干部进行严肃问责，及时为12名干部澄清不实信访举报。重点围绕征地拆迁、营商环境和机构改革等工作开展专项检查，切实维护政令畅通。

【惩治腐败工作】 认真履行纪委监委双重职责，把加强监督作为基本职责、第一职责。加强对党内政治生活状况、党的路线方针政策贯

2018年9月30日，长沙市望城区纪委监委同志在区人社局进行禁止“提篮子”问题专项整治工作督查（申小飞 摄）

彻落实、民主集中制、请示报告等执行情况监督检查。扎实做好日常监督的“基本功”，全区运用“四种形态”处理1546人次，其中第一、二、三、四种形态分别占比81.3%、14.6%、3%、1.1%。区监委成立后，按照六大类标准，对监督对象重新进行摸排认定，实现“用纪律管全党”向“用法律管全体”延伸覆盖。加强派驻机构管理，规范派驻监督流程，13家派驻纪检监察组谈话771人次，立案71起71人，“派”的权威和“驻”的优势发挥明显。完成2轮次，对7个区直单位、6个街镇、6个村社区党组织的政治巡察，走访769人，移送线索29条，已立案14人，其中党内警告处分10人，党内严重警告2人，开除党籍2人，巡察利剑作用不断彰显。发挥信访举报“主渠道”作用，受理信访举报105件，其中中央巡视组交办16件，省委巡视组交办35件，办结率均为100%。坚持依规依纪依法惩腐，全区纪检监察机关处置问题线索1544件；立案285件、处分279人，查处科级以上干部36人，分别同比增长25%、29%、131%；采取留置措施7人；移送司法机关处理12人。高质量完成上级指定管辖案件17件，实现政治效果、纪法效果、社会效果有机统一。

【正风肃纪】 开展作风建设“一月一主题、1+N”督查，由区纪委监委班子成员带队，采取“四不两直”方式，对“提篮子”“一桌餐”等进行专项检查，发现问题59个，督促限期整改到位。深化中央八项规定及实施细则精神突出问题专项治理，查处违纪典型案例81起143人，党纪政务处分93人。严肃查处群众身边腐败和作风问题138起、扶贫领域腐败和作风问题69起、涉黑涉恶问题8起，中央电视台、《长沙晚报》等重点报道。坚决打赢整治违规收送红包礼金歼灭战，查处违规收送红包礼金问题35起。2月27日《长沙晚报》头版头条以《向红包礼金说不，这个年过得清爽》为题进行专题报道，市纪委主要领导专门批示给予肯定。配合市纪委监委调查组重点调查悦禧山庄环保问题系列案，得到省环保督查组及市委、市政府高度评价。

2018年11月2日，“金秋颂清风·廉洁进万家”高塘岭街道专场（徐卫香 摄）

【廉洁教育】 抓“关键少数”，分五批次对全区领导干部进行理想信念、纪律规矩教育，分片区开展《中华人民共和国监察法》学习宣传贯彻。坚持正面宣传和警示教育相结合，在“新湖南”开辟“雷锋家乡清风扬”专栏，在区电视台开辟学习《中国共产党纪律处分条例》专栏，选取典型案例拍摄警示教育片，以身边事教育身边人。打造望城首个廉洁文化主题公园，连续两年举办“5·10”廉洁从政主题系列活动，六类监察对象代表700多人参加，省、市纪委领导充分肯定，新华社、人民网等13家媒体进行重点报道。

【自身建设】 深化监察体制改革，拿出12个中层干部岗位，实行公开竞岗，激发队伍活力。坚持把政治教育摆在首位，监委挂牌成立后，第一时间组织全区纪检监察干部进行政治轮训暨业务培训集中“大练兵”。精心部署中共十九大精神和《中国共产党章程党章》《中华人民共和国宪法》《中华人民共和国监察法》的学习，组织开展“双学双比”系列活动，采取以案代训、以老带新、以干促学形式轮训60余人次，提升纪检监察干部业务素质。坚持以更严一格、更高一层标准要求自己，产生新一届纪委监委机关党委、工会、青工委。强化内部监督，成立纪检监察干部监督室，加强日常监督管理，开展廉洁家访，打造忠诚干净担当纪检监察干部队伍。

【举办望城区纪检监察系统政治轮训暨业务培训班】 1月9－12日，望城区纪检监察系统政治轮训暨业务培训班在望城区委党校举行，148名纪检监察干部参加培训。此次培训与以往不同的是，坚持把政治教育摆在首位，深入学习中共十九大精神、重温入党誓词，坚定理想信念，补足精神之钙，更加坚定新时代使命担当。在培训的4天时间里，围绕中共十九大精神和纪检监察业务工作安排5堂辅导授课、1次集中自学、1次工作交流。此次培训是望城区纪委、区监委合署办公后的首次集中培训。举办本次培训班，旨在深入学习贯彻中共十九大精神，认真落实深化国家监察体制改革试点工作部署要求，适应新形势新需要，实现人员、工作深度融合磨合，建设一支忠诚、干净、担当高素质纪检监察干部队伍。

（陈　萌）

民主党派

责任编辑 ◎ 宁利宏

中国国民党革命委员会

【概况】 中国国民党革命委员会（以下简称民革）长沙市望城区支部于2015年11月成立，2018年年末，有民革党员8人，文化程度均在本科及以上，年龄结构由老、中、青组成，其中女性4人；市人大代表1人，区政协委员2人，市青联委员1人；与国民党有渊源的1人。

【工作纪要】 民革望城支部联合区经信局，开展绿色食品加工产业链课题研究。采取深入园区企业实地调研、专家座谈、问卷征答、文献调研等方法，掌握大量第一手资料。找准区内绿色食品加工业发展中存在问题、发展瓶颈、风险防控、促进方略，对区内绿色食品产业链建设提出建链、补链、强链、延链等建议。关爱抗战老兵，开展特色活动。民革望城支部利用节假日，组织开展抗战老兵慰问活动，走访望城区3位健在抗战老兵家庭，送去慰问金和新年物资，组织区人民医院志愿者为老人进行全面健康体检。为已故书堂山抗战老兵周先恺先生建立功德碑。反映社情民意，积极参政议政。民革望城支部党员立足社会现实和基层群众迫切需要，广泛吸纳、采用基层群众已有成果和好意见，报送社情民意12条，包括残疾人士监护人的项目及其建议、关于尽快制止望城区操办婚庆丧葬活动中鸣炮项目以及关于在望城区设立特殊门诊药品取药点社情民意等，得到区内相关部门的高度重视、及时答复。

中国民主同盟

【概况】 中国民主同盟（以下简称民盟）长沙市望城区综合支部委员会于2013年4月成立，盟员队伍不断壮大，2018年年末，有盟员50名(包括湖南信息职院和宁乡市)，盟员中以教育界中高级知识分子为主，还包括行政、经济、医卫、文化、法律等方面代表人士。

【工作纪要】 开展主题教育，不忘历史初心。民盟望城综合支部在长沙市民盟成立70周年之际，组织骨干盟员赴云南昆明民盟传统教育基地学习交流，重温李公朴、闻一多等民盟先辈光辉而又艰苦卓绝历史，接受一次爱国主义、民主主义心灵洗礼，既学习了盟史，又增强了盟员荣誉感，更增进了合作共事凝聚力。关注弱势群体，开展公益帮扶。民盟望城综合支部在精准扶贫、捐资助学、关爱留守儿童等方面加大扶贫帮困力度，精心组织盟员开展社会服务。支部盟员对口联系精准扶贫户，在产业、教育、住房、医疗等方面精准发力，帮助扶贫对象解决实际困难。围绕发展要务，积极建言献策。民盟望城综合支部围绕望城区经济社会发展重点、热点、难点问题，结合民盟资源优势，开展针对性调查研究，形成高质量社情民意和提案议案。2018年，重点在精准扶贫、蓝天保卫战、教育资源均等化、城市管理、征地拆迁等方面建言献策。提出“关于优化望城区城市管理的建议”“关于适时调整我区限价商品房政策”等提案，作为区政协主席督办、重点督办提案。支部与区科技局协同开展课题调研，翔实调查研究，多方征求意见，形成高质量的调研报告“研发人员在望城——实证研究”，为区委、区政府进一步完善人才兴区政策提供决策参考。

中国民主建国会

【概况】 中国民主建国会（以下简称民建）长沙市望城区支部委员会成立于2014年，截至2018年年末，有会员15人，其中政府部门工作人员2人，经济界人士13人；市人大代表1人，区政协委员4人。

【工作纪要】 重温多党合作，强化历史责任。民建望城支部在中共中央发布“五一口号”70周年之际，深入学习贯彻中共十九大精神，重温多党合作历史，弘扬民建自觉接受中共领导和与中共亲密合作、同心同德优良传统，组织会员开展历史知识和民建会章会史学习活动，民建长沙市委举办“‘不忘初心跟党走、凝心聚力新时代’纪念中共中央发布‘五一口号’70周年会章会史统战知识竞赛”中获一等奖。会员定期互访，增强组织活力。民建望城支部2018年继续坚持开展会员互访活动，前往会员所在企业深入了解企业发展情况，开展“农业企业共享经济模式”等主题交流座谈。交流互访活动，增强支部活力和凝聚力，对望城的经济社会发展进行深入探讨，为更好地参政议政打下坚实基础。参与民主监督，履行参政职能。民建望城支部与区商务局联合开展重点课题调研，积极发挥民建经济类人士的界别优势，对区内多家企业进行走访，开展多轮研究讨论，完成《区域内采购“四零”路径分析》课题报告。民建会员积极响应国家“乡村振兴”号召，重点关注“三农”问题，撰写“新一轮土地确权中要引入‘土地权属数字化’”“规范拆除农业生产设施中‘大棚房’，防止一刀切式执法”等提案议案。

中国民主促进会

【概况】 中国民主促进会（以下简称民进）长沙市望城区支部委员会成立于2011年10月，2018年年末，有会员26名。

【工作纪要】 抓好自身建设，提升综合素质。在民进长沙市委成立60周年之际，民进望城支部领导班子成员组织2次专题学习，深入学习贯彻中共十九大和民进十二大精神，带头学习民进新会章精神。组织3次会员会议，学习贯彻习近平新时代中国特色社会主义思想和中共十九大精神、全国两会精神、习近平总书记“四新”要求和在全国政协联组会上的重要讲话精神。组织会员积极配合会市委开展的征文比赛、书画展、文艺演出、羽毛球赛、健步走等系列活动。围绕中心工作，搞好参政议政。民进望城支部紧密围绕区委、区政府脱贫攻坚中心工作，立足民生精心选题，组织参政议政骨干会员专题会议1次，组织会员开展调研2次。成功申报“社会扶贫的望城突破”调研课题，组织开展“望城教育教学质量提升”课题调研，支部成员积极撰写社情民意，提交社情民意信息建议18条，其中“关于司法机构改革后政府行政复议工作机构调整的几点建议”被全国政协采用。助力扶贫济困，开展社会服务。民进望城支部坚持围绕“情系玉树，温暖同行”这一社会服务品牌，开展一系列社会服务工作。坚持6年开展一年两次爱心衣物捐赠活动，向青海贫困地区小学捐献爱心衣物近5000件。多名会员坚持帮扶贫困学生与贫困户，联系结对30多名贫困学子、贫困户家庭，扶助学费3万余元。

中国农工民主党

【概况】 中国农工民主党（以下简称农工党）长沙市望城区支部委员会成立于2013年1月，2018年年末，有党员17名。

【工作纪要】 加强理论学习，提高党员素质。农工党望城支部在年初制订全年的学习计划，组织进行集中学习并严格督促党员自学。积极组织参加上级各类学习、征文、竞赛等活动。参加农工党市委纪念中共中央“五一口号”发布70周年暨学精神、学党章、学党史知识竞赛，取得第一名。参加农工党市委举办“不忘初心 携手前行”主题演讲比赛，获得优异成绩。组织支部党员赴岳阳参加爱国主义主题学习活动。立足本职工作，积极参政献策。农工党望城支部深入基层了解社情民意、多方调研，完成《生态控制线——守住乌山“生命线” 给长沙人民留下永远的绿色空间》调研报告。支部党员提交“关于加快启动长沙固废场周边村民环保搬迁的建议”“关于铜官港区设立二类口岸的建议”“关于加快汉长沙王陵公园规划建设的建议”等多项提案。先后参加望城区安置小区修规整合、各社区卫生服务中心改造、各个中小学的提质改造以及各个农贸市场提质改造等工作，积极参与探索特色小镇规划设计。主动服务社会，参加公益事业。农工党望城支部每年选取3位优秀贫困大学生进行资助，资助1.2万元/年；每年选取2户特困家庭进行对口帮扶，帮扶1万元/年。支部党员积极参与望城区社会扶贫“千金计划”，及时捐资捐物，奉献爱心。

中国致公党

【概况】 中国致公党（以下简称致公党）在望城区暂未成立基层组织，于2014年成立活动组，2018年年末，活动组有党员15人，其中区人大代表4人、政协委员3人（市政协委员1人、区政协常委2人）。

【工作纪要】 抓好队伍建设，增强自身能力。致公党望城活动组始终坚持将思想建设作为队伍建设首要任务来抓，努力建设学习型活动组，坚持一个季度组织一次理论学习，明确学习主题，党员参学率100%。2018年度，按照致公党长沙市委统一部署，发展2名新党员，为基层组织建设输送新鲜血液。开展党员走访、茶话会、座谈会等形式各样活动，增进党员之间的感情，提高活动组凝聚力和向心力。认真履行职能，发挥参政作用。致公党望城活动组与区人社局对接，共同承担区内统战课题“望城区产业工人供需情况调查”。提交“关于规范我市土地流转工作的建议”引起市政协高度重视；撰写“关于推进农业产业化 振兴农村经济”提案被长沙市政协主席会议评为年度50个优秀提案之一；撰写的“关于在刑附民案件中恢复‘残疾（死亡）赔偿金、抚（扶）养费’建议”被致公党中央采纳并报全国政协。优化内外联谊，做好侨海文章。致公党望城活动组充分利用人员优势，积极参加各项服务侨海人员活动。多名党员为致公党湖南省委海归协会委员，他们为广大回国特别是回望城海归们做好各项服务工作，帮助他们在望城“找项目”“找工作”“找对象”，为望城“引资、引智”工作做出贡献。

九三学社

【概况】　九三学社望城支社成立于2013年5月，2018年年末，有社员31人。社员全部具有本科以上学历或中高级以上职称。

【工作纪要】　强化思想教育，增强组织凝聚力。九三学社望城支社组织成员参加市委统战部、区委统战部组织的2018年各民主党派新成员培训班、望城区统战干部统战人士培训班，进一步强化成员对统一战线以及中国共产党领导的多党合作和政治协商制度认识。组织开展“扫雪除冰”“宁乡炭河古城参观考察”“重温湖湘历史，携手同行”等主题活动，进一步增强支社活力与凝聚力。切实参政议政，提升合作共事能力。通过理论学习、座谈研讨等形式，着力培养一批工作骨干和社务工作者。发动成员撰写《长沙市望城区美丽乡村与特色小镇建设规划综合评估与对策研究》等文章，配合做好社省委“洞庭湖生态环境治理”课题踏察小组望城实地调研相关工作。认真践行“同心大讨论大走访”活动，充分发挥议政建言政治优势、创新创造的人才优势、社会服务资源优势、化解矛盾功能优势，提升支社合作共事能力。拓展社会服务，扩大社会影响力。九三学社望城支社动员广大成员积极开展社会服务活动，不定期走访帮扶东马社区贫困户，对3户扶助对象进行一对一帮扶。充分发挥机关单位、高等院校、企事业单位社员资源，开展送规划进基层、留守儿童教育帮扶、敬老院慰问等社会服务活动。

（袁本超）

社会团体

责任编辑 ◎ 宁利宏

区总工会

【概况】 2018年，区总工会机关内设办公室，有机关干部职工7人；下辖工人文化宫，有职工6人；全区辖13个系统工会，40个直属工会，14个街镇工会联合会；全区有基层工会1419个，会员13万余人。

【夯实组织基础】 按照“哪里有职工，哪里就要建工会组织”要求，重点加强商务楼宇、商圈市场工会组织建设，对部分商贸园区、商业集中地和写字楼开展广泛走访调研，按照“双措并举、二次覆盖”要求，根据商圈业态发展实际，在各业态区建立区域性工会组织，进一步完善商圈工会组织网络。全区新建基层工会组织273家，涵盖企业法人数340家，新增会员16769人(其中农民工会员13051人)。激发“争先创优”活力。以模范职工之家建设、“双亮”活动等载体为抓手，扎实推进街道、社区(村)、企业“小三级”工会建设，增强基层工会组织活力，让基层工会能够建起来，并且能够转起来、活起来。雷锋纪念馆工会、新河优质稻种植专业合作社工会、中粮可口可乐有限公司工会等3家基层工会申报创建市级模范职工之家；湖南新希望南山液态乳业有限公司灌装班工会小组、高塘岭街道政务服务中心工会小组、长沙银星服务有限公司市政环卫组工会小组等3家工会小组申报创建市级模范职工之(小)家。加强职工阵地建设。继续开展“职工书屋”示范点创建活动，力促职工养成爱读书、读好书的习惯。全年新建“职工书屋”8个，投入资金8万元，配送了一批书籍。湖南第一师范学院斑马湖小学、长高塘岭街道斑马湖社区获得市级“职工书屋”示范点称号。不断健全党建带工建工作机制，配合区委组织等相关部门，打造湾田国际“党群服务中心”示范点，针对示范点的职业技能培训、职工劳动保护、文体活动开展、困难职工帮扶等情暖一线职工“四送”服务项目进行认领，助推湾田国际园区发展的“红色引擎”。

【提高职工素质】 实施“薪火”培训工程。举办育婴师、低压电工、家政服务、种养殖等各类技能培训班7期，培训困难职工、农民工432人，通过培训取得各类从业资格证书213人，推荐就业143人。开展女大讲堂活动。深入贯彻落实市总工会“芙蓉讲堂”女职工素质提升主题活动的安排和部署，以“女性健康、心理保健、形象礼仪、职场情商”为主题，举办女职工素质大讲堂6期，培训女职工近400人，帮助广大女职工提升思想道德、科学文化、职业技能素质，培养和造就一支积极向上、富有活力的女职工队伍。

【开展劳动竞赛】 组织各基层工会积极开展以班组建设为主要内容的“工人先锋号”创建活动。区税务局纳税服务中心获国家级“工人先锋号”命名表彰；金龙铜业选铜班、中信戴卡建设项目小组、中粮可口可乐工程机电班和区公安局巡逻大队4家单位获市级“工人先锋号”命名表彰。9月，在铜官国际陶艺村举办长沙市2018年“十行状

2018年11月21日，长沙市望城区工会第二次代表代会第一次全体会在雷锋大剧院召开(万可 摄)

元，百优工匠”陶瓷技艺大赛预赛和决赛，来自全市300多名陶瓷工匠参加。区总工会获全市2018年“十行状元，百优工匠”技能竞赛活动优秀组织奖；来自铜官陶艺坊的苏峰获长沙市2018年“十行状元”、市级“技术能手”“五一劳动奖章”；张杰、周世洪、刘鹏等11人获长沙市2018年“百优工匠”。参与指导泰嘉新材料股份有限公司工会举办第四届岗位技能竞赛；联合卫计系统工会举办全区卫生应急技能竞赛。

【弘扬劳模精神】 “五一”期间，开展全区“工人阶级宣传月”活动，与融媒体中心合作，开设“劳动最光荣”系列报道专栏，着重宣传重大项目、重大企业、重大领域涌现出的先进人物和劳动模范。积极选树优秀企业和优秀职工参加全市“五一劳动奖”评选，中信戴卡、澳优乳业、雷锋纪念馆、泰嘉新材料、天卓塑胶5家单位获市级“五一劳动奖状”。熊婷婷、曾世杰等7名同志获“长沙市五一劳动奖章”。加强劳模的服务管理。春节期间，组织对全区区级以上劳动模范进行慰问，对部分困难劳模进行帮扶。6月，开展全区劳模生活状况调查。11月，为全区各级劳模发放中国工会十七大宣传资料，组织劳模学习中国工会十七大精神。

【举办文体活动】 1月，举办崇德向善·情系职工过大年“六送”志愿服务活动，来自全区爱心企业、机关单位和相关社会团队，200多名志愿者参加。4月，联合相关部门共同承办全区首届“食安杯”千龙湖春季马路赛，来自区直单位和街镇的60支队伍，700多名干部职工参加了比赛。9月，联合区文广局、区体育总会举办全区机关事业单位“交通银行”杯羽毛球比赛，来自全区48支代表队，600多名运动员参加。

【维护职工权益】 健全职工维权长效机制。指导基层工会建立健全职代会制度，落实职代会职权。全区厂务公开（职代会）建制单位600多家，推行率90.2%。2月，根据区政府统一安排，联合区人社局等相关部门开展“春送岗位”活动，搭设免费就业培训咨询服务台，对就业培训内容和方式开展调查问卷和报名登记，以提高“薪火”培训工程的针对性和实效性。活动现场接受咨询350人次，初步达成就业意向2895人，其中农村贫困劳动力357人。推进工资集体协商。下发“春季要约行动”通知，将市总下达任务目标进行层层分解，明确协商重点，促进协商质量提升。全区签订工资集体协商企业708家，完成市总工会下达目标任务数。其中湖南百家汇投资有限公司、万家乐热能科技有限公司选树为企业典型，铜官陶瓷行业选树为行业典型，东马社区选树为区域性典型。关注职工安全健康。组织全区在职职工13207人积极参加全市职工医疗（住院）互助计划，组织女职工5807人参加女性特殊疾病防癌保险，为职工医疗提供相应保障。6月，联合区安监局组织开展以安全生产为主要内容“安康杯”竞赛活动，下发《关于开展2018年度“安康杯”竞赛活动的通知》，组织在区内部分规模企业开展集中安全生产的宣传活动。在中阀科技（长沙）阀门有限公司、湖南天龙制药有限公司和泰嘉新材料股份有限公司开展2018年“禁毒知识进企业近职工”活动，邀请区禁毒协会讲师团成员到企业上课，现场搭设宣传咨询台，发放禁毒宣传资料5000份。9月，举办2018年度企业工会安全生产、劳动保护培训班，来自全区各基层工会120余人参加培训。

【帮扶困难职工】 开展以春送岗位、夏送清凉、秋送助学、冬送温暖、医疗互助、大病救助、就业扶助、法律援助为主要内容的“四送四助”活动。全年共筹集30万元，救助困难职工272人次。7月，组织开展“清凉一夏·关爱同行”慰问活动，筹集近7万元慰问物质，走访慰问湾田国际集团、恒飞电缆、金红叶有限公司、中阀科技、区环卫局和区城管执法大队等高温一线作业职工和农民工400多人。8月，组织开展“芙蓉爱心助学”活动，救助贫困职工子弟就学64人，救助金额22万元。

【望城区工会第二次代表大会召开】 11月21日，在雷锋大剧院召开望城区工会第二次代表大会，全区203名职工代表参加会议。区总工会党组书记、区总工会第二届委员会主席候选人杨奇才受区总工会第一届委员会委托，向大会作题为《高举习近平新时代中国特色社会主义思想伟大旗帜，凝心聚力、改革创新，为建设更加美丽强盛幸福的名望之城不懈奋斗》工作报告。大会审议通过区总工会第一届委员会工作报告，讨论确定今后五年工会工作目标任务；审议通过区总工会第一届经费审查委员会工作报告和财务工作报告；选举产生区总工会第二届委员会和第二届经费审查委员会，协商产生第二届女职工委员会；选举产生新一届区总工会主席、副主席、常委和经费审查委员会主任。按照《长沙市望城区总工会深化改革实施方案》要求，改进区总工会领导班子结构，配备主席1名、专职副主席2名、挂职副主席1名、兼职副主席2名。

（万　可）

共青团望城区委员会

【概况】 2018年，共青团长沙市望城区委（以下简称团区委）有在职干部4人。团区委加挂区希望工程办公室、区未成年人保护及预防青少年违法犯罪领导小组办公室、区志愿者行动领导小组办公室、区少年先锋队工作委员会办公室、区青年职工工作委员会办公室、区青年联合会秘书处、区注册志愿者协会秘书处等机构。全区14~35岁青年16.81万人，其中共青团员9024人。

基层团委33个，团总支8个，团支部431个，“两新”团组织240家。

【夯实团建基础】 组织建设全覆盖。在大汉金桥国际、湾田商贸物流园、正荣财富中心、贝拉小镇等商圈打造区域化团组织阵地，下沉团内服务资源，开展红书包线上读书活动、消防应急演练、雷锋精神宣讲等10余次主题活动。完成“智慧团建”系统平台建设，摸清全区共青团组织家底，提升团组织建设的规范化和科学化水平。推进共青团改革创新。制定出台《共青团长沙市望城区委改革实施方案》，并通过区深改会议明确每年17万元青少年发展专项经费。召开共青团长沙市望城区第一次代表大会，配齐专、挂、兼相结合团区委班子队伍，初步完成机关运行机制改革。编制《望城青年》宣传手册，直观深入的宣传望城共青团历年特色亮点工作，提升广大青年对共青团事业认知度。强化团的队伍建设。连续6年在全区开展“党组织书记与青年面对面”活动，通过交流座谈、岗位调研、素质拓展等形式，结合思想性、知识性、趣味性进行活动设计，其中“铜官青年狂欢趴”活动，在青年中获得极大反响，进一步推动团区委机关和广大团员青年之间的交流。严把团员发展的入口关，指导区教育局团委，突出数量调控，严格发展团员程序，全年发展团员640名，增强团员青年对共青团组织的归属感和荣誉感。

【助推青年创新创业】 探索建立“望城青年学院”，以慧润·乡创学院为试点，成功举办望城区首届乡村青年创新论坛，通过主题分享、围炉夜话思维碰撞和资源共享方式，打造望城青年本领提升的公共平台。会同区人社局举办大学生毕业季人才招聘会，为区内40家先进制造业企业招纳985名岗位人才。组织30多名青年企业家赴东部沿海发达地区进行考察，学习先进做法经验，激发青年创业活力。

2018年11月23日，共青团望城区第一次代表大会第一次全体会议在雷锋大剧院举行（盛宇谦 摄）

助力乡村振兴。以培养一支“懂农村、爱农民、爱农业”农村青年队伍为目标，成立望城农村青年创业者联盟，旨在学习培训、法律咨询、政策对接等领域提供“菜单式”服务，推动以全产业链思维发展现代农业，撬动更多金融资金和社会资金投入联盟，加快联盟农业品牌建设，在常委理事单位设立联络处，方便会员单位按地域、按行业就近交流沟通。

【做实志愿服务项目】 配合区文明办出台《长沙市望城区学雷锋鼓励保护暂行办法》，指导法律援助、环境保护、卫生医疗、文明交通、应急救援等6支学雷锋志愿者队开展工作，6支队伍全年共招募、组织、培训青年志愿者1400余人次，优质服务于2018雷锋精神论坛、“做新时代雷锋传人”、市级离退休干部望城参观考察等活动，为与会嘉宾提供报名签到、会场引导、随车讲解等志愿服务。

【打造服务青少年品牌】 培育青年人才。10月，在市委组织部和团市委指导下，举行“筑梦名望之城 绽放青春梦想”望城青年人才分享沙龙主题活动，各行业青年代表进行精彩分享与深刻交流，共青团在青年中的影响力得到提升。12月，开展《团聚望城 以书会友》活动，邀请全区25名机关优秀青年代表进行读书分享和主题辩论，区委组织部部长亲自与青年面对面分享交流，旨在培养和发掘一批有理想、有本领、有担当望城青年。全年推报20名全区各行各业优秀青年职工为市级青年岗位能手候选人，其中10名为产业链一线青年骨干和岗位工人。在全区开展《“团”聚望城》青年联谊系列活动，其中《团聚望城 一见青心》活动组织企业、机关、医院、学校等领域约240名青年参加，通过才艺展示和团队游戏，进一步推动团区委机关和广大团员青年之间交流，扩大青年交友圈。打造微信公众号3.0版，全面升级线上网络平台，进一步便捷广大青年与共青团“键对键”交流。针对农村留守儿童假期生活缺少相关素质教育和村、社区缺乏资源现状，利用暑期时间在全区开展“流动童书屋”活动，共捐赠图书6800余册，开展教育活动30余场，丰富村、社区文化站内资源和留守儿童假期生活。组织区内青年文明号集体开展“百号联百户 精准助扶贫”结对帮扶活动，在茶亭镇大龙村对青年贫困户进行精准帮扶。先后开展“筑梦青春·圆梦大学”“不忘初心·为爱赶集”等系列助学活动，募集助学资金13.2万元，帮助59名贫困学子圆梦大学。2018年，望城区内所有小学均已成立学校少工委，完成学校少代会、学代会换届工作。在全区中小学积极开展“向日葵”青少年思想引领活动，邀请团市委何平书记对全区青少年开展教育宣讲。组织全区少先队辅导员进行培训，提高辅导员老师业务能力和专业素养。成功举办“多彩新时代，魅力社团节”长沙市望城区首届中小学生社团文化节，为望城青少年提供一个展示自我才能的舞台，丰富了校园文化氛围，支持和引导学生社团向规范化发展。

【召开共青团长沙市望城区第一次代表大会】 11月23日，共青团长沙市望城区第一次代表大会在雷锋大剧院开幕。来自全区160名团员青年代表齐聚一堂，回顾总结过去主要工作，研究部署未来五年目标任务，团结带领广大望城青年听党话、跟党走，在建设美丽强盛幸福名望之城进程中贡献青春力量。

【发布《雷锋号青少年关爱家园运行规范标准（试行）》】 2018年，“雷锋号”青少年关爱家园在全区14个街镇全面推广基础上，再将触角延伸到大型企业和商圈，实现区域范围内青少年活动阵地全覆盖，确立“区委保障经费，团委负责指导，村（社区）组织运营”模式，打造了雷锋家乡学雷锋活动“升级版”，并制定《望城区“雷锋号”青少年关爱家园规范运行标准》（试行），对各“雷锋号”站点督查和完善，将“雷锋号”青少年关爱家园工作做得更实，让“雷锋号”站点走在全省青年之家的前列，“雷锋号”项目走在全国团系统服务青少年项目前列。全年共引进专业社工、青年志愿者1100余人次，服务3100小时，利用寒暑假和周末，为青少年提供课业辅导、兴趣培养和心理咨询等关爱服务，使960余名孩子受益。

（骆韵、刘巍昆）

区妇女联合会

【概况】 2018年，区妇女联合会机关有干部6人（含挂职副主席1人，挂职2年）。下辖14个街镇妇联、130个村（社区）妇联、80个机关妇委会（妇代小组）、有女企业家（企业家贤内助）协会、女领导干部联谊会、中国旗袍协会望城分会3个团体会员。

【妇联组织建设】 “党建＋改革”激活妇联能量，推动妇联组织改革。7月16日，提请区委深改领导小组会议审议并通过妇联改革相关事项，推动《长沙市望城区妇联改革实施方案》（望办发〔2018〕25号）出台。区委常委会议审议通过区妇联配备兼、挂职副主席人选后，9月30日，举行区妇联第一届四次执委（扩大）会议，对增补执委、常委以及兼挂职副主席进行选举，率先全市配备“一正、两副、三兼、一挂”主席、副主席，区妇联执委增补至53人。举办业务培训班、组织现场观摩、开设“改革ing”微信专栏等形式，指导白沙洲街道结合组团服务“580”党建网格化管理的工作品牌，迎接省级试点改革验收。指导14个街镇和原128个村（社区）配齐“1+3+25”和“1+3+15”的妇联工作队伍。指导新成立的中南社区和湘陵社区召开妇女代表大会，成立妇联组织。指导尚公馆等75个单位新建妇委会，《坚持党建引领，激发两新妇联组织活力》经验材料被市妇联采用并推广，将妇联组织手臂延伸至园区企业、商务楼宇、专业市场、农村合作组织等领域。先后举办新任执委、优秀女干部培训班，进一步提升妇联干部履职能力。11月9日，举办学习贯彻中国妇女十二大精神“巾帼大宣讲”暨“基层妇联领头雁培训计划”启动式，市妇联党组书记、主席文方授课，区委常委、组织部部长陶建军讲话，组建区、镇级“巾帼宣讲团”，动员各级妇联组织深化妇联改革，引导广大妇女建功新时代。结合“城市基层党建年”，在党群中心、邻里中心等便民服务场所中统筹建设“妇女儿童之家”。率先全市建立区级“妇女儿童之家”望府路工作站，开展亲子早教等公益活动30余场。积极配合做好湾田商贸物流园党群服务中心阵地建设，主动认领湾田商贸物流园“湾田幸福家”和中南社区“聚变中南”区域化党建服务项目。指导白沙洲街道黄田村等3个村（社区）获评市级示范“妇女儿童之家”，区级“妇女儿童之家”望府路服务站等3个“妇女儿童之家”获评市级优秀品牌案例，区妇联获品牌案例组织奖。区委深改领导小组以会议纪要（〔2018〕第1次）的形式，明确妇女儿童事业专项经费增加至35万元，社会化妇女工作者经费按6万元/年标准列入区妇联部门常年预算；明确村（社区）妇联工作经费以3000元/年标准在区财政下拨的村（社区）年度经费中列支。

【服务妇女发展】 “需求＋精准”服务妇女发展，引导城乡女性再建新功。举办“乡村振兴 巾帼先行”推进女性创新创业座谈会，组织区女企业家协会会员、创业女性代表交流分享创业心得和转型经验。联合区人社局、科技局等单位主办第三届“中国翼创”创新创业大赛长沙市望城区选拔赛，推荐张兰芳苗木班团队、张笑分获第三名和自强不息奖，晋级市赛。推荐归去来农业科技公司等4个项目参加湖南省创新创业大赛、魔豆妈妈创业大赛。指导湖南农美农业科技股份有限公司、铜官街道华龙山庄获评市级“巾帼现代农业科技示范基地”“巾帼示范农家乐”。先后在白箬铺、茶亭、丁字湾、高塘岭等街镇举办8期“精准脱贫 巾帼助力”和“乡村振兴 巾帼先行”初级育婴师培训班及手工编织培训，为近500名贫困妇女、下岗女职工和全职妈妈搭建转移就业平台。联合区人社局、扶贫办、经开区等单位开展“春风行动”。协调区人社局为4名妇女申请到小额担保贷款37万元。指导区公安局入境大队、区国税局雷锋税务分局创建省级“巾帼文明岗”，与齐天庙村、黄花岭村结对共建。指导区检察院公诉科等3家单位申报市级巾帼文明岗。指导区何宇红小学语文名师工作室等6家单位开展区级“巾帼文明岗”创建工作。深入开展“抓重点、补短板、强弱项”大调研活动，对全区“两癌”筛查和救助情况进行全面摸底，形成《望城区贫困“两癌”妇女救助情况调研报告》。推动农村妇女“两癌”免费检查民生实事项目实施，编印宣传资料2万份，11568名妇女接受免费筛查。为37名贫困“两癌”妇女发放全国和省市妇联“两癌”救助金36.6万元，帮助14名贫困妇女申请到“珂信”两癌救助金。区本级从年龄、患病程度、户口性质等方面降低“两癌”救助门槛，救助慰问贫困“两癌”妇女90人18万元。全年走访慰问特困妇女儿童227人15.44万元。

【维护妇儿权益】 “维权+联动”温暖妇儿人心，维护妇儿合法权益。7月27日，组织召开长沙市十六次妇代会精神宣讲会暨望城区妇联三级婚调平台建设培训会议，升级“行专结合”婚调模式，全面开启区—街镇—村（社区）三级婚调平台建设。与区司法局、民政局紧密对接，进一步完善区婚调中心阵地建设，扩展婚调室功能区；与区法院合作，参与到法院家事案件诉前调解、诉中矛盾化解以及判后回访帮扶等工作；指导各街镇、村（社区）设立“幸福号”婚姻家庭辅导站，并联合家和源家庭综合服务中心培训各站点婚调人员，打造示范婚调站点。联合区民政局举办“邻里守望 妈妈关爱”主题活动，招募40名“爱心妈妈”与困境（留守）儿童开展“一对一”帮扶。召开“十三五”妇儿规划中期评估督导座谈会，推进村（社区）儿童之家标准化建设，创建市级示范性儿童之家2所，区级示范性儿童之家8所。加强与湖南商学院北津学院协作，持续完善中岭小学关爱留守儿童心理健康“知心屋”项目建设，通过年度第三方评估。实施“春蕾计划”，为49名在读小学、初中困境女童发放市、区级春蕾助学金3.64万元。争取市妇儿基金会支持，为区内留守儿童发放“爱心书包”98个。争取省妇基金会、省儿童医院支持，在星城实验小学等5所中小学举办“关爱雏鹰 呵护健康”预防儿童意外伤害知识公益讲座。做实日常信访维权，确保接处率100%，2017年12月1日至2018年11月30日，接待日常来电来访125例，调处市妇联权益部交办案件2例。开展“坚持男女平等基本国策 维护妇女儿童合法权益”为主题集中宣传活动，以及“建设法治长沙 巾帼在行动”法律巡讲活动，举办法律巡讲14场。联合区公安局开展“关爱儿童 反对拐卖”宣传活动，组织各行业精英、禁毒妈妈联盟进学校、进社区、进小区开展禁毒宣传。

【激励巾帼建功】 以“家风+乡风”弘扬巾帼正气，引领雷锋故里文明风尚。开展“名望之城新征程 巾帼建功新时代”庆“三八”系列活动，启动“最美女性”(“最美女干警”“最美妇联人”“最美女职工”“最美志愿者”“最美女医护”“最美女教师”“最美女农民”）评选，筛选出81名“最美女性”候选人，将于2019年“三八”期间评定最终获奖名单并给予表彰。开展“最美家庭”“五好家庭”“文明家庭”“两型家庭”评选工作，组织基层群众进行民主评议，推荐1户省级五好家庭、1户省级五好文明家庭、4户市级最美家庭、1户市级五好家庭、4户市级文明家庭、1户市级“两型家庭”。举办“文明家风·科学家教”父母大讲堂巡讲活动，先后深入学校、企业、街镇、社区（村）、小区举办主题讲座51场，帮助广大父母树立良好家风。开展“相伴共读书香润德”亲子阅读故事会，向区级“妇女儿童之家”望府路服务站捐赠价值2000元的幼儿绘本。先后联合省安全教育讲师、市家庭教育讲师与孝心示范村志愿者走进铜官街道花果中心小学等5所学校开展文化志愿服务活动，为中小学生送上暑期安全、青春我做主、中华孝文化、创意美术等主题讲座。指导铜官街道书堂山村、乌山街道团山湖村、乔口镇乔口社区、白箬铺镇黄泥铺村等继续开展“中华孝心示范工程”创建，举办主题夏（冬）令营、传统节日饺子宴、

2018年11月9日，学习贯彻中国妇女十二大“巾帼大宣讲”暨“基层妇联领头雁”培训启动式（杨京瑗 摄）

重阳节文艺会演、志愿爱心原始点按摩、爱心周末班、第二十期志愿者培训班、国学讲座等系列活动。联合区教育局、区文广新局主办纪念孔子诞辰2569周年经典诵读暨2018传统文化进幼儿园活动，引导悦读经典，树立文化自信。联合湖南天责文化创作舞台情景剧《新女儿经》，区妇联党组书记、主席刘群英携手15位优雅知性优秀女性倾情演绎，获得全区精神文明建设主题原创文艺节目大征集活动一等奖和最佳人气奖。11月23日，与市妇联、区文明办联合主办“一路芳华 巾帼赞歌”庆祝改革开放望城恢复建制40周年暨斑马湖社区好家风、好家训主题志愿服务活动。市妇联党组书记、主席文方勉励望城妇女姐妹要在经济建设中贡献巾帼之力、要在参政议政中汇聚巾帼之智、要在文明创建中展现巾帼之美，追求积极向上、文明健康的生活方式，做和谐家庭的建设者和推动者。

【打造妇联三级婚调平台】 7月27日，区妇联召开长沙市十六次妇代会精神宣讲会暨望城区妇联三级婚调平台建设培训会议，升级“行专结合”婚调模式，开启区—街镇—村（社区）三级婚调平台建设工作。区妇联统一“幸福号”Logo，完善工作制度，并指导各街镇、村（社区）试点先行，设立“幸福号”婚姻家庭辅导站，联合望城区家和源家庭综合服务中心培训各站点婚调人员，打造示范婚调站点，以点带面全面铺开“幸福号”三级平台建设，打造覆盖全区独具望城特色、深得群众肯定婚调站点体系，进一步增强人民群众幸福感安全感。2018年1月1日至12月31日，区婚调中心调解申请离婚夫妻971对，调和405对，成功调解率41.7%，另调处日常来访矛盾纠纷案件77例，其中心理辅导32例，法律咨询40例，矛盾调解上门走访5例，省妇联婚调课题组、省婚姻家庭纠纷多元化解服务体系建设项目培训研讨班、郴州市苏仙区妇联、沈阳市妇女儿童工作能力建设培训班、长沙市司法局、益阳市桃江县妇联等先后前来考察调研，工作经验在西安市妇联干部依法行政依法维权能力提升培训班上得到推广。

【率先全市配备兼、挂职副主席】 区委常委会议审议通过区妇联配备兼、挂职副主席人选后，9月30日，区妇联举行第一届四次执委（扩大）会议，通过选举增补邓姣英等35名来自街镇、村（社区）、企事业单位、教科文卫、社会组织等基层一线的优秀女性代表为执委，其中增补蔡孝妮、张曼利、晏婧3人为执委常委。蔡孝妮当选挂职副主席，张曼利当选兼职副主席。望城区妇联领导班子配备全面完成，在全市率先配备“一正、两副、三兼、一挂”主席、副主席，领导班子和妇联干部队伍不断壮大，群众性、广泛性不断增强。

【启动“基层妇联领头雁培训计划”】 11月9日，区妇联举办学习贯彻中国妇女十二大精神“巾帼大宣讲”暨“基层妇联领头雁培训计划”启动式，邀请中国妇女十二大代表、市妇联党组书记、主席文方进行宣讲。区妇联全体专兼（挂）职班子成员，区妇联第一届执委全体委员，区直各战线妇委会组长，经开区妇联主席，各街镇妇联专兼职主席、副主席，各村（社区）妇联主席220余人参加会议。区委常委、组织部部长陶建军出席会议并作讲话。市妇联党组书记、主席文方介绍大会盛况与湖南代表团参会情况，传达中国妇女十二大会议精神，重点传达习近平总书记同全国妇联新一届领导班子成员集体谈话时重要讲话精神。倡议人人都成为中国妇女十二大精神的宣讲人，将大会精神及时宣传到基层妇女群众中去，动员和引导广大妇女群众开拓进取、建功新时代。区委常委、组织部部长陶建军表示，全区各级妇联组织要将学习贯彻大会精神作为当前和今后一段时期妇女工作首要任务，认真将大会精神贯穿到妇联工作始终，把握主责主线，改革创新提活力，争当基层妇联组织的领头雁，团结引领广大妇女群众以新姿态展示新作为，为建设新时代名望之城贡献巾帼力量。

（晏 婧）

区归侨侨眷联合会

【概况】 2018年，区归侨侨眷联合会有专职工作人员3人，兼职副主席5人。

【参政议政】 推荐侨界优秀人士进入各级参政议政队伍，在侨联推荐下侨界人士毛铁当选为湖南省人大代表、刘筱泉当选为湖南省政协委员、毛冰花被选为中国侨代会代表。市十五届人大二次会议期间，毛冰花代表就解决制造业高税负等问题建言；侨企泰嘉股份董事长方鸿在区政协会议期间建言政府要更加关心关爱企业的发展，为企业成长创造更好的环境，加大对企业家的关注，对企业的鼓励和支持。开展3次调研活动，有市委统战部副部长、市侨联党组书记王国平、市委统战部联络处处长李烨一行到区侨资企业走访调研；有省侨联副主席孙民生一行到希杰斯建材科技有限公司调研；有区侨联组织的调研。

【联络联谊】 坚持“请进来”，按规格热情接待到望城考察项目客商及探亲、访友、参观学习海外人士14批次230多人次。有北欧可持续发展协会会长张寿廷一行，美籍华人刘文握一行，英国湖南同乡会吴莉莉一行，与湖南有渊源的海外侨商侨领一行，有祖籍望城的美国旧金山某房地产公司董事长及旧金山商会知名企业家李清瞻一行，泰中东盟贸促会张家瑞一行，海外华裔青少年湖南夏令营一行，特别是澳大利亚奥本市原市长、现名誉市长林丽华女士一行参观访问望城区铜官窑博物馆、谭家坡遗址和靖港古镇，体验“非遗”文化靖港八大碗，感到非常满意。坚持“走出去”。7月24—25日区侨联主席赴湘潭参加“全省侨联系统改革推进会暨基层组织建设交流会”；11月初，区侨联带队参加海梦岛Cofoclass品牌系列活动第一期“头号玩家”活动。

【走访慰问归侨侨眷】 走访慰问侨界困难群众。1月，西澳同乡会捐款2万元，慰问2017年受洪灾的10户困难户；春节期间开展送温暖活动，慰问30人次，发放慰问金2.2万余元；4月，向市侨联争取5000元，走访5户困难归侨侨眷。长期对接4户贫困户进行帮扶。按照市侨联《关于开展“双百”扶贫三年计划的通知》要求制定实施方案，对困难老归侨进行摸底，确定重点帮扶名单及帮扶形式，对有意向对困难老归侨进行帮扶企业和个人进行登记，对困难老归侨谢干权进行走访慰问，发放慰问金2000元，解决其用电用水问题。

【维护归侨侨眷权益】 3月5日，在雷锋路社区举行侨法宣传活动，主要开展《中华人民共和国归侨侨眷权益保护法》《湖南省归侨侨眷及华侨身份认定办法》和《中华人民共和国宪法》的宣传。为了更好地服务侨企发展，提供“不叫不到，随叫随到，服务周到”的“三到”服务，2月6日和10月10日，在“湖南省新侨创新创业示范园”——黄金创业园开展调研座谈活动，由区委常委、统战部部长喻霞元牵头，区科技局、经信局、财政局、人社局、工商联、侨联等部门相关负责人组成的政府方，与园区及企业负责人代表方进行面对面交流，了解园区及入驻企业的发展状况、企业服务需求，听取企业意见建议，就园区用电用工、优质项目引进、企业配套服务、政策扶持等方面进行深入沟通和探讨。多方协调，帮助解决侨眷张卓云房屋改造问题和希杰斯建材科技有限公司的厂房问题。

2018年1月22日，望城区侨联组织召开一届八次全委会议

【召开区侨联一届八次全体委员会议】 1月22日，望城区侨联组织召开一届八次全体委员会议，会议传达学习中共十九大、上级侨联和市、区两会精神，回顾总结2017年区侨联工作，讨论2018年区侨联工作思路及目标任务，同时按照《侨联章程》进行侨联委员的增补选举工作。增补5名侨联委员，覆盖了区内高职院校、一区两园及四大主体功能区，充实区侨联队伍力量，拓宽工作视野，延伸工作触角，积极发挥区侨联联系广大归侨侨眷的桥梁纽带作用。

（彭　英）

工商业联合会

【概况】 2018年，区工商业联合会机关有在职在编干部职工5人，执委158人，辖14个街(镇)商会、3个行业商(协)会、1个园区商会、1个异地商会，有会员729名。

【强化非公有制企业组织建设】 为更好联系和团结深圳地区望城籍及与望城有渊源的人士，筹建望城在全国第一个异地商会——深圳湖南望城商会。4月，启动全区街镇商会换届工作。制定下发《中共长沙市望城区委统战部、长沙市望城区工商业联合会关于做好乡镇（街道）商会换届的指导意见》（望统发〔2018〕4号）。14家街镇商会完成换届，选举出新一届商会班子。创建“四好”商会，以街镇商会换届为契机，选好配强商会领导班子，完善阵地建设，推动商会加强自身建设。16家基层商会获市级“四好”商会，创建率90%。在全市商会组织建设成果展示演讲赛上，月亮岛街道商会获一等奖，青年企业家商会、职业经理人协会获二等奖。

【助推非公有制经济发展】 “猎梦计划”深入推进，开展“上海借智”，“产业·行业·企业”主题“商道”，“他山之石，可以攻玉”青年企业家深圳学习分享会，“借智行动”企业劳工关系管理风险防控讲座，“中小企业融资渠道、风险以及风险应对”专题分享以及“优化营商环境，精准服务企业”部门问答直线通等17期主题活动，800多名青年企业家参与学习培训、交流分享，为企业之间增进了解、达成共识、互利共赢搭建平台，深受广大企业欢迎。省委常委、统战部部长黄兰香等省、市领导多次调研“猎梦空间”。“猎梦计划”申报全国工商联“创新中国”奖项。契合企业需求，组织23名企业家代表赴深圳学习培训，实地考察华为和深圳望城籍企业，与深圳湖南望城商会交流座谈。牵线搭桥政商关系，结合望城“产业发展突破年”活动，围绕全区产业发展和项目建设，广泛走访非公有制经济人士，联合区委统战部出台《关于进一步健全区领导与党外代表人士、非公有制经济人士联谊交友制度的通知》，与区检察院联合发布《加强协作服务非公有制经济发展的意见（试行）》，为64名非公有制经济人士搭建与16名区领导联系、汇报、沟通的渠道，营造亲商、重商浓厚氛围，构建新型“亲”“清”政商关系。全年组织2期“茶谈面对面”活动。搭建共享平台，重点围绕“食品产业链”走访澳优、中粮可口可乐、华腾包装等企业，促成中粮可口可乐与华腾包装、荣昌包装与湘江涂料战略合作，互惠共赢，促进新老望城人的深度交流合作。与统战、人社、经信、科技、商务等部门合作，围绕推进服务供给侧改革、优化营商环境等方面，开展《绿色食品加工产业链建设研究》《望城区产业工人供需情况调查与研究》《区域内采购“四零”路径探析（零障碍、零物流、零仓储、零损耗）》《关于设置公有制企业风险防控“联合课堂”的实践探索》4个重点课题研究和成果转化，及时精准地为经济社会发展参谋助力。

【优化营商环境】 重点关注营商环境，联合长沙新闻频道推出望城区营商环境系列推介节目《故事比逻辑更有力量》，聚焦企业视角，讲好“望城故事”，通过融媒体传播，生动、全面、精准地推介了望城“企业、企业家、企业家精神”和安心、安身、安业的政企、园企、企企关系和发展氛围，全面宣传推介具有“雷锋故里、年轻之区、名望之城”区域特色的营商环境，得到区委、区政府的充分肯定和社会各界的广泛关注点赞，在全区“两会”上引起人大代表、政协委员热议。

【会员参政议政】 贯彻落实“抓重点、补短板、强弱项”大调研活动要求，进一步落实优化营商环境、精准服务企业的“六个一”工作机制，区委统战部、区工商联牵头，联合监委、公、检、法、司及律师事务所、会计事务所等，创新设置民营企业发展风险防控“联合课堂”。深入会员企业开展有针对性调查研究，鼓励和引导非公有制企业中“两代表一委员”聚焦企业发展中“痛点”“难点”，积极参政议政、建言献策，为党委、政府优化决策提供智力支持。副会长丁建集团董事长邹建成提出《关于大力发展民营经济，营造良好社会环境，确保民营经济健康持续发展的建议》、会员企业开天新农业董事长胡再明提出《关于“振兴望城农村经济”的建议》等，充分反映社情民意，为望城经济社会发展发挥积极作用。

【会员参与公益事业】 广泛动员社会扶贫，积极倡导“致富思源、富而思责、富而崇德”企业家精神，引导、鼓励非公有制企业自觉增强社会责任，积极参与社会扶贫“千金计划”和“万企帮万村”活动，扎实践行“雷锋精神”。泰嘉股份启动“授渔计划”，将连续三年每年投入不少于20万元资金用于桥驿镇黑麋峰村村级道路交通建设和对贫困户产业帮扶；商贸物流协会、青商会赴湘西龙山县爱心助学；丁建集团开展精准扶贫对象慰问捐赠活动；九峰建设开展扶贫帮困慰问活动；职业经理人协会、友联企业教练俱乐部发起“学雷锋—关爱老人”公益活动。举办“同心之声·爱你所爱”社会扶贫纪行活动第六场专题活动，恒康医院全面开启“五年五十万医疗救助扶贫计划”，现场赠送1000副老花眼镜和42个简易医疗箱打造的“善心千金盒子”。联合区委组织部、区直机关工委、区总工会、团区委、区妇联、乌山街道共同承办“不忘初心，为爱赶集”活动，22家爱心企业自发捐赠和捐款一起为爱赶集，帮助困难群众实现“心愿”。以“重阳节”关爱老人为契机，举行“同心之声·久久浓情”社会扶贫纪行活动第七场专题活动，湾田国际、月亮岛街道商会等企业（商会）分别和8个村（社区）签订“万企帮万村”精准扶贫行动村企结对帮扶协议，时代地产、湘旭鸿地产、澳海地产、湘江关西、源亿建设、华品建设等爱心企业（商会）向全区15个村捐赠“善心千金”盒子30万余元。

【树立非公有制企业形象】 大力推介先进典型，副会长陈露、方鸿、

2018年5月28日，深圳市湖南望城商会成立大会暨望城形象推介大会在深圳举行

杨日平，执委马晓、刘筱泉入选长沙市“改革开放40周年杰出民营企业家”，联合《中华工商时报》对其进行走访，了解情况，在部分主流媒体分期进行宣传推介。湾田集团总裁刘筱泉、青天寨总经理周云、云游茶业董事长杨正武等八名区工商联执委获得“雷锋之星”殊荣；副会长方鸿、袁虎、李小英及大泽湖街道商会会长周斌获得2018年度“脱贫攻坚先进个人”和2018年湖南省“最美扶贫人物”。

【成立深圳市湖南望城商会】 5月27日，深圳市湖南望城商会成立大会暨望城形象推介大会在深圳圣廷苑酒店举行，标志着望城籍人士在深圳有了一个团结奋进的家园、深圳望城籍企业家有了新的合作共赢和施展才能的平台，开启了一条连接望城与广东乃至大湾区合作通道。多年以来，望城人在粤、深创业获得了不凡成绩，据不完全统计，目前在深圳地区由望城籍人士投资创办的企业近300家。商会将更好地联系和团结深圳地区望城籍及与望城有渊源人士，增进深圳、望城两地交流，加强两地经济、文化等方面联系与合作，为两地经济发展和社会和谐多做贡献。

【民营企业发展风险防控“联合课堂”首次开讲】 2018年6月22日，“联合课堂”首期专题活动——“猎梦计划·借智行动”在猎梦空间举行。活动特邀北京浩天信和（长沙）律师事务所3位专职律师进行“企业劳动关系管理风险防控”专题分享和现场答疑。来自证通电子、金龙国际、晟通科技、澳优乳业、湾田国际、中信戴卡、湘江涂料等望城知名大企业及中小型创新创业型企业70多名企业负责人及中层管理人员参加活动。北京浩天信和（长沙）律师事务所专职律师、高级人力资源管理师周炼结合自身从业经验，运用丰富案例分析，采用通俗易懂的方式就“企业劳动关系管理风险防控”跟与会人员进行交流分享。为进一步落实优化营商环境、精准服务企业的“六个一”工作机制，区委统战部、区工商联牵头，联合监委、公、检、法、司及律师事务所、会计事务所等，创新设置民营企业发展风险防控“联合课堂”，帮助民营企业完善公司治理，加强风险管控。

（瞿 瑛）

区残疾人联合会

【概况】 2018年，区残疾人联合会机关在职在编干部职工6人，下设残疾人劳动就业服务中心，有干部职工4人。

全区有残疾人2.4万人，其中持有“第二代残疾人证”12499人，肢体残疾6323人，视力残疾2169人，听力残疾739人，言语残疾207人，智力残疾1288人，精神残疾1470人，多重残疾303人。

【康复工作】 实施残疾儿童抢救性康复工程，将232名0~17岁残疾儿童送入指定康复机构接受康复训练，残疾儿童参训率100%、满意率100%。实施光明关爱工程，对全区110名低弱视力患者和150名白内障患者实施免费治疗。实施“义肢助行”工程，对19名肢体残疾人免费进行假肢装配。实施辅具适配工程，配置辅具1400余件，服务残疾人1200余人，其中精准扶贫户500余人。

【教育就业工作】 加强教育就业服务，举办1期残疾人精准扶贫创业培训班，培训残疾人60人。积极落实按比例安排残疾人就业政策，督促企事业单位安排残疾人就业，推荐安置残疾人就业106人。举办1期残疾人就业专场招聘会，150名残疾人与用工单位达成就业意向，部分残疾人实现就业。积极鼓励和扶持残疾人自主创业，16名残疾人申报创业扶持。落实扶残助学政策，资助350余名在校残疾学生和贫困残疾人家庭子女。

【落实扶贫济困措施】 开展残疾人康复筛查工作，免费为100余名残疾人进行康复筛查。实施家庭畅行工程，对丁字湾街道70户贫困残疾人家庭及兴城社区进行无障碍改造，施工改造43户，占总户数的61%。通过雷锋慈善会爱心助残分会开展活动，为320名贫困视力残疾人、眼疾患者提供手术救助，为30名贫困听力残疾人适配助听器，为50户贫困残疾人家庭发放临时生活救助。在第二十八个“全国助残日”期间，组织开展有街镇残联和残疾人代表参加的辅具发放活动。结合精准扶贫开展志愿助残活动，区残联学雷锋志愿服务队为残疾人提供各类形式志愿服务，帮助残疾人解决一些生活中困难和问题。组织开展特殊群体优惠观影活动，1000余名残疾人走进电影院体验观影。开展走访慰问帮扶活动，走访慰问贫困残疾人700余户，发放慰问金44万余元。

【落实助残惠残政策】 实施“阳光家园”居家托养服务计划，以政府购买服务的形式为80名残疾人提供居家服务，为72名残疾人提供寄宿制和日间照料托养服务。落实“一户多残”贫困残疾人家庭特殊生活补助发放工作，全区有“一户多残”家庭939户，全年发放“一户多残”家庭补助200万余元。落实残疾人免费乘坐市内公交车政策，免费为残疾人发放公交爱心卡500余张，截至2018年年底，发放公交爱心卡5500余张。

【基层基础工作】 认真开展残疾人基本服务状况和需求信息数据动态更新工作，详细了解残疾人康复、就业、就学等各类需求，有针对性地开展帮扶。督促、指导3个镇（街道）和5个社区成功创建明星乡镇、明星社区。组织开展“雷锋家乡阳光之星”评选表彰活动，通过各级新闻媒体广泛宣传报道。积极推荐长沙市“善行四十佳”个人和集体，夏辉、丁世文、戴婷、开音特殊儿童康复中心获评“善行四十佳”。

组织残疾人工作者参加省、市职业技能竞赛、动态更新知识竞赛等各类竞赛，市职业技能竞赛中，望城区获得一等奖1名、二等奖2名、三等奖2名；市动态更新知识竞赛中，望城区获得团体三等奖；省职业技能竞赛中，望城区获得二等奖1名。完善残疾人法律救助站规范化建设，配备专业律师，加强残疾人法律救助工作与信访工作有机结合，充分发挥残疾人法律救助工作作用，为残疾人涉法涉诉案件提供法律救助服务，协助残疾人申请法律援助，全年未出现残疾人群访集访、越级上访现象。

2018年5月24日，望城区首届“雷锋家乡阳光之星”表彰大会（张安琪 摄）

【望城区首届“雷锋家乡阳光之星”表彰大会举行】 5月24日，望城区首届“雷锋家乡阳光之星”表彰大会在雷锋大剧院举行。省残联办公室主任肖立新，市残联副理事长任饮强，区人大常委会副主任陈亮伟、区政协副主席张锰辉、区人民政府副调研员兰志刚等出席表彰会。区政府残工委成员单位有关负责人、各街镇残疾人工作者及残疾人代表、各专门协会委员、社会爱心人士等300余人参加会议。评选表彰活动由区委宣传部指导，区文明办、区残联主办，望城广播电视台承办。经过“个人申报、单位推荐、专家评审、集中公示”等环节，评选出16个先进个人和集体。表彰会上授予孙光辉等6户家庭“雷锋家乡阳光和睦之星”，授予谭建祥等7人“雷锋家乡阳光致富之星”，授予望城区开音特殊儿童康复中心等3个机构“雷锋家乡阳光服务之星”。这次活动以“全面建成小康社会，残疾人一个也不能少”为主题，深入挖掘残疾人身残志坚、自强自立、拼搏进取感人事迹，引领社会新风尚、传播社会正能量，将为进一步弘扬雷锋家乡学雷锋社会风气，努力营造好人之乡、首善之区、雷锋之城关爱残疾人的浓厚氛围持续助力。

【“辅具有爱 行动无碍”精准扶贫辅具捐赠仪式举办】 11月21日，长沙市残联在望城区乔口镇举行“辅具有爱 行动无碍”精准扶贫辅具捐赠仪式。活动由长沙市残疾人联合会主办，望城区残疾人联合会、望城区乔口镇承办。市残联党组成员、副理事长左锡涛出席捐赠仪式。此次辅具发放活动，望城区残联争取长沙市残联支持，筹措资金20万元，前期入户调查了解，采取精准扶贫、特色扶贫的方式，为360余名贫困残疾人提供辅具近400件，包括轮椅、拐杖、护理床、助行器、沐浴椅、坐厕椅等。

（杨纬韬）

区红十字会

【概况】 2018年，区红十字会内设办公室、财务科2个科室，有在职在编干部4人。

【普及应急救护知识】 全年开展救护员培训5期，培养红十字救护员194人，开展CPR AED培训3期，培训109人；广泛开展应急救护培训进社区、进农村、进校园、进机关、进企业活动，普及培训人数3万人。在六合围村和东马小学设立红十字救护培训操作训练基地；在月亮岛街道金色阳光家园小区设立首个红十字应急救护志愿服务工作站并配备AED。

【实施人道救助】 2018年春节期间筹集款物180万元，近3000名群众受益。3月5日，联合长沙宏朗眼科医院在高塘岭敬老院开展“学雷锋 送光明”义诊活动；3月12日，到新康敬老院开展“学雷锋 送温暖”慰问活动，给老人们送去棉被和大米；7月16日，携手蓝天幼儿园开展“大爱无疆 慈善无界”慈善晚会，募集10338.2元用于资助龙山贫困学子。

【开展主题宣传活动】 开展世界红十字日宣传活动。5月8日，在市民广场开展纪念第71个世界红十字日“普及急救知识，共建健康望城”主题宣传活动。

【开展志愿服务活动】 区红十字会志愿服务队多次到龙山、桑植、绥宁等地开展爱心助学活动。1月20—21日，到龙山县双坪小学开展“温暖过年·有你有我”主题助学活动，捐赠3万元物资；2月8日，前往桑植进行春节前慰问；6月23日，携手布朗风国际幼稚园到绥宁县宝善小学开展爱心帮扶活动。

【望城区首个红十字应急救护志愿服务站成立】 11月23日，望城区首个红十字应急救护志愿服务站在月亮岛街道金色阳光家园小区成立。望城区红十字应急救护志愿服务站项目由区红十字会联合区住房保障局共同发起，依托爱心物业管理企业在其服务小区设立。推进落实“健康望城”建设，提高应急救护知识普及率，提升物业管理服务质量，增强群众防灾避险和应对突发事件的自救互救能力。区红十字会统一配置“救命神器”AED、应急救护器材和耗材，这也是AED在望城区首次亮相。接受小区内居民因突发疾病或意外伤害事故，在专业人员到达前紧急呼救。接到呼救后，志愿服务站调度员派出志愿者在10分钟之内赶到现场，为伤病者提供初步、及时、有效救护措施，以达到挽救生命、防止恶化、促进恢复目的，为小区居民提供贴心应急救护志愿服务。

（邓燕洁）

2018年9月21日，红十字应急救护知识进小区（卢熠 摄）

区社会科学界联合会

【概况】 望城区社会科学界联合会成立于2016年12月，是在中共长沙市望城区委领导下，规划、管理、协调全区社会科学工作的人民团体，是区委和区政府联系与团结广大社会科学工作者桥梁和纽带，是长沙市社会科学界联合会团体会员。区社会科学界联合会设主席1名，副主席8名，秘书长1名。2018年年末，区社科联有委员34名。

2018年，望城区社会科学界联合会紧紧围绕改革创新、产业发展、全域旅游、民生保障、党的建设等重点领域，为区委、区政府科学决策提供咨询服务，推出有影响、有深度、有创新优秀理论和学术成果，实现社会科学知识宣传普及；团结和组织全区社会科学工作者，积极开展社会科学学术研究、交流和理论宣传普及、推广应用活动，促进全区社会科学事业繁荣发展。

【发挥理论武装阵地作用】 切实抓好对中共十九大报告理论研究与阐释，深入发掘新时代中国特色社会主义思想深刻内涵，将新时代、新思想进行系统准确解读。订阅《习近平谈治国理政》第二卷和《习近平新时代中国特色社会主义思想三十讲》等理论书籍。组织开展“万颗红心向党·万场文艺下乡”活动，多形式开展送文艺活动下乡、送文化作品下乡、送理论宣讲下乡等活动。宣传贯彻落实《湖南省社会科学普及条例》，组织“将改革开放进行到底”理论微巡讲，举办“践行新思想·长沙新作为”微宣讲望城专场比赛，开展微巡讲500余场。

【提升社科理论创新水平】 以服务中心、服务大局、服务社会为宗旨，针对发展中面临现实问题，有效组织社会科学界力量，积极开展应用性问题研究，为区委、区政府科学决策提供必要咨询服务。围绕农村群众思想状况，形成调研成果《望城区农村群众思想状况调查分析报告》；承担省委宣传部研究课题，形成调研成果《关于创新社区思想政治工作的调查与思考》；积极参与全市社科理论普及人才队伍建设情况调研，形成一批有深度、接地气的调研成果。课题《“枫桥经验”在望城的实践与探索》在全市哲学社会科学规划项目成功立项，切实发挥思想库、智囊团作用。

【推进社科知识成果惠民】 全力支持并参与“全面贯彻新思想，奋力建设新湖南”2018年湖南省社科普及主题活动周启动式，开展内容丰富社科知识普及活动，依托各社会组织、科普基地开展各具特色活动，如区湖湘文化交流协会开展“爱的春天”2018·湖湘文化走进敬老院活动启动，区创新方法研究协会开展创建社区文明建设公益服务活动；区非物质文化遗产保护协会举行非物质文化遗产杰出代表性传承人颁奖；区文化创意协会组织“文创三人行·分享交流会”活动等，提升社科组织的凝聚力、创造力、影响力。将梦蝶庄艺术馆申报成为市级社科普及基地，同时率先全市设立区一级社科普及基地，实地考察、综合评估，新增区级社科普及级基地5个。

（李思晓）

法治

责任编辑 ◎ 赵运良

政法委及综治

【概况】 2018年，中共长沙市望城区委政法委与区社会治安综合治理委员会办公室、区委维护稳定工作领导小组办公室合署办公，内设办公室、政工人事科、执法监督科3个科室，有在职在编干部18人。

【社会治安综合治理】 以推进社会治安防控体系建设、夯实基层基础、预防化解社会矛盾等为重点，不断促进社会治理体制创新，全区社会大局平安稳定，社会治安形势稳步向好，人民群众对平安建设的关注度、参与度、满意度持续提升，在省、市综治公众满意度测评中排名全市第一，连续六年在全省综治工作考评中被评为先进县市区，获评省“平安县市区”，连续六年获评市“红旗区县”。深入开展平安乡镇（街道）、平安社区（村）、平安学校、平安医院、平安企业、平安单位、平安景区（点）、平安交通、军地平安和平安家庭“十大平安”创建活动，其中“平安家庭”竞赛活动评选出平安家庭5000户，由区综治办颁发“平安家庭”荣誉牌匾，赠送精美礼品，有效提升群众获得感。规范综治中心阵地建设，区三级综治中心与区综治办合署办公，职能职责明确、人员配置到位、入驻部门进场，前期工作开展顺畅。健全网格治理体系，根据“属地管理、方便管理”原则，按照“规模适度、界定清晰、无缝衔接”要求，将全区14个街镇划分为532个网格，将实有的人、地、事、物、单位等治安要素纳入网格管理，基本实现覆盖全区高效、动态、实时数字化无缝管理。深入推进“万人红袖章”工程。成立由专职治安巡防1000人、内部保安1000人、义务巡逻群众8000余人的“万人红袖章”义务巡防队伍，抽调精干人员成立一支184人的“红袖章”义务有奖巡防队伍，开展治安巡防工作，维护辖区平安稳定。继续开展“月月亮剑”行动，全年累计出动警力2750人次，盘查过往车辆7856台，清查旅馆561家、网吧388家、麻将馆139家、娱乐场所967家，登记流动人口9854人，摸排传销点12个，抓获传销人员55人。全力推进矛盾纠纷排解。完善14个驻派出所调解室建设，以政府购买服务方式聘请23名专职人民调解员。2017年11月以来，调处矛盾纠纷1800余起，打造星城驻所调解室等优秀调解室。完善“交通”“医患”“物业”“婚姻”四大矛盾纠纷调解中心，充分利用人民调解、司法调解和行政调解等各种手段，及时化解一大批矛盾纠纷。全年各级人民调解组织调处矛盾纠纷6596起，调处率100%，调解成功率97%，涉及金额9400余万元，14个街（镇）均实现“四无”（无因矛盾纠纷排查调解不及时或调处不当而引发“民转刑”、非正常死亡、群体性械斗和群体性上访事件）目标，“9·13”矛盾纠纷排查得到市委政法委督导组高度肯定。

【维护社会稳定】 结合望城区工作实际，按照“属地管理、分级负责”和“谁主管、谁负责”原则，坚持预防为先、源头治理、依法处置，加大对各类矛盾纠纷排查调处，积极稳妥处置各类突发事件，确保全区政治经济稳定。按照“快速、稳妥、高效”要求，紧扣重大风险，

2018年2月27日，区委政法工作暨全区公安、扫黑除恶专项斗争大会

紧盯重点领域和问题，对涉拆、涉军、涉众经济受损户等重点群体和对象建立工作台账，明确工作责任和目标，确保化解、处置、稳控到位。对矛盾问题集中的房地产、征地拆迁、固废场垃圾填埋焚烧、环保维权等涉稳重点领域，成立由区级领导挂帅的联合工作组，入驻矛盾集中地开展工作，成功化解和处置黑麋峰固废场堵门堵路、学区划分维权、月亮岛片区两安用地群体违法聚集滋事等一系列群体性事件。区委维稳办全年摸排不稳定问题326起，及时组织化解248起，召开情报信息联席会议14次，收集不稳定信息386起，有效化解防控不稳定问题213起，平稳处置涉军涉拆、楼盘学区及意外死亡等领域群体性或突发事件70余起，教育训诫126人，实现全国“两会”等重要敏感时段的和谐稳定，切实维护全区经济的繁荣发展，为全区人民群众安居乐业创造和谐稳定社会环境。

【开展扫黑除恶专项行动】 认真贯彻落实习近平总书记重要指示精神和中央、省市区委部署要求，将扫黑除恶专项斗争工作作为重要政治任务全面部署推进。成立由区委政法委书记挂帅区扫黑除恶专项斗争领导小组，下设办公室与区公安局扫黑办合署办公，制定《望城区扫黑除恶专项斗争领导小组成员单位职责任务》等9项规章制度，先后召开政法联席会、专题推进会、阶段部署会9次，开展督查5次。组织14个街镇和37个成员单位成立相应领导小组，搭建工作专班，结合辖区特点、行业特点，对标职责任务，将宣传发动、线索摸排、预防打击、加强监管、整章建制各项工作任务逐一明确到责任领导、责任人员。扫黑除恶专项斗争工作开展以来，全区共打掉涉恶犯罪团伙7个，恶势力犯罪集团2个，黑社会性质犯罪组织2个，刑拘113人，冻结涉案资金600万余元，查封房产31套，对社会大局稳定和区域经济发展起到积极作用。

【推进“雪亮工程”建设】 以“全域覆盖、全网共享、全时可用、全程可控”为总目标，把“雪亮工程”作为完善社会治安防控体系、深化平安望城建设基础工程扎实推进。2018年，“雪亮工程”(社会视频监控系统)第三期“天网工程”全线竣工，实现与区应急联动指挥中心、区城管局、区旅游局等部门资源共享，“互联网+网格化管理平台+公共安全视频监控”模式深度应用稳步推进，有力提升城市整体综合管理水平，为“智慧望城、平安望城”建设奠定坚实基础。

【创新引导保险行业参与综合治理】 探索将保险行业融入社会管理行列，通过保险补偿机制降低社会治安风险，为人民群众的生命财产安全提供“平安”保障，2018年投入62万多元，试点5个街镇，为41410户村民购买社会治安保险，让群众在受到自然灾害、意外事故或“两抢一盗”等事故损失后，可通过保险赔偿享受平安建设成果；为全区公安辅警及政府专职消防员购买意外伤害保险，落实相关优待措施，为政法战线提供保障。为全区在册精神障碍患者购买精神病人肇事肇祸责任险，化解精神病人肇事肇祸带来的不稳定因素。

(办公室)

法治政府建设

【概况】 2018年，长沙市望城区人民政府紧紧围绕法治政府建设目标，坚持依法科学决策，依法全面履职，注重矛盾化解，将法治思维、法治方式和法治手段贯穿于行政管理的各个环节，领导干部依法行政的意识和能力不断增强，法治政府建设工作取得新的成效。

【完善法治建设框架体系】 坚持把法治建设放在事关全局重要位置，主要负责人亲自抓思路、抓调研、抓落实，法治建设第一责任人职责履行到位。区政府常务会议多次组织传达学习《湖南省贯彻落实〈党政主要负责人履行推进法治建设第一责任人职责规定〉实施办法》《宪法修正案》等重要法律法规和制度规定。9月28日，在区第二届人大常委会第17次会议上，副区长聂荣代表区政府作依法行政工作情况报告，听取审议情况。区政府法制办发文要求区直单位、街镇在法律顾问选聘过程中严把政治业务素质关，并进一步规范顾问律师执业方式方法。全区行政机关顾问律师存在的“聘而不用”“顾而不问”现象从根本上改观。区直部门在依法行政工作上强化“一把手挂帅、副职具体抓、责任到科室、落实到个人”工作机制。望城区被评定为全国“法治县(市、区)”创建活动先进单位，《长沙晚报》《法治湖南》对望城法治建设工作先进经验进行专题推介。区政府统筹领导、各级齐抓共管、全社会广泛参与的大法治工作格局得到加强。

【以法治服务助力政务服务改革】 望城区在“放管服”改革工作机构中设立法制保障工作小组，坚持在法治下推进改革，在改革中完善和强化法治。加快推进“极简便民”改革，对政务服务事项进行流程梳理、证明材料清理，按层级予以公布，对709项政务事项推行“最多跑一次”；将民生服务事项受理窗口或办理权限分别下放园区、街镇、村(社区)，同步完善街镇、村(社区)政务服务平台，对227项民生事项实行“就近办”。建立审批事项动态清理工作机制，根据《长沙市行政审批流程基本规范办法》，对494个审批事项的工作流程进行精简，对审批时限进行调整，便捷审批服务实现再提速。

【以法治服务护航诚信政府建设】 依法依规防范化解系统性债务风险。制定《长沙市望城区政府债务管理办法》《长沙市望城区债务风险防范管理暂行办法》，规范政府举债程序，严控债务增量，将权力关进制度笼子。将存量债务偿还计划分期纳入年度财政支出预算，积极打造诚信政府。

【规范行政决策程序】 严格贯彻执行“三重一大”事项集体决策制度，坚持重大行政决策合法性审查前置程序。全年9次区政府常务会议43项议事议题及区长办公会议重大涉法议题全部经合法性审查后再提交讨论，行政决策法律审查程序发挥实际作用。社区楼盘中小学配建、项目协议拆迁等系列事项，经过合法性审查后优化决策方案。烟花鞭炮禁燃限放等决策过程中，采取听证、问政等方式面向社会广泛征求公众意见，提升行政决策科学化水平。区政府法制办参加各类会议400余次，多次提出建设性意见，区政府依法决策程序到位、保障有力。

【加强规范性文件管理】 截至11月，区政府法制办审查文件110件，经“统一登记、统一编号、统一公布”程序制发政府规范性文件23件，全部及时报市政府及区人大备案，没有发生一起文件严重不当、违法被撤销或责令停止执行情况。对有效规范性文件开展产权保护、公平竞争、证明事项专项清理，确保区内政策文件与上位规定一致。整体解读关于2000年师范中专毕业生招生就业的相关省、市政策文件，对该群体信访诉求回复取得法律上主动。严格审查房地产楼盘配套学校建设费用归集相关规范性文件，完善捐资协议，有效规避法律风险。

【严格审查行政合同】 1—11月区政府法制办法律审查各类合同82件，出具法律意见62份，提出297条意见。部门、街镇等单位行政合同管理主体责任意识进一步增强，合同起草送审基础资料更加完善科学，法律初审意见更加精准规范。农用地耕补指标异地交易、义务教育合作办学、楼盘小区幼儿园移交等事项，主办单位对同类合同进行范本化管理。区商务局建立全区招商项目履约状况统一管理的网络数据平台，当项目履约出现异常时，可以做到“早预警、早提醒、早预防、早化解”。

【执法攻坚保卫蓝天碧水】 依法履行环境保护监管职责，全区先后开展“蓝天行动”等环保领域专项执法行动264次，出动执法人员近4000人次，全面抽查重点监管企业。梳理明确秸秆焚烧、露天烧烤、油烟排放、山沙开采等违法行为执法监管主体，涉砂涉渔监管实行24小时不间断巡查、重点区域蹲点驻守，努力实现环境执法的全天候、全覆盖。建立环境保护司法联动工作机制，实现行政执法与刑事司法无缝对接。大力推行非法采砂船、无证船舶、“僵尸船”专项整治，先后组织集中执法行动460余次，整顿非法吸砂船46艘，拖走各类无证船舶700余艘。

【依法推进征地补偿和拆违等中心工作】 依法调整区内征拆安置补偿政策，积极探索农村集体经济组织成员认定路径。坚持三榜公示更加翔实具体，征拆安置工作更加阳光透明。会同市区两级法院召开司法行政互动会，积极协调为别墅小区拆违、洪家洲居民棚改搬迁提供坚强的司法保障。

【严格行政执法监督】 持续开展区直单位行政执法案卷评查，积极参加全市执法案卷集中评查。区人防办行政许可案卷在全市人防执法情况检查中得到通报表扬。有序组织参加全省执法人员电子化考试，争取新一年度电子题库的及时开放，保障新一批136名申领执法证人员及时学习模考。截至11月，全区993名机关单位工作人员取得行政执法资格。通过精简机构、梳理整合职能职责，有效解决交通公路领域多头管理、执法交叉等问题，农业领域综合执法体制改革扎实推进。

【精心办理行政案件】 2018年区政府办理各类行政案件220件，其中诉讼案件139件，复议答复案件9件，自行办理复议案件72件。在大河西汽配城项目用地被司法拍卖过程中，协调成功中止拍卖，依法迅速下达解除商务协议、收回2.5亿元产业扶持资金的行政处理决定，防止国有资产流失。11月省高院第三次以审判监督程序对大千建材公司诉区政务中心等9单位行政允诺赔偿2.2亿元案件进行提审听证，区政府科学组织，精准答辩，得到主审法官和法院领导的认可。旺旺广场西南角项目撤证案件应诉工作历时4年多，经过市政府行政复议、市中院一审判决、省高院二审判决，5月所有案件得到省高院维持原判，保证全区乃至全市以撤证促征拆工作的顺利推进。积极推进行政负责人出庭应诉，全年区级领导出庭应诉5次；区国土局、规划分局、环保局等单位行政负责人均出庭应诉。

【稳妥处理涉法事务】 严格依法推进文烈宏在桥驿违法建房、骗取国有建设用地等问题的整改工作，确保经得起法律的检验。在靖港古镇原开发主体退出谈判过程中，酌情考虑广西旅投的合理诉求，为问题解决找到切实可行的路径。设立交通事故调解室、医患纠纷调解室、婚姻纠纷调解室、物业纠纷调解室等专业性、行业性调解组织，人民调解、司法调解和行政调解相结合，及时化解一大批矛盾纠纷，维护社会安全稳定。

公安

【概况】 2018年，望城区公安局设指挥中心（加挂办公室）、政治工作办公室、警务督察大队、警务保障室、法制大队、警卫科、刑事侦查大队、治安管理大队、交通警察大队、国内安全保卫大队、禁毒大队、经济犯罪侦查大队、人口与出入境管理大队、网络安全保卫大队、单位内部安全保卫大队、巡逻警察大队、食品药品环境犯罪侦查大队17个内设机构，高塘岭派出所、星城派出所、黄金派出所、白箬铺派出所、丁字派出所、桥驿派出所、乌山派出所、铜官派出所、靖港派出所、新康派出所、同兴派出所、茶亭派出所、东城派出所、格塘派出所、乔口派出所、水上派出所16个派出所，看守所、拘留所各1个。编制数348个（政法专项编320个，工勤编28个）。有工作人员1276人，其中民警418人，干部3人，工人21人，复退安置人员21人，政府雇员3人，辅警810人。

【推进政治建警】 通过狠抓理想信念教育和宗旨教育，固定每周四为“政治理论学习日”，组织集中学习30余次，全警忠诚信念牢固树立。以“二十个不准”为镜，以“钉钉”考勤为尺，严格兑现奖惩。全年通报批评单位26家、个人29人，诫勉谈话2人，停止职务2人，行政记过1人，留党察看、行政撤职1人，党内严重警告、免职2人，做到动真碰硬。坚决落实从优待警，足额发放民警岗位津贴，深入开展“战时”慰问；推出《关爱民警五项举措》，落实职务套改、重要时期调休、生日“五个一”慰问、民警子女入学、优秀学子奖励等惠警制度；邀请心理咨询专家为民警提供心理咨询180余次；落实定期体检制度，确保民警身心健康。公安队伍凝聚力、执行力、战斗力不断提升，全年实现单位零事故、执法零过错、队伍零违纪“三零”目标。连续多年未发生队伍严重违纪的现象。

【维护大局稳定】 坚持情报维稳，预警在前。全年收集掌握情报信息859条，同比上升7.24%。积极稳妥处置月亮岛“两安用地”群体非法聚集事件、“9·14”红色乞讨、精装房业主群体维权等85起群体性事件。办理退伍军人任星武敲诈勒索案，对其采取刑事拘留，在涉军群体中形成强力震慑。牵头办理全市“11·20”全能神邪教组织专案，抓获对象50余人。完成“长沙望城国际铁人三项”大型安保活动，增援城区“2018长沙国际马拉松大赛”安保工作。实现全国“两会”、春节、国庆等特护期“六个严防”“四个不发生”的总目标。

【治安防控】 聚焦公安打防主业，发挥“中心、战线、警区”协同联动优势，深入开展“集打斗争”“扫黑除恶”“洞庭风雷”等专项行动。在治安防控方面，继续推进地网“一号、二号”工程，全面落实安保维稳“百日会战”，部署开展“万人红袖章，千人大巡防”工作。整体上实现“两个新高一个新低”：打击处理创新高，全年破案560起，现行案件破案率34.7%；抓获违法犯罪人员1866人，同比上升25.1%，其中刑事拘留625人，逮捕直诉数805人，行政拘留996人，同比分别上升25.5%、53.9%、19.9%；打击毒品犯罪创新高，全年破获涉毒刑事案件52起，同比上升15.5%，抓获涉毒人员615人，强制隔离戒毒123人，社区戒毒150人，同比分别上升13.9%、6%、11.9%，全区发案创新低，全年立刑事案件1615起，同比下降15.8%，侵财类刑事案件1295起，同比下降22.9%。同时，坚决贯彻党中央“扫黑除恶”专项斗争和省厅“洞庭风雷”专项行动部署，集中打掉涉恶团伙8个，破获各类涉恶案件22起，刑拘87人，冻结涉案资金600万余元，查封房产18套，扫黑除恶严打高压态势不断巩固。

【公共安全保障】 坚持“以人民为中心”和“生命至上”工作理念，紧盯全国“两会”、春节、国庆等重要节点，以“百日会战”专项行动为抓手，启动历史最高等级安保维稳勤务，深入开展治安隐患大排查、交通安全大管控、消防安全大整治。重点加强中小学、幼儿园安全管控，在学校门口安装硬质隔离的基础上，加装电子栅栏，规范学校周边交通秩序，有效防止交通事故和暴力恐怖事件；开展“四货三客三混”专项治理，重点领域矛盾纠纷排查化解等专项工作，呈现“双零三下降”的平安态势，全区较大治安、交通安全事故零发生，火灾事故零死亡，交通事故死亡人数、受伤人数、直接财产损失三项指标同比分别下降13.1%、20.2%、65.5%。

【基层基础建设】 全面动员部署，推进落实“一村一辅警”工作、“派

2018年12月18日，公安防暴应急演练

出所三年行动计划”。创新建立“政府代征代建，公安拿钥匙工程”新机制，实现从三年建一个所到一年建三个所跨越突破。至2018年年底，累计完成建设项目75个，其中迁址新建派出所5个、提质改造派出所9个，建设消防站1个、警务室25个，提质改造功能中心、业务大队、专业技术室18个，开发建设科技项目10个，更新装备7批次。推进地网一号、地网二号安防系统建设、电子围栏及“雪亮工程”，新建监控摄像头2170支，基层基础建设不断巩固。4月11日，全市公安基础设施现场推进会在望城召开。区公安局被评为“全市公安派出所（警务室）提质改造成绩突出单位”。

【规范执法】 坚持将规范执法与业务工作、队伍建设同部署、同推进。主动适应以审判为中心的诉讼制度改革，深化“三统一”“执法积分制”等工作机制，不断完善执法监管中心建设，区公安局“1+3”执法办案区建设成为省厅、市局认可的样板工程。为基层民警人手配备一台执法记录仪和一套单警装备，让民警在镜头下执法，确保调查取证工作“全透明”、执法程序“零瑕疵”。推行局长、主管局长、办案单位主要负责人出庭应诉，民警旁听庭审工作机制，应诉率100%。深化律师团队合作，健全执法教育培训。2018年，全局案件批捕率同比上升5.9%，退补率同比下降15.1%，无绝对不捕案件，全局执法质量明显提升。

【警务改革】 在承接上级公安机关警务改革，进一步固化“3+X”中心警务运行机制的基础上，结合望城公安实际，创新推行“四个中心、八个室、五条战线、4大警区”警务机制改革，并按照地理位置和警务量，将全区15个行政派出所划分为东南西北四个警区，推行研判联席、治安联防、打处联动、科信共建、资源共享“三联两共”工作机制，并按照“保障局领导联片、业务局领导管线”原则，明确各业务线和警区组织架构。实现中心实体运行，战线协调运转、警区机制运作，有效整合警务资源，优化警务流程机制，提升警务效能，在打防管控各项实战中显示强大生机活力。

【公安部警务督察局到望城调研】 6月28日，公安部警务督察局副局长张爱红一行6人到区公安局视察指导。考察组实地察看星城派出所警务指挥室、警民之家、荣誉室、执法办案区和其他办公场所，详细询问该所警务工作开展情况；考察高塘岭派出所工作开展情况、办公硬件环境，详细了解派出所减压减负和相关维稳工作情况，对两个派出所警容风貌、从优待警措施、业务工作给予充分肯定与高度评价，就警务督查工作面临的新形势、新情况、新挑战进行深入交流探讨。

【破获系列重大案件】 1月10日，望城警方打掉一个特大入室盗窃职业性犯罪团伙，抓获盗窃嫌疑人7人，破案30余起，当场在犯罪窝点查扣用于作案手套、帽子、插卡开锁卡片等工具；1月13日晚22时许，区局党委委员、副局长黄建刚指挥，区局主动出击，精准研判，周密部署，一举捣毁以陈某等6人为首的特大OTO模式组织卖淫团伙，现场抓获28人，刑事拘留15人，行政拘留9人；5月5日，望城警方一举抓获多次在长沙市、益阳市持刀抢劫嫌疑人团伙，在3人落脚房间里收缴作案工具刀具2把，扣押抢劫赃款4400余元，破获该涉恶团伙在长沙市、益阳市实施抢劫、故意伤害等案件4起；11月3日，区局出动140余名警力，对“6·28组织卖淫案”统一收网，抓获违法犯罪嫌疑人35人，查处吸毒行为4起，查获招嫖卡片十万余张、毒品麻古31粒、冰毒若干、车辆6台、管制刀具棍棒等一批、招嫖手机一批及大量账本；11月20日凌晨，区公安局食药环大队联合长沙市烟草专卖局成功破获一起销售假烟案，扣押假冒伪劣的芙蓉王（硬）香烟1371条，涉案金额约34万元，刑事拘留4人。

·交警·

【概况】 2018年，区公安局交通警察大队下设一中队、二中队、三中队、巡逻中队、“122”中队、特勤中队、治超中队、城区中队8个勤务中队和车管所、综合管理中队（办公室）、城区快处快赔中心11个单位，有警力239人（其中民警职工58人，辅警和文明劝导员181人）。

【政治建警】 强化理论学习，着力加强支部建设。大队始终以党建促队建，充分发挥13个党小组的战斗堡垒作用，每月开展2~4次政治理论学习，把学习党章党规、习近平总书记系列重要讲话精神、法纪条规作为必修课，常态化开展政治建警学习教育，大队全体党员民警的“四个意识”明显增强，政治站位明显提高，学习氛围日渐浓厚。强化警示教育，促进党风廉政建设。组织集体观看《风范》《贪路无归》等警示教育片，引导全体人员时时自警、处处自省，筑牢思想道德防线；组织学习政治建警“1+5”制度规定、规范民警交往行为的“二十个不准”和辅警“十六个不准”，全警党性修养显著提升。强化队伍规范，着力提升队伍形象。大队坚持牢固树立“不以事小而不为”思想观念，坚决杜绝内务“脏乱差”，作风“慵懒散”等现象发生，从个人着装、言行举止、文明礼仪等细节抓起，持续不断地强警炼兵，内勤内务大评比、每月主题党日、事故法制月调试等工作，不断增强民警、辅警集体意识和执勤执法能力，不断提升队伍良好形象。

【交通违法整治】 大力开展交通秩序整治行动。按照支队工作部署和区公安局工作要求，结合辖区道路交通实际情况，大队全面开展落实各项道路交通安全集中整治工作，完成“蓝天保卫战”、全省农村道路交通秩序百日集中整治工作、农村保安全百日会战、“强执法防事故”交通违法行为整治、安保维稳“百日会战”、农村交通安全“集中攻坚”专项行动、道路交通“四货三客三混”专项整治等，最大限度打击违法、管理乱源，全年查处交通违法行为43.77万起，其中电子警察抓拍34.37万起，交通事故接处警18306起，交通乱象明显减少，秩序明显好转。增强路面管理的“透明度”。交通路面管理每一项细小举措，都与群众日常工作、生活密切相关。大队每新增一处科技执法设备，开展一次新的交通秩序整治，尤其是一些重大的交通组织措施，均以舆论宣传先行，告知广大群众，通过开展高密度、大范围宣传活动，力求做到家喻户晓，提高群众交通安全意识，引导群众文明安全出行。曝光交通违法行为。在区电视台、微信公众号开设曝光栏目，在政府广场路口设置曝光电子显示屏，对在日常执勤执法中发现酒后驾驶、无证驾驶、疲劳驾驶、车辆乱停放等违法行为人和车辆进行重点曝光，起到良好警示教育目的。严管重处，规范市民文明出行习惯。

【交通事故预防】 强化重点车辆源头管理。每月定期通报企业车辆逾期未检、违法未处理及驾驶人违法未处理数据，督促重点企业安全隐患整改到位，将隐患数据抄告至区交通局、安监局，确保重点车辆管理不漏管、不失控；辖区中队督促整改本辖区重点车辆安全隐患，每日统计工作数据，及时掌握整改情况；落实管控措施，为避免问题车辆上路行驶造成安全隐患，车管所每月对“两客一危一校”企业进行安全大检查，每月向支队申请对辖区存在“逾期未年检、未报废”重点车辆进行查封，待隐患消除后再解封，牢牢抓住重点车辆源头管理。强化道路隐患排查治理。每月组织民警以事故多发、学校周边、旅游景点以及农村地区急弯、陡坡、临水临崖等危险路段为重点交通隐患排查区域，积极完成辖区道路交通安全隐患排查工作，将整改建议、整改通知书形成书面文字材料送至所辖乡镇、街道或相关职能部门，落实整改，全年排查出道路交通安全隐患44处，整改完成15处。全面推进“两站两员”建设。全区交通安全管理站和交通安全劝导站已全部建成，利用微信建立工作群，开展交通安全劝导、交通安全宣传等工作，在节假日、“十一”黄金周等重要时期开展劝导服务工作。

【交通安全教育】 普及交通安全宣传教育。坚持交通安全宣传“进学校、进社会、进农村、进企业、进家庭”“五进”宣传活动，大队将全年宣传工作量化，各中队积极配合，呈现领导带头、协警跟进的良好局面，而且严格落实“逢企业必进，遇大会必讲，出事故必教”“三必”措施，扎实将宣传触角延伸到大街小巷，触及群众内心。在街镇支持下，依托“两站两员”力量，开展“戴帽工程”“六个严禁”等交通文明活动宣传。全年开展交通安全宣传800余场次，发放宣传资料3.4万余份，设置宣传橱窗98个，悬挂宣传横幅400余条，开展“宣传车”巡回宣教150余次，形成横向到边、纵向到底的交通安全宣传氛围。加强交通宣传的强制性教育。车管所及各勤务中队利用各种工作机会，狠抓教育宣传不放松，形成覆盖全区的交通安全教育网络，将驾驶员安全教育前置到交通管理、服务的每个环节，坚持新学驾驶员初次领证前接受基础教育，坚持违法驾驶员、事故驾驶员在被处罚前接受警示教育，有效提高交通参与者法制意识。加强新媒体交通安全宣传。通过微信公众号发布137篇交通安全宣传和提醒，微博宣传800余次，电视台、网络媒体宣传200余次队伍正能量和大队工作动态，既让群众接受更多的交通法规知识、掌握更多交通安全技能，又充分展示望城交警执法为民、服务群众的良好风貌与职业风采，大力弘扬人民公安为人民的时代主旋律。

【组织“农村百日集中整治”】 8月21日至11月30日，区公安局交警大队在全区组织开展农村道路交通秩序百日集中整治工作。集

2018年11月15日，区交警大队开展“四货三客三混”专项整治行动

中整治面包车、微型面包车、货车、农用车等违法载人等乱象，现场查处“三超一疲劳”、未戴头盔、无牌报废机动车上路行驶等交通违法，集中排查拖拉机等高排放车辆，开展涉酒涉毒隐性交通违法整治。其间，区公安局交警大队出动警力 13500 人次，查处各类交通违法 5 万余起，其中摩托车驾乘人员不按规定佩戴安全头盔 1560 起，人货混装 1714 起，涉牌涉证 1810 起，违法载人 1095 起，客车超员 120 起，饮酒驾驶 439 起，行政拘留 51 人，有效地遏制各类交通违法行为，确保农村道路交通安全形势持续稳定。

【开展“四货三客三混”专项整治行动】 11 月 7 日，区公安局交通警察大队以“一个不发生、两个明显下降”（不发生一次死亡三人以上较大交通事故；道路交通事故总量同比下降 10%、因交通事故死亡人数同比下降 15%）为工作目标，在全区开展道路交通“四货三客三混”（四货：渣土车、砂石车、混凝土搅拌车、危险品运输车；三客：中巴公交车、旅游大巴、校车；三混：人货混装的厢式货车，非法载人的农用车、拖拉机、低速货车等工程车，超员的微型面包车）专项整治行动。严格执行严禁“三驾”违法行为、严禁违法载人、严禁违规拖拉机上路行驶、严禁无牌、假牌、套牌、报废机动车上路行驶，严禁驾乘摩托车不戴头盔上路行驶“六个严禁”严管措施，全面排查道路交通安全隐患，切实加强“四货三客三混”重点车辆管理。至 11 月 30 日，查处专项交通违法 596 起，其中闯红灯 39 起，未悬挂号牌、故意遮挡号牌、污损号牌 12 起，超载 107 起。全力遏制望城辖区客货运车辆交通违法行为，有效预防较大以上道路交通事故的发生，确保人民群众生命财产安全。区公安局交通警察大队将继续加大对重点车辆交通违法行为的查处力度，重拳出击，持续净化全区道路交通环境。同时，还将加强对辖区重点单位和驾驶人的交通安全宣传教育，督促其自查自纠，全面开展道路交通安全隐患排查治理，力争做到“全覆盖、零容忍、严执法、重实效”。

【开展“戴帽”工程】 6 月开始，区公安局交通警察大队在街镇支持下，依托“两站两员”力量，开展“戴帽工程”。选择快递公司、外卖小哥、保洁员和小区物业、保安等职业人群，组织免费送头盔上门；在大泽湖街道荷塘月色小区、桥驿集镇等农村地区进行集中发放，全年发放头盔 1 万余顶，有效增强摩托车、电动车驾驶员佩戴安全头盔的意识，保障群众出行平安。

【开展学校交通安全宣传讲座】 11 月 29 日，区公安局交警大队二中队民警到梅园中学开展交通安全宣传讲座。播放“戴帽工程”和“车祸猛于虎”视频，以“交通安全伴我成长”为主题，采取互动方式，为同学们讲解常见交通标志、标线，在道路交通安全中几种错误做法等交通安全知识，并以近期发生的青少年的交通事故为例，提醒同学们上下学途中要靠右走人行横道，不要随意横穿马路，过马路时要观察两边车辆情况，并举起右手提醒司机等要求。开展交通安全进校园活动，提高青少年的交通安全意识，减少青少年交通事故发生率。

（张　如）

·消防·

【概况】 2018 年，原区公安消防大队改制转隶，组建国家综合性消防救援队伍，成立区消防救援大队，下辖望城区中队和书堂山中队，有指战员 42 名（干部 13 名、消防员 29 名），政府专职消防员 54 名（政府专职队员 45 名、文员 9 名）。大队全体指战员坚定初心使命，在新时代消防事业中勇当先锋、树立标杆、争做表率，严格把控队伍管理和社会面火灾形势两道关卡，充分发挥先进典型的示范引领作用，当好新时代学雷锋模范，塑造雷锋家乡忠诚卫士良好形象。

【政治建警工作】 大队严格贯彻新时代党的组织路线，选优、配强党委班子，先后召开党委扩大会议、民主生活会、工作务虚会，明确“激情涌立新时代 忠诚拥护新改革 共同开创雷锋品牌新局面”工作目标，激励全体指战员踏实苦干，砥砺奋进，凝聚力量再出发；积极开展软弱涣散基层党组织排查、政治建警自查自纠等专项整治，落实党委中心组学习制度，不断推进组织建设规范化；与省公安厅警令部、市委组织部机关党支部、市职工委等 7 家单位党组织共同开展特色党日活动，组织党课教育，丰富组织生活。抓教育，凝队心。深入学习贯彻 2018 年 11 月 9 日习近平总书记向国家综合性消防救援队伍授旗精神。提请区政府统筹部署，主要党政领导指导参与，区委宣传部精准宣传，全面组织策划并推动系列学习宣贯活动；全体指战员第一时间收看授旗仪式全程，广泛开展学习讨论，召开专题学习会议，背诵誓词内容，制作主题宣传展板，积极撰写心得体会，多措并举掀起学习宣传贯彻大热潮。全面抓实改革期间思想政治教育。大队不折不扣落实总队“五个一”、支队党委“四个一”，集中教育整训活动，扎实推进“大宣讲”“大教育”“大排查”“大实践”等相关教育工作，积极开展“庆八一、迎改革、展风采”纪念活动，原创短片《我是消防兵》获“星城红门展新篇”DV 大赛第一名，主题黑板报《忠诚》获全市第二名好成绩；特邀湖南党史陈列馆“红色故事团”、长沙市基层理论宣讲团走进大队“花样授课”，全面丰富指战员思想内涵和人生视野。抓纪律，促廉洁。严格落实党风廉政建设“两个责任”和领导干部“一岗双责”，抓好中央八项规定精神贯彻执行，召开新春家属助廉会，廉政家访，签订党风廉政建设承诺书，开展廉政授课 10 次，观看警示教育片 3 部，坚持每季度进行一次廉政专题教育和形势分析。开展干部集体廉政谈话和个别谈心活动，杜绝消防监督执法、行政审批、后勤领域等重要领域、重点岗位、关键环节出现“吃、拿、卡、要”现象，尤其严禁收受红包礼金（含微信红包），为营造风清气正党内政治生态奠定坚实基础。

【示范引领工作】 深入开展“传承新时代雷锋精神，当好新时期雷锋标兵”宣讲活动，参加主题报告活动20多场，交流学习人数1万余人。雷锋班一名指战员代表被聘为长沙市“向日葵”青少年思想引领计划宣讲团成员。5月19日，区委、区政府主办“雷锋的名义 永恒的旗帜——‘学雷锋模范消防大队’倡议全国青年志愿者做新时代雷锋传人”活动，将学雷锋号召传递给全国青年志愿者。中共中央候补委员、中华全国总工会副主席、“当代雷锋”郭明义出席活动，寄语大队全体指战员争做新时代雷锋传人。在湖南雷锋纪念馆开辟大队事迹展厅，指战员每日值班讲解，接待参观者20万人次，在社会各界产生影响。牢记使命，竭诚为民。继续深入开展系列爱民助民活动，牵手郭明义爱心团队、《雷锋》杂志社、湖南商学院等爱心团体，结合各自岗位优势，运用产业扶贫、医疗扶贫、教育扶贫、安全扶贫等方式，与乌山街道35户困难群众开展精准扶贫结对，与乌山街道结对成立学雷锋青年教师志愿服务站、先心病帮扶点、村民消防夜校等6个志愿服务项目。

【消防治理体系和能力建设】 强化消防监督执法规范化建设。大队从“廉洁建设、业务素质、案卷水平、服务理念”四方面寻找最佳发力点，严格落实集体议案机制，定期召开执法工作例会，开展消防监督执法质量考评、集中执法行动、执法专项检查等，通报执法记录仪使用、项目超期、案卷办结情况，切实增强执法队伍综合素质，加强执法行为管控。紧密结合电动自行车火灾防控、博物馆古建筑、大型城市综合体、人员密集场所、冬春火灾防控等专项整治行动，全年检查单位3517家，发现并整改火灾隐患8466处，临时查封83家，“三停”60家，罚款196.2万元，拘留4人。深化便民利民服务举措。进一步迈大“放管服”改革步伐，积极回应企业关注和社会关切，转变工作作风，规范行政行为。全年办理消防审核项目125个，消防验收项目97个，公众聚集场所投入使用、营业前消防安全检查38个，消防设计备案64个，消防验收备案23个，消防行政审批按时完成率100%，提前办结率83.4%。优化消防宣传教育品质。争取150万元政府购买消防宣传服务专项经费，推动政府明确“建立随常住人口增长而增加的政府购买消防宣传服务经费保障机制”；与乌山街道精准结对，成立全省首批村民消防夜校；与教育、民政等部门开展“全民消防我行动”大型公益宣传；由区政府牵头，与住保部门开展《长沙市住宅物业消防安全管理办法》大宣传。全年开展培训300余场，教育普及15万余人次，营造“全民参与，防治火灾”浓厚氛围。

【消防救援队伍建设】 着力提高实战化攻坚能力。大队紧紧围绕实战训练，始终聚焦战斗力标准，探索“作战、训练、考评”三位一体实战化训练模式，积极参加省、市两级消防救援队伍实战化训练比武竞赛活动。9月，书堂山中队在全省整建制单编政府专职比武竞赛中，8个参赛项目，5个获第一，3个获第三。11月，望城中队在全市整建制中队比武竞赛中获前三，在队列会操、体能季度普考等竞赛上也呈现亮眼表现。提高辖区熟悉演练频率。大队以实员、实装、实景要求，将操法训练同日常熟悉演练相结合，优化演练编程，改进战术战法，切实提升实战处置能力。全年开展演练132次，完善重点单位预案99份，接警558起（其中火灾65起），出动消防车828台次，出动消防员5369人次，抢救被困人员55人，疏散人员687人，抢救财产价值2217.4万元。完成“中国全域旅游创新发展大会暨新华联铜官窑古镇开放活动”“戴公庙庙会”“2018长沙·望城国际铁人三项赛”等重大活动消防安保任务。在“12·17”中航飞机起落架有限责任公司火灾扑救中，消防部门全员奔赴一线连续作战17小时，无人员伤亡，挽救财产损失上千万元。用忠诚和奉献恪尽为民之责，成为党委政府最倚重、社会各界最拥戴“拳头”力量。壮大多种形式消防力量。大队培育壮大多元化消防力量，多次对镇（街）专职消防队、企业消防队、微型消防站进行指导检查，组织队员到队封闭式轮训，推动各支队伍建章立制、按标建设，健全机制、常态管理，联勤联动、高效处置。其中，靖港镇专职消防队被《湖南安全与防灾》杂志连续两期重点推介。

【后勤保障】 全面提升后勤保障效能。大队树立“超前”保障理念，积极协调政府、财政等部门，争取各项业务经费1000万元；坚持大队党委集中研究讨论重大经济事项，严格落实后勤管理规章制度，确保后勤保障科学化、合理化，为大队各项工作圆满完成提供坚实基础。稳步推进队站装备建设。加强月亮岛中心消防站、铜官特勤消防站、新华联铜管官窑小型站建设；推动经开区红家坡站前期规划、土地划拨等工作；投入近3600万元为月亮岛中心消防站购置6台消防车辆及器材装备，全面推动消防救援能力升级。加强后勤队伍建设。大队邀请会计师事务所协作开展“固定资产清查”，彻底扫清历年财经痼疾；组织后勤岗位人员学习相关法律法规和业务知识，培养一专多能人才队伍。

【雷锋纪念馆望城消防展区对外开放】 3月5日，湖南雷锋纪念馆望城消防展览厅正式对外开放。消防展览厅设一面浮雕墙、一面“雷锋家乡出雷锋”图文展示墙，浮雕墙设计元素包含雷锋头像，营区营房图像，指战员灭火、抢险救援和扶危济困等场景，现代化都市楼房大背景象征着大队守卫的辖区百姓。浮雕墙中央在开馆期间持续不断地播放大队先进事迹宣传片。图文展示墙选取长沙市特殊教育学校师生为大队指战员谱写的队歌《雷锋故里消防兵》及其他具有代表性的图文，向来访游客展现望城消防的历史风采。同时，望城消防大队联合志愿者们通过雷锋纪念馆志愿服务站广泛开展消防宣传，普及消防安全知识。全年接待游客 20 余万人次。

【郭明义到望城消防大队参观指导并参加“牵手岗位学雷锋”活动】 5 月 18 日，中共中央候补委员、中华全国总工会副主席、“当代雷锋”郭明义到大队参观指导，寄予全体指战员要以在雷锋同志故乡做奉献为荣，继续立足岗位学雷锋，传承和发扬好新时期雷锋精神。希望全体指战员时刻珍惜荣誉、继续发扬成绩，在新时代新征程中，不断展现信念能量、大爱胸怀、忘我精神、进取锐气，不断传承和弘扬雷锋精神、人人争做新时代雷锋传人，让雷锋精神真正成为民族精神最好写照，成为民族脊梁，让雷锋家乡出雷锋、出了雷锋学雷锋、学了雷锋出雷锋。5 月 19 日，郭明义出席望城区委、区政府主办的“雷锋的名义 永恒的旗帜——‘学雷锋模范消防大队’倡议全国青年志愿者做新时代雷锋传人”活动，率郭明义爱心团队、《雷锋》杂志社、望城区消防大队、湖南商学院、湖南第一师范学院、长沙医学院、博才梅溪湖小学、长沙“小善公益”、凤凰欲飞志愿服务团队等单位，结合各自岗位优势，运用产业扶贫、医疗扶贫、教育扶贫、安全扶贫等方式，与 35 户乌山街道困难群众开展精准扶贫结对，并与乌山街道委员会结对成立大学生习近平新时代中国特色社会主义思想学习社宣讲基地、大学生志愿服务实践基地、“杏林之约”医疗帮扶点、学雷锋青年教师志愿服务站、先心病帮扶点、全省第一所村民消防夜校等 6 个志愿服务项目，以实际行动“牵手岗位学雷锋”，用新时代雷锋精神凝聚起乡村力量，进一步激发中国特色社会主义新农村发展活力。

（魏倩冰）

检察

【概况】 2018 年，区人民检察院内设办公室、政治工作办公室、侦查监督科、公诉科、控告申诉检察科、民事行政检察科、司法警察大队、监所检察科、案件管理科 9 个科室。有工作人员 57 人。

【司法保障】 坚持以党委、政府工作部署为出发点来谋划和推进检察工作，为望城经济高质量发展创造良好法治环境。防范重大金融风险。积极参与整顿和规范市场经济秩序活动，全力筑牢金融安全司法防线。起诉集资诈骗、非法吸收公众存款等涉众型经济犯罪 10 件 37 人，起诉开设赌场、非法经营、骗取贷款等犯罪 8 件 29 人，起诉网络电信诈骗犯罪 11 件 25 人。办理涉案金额 1.49 亿元的华创远大公司非法吸收公众存款案，批捕、起诉 8 人，监督公安机关追诉漏犯 2 人，扣押嫌疑人车辆 5 台，冻结房产 29 套，全力追回受害群众损失。优化营商法治环境。加强企业权益保护，对影响企业发展涉嫌职务侵占、强迫交易等犯罪，批捕 6 人，起诉 5 人。陈某恶意拖欠区内某民营企业货款 1 亿余元，转移财产、进行高额消费，区人民检察院以拒不执行判决、裁定罪对其决定逮捕并提起公诉。保障重点项目建设，围绕“产业发展突破年”部署，对涉工程建设案件进行挂牌督办。推行除虫护花机制，落实习近平主席对非公有制经济“三个没有变”（非公有制经济在我国经济社会发展中的地位和作用没有变，我们鼓励、支持、引导非公有制经济发展的方针政策没有变，我们致力于为非公有制经济发展营造良好环境和提供更多机会的方针政策没有变）要求，慎重使用强制措施，依法对企业管理人员和技术骨干不批捕 10 人，不起诉 5 人，与区委统战部会签《加强协作服务非公有制经济发展的意见》17 条，帮助企业完善管理、防控风险。推进社会综合治理。完善多元化纠纷解决机制，落实检察长接待日、律

2018 年 6 月 6 日，区检察院驻食药工质局检察联络室揭牌

师参与信访调解等措施，处理群众来信来访103件121人次，全年无涉检赴省进京上访。重视弱势群体司法保护，对多名生活困难刑事被害人启动司法救助程序。推进涉法涉诉信访改革，联合市检察院在旺旺路社区开展“信访法治宣传月”活动，教导群众有序、合法维护权益。扎实开展脱贫攻坚工作，组织干警在桥驿镇沙田村和白石村结对帮扶贫困家庭34户，为扶贫项目、困难群众提供帮扶资金18.5万元。

【审查逮捕和审查起诉】 积极履行审查逮捕和审查起诉职能，增强人民群众安全感、幸福感。共受理提请逮捕案件354件565人，同比上升27.34%和39.51%，受理审查起诉案件523件869人，同比上升50.29%和58.29%。依法严厉打击严重刑事犯罪。切实保护公民人身、财产权益，起诉故意伤害、强奸、抢劫等严重暴力犯罪74人，起诉抢夺、盗窃、诈骗等多发性侵财犯罪190人。突出打击群众反映强烈刑事犯罪，起诉危险驾驶、泄露个人信息等犯罪58人。严厉惩处涉信访违法行为，对多次非法上访、强拿硬要财物、扰乱公共秩序寻衅滋事犯罪，依法起诉7人。全力维护社会管理秩序，起诉妨害公务、涉黄涉赌涉毒等犯罪131人。刘某等人从“金三角”秘密运送毒品13.62千克至境内贩卖，12名主犯均被区人民检察院批准逮捕。深入推进扫黑除恶专项斗争。对公安机关报请逮捕的49名涉恶犯罪嫌疑人批准逮捕，对16人提起公诉。杨某等人在长沙市雨花区、芙蓉区等地以开办会所为名组织卖淫活动，涉案金额上千万元，23名主犯均被区人民检察院院批准逮捕。加强法律监督，对涉黑涉恶案件一律成立专案组，依法提前介入引导取证，监督公安机关追捕1人，追诉4人，确保除恶务尽。落实“破网打伞”要求，向监察机关移送黑恶势力“保护伞”线索，监察机关据此对4名公职人员立案审查，铲除滋生犯罪的土壤。依法严格办理职务犯罪案件。彰显忠诚和担当，继续为反腐败斗争贡献检察力量。受理提前介入职务犯罪案件9件，受理移送起诉10人，决定逮捕5人，提起公诉2人。严查发生在群众身边腐败问题，易某在担任村支委委员期间，利用职务便利将保管的征收补偿款3000余万元挪做私用，被区人民检察院以挪用公款罪提起公诉。强化案件质效，对监察机关移送的案件，实行“捕诉合一”工作模式，确保把每一起职务犯罪案件都办成经得起历史、人民和法律检验的“铁案”。依法从宽处理轻微刑事犯罪。对无逮捕必要或可以免除刑罚案件，不批捕67人、不起诉70人。深入推进“谁执法、谁普法”制度，强化释法说理工作，对不起诉决定进行公开宣告，并邀请人大代表现场旁听，详细阐明理由和法律依据，及时消除当事人疑惑。对亲友、邻里等纠纷引发轻微刑事案件，坚持“以调为先”，最大限度增加和谐因素，促成59名案件当事人握手言和。务工人员谭某因暴力讨薪被捕，区人民检察院派员赴常德促使双方和解后对谭某作出相对不起诉决定，协调解决欠薪问题，被最高人民检察院评为精品案件。依法加强未成年人权益保护。严格落实未成年人犯罪“少捕慎诉”理念及特殊保护制度，对未成年犯罪嫌疑人提供心理辅导20次，附条件不起诉6人。与区教育局、共青团区委联合，全面推进“法治进校园”工作，在高塘岭实验小学开展以“关爱祖国未来、擦亮未检品牌”为主题检察开放日活动，检察长受聘担任望城一中法治副校长。拓宽未成年人法治教育方式，李某与他人打球发生口角后聚众斗殴造成2人轻伤，区人民检察院以故意伤害罪对其提起公诉，邀请望城职业中专200余名学生观摩庭审，现场进行守法教育，有效加强校园法治宣传力度。

【法律监督】 坚持敢于监督、善于监督，积极推进更高水平法治望城建设，努力让人民群众在每个司法案件中感受到公平正义。刑事诉讼监督稳中推进。加强刑事立案监督，针对有案不立、插手经济纠纷等问题，监督侦查机关立案22件，撤案23件。加强侦查活动监督，纠正漏捕19人、漏诉18人，对事实不清、证据不足案件，依法不批捕96人，不起诉14人，纠正侦查活动违法11件次。加强刑事审判监督，提出抗诉5件9人，纠正刑事审判活动违法2件次。在审查徐某、江某等人寻衅滋事案时，主动对可能存在遗漏犯罪事实开展自行补充侦查，追诉漏犯4人，将发现涉黑涉恶犯罪线索移交湘潭市公安局并案查处，维护司法公正。民事行政监督全面发力。加强审判活动监督与行政执法监督，办理督促履职案件21件、结果监督案件5件。始终将监督重点放在民生领域，着重保障群众“舌尖上的安全”，办理食品药品安全领域案件17件，针对销售有毒有害食品行为向执法机关发送检察建议，督促履职。加大对知识产权的保护力度，发现“迪斯尼”幼儿园、艺术培训学校未经许可使用专用商标后，监督区食药监局对其进行现场查处，并督促区民政局对企业名称侵权行为进行全面检查。刑事执行监督重点加强。强化刑罚执行监督，纠正超期羁押、久押不决等问题，对17名犯罪嫌疑人提出变更强制措施或释放建议，均被采纳。审查提请减刑案件5件，对4人减刑不当的问题进行纠正。规范驻所检察工作，开展好日常巡查与联合检查，纠正监管违法情形9件次。与区司法局联合开展社区矫正专项整治活动，14名违规对象被给予警告，3名脱管漏管的社区矫正人员被收监。

【公益诉讼】 开展公益诉讼工作，办理公益诉讼案件47件，发出诉前检察建议37件，作为先进基层检察院代表向长沙市人大常委会作公益诉讼专题汇报。维护国有资产。落实省、市检察院保护国有土地使用权专项行动部署，督促行政机关依法履行职责，办理该领域公益诉讼案件11件。辖区内某公司长期欠缴国有土地闲置费，区人民检察院向有关部门发出诉前检察建议，并约谈该公司负责人，将1231万元闲置费全部追缴到位。2018年，区人民检察院监督追缴国有土地出让金、土地闲置费等3600余万元，与行政机关共同营造起良性互动、多赢共赢局面。维护生态安全。聚焦服务打赢“蓝天保卫战”，护航望城绿色发展，办理生态环境和资源保护公益诉讼案件15件。其中办理的熊某等人非法捕捞水产品案，是长沙市首例刑事附带民事公益诉讼。区人民检察院在该案中秉持恢复性司法理念，要求追究熊某等人刑事责任及渔业资源修复民事责任，获得法院判决支持，并创新性实施“检察＋社会公益组织”矫治帮教措施，被中央电视台和《人民日报》专题报道。维护英雄名誉。认真贯彻《中华人民共和国英雄烈士保护法》，切实守护英雄烈士尊严和合法权益。针对网络上歪曲、丑化雷锋不实内容，办理保护雷锋名誉案，督促有关部门查处、删除相关网络信息，系全省首例保护英雄烈士公益诉讼案。围绕群众反映郭亮烈士故居不对外开放问题，启动诉前程序，发送检察建议，有关部门收到后迅速整改，郭亮烈士故居全面向社会公众开放，该案被2018年度《湖南检察公益诉讼白皮书》予以推介。

【**司法体制改革**】 以持续攻坚的韧劲深化司法体制改革，全力推动新时代检察工作转型发展。推动司法责任制落地。全面推进专业化改革，完成第二批共6名员额检察官遴选工作，将86%检察工作人员配置到办案一线，全院员额检察官平均年龄38岁，平均司法办案年限14年，队伍结构实现新优化。突出办案主体地位，细化权力清单，检察官可独立决定职权达44项，建立起权责明晰、权责统一工作机制。严格落实领导直接办案要求，重大、疑难及涉黑涉恶案件由副检察长以上带头办理，2018年入额科级以上领导干部作为承办人直接办理案件358件，约占案件总数30%。推进认罪认罚从宽工作。适用认罪认罚从宽制度审结案件342件441人，在公诉案件数中占65.3%。全面保障诉讼权利，落实律师值班制度，确保认罪认罚犯罪嫌疑人全部获得律师帮助。完善量刑标准和操作细则，着力在量刑建议上下功夫、出实效，以精准量刑建议提起公诉292件，法院判决276件，采纳250件，采纳率90.58%，在长沙市9个基层检察院中位居前列。移送起诉的涉驾类量刑建议均被法院完全采纳，55名被告人无一上诉，全部认罪服判。探索重大监督事项案件化办理。依法办理重大监督事项案件157件，同比上升65%。通过启动该程序，办理一批典型案件，监督行政部门向司法机关移送6件销售有毒有害食品、假冒伪劣药品线索，监督侦查机关立案22名刑事犯罪嫌疑人，撤案23人。完善一系列法律机制。如发现侦查人员指派辅警等不适格人员作为见证人后，以发出检察建议、召开联席会议等方式，督促侦查机关专项整改，建立起新的见证人制度，确保证据合法性，提升办案质量。

【**队伍建设**】 大力弘扬雷锋精神，培育一支政治忠诚、业务精湛、清正廉洁检察队伍，把全面从严治党引向深入。抓学习教育，优化队伍素质。深刻领会习近平新时代中国特色社会主义思想精髓要义，牢固树立“四个意识”，补足精神之钙。组织开展“弘扬革命精神、传承红色基因”专题教育培训，坚定理想信念。落实意识形态工作责任制，牢牢把握党对意识形态工作领导权。开展“学雷锋之星”评选，推进党建、队建和文化建设有机融合。强化专业人才培养，科学安排培训工作，组织检察人员参加各类培训113人次，组织参加实岗练兵、技能比武、业务竞赛11人次，营造比学赶超、创先争优的浓厚氛围。抓纪律建设，强化作风保障。严格落实党组主体责任，组织干警认真学习党纪条规，教育和引导干警知敬畏、明是非、守底线。抓好“红包礼金”“提篮子”等问题专项整治工作，不断巩固落实中央八项规定成果。开展“正风肃纪、从严治检”专项整治活动，进一步严明政治纪律和政治规矩，形成严管高压态势，积极营造风清气正的工作环境，充分利用监督执纪“四种形态”提醒和警示干警，做到警钟长鸣，为检察工作发展提供坚强的组织纪律保障。抓内外监督，深化检务公开。自觉将检察工作置于区人大、政协监督之下，向区人大报告检察工作2次，向区人大常委会作司法公正专题汇报1次、接受公开询问1次。开展“走近12309，检察为民新体验”活动，邀请11名省、市人大代表和政协委员到院视察工作。围绕“最多跑一次”改革，建立检察服务中心，为律师提供阅卷及免费刻录光盘等服务811件次，接受案件信息查询924次。通过案件信息公开网、“两微一端”等平台，主动公开法律文书357份，推送检察信息176期，努力打造“阳光检察”。

【**区检察院驻区食药工质局检察联络室成立**】 6月6日，长沙市望城区人民检察院驻区食品药品工商质量监督管理局检察联络室正式揭牌成立。检察联络室主要负责开展刑事立案监督、监督移送涉罪案件、重大案件提前介入食药监部门查处活动、督促食药监执法部门依法履职、督促法院依法裁判、执行食药监部门申请强制执行行政案件。向区食药工质局派驻检察联络室，既是湖南省人民检察院、长沙市人民检察院的要求，也是落实两法衔接工作长效机制建设的关键环节，有利于进一步加强检察机关与行政管理部门协调，实现行政处罚和刑事处罚无缝对接，形成工作合力，共同促进食品药品执法规范化建设。

【**办理长沙市首例生态环境和资源保护领域刑事附带民事公益诉讼**】

6月4日，由长沙市望人民检察院提起熊某、王某军非法捕捞水产品刑事附带民事公益诉讼案开庭审理。该案是长沙市首例在生态环境和资源保护领域提起刑事附带民事公益诉讼。庭审中望城区人民检察院派员分别出庭支持公诉和刑事附带民事公益诉讼，长沙市人民检察院副检察长祝珍明，及区畜牧局、区行政综合执法大队以及长沙市区两级人大代表、政协委员等十余人受邀旁听。2017年8月31日，熊某、王某军等6人分别驾驶3艘铁皮船在湘江流域蔡家洲至洪家洲段水域，采用电击方式非法捕捞，被公安机关抓获，当场收缴捕获鱼类43.94千克，其中熊某和王某军捕获鱼类17.48千克，之后该案被移送区人民检察院审查起诉。经过庭审，区人民法院当庭宣判，判决熊某构成非法捕捞水产品罪，判处有期徒刑，支持检察机关对熊某和王某军刑事附带民事公益诉讼请求，判决熊某、王某军共同承担渔业资源修复责任，在电鱼水域投放鱼种不少于60千克，在市级以上新闻媒体公开赔礼道歉。两被告人当庭表示对附带民事公益诉讼案件不上诉，熊某被当庭收押。庭审结束后，区检察院组织开展增殖放流生态修复活动。王某军等人以及活动各方在湘江白沙洲码头，共同将4.2万尾鲢、鳙鱼鱼苗投放入湘江。王某军等人还在与会人员见证下，以自愿的方式加入"绿色潇湘"公益组织，参与"守护湘江""反电鱼"等公益活动，共同保护湘江母亲河。

【举行第二批入额检察官宣誓仪式】 10月29日，区人民检察院举办第二批入额检察官宣誓仪式，6位新入额检察官在检察院办公室前坪庄严宣誓。仪式由区检察院党组成员、副检察长曾陕青主持，第二批员额检察官代表袁志颖进行表态发言，区委常委、区政法委书记苏春光、区人大常委会副主任陈亮伟出席仪式。区委常委、区政法委书记苏春光对新入额的6位检察官表示祝贺，希望入额检察官们检察工作人员要忠诚于党、忠诚人民，把牢政治方向，站稳政治立场，牢牢守护法律防线，弘扬正气，做到每一个案件、案件每一个环节都能让人民群众感受到公平与正义。

【区检察院助力蓝天保卫战】 近年来，区检察院边办案边总结，在办理破坏生态资源环境犯罪案件中牢固树立双赢多赢共赢的监督理念，践行"一案双责"模式，不仅考虑违法者刑事责任，还考虑其民事责任，让生态破坏者变成环境修复者，努力实现"案结了、山也青了、水也清了"共赢效果，助力"蓝天保卫战"。2015年9月24日，长沙某建设集团有限公司承包该区一大型文化旅游度假区项目(一期)土方工程。为满足项目用土需要，2015年8月至2017年2月期间，该公司与附近两个村村民分别商议在村民自留山中取土、购土事宜，均获得村民许可。但该公司在办理使用林地手续还没申请下来的情况下，便组织施工人员在村民自留山场中取土，导致山场中7处共计1.12公顷林地遭到破坏。2017年11月9日，该公司以及法人代表蔡某以涉嫌非法占用农用地罪被移送望城区检察院审查起诉。在检察机关积极沟通下，该公司及蔡某于11月对被毁林地进行生态修复。同时12月17日，承办检察官实地调查复绿情况，并邀请区林业局审核是否达到复绿标准。经林业局审核并出具文件证明，受损的7处共计1.12公顷林地已经达到复绿标准。2018年3月15日，望城区检察院认为该公司及蔡某犯罪情节轻微，且具有自首、复绿并取得谅解、自愿认罪认罚等法定、酌定减轻情节，遂依法作出不起诉处理决定。2018年11月14日，《检察日报》对该案进行报道。2018年，区检察院办理破坏生态资源环境犯罪案件4件10人，被破坏后及时复垦复绿面积农田、林地等共计2.63公顷，被破坏后及时增殖放流鱼苗4.2万余尾，为"蓝天保卫战"积极贡献检察力量。

(袁志颖 黄驰宇)

法院

【概况】 2018年，区人民法院内设刑事审判庭、民事审判一庭、民事审判二庭、未成年人审判庭、行政审判庭、立案庭、审判监督庭、执行局、土地房屋征收审判庭(非诉行政案件执行局)、司法警察大队、办公室、政工室、研究室、监察科、审管办15个内设机构，雷锋、高塘岭、丁字、靖港4个基层派出法庭，经开区、交通2个巡回法庭。有在编人员99人。2018年，全年受理各类案件9770件，审执结8890件，同比分别增长11.35%、11.73%。

【刑事案件审判】 全年受理刑事案件469件，审结445件，判处罪犯611人。开展扫黑除恶专项斗争，依法严惩恶势力犯罪，审结故意伤害、聚众斗殴等涉恶案件2件2人，夯实国家长治久安基础。依法严惩严重暴力犯罪，审结故意杀人、绑架、抢劫、强奸等犯罪案件58件79人，增强人民群众安全感。依法严惩涉众型经济犯罪，审结网络电信诈骗、非法集资、传销等犯罪案件7件13人，维护群众财产安全。依法严惩涉毒犯罪，审结贩卖毒品、非法持毒、容留吸毒等犯罪案件56件89人，净化社会治安环境。依法严惩贪污贿赂等职务犯罪，审结衡阳市委原书记李亿龙配偶杨某利用影响力受贿等职务犯罪案件17件20人，保持反腐败斗争压倒性态势。依法惩处恶意欠薪行为，对拖欠400余名民工工资拒不支付的姜某某判处有期徒刑两年六个月。坚决惩治信访违法犯罪，对多次唆使他人以上访要挟施压政府，阻挠拆迁寻衅滋事李振清等8名被告人依法判处四年不等有期徒刑，维护正常信访秩序。受理民事案件2438件，审结2250件。化解劳动争议、人事争议纠纷129件，促进劳资关系稳定。审结交通事故、雇员受害等人身权案件337件，及时保护受害者合法权益。审结医疗纠纷32件，维护医患关系和谐。审结网络购物、产品责任等消费者权益案件63件，引导商家诚信经营、消费者理性维权。审结玫瑰园、富基等小区物业纠纷457件，明确开发商职责，规范物业公司管理。审结离婚、抚养、赡养等家事案件515件，有效平息婚姻家庭矛盾，弘扬尊老爱幼、互敬互让传统美德。审结农地“三权分置”、征地补偿等案件396件，促进农村改革发展。开展涉民工工资案件专项执行，为400余名农民工追回“血汗钱”1924.57万元。依法为当事人缓减免诉讼费用35.58万元，发放司法救助金48.62万元，让人民群众切实感受到司法温暖。受理行政案件228件，审结214件。主动作为，发出规范行政执法程序等司法建议书3份，连续三年发布行政案件司法审查报告，从源头上预防和化解行政纠纷，促进法治政府建设。审结工伤认定、薪资追索类案件11件，依法维持区人社局对长沙某建筑公司、湖北某建设公司拖欠工资的行政处理决定，妥善解决近千名民工工资拖欠问题。审结行政征收案件158件，耐心释法析理，促使旺旺路综合体项目易某某等矛盾尖锐的征拆户达成拆迁协议，疏通城市建设发展“梗阻”。审结“两违”整治类案件24件，依法支持行政拆违，助力美丽望城建设。审结杨某某等不服公安机关行政处罚案件16件，依法支持对闹访、缠访违法行为的打击处理。积极开展行政和解，协调双方利益关切，促使撤诉19件，实质化解行政争议。建立行政机关负责人出庭应诉季度通报制度，行政机关负责人出庭应诉68人次。受理执行案件3597件，结案3270件。2018年是“基本解决执行难”决胜之年，区委、区政府支持出台实施意见，区内20余家职能单位携手联合实施惩戒，压缩“老赖”生存空间，推进社会信用体系建设。自3月以来，举全院之力，聚焦短板，精准发力，刀刃向内规范执行、查人找物一网打尽，全力攻坚执行难。全体执行干警连续近300天“挂图作战”，主动放弃节假日休息，“白+黑”“5+2”全天候出勤。开展涉民生、涉民营企业、涉金融案件等专项执行行动，不断掀起执行攻坚新高潮。全年纳入失信被执行人名单650例，限制高消费2767起，发布悬赏公告28次，强制腾房89处，拘留失信被执行人75人，移送拒执犯罪刑事侦查2起。全年执行到位金额6.8亿元，执行综合绩效居全市法院第一，中央电视台、《人民法院报》等国家级媒体专题报道。

【商事案件审判】 全年受理商事案件3038件，审结2711件。平等保护公有制与非公有制经济合法权益，严格区分经济纠纷与刑事犯罪，依法慎用强制措施，最大限度降低对企业正常生产经营活动影响。审结涉企融资租赁、金融借款等案件407件，为晟通集团、望城农商行等挽回经济损失4.2亿元。审结建筑工程合同案件169件，维护建筑市场秩序。审结买卖合同案件356件，促进公平交易。审结房地产纠纷案件332件，推动房地产市场规范发展。推进长沙市永生彩印有限公司“执转破”工作，健全市场主体救治和退出机制。依法惩治侵犯企业知识产权犯罪，对假冒“五芳斋”注册商标标识虢某某等人定罪判刑，保护企业核心竞争力。严厉打击涉企经济犯罪，审结合同诈骗、职务侵占等案件10件11人，保障企业生产经营安全。全面落实区委“产业发展突破年”工作部署，充分发挥职能，强力推进重点工程司法征拆。受理司法强拆案件29件，执结23件。依法对驾车冲撞执法队伍的滨水动漫项目拆迁户张某追究刑责；依法将跳楼威胁执法人员的秀龙地产项目拆迁户欧某司法拘留，依法强制拆除一批长期严重阻碍项目建设“拒拆户”房屋，为项目建设扫清最后障碍。释法明理，促使强生制药项目的陈某某等11户自拆腾地，化解项目推进矛盾。勇于担当，依法判决黄某等10户靖港古镇公租房腾空交付，支持城镇棚户区改造。组织派出法庭、巡回法庭参与项目对接会商50余次，为产业升级、项目落地排忧解难。依法惩治黄赌毒、暴力伤医、校园欺凌等违法犯罪，扩大办案社会效果，净化社会风气。防范、打击滥用诉权、虚假诉讼等妨害诉讼行为，依法处罚制裁恶意提起管辖权异议的湖南某建设公司等27家单

2018年6月4日，全市首例刑事附带民事环境公益诉讼开庭

位和个人，促进诚信诉讼。支持构建多调联动大格局，人民陪审员诉前调解、司法行政调解、律师调解与诉讼调解有机对接，诉前化解纠纷700余起，多元化解决矛盾机制成效显著。落实普法责任制，“法官说法”进校园、进企业、进社区42场次，引导公民崇法守则。举办“我当小法官”活动，17所中小学校、2000余名师生家长参与，“望城法治实践”被央视专题报道。牢固树立和践行绿水青山就是金山银山理念，强化环境司法。开展审判执行“春雷行动”，切实履行司法保护“母亲河”“母亲湖”神圣职责。审结全市首例刑事附带民事公益诉讼案件，对禁渔期电鱼捕捞熊某判处刑罚，并处承担破坏渔业生态环境和渔业资源修复责任，人民法院报以“让修复性司法助力生态环境保护”长篇推介。严惩滥砍滥伐、破坏耕地、非法采砂等违法犯罪，非法采伐、收购国家重点保护植物的被告人戴某等8人被依法追究刑责，守护望城绿水青山。

【改革创新】 推进财物省级统管改革；完成第二批14名员额法官遴选。回归办案本位，坚持入额必办案，院庭长带头办案2672件。成立民事、刑事、行政专业法官会议，对影响重大、疑难复杂案件集体把脉，严把案件质量关；推行类案检索，完善审判委员会工作机制，杜绝“同案不同判”。员额法官实行随机分案，以制度打造“人情”隔离墙。持续推进审判管理改革，建立信息化全流程监督管理机制。推进以审判为中心的刑事诉讼制度改革，推动证人、鉴定人、侦查人员出庭作证，关键证人“应出尽出”。落实庭前会议制度，做到无争议事实庭前确认、有争议事实庭上详细审查，提升庭审效率。启动非法证据排除程序4案，坚决防止冤假错案。落实刑事案件辩护全覆盖，特别是对被告人自认无罪、可能判处三年以上有期徒刑的案件一律指定法律援助。落实改革试点，审结认罪认罚从宽案件324件，贯彻宽严相济刑事政策。提升诉讼效率，适用刑事速裁程序审结118案，平均审理期限5天，审理周期大幅缩短。出台《案件繁简分流实施办法》，简案快办、难案精审，民商事案件简易程序适用率为77.38%，平均审理周期压缩至49.6天，均居全市第一。落实《中华人民共和国人民陪审员法》，继续完善陪审员“望城”模式，充分发挥“五员”作用，陪审员参审案件1345件，保障公民民主权利。全面开通司法公开“四大平台”，常态开展庭审网络直播，在中国庭审公开网直播案件412件，直播率居全市前列。建成科技法庭18个，引入庭审语音识别、文书辅助生成等智能系统，智慧法院建设助升办案效率。生效裁判文书8369份，依法全部网上公开，以公开促公正。网上立案实质化运行，1645件案件远程受理，走在全省法院前列。在淘宝、京东开展司法网络拍卖536次，网拍率100%，实现财产执行处置全过程公开。在办案件电子卷宗全部同步生成，卷宗材料全部同步公开，进一步保障当事人知情权和监督权。巡回审判进社区、进乡村、进景区，“家门口的法庭”让人民群众以看得见的方式感受公平正义。

【从严治院】 通过专家授课、专题党课、中心组学习、综合测试等方式深入学习中共十九大精神，牢固树立“四个意识”，不断增强“四个自信”，坚决做到“两个维护”。及时向区委汇报重大事项、重要工作，落实区委各项工作部署，坚持党对法院工作绝对领导。组织在职党员进社区200余人次，密切党员干部与人民群众联系。开展争创“雷锋式党员示范岗”活动，强化基层党组织建设。落实意识形态工作责任制，加强官方网站和微信公众号导向管理，做好正面新闻宣传。学习新知识，开展《中华人民共和国宪法》《中华人民共和国公司法》《中华人民共和国刑诉法》等新修订法律的专题学习；掌握新本领，组织扫黑除恶、立案信访、信息化应用等专项培训。走进中南大学法学院集体充电，增进法官团队建设、提升法学理论素养。开展精品庭审、精品文书及精品案例评选活动，提高法官司法实务水平和裁判文书制作能力。举办青年法官论坛，浓厚法院文化氛围，8篇理论研究论文在全国、全省法院学术研讨会获奖，机构改革背景下行政执法机制构建问题研究等省部级课题通过验收。强化党风廉政建设“两个责任”，开展“纪律作风建设年”活动，进一步落实《全面从严治院十项规定》。全体干警走进静园接受廉政警示教育，筑牢拒腐防变的思想防线。开展党员干部“红包礼金”“涉矿涉砂”“涉黄赌毒”“提篮子”等专项整治，贯彻落实中央八项规定精神“回头看”工作，深入推进作风建设。狠抓审判纪律，落实法官主动回避制度，纠正律师违规代理行为。严格办公办案分区管理，落实落细安检值庭，及时处置违规携带刀具、农药等事件114起，确保审判执行安全有序。坚持领导带班督查、纪律作风通报、干警个人重大事项报告等制度，综合运用监督执纪“四种形态”，发布督查通报8期，提醒谈话5起，批评教育25起，筑牢织密违纪防护网，确保法院法官风清气正。

【司法监督】 贯彻区人大及其常委会决议决定，向区人大常委会专题报告司法公正、决胜执行难等重要工作。落实区人大常委会司法公正专题询问要求，抓好专题询问、听庭评议意见建议的整改落实。办实办好关于加大打击侵害企业商业秘密犯罪、保护企业创新发展等代表建议，完善工作机制，提升服务保障水平。就社会广泛关注的村集体征拆款分配问题专题与代表座谈，充分听取意见建议，增进对妇女儿童在集体收益分配中合法权益保障的共识。邀请省、市、区三级代表旁听庭审、见证执行，全面拓宽监督渠道。聘任首届形象监督员15名，完善“八小时以外”的监督机制。加大与政协委员的联络力度，邀请市、区政协委员旁听典型案件审理、参与日常督查，接受民主监督。健全法检两院工作沟通机制，邀请检察长列席审委会，自觉接受诉讼监督。随案发出《致案件当事人公开信》和《案件监督卡》1.8万余份，畅通民意沟通渠道；及时办结官网邮箱、官微平台留言来信，全方位接受社会各界监督。

【获评全国法院审判管理优秀业务单位】 12月18日，最高人民法院公布第一届“全国法院审判管理优秀业务单位”名单，望城区法院成为全省两家获此荣誉的基层法院之一。近年来，望城区人民法院推行阶段渐进式留痕管理，着重用好“审管通知、提示、快报、通报”四个管理工具，搭建四位一体的审判管理新模式。编发通知、通报等180期，严格审限跟踪、动态留痕管控，实施数字法院数据填报“早九点网上巡查制”，将结案事后追责改为提前未结预警。充分运用电子卷宗优势，开展案件分级评查保质效，规范对外委托规则，破除疑难鉴定等办案瓶颈。每月发布各类审判态势分析统计报告，查漏补缺、对症下药；同时，定期开展劳动竞赛、绩效争优专项活动等。创新开展“随机轮案、饱和调剂”立案分配机制，实现繁简结合、动态调整、法官积极办案良好态势。客观合理地开展法官业绩评价，激发正能量，使不同岗位法官工作量统一评价标准。通过多手段、全方位管理工作，助推望城法院司法绩效连续三年稳居全市前列，2018年结案率、司法公开等绩效指标位居全省前列。

【全市首例刑事附带民事环境公益诉讼案件宣判】 6月4日，区人民法院公开开庭审理由区检察院提起公诉的熊某涉嫌犯非法捕捞水产品罪一案，检察机关一并向共同实施电鱼行为的熊某、王某提起刑事附带民事公益诉讼。庭审中，控辩双方围绕案件争议焦点进行充分的举证、质证和辩论。经审理查明：2017年8月31日，熊某与王某驾驶电打鱼船在望城区水域用电捕鱼时被民警当场抓获。经相关机构评估，熊某、王某捕鱼造成17.48千克鱼类损失、17.48千克鱼类当年产卵量损失和捕捞区域影响范围约6.73公顷渔业损失，建议由行为人登报道歉警示和在电鱼水域采用投放鱼种方式修复环境。法院当庭判决，被告人熊某犯非法捕捞水产品罪，判处有期徒刑一年，撤销上海市浦东新区法院对被告人熊某因犯信用卡诈骗罪宣告缓刑三年的缓刑部分，两罪并罚决定执行有期徒刑三年；犯罪工具依法予以没收；被告人熊某、被告人王某共同承担破坏渔业生态环境和渔业资源修复责任，在其电鱼水域投放鱼种，并在市级以上新闻媒体公开赔礼道歉。该案是区法院开展“春雷行动”专项活动以来宣判的第一起破坏生态环境刑事附带民事案件，也是全市法院宣判的首例刑事附带民事公益诉讼案件。

【执行工作新闻发布会暨执行兑现大会召开】 9月19日，区人民法院召开执行工作新闻发布会暨执行兑现大会。区人民法院执行局局长李为主持会议，党组成员周丹介绍望城法院决胜“基本解决执行难”以来的相关工作情况。向媒体和社会通报该院决胜“基本解决执行难”以来执行工作成绩及举措，执行局副局长孙浩滨向媒体发布6起涉及拒执罪、司法拘留、罚款、“终本”案件恢复执行以及“执行不能”执行典型案例，进行解读，释明被执行人拒不履行人民法院生效文书确定义务将面临的惩罚，以及案件“终本”不意味着“休眠”，也进一步阐明“执行不能”与“执行难”的关系。会上当场兑现执行案款1.158亿元。8名省、市、区人大代表应邀现场见证。2016年以来，望城法院全体干警同心戮力、努力奋斗，创新执行工作方式方法，着力提升执行信息化水平，充分利用失信被执行人联合惩戒机制，举全院之力，全力攻坚“执行难”，基本解决执行难工作取得重大进展。

【第二批员额法官宣誓仪式举行】 10月12日，在区人民法院党组成员周丹带领下，14名新入额法官身着法袍，右手握拳，面对宪法墙庄严宣誓。区委常委、政法委书记苏春光，区人大常委会副主任陈亮伟，区人大法制委主任委员向章平，区委政法委副书记黄国梁，区人大常委会内司工委主任李小阳出席仪式。区法院党组书记、院长李才坤宣读了第二批入额法官名单，寄语全体新入额法官要牢记使命，不忘庄严承诺，切实践行司法为民，坚守司法公平正义，努力让人民群众在每一个司法案件中感受到公平正义。陈亮伟代表区人大对第二批入额法官表示祝贺，同时希望新入额法官在工作中要服务大局，做信念坚定的践行者；要牢记使命，做公平正义的守护者；要廉洁自律，做良好风尚的引领者，为加快建设更加美丽强盛幸福的名望之城做出新的更大贡献。

【区人民法院律师调解工作室成立】 1月11日，区人民法院律师调解工作室揭牌。工作室由律师作为中立第三方担任调解员，对民商事案件及刑事附带民事纠纷的民事部分进行调解。达成调解协议后，当事人可以请求法院确认协议效力，确保调解协议的履行。

司法行政

【概况】 2018年，区司法局内设综合科、基层科、社区矫正科、法制宣传教育科、法律服务管理指导科5个科室；下设区法律援助中心、区“148”法律协调指挥中心、望城公证处3个二级机构。有在编干部职工（含3个二级机构）23人、合同制人员14人。2018年，望城区获评“全国法治县（市、区）创建活动先进单位”，区司法局被中华全国人民调解员协会评为“人民调解宣传工作先进集体”。

【维护法治环境】 整合职能资源，推动公共法律服务更加积极主动融入大局，服务经济社会发展。组织实施“七五”普法，推动全民守法。整合律师队伍资源，发挥律师职能作用，投身服务非公有制经济“六个一”活动，开展“中小微企业免费法律体检”“法律进企业”等系列活动近30次，营造亲商营商发展环境。在关系群众切身利益事项上，提供细致精准、高效快捷法律服务，办理公证事项2万余件。加强公证内部监管，加强公证质量检查，提升公证社会公信力，全程监管摇号公证100余场，投诉量同比下降70%，助力全市房地产行业健康有序发展。

【推动“极简便民”工作】 以“极简便民”“最多跑一次”改革为契机，将法律援助事项下放到街（镇）受理初审，进一步梳理服务事项清单，对有需求的困难群众做到应援尽援、援必高效。全年接待群众来电来访咨询600余人次，办理援助案件近700件，为弱势群体避免和挽回经济损失近千万元，维护群众的合法权益，化解大量的社会纠纷，促进社会的和谐稳定。

【强化社会治理】 发扬“枫桥经验”，坚持预调联动，使矛盾纠纷就地及时化解，各街（镇）“四无”实现率达100%，在“9·13”矛盾纠纷排查中得到市委政法委督导组的高度肯定。开展社区矫正“防脱管漏管”专项整治，推进“扫黑除恶”专项斗争，未发生一起因制度未落实而导致的脱管漏管，向社会回送安全公民。加强律师队伍政治建设，加强党对律师工作全面领导，坚持管理与服务并重，年内无意识形态问题。深化多层次多形式法治创建，社会治理能力和治理体系现代化水平不断提高，八曲河村获国家级“民主法治示范村（社区）”命名，西塘街社区、金峙村获省级命名。

【普法宣传】 以“党政主要负责人推进法治建设第一责任人”为总抓手，压实“谁执法谁普法”责任，推动形成区委统一领导、部门分工负责、条块结合普法新格局。抓“关键少数”。紧紧抓住领导干部这个“关键少数”，建立党委（党组）中心组学法、网上考法、领导干部任前考法治等制度。组织全区8679名国家工作人员线上考法，率先全省实现通过率达100%。各级各部门积极开展大型普法活动100余次，进行宪法知识测试100余场，普法合力进一步强化。抓“薄弱环节”。大力开展“法律七进”活动，率先全市建成光明蝶谷卡通法治公园。举办“农村法治宣传月”专题讲座27场次，赠送法律书籍7万余册，让村民真正感到法律“抬头看得见、用时找得着”。抓宪法宣传。以青少年为重点，开启宪法宣传多维模式。开展宪法进晨读、宪法书法作品赛等活动356场次，举办巡回讲座200余场，征集优秀书法作品50余幅，参与学生近4万人次，系列活动在中国普法网、民主与法制网等国家级媒体报道。在区委党校举办集中宪法宣誓，向司法所长、调委会主任、法律顾问、学区校校长等270余人进行宪法宣讲。开展“12·4”国家宪法日“四个一”活动：一次宪法宣誓、一场宪法讲座、一台宪法文艺会演、一场户外法治宣传，获得区人大调研组肯定，在《星辰在线》头条报道。联合区电视台制作《中华人民共和国宪法》及修正案全文音视频，出动宪法宣传车流动广播120余小时，使宪法走进日常生活、走进千家万户。

【公共法律服务体系建设】 打造及时、精准、普惠、高质的公共法律服务体系升级版，满足人民群众的法治新需求。完善服务平台。统筹推进公共法律服务站（点）建设“三年行动计划”，建成以区公共法律服务中心为龙头，以14个街（镇）为延伸，以村级站点为触角三级实体平台。在全区公共法律服务站（点）建成率100%基础上，打造8个示范性公共法律服务工作站（点），发挥典型带动作用。以政府购买服务方式，在全区14个街（镇）、128个村（社区）、100所学校配备法律顾问，法律顾问微信服务群建成率100%，加快推进公共法律服务网络平台建设，《长沙晚报》宣传推介2次。完善服务功能。突出办理与民生相关法律援助事项，实行“三优先制度”。规范看守所、法院法律援助工作站，维护近500名刑事被告人（犯罪嫌疑人）合法权益。推进以审判为中心诉讼制度改革，办理认罪认罚类案件400余件，推动公共法律服务全覆盖。完善自身建设。健全以司法行政机关的行政管理和律协等行业自律性管理相结合管理体制，落实学习教育、职业准入、投诉惩戒等制度；2次随机抽查全区法律服务机构，强化法律服务“双随机一公开”监管工作。组织律师在涉法涉诉信访接待室接待群众210余人次，处理涉法涉诉信访案件多件，维护基层和谐稳定。

【平安望城建设】 以安全为底线，强化忧患意识，切实防范、应对各种风险挑战，发挥全系统维稳职能。健全四级三调机制。建成以区三调联动办为龙头，14个街（镇）调委会为主体，128个村（社区）调委会为支撑，近1000名村组调解员、信息员为触角四级调解组织网络，形成纵向到底、各负其责矛盾化解新体系。开展“四查四防化纠纷 千乡万村创四无”专项调解活动，各类人民调解组织矛盾纠纷调处率100%，调处成功率97%，涉及金额近千万元，靖港镇、乌山街道调委会获评“全省优秀人民调解委员会”。联合区公安局完善15个驻所调解室建设，以政府购买服务方式聘请23名专职调解员，调处纠纷1300余起。发放“以奖代补”资金52万余元，组织司法所长等200余人集中培训，激发基层干事创业的活力，2名调解员获评“全省优秀人民调解员”，1名获评“‘全省三调联动解纠纷 防控风险促发展’专项调解活动先进个人”。培育李五嗲工作室、刘柱嗲调解室、东波调解室等乡贤调解组织，为各村（社区）、学校配备兼职义务调解员，设立律师调解工作室，充分发挥社会调解力量。提升行专调解效能。在全区矛盾多发领域形成交调、医调、物业、婚调、涉法涉诉、驻所等7个专业调解室。开展专业调解室案卷讲评，提升行业性专业性调解水平。交调协议金额300余万元，医调140余万元，物调受理案件1000余起，婚调调解成功300余对。升级矫正监管模式。推进省、市社区矫正管理系统升级植入融合，推动社区矫正指挥中心信息化建设，两次在全省司法行政系统月度考核中获得满分，位居第一。2018年，全区接收社区服刑人员267人，解矫205人，截至12月31日，在册301人，信息化定位监管率100%，确保社区矫正监管全覆盖。把教育矫正放在更加突出位置，每月组织在册服刑人员参加集中授课，接受心理辅导，开展义务劳动；每两个月组织新入矫对象进行教育培训，严把入矫关；指导司法所组织辖区内服刑人员行为规范化训练15次；通过政府购买服务方式，引进社会组织为301名矫正对象建立心理档案，进行心理辅导，确保社区矫正教育全覆盖。

【司法行政队伍建设】 以机构改革为契机，围绕造就“忠诚 为民 崇法 担当”的目标，抓班子，带队伍，强作风，为实现司法行政事业又好又快发展提供有力的组织保证和智力支持。把主体责任扛在肩上。坚持司法行政机关的政治定位，把牢固树立“四个意识”、做到“两个维护”作为班子建设的主题主线，局班子讲政治、抓党建、重团结、促发展的自觉性和坚定性不断增强。认真执行民主集中制，实行大事大家议、大事集体定，增强同频共振的合力。严格对标召开高质量民主生活会，认真开展批评与自我批评。深入学习贯彻习近平新时代中国特色社会主义思想和中共十九大精神，开展中心组理论学习和学报告、读原著等10余次，党组书记讲专题党课2次。把队伍管理落到实处。坚持党建先行，实行党建带队建。开展“四个意识、四个自信、四个合格”主题教育活动，通过一堂专题党课、一次事迹报告、一篇学习心得，深化干部职工的理论学习成果。举办“习近平新时代中国特色社会主义思想——天天见、天天新、天天深”暨“庆祝改革开放40周年”主题诵读等支部活动13次，强化干部职工的党性修养。系统中获得“长沙好人·身边雷锋”“习近平新时代中国特色社会主义思想”征文三等奖、“好书推荐”二等奖等荣誉的干部职工5人次。探索机关干部下沉司法所、区司法局和司法所干部双向交流机制，盘活司法行政队伍。组织参加省、市技能比武5次，获全省二等奖、全市司法行政系统“法制工作业务标兵”等荣誉3人次，干部职工的业务水平稳步提升。把纪律规矩挺在前面。认真落实党风廉政建设主体责任，以制度建设为保障，以专项整治为抓手，营造风清气正的干事创业环境。推进纪律作风一周一督查、一月一通报，将督查结果纳入全员绩效考核。推进“纠‘四风’治陋习”活动，在中秋、国庆等重要时间节点，强化作风建设常态督查。运用监督执纪“四种形态”中的第一种形态，对4名干部进行提醒谈话，解决苗头性倾向性问题。积极开展“廉洁家访”，向30余名干部职工的家属宣讲廉洁规矩，掌握干部职工廉洁动态。开展廉洁谈话近50人次，筑牢拒腐防变的思想道德防线。

【望城区获评第四批“全国法治县（市、区）创建活动先进单位”】 2018年6月5日，望城区被全国普法办评为第四批“全国法治县（市、区）创建活动先进单位”。近年来，望城区紧紧围绕构建“法治望城”奋斗目标，逐渐形成科学立法、严格执法、公正司法、全民守法的总格局。抓“关键少数”，把法律知识列入党委（组）中心组学习内容，把法治教育纳入干部教育培训总体规划和国家工作人员初任培训、任职培训的必训内容。举办机关干部“法治季课堂”21期，国家机关和村（社区）工作人员参加学法考法通过率100%。抓“薄弱环节”，开启青少年宪法宣传教育“听说读

2018年9月17日，望城区司法局组织法律顾问在洪开桥村开展“送法下乡”活动

写誓”多维模式，培训“法律明白人”3万余人次，普法讲师团巡回送课近300堂次。先后在格塘创意一条街、铜官平安广场、喻家坡法治广场、白芙塘社区公园、光明蝶谷法治公园等地打造室外法治宣传阵地，营造浓厚的法治文化氛围。深入开展“民主法治示范村（社区）”“依法办事示范窗口单位”创建活动。

【望城区婚调工作经验被各级推广学习】 强化行专人民调解业务指导，望城区婚姻家庭调适服务中心坚持“行专结合”“跨部门三级联动”“互联网+婚调”等模式，为群众进行专业调解，有力地维护全区婚姻家庭和谐稳定。4月24日，沈阳市妇女儿童工作能力培训班一行到区婚调中心考察学习；7月12日，吉首市妇联组织妇女干部到区婚调中心调研学习；9月18日，怀化市洪江区妇联到区婚调中心学习婚调经验。

【建成三级公共法律服务体系实体平台】 按照“覆盖城乡、功能完善、便捷高效、群众满意”的目标要求，望城区司法局统筹推进“公共法律服务体系建设三年行动计划”。建成14个高服务性的街（镇）公共法律服务工作站、128个高便利性的村（社区）公共法律服务工作点，建成率100%，实现三级实体平台全覆盖。组织法律顾问在联点村（社区）值班，常态性地为基层提供法治宣传、法律咨询、法律援助、人民调解等综合性服务，严格落实法律顾问动态考核机制。2018年9月21日，《长沙晚报》以《三级平台全覆盖，法律顾问线上找，法律服务全方位全时段提供——望城居民享受“淘宝式”公共法律服务》为题进行专版报道。

（刘　甜）

军事

责任编辑 ◎ 赵运良

人民武装

【政治建设】 坚决贯彻习主席“抓军队建设首先要从政治上看”重要指示。在理论武装上推进深入。采取上下同步、有分有合的办法，同步参加军委国防动员部“三个一线”领导管理能力集训，同步参加省军区2个批次中共十九大精神理论培训班，同步参加省军区“学习大讲堂”理论夜校，5次围绕习近平主席在省部级领导干部十九大研讨班上重要讲话等内容组织讨论交流，同步参加省军区党委书记培训班。开展“传承红色基因，担当强军重任”主题教育，党委3次组织议教，结合实际拟制定本级主题教育计划，按上级统一部署推动“四个专题”学习教育。开展“民兵学习宣讲”活动，结合整组点验、民兵训练、非战争军事行动等给民兵进行理论灌注，把民兵思想和行动，统一到习近平强军思想上来，播撒传播强军思想的种子。在“两学一做”上推进深入。推动“两学一做”常态化制度化，召开支部党员大会重新选举支委，落实“三会一课”制度，及时交纳党费，强化党员意识，开展“和平积弊大清底大扫除”主题党日活动，引导党员围绕“四个合格”学思践悟、知行合一。在意识形态工作上推进深入。重视意识形态领域工作，对营区政治氛围进行提质提档，及时更新板报墙报，重点树好忠诚是本根、为战是本分、创新是本源、服务是本质、清廉是本色的政治导向。2018年在中央、省、市各类媒体上稿24篇，其中《中国国防报》头版头条1篇、头版配图2篇、二版1篇，《中国民兵》1篇，央视七套军事报道2条，凝聚正能量展示新气象，增强望城武装工作影响力。

【改革转型工作】 把落实改革、适应改革作为中心工作来抓，各项工作围绕改革来谋划、部署和推进。强力推进干部退役转改。在进退去留的重大改革考验中，综合采取思想教育、政策解读、谈心交心、讨论交流、组织关怀等办法，全部实现长沙警备区党委组织意图。文职人员到位后，多次组织谈心谈话，及时掌握家庭生活情况，解决文职人员在公寓住房、子女入学入托、家属随调等方面的困难，营造拴心留人的环境，3名文职人员思想稳定、精神振作，到位就进入战位。推进民兵调整改革。把民兵调整改革作为力量规模结构改革在民兵领域落实的“最后一公里”，领悟战略意图，理解任务要求。强化组织领导。纳入议军会决策，组织党委会研究，召开专题会部署，推开示范性抓建，进行全覆盖督导，形成大事大抓、急事快抓的强劲态势。抓好潜力调查，紧密结合望城实际，按照贯穿“沿线”（重要交通干线沿线）、突出“两域”（部署驻地和阵地地域）要求，压缩力量规模，优化结构布局，基干民兵实现结构重塑、布局重塑、体系重塑。主官划片负责到点验一线检查督导，严格按照程序，奏唱军歌，集中宣誓，增强仪式感，强化身份感，激发荣誉感。推进职能任务转型。深入开展“适应新体制、履行新职能、担当新使命”讨论交流，进一步找准

2018年10月25日，组织物资收发分队理论学习

定位、激发动力。利用区委议军会、区委常委会、政府常务会3个平台，向地方党委、政府汇报人武部改革动态，争取地方党委、政府对人武部职能转换支持。采取文件呈阅、工作汇报等方式，向人武部党委第一书记、国动委主任、国教委主任等领导，汇报新体制新职能，为理顺机制奠定基础。切实转变思想观念，适应一线战斗堡垒、一线带兵人的新定位新使命，努力把新时代“三个一线”搞坚强。

【军事训练】 把贯彻习近平主席训令作为重大政治责任，坚决破除和平积弊、二线意识和后备后用等错误思想，努力在人武部层面回答好最高统帅的“胜战之问”。军地合力抓实战备建设。加强指挥信息系统建设，协调上级机关对通信线路和加密传输系统、机要文电远程递送系统进行维护，对监控系统进行升级扩容。加强战备器材建设，对现有冲锋舟交地方专业船艇公司进行维修保养，补充远程对讲机等防汛抢险、森林防火器材，协调区防指新购冲锋舟及相关运输设备。加强市、区和乡镇街道三级民兵应急分队建设，针对民兵整组欠债较多的实际，按照编制表配齐区民兵应急连物资器材，规范阵地建设，补充装备器材。签订民兵专业分队装备预征预储协议，点验拉动部分装备器材。针对民兵调整改革情况，修改完善战备方案和营区防恐应急方案。7月26日，依据《战备工作条例》组织人武部应急指挥组带战备值班分队进行战备拉动演练，通过练程序、练动作、练保障，全面提高快速反应和组织指挥能力，在中秋、国庆期间警备区和本级组织的战备拉动检查中应急分队按时按要求完成集结。强化军事训练。党委4次议战议训，牢记领袖嘱托，闻令而动、遵令而行，把军事训练摆上中心地位。首长机关同步参加省军区、警备区军事理论学习，对强军思想、军民融合、国防动员、军事设施保护、军事训练条令等内容进行系统学习。抓好现役、文职两个层次的训练，坚持每天最后一小时组织体能训练，每月组织一次考核，做到人人参训、人人有考核成绩。按照二季度主抓军事训练的基本思路，扎实推进调整改革后的民兵军事训练，完成舟桥骨干、应急分队等练任务，年度训练任务100%完成。组织舟桥等民兵应急分队，参加由长沙市防汛指挥部主办、望城区人民政府承办的洞庭湖区防汛抢险演练，圆满完成分列式、转移群众、水上救援、处理散浸、封堵管涌等5个课目，得到军地好评。按照全省学生军训工作会议精神，组织民兵骨干进行为期5天的“四会”教练员集训，强化军事技能训练，完成3254名高中、职中学生的军训。推进兵役工作。积极适应“五率”考评新要求，把兵役登记作为突破口，2次召开兵役登记工作部署会、调度会，3次到乡镇街道督导，每周下发进度通报，5次约谈有关基层武装部长，对工作滞后月亮岛街道武装部，建议街道工委撤换武装部副部长，采取超常措施推进这项基础工作，针对往年退换兵情况多的实际，多次向公安局和人民医院压实责任，特别明确身体责任退兵涉及那个医生就吊销那个医生的从医资格证并追究医院领导责任的要求；严格组织新兵役前训练，专门聘用专业教员对新兵实施严格组训，通过规范一日生活、军政主官亲自宣讲部队要求、国防政策、国际国内形势，加大训练强度和刻苦性锻炼，淘汰思想上不坚定的新兵。新兵到部队后思想稳定，身体复查均合格，无一例退兵。加强大学生征兵宣传，召集4所高校的分管领导和专武干部召开专题部署会，主官到高校进行政策宣讲，在征集人数较多的湖南电子科技职业学院、湖南信息职业技术学院，分别组织优秀大学生士兵先进事迹报告会，专门下发通知，要求乡镇街道做好辖区内在外学习大学生的精准发动工作。

【廉政建设】 汲取民兵训练费审计移交问题的教训，引导干部职工加强自我修养，管住心、管住嘴、管住手、管住脚，防止在一个问题上跌倒两次。严格落实“两个责任”，集中学习警备区财务管理暂行规定，及时传达违纪通报，对全面从严治党有关通知进行再学习再传达再部署，严格落实《准则》《条例》，加强对过去几年财务问题的审前整改，党委一班人统一认识，团结一致，采取有效措施筑牢纪律红线。班子前两名不搞特殊、不谋私利，加强对票据审查把关，努力确保中共十九大后不越红线、守住底线。坚持党委集体理财。无论年度预算、大项经费开支、营房维修等都实行党委理财，全程公开透明，坚持每季度研究一次预算执行情况，重大开支随办随议，所有开支都实行军政主官联审会签。严格经费开支程序。所有开支均有经办人、证明人签字，财务人员审核，领导会签，有呈批件，有党委会或办公会纪要，有现场实物照片，有上级要求或通知，财务开支规范严谨。坚持集中财力办大事。对于历史欠债较多的民兵整组工作、公寓房陈旧漏水、没有食堂等实际情况，党委决定集中财力办大事，予以整改和完善，努力建设一个能干事、会干事、干成事的领导集体，塑造一个拴心留人的工作、生活环境，形成一套长抓常议的武装经费管理机制。

【岗位学雷锋】 发挥雷锋家乡独特优势，紧密结合新形势新实践，持续打造“雷锋家乡学雷锋”这一特色品牌。坚持“军民融合”学雷锋。着眼解决人武部学雷锋主体力量不足矛盾，与地方党委和群团组织融合推动学雷锋活动，组建50人规模的“专武干部学雷锋志愿服务队”，在雷锋纪念馆讲解员中组建“女子民兵学雷锋示范班”，协助地方举办“2018雷锋精神论坛”，组织民兵参加“雷锋的名义永恒的旗帜，倡议全国青年志愿者做新时代雷锋传人”活动，承办驻长部队向雷锋塑像献花宣誓仪式，探望慰问雷锋纪念馆第一任馆长雷孟宣老人，走访慰问全国道德模范、雷锋家乡小雷锋周美玲，与到望城出席活动的“当代雷锋”郭明义、京城活雷锋孙茂芳进行互动交流，探讨新时代如何传承雷锋精神。坚持“精准扶贫”学雷锋。贯彻中央和省、市部署，结合区里统一安排，重点对人武部联系的黄金园街道桂芳村6户贫困户进行一对一帮扶，针对不同家庭情况，制定个性化帮扶措施，2018年有4户脱贫。持续开展学雷锋助民劳动，组织民兵到航电枢纽湘江库区清理白色垃圾10余吨，助力美丽望城建设。持续开展“传承雷锋美德，共享幸福望城”慰问敬老院活动，到新康敬老院慰问老人。坚持“务军为军”学雷锋。持续开展“我助老兵奔小康”活动，遴选26户困难家庭，每名干部联系3~5名，采取多种方式解决实际困难。把学雷锋与开展“双带双促”活动结合起来，协调区财政安排100万元资金，扶持退役军人“大众创业、万众创新”，全年为退役军人企业、优秀退役军人发放扶持资金99.7万元，引导退役军人“带头建设家乡促进经济发展，带头维护稳定促进社会和谐”。积极开展涉军维权协调，承办军事法院和上级交办的涉军维权事项8起，优待入学1人，让军人军属在困难时刻感受到组织力量、雷锋关怀。

【安全工作】 坚持稳中求进总基调，把抓好改革落地期间安全稳定，作为党委保底工程来抓。绷紧高压线。部署开展“贯彻落实新条令、塑造军队好样子”活动，在军委国防动员部、省军区授课辅导后，集中组织干部职工学习新一代共同条令，把习近平强军思想内化为价值标杆，外化为行为准则。同步参加省军区警备区分季度安全工作讲评会，认真传达军委防范重特大事故和安全形势分析会精神，第一时间传达上级安全事故通报，本级9次分析安全形势，人人签订安全管理责任书。每周交班，都把安全稳定作为重要内容，经常提醒，经常督促。管控风险点。牢固树立大安全观，盯住17个重点要素进行管控。开展枪弹清查整治，聘用警备区机关1名退役士官协助武器装备管理，严格落实入库检查制度，部领导每周入库检查1次。针对武器仓库摄像保存不足1年问题，投入4万余元更新、更换主机和摄像头、调试视频系统，确保达标。以正规秩序整治为抓手，全面整理资料、归档文件，涉密资料、敏感信息得到较好清理。把确保车辆安全作为重中之重，针对两台公车严重老化隐患，倡导干部职工出门办事“打滴滴”、坐公交。突出训练安全。参加抗洪抢险演练事前进行安全风险评估，针对淹亡、中暑、饮食、管理、意外伤害、装备丢失等方面的风险隐患，严格落实安全防范措施，民兵舟艇13天训练演练全程安全无事故。落实责任制。把安全管理责任分解到每个楼道、每个房间、每个部位，用文件的形式做出规范。围绕上级通报的文电接收不及时、器材管理不严格等问题，在交班会上点名道姓严肃批评，责令限期整改。通过高度重视抓安全、常态落实抓安全、精准发力抓安全，保持人武部安全发展的良好态势。

【组织民兵集训】 5月，区人民武装部分别组织民兵舟桥骨干分队、应急连舟桥骨干、民兵应急分队进行集训。5月18日，组织舟桥骨干分队进行防汛抢险基本知识、冲锋舟驾驶、水上救护、离靠岸、转移群众、水上编队等项目训练；5月28日，组织长沙市民兵应急连舟桥骨干进行训练水上编队、水上救援、离靠岸等项目训练。通过集训，提高民兵舟桥骨干防汛抢险专业知识，强化专业救援技能和提高执行应急救援任务的综合能力，确保在汛情能反应迅速、快速处置。5月21日，组织民兵应急分队进行队列、军体拳、盾牌术、单双杠等项目训练，提高参训人员的身体素质和专业技能，为执行急难险重任务打下坚实基础。

（周　磊）

武警长沙支队望城中队

【用雷锋精神铸魂】 用实际行动践行雷锋精神。组织全体官兵参观雷锋纪念馆并向雷锋雕像宣誓，进一步激发官兵的爱国热情，打牢官兵争当忠诚卫士思想基础。中队积极延续学雷锋传统，“扶贫先扶志，治贫先治愚”，将学雷锋活动由物资帮助向精神感召深化。2018年，资助湘江村、乌山中心小学贫困学生8名，分别建立结对帮扶档案，针对具体情况给予不同帮助，为湘江村高某某、魏某某等贫困家庭的就业创收出谋划策，为孩子提供成长指引；与乌山中心小学孩子们一同制作雷锋剪纸、同唱《学习雷锋好榜样》、开展扳手腕游戏，给留守儿童送去贴心的温暖。在雷锋纪念馆，组织新同志进行入队宣誓、瞻仰雷锋生平事迹，由理论骨干组成的“雷锋精神义务宣讲队”走进陈列馆，为游客讲述雷锋故事。在驻地社区，中队学雷锋志愿服务小分队走上街头，为老人剪头发、量血压、做理疗，将雷锋精神的种子撒在大街小巷。中队官兵学雷锋事迹被《解放军报》《人民武警报》《湖南日报》、湖南武警微信公众号、湖南都市频道、湖南教育电视台等媒体报道。以基层文化“四有”为指导，周密制定“官兵成长计划”“周末育才计划”，购买架子鼓、吉他、小提琴、葫芦丝等乐器；开通图书电子借阅系统，开展“周习一文，月读一书，年考一证”活动，引导官兵成长成才；团支部积极作为，坚持传承拉歌、拔河等部队传统文化活动的同时，根据“95”后战士思想特点创新开展新的活动，受到官兵的热烈追捧，让官兵在欢声笑语中缓解压力，凝聚兵心。中队每个月为官兵举办集体生日晚会，让官兵感受到中队大家庭的温暖，进一步密切内部关系。作为军委报批的军营开放单位，3月、7月、8月和10月，分别举行以“学习雷锋好榜样”“无悔青春献身国防”“快乐萌娃进军营”等军营开放日活动。8月与望城区图书馆和望城区史志档案局以“增强文化自信，笃定强军信仰”为主题开展赠书活动，向地方人员展示当代武警官兵的良好形象，增强官兵练兵强能的使命感、责任感。中队连续28年被总队评为标兵（先进）中队。

【班子建设】 中队始终把支部建设作为部队建设的头等大事来抓，充分发挥支部“三个能力”，带领官兵攻坚克难、锐意进取。在不断学习中提高凝心聚力的本领，创造团结共事的良好局面。研究制定“一年立标准铸斗志、两年抓队伍上层次、三年塑内涵创品牌”的三年工作思路，树立“打造一支根正苗红、特别过硬的雷锋式战斗连队”的奋斗目标，为中队弘扬优良传统，厚实历史底蕴，实现转型发展指明方向。在落实制度中健全凝心聚力机制。注重和调动官兵的自主权和积极性，以“两学一做”学习教育活动为抓手，坚持落实支部七项组织生活制度，增强干部的党性观念，通过有效指导两个群众性组织建设，充分发扬“三大民主”，努力营造愿讲话、敢讲话、讲实话的民主氛围，凝聚官兵力量，增强官兵的“主人翁”意识。

【军事训练】 完成执勤、处突任务的同时，按时间节点先后完成大纲规定的全部训练科目。注重营造训练氛围。中队以训练标兵竞赛为契机，利用板报宣传、评比竞赛等多种形式，引导官兵牢固树立“当兵不习武，不算尽义务”的思想，大力营造练兵氛围。突出科学练兵训练。

【执勤工作】 中队党支部始终按照执勤工作16字方针，以《执勤正规化等级评定标准》为依据，把“加强勤务管控，确保重心工作万无一失”当成头等大事来抓。结合实际抓教育，中心意识树立牢固。每周至少安排两次专勤专训，按照“任务需要什么就练什么、缺什么就补什么”原则，狠抓文明执勤用语，哨兵突发事件处置等课目训练，重点做好新兵的岗前培训和网络查勤员集中培训，取得扎实效果。依据制度抓落实，执勤秩序正规有序。坚持“勤务值班员、网络查勤员、执勤哨兵”三项讲评机制，每日对表现好的个人和执勤违纪人员进行录像，及时搞好随机教育，落实责任追究制度，同时中队结合实际制定执勤工作实施细则，每月评选优秀哨兵张榜公示，施行奖罚分明制度，增强官兵“中心居中”的责任意识。针对夏季高温给执勤工作带来的问题，坚持“以人为本”，开展向哨位“送清凉”活动，配齐哨位防暑药品和防蚊虫叮咬等物品，杜绝执勤中的“常见病、多发病”。2018年中队完成临时押解勤务13批次，押解犯罪嫌疑人125名。任务期间，带队负责人严格落实上级批示，遵照“严密组织、管好枪弹、加强警戒、确保安全”的要求圆满完成各项临时勤务。

【从严治军】 严格落实依法从严治军要求，加强部队管理，定期查找整改管理中存在的薄弱环节，狠抓经常性管理工作。依据条令抓管理。以“条令年”活动为抓手，从礼节礼貌、内务卫生、管理秩序和战斗精神四个方面入手，从正规“四个秩序”抓起，培养官兵养成严谨的作风，定期组织官兵进行“对照条令查不足，对照职责找差距”大讨论活动，增强官兵的条令意识、责任和使命意识。在落实具体工作中，注重把原则的要求具体化、笼统的条款清晰化，对诸如餐具摆放的位置、卫生工具放置的顺序、被子质量等，都明确具体的标准和要求。中队每天进行内务卫生评比，将评比出的好被子和差被子进行拍照并制作成视频，在LED屏上进行通报，既激励官兵又大大提高中队的内务标准。管教结合促管理。依据支队当前开展的“严守政治纪律政治规矩”专题教育整顿活动和“条令年”活动，从严管理部队，按规矩办事，对违反规定行为，发现一起处理一起，不搞特殊化，赏罚分明。中队以深化“五个坚决不能发生”的治理为重点，有效抓好安全法规和安全常识教育，增强安全警觉意识，严格控制人员外出，加大查铺查哨力度，始终做到“三餐查人、每日点名、查铺见人”，并持之以恒搞好季节性事故的预防，杜绝事故和安全问题的发生。中队每月按照《士官管理规定》对

2018年3月2日，中队官兵到雷锋纪念馆开展雷锋精神宣讲活动

士官、义务兵量化考评进行相应加减分，用士官的标准衡量义务兵，并且针对违反规定的士官、义务兵当月考评为不合格，最终作为年终考评和评功评奖依据，促进部队正规化管理。狠抓内部安全。以“暑期百日安全竞赛”为抓手，重点结合“执勤安全教育整顿活动”，加强对执勤安全隐患的排查与治理，突出“人车枪弹酒、水火电毒密、黄网赌钱信”治理，确保部队安全稳定；紧盯人员管理，严格落实请销假制度，正规外出手续，针对探亲休假人员，离队之前，签订保证书，明确要求，并携带安全责任书回家让家长签字。建立在外人员跟踪管理责任档案，在外人员每周电话向干部报告情况。中队采取电话抽查、微信视频检查和走访调查等方法，对探亲休假、外出集训、因病住院、临时因公请假外出等人员进行跟踪管理，同时针对每一次上级下发的事故案例通报，确保人员不失管，思想不失控。狠抓手机失泄密管理。以“手机专项清理整治活动”为抓手，组织官兵认真学习以《内务条令》《纪律条令》和《手机和互联网使用管理办法》等相关法规，开展针对性的警示教育和法纪教育。规范手机使用程序，人人写出剖析材料、签订手机使用申请表和责任书，对个人手机登记造册，严格做到一人一机一卡，对个人多余的手机监督寄回家中；每个人在手机背面贴上标签，写上自己的名字和手机密码，中队干部每周不定时对官兵手机进行开机清查，检查官兵利用手机干什么、看什么、玩什么，落实查铺查哨制度，杜绝私自使用手机现象的发生。

【**后勤保障**】 紧紧把握遂行多样化任务特点和“前勤”保障需求，坚持勤俭建队的原则，强化后勤人员的专业素质培养。搞好属地医疗保障。本着为战士健康负责态度，中队支部与望城区人民医院多番协调，为官兵办理免费诊疗卡，彻底解决官兵属地就医难题。严格制度落实。在总队“清仓归零”和“两清三过”活动中，支部能够积极配合，落实要求。在经费开支使用上，严格遵守财经纪律，坚持支部当家理财，重大开支阳光透明；坚持验斤验两、食品询价配送制度，及时公示当日伙食费消耗，把经费用在刀刃上、吃到标准上。认真调剂伙食。严格落实伙食定量标准，不折不扣执行总部制订的饮食保障模式。落实伙食管理五项制度，严格落实每周制订食谱制度，广泛征求官兵对伙食的意见，根据战士的口味特点和营养调剂伙食，官兵伙食满意率100%。加强疾病预防。严格食品直达配送，确保饮食卫生；严格落实食物留验制度，定期更换餐具，并对餐具器械消毒，保证官兵健康。安装防蚊纱窗，加强卫生常识和防病教育。官兵身心健康，无患重大疾病。建强后勤人才队伍。中队将后勤人员纳入量化管理，加大后勤人员军事训练力度，后勤人员每天参加训练，司务长、炊事员、文书等后勤人员训练水平均能达到合格以上。注重以老带新，各个公勤岗位均有后备力量，确保人员变动时各项工作正常运转。落实后勤战备训练。对后勤战备物资按规定的数量和质量储备、保管，以“三分、四定”要求做好保障，每周组织一次战备物资的检查。在现有的设施基础上发挥自身有利条件，从炊事基本知识入手，训练炊事员对给养器材的使用和维修保养以达到对所配发的炊事装备“四会”要求。利用课余时间，开展烹饪技术培训，发挥等级炊事员作用，在规定时间以内完成全部操作，饭菜质量达到烹饪要求。根据实战要求，选择野炊位置，做到便利、安全，不易被发现，不易暴露目标，熟练掌握三种灶的构筑方法。从战备行动，战地野炊到综合演练，提高班长的组织指挥能力，明确全班人员的分工，达到全班行动协调有序，能在规定时间内完成饮食制作，数质量达到要求，野炊灶构筑符合战术、技术要求的目的，确保执勤和处置突发事件为中心的各项任务。

（兰敏俊）

人民防空

【**城市防护体系建设**】 立足人防职责使命，在促进城市经济发展等方面发挥积极作用，不断加强城市综合防护体系建设。推进人防项目建设，建成“15014工程”。打造人防体验互动。提质改造雷锋纪念馆国防人防教育馆，打造集展示、教育、互动、体验四大功能于一体的全国一流人防教育基地，体现“科技、互动和寓教于乐”的宣教理念。助推地下空间开发利用。2018年办理各类审批项目96项。做好人防工程质量监督工作，强力推动新华联铜官窑国际旅游度假区、长沙亿达智造产业小镇、华润桃源里人防结建工程，缓解地面交通拥堵、停车难等问题。

【**城市应急应战能力建设**】 适应人防参与和服务防灾救灾工作新形势、新要求，抓住“5·12”“11·1”等人防工作节点，着力在疏散演练、重要经济目标防护、技能培训等方面下功夫，推动人防应急支援能力稳步提升。疏散演习实战化。“11·1”在区职业中专、雷锋路社区开展5000多人规模的防空应急演练活动，省、市、区知名媒体进行报道；在大湖中学、中岭小学等学校开展相关的演练活动，采取自选、点面结合等模式进行演练，进一步扩大演练工作的社会影响力。重要经济目标防护预案化。落实市人防办要求，紧贴重要经济目标发展和安全需要，不断加强重要经济防护建设，完成对长沙市湘江航电枢纽工程重要经济目标防护方案。警报安装全覆盖。将警报器安装工作覆盖至农村，2018年在斑马湖小学、云湖山庄新安装防空警报器。加强全区防空警报器的日常维护管理，确保人防警报设施始终保持覆盖率、鸣响率、统控率均保持100%；每周与市人防办开展海事卫星3G无线、短波、超短波的互联互通工作，沟通率100%。

【服务市民能力建设】 深化“最多跑一次”改革，提高行政审批效能。贯彻落实《中华人民共和国人民防空法》《湖南省实施〈中华人民共和国人民防空法〉办法》等法律法规政策。落实改革举措，加快审批过程，优化办事流程，理顺行政审批，创新服务模式，优化审批过程。优化服务，结建人防审批时限缩至2~3个工作日，办理时效居全省前列，为企业提供优质便捷的政务服务，赢得服务对象的一致好评。2018年办结行政许可（含工业项目审核）项目96个，工程竣工备案项目1个。其中，易地建设和工业项目审核72个，结建项目9个，补缴易地建设费项目3个，面积变更项目12个，新增同步修建的防空警报用房61处。2018年度易地建设费实际到账1.16亿元，同比增长15%。加大人防宣教力度，增强市民安全意识。抓好学校教育这个平台建设，向全区各大中、小学校发放人防宣传教育读本5540册、《现代防空防灾》书籍4200册；督促各学校在创优学校人防宣教环境、提高人防宣教质量上下力气、花功夫；联合区教育局共同要求各学校将人防教育作为校本课程开发研究，充分调动学校教育资源为人防教育服务。抓住“5·12”防灾减灾宣传日、“9·3”抗战胜利纪念日、“11·1”全省人防警报试鸣日等节点，在人流密集场所开展防空防灾应急知识宣传活动，向群众发放宣传资料8000余份，循环播放人防宣传视频、现场解答群众咨询；与雷锋路社区联合开展人防知识讲座；9月开始对学生、社区居民和企业工人约1万人，开展宣传教育和技能培训，通过观看应急避险情景剧表演、自救互救体验等生动形象的方式，教会师生、社区群众、企业工人如何避险自救，激发广大群众和师生的爱国热情，使每一位参与者了解掌握防空防灾基本知识和实用技能，提升群众人防避险能力。

【举办“关注人防 关爱生命”主题宣传活动】 11月8日，区人防办在区职业中等专业学校举办“关注人防 关爱生命”主题宣传活动。长沙市人防办主任王世平出席并宣布仪式开始，望城区人民政府副调研员邓桂军寄语学生强化人防意识，增强国防观念，激发爱国热情，努力掌握人防知识与防护技能，面对突发事件能保护自我、救助他人。下午三点半，校园响起防空警报声，长沙市民众应急服务中心教官现场给学生们普及三种人防警报声的辨识方法，给全校师生上一堂专业、生动、易懂、有针对性的人防知识宣传课，详细讲解空袭来临时如何准确快速穿戴好防毒面具的要领，介绍高跟鞋不可以破窗，并通过自编自演的《炸弹来了》人防情景剧、人防知识抢答赛、结绳互救体验区、心肺复苏体验区、止血包扎体验区、现场伤员搬运技能体验区等环节吸引全校师生关注。区人防办给职业中专师生赠送人防知识读本，呼吁学校全体师生加入到人防知识和技能的学习、宣传以及行动当中，进一步增强人防意识，关注人防，关爱生命。

【长沙市区、县（市）人防办主任联席会议在望城召开】 12月18日，长沙市区县市人防办主任联席会在望城区举行，长沙市人防办党组书记、主任王世平及全体班子成员，长沙市各区县市人防办主任参加会议。会前，与会人员参观望城区部分人防工程。会上，长沙市各区县市人防办主任就相关工作进行交流。望城区人防办党组书记、主任徐高在会上介绍望城区人防工作开展情况，望城区近年来着力抓好在人防工程建设、应急应战能力建设、人防惠民服务、人防宣传教育等工作发展，结合实际、改革创新，推进望城人防工作不断向前发展。今后，望城区人防办将在推进军民融合发展、提高战备水平、提升政务服务质量、积极开展宣传等方面持续发力，推动望城人防事业实现新跨越。长沙市人防办党组书记、主任王世平充分肯定各区县市人防办近年来所做的工作，并领学《省委常委、常务副省长陈向群调研人防工作时的讲话》，王世平结合讲话精神指出，人民防空是国防的重要组成部分，全市各级人防办和相关职能部门要牢记使命勇于担当，提高政治站位，找准工作定位、主动作为、向中心聚焦、为大局服务，要主动适应和引领新常态，与时俱进、开拓创新，不断增强工作的预见性、主动性、实效性，不断探索推进人防发展的新思路、新方法，开启人防工作新征程。

（周　硕）

经济管理与监督

责任编辑 ◎ 杨英占

发展和改革

【概况】 2018年，区发展和改革局（物价局）内设办公室、发展规划科、产业发展科、招投标管理科、价格管理科、区政府重大建设项目稽察办公室6个职能科室，下设价格监督检查局、能源局、价格认证中心、政府投资项目管理局、重点工程项目办公室5个二级机构，以及两型社会建设综合配套改革领导小组办公室1个合署办公机构。有干部职工46人，政府雇员6人。

【宏观政策分析】 深化宏观政策研究，把握政策走向，牵头组织撰写《关于坚持生态优先绿色发展在深入实施长江经济带发展战略中推动望城高质量发展的三年行动计划》；牵头编制《中心城区规划建设行动方案（2018—2020）》《智慧望城建设发展研究（2017—2020）》已评审并通过，《长沙市望城区乡村振兴战略规划》（2018—2022年）编制工作有序开展。加强经济运行监测，认真组织经济形势分析，开展全区各行各业经济运行指标、经济发展态势的摸底和对接工作，从着眼望城发展大势、评判发展形势、分析发展中的症结和不足，并提出下阶段对策建议等方面认真撰写经济形势分析报告，组织开展2019年主要经济社会预期指标论证建议调研，撰写2018年半年度国民经济计划报告和2019年国民经济计划报告，为区委、区政府决策提供参考。严格政府债务管控，认真落实省、市债务管控相关文件要求，会同财政、金融等部门根据“保民生、保产业、保要素、保运转”思路，按照“调、停、缓、撤”原则，对区预算内投资项目、平台公司融资项目进行专门清理，提出区政府投资项目负面清单，在融资管控从严从紧的背景下，量力而行精准推进政府投资项目建设，下发望城区2018年政府投资项目“调停缓撤”计划，“调、停、缓、撤”项目分别为22个、23个、29个、1个。

【项目服务工作】 聚焦“产业发展突破年”，实行一月一调度、一讲评、一通报，深入项目现场调度建设进度，强化分管区领导分线调度、项目建设领导小组的分类调度，切实解决影响项目建设的问题，助推“五个一百”、省重大产业项目、省重点建设项目、市重大项目加速建设。京港澳高速望城段国庆前通车，长益复线拉通全线路基，伟创力长沙智能制造产业园项目一期从开工建设到产品下线，仅用时86天，二期工程做到人歇机不歇，在52天内保质保量完成6489根桩，较原计划提前18天。五矿国家新能源材料产业基地、苏宁云商基本实现主体竣工。突出项目资金争取，强化争资队伍建设，及时准确掌握上级政策信息，做深做实前期工作，积极争取各类专项资金，千方百计将望城区的优质项目挤进中央、省、市“计划笼子”，让资金更好地服务实体经济、项目建设。争取并到位上级资金约2.19亿元，涉及30多个项目，包括人民医院项目4000万元，保障性安居工程配套基础设施4806万元，职业中专2000万元，望城二污670万元等。推进项目审批改革。认真贯彻落实国家、省、市“放管服”改革部署安排，以“一网通办、全程代办、预审联办、集中批办”为原则，按照“一窗受理、一套资料、数据换人、流程再造”的改革路径，深化投资建设项目行政审批制度改革，扎实推进网上全程办理、全程代办服务、预先受理审查、设置综合审批专区、优化再造审批流程、创新审批模式、强化信用监管等7大重点任务，全力打造中部地区行政审批事项最少、效率最高、成本最低、过程最透明的区县。牵头“一圈两场三道”建设。根据全市“一圈两场三道”建设两年行动计划，结合望城实际，制定出台“一圈两场三道”实施方案和考核办法。将2018年“一圈两场三道”建设任务分解为86个具体建设项目，分别由规划、住建、商务牵头负责，其他20余个单位具体实施，其中高塘岭街道、月亮岛街道为2个示范生活圈的建设主体单位。

【物价水平管控】 全面落实各项价费政策，3次清理、整合和规范全区行政事业性收费、涉企收费和服务性收费，降低收费标准，对收费项目实施动态管理，切实加强全区收费项目事中事后监管；认真落实房地产调控政策，严把房地产价格关口，确保望城区房地产市场健康稳定发展，2018年完成75个商品房项目销售价格监制汇总、协调、上报工作；做好区级价格调节基金组织申报和检查督查工作，支持“菜篮子”基地建设；公开选聘会计师事务所对自来水公司、环卫局供水和垃圾处理成本进行审核，启动望城区水价调整工作；完成对全区普惠性民办幼儿园办园成本调研、对公立医院及卫生院收费调研和对水、电、气价格执行情况调研，加强教育、医疗等民生收费监管。强化民生价格检查力度。加强市场价格监管和法律法规宣传，组织《中华人民共和国价格法》颁布20周年宣传活动。加大价格检查力度，切实开展好涉农、涉企、医疗卫生、教育收费价格专项检查，配合开展房地产市场和中介机构专项整治，严厉查处乱收费行为；做好“五一”“端午”“十一”等节假日市场价格监管，加大价格提醒和巡查次数，认真落实好“12345”市民热线和“12358”价格举报电话的查办回复工作，1—12月处理价格舆情685件。密切跟踪价格监测鉴定。做好做实价格监测数据的分析上报，涉案、涉纪物等价格认定工作，推动市场价格监测调控体系的建设，建立价格异常波动应急机制，确保区域内物价总体水平基本稳定。采用电话询价和上户采价等方式。1—12月上报各种监测数据23839条，撰写市场动态信息及调研分析材料65篇，为国家、省、市、区进行宏观调控提供了真实有效的数据。1—12月完成公安刑事案件、行政鉴定案件138宗，鉴定总额213.557万元。

【生态文明建设】 深入开展两型建设，突出两型宣传，强化绿色发展评价，落实好两型示范创建和两型标准认证等生态文明体制改革工作，推进餐厨油烟净化治理清洁低碳技术推广，并对全区主城区老旧社区餐厨油烟拟改造情况进行数据摸底，出台《长沙市望城区2018年老旧社区居民家庭餐厨油烟净化综合治理工作实施方案》，明确实施规模，并全程监督第三方公司按时按量完成任务。2000户年度改造任务已全部完成。持续推进能源管理。严格执行固定资产投资项目节能审查制度，严把项目准入、施工建设、竣工验收等关口；加快推进新能源汽车充电基础设施建设和管理，安装充电桩335个，并推广使用高效节能路灯3000余盏；积极开展“节能宣传周”和“安全生产月”宣传活动；狠抓油气长输管线的安全监管工作，组织全区管道企业相关人员和一线巡线员进行业务培训60人次，做好宣传、培训和执法检查活动，确保全区油气管线运行安全稳定；成立天然气管道建设指挥部，协调推进西气东输三线长沙支线和湖南天然气长益支线管道项目建设。紧抓洞庭湖双争工作，出台《洞庭湖生态环境专项整治三年行动计划》《2018年度洞庭湖生态环境专项整治工作绩效考核评分细则》《关于洞庭湖生态环境专项整治具体措施》系列文件。研究制定2018—2025年洞庭湖治理实施项目建设计划，项目38个，总投资138.5亿元，其中纳入2018年政府投资计划实施项目18个，子项目23个，2018年计划投资13亿元。积极争取资金打造示范片区，出台《长沙市望城区洞庭湖生态环境专项整治大众垸新康片区示范工程实施方案（2018—2020年）》，推进重点示范片区建设。

（余吉琮）

统计工作

【概况】 2018年，区统计局内设综合科、业务科、法规科，下设普查中心、经济调查队2个下属事业单位，有在职干部职工26人。

【统计业务基础】 加强业务学习，深入学习统计系统相关的《关于深化统计管理体制改革提高统计数据真实性的意见》《中华人民共和国统计法实施条例》《统计违纪违法责任人处分处理建议办法》《防范和惩治统计造假、弄虚作假督察工作规定》等新法律、新规定。制定《长沙市望城区统计数据质量控制办法》，严格实行统计报表“专业人员—分管局长—局长”逐级把关审批制；继续聘请行风监督员，健全完善统计行风监督机制，开展专项治理和隐患排查工作，并组织开展“回头看”，全年开展统计数据质量指导核查近300家次，对辖区内25家基层报表单位进行统计执法检查，对3家单位进行立案查处，完成上级交办的案件1起。完成“三农”普资料开发和总结表彰工作，“三农”普工作圆满收官。四经普前期准备阶段和单位清查阶段工作按时保质完成，“四经普”单位清查率五个指标在全市九区县中4个第一、1个第三。加强组织领导、业务指导、对接协调、政策宣传，全年共申报“四上”企业209家。全面完成各项专业年报和定报，全年无漏报、迟报、拒报事故发生，上报数据真实有效，各专业在全市的评比中名列前茅。

【统计服务功能】 准确监测主要经济指标情况，每月进行经济形势研判，形成《规模工业预警分析》等文章，为党委政府科学决策提供统计保障。开展全面小康统计监测与重点民生实事评估认定工作，全年开展民生实事分析报告3次和自查总结1次，对5项指标提出预警，为全区重点民生实事推进做出贡献。推进新经济统计制度建设，强化宏观经济、重点行业和社会领域的统计监测和深度分析，深入开展统计专题研究，形成《望城区三产业运行情况分析》等分析文章。全年形成统计分析（资料）34篇（期），每月编印《经济运行快报》。

【完成第三次全国农业普查扫尾工作】 加强与市农普办的对接，做好“三农”普数据认定及相关数据修订工作。认真整理第三次全国农业普查数据，充分利用普查数据做好资料开发工作，形成《望城区第三次全国农业普查主要数据公报》《望城区第三次全国农业普查数据汇编》。做好第三次全国农业普查市级先进集体和先进个人的推荐评比工作，全区9个集体、76名个人获评市级先进。开展“三农”普区级先进评比表彰工作，全区评选25

个先进集体和 260 名先进个人。

【完成第四次全国经济普查阶段性工作】 报请区政府成立以常务副区长为组长的经济普查领导小组，设立普查办公室，印发相关文件；与各街镇（园区）签订经济普查目标责任书，指导全区各街镇组建普查机构。全年召开全区经济普查动员会、工作推进会、现场办公会、业务培训会等 20 余次，完成全区普查两员选聘、普查用手持终端(PAD) 配备、普查区域划分、普查工作平台搭建、普查宣传、单位清查等各项工作。印发《长沙市望城区第四次全国经济普查单位清查质量控制办法》，建立联点机制，对全区各街镇（园区）数据质量情况进行实地核查走访，切实把好“四经普”单位清查数据质量关，“四经普”单位清查率 5 个指标在全市九区县中 4 个第一、1 个第三。

【“四上”企业申报再创佳绩】 成立由区领导牵头，统计、经信、发改、商务、税务等部门组成的“四上”企业（规模以上工业企业、资质等级建筑业企业、限额以上批零住餐企业、国家重点服务业企业等这四类规模以上企业的统称）申报工作领导小组，加大与工商、税务等部门信息共享和协调推进的力度，搜集整理出分街镇的准“四上”单位资料名单，助力各街镇高效推进核查工作；加强与发改局、经信局、商务局等部门配合协作，督促指导镇（街道）申报工作及时到位；加强与上级衔接沟通，对申报流程进行全程跟踪协调，及时反馈问题，确保新上规模企业申报质量。全年共申报“四上”企业 209 家，夯实了统计名录基础，为经济数据全面准确反映望城区经济的快速、健康增长做出贡献。

【迎接国家统计局检查相关工作】 6 月底，国家统计局对全市九区县开展统计执法检查，区统计局全力以赴，为长沙市顺利完成统计检查工作贡献望城力量。全局干部职工顾全大局、勇于担当，每天工作 16~20 小时，连续多天坚守在岗位上，望城区迎检工作得到检查组领导的充分肯定。在国家局检查后，开展违背上级精神的公文清理废止和业务交流平台清退解散工作，开展系列“数据造假、以数谋私”专项整治工作，积极对接国家局、省局进行数据合理修正，提请区委常委会议研究统计工作，进一步明确基层统计人员配置及统计站长待遇等事项，组织召开座谈会，开展走访帮扶，加强对基层队伍的引导，稳定了基层队伍情绪，保证了统计工作秩序恢复。

（文勇强）

市场和质量监督管理

【概况】 2018 年，区食品药品工商质量监督管理局（区食品安全管理办公室）有在职在编干部职工 159 名，退役士官 7 人，政府雇员 2 人，内设 16 个科室，1 个直属机构，6 个二级直属事业单位和 15 个基层所。全区有个体工商户 5.3 万户，企业 1.4 万家，特种设备 5837 台，注册电梯 6676 台，食品生产企业 97 家，食品生产加工小作坊 28 个，食品流通经营单位 6676 户，餐饮单位 3255 家，规模农贸市场 8 家，中小学校（幼儿园）231 所。

【国家食品安全城市创建工作】 区委常委会 2 次专题听取创建国家食品安全城市工作情况汇报，区政府 12 次召开创建调度会，区人大、政协多次调研，构建起“党政同责、三级联动、全域创建”工作格局。开展“护苗、护老”、一桌餐、“两非”药品、疫苗、“利剑”等整治行动 31 次。全区排查各类经营主体 3 万余家次，关停经营门店 126 家，查扣问题食品 300 余吨。全年立案查处行政违法案件 443 起，办结 376 件，罚没入库 564.4 万元，集中销毁假冒伪劣产品 500 余件、60 吨，货值 350 余万元。建立“望城食品安全”等 3 个微信公众号，发布图文信息 960 余条，阅读量 2 万余人次。群众对食品安全满意度达 85%，较 2017 年年末提高 15 个百分点，顺利通过省、市食品安全年度考核。

【质量强区建设】 按照《关于进一步深化质量强区建设的意见》，与 700 多家区直单位、生产经营企

2018 年 2 月 9 日，区食药监局组织开展“两节”期间农贸市场专项检查

业签订责任状。开展重点产品排查，出动执法人员300余人次，巡查56家生产企业。委托专业机构免费对73家物业服务机构开展业务培训。备案检定计量器具11636台（件），为企业减免计量检定费用497490元。指导13家企业完成国家标准、行业标准修订。组织澳优、旺旺等4家企业参加长沙市市长质量奖评选，金龙铜业等9家企业参加湖南名牌产品评审，其中澳优乳业董事长获首届市长质量奖，提升望城区质量发展水平和综合竞争力。

【政务服务优化】 按照“三集中三到位”原则，整合内设机构，实现行政审批权到科室集中、行政审批事项到政务中心集中。推行电子营业执照、“多证合一、一照一码”登记制度改革，实现审批服务事项“零跑路”和“最多跑一次”。全年新增商事主体10091户，后置许可审批办证率达95.54%，居九区（县、市）前茅。

审计

【概况】 2018年，审计局内设综合科、审计一科、审计二科、审计三科、内部审计指导科，下设政府投资审计中心(主任乡科级副职)、领导干部经济责任审计室（主任副科级），有干部职工19人。全年完成审计项目197个，查出违规金额221万元，管理不规范金额97456万元，核增应上缴财政资金17156万元，归还原渠道金额602万元，核减财政投资、节省财政资金共计11068万元，向区本级纪检监察和有关部门移送案件线索17起，移送处理23人。

【促进重大政策落实】 紧扣风险防控，发挥预警功能。对区本级、平台公司、14个乡镇（街道）及所属机构政府性债务进行审计，防控化解政府债务风险。对全区9家融资平台公司的资产负债情况进行全面审计，通过摸清基本情况、梳理资产负债清单、提出审计建议，有效促进全区融资平台公司整合工作。紧扣脱贫攻坚，维护群众利益。全面铺开2017年扶贫攻坚专项资金审计调查，以“精准审计”助力“精准扶贫”，针对重复发放、挪用、错补等问题，及时移送区纪委调查处理，立案2起，追回违规发放资金6.05万元。紧扣污染防治，关注环境保护。精心组织城乡环卫经费专项审计调查，发现问题15个，促使区环卫局出台垃圾清扫及测量等相关制度，追回违规资金21.08万元，助力“蓝天保卫战”。

【提高财政资金绩效】 围绕“发展、改革、安全、绩效”目标，促进财政运行质量和效益不断提升。加大同级审覆盖面。运用大数据，对区本级一级预算单位及下属单位2017年预算执行情况进行整体数据分析，完成全区13个公办敬老院、税收等5个专项资金的审计监督，对4个部门预算执行情况进行重点审计，延伸开展乌山中小企业园、农科园等6个单位财务收支审计，并对3个村级财务收支进行审计，移送案件线索7起，督促上缴税收488.59万元，实现部门预算执行审计全覆盖。加强征拆资金管理。以征拆资金管理使用的真实合规性及“六长一霸”腐败问题为审计重点，对已完成2015年1月以来新铺排的23个征拆资金开展专项审计调查，发现问题79个，针对违规挪用征拆资金等问题，及时移送区纪委处理3起，收缴重复拨付征地补偿款、追回结余土地补偿款等拆迁资金35.97万元，切实维护人民群众利益和征拆资金的合规使用。

【强化权力运行监督】 抓住“关键少数”履职尽责情况，着力强化对权力运行的监督和制约。推进离任交接审计监督。对8个单位的8位离任领导干部进行离任交接审计监督，通过明确交接对象、交接内容、监交方式、交接责任，有效划分离任领导与接任领导经济责任界限。推进领导干部经济责任界定。按照“党政同责、同责同审”的要求，对3个乡镇（街道）、3个区直单位共9名领导干部开展经济责任审计，坚持“三个区分开来”，查处负有直接责任的金额57.56万元、负有主管责任的金额22.31万元、负有领导责任的金额4935.65万元，为区委选拔任用干部、评价干部提供有力参考。推进自然资源审计。灵活运用“1+N”即经济责任审计与其他审计相结合的方式，针对性地开展高塘岭街道领导干部经济责任审计、自然资源资产离任（任中）审计，切实履行自然资源资产管理责任。

【加强政府投资监管】 着力强化对工程建设领域的监管，确保有限的资金用在“刀刃”上。加大政府投资项目监督力度。对政府性投资工程项目结算金额1000万元以上和超预算20%以上的实行必审，完成政府性投资项目工程结算造价抽审项目89个。促进盘活低效和闲置土地。对靖港棚户区改造、天龙制药项目等13项国有土地上的房屋征收进行审核，核减征收资金475.15万元；对乾源国际、嘉宇地产置换地块项目等13个项目41宗土地进行评估审核，核增应缴区财政土地收入16596.96万元；对公坤石材项目等矿产权收回关停项目进行审核，核减补偿费用10499万元。推动项目建设实施。对全区10个重大政府投资建设项目进行跟踪审计，并针对建设过程中存在建设程序、工程管理等方面的问题及时提出审计意见和建议，促进建设部门、施工单位、监理单位等强化管理，有效控制工程成本。

【强化审计成果运用】 坚持把揭露问题与推进整改、审计移送相结合，加强审计成果的开发利用。服务科学决策。高效完成区领导交办审计事项12件，向区委、区政府领导呈报综合报告5个，提出审计建议132条，审计工作、审计事项被区委、区政府主要领导批示11条。持续跟踪督促整改。印发审计发现问题整改函33份，33家被审单位都已制定整改方案。同时，针对财政“同级审”发现的问题，配合区人大财经工委对6个单位审计整改情况进行跟踪督办，促进各部门、各单位加强管理，建立健全各项制度。被审单位积极采纳审计意见，制定各项管理制定17个，其中区级制度2个。推进反腐倡廉建设。全年审计收缴违纪违规资金70.63万元，清退、追回不合规资金1047万元，向区本级纪检监察、有关部门移送案件线索17件、立案12件、政纪处分1单位、党纪处分23人。抽调审计人员参加省委巡视组、市委巡察组工作，抽调精干人员支持配合区委巡查工作，维护财经秩序，促进反腐倡廉。

（综合科）

【“精准审计”助力“精准扶贫”】 优先安排政府关注、百姓关心以及关系群众切身利益的精准扶贫、脱贫项目进行审计，全力助推脱贫攻坚工作。持续加大对扶贫各类专项资金的审计监督力度，实现对扶贫资金和扶贫项目的审计全覆盖。紧盯扶贫领域“最后一公里”，审计中发现违法、违纪案件线索，根据职责权限及时移送区纪检监察部门调查处理。在对2017年扶贫攻坚专项资金进行专项审计调查时发现，乡镇（街道）上报到区民政局的2016年、2017年两个年度建档立卡贫困户“两不愁”保障对象中有重复申报领取保障资金和物资的现象。审计组进一步核查发现，全区两年有14户保障对象存在重复申报领取行为，涉及金额2.2万元；有2户不同申报对象资金存入同一个账号，涉及金额2000元。

【开展环卫经费审计】 对2017年度城乡环卫经费预算执行情况开展审计和审计调查，审计过程中围绕区委区政府强力推进环境大治理，部署打赢蓝天保卫战这一中心任务，把审计目标和行动聚焦在“打赢蓝天保卫战”之上，审计人员实地深入到垃圾清扫公司、垃圾中转站、垃圾填埋场、工具仓库等进行实地查看、清点，详细了解核实环卫工具和材料的入库、领用、报废等管理情况，突出从环卫经费使用的合法性、合规性、效益性三个方面着手，确保审计广度、深度和准度。此次审计共发现问题15个，促使区环卫局出台垃圾清扫及测量等相关制度，收回清扫服务费及垃圾代运费21.08万元，推动区环卫局将环卫专项经费向一线倾斜，加强主次干道扬尘治理、地毯式吸尘、洒水降尘等工作。

国土资源管理

【概况】 2018年，区国土资源局机关内设办公室、纪检监察室、建设用地科、人事政工科等16个科室，设土地执法监察大队、土地储备中心、土地整理中心、不动产登记中心等9个二级事业机构，设高塘岭、乌山、丁字湾、桥驿等15个基层国土所。有在岗人员352人，其中在职在编干部职工165人，政府雇员16人。

【保障土地资源供给】 全面保障重点工程、民生工程、重大基础设施、重大产业项目用地，积极支持新产业、新业态用地，全力助推望城区实体经济发展。2018年批回国有建设用地360.1759公顷、集体建设用地3.2624公顷；供应土地597.83公顷，其中去存量供应245.86公顷，划拨供应118.09公顷，出让供应233.88公顷；完建设项目用地预审37宗，面积219.5860公顷；完成拆迁项目75个，腾地812.49公顷；保障了湘江大道北延线、长郡斑马湖中学、石子岭学校、长沙市智培特殊学校、望城第二中学、香桥小学、中南林科大涉外学院等重大民生工程用地需求。开展全区新一轮土地利用总体规划修编工作，完成工作方案编制和基础资料收集工作；完成自然资源部确定的第一个村级土地利用规划修编试点——靖港镇柏叶村土地利用规划修编专家审查工作。探索实施“精地出让”工作，全年挂牌出让土地33宗，出让面积250.0851公顷，出让价款46.1946亿元。其中工业用地19宗，出让面积161.6154公顷，出让价款7.2625亿元；经营性用地14宗，出让面积88.4698公顷，出让价款38.9321亿元；完成国土基金收入55亿元，土地纯收益12.6亿元。

【守住耕地保护红线】 做好耕地及基本农田的保护工作，达到耕地

2018年4月，区国土资源局开展打击非法采砂、洗砂、取土专项整治行动（李宏 摄）

保有量不少于29420公顷、永久基本农田保护面积保持24560公顷不减少的目标。严格落实耕地占补平衡政策，竞拍耕地指标92.796公顷，购买省安居投20公顷“旱改水”指标，积极配合望城经开区、城投集团、铜官园区、交建投与7个贫困县签订增减挂钩协议，异地流转获得指标365.1709公顷；2014年度城乡建设用地增减挂钩项目新增旱地指标12.9243公顷；着力落实“旱改水”兑现承诺，兑现124个项目，面积544.5172公顷。

【加强土地执法监察】 进一步健全完善共同责任机制，按照“属地管理”原则，建立国土与街镇、公安、城管等部门的工作联动机制，形成“内部顺畅、外部和谐”土地执法工作机制。积极破解闲置土地处置难题，按照“一地一策”方式，对纳入市对区绩效考核的41宗闲置土地（其中2宗被司法冻结）处置到位39宗。全面摸清全区卫片执法检查图斑、非法采（洗）砂场、非法取土、搅拌场基本情况，开展执法动态巡查1954次，立案查处违法用地16宗；调查处置违法用地220宗，举证卫片图斑826个、拆除非法采（洗）砂场98处、非法搅拌场11个，全面完成9处“大棚房”整治，有效遏制违法用地势头。国家自然资源督察武汉局要求整改的256宗违法用地整改率达到94%。

【推进节约集约用地】 推进园区节约集约用地，加快低效用地再开发项目实施，积极协调省、市加快完成园区规划调整完善，会同园区对再开发项目进行论证，完善相关用地手续；积极推广节地模式，充分利用网络、媒体和“6·25”土地日等加强农村、城镇和园区节地技术、典型节地模式宣传；对农村建设用地闲置、废弃、一户多宅等基本情况进行调查，在苏蓼垸内大胆创新试点，探索“带地入建、跨村建房”模式取得良好成效。10月15日，《农民日报》以《如何把宅基地有效利用起来？“两权”置换：你有房住 我有收益》为题刊登了望城区用承包经营权流转收益与宅基地使用权置换的经验做法；4月28日，国务院办公厅印发通报（国办发〔2018〕28号），望城区作为土地节约集约利用、土地利用秩序、土地利用计划执行好的城市之一，受到通报表扬，并获奖励新增建设用地计划指标66.67公顷；望城区节约集约用地工作获得省厅奖励指标66.67公顷，望城经开区获奖励指标20公顷。

【提升土地资源效益】 探索实施“精地出让”工作，建立由土地储备中心委托土地开发公司对全区所有储备土地进行前期开发的工作机制，开展旺旺广场西南角和九旺制药地块前期开发工作。全年共挂牌出让土地33宗，出让面积250.0851公顷，出让价款46.1946亿元。其中工业用地19宗，出让面积161.6154公顷，出让价款7.2625亿元；经营性用地14宗，出让面积88.4698公顷，出让价款38.9321亿元；完成国土基金收入55亿元，土地纯收益12.6亿元。

【推进行政审批制度改革】 设立行政审批科，集中事项、人员统一进驻区政务服务中心综合审批专区办公，行政审批职权由“分散许可”向“集中许可”转变。实施“互联网+政务服务”平台，录入88个审批事项，实现“一窗受理，一网通办”。深入推进“最多跑一次”改革，涉土“最多跑一次”审批事项达到81个，占总事项的98%。依法精简本级行政权力事项，减少收件资料25项，压缩办理时限1012个工作日，提速率达56%。不动产登记全面提速提效。创新开发商预约进窗、同类业务批量受理、开辟绿色通道、开通微信公众号、设置智能机器人等多种服务措施，不动产登记业务进行全面提速，实现抵押注销登记、权证注销登记1小时办结，查（解）封登记、异议登记即时办结，二手商品房买卖、抵押登记办理时限从5个工作日缩短到3个工作日，纯土地登记办理时限由4个工作日缩短至2个工作日；商品房预告登记、转移登记（分户）办理时限由10个工作日缩短为5个工作日。10月24日，人民论坛以《望城区不动产登记：让数据多跑路，让群众少跑腿》为题刊登望城区不动产工作经验做法。

【信息化工作】 望城区国土资源“一张图”综合监管平台试运行以来，内容涵盖核心数据库、电子政务平台、综合监管平台、数据共享服务平台，具体包括：用地报批、土地供应、土地征收、土地登记等业务数据库；通过在平板电脑安装坐标采集系统对房屋四至进行坐标采集，实现个人建房许可业务带图审批；实现国有土地批、征、供、用、补、查生命周期全过程实时监管，实现行政审批事项带图审批，支持各类专题数据图层叠加分析。

【测绘地理工作】 成立测绘地理信息管理科，摸清全区测绘行业“家底”，通过政府购买服务的方式，实现各相关单位基础数据向2000系转换工作，推进国土资源数据应用与共享，提高国土资源数据服务水平。完成望城区1∶2000比例尺DLG数据、0.1米分辨率航空影像全覆盖，统一全区测绘基准体系2000国家大地坐标系，为基础测绘、农村集体土地确权登记发证、地理国情普查、土地整理及勘界、城乡基础设施建设、新农村建设等重大项目提供技术支撑。

存在的问题和困难：随着国土管理政策持续调整、优化，土地资源利用方式将更加科学，监管力度将进一步加大，面临以下5个方面的突出矛盾亟待破题。用地需求多与下达指标少的矛盾。2019年预计全区各类项目建设需新增建设用地约1200公顷，而预计省厅下达望城区新增建设用地在300公顷左右，供需矛盾极为突出。占补平衡严与耕补指标缺的矛盾。望城区项目用地占用耕地比例达80%以上，而耕地后备资源严重不足，网上竞拍耕地指标极其有限，远远不能满足用地报批占补平衡需求。存量土地多与处置工作难的矛盾。大量存量、闲置土地，由于处置程序复杂、时间跨度长、政府自身原因多等因素，处置难度极大。市场需求旺与出让政策紧的矛盾。随着楼市调控政策继续升级，土地出让趋紧，望城区房地产产业受到较大影响。政策变化快与适应变化慢的矛盾。永久基本农田保护十分严格，耕地占补平衡又难以落实，国土管理深化改革加速调整将成为一种常态，基层国土部门尚需提升应对能力。

（胡宏涛）

安全生产监督管理

【概况】 2018年，区安全生产监督管理局内设综合科、安监一科、安监二科、安监三科4个职能科室，下属安全生产监察执法大队，共有干部职工39人。2018年1—12月，全区发生一般安全生产事故4起（均为生产经营性道路交通事故），同比下降73.3%，死亡2人，同比下降60%，未发生较大及以上安全生产事故。全年火灾发生起数65起，同比下降9.7%，无亡人，亡人数与2017年持平。全年交警部门接处一般事故165起，同比下降4.62%，7日内死亡29人，同比无变化。全区安全生产形势整体平稳可控，安全生产事故起数与死亡人数实现“双下降”，安全生产控制指标连续多年控制在省、市下达指标范围内。

【全面落实责任】 坚持“党政同责、一岗双责、齐抓共管、失职追责”，积极宣贯《地方党政领导干部安全生产责任制规定》《湖南省生产经营单位安全生产主体责任规定》，落实安全生产巡查、联席会议、驻点督导、联合执法、约谈警示等制度，指导、监督和协调区直部门及街镇做好安全监管工作。针对不同时期的形势和特点，先后建议召开2次区委常委会、4次区政府常务会议专题研究安全生产工作，并组织召开1次安全生产大会、4次安委会例会和40多次重点部门调度会，对健全体制、机构调整、投入保障、事故调查等一系列安全生产重点工作进行研究部署。全年积极组织开展区领导带队检查、安全生产巡查、目标管理考核、节后复工复产等检查督查，交办问题隐患，督促整改到位，确保全区平安稳定。推动各级各部门各企业履职尽责，将“立案数、处罚数、问责数”作为衡量安全监管工作的重要指标。完成上半年、下半年两轮安全生产巡查工作任务，抽查的企业涵盖轻工、建筑、建材、机械、仓储物流、危险化学品等方面，及时对巡查发现的问题和隐患予以警示整改。

【堵塞监管漏洞】 通过政府购买服务的方式，委托专业机构对存在粉碎、打磨、焊接、喷涂等作业环节和矽尘、苯、二氯乙烷等职业病危害因素较严重的120家用人单位进行职业健康托管服务。落实“危险化学品安全管控”三年行动，积极推广应用隐患排查治理信息系统，绘制企业安全风险和重大事故隐患分布电子地图，实行隐患排查闭环管理和分级分类管控。依托经开区，举办现场观摩会，统一、规范13项工作制度和10项岗位职责，并制成光盘下发至企业使用。大力推进“一企一档一清单”制度、企业主要负责人“十个一次”工作制度、企业班前会制度等，强化落实主体责任的思想自觉和行为自觉。

【严格执法强震慑】 推进“强执法防事故”行动，做好企业主要负责人培训考核、安全生产计划执法、各部门联合执法等工作，定期通报全区执法排名情况，进一步固化安全生产“月调度、季讲评”及“双月讲评”做法，营造安全监管以执法质量论英雄的氛围。2018年，全区各重点行业（领域）检查企业7472次，同比上升21%；责令限期改正4500起，同比上升19%；责令停产停业整顿57家，同比上升35%；罚款727起、535.08万元，同比分别上升70%、92%；吊销许可证16起；提请关闭个数19个；其他类别行政强制82件；行政拘留15人。

2018年10月23日，区安监局在康普通信检查安全生产工作

【推进“打非治违”】 突出危险化学品、非煤矿山、烟花爆竹、建筑施工、道路运输、人员密集场所、宗教场所等重点行业（领域），深入开展仓储物流行业的专项整治、“厂中厂”“园中园”厂房出租行业的专项整治、建筑行业高空作业的专项整治、道路交通“两客一危”的专项整治、工程运输车“四必一查”的专项整治、大型商业综合体消防安全的专项整治、电动自行车消防安全综合治理、电气火灾综合治理等各项专项治理行动，有效防范事故发生。全年组织集中执法行动1.59万次，出动执法人员6.24万人（次），检查生产经营单位1.64万家，排查并整改到位安全隐患1.56万处，责令停产整顿企业59家，取缔非法生产经营建设单位52处，提请关闭4家，抓捕涉嫌犯罪人员65人，实施经济处罚2079.99万元，问责领导干部10人，媒体曝光非法违法行为835起。

【加强宣教培训】 组织安全生产月、安全生产法宣传周、职业病防治周、消防宣传周等活动，深入企业宣讲法规政策，发放安全资料、宣传图表等。集中组织各街镇、各重点企业实施开展安全生产警示教育约谈，辖区内的学校、医院、车站、农贸市场、建设项目、娱乐场所及其他类似风险场所相关负责人、安全员均为警示教育和约谈对象，全年受教育人数达1.5万余人。持续推动安全生产宣传教育进机关食堂、进企业、进校园、进社区、进农村、进商场。深化省、市两级安全生产示范街镇创建，成功创建省级示范街镇4个，成功创建市级示范街镇10个。推进安全文化建设和安全宣教基地建设，2018年共建成1所安全教普体验馆、1条“安全生产示范街”、1个安全文化主题公园以及街道5千米安全文化长廊。推进安全文化宣教基地建设，建成面向社会公众开放的安全教普体验馆，在丁字湾、黄金园、金山桥3个街道建成5千米安全文化长廊，同时继续维护和完善谷山安全文化主题公园。

【健全应急体系】 建立健全应急救援机制，完善应急队伍建设，实施专人监控、定期检测、信息上报、应急处置、联合救援等一系列制度。根据国家安全生产监督管理总局第88号令有关要求，及时修订完善非煤矿山、危险化学品、烟花爆竹、建筑施工、道路交通、火灾、特种设备、地质灾害等方面专项事故应急救援预案，先后编制1个突发公共事件应急综合预案、32个部门预案，14个街镇预案。成立望城区安全生产应急救援大队，对全区10处重大危险源作好应急准备，实行24小时监控；督促各级各部门及企事业单位有针对性开展预案演练100余次；联合区教育局在全区组织中小学地震应急示范性综合演练；整合各类专项资金1000余万元，购买各式各类先进的应急救援物资、设备配备到各级应急队伍中。

【整治危险化学品】 充分整合全区人力、物力资源，协调调度安委会相关成员单位及街镇，持续开展打非治违“春雷”“飓风”“霹雳”“清剿”专项整治行动。2018年，危险化学品领域取缔一批非法违法储存经营窝点，全年出动执法检查车辆150余次，检查医药化工、危险化学品生产经营单位300余家次，下达执法文书200余份，发现和整治安全隐患700余处，取缔非法储存汽油、柴油、甲醇、稀释剂、樟脑油等窝点9家，收缴并依法处理各类危险化学品25余吨，行政拘留2人，立案10起。

【完成非煤矿山关闭退出任务】 根据省、市相关要求，2018年望城区非煤矿山关闭指标为1家（含砖厂），禁止生产黏土砖。多次组织经信、环保、国土、安监、发改等部门研究砖厂整治工作，协调解决有关问题，推动砖厂关闭及转型升级。印发《关于关闭长沙市望城区铜官迎华空心机砖厂等3家非煤矿山的决定》《关于关闭长沙市望城区格塘镇凌冲机砖厂等7家非煤矿山的决定》，依法依规取缔关闭10家黏土砖厂，剩余黏土砖厂转产页岩砖，全区黏土砖厂全面退出，超额完成非煤矿山关闭退出任务。同时，为防止黏土砖生产死灰复燃，区安监局联合多部门不定期开展“回头看”，加强督导，严格执法，并针对企业各种合理诉求，耐心做好政策解释及沟通交流，妥善处理好依法整治与维护稳定的关系，努力化解各项矛盾纠纷。

（杨 铭）

统计调查

【概况】 国家统计局望城调查队是国家统计局湖南调查总队42个直属县级调查队之一。内设办公室、业务股、监测与专项调查股等3个股室，是承担统计调查行政职能，参照公务员法管理的正科级单位，有在职在编干部9人。

【开展常规统计调查】 望城调查队组织实施城乡居民收支调查、主要畜禽监测调查、农产量对地调查、农民工监测和农民工市民化进程动态监测调查、农村住户固定资产投资调查、农产品中间消耗调查、农村集贸市场价格调查、农产品生产者价格、劳动力调查等常规统计调查。严格执行国家统计调查制度和业务工作规范化标准，定期开展电话抽查核实。坚持直接调查，独立调查、独立上报，严格执行专业负责人初审、分管负责人复审和队长终审的数据“三审”制，确保源头基础调查数据真实准确。

【开展调查分析研究】 深入开展“抓重点、补短板、强弱项”调研活动，积极撰写统计调查分析材料，为党政领导科学决策当好参谋，做好服务。充分发挥调查队“轻骑兵”作用，深入基层围绕社会热点、难点积极开展专题调查，认真进行分析研究，树立调查队品牌。全年完成各类专业年（季）度分析60余篇，《医联体发展初见成效，存在问题不容忽视——望城区医联体实施情况调查》在湖南调查队系统优秀调查分析评比中获一等奖。全年共撰写政务信息17篇，湖南调查总队采用7篇；完成重要信息16篇，湖南调查总队采用9篇，其中《浅析基层住户调查工作存在的问题及对策建议》和《望城区耕地重金属污染治理情况调查》分析报告被推荐参评湖南调查队系统优秀调查分析评比。

【加强统计法治建设】 年初成立统计法治工作领导小组，组织干部职工认真学习相关法律法规，所有干部积极参加在线学法并通过普法考试。利用业务培训、工作会议、设立展台、下乡调查和入户访问等多种形式大力宣传统计法律法规知识，向基层调查员、调查对象和社会公众发放《依法统计是统计法赋予我们的权利和义务》《统计法的“十三个不得”》《望城调查队“统计法实施条例”解读》等资料200余份。同时，把统计执法检查与各专业调查基础工作检查结合起来开展；8月，开展2次“数据造假、以数谋私”专项治理工作，取得良好成效。

【城乡居民收支调查推行电子记账】 2018年，按照国家统计局要求，为确保城乡居民收支调查数据“数出于户、数出有据”，望城调查队积极创新调查手段，大力推行电子记账。全区120户记账户，已开通电子记账的118户，开通率98.3%，居湖南调查队系统领先水平。

（陈　欢）

财政

【概况】 2018年，区财政局设办公室、综合规划科、预算科、国库科、教科文科、行政政法科、经建科、农业科、社会保障科、企业科、会计管理科、金融与债务科、财政监督检查室、预算绩效管理科、人事教育科、总工室、财源办17个科室；下设非税收入管理局、乡镇财政管理局、国库集中支付核算局、国有资产管理局、统发工资中心、农业综合开发办公室、信息中心、政府采购监督管理办公室、财政预决算（投资）评审中心、财政结算中心10个二级机构；有干部职工166人，其中在职在编104人、政府雇员6人、临聘人员56人。设工会联合会，由女职工委员会、经费审查委员会构成，下设4个工会联合会，会员177人，其中男会员73人、女会员104人。

【夯实财源基础】 推进产业链建设。深入推进“千人帮千企”“项目攻坚季”活动，及时兑现落实相关奖补政策，支持伟创力、五矿新能源等一批标杆企业建设，着力推进工业新兴及优势产业链建设，培育经济增长新动能。抓实企业帮扶。重点扶持澳优乳业、关西涂料等企业技术创新，支持黄金创业园、金桥国际、湾田国际等双创基地和现代商贸物流市场建设及运营。增资扩股担保公司，加快农业信贷担保体系建设，增强融资担保服务能力。精准分析研判。密切关注主要税源、重点行业及房地产、土地市场运行情况和减税降费等政策影响，加强收入分析，提升精准施策水平。强化收入征管。用好用活综合治税平台，深化财税部门与街镇、园区信息共享和沟通协作，加强税收管控。加大土地出让金、城市基础设施配套费等非税收入征管，以票管收，提高征管效率。财政收入量质齐升，全年实现财政收入90.3亿元，同比增长12.84%，地方税收占比75.39%。

【调优支出保障】 优化支出结构，加大民生保障，降低行政运行成本，预计全区“三公”经费等六项费用同比下降29%。做好社会保障托底。提高基本养老、医疗保险等保障标准，实施农村特困供养、低保对象和建档立卡贫困户重特大疾病救助，促进城乡创业就业，加快推进脱贫攻坚。支持公共事业发展。加大教育基础设施投入，建设“一圈两场三道”，加快公立医院改革、巩固药品零差价改革成果，让基本公共服务普惠城乡居民。落实强农惠民政策。支持高标准农田建设、农业产业发展、种植业结构调整，推进环境卫生整治、垃圾分类减量、畜禽养殖退出和“厕所革命”。强化村级基本运转保障，平均保障标准位居全省最前列。推动城乡融合发展。推进海绵城市、新型城镇化试点、乡村振兴战略，实施社区及农村公路提质改造，全力支持污染防治攻坚，城乡面貌持续改善。东城镇农村综合改革“美丽乡村”项目建设成果，被《人民日报》和长沙文明网报道推介。

【推进财税改革】 推进财政预算改革。实施政府支出经济分类科目改革，加大专项整合统筹，调优街镇财政体制，激发经济发展活力。推进国地税收合并。全面实施申报缴税多样化、税收优惠享受自主化等系列措施，推进纳税领域“放管服”改革。推进债务长效管控。建立区委统一领导的债务风险防控工作机制，健全债务管控制度体系，启动平台公司整合转型，增强市场化运营能力。推进政府购买服务改革。围绕政府职能转变和公共服务提升，先行先试制定政府购买服务三年行动方案，入围全国改革试点区。

【强化财政监督】 深化预算绩效管理。重点关注民生领域资金绩效，评价结果纳入政府绩效考核，并作为部门预算编制的重要依据。严格财政资金监管。深化街镇集中支付改革，优化工程项目资金管理，强化涉农资金“一卡通”支付，提高资金使用效益。加强财政投资评审。进一步明确工程量清单上限定价和主材单价，完善价格信息管理，提高精细化管理水平。强化政府采购监管。严格计划备案审查，狠抓信息公开，实现阳光采购。

【全面实施预算绩效管理】 绩效目标管理基本实现全覆盖。自预算编报起，望城区一级预算单位部门整体支出及列入当年区本级政府预算公共项目100万元以上（含）的，均向财政局报送绩效目标，共涉及财政资金104.11亿元。绩效执行监控全面试点。根据年初计划铺排，从2018年8月起，财政局牵头，聘请第三方机构，对17个部门（单位）24个专项2018年预算执行开展绩效跟踪监控，涉及财政资金6.33亿元。绩效自评全面实施。为强化部门主体责任，树立“花钱问效，无效问责”的绩效理念。5月，组织56个主管部门对2017年部门整体支出及其管理的114个专项资金管理使用情况开展绩效自评，涉及财政资金41.96亿元。重点绩效评价范围逐年扩大。按照重点绩效评价四项基本原则，对2个部门整体，21个部门51项专项资金2017年预算资金使用情况开展重点绩效评价，涉及资金11.63亿元，项目数量和金额较2017年度分别增长152%和43.29%。

【防范化解政府债务风险】 制度体系更加健全。强化债务管控顶层设计，出台《关于进一步强化政府性债务科学管理推动经济高质量发展的通知》《债务风险防范管理暂行办法》等文件，建立健全“1+N”的债务管控制度体系，着力形成举借有度、偿还有方、管理有序、监控有力的工作格局。债务管控更加精准。按照“依法依规、分级负责、积极稳妥、标本兼治”原则，根据债务期限结构、可偿债财力水平和筹资能力等因素，制定政府隐性债务化债计划，确保从源头上化解债务存量，遏制债务增量。建立健全债务管控联席会议机制，强化长效调度，突出精准施策，守住不发生债务风险的底线。建立平台公司市场化融资风险防控处置

2018年6月25日，区财政局庆祝建党97周年“拥抱新时代，点燃新担当，展现新作为”主题教育活动（陈梦婷 摄）

机制，加强与金融机构平等协商，采取续贷、展期等方式缓解偿债压力，坚决防止债务违约风险。平台转型稳步推进。制定《长沙市望城区融资平台整合转型方案》，坚持效率优先、权责对等、防范风险、分类处置的原则，撤销街镇平台，组建3家平台公司（园区1家、区级2家），压减平台层级数量，剥离政府融资功能，提升平台公司市场化经营水平。

（谷继安）

税务工作

【概况】 国家税务总局长沙市望城区税务局于2018年7月20日由原长沙市望城区国家税务局、原长沙市望城区地方税务局合并而成。2018年设办公室、法制股、税政股、社会保险费和非税收入股、收入核算股、纳税服务股、征收管理股、税源管理股、财务管理股、人事教育股、党建工作股、纪检组13个内设机构；设第一税务所（办税服务厅）、第二税务所、经开税务所、高塘岭税务分局、丁字税务分局、雷锋税务分局6个派出机构和1个事业单位；有干部职工245名。全年各项税收80.02亿元，为区政府下达的年度奋斗目标（原国地任务合计）78.3亿元的103.2%，较2017年68.61亿元增长16.63%。

【组织收入任务】 坚持组织收入原则不动摇，分行业、按进度抓好组织收入工作。强化税源管理。通过税收调查，摸清税源结构，根据税源分布情况和具体问题，及时地将收计划分解落实到各征收部门。每月初下达当月税收计划，确定奋斗目标，要求各征收部门将年内投资项目进行分解并核实税源，将税收计划落实合，确保均衡入库。强化税种深层次分析，重点抓好组织收到企业、到项目，并将收入任务完成情况与绩效考核全面结入的薄弱环节，并通过对税种税负进行分析，查找新的税源增长点，为税收任务的完成提供有效指导。强化征管手段，继续强化征管质效、深挖税源潜力。在区政府的支持协调下，规范土地返还款的企业所得税及时入库，同时，加强企业所得税汇算

清缴管理，着力识别部分企业成本虚列问题，促进企业经营成果转化为税收。转变征管方式，积极探索征管方式的改变，按照分类分级管理要求，对纳税人加强税法遵从度分析，应对税收流失风险，堵塞征管漏洞，对税务人加强征管努力度评价，防范执法和廉政风险，提高征管的有效性、质量和效率。结合信用等级、行业特点等情况，逐步完成固定管户向专业化管户和片区管户、无差别管户向风险管户的转变。加强风险管理，通过下发风险核查任务、自选行业进行风险分析、第三方信息获取涉税风险等方式，有针对性地设置、筛选、下发疑点指标，提升风险核查的含金量。认真做好行业税收管理，分三类监管建筑业项目税收，解剖房地产总、分包企业纳税情况，通过规范化管理促使税收有效增长。

【机构改革平稳顺利】 区委、区政府成立国税地税征管体制改革专项组，并召开改革专项座谈会。7月16日，成立望城区税务局联合党委，9月21日改设望城区税务局党委。制定翔实新税务机构挂牌方案，7月20日，国家税务总局长沙市望城区税务局挂牌。根据税务总局“瘦身”“强身”的“三定”原则，按照市局的节点要求，10月25日，举行“三定”宣布仪式，人员安排同步到位。在社保费和非税收入征管职责划转方面，与人社、财政部门对接，建立联席会议机制，对社保费划转过程中可能存在的问题和难点开展深入的交流讨论，基本厘清社保费征缴业务流程和相关政策，为2019年社保费划转打好基础。创新举措推进“四合”进程。集思广益推“人合”，通过组织分线谈心活动、举办“八一”建军节座谈会、召开退休老干部茶话会等形式，收集整理意见和相关工作建议50余条，有力推进改革工作。凝神聚气强“力合”，党委委员主动到各支部上党课、听讨论，及时了解干部职工的思想状况，教育引导党员干部正确认识改革、积极参与改革。各支部广泛开展“四合”大讨论，查找突出问题、开展批评和自我批评、引导党员干部充分发挥改革表率作用，不断巩固“心往一处想、劲往一处使”的良好氛围。团结队伍保“事合”，抓好干部队伍稳定和舆情监测引导，保持干部队伍整体稳定，严守机构改革的政治纪律、组织纪律、机构编制纪律、干部人事纪律、财经纪律、保密纪律，做到秩序不乱、队伍不散、工作不断、力度不减。积极引导全局干部职工正确使用自媒体平台，自觉遵守相关法律规定和纪律要求，在机构改革期间没有发生一起舆情事件，有效推动工作正常开展。集体活动促“心合”。发挥工青团妇等组织的作用，通过业余时间开展健康有益的文体活动和工会活动，组织摄影、羽毛球、女干部跳绳等兴趣小组，在干部中建立交流沟通的纽带，使团结互助的氛围逐渐形成。

【优化营商环境】 优化办税体验，深化税务“放管服”改革，全面落实新办纳税人“套餐式”服务、办税事项“最多跑一次”、简易注销和网上税务局推广工作。打造自助办税区，每日安排2~3名志愿者“驻扎”自助办税区，指导纳税人使用网上税务局，节省排队等候时间。组建“纳税服务”专家团，集中受理纳税人咨询。抓好窗口业务培训，服务能力提升效果明显。办税中心连续获得全省“一窗一人”联合办税先进单位和“全国工人先锋号”荣誉称号。充分利用“需求大走访”“税收宣传月”等平台，进行多次问卷调查与意见收集，真实了解纳税人所想所盼，并以问题为导向，制定一套切实有效的改进措施，促进征纳关系的更加和谐。以“问需求、优服务”及“问需求、查短板、帮发展”为主题，分别召开两次企业代表座谈会，收到代表反映的问题及意见建议57条，现场解决48条，上报上级解决9条，解决企业的实际困难，推动营商环境不断优化。以信用等级评定为前提，面向广大纳税人深入宣传阐释纳税信用的重要性，使诚信价值准则深入人心，并通过召开表彰大会鼓励企业诚信纳税。主动通过实体办税厅公告栏、门户网站等渠道向社会主动公布信用等级为A级的纳税人名单。对于落选A级纳税人，帮助其找到原因，协助其调整。发掘潜在A级纳税人，确保A级纳税人数量持续增长，全区A、B级纳税人比例从2017年的54%提升到66%。以纳税信用激励与惩戒措施为抓手，为19家纳税信用等级3年连续为A级的企业提供办税绿色通道，满意率高达100%。为5户A级纳税人办理出口退税，为其退得税款1930.78万元。对于C、D级企业，严格按照文件规定，在发票领用、退税等各方面进行限制，督促其重视纳税信用。定期开展纳税人学堂，合理制定教学计划，扎实开展教学工作，满足纳税人最迫切的培训需求。2018年，开展纳税人学堂9期，其中千人以上3期，培训5000余人次。纳服、税政等部门联合推出“上门服务”，开展进企业专题培训，一对一、面对面地沟通，让培训更高效，切实解决纳税人的问题。提升税法宣传覆盖面，多渠道多载体多角度开展宣传，坚持采取“请进来”与“走出去”相结合的方式，开展第27个全国税收宣传月活动，进行税法宣传进校园、进园区、进商圈，举办“春风杯”税收知识抢答赛，开展“创响三湘税励园区”税收优惠政策宣讲会，以及“税法进校园”主题活动，通过建立税法普及基地、开展现场咨询和税收讲座的形式，提升大学生纳税意识和税法遵从度，并邀请中小学生、企业纳税人到办税服务厅感受税收、体验纳税便利。

【提升干部综合素质】 根据各类业务工作需要，有针对性地对在职干部开展业务知识和技能培训，完成省、市、区局各类培训的落实工作。新机构成立后，分两批开展为期8天的税收基础知识业务培训，由9名业务骨干精心授课，对征管范围内的全部税（费）种进行详细讲解，教学内容全面翔实，针对性强，实现全局200余名干部职工参训学习的全覆盖。通过业务竞赛和考试，达到以测促学、以考代评的目的，调动干部学习的积极性和主动性。

【国家税务总局长沙市望城区税务局挂牌成立】 7月20日上午，新组建的国家税务总局长沙市望城区税务局举行挂牌仪式，标志着原长沙市望城区国家税务局、长沙市望城区地方税务局合并。望城区委常委、常务副区长周志辉，国家税务总局长沙市税务局联合党委委员、副局长袁斌为国家税务总局长沙市望城区税务局共同揭牌。国家税务总局长沙市望城区税务局成立后，具体承担辖区范围内各项税收、非税收入征管等职责，全区将实现“一厅通办、一网通办、一键咨询、实名信息一次采集、统一税务检查、统一税收执法标准”等“六个统一”，征管效率得到提高，职责关系更加明晰。

【开展纳税人满意度大走访大调研活动】 为进一步优化企业营商环境，提升纳税服务质量，深入落实党中央、国务院及税务总局关于窗口服务单位改进管理、优化服务的要求，望城区局党委委员按照统一部署，全面开展优化营商环境暨纳税人满意度大走访大调研活动。走访中，区局党委委员带领相关业务部门负责人先后走访44家企业，深入了解企业发展现状、倾听企业的需求与呼声。针对企业提出的税务信息变更等涉税实务相关问题，工作领导小组在核实具体情况后，现场进行详细解答，并就新税务机构成立后税务部门以及税务干部在纳税服务、税收优惠政策落实等方面工作向企业征求相关建议。

农业·农村经济

责任编辑 ◎ 杨英占

农业

【概况】 2018年，区农业和林业局内设办公室、粮油生产管理科、蔬菜和经济作物管理科（加挂区蔬菜工作领导小组办公室牌子）、农村经营和农林企业管理科（加挂区农民权益维护和农民负担监督管理办公室牌子）、农林资源保护科（加挂区山林权属管理办公室、区林业科技推广站牌子）、造林绿化科（加挂区绿化委员会办公室、区造绿复绿办公室牌子）、扶贫开发办公室、政策法规监督科（加挂行政审批科、农产品质量安全监管科牌子）、计划财务科9个职能科室，保留在原区委农村工作部加挂牌子的农村基层党风廉政建设办公室、新农村建设办公室。设区森林公安局、区原种场、区农产品安全质量监管中心、区农技服务中心、区农业机械管理局、区人民政府农科教办公室、区农机安全监理站、区农林执法大队、区农业机械公司9个下属机构，有干部职工232人，其中在职在编人员145人。

【推进精准扶贫】 开展区级数据比对，对新增贫困对象和在档贫困户财产信息进行全面比对核查，对“四类人员”进行严格甄别、备案管理。开展扶贫基础数据精准采集，坚持行业部门数据一月一比对，建立扶贫数据共享共用的基础数据库和工作机制。修订《脱贫攻坚到户政策告知书》，下发《精准扶贫手册（2018—2020年）》，贫困户帮扶措施和成效更加清晰直观。结合扶贫领域作风建设和专项治理工作要求，成立专项督查组，实行“一月一督察通报、半年一总结评比，一年一考核管理”机制，以高频率督查、高密度通报、高实效反馈，推动各项工作落实。全年共发现扶贫领域问题线索41条，查处41人，移送司法机关1人，追缴违纪资金9.21万元。就扶贫责任落实不到位，存在失职渎职等情形的44人进行谈话、警告或取消预备党员等处分。认真落实14大专项扶贫举措，在增加贫困户收入的同时，确保贫困户不再因病、因残、因学返贫。全年实现1490户4792人高质量脱贫，贫困发生率下降至0.32%。区镇两级住院贫困人口报销比例均达92.44%；开展“311”（每年提供3次以上职业介绍、1次就业创业指导、1次就业创业培训）精准就业服务，已实现贫困劳动力转移就业8000多人次；大力实施“四跟四走”产业扶贫，铺排产业项目230余个，带动9000多名贫困人口增收脱贫；发放教育助学金1081万元，扶助贫困学子3400多人次；完成危房改造2500户；着力实施社会扶贫“千金计划”，筹集社会资金1836万元，落实精准帮扶项目641个；精准确定兜底保障对象333户862人，每人全年发放的兜底金不少于4000元/年，确保兜得住。

【落实乡村振兴战略】 成立由区委书记任组长的领导小组，研究出台《关于全面落实乡村振兴战略的实施意见》等7个系列政策文件，为乡村振兴战略的落地实施提供科学指导和路径遵循。组织全区110个农村村（社区）支部书记开展落实乡村振兴战略集中培训，加强农村人居环境整治、村级集体经济发

2018年8月，组织农民抽水抗旱

展理论政策等知识的学习，着力提升支部书记的理论水平和致富能力。充分利用电视广播、微信微博等媒体平台，全方位宣传乡村振兴方针政策。选定白箬铺镇光明大观园片区、茶亭镇静慎村、乔口镇盘龙岭村、高塘岭街道湘江村、乌山街道团山湖村5个片区进行示范创建，通过示范引领，全区乡村振兴成果丰硕。光明村探索出“五建五享”的新型村级集体经济发展模式，静慎村探索出“党建＋乡贤”治理模式，盘龙岭村探索出“荷花＋”立体种植养殖模式，湘江村开展美丽庭院建设，主打乡村旅游，团山湖村培育新型农业经营主体，促进村集体和村民增收。全面完成农村承包地确权登记颁证任务，望城区获评先进单位。区财政安排专项资金1000万元奖补资金，重点推广土地合作型、资源开发型、物业经营型、乡村服务型、产业带动型、农房合作型六种集体经济发展模式，帮助集体经济薄弱村增加经营性收入，着力培育一批集体经济强村，全年共消除集体经济薄弱村31个。召开全区农村集体产权制度改革动员大会，组织开展相关业务培训，顺利完成全区农村集体资产清产核资工作。制定出台《关于农村人居环境整治三年行动的实施方案》《长沙市望城区农村“五治”工作三年行动计划（2018—2020年）》，统筹推进治厕、治垃圾、治水、治房、治风，着力改善农村人居环境。全年共完成种植结构调整任务5900.73公顷，占计划任务的108.87%，形成“大豆＋油菜”“糯高粱＋油菜”“油葵＋油菜”“荷花＋高效种养”“健康水产养殖”“精品蔬菜轮作”“精品水果种植”等调整模式。

【发展农业生产】 在春插前完成粮食田间产能工程任务，并加大宣传力度，指导帮助各街镇组织抓好春耕生产，遏制抛荒。全区早稻种植面积约1.39万公顷，一季稻种植面积约0.75万公顷，晚稻播种面积约1.47万公顷，没有发现常年性耕地抛荒现象，获评2018年全省粮食生产先进县。通过外出学习、市场调研、咨询专家、实地考察，编制《长沙市望城区蔬菜产业五年发展计划》。指导蔬菜企业狠抓基地内部基础设施建设，推动全区蔬菜产业稳步发展。全年蔬菜播种面积0.86万公顷（复种），产量26万吨，产值3.02亿元。全区3.33公顷规模以上蔬菜种植基地40家，市级龙头企业16家，标准化蔬菜育苗基地4家。

【打造农业品牌】 全区共有农产品加工企业1302家，年销售收入2000万元规模以上企业61家，企业主要以果蔬加工、大米加工、水产加工、豆制品加工、农副食品加工、奶制品生产为主。农产品加工业完成销售产值237亿元，年营业收入276亿元，实现利润20亿元，从业人员达18285人，带动农户数40662户。全区共有国家休闲农业与乡村旅游示范点3处，国家五星级农庄4家，国家四星级农庄5家，国家三星级农庄1家，省五星级农庄6家，省四星级农庄7家。国家AAAA级旅游景区4处，国家AAA级旅游景区5处，全省特色旅游名村、名镇各1家。全区有登记的休闲农业企业、农庄295家，年接待游客641万人次，直接从业人员达到5582人，休闲农业产业年经营收入12亿元，带动农户数11305户。全区通过无公害农产品认证企业21家，产品69个；通过绿色农产品认证企业6家，产品13个；通过有机农产品认证企业1家，产品4个；农产品地理标志品牌认证企业3家，产品2个。

【农业技术指导】 全年开展3次大型的农资专项治理行动，检查市场、门店、企业等150家，出动执法车辆120台次，出动执法人员480人次。与农资经营户签订经营承诺书100余份，农资门店的检查记录100余份。全年立案行政处罚案件10件，罚没款36464元。快速准确发布病虫发生和防治技术信息，全年发布病虫情报10期次。开展秸秆禁烧工作巡查、督查，全年共发现22起焚烧秸秆现象，全部交办到街镇和城管中队立案处罚。全年共完成农民培训3162人，其中市级任务1590人（农业职业技能培训130人，农业专项技术引导性培训460人，与省农委配套线上线下结合培训新型职业农民1000人），区级任务1572人。

【林业建设】 全年完成造绿总面积386公顷，完成非宜林地计划建设面积320公顷，迹地更新、人工造林完成66公顷，完成全民义务植树102万株，市级绿色示范村庄10个、绿色示范社区1个，市级绿色示范集镇1个，乡村公园6个，重点民生实事绿色示范村（社）创建完成100%。实施森林禁伐减伐三年行动和森林督查，全区森林资源保护明显得到加强，森林资源质量显著提升。望城区2018年森林覆盖率为34.18%，比2017年提高0.07%，活立木蓄积量为190.5万立方米，活立木蓄积量增长率为4.2%。全年共办理“林木采伐许可证”12张，采伐蓄积1499立方米。与街镇签订《森林防火工作责任书》，将森林防火工作责任层层压实。全年召开4次全区森林防火大会，对森林防火工作进行全面安排部署。对全区进行1次火源隐患的排查，坚持24小时值班制度和节假日领导带班制度，实现森林防火“零火灾”。

【开展乡村振兴战略阶段性成果现场观摩】 10月24日，望城区开展落实全市实施乡村振兴战略阶段性成果现场观摩活动，区委书记孔玉成率区直相关单位负责人、14个街镇主要及分管负责人，110个涉农村（社区）党支部（总支）书记，赴浏阳、宁乡、长沙县等各乡村振兴示范点取经，交流学习新型村级集体经济“四型”及农村人居环境“五治”工作经验。观摩团一行先后走进宁乡市大成桥镇鹊山村、白箬铺镇光明村、茶亭镇静慎村、长沙县黄花综合保税区和浏阳市永安镇芦塘村等5个示范点实地观摩。

【参展农博会】 11月1—5日，第十六届中国国际农产品交易会暨第二十届中国中部（湖南）农业博览会在长沙国际会展中心举办。望城区成为长沙市唯一县（区）特装展馆参展的区县。以“一主两特”（即蔬菜主导产业，百里水产和休闲胜地两大特色产业）为主题进行展示展销和宣传推介活动。展会上，望城区人民政府获“第二十届中国中部（湖南）农业博览会组织奖”、望城综合展区获“第二十届中国中部（湖南）农业博览会设计奖”、神农长生谷（湖南神农大丰种业科技有限责任公司）、乡里里手跑道鱼（湖南乡里里手农业科技发展有限公司）获“第二十届中国中部（湖南）农业博览会产品金奖”、乌山贡茶、八佳兴农业科技有限公司获第十六届中国国际农产品交易会参展农产品金奖。

【举办农货品牌节】 2月2—10日，2018第三届“望城农货旺星城”暨“第二届望城农货品牌节”在长沙保利MALL举行。创新举办“望城农货品鉴会暨签约仪式”，以两大主体活动为抓手，深入勾勒望城农货的整体品牌形象，并为望城农货企业提供全方位的强劲助力。

·农机·

【概况】 2018年，区农业机械管理局内设办公室、财务室、管理科，干部职工31人（含区农机安全监理站）。全区14个乡镇（街道）农机管理（服务）站，隶属乡镇街道人民政府（街道办事处）管辖，业务上接受区农业机械管理局指导。2018年，全区推广农业机械322台（套），农业机械动力5680.72千瓦。

【农机购置补贴工作】 全区共申领补贴申请表214份，受益户数116户，补贴各类农机具265台（套），补贴总金额达到390.596万元。其中：耕整地机械106台（套），补贴总额45.166万元；种植施肥机械26台（套），补贴总额33.30万元；收获机械47台（套），补贴总额112.35万元；收获后处理机械24台（套），补贴总额83.00万元；农产品初加工机械11台（套），补贴总额6.60万元；动力机械46台（套），补贴总额102.18万元；中央创新产品5台（套），补贴总额8.00万元。区财政局和区农机局密切协作，乡镇（街道）、村三级联动紧密配合，纪检监察、农业农机、财政等多方监管，没有发生违纪违规事件。

【推广机械化育插秧技术】 2018年，扶持水稻工厂化育秧项目6个。2018年推广高速插秧机11台，早稻机插秧面积完成0.85万公顷，一季稻机插秧面积86.67公顷，晚稻机插秧面积1.05万公顷，育秧面积数千余亩。通过电视、政府网站、相关会议、科技下乡等形式和活动，组织种田大户、农机和粮食生产专业合作社观看水稻全程机械化生产、秸秆粉碎还田、秸秆打包回收及综合利用等演示，举办8次宣传培训演示活动，召开现场会4次，开展培训2次。

【发展农机合作社】 全区已登记注册农机专业合作社114家，11家现代农机合作社示范社，被纳入湖南省“百千万”工程扶持名单。2018年申报获批10家现代农机合作社，3家现代农机合作社示范社。现代农机合作社数量稳步增长，质量逐年提升，全区农机专业合作社全年可提供机械化作业面积约2.5万公顷，是全区全程机械化作业的主力军，满足了主要农作物全程机械化作业的需求。

【农机安全生产】 落实安全生产责任，与市农委、区农林局、14个街镇农机服务机构、农机服务企业、农机监理员和农机驾驶员分别签订农机安全责任书，明确农机安全目标管理职责，逐级落实农机安全生产目标，推进农机安全生产网格化管理。开展农机安全生产宣传，共发放《农机安全生产知识》《湖南农机杂志》《机手安全操作手册》600余份，免费发放反光标志7000余张，举办培训班4场次，农机安全知识咨询2场次，受教育机手300多人次。组织业务学习，提高业务水平，提升服务能力。2018年，新上户车辆227台（套）；举办两期驾驶员培训班，合格培训驾驶员316人，开展异地交叉考试4次，考试驾驶员500人次；全年新发、换发、补发驾驶证256本、行驶证269本；年检、补检车辆763台；过户车辆35台。开展打非治违等专项行动，出动监理车36天（次），检查合作社75家，检查机具360台，查出生产安全隐患50起，违规车辆82起，下发扣车通知2份；办理补检64台，警告教育106人。做好典型培树，全面推进“平安农机”建设，全能、潘祥、共创、伟亮、祥兴、梓红6家合作社被评为长沙市“平安农机”示范合作社。

【秸秆综合利用专项工作】 2018年，引进秸秆打捆、运输、粉碎等新型机械设备，参与秸秆收贮转运。完善服务体系，积极推广秸秆原料化、能源化的转化途径，从源头上解决秸秆出路问题。通过鼓励农业企业与种粮大户对秸秆利用途径积极探索，加强对农户的宣传引导，形成一个农机收割打捆，企业回收利用的完整服务流程。农机服务超市及其他农机合作社通过新型打捆收割机为农户提供农作物收割服务的同时，提供秸秆回收的信息与服务，解决农户秸秆处理问题，并带来额外的收益。同时，与秸秆回收企业对接，将秸秆粉碎，通过科学合理的配比处理，把农作物秸秆制成生物基质肥。

养殖

【概况】 2018年，区畜牧兽医水产局内设办公室（财务室）、畜牧兽医科、水产科、法制科（行政审批科)4个科室，编制17人，直属二级机构有区乔口渔场、区动物卫生监督所和区动物疫病预防控制中心。全区全年出栏生猪57.3万头，出笼家禽175.5万羽，完成畜牧业产值11.9亿元；水产品健康养殖面积4200公顷，特种水产养殖3066.67公顷，稻田生态种养1733.33公顷，完成渔业产值4.5亿元，实现养殖业总产值16.4亿元。

2018年4月25日，农业农村部渔业健康养殖示范县创建汇报会(唐春华 摄)

【开展“标准化建设年”活动】 在2017年“双基年”建设的基础上，在养殖行业开展“标准化建设年”活动，不断提升全区养殖行业技术规范，提升养殖主体养殖生产和行业部门监管的标准化水平。印发《标准化建设工作目标任务责任分解表》，明确基层党建、党风廉政建设、动物防疫、卫生监管、养殖环保、质量安全等7大领域、64项标准化建设指标任务，通过“强意识、学标准、建制度”，达到“促规范”的实效。组织编制《畜禽养殖业标准化文件汇编》《水产养殖业标准化文件汇编》，供基层学习运用。组织全区防疫员、检疫员、官方兽医开展党风廉政建设与行业规范培训，分街镇组织养殖场户、兽药经营企业、贩运经纪人进行行业标准培训，通过多层次、立体化推动，进一步提升从业队伍的整体素质。

【组织畜禽规模养殖场退出】 全区完成“禁养区和一江七河两湖库两公园”畜禽规模养殖退出828户(其中倒地拆除392户、功能退养343户、主动退养和空栏93户)，拆除栏舍27公顷，拨付退养资金6559万元，本轮的退养量占五年退养总量的80%，全面完成省、市、区洞庭治理办、河(湖)长办、蓝天办和环委会交办的牵头退养任务。

【防控非洲猪瘟疫情】 8月3日，辽宁沈阳首发非洲猪瘟后，作为区防指办牵头统筹全区非洲猪瘟防控工作，组织印发《长沙市望城区人民政府办公室关于印发〈长沙市望城区非洲猪瘟疫情Ⅰ级响应方案〉的通知》，组织专题会议部署调度；建立区领导包街镇、街镇负责干部包村(社)、村(社)干部和动物防疫员包组包户、动物防疫站包规模场的“四包”网格化防控责任制；深入推进非洲猪瘟防控大排查、大消毒、大防堵、大监管、大完善“五大行动”；联合交通、高速交警、城管、公安等部门在高速公路出口，国、省、县道与外地交界处设立16个临时检查站，安排200余人实行24小时拦车检查消毒。畜牧系统全面动员，取消双休，连续奋战140余天，认真落实逐户排查、拦车消毒、查证验物、抽样送检、检疫出证、执法办案、应急处置等工作任务，各项综合防控措施落实到位，实现“拒疫于望城之外”的目标，没有出现非洲猪瘟疫情。

【组织办理涉养案件】 组织开展规模养殖场、动物诊疗经营场所和动物无害化处理场所等重点场所的专项整治行动，重点加强对畜禽移动调运、动物诊疗、投入品经营行为的监管，立案查处各类动物卫生违法案件17起，行业风气得到显著改善。持续开展生猪屠宰“扫雷行动”，结合非洲猪瘟防控工作，深入开展为期3个月的打击私屠滥宰执法行动，立案查处未经定点从事生猪屠宰活动案件10起。

【获批“畜禽养殖粪污资源化利用整县推进”试点县项目】 为进一步加快畜禽养殖污染防治，向农业农村部争取“畜禽养殖粪污资源化利用整县推进”试点县项目，牵头编制望城区《现代畜牧业发展规划》和《畜禽养殖粪污治理防治规划》。代拟的《望城区整区推进畜禽粪污资源化利用工作实施方案(2018—2020)》获部专家组审查通过，争取到1000万元项目资金支持，进入全面组织实施项目阶段。

【获农业农村部“渔业健康养殖示范县”称号】 积极开展“农业农村部渔业健康养殖示范县”创建活动，坚持标准化健康养殖理念，全面建立工作机制，推行健康养殖措施，严格质量安全监管，培育特色渔业产业；全面退出小(一)型以上湖泊水库投饵施肥养殖1333.33余公顷，全区健康养殖水面4200公顷。4月，以93分高分通过农业农村部专家组验收，成为全市第一个、全省第三个、全国第31个获此殊荣的县(区)，标志着望城区水产健康养殖水平迈入全国领跑方阵。

【建立病害动物无害化处理长效机制】 为改变过去病害动物只能深

埋处理、化尸井处理，甚至被随意抛弃导致存在环境污染与疾病传播隐患等问题，区人民政府投资400余万元，建成区病害动物收集贮存转运中心，配备5辆病害动物冷藏收集车流动收集，协议委托长沙县无害化处理中心进行无害化处理，建立以动监分所具体管理、长胜环保公司负责收集转运处理、街镇属地负责申报协管、动物防疫站配合、保险公司联动的病害动物收集贮存转运处理长效机制。截至2018年11月，区收贮中心接报2049次，出车2441趟次，收集猪2959头、牛4头、禽类9597羽、鱼2711千克，转运长沙县无害化处理70批次234.83吨，做到有报必接、应收尽收、应处尽处。

（唐春华）

水务

【概况】 2018年，区水务局内设办公室、监察室、人事教育科、财务科、计审科（招投标办）、河道堤防与安全饮水管理科、水政水资源科、农水科、总工室（行政审批科），加挂区防汛抗旱指挥部（办公室）牌、区河长制工作办公室牌，下属二级水务机构11个，归口管理单位1个，业务指导水管单位7个，在职在编干部职工154人。全区有堤垸22个，其中6666.67公顷堤垸1个，666.67公顷堤垸7个，66.67公顷堤垸9个，33.33公顷堤垸5个；一线堤防164.3千米，湘江贯穿区境35千米；上型水库44座，其中，中型水库1座、小（一）型水库7座、小（二）型水库36座。

【应对罕见旱情】 科学统筹调水保水，快速推进大众垸水系连通工程，为应对罕见旱情提供充足的水源保障，全区未出现农作物绝收和大面积减产现象，最大程度减轻灾害损失，保障经济平稳发展和社会大局稳定。

【完成年度水利建设任务】 2017年秋冬修水利项目总投资14.88亿元，共分为9类项目。其中，非工程类已全部完成；工程类项目开工率达100%，完工243处，完工率达96.8%，已完成投资10.99亿元。完成和推进防洪保安、处险加固、水毁修复、农田水利等一大批工程建设，夯实水利工程基础。

【改善农村涉水生产生活条件】 投入2.2亿元实施农村安全饮水工程建设，农村自来水水质合格率提升至92%，14.03万农村人口的饮水不安全问题得到全面解决。新增高效节水灌溉面积716.6公顷，完成500余公顷农田水利基础设施建设，农村生产生活条件明显改善。

【推进水生态水环境修复】 提前完成全面建立河湖长制目标，出台《望城区湖长制实施方案》，河湖生态环境明显改善。完成中小河流整治和水环境治理工程，完成洞庭湖区75千米沟渠、293口塘坝清淤疏浚，实施新康水环境治理项目和翻身垸撇洪渠黑臭水体治理，积极探索现代农村小微水体治理新模式。

【完善水利项目管理机制】 制定《水利工程质量与安全生产监督管理实施细则》等规章制度，坚决落实项目法人责任制，加强对设计、施工、监理等参建单位及技术人员的监督管理。通过规范质量监督申请制度、项目划分申报审批、质量评定申请、质量监督责任人、质量监督台账等制度，加强对参建单位及项目的管理。

【承办长沙市洞庭湖区防汛抢险应急演练】 5月28日，由望城区防汛抗旱指挥部承办开展长沙市洞庭湖区防汛抢险应急演练，完成Ⅳ级、Ⅲ级、Ⅱ级、Ⅰ级防汛抢险应急响应和无人机抛投救生衣、冲锋舟转移被困群众、直升机救援伤员、散浸险情处置、城区防涝排渍、重大管涌险情处置及抢筑子堤等7个科目防汛抢险演练，全面提升望城在突发自然灾害时的应急反应和协调能力。

气象

【概况】 2018年，区气象局内设办公室、气象台、业务科、防雷减灾科和公共气象服务中心，有干部职工15人。

2018年7月10日，与应急联动指挥中心会商应对玛莉亚台风

【气象服务工作】 加强业务人员培训，重点做好为农服务和汛期气象服务工作，各类仪器设备运行正常，自动站，观测站资料传输及时率99%以上，通过QQ、微信平台、国家突发事件发布平台、电视台等方式加大对外服务力度。准确预测2018年汛期“前涝后旱、旱重于涝”总趋势，汛期3次暴雨过程，（分别是5月30—31日，过程雨量60.9毫米，7月1—3日，过程雨量55毫米，7月10—12日，过程雨量86.2毫米）；1次大暴雨过程，为8月15日，过程雨量113毫米，预报基本准确，服务及时。2018年全区1—10月平均总降水量为1056.4毫米，较2017年同期（1438.4毫米）偏少26.6%，较2016年同期（1828.5毫米）偏少42%。其中汛期4—9月总降水量为769.4毫米，较2017年同期1050.1毫米偏少24.4%，较2016年同期1496毫米偏少49%，较历年917.4毫米正常偏少16%。望城区大部分地区农业生产、人畜饮水受到影响，根据部署，抓住有利天气条件在全区先后多轮次开展大范围人工增雨作业，发射人雨弹142枚，降雨422.7毫米，全区旱情有效缓解。拓展新的气象为渔业服务，在开天综建立1处示范水面，示范水面总面积2公顷，开展水产养殖气象指数研究预报服务，以进一步丰富创新渔业气象服务产品，提升服务质量。

【气象宣传工作】 组织集中执法行动40次，检查生产经营单位60家。12月防雷安全检查建立60个生产经营单位一企一档台账。在靖港镇石毫村开展“学雷锋、树新风，3·23世界气象日活动”，全部在职人员参加宣传活动，“我推荐我评议身边好人”报送120次。在“湖南气象、望城门户网站、政法委平安望城、望城安监”等微信公众号采用多渠道媒体发表新闻稿36篇。

【精准扶贫工作】 制定年度《驻村帮扶工作计划》，完善驻村工作台账日记120篇，全力以赴完成精准扶贫任务。心系全区贫困村贫困户，仔细梳理、收集2018—2020年全市驻村扶贫干部相关信息，将其纳入到气象手机预警短信免费发送用户群，及时把气象预警信息传递到驻村扶贫干部手中，打通农村贫困地区接收气象预警信息的“孤岛”，便于驻村扶贫工作人员及时组织群众开展避险自救。

（朱 姣）

长沙现代农业综合配套改革试验区

【概况】 2018年，长沙现代农业综合配套改革试验区（以下简称试验区）管委会内设综合管理部、社会事务改革部、招商与产业发展部、国土规划部等4个部门，下辖长沙市现代农业发展集团有限公司。有干部职工22人，其中区直各单位抽调干部5人，长沙市现代农业发展集团有限公司合同制正式员工15人，临聘人员2人。试验区范围包括望城茶亭、桥驿、铜官、丁字湾、乔口、靖港、高塘岭（新康部分）、乌山等8个乡镇（街道），总面积640平方千米，人口35万人。先后被农业部评为“全国农村创业创新园区（基地）”“国家农业产业化示范基地”“全国农村改革试验区”，承担健全城乡发展一体化体制机制改革试验任务，是全国首个以区县为单位的农村综合性配套改革试验区。

【推进农业农村领域改革试点】 深化农村集体土地“三权分置”改革，成立村级土地合作社37家，发展适度规模经营，促进农民创收增收。采用“带地入建”模式，将茶亭镇静慎村20.02公顷荒地，统一流转到村级土地合作社，完善国土手续，健全配套设施和“1+18”公共服务体系，供190户“带地入建”户集中建房，统一规划建设新村。市委办公厅《内情参考》对“带地入建”引导农村居民集中居住模式进行专题报道，省委常委、

引导农村居民集中居住点——静慎家园（谢莹 摄）

市委书记胡衡华作出肯定性批示，并于7月9日作为典型经验在全市乡村振兴战略推进工作会议上作交流发言，新华社《高管信息》、《农民日报》、《湖南日报》等各类媒体进行报道。在苏蓼垸大龙村、静慎村试点社会基层治理，试点范围内大龙村由省级贫困村逆袭成为全国文明村，相比2015年全村土地租金实现每亩增长400元，每亩年产值增长3000~6000元，人均纯收入提高5000元。静慎村作为全市移风易俗经验交流暨农村精神文明建设现场推进会参观现场。

【建设智慧农业试点区】 11月，省农业农村厅、省财政厅按照湘农联〔2018〕109号文件精神，确定望城区为2018年省级农村一、二、三产业融合发展示范县（智慧农业试点项目）。试验区作为实施主体，“1个综合平台、2个现代农业综合服务中心、10个村级益农信息服务站、8个智慧农业试点项目”建设，提升农业信息化水平，提高农业生产效益，促进三产融合发展。

【打造区域农业品牌】 围绕望城资源优势、区位优势，多措并举促进鲌鱼、小龙虾等特色水产产业集聚，聚集白泥湖、八百里、乡里里手、协鑫渔光互补等众多现代农业示范园。牵头完成种植结构调整1000公顷，新增新型农业经营主体近百家，全区小龙虾养殖面积达2000公顷以上，初步建成小龙虾产业聚集区。与农业银行望城支行合作开发的小龙虾惠农e贷产品一期完成授信1000万元，满足小龙虾养殖户的信贷需求，解决小微农业企业融资难题。望城鲌鱼入选长沙十大农产品区域公用品牌，望城小龙虾入选湖南省“一县一特”主导特色产业发展指导目录。

（谢 莹）

工业

责任编辑◎杨英占

概述

【概况】 2018年，区经济和信息化局内设办公室、规划发展科、工业企业科（加挂望城区国有工业企业改制遗留问题处理办公室牌子）、法制信息科、陶瓷产业科5个职能科室，辖城镇集体工业联社1个二级机构，局机关有在职干部职工20人。

【开展经济运行监测】 定期召开工业经济形势分析会，对全区工业发展进行准确预判。加强重点行业、重点企业、重点产品的动态监测和跟踪管理，做好市场形势预警分析，积极引导企业“入规（规模）”、上市、“登高（高新）”。全区完成工业总产值973亿元，同比增长19.5%；完成规模工业产值867亿元，同比增长21.6%；完成规模工业增加值226.6亿元，同比增长9.2%；全区纯工业用电量为10.58亿千瓦时，增长5.45%。在做大规模、直接融资、高新技术发展上取得新突破，新增规模工业企业39家，全区规模工业企业到347家，40家企业获批高新技术企业，军信环保、农美农业分别在新三板和湖南股交所成功挂牌。望城经开区完成规模工业产值481亿元，获评工信部“国家新型工业化示范基地”；望城高新区完成规模工业产值127亿元，高新技术产业产值实现倍增。全面兑现“望城工业18条”等政策规定，围绕降低企业用电用工融资成本、加快推进智能制造等工业政策，对澳优乳业等178家企业发放奖励资金2226万元，为企业申报国家和省、市专项资金7482万元，真金白银惠企业，切实发挥政策的引导性和激励性。

【推进产业链建设】 按照“抓经济向产业聚焦，抓产业向产业链发力”总体要求，精准施策，扎实推进产业链各项工作。出台加快培育工业新兴及优势产业链发展的实施意见等指导性文件，建立更新完善产业链“两图”（全景图和现状图）“两库”（项目库和客商库）“两报告”（产业分析报告和产业链招商报告）等基础资料，为精准招商提供精准信息，着力推动产业链建设在做精、做强、做优上取得明显成效。发扬“精准、舍得、执着”精神，大力开展以商招商、敲门招商，联链区领导率队外出调研招商38次，开展招商洽谈112次，洽谈项目44个。全区9条产业链新引进项目23个，包括电子信息（含智能终端）产业链6个、新一代半导体产业链5个、水性涂料产业链3个、绿色食品产业链3个、航空航天

中信戴卡轮毂生产车间

产业链2个、先进硬质材料产业链2个、新型轻合金产业链1个、先进储能材料产业链1个。其中，伟创力、TDK新科实业投资额度超过50亿元，中信戴卡投资额度超过10亿元，其他投资过亿元项目11个。

【开展企业联系帮扶工作】 按照区委、区政府关于“产业发展突破年”工作要求，以“提升服务效能，提高发展质量”为主题，创新服务举措，健全服务机制，开展服务行动，进一步推动重点企业联系帮扶工作常态化。“千人帮千企百日大行动”活动抽调125名党员干部，组成25个帮扶小分队，深入118家企业，走访400余次，主动开展全方位、全覆盖的保姆式服务，真心实意为企业排忧解难，营造良好发展环境。按照“个性问题‘一企一策’解决、共性问题集中解决、重点问题会商督办解决”思路，建立问题台账，明确责任单位。收集并解决企业困难问题281个，问题办结率和企业满意度均达到100%。以企业需求为导向，开展融资对接、人才培训、精准服务、创新驱动、产需对接五大服务行动，举办各类专场活动25次，发放惠企政策包118个，受到各级媒体报道40余次，全区营商环境持续优化，实体经济活力不断迸发。

【工业投资稳定增长】 2018年，全区工业投资稳定增长，项目建设步伐不断加快。戴湘轮毂、中茶茶业、健科电子、金旅环保、远银光电、国智电力等一批项目加快推进主体建设，伟创力一期、五矿新能源一期、中信戴卡二期、澳优智慧工厂、衡开智能一期等项目竣工投产。其中，伟创力一期年产2400万台项目，从开工建设到产品下线仅用86天，二期年产4500万台项目加快建设。

【陶瓷产业培育】 组织铜官陶瓷企业参加第53届全国工艺品交易会、第十九届中国工艺美术大师作品暨手工艺术精品博览会、中国（喀左）第七届紫陶文化艺术节和第四届湖南·安化黑茶文化节等大型展会，共获得金奖10个、银奖15个、铜奖24个，协助区总工会举办长沙市2018年“十行状元，百优工匠”陶瓷技艺大赛。截至12月31日，全区陶瓷企业（工作室）总数达120家，其中规模以上陶瓷企业16家，形成以日用陶瓷、工艺美术陶瓷、园林景观陶瓷、高技术陶瓷为主导产业，以炻瓷、雕塑、工艺品、琉璃瓦、茶具、功能陶瓷为主导产品，以众多陶瓷企业和工作室为支撑的产业格局。

（文　慧、聂　芳、李建刚）

区域开发与园区经济

责任编辑 ◎ 杨英占

望城经济技术开发区

【概况】 望城经济技术开发区成立于2000年，2014年2月，经国务院批准升级为国家级开发区。园区规划控制面积60平方千米，已建成面积23平方千米，全境纳入国家级湘江新区、长株潭“两型社会”综合配套改革试验区、环洞庭湖生态经济圈和国家自主创新示范区四大国家发展战略范畴。园区历经18年建设发展，已形成有色金属精深加工、食品加工、电子信息、现代商贸物流四大主导产业，入驻企业1900余家，其中规模以上企业201家，境内外上市公司、世界500强企业51家。园区先后获批国家知识产权试点园区、国家有色金属新材料精深加工高新技术产业化基地、中国物流示范基地和国家新型工业化有色金属精深加工产业示范基地。2018年完成规模工业总产值613.9亿元，同比增长39.3%；完成规模工业增加值166.1亿元，同比增长13.3%；完成固定资产投资165.2亿元，同比增长42.8%；完成财政总收入43.3亿元，同比增长8%。

望城经济技术开发区内设正科级机构有工会联合会、办公室、规划建设局、招商合作局、产业发展局和社会事务局，直属（或归口）事业单位有投（融）资管理办公室和政务服务中心，直属企业有望城经开区建设开发公司、望城经开区振望建设开发公司，区直单位驻园机构或分设窗口有财政分局、同心派出所、国土中心所、市监所、巡回法庭及国税等。

【产业链招商】 坚持抓经济向产业聚集、抓产业向产业链聚焦的导向，围绕打造千亿智能终端、千亿有色金属、千亿电商产业的目标，聚焦世界500强企业、上市公司、行业龙头开展精准招商，以高质量项目支撑高质量发展。全年引进产业项目49个，总投资171.2亿元。其中，投资50亿元级项目2个，10亿元级项目2个，5亿元级项目5个，亿元级项目8个；世界500强企业5家，上市公司8家。伟创力长沙智能制造产业园、京东亚洲一号、宝能智慧城市供应链中心、德赛电池望城智能制造产业园等重大产业项目相继落户，产业链建设迈出坚定步伐。

【项目建设提速】 坚持项目为王、项目为先，深入开展“产业项目建设年”活动，健全项目建设服务“五制”，以项目服务的高效率催生项目建设的高速度。全年在建产业项目82个，在建面积414.5万平方米。其中，伟创力长沙智能制造产业园、苏宁云商、亿达智造小镇等40个项目开工建设，证通电子二期、鼓风机厂等42个项目全面复工。全年五矿新能源一期、中信戴卡二期、澳优智慧工厂等43个项目竣工投产，新增产能100亿元以上。伟创力长沙智能制造产业园项目一期4月17日开工建设，7月12日第一台智能手机下线，从开工到投产用时86天，刷新项目建设新的“望城速度”。

【企业培育】 坚持“不叫不到、随叫随到、服务周到”的工作理念，深入开展“千人帮千企百日大行动”，有力激发市场主体创新创业活力。澳优乳业开通中欧国际货运专列，获“首届市长质量奖”，成功跻身百亿乳企。晟通集团第五

2018年5月31日，宝能智慧城市供应链中心项目签约

代轻量化全铝厢式半挂车研制成功并实现交付，轻量化铝合金商用车国内市场占有率超80%。泰嘉股份入选工信部“单项冠军培育企业”，与德国百年企业昂兹公司赋能合作，迈出国际化发展重要一步。联智桥隧自主研发的预应力智能张拉、智能压浆系统助力港珠澳大桥、沪昆高铁等国家大型工程建设。中联重科望城工业园布局国内首条高空作业平台智能化生产线，塑造行业新未来。万家乐、素加营养品通过国家CNAS实验室权威认可，国银新材、证通电子、新汇制药获省级技术中心。

【园区建设】 坚持以人民为中心，以企业为主体，积极营造更加宜居的生活环境，更加宜业的生产环境，不断满足人民群众、企业群体的新期待、新向往。“大交通”格局日趋成型。全力服务省、市重点工程建设，京港澳高速复线全线通车，常益长高铁开工建设，长益高速复线加快推进，长益高速复线联络线即将启动建设，三环线和普瑞大道立交互通进展顺利，枢纽型园区的梦想开始照进现实。“大路网”建设加快推进。望城大道下穿石长铁路段建成通车，园区再添一条南北走向的融城大动脉。高标准、高品质、高质量完成航空西路、月亮岛西路等6条道路建设，拓展发展新空间。区域配套日益完善。周南望城学校投入使用，人才公寓、公租房建设加快，110千伏桂芳变电站完成建设，3条万伏线路完成迁改，20余项水、电、气、讯工程顺利实施，群众、企业获得感明显增强。

【伟创力长沙智能制造产业园落户望城】 1月29日，伟创力长沙智能制造产业园项目签约仪式在长沙举行，项目正式落户国家级望城经济技术开发区。省委常委、长沙市委书记胡衡华，副省长、长沙市委副书记、市长陈文浩出席签约仪式。伟创力长沙智能制造产业园位于长沙市望城区黄桥大道以东、高原路以西、航空路以南、金星路以北，规划总面积41公顷，项目总投资50亿元，主要生产手机智能终端、智能终端电源、网络及消费类电子产品的生产基地。预计首期项目投产达效后年产值达到100亿元，吸纳就业人口1万人以上。项目龙头集聚效应明显，将吸引大量上游电子元器件和中游电子模组生产企业向长沙集中。

【伟创力长沙首台“望城造”智能手机下线】 7月12日，首台湖南望城造的华为荣耀智能手机在伟创力长沙智能制造产业园下线。伟创力一期年产2400万台手机项目从开工建设到试生产仅86天，不仅创造项目建设的“望城速度”，也刷新长沙乃至湖南产业项目建设的发展速度，得到长沙市委书记胡衡华点赞。伟创力长沙智能制造产业园项目总投资50亿元，按照工业4.0标准，面向未来20年发展打造智能制造生产基地，开启望城智能终端产业发展新纪元。

（陈　超）

湖南望城国家农业科技园区

【概况】 2018年，湖南望城国家农业科技园区以“科技兴园、产业强园、生态立园、开放活园”为宗旨，以现代农业新技术、示范推广作为基础，紧紧围绕发展现代农业，以促进农民就业增收、发展可持续农业、建设美丽宜居乡村为目标，重点打造集农业科技研发、生产示范、科技培训、科普教育、都市休闲农业等功能于一体的现代农业科技园区。园区管委会内设办公室、产业发展局、招商合作局、科技人才局和社会事务局5个局室，有干部职工29人，其中管理人员10名、专业技术人员6名。

【招商引资工作】 突出招商引资与引智相结合，2018年，园区完成招商签约项目2个。其中，中国农业科学院南方经济作物研究中心项目总投资5000万元，将建成国家农业科研机构在环洞庭湖区域的大型综合基地，突出“创新集成、展示放大、示范培训”三大功能，辐射及带动洞庭湖区域及长江中下游地区现代农业快速发展。另一个引进项目霖逸农业，流转农用地18.33公顷，一期4.53公顷“荷花鱼”生态种养基地已完成建设并投产，基础设施日臻完善。拓宽招商渠道和视野，在谈项目3个，重点向蔬菜产业链项目倾斜。完善现代农业双创园建设。现代农业创新创业园是本省现代农业领域第一个创新创业项目和众创空间，分为现代农业前沿科技示范区、企业创新区和大众创业区3大功能板块，为涉农专家创造、企业创新、大学生创业搭建平台，集中开展新品种、新技术示范，推进产学研推繁一体化，实现农业与科技、生态、休闲的紧密结合。创业者通过园区平台，实现创业梦想，助推农村一、二、三产业融合。

【科技兴农工作】 坚持与科研院所合作，园区聘请包括袁隆平院士在内的专家委员会成员15人。深化与省蔬菜研究所实质性合作，建设蔬菜新品种试验示范基地，加强与湖南省农科院合作，依托邹学校院士工作站，开展辣椒等蔬菜新品种研发、中试。组建蔬菜产业科技指导员队伍，开展蔬菜产业实用技术人才评定工作，为蔬菜产业发展提供坚实的人才支撑。全力搭建科技人才交流平台。对接省科技厅、市科技局及科研院所开展科技人才培训交流，组织园区企业参加长沙市高新技术企业认定管理及政策培训、2018年湖南（长沙）科技活动周开幕式参展、湘台科技交流与产业合作对接会等大型科技学习交流活动。点对点开展企业指导。积极组织推荐企业申报省、市及区级农业科技及产业项目，严格组织对上年度本级科技项目的验收评估工作。指导任龙农业成功举办桑葚节活动，带动当地农民就业，共接待游客2万人次。充分运用园区信息平台，针对各企业的产品和服务特点，帮助农美科技等8家企业开展应时应景的宣传推广，有效提升农业企业知名度。

【农业品牌建设】 扎实推进三产融合项目试点，6月2日，都遨华夏泥爸爸亲子育学园开园，作为三产融合发展试点建设项目之一，都遨华夏泥爸爸亲子育学园通过错位发展、抱团互赢的模式助力农村一、二、三产业协调发展。该项目引进华夏乡旅集团，致力打造一个集乡村农业种植、乡村文化挖掘、中小学生社会实践教育及民宿为一体的现代化亲子育学基地，提高周边人气，带活当地经济，积极为乡村振兴提供新的业态和模式。积极推进“互联网+农业”工作，支持湖南山丘生态农业发展有限公司等农业企业以“互联网+农业”合作模式，深度推进三产融合，收购成熟专业化电商团队，运用微店、淘宝等商城平台，代销小散农户的农产品，解决农产品销售难题。实施农业品牌引导战略，组织千龙湖、绿地、金成水乡、龙虎农业等单位参加湖南省农博会和望城农货品牌节，涉及鱼、米、菜、油四大品类，较大地提升品牌市场占有率和品牌知名度。2月，乌山贡米获得农业部审定的农产品地理标志公共标识登记证书。5月，长沙龙虎生态科技有限公司、湖南望城乌山贡茶有限公司、湖南八佳兴农业科技有限公司、望城区新康乡金成水乡生态种养基地等18家望城农业企业被长沙市农业委员会认定为长沙市农业产业化重点龙头企业。同时，注重蔬菜公共品牌建设，启动向工商总局注册“望城蔬菜”“望城农业”两个区域公用集体商标，构建望城农业和望城蔬菜优良品牌和美誉度。

【调整种植结构】 园区牵头办好一个万亩示范片和一个千亩示范片。万亩示范片集中在新康片区，以种植高粱、玉米为主，其他经济作物为辅，积极协调高粱收储销售等事宜。千亩示范片主要由环洞庭湖经济作物研究中心开展有机蔬菜种植，同时引入荷花鱼种养殖项目。力促蔬菜产业示范基地建设。成立园区蔬菜产业链建设工作领导小组，协调区农林局、靖港镇、蔬菜企业及种植大户推进靖港片区标准化蔬菜种植示范基地建设。广泛调研蔬菜企业，确定以培育和扶持龙头企业和基地入手，在千龙湖大道两厢选取2~3个集中连片的种植基地为示范点，“以点扩面”向周边农户示范推广。

望城高新区

【概况】 2017年12月31日，湖南省人民政府批复同意在原铜官循环经济工业基地基础上筹建望城高新区技术产业开发区。2018年3月15日望城高新区正式挂牌。2018年望城高新区管委会内设办公室、产业发展处、招商合作处、投融资管理处、规划建设工程管理处、社会事务处、监察室7个机构，下属企业有望城经济开发区铜官循环经济工业基地投资开发建设有限公司及其子公司长沙市望城铜官工业集中区公用事业服务有限公司、长沙市望城区第二污水处理有限公司，有工作人员66人。全年新增规模工业企业3家、服务业企业3家，新增高新技术企业3家。全年完成税收3.635亿元；固定资产投资72亿元；完成规模工业总产值125亿元，同比增长76.55%，其中高新技术产业产值59.32亿元，同比增长163.05%；企业研发资金投入5亿元，同比增长138%。

【推进招商引资】 坚持以精准、舍得、执着的精神抓产业链招商，招商引资工作稳步推进。全年共引进14个优质工业项目，其中世界500强企业1家，行业前20强企业5家，投资过亿元企业7家。飞鹿股份高铁涂料项目、关西二期、托阳二期相继落户，在园企业投资信心不断增强，12月底，园区借助中国五矿项目投产举办招商推介活动，为锂电材料产业做大做强孕育希望。

【促成项目落地投产】 全年园区24个产业项目列入区级重点项目，其中17个为市级重大项目，五矿新能源、托阳制药列入全省“5个100”重点产业项目。方盛制药、吴赣制药、华腾医药、物流园一期

2018年12月28日，中国五矿国家新能源材料产业基地项目（一期）暨湖南长远锂科有限公司铜官基地投产启动仪式

等10个项目新启动建设，托阳制药、恒旺新材等10个项目新投产，项目落地呈现“加速度”。8月，长沙港铜官港区开港运营，标志着园区进入公铁水联运时代；12月，五矿新能源一期“2+1”项目投产，在项目建设观摩中省市区领导给予高度评价，助力刷新项目建设“望城速度”。

【完善基础配套】　全年铺排政府性投资建设项目15个，其中实施项目10个，预备项目5个，年度内完成总投资3.26亿元。黄龙路环形段、白杨路、彩虹路等7个项目有序推进，其中5个项目年内整体竣工，四纵三横路网基本成形，污水处理厂提质改造工程取得显著成效，新建自来水主管6.5千米，实现覆盖园区的新老管网互联互通，热力管网、污水管网等项目建设全面铺开，园区承载能力不断提升，入园企业获得感不断增强。

【企业服务帮扶】　开展“千人帮千企百日大行动”，以企业需求为服务根本，激发企业创新发展动力。指导企业争取上级资金3025.8万元。湘江关西跻身国家“绿色工厂”行列，三环颜料被中国石油和化学工业联合会授予“能效领跑者标杆企业”，金驰能源项目获批国家智能制造试点示范项目，中石油获评2018年安全生产标准化二级企业，同远新材获绿色建材评价标识证书，湘江关西、湘鑫科贸、长沙电厂获批高新技术企业，园区企业内生动力不断增强。

【加大要素保障】　做好防范化解金融风险攻坚战各项工作，配合审计、财政、发改等部门完成园区债务情况清查，在未扩大债务规模的前提下，保障园区高速发展的资金需求。积极推进用地报批，全年争取土地年度计划指标约66.67公顷、购买增减挂钩指标60公顷；完成码头二期、医药片区二期等项目约53.33公顷用地报批前期工作；批回吴赣药业、白杨路二期、特勤消防站、安达油库等项目约53.33公顷用地红线；完成华腾制药等项目约20公顷土地挂牌供地，有效保障项目建设用地。加快项目腾地拆迁，完成彩虹路、黄龙路二期、白杨路二期、华城路二期4个项目征拆扫尾工作，实现和顺石油、医药产业园二期、物流园二期、中石油铁路等项目拆迁腾地，电厂辅助中心、输煤管道项目征拆工作稳步推进。

【优化管理服务】　理顺体制机制，7月，区委、区政府发文明确望城经开区托管望城高新区，实行“八统一分”“两保留”“四授权”。理顺园区内部管理机制，依托国家级平台，整合内部优势资源，集中精力服务入园企业，开展一窗式手续办理，全面推行“店小二”服务，集中破解企业发展和项目建设瓶颈问题。深入开展蓝天保卫战，对40多家企业和20多个在建工地“三废”排放情况、扬尘治理情况和黄龙河沿线排水情况等进行密集检查。全年开展安全、环保隐患排查143次，整改问题315个，协助区环保局查处环保问题5个。全年没有发生重大安全环保事件。

【望城高新区举行揭牌仪式】　3月15日下午，望城高新区举行揭牌仪式，省科技厅党组成员、副厅长鲁先华与望城区委副书记、区长范焱斌共同为望城高新区揭牌。望城区委常委、常务副区长周志辉、望城区副区长苏敏芳出席揭牌仪式，省科技厅高新处、省科技信息研究所、望城高新区全体干部职工参加揭牌仪式。2017年12月31日，湖南省人民政府批复同意筹建望城高新区技术产业开发区，实行现行的高新技术产业开发区政策，重点打造以新材料、生物医药为主导的高新技术产业聚集区，为湖南省高新技术产业发展和富饶美丽幸福新湖南做出更大贡献。

【长沙港铜官港区开港运营】　4月18日，设计年吞吐量为60万吨的长沙港铜官港区一期码头开港试运行，省水运投资集团党委书记、董事长蒋鹏飞，望城区委副书记、区长范焱斌，副区长刘洪波出席开港仪式。项目由湖南省水运建设投资集团与望城区政府共同投资建设，位于湘江干流长沙枢纽下游右岸，是“十三五”时期长沙规划发展的重要港区之一，于2016年8月开工建设，主要建成2000吨级件杂货泊位2个，泊位总长度225米，前沿作业区配备45吨、16吨门座式起重机各1台和45吨龙门式起重机1台，为长沙港口区起重量最大。配套建设相应的仓库、堆场、道路和生产生活辅助设施，配备生产信息化系统、岸电系统、光伏发电系统、LED节能照明系统，望城高新区正式进入公铁水联运时代。

【方盛博大制药项目启动开工建设】　6月2日，望城高新区方盛博大制药项目举行开工仪式，区委常委、常务副区长周志辉出席开工仪式。方盛博大制药项目由湖南方盛博大制药有限公司投资建设，是2018年望城高新区发展建设的重点项目，也是望城高新区生物医药产业的代表企业。该项目规划用地总面积13.33公顷，一期6.67公顷，建设方盛制药中药、原料药及制剂生产基地，全面建成投产后，预计年产值达20亿元，上缴税收6000万元以上。

【吴赣药业项目启动开工建设】　10月20日，湖南吴赣药业项目开工动员活动在望城高新区举行。区委书记孔玉成宣布项目开工。区委副书记、区长范焱斌，望城经开区党工委书记张毅，望城区委常委、常务副区长周志辉，区领导戴水文、周剀、刘洪波出席开工动员活动。该项目由江苏吴赣生物科技有限公司投资建设，主要生产磺胺类、生物缓冲剂系列、降糖类药物及中间体产品，分两期建设。项目全部达产后，预计可实现年销售收入15亿元、利税3亿元。建成后将成为国内产量最大、种类最全的生物缓冲剂系列产品生产基地。

【中国五矿国家新能源材料产业基地（一期）项目举行投产启动仪式】 12月28日，中国五矿国家新能源材料产业基地（一期）暨湖南长远锂科有限公司铜官基地投产启动仪式在望城高新区举行。中国五矿集团有限公司党组副书记、总经理兼中冶集团董事长国文清，省委常委、市委书记胡衡华，副省长陈飞出席并见证。市委副书记、市长、湖南湘江新区党工委书记胡忠雄，中国五矿集团有限公司党组成员、副总经理焦健出席并致辞。中国国新控股有限责任公司党委副书记、总经理莫德旺，市领导夏建平、刘明理出席。中国五矿、项目管理方、投资方代表、供应商代表、客户代表、金融机构、政府代表共计300余人参加活动。作为全省“五个100”重大产业建设项目，计划投资总额110亿元，分两期建设。预计全部建成达产后，年产值将过200亿元。

滨水新城

【概况】 2018年，滨水新城管委会内设综合管理部、规划建设部（含项目服务中心）、招商项目部。截至2018年12月，纳入管委会编制干部职工20人，政府雇员5人，临聘人员6人。

【完成各项经济指标】 管委会新引进现代服务业项目7个（超额完成全年4个的招商引资任务）；完成固定资产投资22.06亿元（超额完成固投指标1亿元因固投基数进行调整，根据区政府统筹逐月完成任务）；新增“四上企业”3家（超额完成全年2家的目标任务）；全年完成社会消费品零售总额49亿元（占全区限额以上企业的1/3以上）。

【促进在谈项目签约】 和顺石油总部项目于2月签订商务协议，总投资额1.8亿元，每年度缴纳生产经营性税收不低于1亿元。婚庆产业园项目于2018年1月17日由湖南润和城实业有限公司和湖南长燃山河房地产开发有限公司联合摘牌，并于6月22日签订《履约监管协议》。10月22日，新一代半导体产业链项目签订合作协议，总部基地项目一期拟投资4亿元，建设新一代半导体产业链科技创新核心区。合作片区签约4个项目，月亮岛滑行体育文化园项目占地4.33公顷，建设月亮岛滑行体育文化园。月亮岛法网公园项目占地3.4公顷，投资6000万元，拟建设12片专业红土网球场（含6片风雨球场）、1个接待中心、1个综合红土俱乐部。月亮岛露营项目占地4.67公顷，建设月亮岛露营公园。砂之船奥特莱斯项目用地面积21万平方米，投资13亿元，建设华中地区单体面积最大的奥特莱斯，12月22日开业运营。合作片区项目招商工作来势喜人，已有远洋地产、祥源控股、招商蛇口、金科产业、阳光壹佰、苏宁集团等多家国内知名开发商对S4~S7地块表达强烈意向。

【推进片区合作开发】 签订合作片区补充协议并推进相关工作，通过紧密对接月亮岛文旅新城公司，理清发展思路，就合作片区范围、成本构成、结算机制等提出具体方案，并据此由区政府和先导控股于2018年5月31日签订补充协议，为加快推进合作片区开发奠定坚实基础，同时取得湘江新区、先导控股支持，明确望城区政府在开发建设月亮岛过程中历年投入资金61485万元纳入月亮岛西岸片区合作开发成本。积极协调市区政府明确合作片区项目结算审核工作相关事项，协调先导控股拨付6500万元用于处理原月亮岛历史遗留问题，协调月亮岛文旅公司解除润和国际广场项目用地抵押，协调湘江新区将合作片区所有项目报批报建手续全部放在望城区办理。合作片区开发建设加速，加快片区拆迁扫尾，加强与相关街道的沟通联系，片区内银江路、天岳一期等项目历年遗留问题通过司法强拆、协助拆除等手段逐步解决。加快项目建设，至年底月亮岛西岸片区“两纵两横”主干道路建成通车，杨峰路、银月路、王家湾南路、银江路高排涵等

购物中心

美丽之城

2018年，望城积极推进乡村振兴，城乡融合发展加快。成功打造光明村“五建五享”发展模式、静慎村“九贤治村”治理模式、盘龙岭“荷花+”种养模式，形成特色蔬菜、健康水产、休闲农业三条产业链，树立望城鲌鱼、乔口荷花虾、靖港西兰花、八佳兴雪里蕻等品牌。精准扶贫扎实推进，4792名建档立卡贫困户实现脱贫，贫困发生率下降至0.32%。

蓝天保卫战成效显著，全年空气质量优良率稳步提升，“望城蓝”成为品质生活新常态。京港澳高速复线全线贯通，长沙港铜官港区、地铁4号线试运行，长益高速扩容工程、渝长厦高铁长益常段顺利推进，交通体系更加健全。全域旅游亮点纷呈，投资100亿元的新华联铜官窑古镇于8月盛大开放，铜官窑博物馆、书堂山国学小镇一期等相继建成开放，持续引爆长沙古镇旅游。

银星湾公园

乌山贡茶园

新华联铜官窑古镇

柳林江

铜官灯光秀表演

乔口荷花虾养殖基地

八曲河风光

WANGCHENG
YEARBOOK

湘江村小微水体管护示范点

美丽新城区

古街恋人(梁健 摄)

美丽城区

提质改造后的社区

大众垸河湖连通工程

WANGCHENG
YEARBOOK

秀美团山湖

如画的光明碟谷

非洲猪瘟临时检查站

WANGCHENG
YEARBOOK

岳麓污水处理厂

靖港镇前榜村惬意的乡村休闲生活

望城“蓝”成为常态

次干支路完成主体建设，片区路网等市政基础设施配套日臻完善。月亮岛景观水系生态治理一期工程、入岛广场、能源中心、配套路网等已完成主体建设，体育文化园一期、搏击体育文化园、卡丁车文化园已完成场馆建设，并逐步开放运营，月亮岛作为体育文化休闲旅游岛的形象初显端倪。湖南省奥体中心等重大项目将落户滨水新城核心区，现行控规片区功能定位发生重大变化，根据区政府会议安排，由滨水新城管委会牵头负责滨水新城核心区控规修改提升工作。管委会会同区规划局、城投集团充分听取区内相关单位控规修改建议和意见，初步确定控规修改提升方案。

【推进项目建设】 2018年管委会共有服务项目12个，其中政府性投资项目1个，社会性投资项目11个；完成主体建设项目3个；续建项目10个，新启动建设项目2个。多措并举实现明发商业广场北区商业裙楼的完工，南区商业酒店主楼已施工至3层，南区住宅已交付，北区住宅正进行主体施工；永通汽车城二手车市场项目用地范围内已外运土方40余万立方米；省交勘院、滨水新城医院均完成主体工程建设，省交勘院年底入驻办公；九城地块的奔驰、广汽丰田、广汽本田4S店建成并投入运营。积极协调澳优乳业总部项目所在的街道、村组，启动土方施工；至善美景项目现场正在进行桩基础施工；长燃璀璨星河（后更名为印湘江）项目正在进行主体施工，完成四栋的销售。另外新城国际花都、澳海澜庭、澳海谷山府、澳海月亮湾4个房地产项目进展顺利，陆续实现开盘预售，保障房地产市场的稳步推进。稳妥解决已签约项目的历史遗留问题，依法解除望城国际商贸城、望城游艇俱乐部、中国新闻社湖南分社3个项目的商务协议，推进至善美景、芝林药业总部、西岸油画艺术区项目重新签订协议，积极应对解决大河西汽配城项目遗留问题，争取解除土地出让合同收回土地使用权，避免2.53亿元国有资产的流失。

（朱丹）

商贸服务·旅游管理

责任编辑◎刘湘东

商贸概述

【概况】 长沙市望城区商务局是区人民政府直属事业单位，主管全区内外贸易和招商引资工作，2018年内设办公室、党建办、招商引资服务中心、项目服务科、外经外贸科、市场建设科、现代服务业科、特种行业管理科8个科室。有区商业管理中心、物资管理中心2个下属二级机构；下辖区对外贸易有限公司、民爆器材有限责任公司2个企业。局机关有干部职工24人，退休干部18人，借调1人，政府雇员4人。

2018年，全区新引进项目82个，工业项目54个，现代服务业项目14个，文化旅游项目8个，现代农业项目6个。500强项目8个（伟创力、京东亚洲一号、中联智能生产基地、国美长沙电商运营基地、华为软件云、中航起落架维修、金驰锂电回收、中青旅靖港古镇合作开发）行业20强项目16个（戴湘产业园、宝能智慧城市供应链、恒茂通信终端智能产业园、天工智能家居生产基地、普瑞康中医院健康产业园、亿诺胜精密仪器、奔朗新材料、普莱斯迈研发智造、皓鼎电子精密连接器、佰腾复合新材、铜官港水运物流园、亚士创能一体化涂装板、飞鹿水性漆、恒兴UC涂料、砂之船奥特莱斯、贝拉小镇二期）。

【商贸指标情况】 2018年全区引进市外境内资金152.97亿元，完成全年任务的100.31%。其中，园区外完成83.38亿元，完成全年任务的100.10%；园区内完成69.59亿元，完成全年任务的100.57%。2018年全区完成外贸进出口总额70542万美元，完成全年任务的114.33%。其中，园区外完成11154万美元，完成年度任务的104.2%；园区内完成59388万美元，完成年度任务的116.4%。2018年全区实际到位外资29946万美元，完成全年任务的101.17%。其中园区外完成12196万美元，完成年度任务的101.63%；园区内完成17750万美元，完成年度任务的100.85%。2018年全区完成社会消费品零售总额196.1亿元，增速17.6%；其中限上部分完成148.38亿元，增速20%。

【招商引资】 做好项目引进服务。1月22日，组织全区招商引资领导小组会议，提请会议审议重大项目7个；多次组织相关部门就单个项目进行会商、座谈或实地考察，把好项目准入关，做好项目引进的服务工作。参加各类商贸活动。组织参加沪洽周、科特迪瓦一湖南经贸论坛会和首届中国国际进口博览会等活动。举办驻区央企负责人座谈会和深圳市湖南望城商会成立大会暨望城形象推介会。强化驻点招商。在京拜访参观各企业、行业协会、行政部门等100余次，收集招商信息160余条。接待企业考察30余次，北京传奇投资集团、中农批冷链集团等行业龙头企业通过深入考察望城，提升投资意愿。加强履约管理。跟进近三年招商引资项目及重点招商引资项目，做好相关协调服务工作，当好企业“店小二”。组织对2007—2017年招商引资项目商务协议履约情况进行核查（不含经开区），对园区外因项目方原因导致未履约或无法履约的招商引资项目

电商扶贫培训会

进行梳理。进一步加快园区外工业项目的清理处置，通过前期双方的多轮谈判、协商，完成鹤婷保健、铭伦石油、湘荣酒店、皓宇物流等项目的退出；鸿雁机械项目双方基本达成一致意见；璟达物流、力丰石材项目在深度洽谈。

【外贸服务】 壮大外贸企业群体，培育龙头骨干外贸企业。在原有130家外贸企业基础上，新增49家外贸企业（其中经开区21家）。重点指导和推进潜力大的重点外贸企业，依托区内高新技术、新材料、汽车配件及食品等优势产业，重点支持仁鑫电子有限公司千万美元龙头企业，给全区的外贸企业发挥积极带动作用。全力搭建各类外贸平台，提升开放型经济发展水平。湾田国际的致远达供应链公司与迪拜的知名电商平台达成合作，推动湾田国际的商户和区内其他外贸企业打开中东市场；制定出台《关于促进湖南（红星）进口肉类指定查验场加快发展奖励暂行办法》（望政办发〔2018〕85号），主要从“年度进出口贸易额奖励”和“查验场平台运营奖励”两方面分别对红星进口肉类查验场平台商户和运营单位给予不同程度奖励，平台商户2018年进出口货运量400余吨，总额106万余美元；支持铜官港口岸作业区的申报，以此为契机开展高新区外向型企业招商活动，形成新的外向型经济增长点。强化政策指导和跟踪服务，促进外贸企业做大做强。通过省、市、区三级各类外贸进出口专项资金对辖区内重点外贸企业进行扶持，加强对存量外贸企业的扶持培育，引导存量企业做大做强，2018年审核各类外贸、外经、服务贸易等专项资金300万余元（其中区级外贸进出口专项资金拨付75.5万元）。举办“2018年长沙市开放型经济外贸政策培训（望城区专场）”专题培训会，30余家重点外贸企业的业务主要领导及经理参加培训会。11月组织区内重点外贸企业赴上海参加中国国际进口博览会，协助企业对接进口供应商及产品，扩大全区外贸进口总额，提升望城区开放型经济格局。强化外资调度和服务，促进外资企业良性发展。着重抓好到位资金的调度工作，上行加强沟通，及时掌握省市厅局的统计口径和政策，下行抓好调度，全力做好外资企业工作，确保全年任务的顺利完成。同时做好2018年外商投资企业联合年检和外商投资审批备案工作。

【民生鲜农产品市场体系建设】 开展便民生鲜农产品市场体系建设工作。邀请湖南城市学院规划建筑设计院编制《望城区农副产品市场发展建设布局规划书（2017—2035）》。为建立长效、全面、可持续发展的便民生鲜农产品市场管理体系，结合望城实际情况制定制定出台《望城区便民生鲜农产品供应体系建设两年行动计划（2018—2019）实施方案》和《长沙市望城区便民生鲜农产品市场建设与管理办法》。做好“一圈两场三道”和农贸市场建设专项工作。2018年全区纳入长沙市民生实事考核和“一圈两场三道”建设项目任务的农贸市场有3个，1个新建（丁字湾农贸市场），2个提质改造（中华岭农贸市场和桑梓农贸市场）。做好电商扶贫及电商小镇建设工作。年初联合区扶贫办印发《2018年长沙市望城区电商扶贫工作实施方案》，组织召开“湖南电商扶贫小店”长沙市望城区推广培训会，取得良好的效果；全年新建15个电商综合服务站，通过市级验收；11月市里同意发展铜官街道为长沙市电子商务小镇。组织企业参加2018年食博会。9月13—16日组织区内食品类企业参加食博会，宣传望城形象，展现望城特色，推动农村电商发展，为望城食品餐饮企业对外发展搭建平台。

【服务业调研摸底】 为全面了解望城区生产性服务业和生活性服务业发展基础与区域要素禀赋条件，系统梳理望城区现代服务业发展的战略逻辑与路径，从调研走访、座谈会、征求意见会三个方面开展工作，形成望城区现代服务业调研报告和实施意见送审稿。《望城区关于支持现代服务业发展的若干政策意见（试行）》通过区长办公会。根据市服务业处文件精神，开展2018年长沙市服务业专项资金项目申报工作，对长沙新华联铜官窑国际文化旅游度假区、贝拉小镇示范区二期、书堂山国学小镇、正荣财富中心4个项目申请材料进行初审和现场审查，汇总资料呈报市服务业办。

【安全监管】 层层压实安全责任。年初与局机关7个内设科室、两个二级机构、湾田国际等全区大型综合体企业签订《安全生产企业目标管理责任书》，将目标责任层层压实到企业主体。4月，组织召开2018年度商务系统安全生产工作大会，调动全系统安全生产工作的积极性和主动性。开展专项整治。制定出台《望城区大型综合体专项整治活动实施方案》，把集中开展综合体安全生产（经营）检查，列入全局工作重要议程。3月，进一步加大企业检查频率，搞好大型综合体及重点商贸流通企业的现场指导。7月，按照要求认真开展安全生产月活动。打赢蓝天保卫战。制定下发《长沙市望城区成品油污染防治专项工作实施方案》，召开各类协调会、推进会5次，专题研究部署成品油污染防治工作，局班子5次带队下企业现场推动改造。先后与环保、安监等部门开展联合执法5次，以部门联合执法形成高压态势。推行依法行政，严格执法监管。认真履行监督责任，抓安全环保工作闭环管理，每月及节假日前进行消防安全专项检查，检查发现10余处安全隐患，在规定期限内整改完毕。全年开展专项执法79次，出动执法检查267人次，检查企业194家，确保商务系统安全生产平安稳定。

【湖南（红星）进口肉类指定查验场运营】 4月4日，位于长沙市望城区丁字镇红星北盛冷链物流园内的湖南（红星）进口肉类指定查验场开验启动。2017年4月动工建设，投资4971余万元，用时半年完成查验场软硬件设施建设，查验能力15.7万吨/年。其中，投资630万元建成全国进口肉类指定口岸/查验场最先进的全程可视化动态监管智能信息平台，可实现进口肉类全程定位、温度实时监控、移动智能查验等十多项功能。湖南（红星）进口肉类指定查验场通过验收并投入运营后，可极大提升进口肉类产品的通关便利，节约企业转关物流成本；有效整合市场资源，拓展产品分销渠道，增强长沙区域聚集和辐射带动作用；进口肉类产品可以以原集装箱、原铅封、原证书方式，直接运输到查验场实施检验检疫，实现进口直通。启动运营后，全年进出口货运量400余吨，总额达106万余美元。

【铜官电商小镇获批】 11月，铜官电商小镇得到市商务局批准。铜官产业基础雄厚，拥有完善的陶瓷产业链，铜官陶瓷烧制技艺入选国家非物质文化遗产名录，铜官的陶瓷产业逐步振兴，依托互联网等电子商务平台助推铜官陶瓷产业的发展是形势所需。区商务局市场建设科将发展电子商务作为铜官陶瓷产业发展的重要环节。铜官有陶瓷企业（门店、工作室）约100余家，基本都在淘宝、京东等电子商务平台开设网店，同时有专卖铜官特色陶瓷产品的铜官旅游网平台和专卖陶艺大师作品的艺文小镇电商平台。

【电商发展助力产业脱贫】 7月开展贫困村农产品销售活动，“淑一黄桃熟产业助力脱贫致富”活动，组织白箬铺镇淑一村“淑一黄桃”采摘基地的工作人员在区政府食堂设置展台，推介“淑一黄桃”。现场销售以及电子商务平台等多渠道销售方式，助力贫困户产业脱贫。近年来，望城区开展电商+金融电商综合服务站点建设，带动一批以“淑一黄桃”为代表的地方电商产业发展。

·长沙市望城区商业管理中心·

【概况】 2018年，望城区商业管理中心内设办公室、政保科、业务科、财计科4个科室，下辖百货纺织品公司、日用工业品公司、糖酒副食品公司、食品公司。机关在编在岗干部职工9人，系统在职职工117人，退休人员458人。

【“四费”收缴】 年初，中心认真测算基数，向4家公司分别下达目标任务，各公司按照任务数，制定任务到人，责任到人的管理办法，把工作目标与考核，评比联系起来，把工作任务与时间进度结合起来。各公司将经济指标按进度完成作为第一要务，狠抓承包租赁、水电、养老、医保个人部分四项费用收缴，1—12月应收承包租赁费为1843154元，实际收回1781554元。水电费4家公司保持收支平衡略有盈余，养老保险医保个人部分除个别情况特别特殊的对象外，全部按标准收缴到位。

【职工养老保障】 为保证职工能按时退休按时拿到养老金，按时启动医保，确保职工老有所养，病有所医，中心党委主动向区委、区政府相关领导汇报，积极争取财政局理解与支持，于二季度初争取到专项借款100多万元，按时交纳社会保险费用，确保系统职工生活有保障。争取解困和维稳资金40余万元，解决系统部分特困职工和重病职工基本生活困难，保障系统职工生活基本稳定。

【安全维护】 系统的物业大多建设时间久远，各种设施严重老化，安全隐患极大。各组在资金匮乏情况下，努力做好维修、维护工作，年内全系统未出现任何消防安全责任事故和治安刑事案件，系统干部职工中无违纪违法行为，确保商业一方平安。

·物资管理中心·

【概况】 2018年，望城区物资管理中心内设办公室，综合科2个科室，有在职干部职工3人，代管原物资总公司退休及内退人员33人。

【优化职工服务】 2018年，原物资总公司有退休及内退人员33人。这些人员普遍年龄偏大、身体状况差、住居分散，集中见面难。为做好退休及内退人员的代管服务工作，在春节前按照每人400元的标准上门看望慰问退休及内退的老同志，对年老体衰、生活困难的老职工、老党员同时增发不同金额的困难补助，将组织的关心送到每个退休及内退人员的心中。9月30日，统一组织全体退休及内退人员在市康乃馨医院进行一次全面体检，为退休及内退人员安排中晚餐，下午安排钓鱼、棋牌等活动，让老同志感受到单位组织的温暖。10月16号，开展重阳节活动，组织全体退休及内退老同志参观铜官新华联，让退休同志感受到望城快速发展变化。对因病住院老同志及时到医院看望、慰问。

【完成原物资总公司宿舍小区提质】 根据区政府统一安排，协助西塘街社区组织完成对原物资总公司宿舍进行提质提档改造，参与该宿舍区的日常管理和维护。由于原物资总公司已经改制，不少房屋都早已卖出，户主已经更换，没有卖出的房子多数已经出租，一部分户主都难以及时联系到位。为配合社区的行动，管理中心认真负责，尽心尽力，一家一户地查找，一家一户地通知，一家一户地做思想工作，动之以情，晓之以理，要求每位住户遵守长沙市文明公约，不在楼梯间乱堆乱放，爱护公共卫生，从小事做起，从我做起，营造文明、和谐、美好的小区氛围，为望城的文明建设增砖添瓦。

·外贸公司·

【概况】 2018年，长沙市望城区对外经济贸易有限公司主要经营外贸进出口代理以及车辆检测等相关项目。

【今年经营情况】 2018年，完成检测车辆3.5万台，实现检测收入785.61万元，外贸代理费收入42.13万元，各类资产场地实现收入70.61万元，实现门面租金77.86万元，兴安站分红收入54.40万元，其他收入91.97万元。公司全年实现总收入1122.58万元，比上年度同期的858.02万元净增收入264.56万元，同比增长30.83%，突破年收入超千万元大关。实现净利润4.92万元，上缴国家税金57.72万元，比上年度上缴税金32.53万元净增加25.19万元，同比增长77.44%。公司收入增长，员工各项福利待遇逐年增加，确保员工收入基本稳定，生活基本无忧。

·民爆公司·

【概况】 2018年，长沙市望城区民爆器材有限责任公司是湖南省经济和信息化委员会许可的民用爆炸物品销售企业，许可证号：（湘）MB销许证字20号，注册地址为望城区郭亮北路105号，注册资金800万元，从业人员42人，管理人员6人，公司为股份制企业，国有股比例41%，自然人持股（职工）59%。

【经营情况】 通过拜访客户，走访厂家，提高服务，加强横向联系，扩大经营规模等一系列有效措施，经营业绩慢慢上升，2018年实现扭亏为赢。2018年度完成炸药销售253吨，雷管12万发，对资产进行盘活，全年实现资产收入140万元，全年实现总收入约500万元。

供销合作

【概况】 2018年，长沙市望城区供销合作社联合社内设办公室、财务统计科、合作指导科、安全信访科、监察室。机关有在职在编人员14人，负责对下辖霞凝、铜官、靖港、高塘岭、白若、坪塘6个基层供销社和区供销社烟花爆竹、农业产业化、兴业贸易、再生资源、惠农综合服务、名望资产管理等6个直属公司的管理、指导、协调和服务。12月底，全系统有在职职工298人、退休人员1846人（含已改制企业）、抚恤对象243人。2018年，全年实现商品销售总额6.96亿元，为目标任务5.8亿元的120%，比上年6.02亿元增长15.6%；报表利润为–8.5万元，控制在年计划–10万元内，比上年–9.8万元减亏13.2%；资产总额1.385亿元，比上年1.21亿元增长14.4%；所有者权益253.21万元，比上年增长15%。

【强化供销系统管理】 继续完善和巩固对基层供销社、直属公司综合目标管理责任制，并进一步细化考核实施办法，严格实行百分制考核，将考核结果与负责干部的岗位工资挂钩，做到奖惩分明、责权结合。各基层社在区联社综合经济目标管理责任书基础上，与管理人员签订岗位责任书，将责任层层压实。强化安全、信访维稳机制，重点做好传统、特殊节日困难慰问和走访。春节、“三八”国际妇女节、“五一”劳动节、“八一”建军节、国庆期间，全系统筹措解困资金和物质20余万元，为130多名困难职工送上政府和组织的关心；争取市、区工会、关工委对2名职工子弟给予爱心助学款1.1万元。开展安全检查5次，整改各类安全隐患7处，实现安全生产责任事故为“零”。认真搞好信访接待，全年接待各类来信来访18批人次，没有发生非法越级群体性信访事件。在资金十分紧张的情况下，两级工会融通调剂资金1.675万元，为全系统298名职工办理医疗互助，为35人次解决医疗补助金2.8万余元。

【做好经营管理服务】 农业产业化公司履行服务“三农”宗旨，保障农资质量，稳定农资价格。落实淡季农资商品货源储备，加强对全区村级农资综合服务站的指导和监管，认真搞好旺季供应，全年实现销售2268万元，为年计划1200万元的172.8%。农资商品价格在长沙地区保持较低水平，无一例对公司及连锁店的商品质量投诉。加强农资网络上游资源的控制，与湖南中科肥业、新洋丰肥业、海南利蒙特生物农药、湖南亚华种业等10多家知名品牌企业订立长期供求关系，确保货源供应。坚决打击坑农害农行为，保障全区农资市场健康发展。公司设立举报电话，开展对连锁店日常监管，公司及连锁店无坑农害农的人和事发生。烟花爆竹公司在区安监、工商等部门的支持配合下，烟花爆竹公司一手抓市场安全规范经营，一手抓名牌、品牌货源组织供应，全年实现商品销售2480万元，比上年压减33.58%。

【推进供销综合改革】 2018年是深化综合改革2017—2020年的第二年，也是改革“上台阶”年。抓好基层组织体系建设，采取“供销社＋村委会”、“供销社＋农民合作社”和开放办社等形式，建设铜官街道万星、何桥、古街，乔口镇亮点，乌山街道中阳、靖港镇云麓等6个惠农综合经营服务中心、25个惠农综合经营服务社。争取市级建设扶持资金50万元。扶持领办农民专业合作社，区联社联合云麓农机于4月在靖港镇前榜村开展全程农业机械化耕种试点，与靖港镇人民政府联合举行“深化供销改革，推进农业社会化服务”为主题2018年支农惠农活动，为靖港镇前榜村和铜官街道何桥村100户贫困种粮农户、云麓等5个种粮专业合作社共赠送大化肥40吨。推荐申报全国总社级标杆社和示范社，重点指导和帮助白若供销社申报评为2017年度全国供销合作社系统基层社标杆社、云麓专业合作社评为2017年度全国供销社系统农民合作社示范社。铜官供销社评为全省供销合作社系统基层社标杆社，市供销社下达的综合改革任务全面完成。

【助力精准扶贫】 帮助联系的铜官街道何桥村58户贫困户实行产业扶贫，引进山亭阁养殖专业合作社，采取“供销社＋村委会＋合作社＋贫困户”模式，全年产出蜂蜜近500千克，58户贫困户年增收1050元。安排2名贫困户就业。机关筹集资金18万元对何桥村进行扶持。

（陈伟仕）

粮油经营

【概况】 2018年，区粮食局内设综合科、监督检查科、财务审计科、政工劳资科、储备储运科5个科室，在职在编机关干部20人。下设区粮油购销有限公司1个国有独资企业和河东、大丰、城关、白若粮油购销有限公司4个国有参股企业以及望城金霞粮油购销有限公司1个合作企业。区域内有26家粮食收购企业取得粮食收购许可证。

【粮食流通】 切实加强社会粮食监管，履行粮食行政管理职能，推进依法管粮，组织统计业务培训和粮食质量安全培训班。完成2014年、2015年最低价收购稻谷的处置监管工作。做好对辖区内粮油经营者粮油经营活动的监督检查工作，对9家放心粮油店进行实地检查，并抽取米样送检。依法行政，依据《粮食流通管理条例》对5家收购主体进行监督检查，同时，对相关涉粮企业进行日常监管，维护市场秩序，提高依法管粮能力和水平。对辖区内25家企业进行诚信评价体系更新，与宁乡市粮食局签订联合执法协议。核定辖区内25家涉粮企业最低最高库存量，网上公开粮食价格信息，严格落实国家粮食质价政策。成立粮油食品安全领导小组，完成全年100批次粮油抽送检任务，未发生食品安全责任事故。完成社会供需平衡调查工作。做好粮食库存数量和质量大清查试点工作。完成商事制度改革年度工作任务和极简便民审批（服务）工作。

【粮食储备】 制订并印发《望城区区级储备粮财政补贴资金管理办法》，完善资金使用方案，落实区级储备粮资金140万元。报送区级储备粮油收购库点、仓房情况、轮换明细，落实区级储备粮5000吨规模，做好监管工作；开展储粮安全大检查，确保粮情稳定，无安全储粮事故。完成3家放心粮油店及应急供应网点建设。扶持5家粮食产后服务中心建设。推动粮库智能化升级改造和省级粮食管理平台建设，完成智能粮食管理系统网络建设工作，完成桥驿库数字化智能粮库建设和靖港粮库绿色储粮工程建设，安装完成局机关视频会议系统。争取政策扶持，争取上级扶持资金958万元，完成固定资产投资2714.69万元，比2017年投资2114.7万元增长28%。落实国家粮食收购政策，做好粮食收购工作，鼓励、扶持、引导长沙亲丰农业科技发展有限公司等多元粮食收购主体入市收购，实行先检后收，应收尽收，分仓储存，未出现“卖粮难”事件。监督和引导50家企业成立望城区粮油协会。完善粮情监测预警体系，建立健全市粮油动态监测点和信息直报点网络。提高粮食系统应急管理水平，落实粮食突发事件应急预案体系建设，开展应急演练。

【粮食知识宣传】 举办2018年粮食科技活动周系列活动。围绕“中国好粮油”行动计划，推进放心粮油进乡镇（街道）、进社区、进学校、进机关；在学校开展一次主题班会、一期黑板报、一场知识竞赛、一次征文比赛的“四个一”活动；组织学生参观油茶生产基地和大米生产车间，了解望城绿色优质粮油产品；中央电视台少儿频道“新闻袋袋裤”栏目以《中国望城：走进大自然的粮食课》为题进行报道，活动也得到长沙晚间新闻、望城视界、望城新闻、搜狐网等众多媒体宣传推介。举办2018年世界粮食日和爱粮节粮宣传周活动。活动现场摆放粮油知识展板，设置优质粮油产品展台，向参与活动的居民介绍爱粮节粮知识、储粮小窍门，开展粮油知识科普讲座，发放宣传资料近千份。落实粮食收购政策，顺应粮食收储制度改革，部门联动，领导带队，干部驻点，做好粮食收购市场监管和服务，打击扰乱收购市场秩序的行为。

（张文君）

【落实粮食安全省长责任制排名全市第一】 认真落实粮食安全省长责任制，切实抓好相关工作。建立绩效评价考核体系，印发《关于做好2018年度粮食安全省长责任制考核工作的通知》（望粮安考核办〔2018〕2号），分解细化工作目标，将任务落实到区农林局、区国土局、区发改局等相关单位。牵头各相关单位认真梳理全年工作，开展自查自评，按时上报考核资料。相关工作得到市核查组充分肯定，在全市粮食安全省长责任制考核中排名第一。根据《湖南省人民政府办公厅关于对2018年度真抓实干成效明显地区予以表扬激励的通报》（湘政办发〔2019〕6号），长沙市望城区贯彻落实粮食安全省长责任制成效明显，获得奖励资金200万元。

【推进产后服务中心建设和绿色储粮工程建设】 按照整体推进、分步实施的原则，整合资源，规范布局，推进产后服务中心建设，围绕粮食产业经济发展，谋划打造望城特色品牌，获评“2018年湖南省‘优质粮食工程’产后服务体系建设整体推进县（区）”。引导望城区隆平格塘种粮专业合作社、望城区浩瀚农业发展有限公司申报市级粮食专项资金的“粮食产后服务中心建设项目”，争取到市级财政投资补助各30万元；望城区新河优质稻种植专业合作社申报“粮油加工项目”，争取到市级财政投资补助22万元。组织长沙龙虎生态农业科技有限公司等5家粮食产后服务中心成功申报“湖南省2018年粮食产后服务体系建设项目”，并为粮食产后服务体系建设争取到省财政投资补助资金400万元。长沙龙虎生态农业科技有限公司2.7万吨粮食仓储和应急配送设施建设项目争取到中央预算投资476万元。产后服务中心建设推进效果好，速度快，产生极大的辐射带动作用，获得良好的社会经济效益，为全市粮食产后服务中心体系建设树立样板。

【国家督察组到望城督查政策性粮食库存数量和质量大清查试点工作】 9月20日，国家政策性粮食库存数量和质量大清查试点工作督查组组长、云南储备物资管理局副处长吴胜财带领辽宁储备物资管理局副主任祝铁、国家储备物资管理局深圳办事处副主任科员徐质纯等领导、专家到望城督查政策性粮食库存数量和质量大清查试点工作。湖南省粮食局监督检查处调研员陆壮雄，长沙市粮食局副局长周东义、卞佑明，望城区人民政府副县级干部谭智海，望城区粮食局党委书记、局长佘亚军等领导同志陪同。督察组一行先后前往中储粮长沙直属库茶亭库和望城金霞粮油购销有限公司靖港库进行现场督察，仔细查看粮库设备设施、粮食库存管理、储备粮质量等情况，听取汇报并检查相关资料。

烟草专卖

【概况】 2018年，长沙市望城区烟草专卖局（分公司）内设办公室、综合室、纪检监察室、专卖监督管理股、内管派驻组、市场服务分部，有正式职工56人，退休职工22人。办公地点1处，高塘岭、丁字镇延伸服务点2处。2018年望城区局（分公司）销售卷烟41486大箱，完成卷烟销售额14.94亿元（含税），上缴各项税收2.39亿元。全年查获各类违法案件217起，5万元/20万支以上真烟大要案件22起，涉案卷烟684.12万支，涉案金额632.04万元，上缴国家财政罚没款45.57万元，捣毁16个真烟非法流通窝点，破获“9•28”新型加热不燃烧卷烟网络案和“11•20”假烟网络案。

【烟草经营提质】 2018年，望城区烟草专卖局（分公司）完成全年销售任务105.52%，省外烟占比30.33%，同比上升1.36个百分点。二类烟销量同比上升42.2%。细支烟销量同比增长103.98%。零售客户综合毛利率由不足8%提高到近13%，为近年来最高水平。完成全省系统三季度重点工作推进会迎检工作。开展党员零售客户“三亮”评比，在湘江古镇群开展“烟头不落地、长沙更美丽”宣传。实行一组一品、一品一策、一店一策。开展微小消费环境建设，发掘小组盈利爆点。参与组织职业化特训营，打造职业化零售客户，提升客户满意度，先行试点建成区政务服务中心等文明吸烟环境5处。

【烟草市场监管】 2018年，望城区烟草专卖局共劝退违规零售客户6户、责令停业1户、取消一年内违法经营两次客户11户、下发责令整顿书55户，有重点监控违法违规大户39户，重点监管对象92户，对非法流通实行“零容忍”。年初“春雷8号”行动查处违法案件71起、卷烟1.3万条、案值267余万元。11月下旬开展“雷霆”市场整治专项行动，市场走访面94%，对异常经营的144户整改到位，形成互动工作底稿77份。建设“2+1”（就是以季度为周期，客户经理在前两个月按照“九式服务法”（观势、阅证、验票、理柜、盘库、交心、传道、授业、解惑）要求逐户上门拜访，在后一个月分街道或片区组织有竞争关系的零售户开展集中服务）延伸服务点2个，进一步完善卷烟打假打私协作机制。持续推进“放管服”，新办烟草专卖零售许可证761户，落实群众办证“最多跑一次”。持续推进“七五”普法，开展“3•15”等社会宣传活动。

旅游管理

【概况】 2018年，区旅游局内设综合科、产业发展科、行业管理科，下设旅游质量监督所。行政编制8名，事业编制7名，工勤编制1名，在职在编工作人员16人，政府雇员1人。2018年全区接待游客2000.17万人次，同比增长21.19%；实现旅游综合收入105.03亿元，同比增长29.51%。

【创建全域旅游示范区】 出台《2018年望城创建国家全域旅游示范区工作要点》，统筹推进各项工作。构建全域旅游“空间域”。雷锋生平事迹陈列馆新馆开放，铜官窑博物馆、新华联铜官窑古镇、夏国安博物馆、书堂山和靖港泥爸爸场景育学园对外营业，成为全域旅游消费新热点。完备全域旅游“要素域”。完善旅游硬件设施，政府投资近1000万元新建25座环保旅游厕所；新增3个户外露营地和3个特色鲜明的望城雷锋旅游驿站，具备停车服务、信息咨询、休憩餐饮、特色商品等功能。推动望城智慧旅游建设，制作上线望城全域旅游电子导览图，搭建景区天网监控，建设旅游大数据网络平台，完备旅游综合监管、大数据分析等功能。改革全域旅游“管理域”。发挥“1+3+N”（旅游市场综合监管模式，“1”指旅发委综合监管指挥平台，“3”指市场质量监督管理局、公安治安、法院3支执法队伍，“N”指政府相关职能部门）综合管理机制作用，统筹安全生产、市场监管、文明旅游等综合职能，通过“景区建设+党建”“景区建设+社会综合治理建设”等方式，形成公安、工商、交通、卫生、市场、安监等部门整治合力，旅游市场平稳有序。6月5日《长沙要情》刊发《望城区多措并举推动全域旅游发展》；中国全域旅游创新发展大会和长沙市旅游行业“话改革、促发展”工作交流暨职工职业技能竞赛颁奖典礼望城区作为唯一代表作全域旅游创建典型发言，湖南省旅游工作大会望城区又作为唯一区县代表推荐经验；11月，省文旅厅向国家文化旅游部推介“四域联动，共享发展——全域旅游的望城探索及实践”；12月，区旅游局作为区县代表参加吴桂英副省长调研新组建的文旅厅工作座谈会。

【服务旅游项目建设】 组建专家智库团队，服务全区重大文旅项目，全年开展5次专题调研与指导，申报省级旅游项目3个，市级旅游项目70个，争取各类旅游补助资金近3000万元，争取省市“锦绣潇湘·快乐长沙”文旅创客大赛和长沙休闲旅游节总结颁奖等重大活动落户望城。服务重大龙头项目。服务新华联开园活动，协助完成活动策划、报批、执行、全域旅游创新发展大会等工作，保障顺利开园；完善旅游配套设施，新增铜官窑古镇标识标牌9块；组织景区评定专家、安全专业公司、旅行社代表从不同角度指导开园，排查安全隐患40个，提出优化整改意见13条；帮助新华联制定市场组客、市场营销、运营服务整改工作推进方案，组织金牌导游培训团队针对新华联项目进行两次服务技能培训，提升导服质量；新华联铜官窑古镇获评2018年度长沙最具特色休闲旅游小镇，8月底开园以来，新华联游客接待量突破40万人次。指导文旅产业项目。服务靖港产镇融合项目，提升旅游公共配套，向上级争取项目贷款贴息220万元，投资新建旅游厕所2个；指导国家AAAA级旅游景区复核，组织专家采取“明访+暗访+整改报告”方式，指导景区复核整改。组织旅游专家对铜官窑博物馆进行开馆指导，提出19条运营管理建设性意见，为项目开馆配套建设旅游厕所1座，新增标识标牌9块。对接指导书堂山和靖港泥爸爸场景育学园的安全生产和开园运营工作，提出12条运营管理建设性意见，将项目纳入区产业扶持计划，项目获评市中小学生研学旅行创建基地。将雷锋纪念馆、夏国安艺术博物馆、贝拉小镇、松鼠谷、百果园等多个项目纳入区新业态标杆项目扶持；服务雷锋干部学院建设，邀请市委党校副校长刘国杰到雷锋纪念馆和团山湖实地指导，提出团山湖雷锋学院分院基地建设构想。

【宣传望城旅游品牌】 制定2018年望城旅游宣传营销工作总体方案，形成重点景区、重点季节、重点主题的高密度、高强度宣传态势。树立节会品牌，形成拉动效应。举办中国全域旅游创新发展大会，得到中国旅游协会的高度认可。承办“锦绣潇湘·快乐长沙”2018年度“铜官窑古镇杯”文旅创客大赛，以“文创赋能·匠心铜官”为主题，征集各类作品1300余件，大赛影响辐射台湾、上海、福建等省市，现场签订项目落地孵化指导框架协议，助推文创项目在望城落地发展，《湖南日报》、《长沙晚报》、《香港商报》进行专题专版报道，湖南卫视、湖南经视等多家媒体立体式报道。举办第三届“中国年·望城味”春节活动，活动同时亮相中央电视台一套和十三套的《朝闻天下》、湖南卫视《新闻联播》、湖南都市频道等，集中展示湘江古镇群和乡村旅游的望城春节年味和传统文化，活动以综合排名第一获评2018年度长沙最具人气休闲旅游节会。以营销奖励为引导，联合企业主办第五届望城风筝旅游节、光明大观园研学旅行、普瑞城市微旅行、新华联铜官窑古镇开园、“大美靖港·瓜果飘香”采摘季、柏乐园万圣节、舌江湖美食节、蝴蝶文化主题活动等，吸引市场持续关注。拓展渠道营销，实现精准引流。围绕“雷锋故里·名望之城”区域形象，在黄花机场投放区域旅游形象广告，扩大宣传效果。完善《望城区2018年旅游促销奖励办法》，调动旅行社开展地接业务的积极性。委托红网专业团队运营“长沙望城旅游”微信公众号，发布微信资讯114条，全方位推介望城旅游资源。继续与各大强势媒体深度合作，通过活动策划、旅游专版、新闻报道等形式，扩大传统媒体影响力，在《湖南日报》和《长沙晚报》等纸媒刊发专版9篇。

【旅游行业标杆创建】 厚培行业创品质，推动旅游标杆引领示范。以建树旅游行业标杆为重点，全面提升旅游服务发展质量。标杆创建促进提质提标。制定旅游行业标杆化创建实施方案，通过实地走访、专家评比、现场打分、网上公示等方式，评选出新业态标杆项目17个，旅游营销标杆单位8个，购物标杆门店6个，扶持资金突破200万元，推动望城旅游项目的多元发展。品牌创建带动品质提升。贝拉小镇、松鼠谷2家景区通过国家AAA级旅游景区景观质量评定；光明蝶谷、铜官窑等5家单位获评2017年长沙市旅游行业先进单位；贝拉小镇获评长沙最具创意休闲旅游产品；铜官窑国际陶艺MALL获评长沙市首批特色旅游商品购物示范点；快乐车行房车露营地获评市首批自驾车旅居示范营地；贝拉小镇、柏乐园获评省中小学生研学实践教育基地；光明蝶谷、松鼠谷等5家单位成功获评市第二批中小学生研学旅行创建基地。景区复核助推管理升级。聘请专家团队开展4次景区暗访和明访调研，下发A级旅游景区复核整改报告意见百余条，组织召开景区主要负责人整改会议2次，督促整改落实3次。全区所有A级旅游景区通过省、市景评委的验收。

【旅游行业监管】 多措并举保安全。创新监管模式，引进第三方安全技术公司开展旅游行业安全生产隐患排查，排查出安全隐患816处。加强科技监管，利用天网工程，推动该渠道与电子卡口、应急联动指挥体系等使用体系的对接，及时开展视频巡逻布控，针对性实施预警防范。加强日常监管，组织开展全区安全生产监督检查15次，旅游市场秩序专项整治行动4次，检查旅游单位82家；组织消防安全应

附：

表 1　　2018 年度长沙市望城区主要旅游景点（区）汇总表

序号	类别	单位名称	备注
1	A 级景区	雷锋纪念馆	AAAA 景区
2		黑麋峰国家森林公园	AAAA 景区
3		千龙湖生态旅游度假区	AAAA 景区
4		靖港古镇	AAAA 景区
5		欧阳询文化园	AAA 景区
6		铜官窑国家遗址考古公园	AAA 景区
7		新康戏乡	AAA 景区
8		柏乐园	AAA 景区
9		蝴蝶谷	AAA 景区
10		光明松鼠谷	AAA 景区
11		贝拉小镇	AAA 景区
12	重点景区	新华联铜官窑古镇	
13	星级乡村旅游区（点）	千龙湖生态旅游度假区	五星农庄
14		柯柯农庄	五星农庄
15		长辉生态农庄	五星农庄
16		都遨生态创意园	五星农庄
17		兴农科技农庄	四星农庄
18		中瑞湘格生态农庄	四星农庄
19		东波生态渔庄	四星农庄
20		康园科技农庄	三星农庄
21		幸福农庄	三星农庄
22		湘港生态农庄	三星农庄
23		润贵生态农庄	三星农庄
24		绿地生态农庄	三星农庄
25		云开生态庄园	五星农庄
26		逸轩山庄	四星农庄
27		云湖山庄	四星农庄
28		光明里农农乐	四星农庄
29		国林农庄	四星农庄
30		白鹭户外营地	四星农庄
31		金峙明天度假山庄	四星农庄
32		光明开心农场	三星农庄
33		巧巧农庄	三星农庄
34		香樟园农庄	三星农庄
35		山水相依	三星农庄
36		庆云生态农庄	三星农庄
37		明月山庄	五星农庄
38		云月生态农庄	四星农庄
39		乌龙山庄	四星农庄
40		开心农场	四星农庄
41		金树生态农庄	三星农庄
42		黑哥农庄	三星农庄
43	星级乡村旅游区（点）	正良生态农庄	三星农庄
44		鑫火生态农庄	三星农庄
45		同心湖生态农庄	五星农庄
46		莫氏庄园	四星农庄
47		罗汉坝农家乐	三星农庄
48		金兔现代农庄	三星农庄
49		华龙山庄	四星农庄
50		彩陶缘农家乐	三星农庄
51		有鸡有鱼生态农庄	三星农庄
52		北部湾农庄	三星农庄
53		书香源农庄	三星农庄
54		德逸山庄	五星农庄
55		灯文生态农庄	四星农庄
56		高家庄种养基地	三星农庄
57		湘台科技园	五星农庄
58		金成水乡	四星农庄
59		宝丰生态农庄	四星农庄
60		竹绣蓝湾	四星农庄
61		马锦湖生态农庄	四星农庄
62		残得喜生态农庄	三星农庄
63		石山塘农家乐	三星农庄
64		凯辉生态农庄	三星农庄
65		百果园生态农庄	五星农庄
66		茶子山农庄	三星农庄
67		洗心禅农庄	三星农庄
68		湘洲生态农庄	四星农庄
69		三木村	三星农庄
70		青天寨农庄	五星农庄
71		仙林居生态农庄	三星农庄
72		开天渔庄	五星农庄
73		金豆豆农业观光园	五星农庄
74		金云山庄	三星农庄
75		晓阳山庄	三星农庄
76		蓝色水乡山庄	四星农庄
77	旅游村镇	乔口渔都	
78		铜官陶城	
79		彩陶源村	
80		光明大观园	
81	宗教文化	洗心禅寺	
82	红色景点	郭亮纪念园	

急演练1次；开展“防灾减灾”活动，发放宣传手册600份；针对排查整改问题，逐一督促企业整改到位，进一步强化旅游安全保障，全区旅游行业未发生一起安全事故。雷锋品牌促服务。制定学雷锋好人服务体系建设工作方案，开展“好人服务旅游单位”和“好人服务之星”评选活动，构建好人服务体系之诚信旅游建设“红黑榜”发布体系，招募学雷锋文明旅游志愿者100人，发放“文明旅游倡议书”1000余份，全区旅游市场无重大旅游质量投诉，旅游行业与学雷锋现象蔚然成风，进一步擦亮雷锋故乡品牌形象。行业培训育人才。组织和举办安全生产、文明旅游、百姓城管、消防安全、脱贫攻坚等旅游行业培训教育10期，培训旅游从业人员650人次。举办望城区旅游行业首届职工技能竞赛活动，组织全区20余家行业单位近300名职业精英参赛，开展行业练兵比武活动，提升望城旅游人才专业技能和服务水平，活动获市局全程指导和高度评价。

【举办“快乐长沙 礼遇望城”2018年“中国年 望城味”春节活动】 2月13日，“快乐长沙 礼遇望城”2018年“中国年 望城味”春节活动在靖港古镇启动，“团年礼、拜年礼、迎婿礼、乡邻礼、文化礼、祈福礼、健康礼”七大主题活动“以礼迎客”贯穿整个春节，邀市民游客春节到望城过精彩中国年。活动期间湖南卫视《新闻联播》分别于2月13日和21日报道启动仪式和祭窑神活动；2月18日，望城春节活动同时亮相中央电视台一套和十三套的《朝闻天下》，6点档和8点档各播放一次，在线观看点赞数累计4亿人次。2018年春节假日期间，望城区接待游客65.6万人次，同比增长8.4%，旅游综合收入实现3.29亿元，同比增长17.1%。

【长沙新华联铜官窑古镇开业】 8月28日，全国旅游优选项目，湖南省和长沙市的重点工程长沙新华联铜官窑古镇，在历经1000多个昼夜的开发建设后开园迎客。该项目总占地面积200公顷，总建筑面积约100万平方米，总投资逾100亿元，由文化、娱乐、休闲、教育和配套五大功能区组成。项目以历史文化为魂，以唐风古韵筑形，以“工匠精神”铸品，依托长沙铜官窑国家考古遗址公园承载的核心文化——铜官窑文化，深度挖掘陶瓷文化、大唐文化和湖湘文化，围绕“黑石号”与“铜官窑”两大知名名片，按照国家AAAAA级旅游景区规划打造，是中南地区投资最大的大型综合文化旅游项目。开放后的长沙新华联铜官窑古镇预计每年吸引数百万游客，拉动文化消费逾10亿元，成为新华联文旅重要的业绩增长点。

·文化旅游投资·

【概况】 长沙市望城区文化旅游投资发展有限公司（以下简称区文旅投）下设综合行政部、规划建设部、融资财务部3个部门，旗下有全资子公司1家：长沙市望城区湘韵民宿发展有限公司；参股公司2家：湖南华夏书堂山文化旅游开发有限公司、中青旅湘江（长沙）文旅股份有限公司。

【文旅项目建设】 完成书堂山国学小镇文化旅游度假区项目总体规划方案，一期泥爸爸场景育学园于10月1日开业试运营。完成靖港古镇产镇融合旅游基础设施项目规划方案，农溪生态停车场建成并投入使用，全力推进环湖游道建设。完成靖港古镇棚户区和铜官窑遗址公园棚户区改造项目。完成慧润民宿二期乡创学院、乡村美学馆建设，于10月投入运营。完成铜官窑博物馆文创中心装修布置并正式运营。完成白箬铺光明停车场建设并投入使用。完成新华联铜官窑10千伏电力杆线项目建设，保障新华联铜官窑古镇项目开放运营的用电需求。

【文旅项目招商】 引进中青旅集团合作开发运营靖港古镇，与中青旅联科（北京）公关顾问有限公司（以下简称中青旅联科）合资组建中青旅湘江（长沙）文旅股份有限公司，负责靖港古镇一期运营管理，并与中青旅集团、中交第三公路工程局有限公司合作开发靖港古镇二期项目。引进中国核工业华兴建设有限公司、荣盛康旅投资有限公司合作开发丁字文旅小镇，并签订丁字文旅小镇项目合作框架协议。跟进武城国学院项目招商履约工作，推进项目选址、规划设计和土地报批等前期工作。

慧润·蝶梦山谷民宿二期乡创学院

【文旅项目营销】　在央视一套、十三套《朝闻天下》专题报道湘江古镇群春节宣传营销系列活动，在线观看点赞数累计4亿次。策划组织书堂山国学小镇·泥爸爸品牌发布会、书堂山花朝节、泥爸爸场景育学园开园和“凉凉夏日·蝶梦庄周”慧润·蝶梦山谷民宿等主题活动，湖南卫视《新闻联播》《经视新闻》等多家知名媒体进行专题报道，扩大望城文化旅游品牌影响力。拍摄望城风光宣传片和企业宣传片，搭建望城文旅投和乐游望城公众号平台，制作《望城区文化旅游手册》，拓展全区文化旅游宣传渠道。

【书堂山国学小镇·泥爸爸场景育学园开园】　10月1日，区文旅投与湖南华夏投资集团共同合作打造的书堂山国学小镇·泥爸爸场景育学园正式开园。泥爸爸·场景育学园是书堂山国学小镇的一期项目，占地约20公顷，以欧阳询书法文化和传统国学文化为主题，包含开笔礼、成童礼、成长礼、长沙故宫书画体验馆于一体的翰墨学堂，文工、美工、陶工、鲁工、食工、盆景六艺于一体的六艺工坊，基于传统国学文化打造的非动力游乐设备等项目。

【携手中青旅运营靖港古镇项目】　11月30日，望城区人民政府与中青旅湘江（长沙）文旅股份有限公司签订靖港古镇一期综合运营管理服务合同，委托运营靖港古镇一期项目。中青旅湘江（长沙）文旅股份有限公司是区文旅投与中青旅联科共同投资成立的专业文旅运营公司，2019年1月1日起全面接管靖港古镇一期运营。同步推进靖港古镇二期开发建设，项目二期整体规划五大主题片区，主要以古街为中心的水街、水寨、水乡、水村四大片区，扩展现有古镇核心区功能，完善以“港”为主题的功能体验，构成“水与巷”的主题内涵，强化旅游主题特质，打造一个引领湖湘、享誉全国的文化旅游品牌。

【引进中核集团和荣盛康旅合作开发丁字文旅小镇】　12月27日，望城区人民政府和中国核工业华兴建设有限公司、荣盛康旅投资有限公司签订丁字文旅小镇项目合作框架协议。丁字文旅小镇项目以麻石文化为主脉络，定位为千年麻石文化艺术小镇，围绕“湘艺”核心，分为石、船、鱼、水、情五大主题，打造麻潭山千年石艺园区、千年麻石文化艺术小镇、渔家亲水主题乐园等三大区域，建立一个现代的、一流水平的，融文化创意展示、亲水古镇旅游、生态康养度假、宜居社区建设等多项功能于一体的文化旅游城市综合体。

·雷锋纪念馆·

【概况】　2018年，雷锋纪念馆内设办公室、宣传科、经营管理科3个科室，有干部职工33人，其中在职在编20人，政府雇员3人。新馆开馆以后，参观人数持续攀升。全馆接待国内外观众213.47万人次，免费为观众讲解2.67万批次，发放宣传资料6.38万册。国防科技大学政委刘念光，中国人民解放军陆军政治部副主任江前明，省委副书记、省长许达哲，省委常委、宣传部部长蔡振红，省委常委、市委书记胡衡华，副省长隋忠诚，市委副书记、市长胡忠雄等领导和当代雷锋郭明义、孙茂芳等知名人士先后到馆参观。

【新馆建设和陈列布展】　确保新馆如期开馆，加强项目建设调度与监管，严格按照项目工程建设质量、建设标准、建设时间，抢抓工程进度，如期完成新馆陈列布展任务，3月1日雷锋生平事迹陈列馆全新对外开放。5月，“学习雷锋好榜样”雷锋生平事迹陈列展获湖南省“弘扬优秀传统文化、培育社会主义核心价值观”主题策划方案优秀奖。完成陈展优化。在做好参观接待的同时，采取公开函询、召开座谈会、随机调查等方式广泛征集社会各界意见建议，做好陈展优化完善工作。6月5日，区委审定，《雷锋生平事迹陈展优化方案》于10月底全面完成陈展优化工作。提升馆区品质。按照A级景区要求，全面完成馆区标识标牌系统的重新设计、制作和安装；与中国电信合作新装100M网络专线，实现馆区无线网络全覆盖，为广大游客提供便捷、高效的网络服务；争取市委宣传部和

2018年3月1日，雷锋生平事迹陈列馆全新对外开放

长沙供电公司支持，全面完成馆区电源单改双，为游客参观和活动开展提供电力保障；配合区园林局和区人防办，协调推进馆区园林绿化提质改造和长沙国防人防馆建设，5月完成绿化提质改造整体竣工验收，国防人防教育馆建设进入陈列布展攻坚阶段。1月，与深业集团（深圳）物业管理有限公司签订物业服务委托合同，顺利实现馆区物业化管理，馆区内部日常管理更趋规范化。

【雷锋精神宣教】 雷锋纪念馆先后主办承办协办“2018雷锋精神论坛”、长沙市望城区纪念毛泽东等老一辈无产阶级革命家“向雷锋同志学习”题词55周年暨《长沙市望城区学雷锋鼓励保护暂行办法》发布活动、“学习雷锋好榜样”（全国权威党媒直播联动）首播活动、“开启新时代学雷锋新征程”——“身边雷锋·长沙好人”网络访谈活动、望城区庆祝中国共产党成立97周年暨“不忘初心 薪火相传”政治生日活动、纪念湖南雷锋纪念馆建馆50周年暨“中国梦 雷锋情”全国第二届“雷锋杯”公益书画作品展开幕式等大中型学雷锋活动30多场次，参与活动人数6万多人次。《人民日报》、央视军事农业频道、新华网、中国文明网、《湖南日报》、《长沙晚报》等主流媒体对活动进行专题报道。增强品牌影响力。组织雷锋精神宣讲团成员，先后在深业集团（深圳）物业管理有限公司、中国移动南方基地合作交流中心、湖南外贸职业学院等单位外出巡讲作主题报告60场次，听众2万余人，社会反响良好，长沙晚报以《他们在哪儿，雷锋精神就在哪儿》为题对宣讲团先进事迹进行报道。发挥党员教育基地作用，主动服务各级党组织和广大党员、入党积极分子，先后开展党员专题培训教育活动14场次，开展主题党日专项服务活动300余场次，党员受众人数20多万人次。3月，获评“长沙市党员教育示范基地”荣誉称号，并作为基地代表在集中授牌仪式上作典型发言。唱响学雷锋主旋律。3月，在《新湖南》开辟雷锋纪念馆文物故事专栏，推出雷锋文物故事系列报道18篇，较好地推介雷锋精神；4月，与掌上长沙联合推出为期6个月“与雷锋同行”在线知识竞赛，数百万公众主动参与，雷锋故事走进千家万户；9月，与红星云合作推出雷锋系列红色故事——“红星故事汇”，录制雷锋日记、雷锋故事和雷锋作品选等内容，由红星云审核发布并在馆内微信公众号上同步推送，平均点击量超3万人次，以录音形式展示的雷锋日记广受听众好评；11月，结合改革开放40周年和建馆50周年在《湖南日报》、《长沙晚报》、望城电视台推出专版及系列报道，雷锋精神及雷锋纪念馆的影响力更加深入人心。

【与雷锋相关实物、文物保护】 加大文物征集力度，面向社会公开征集各类雷锋有关文物实物史料55件，馆藏文物资料得到进一步充实；按照“尊重历史，修旧如旧”的原则，对雷锋故居茅草屋顶进行全面修缮，申报雷锋故居为全国重点文物保护单位。与专业公司签订档案整理数字化处理合同和档案信息管理系统开发合同，全面完成文物档案资料的信息化工作，为文物档案资料的有效利用提供方便、快捷、高效的保障。

【馆员素质提升】 2018年，依托新馆建设职工阅览室；邀请专家到馆开展讲解技能、微信公众号、防暴恐等专题培训；选派干部职工外出参加雷锋精神论坛、文博旅游展会等活动。通过“请进来”和“走出去”的方式，着力提升全馆干部职工队伍的业务素质和服务水平。推出雷锋家乡“雷锋之星”和“身边好人”典型；一名优秀讲解员被省委宣传部选拔到北京参加“伟大的变革——庆祝改革开放40周年大型展览”讲解，多名讲解员在市区“微理论·微宣讲”和雷锋精神主题演讲赛中取得优异成绩。

【雷锋生平事迹陈列馆新馆对外开放】 3月1日，新的雷锋生平事迹陈列馆正式对外开放，基本陈列“学习雷锋好榜样”内容主要以毛泽东等党的几代领导核心题词以及习近平总书记有关学习雷锋的系列讲话为依据，分为“平凡的人生”“伟大的精神”“永远的榜样”3个部分进行展示。陈展面积3881平方米，共展出文物实物340件、照片299张、雷锋日记诗文61篇、各类绘画作品55幅，其中珍贵文物、实物254件。通过大量文物、实物、照片、雕塑、绘画等再现雷锋的音容笑貌、加深观众对雷锋事迹的了解和对雷锋精神的认知，突出湖湘文化是雷锋精神形成的沃土，展现雷锋全心全意为人民服务的品格和雷锋精神永恒的本质。“学习雷锋好榜样”主题展览获湖南省“弘扬优秀传统文化、培育社会主义核心价值观”主题策划方案优秀奖。

【湖南雷锋纪念馆建馆50周年】 2018年是湖南雷锋纪念馆建馆50周年。50年来，累计接待游客4200多万人次，先后获评全国爱国主义教育示范基地、国家AAAA级旅游景区、国家国防教育示范基地、全国青少年教育基地、全国红色旅游经典景区、湖南省文明标兵单位、湖南省文明风景旅游区、湖南省爱国主义教育基地十大“魅力场馆”。11月20日建馆50周年当天，湖南雷锋纪念馆在《湖南日报》《长沙晚报》等推出雷锋纪念馆建馆50周年专版报道，进一步扩大雷锋精神的影响力和覆盖面，并举办“中国梦 雷锋情”全国第二届“雷锋杯”公益书画作品展开幕式，向建馆50周年致敬。

【举办“向雷锋同志学习”题词55周年暨《长沙市望城区学雷锋鼓励保护暂行办法》发布活动】 3月5日，中共长沙市望城区委、区政府纪念毛泽东等老一辈无产阶级革命家“向雷锋同志学习”题词55周年在雷锋纪念馆举行。为弘扬社会正能量，鼓励学雷锋行为，望城区参照有关法律法规，出台《长沙市望城区学雷锋鼓励保护办法》，在本次活动上发布，保障学雷锋人员的合法权益。活动还对2018年评选出的55位“雷锋之星”进行隆重的表彰，雷锋纪念馆职工杨锋当选雷锋之星。人民网、新华网、中国文明网、《湖南日报》、《长沙晚报》等主流媒体对活动进行专题报道。

·长沙铜官窑遗址管理处·

【概况】 长沙铜官窑遗址管理处内设综合部、运营管理部、规划建设部、安全保卫部、文物管理部（加挂长沙铜官窑博物馆牌子）5个机构，下设湖南长沙铜官窑建设开发有限公司、长沙铜官窑文化发展有限公司，其中管理处核定事业编制17名，有干部职工36人。

【长沙铜官窑博物馆及遗址保护项目建设】 长沙铜官窑博物馆按期开馆。突破常规抓进度，实行“一名领导，一套班子”负责；挂图作战，一周一调度，一月一总结；利用“白加黑、晴加雨”抢抓工期。严守规矩抓质量，反复对艺术场景、文物布展等进行讨论研究，邀请专家现场指导文物布展，工程质量、艺术效果、专业品质广受赞誉，确保按照区委、区政府要求于5月14日如期开馆。做好陈家坪遗址保护展示施工工程用地报批、土地征收等前期工作，抓紧推进设计方案征集、专家论证等方案修改、完善，正式启动工程施工。长沙铜官窑遗址陈家坪—蓝岸嘴、蓝岸嘴—尖子山遗址区防洪护坡工程由国家文物局和区发改局批准立项，勘察设计方案通过省文物局组织的技术审查，完成环评、能评批复及可行性研究报告编制。

【长沙铜官窑文物管理】 坚持人防物防技防“三防一体”立体防护体系，34名保安队员持证上岗、定期培训，分别值守遗址遗迹点、博物馆、谭家坡遗迹馆，24小时不间断巡逻，消防控制室和监控室24小时实时监测。开展《长沙铜官窑遗址保护条例》宣传，推进群防群保工作。安防（二期）项目获国家文物局批准同意。争取社会人士捐赠长沙窑高温铜红釉香薰炉1件，无偿借展长沙窑研究会私人藏家精品文物58件（套）。借展长沙市博物馆文物20件、铜官陶艺大师现代工艺品12件；湖南铜官陶瓷公司捐赠工艺品绿釉花罐1件、麻袋餐具1套（6件）；争取省考古所移交长沙铜官窑遗址出土文物182件。

【长沙铜官窑学术研究】 深入挖掘长沙铜官窑历史文化价值，联合文物出版社出版《“黑石号”出水遗珍》，故宫博物院院长单霁翔题序；配合省考古所出版《焰红石渚——长沙铜官窑遗址2016年度考古发掘出土瓷器》。在《中国文物报》《名望之城》《大明宫研究——国家考古遗址公园联盟特刊》发表“一扇海丝的窗口、一股多彩的唐风”“长沙窑馆藏黑石号沉船瓷器初探”“传承丝路精神 共享公园生活”等学术文章；特邀中国古陶瓷学会副会长、湖南省博物馆党委书记、副馆长李建毛以《唐风华韵》为主题进行专题讲座，深度解读长沙铜官窑产生的历史时代大背景及文物特色；开展全国著名作家“探寻大唐彩瓷，传承古窑技艺”铜官窑文化交流活动，创作《铜官窑：瓷器上的唐诗》《那一船遥远的窑》等以长沙铜官窑文化为主题的文学作品，全方位展现长沙铜官窑的历史遗存、现代风貌和艺术价值；长沙市委党校、望城区委党校联合组织开展长沙铜官窑现场教学，阐释在一带一路的背景下，长沙铜官窑所蕴含的开放、包容、创新精神对长沙当前开放经济的启示。“黑石号”品牌成为长沙铜官窑的鲜明标识。

【媒体宣传推介】《人民日报》、《光明日报》、湖南电视台《新闻联播》等中央、省、市、区媒体近30家报道长沙铜官窑相关新闻80余篇，出版《长沙窑绘画》文史书籍。注册“黑石号”“长沙窑黑石号”“铜官窑黑石号”三类81件商标，其中60件通过审查，打造知识产权立体保护网。开展“发现最美长沙窑”专题摄影比赛，收到50余幅参赛作品，摄影爱好者们用镜头记录长沙铜官窑不一样的美；举办自然和文化遗产日“寻千年遗珍，觅彩韵唐风”青少年“寻宝”和“暑期大放假，爱上博物馆”黑石号专题微博直播等宣传活动，开展“传承古陶瓷文化，讲好长沙窑故事”为主题的陶瓷文化进校园活动。

【长沙铜官窑博物馆开馆】 5月14日，长沙铜官窑博物馆举行开馆仪式，5月15日正式向社会开放。“黑石号”沉船上的162件（套）珍贵长沙铜官窑瓷器当日首次展出。长沙铜官窑博物馆位于湖南省长沙市望城区铜官街道彩陶源村，是展现长沙铜官窑陶瓷文化发展史的专题博物馆，布展面积6272平方米，展出1000余件器类多样、釉色丰富的文物。馆内设有“黑石号”文物专题展览，等比例还原的“黑石号”沉船再现长沙铜官窑瓷器穿越惊涛骇浪外销远航的历史情景。长沙铜官窑又称“瓦渣坪窑”“石渚窑”，兴起于八世纪中后期，以首创的釉下多彩陶瓷闻名于世，同时将中国优秀传统文化中的书法、绘画、谚语等融入陶瓷装饰艺术，开创中国瓷器装饰艺术的先河。长沙铜官窑生产的产品当时远销数十个国家和地区，是中外友好交往的历史见证，对世界经济文化交流产生过重要影响。1998年，唐代沉船“黑石号”在印度尼西亚勿里洞岛海域被打捞出水，船上运载着金、银、瓷器等中国产品共6.7万余件，其中5万余件是长沙铜官窑瓷器。“黑石号”打捞出的绝大部分珍贵文物存放于新加坡亚洲文明博物馆，沉船打捞公司负责人、德国收藏家蒂尔曼·沃特法保留部分文物。经长沙铜官窑遗址管理处多次与蒂尔曼·沃特法洽谈，沃特法保留的162件（套）文物全部回归故里，并在长沙铜官窑博物馆展出。

【广州市海丝申遗办考察长沙铜官窑】 8月21日，广州市海丝申遗办调研组到谭家坡遗迹馆、长沙铜官窑博物馆等地，实地考察长沙铜官窑遗址海丝申遗情况，并专题听取相关情况汇报。调研组充分肯定谭家坡龙窑遗迹馆的设计和铜官窑文化保护与开发工作。近年来，长沙铜官窑贯彻“保护为主、合理利用”的方针，坚持“保护与利用并重，历史与民俗交融，文化与旅游双赢”的原则，将遗址保护与改善生态环境相结合，推动遗址公园建设。调研组认为，长沙铜官窑在陶瓷文化史和中外文化交流史上都具有无可取代的地位，遗址保护及周边环境整治工作取得阶段性成果，长沙铜官窑的加入能够丰富海丝申遗的内容。希望望城进一步细化申遗工作机构职能、编制申遗文本和管理规划，争取早日加入海丝联合申遗阵营，共同推动海丝申遗。

【举办“探寻大唐彩瓷，传承古窑技艺”铜官窑文化交流活动】 9月27日，全国政协委员、中国出版集团公司原总裁、中国韬奋基金会理事长聂震宁，鲁迅文学奖获得者、《武警》杂志社副社长温亚军等著名作家到望城，开展“探寻大唐彩瓷，传承古窑技艺”铜官窑文化交流活动，并在长沙铜官窑遗址管理处举行座谈会。当天，作家团一行到长沙铜官窑博物馆、谭家坡遗迹馆以及铜官陶艺MALL等地实地考察采访，感受这里的历史底蕴和人文风貌。座谈会上，长沙窑的研究专家、陶艺大师向作家团介绍长沙铜官窑的缘起、产品特色、历史地位、地理位置等，双方就长沙铜官窑文学创作的相关问题进行探讨，为长沙铜官窑如何重归世界舞台建言献策。作家团对长沙窑的建设和发展给予高度评价和赞美，认为长沙铜官窑未来的发展潜力无限，前景广阔。活动结束后，作家们将创作以长沙铜官窑文化为主题的报告文学、散文、诗词等文学作品，全方位展现长沙铜官窑的历史遗存、现代风貌和艺术价值。

（朱薇薇）

·长沙黑麋峰国家森林公园管理处·

【概况】 长沙黑麋峰国家森林公园管理处下设办公室、规划建设科、营销招商科、公共管理科4个科室，有干部职工23人。2018年，长沙黑麋峰国家森林公园投入生态建设资金160万元，接待游客60万人次，旅游门票收入200万元。公园新种苗木1.4万株，绿化面积达8.5公顷。

【公园基础建设】 以规划为统领，以更高标准、更快速度发展长沙黑麋峰国家森林公园全区域旅游，促进全域旅游化发展。以高水准、高要求的顶层设计，促进全域旅游的快速健康发展。完成3D游步道绘画工作，启动2个环保旅游厕所建设，具体位于长坵坳停车场东侧、露营基地。完善智慧景区建设，完成恢复景区监控系统，完善门禁系统和智能购票平台，增设智能安全提示牌。完成路灯及景观灯建设。配合水务局完成芙蓉溪水系改造协调工作，修建芙蓉溪游步道。完成千福崖项目规划设计及前期协调工作，并启动建设。完成黑麋峰森林防火通道规划设计工作。成立体育旅游发展策划工作小组，完成体育旅游发展策划初步方案。美化景区，改善环境。全力推进近自然林营造和四季花海项目，配合区农林局进行病虫害防治，组织人员对园内疑似松材线虫病树木进行处置。

【公园景区管理】 引进社会力量参与景区的开发和建设，进一步加快完善景区基础设施步伐，提升公园的知名度和旅游品牌形象。加强景区环境卫生管理，改善景区环境卫生现状，保持旅游高峰期景区内环境卫生的清洁，由3家环卫公司具体负责景区的整体环境卫生，确保景区内环境卫生的清洁有序，全面提升景区旅游形象。聘请滨江保安公司对公园门票站管理和公园日常巡逻，建立景区安全保障机制，组织滨江保安公司参与相关的培训，加强景区安全保障能力建设。加大森林防火力度，加强组织领导，健全森林防火指挥机构及应急预案，完善管理机制，明确责任分工，定期参加相关消防安全培训演练。加大森林防火宣传力度，在景区重要地段采用标语、横幅等多种形式开展森林防火宣传教育工作；导游讲解包含森林防火内容，提醒游客不带火种进入景区，强化和提高游客的防火意识。落实安全生产，在重大节假日联合食安办、市场管理所对公园内经营场所进行安全生产突击检查，对滑翔伞基地等项目设施设备、安全隐患等进行安全生产检查。加大招商引资力度，通过多渠道进行宣传推介，介绍投资环境，推介招商项目，大力提升黑麋峰知名度。通过项目签约扩大影响力，实现招商引资工作上新台阶。打造亮点，提升旅游发展能力，打造省内首条3D绘画游步道，项目总投资41万元。打造四季花海景观，主要在传统绿化基础上，加大花化、美化力度，选种花化、香化树种，并增种开花植物，形成“四季有花，月月有景”的景观效果，项目总改造面积6公顷，项目总投资为170万元。全年共举办元宵喜乐会、“2018年桃花朵朵开，戊戌好春光”、果树认养活动、三月三地菜煮鸡蛋、第一期世界杯狂欢夜、第二期世界杯狂欢夜、最美麋峰水果采摘节7次宣传营销活动，30余家宣传媒体，播报150余次。

【打造湖南省内首条3D游步道】 2018年10月，黑麋峰国家森林公园内的麋峰古道初步完工，对外迎接游客。该游道在原有的麋峰古道基础上进行升级改造，长度2.4千米。麋峰古道始建于唐朝，距今已1300多年历史，其中最陡峭的一段坡度呈87度。新的麋峰古道上增添许多多元的艺术装饰——3D绘画。麋峰古道的3D画包含黑麋峰3个景点，分别是仙姑庙、潇湘天池以及龙潭瀑布。设计融合景区资源，结合人文历史特色等。

金融业·保险服务

责任编辑◎刘湘东

中国人民银行望城支行

【概况】 2018年，中国人民银行望城支行内设人秘股、会计国库股、业务股3个股室，有在职职工28人。支行认真贯彻稳健中性货币政策，全区各项金融业务平稳发展，信贷资产质量和金融效益不断提高。银行业金融机构各项存款余额612.72亿元，较上年增加19.62亿元，增长3.31%，同比少增66.19亿元。各项贷款余额480.73亿元，较上年增加66.95亿元，增长16.20%，同比少增62.48亿元，贷存比为78.46%。辖内银行业金融机构实现盈利8.38亿元，同比增加2.97亿元，增长45.83%。不良贷款余额1.87亿元，较上年减少0.28亿元，不良率0.39%，较上年下降0.13%。

【信贷结构】 2018年，政府融资平台贷款余额100.36亿元，新增35.95亿元。房地产行业贷款余额196.97亿元，新增59.24亿元，其中开发性贷款余额25.93亿元，新增17.45亿元，个人按揭贷款余额173.82亿元，新增41.79亿元。工业园区贷款余额48.95亿元，新增3.44亿元。企业贷款余额145.77亿元，新增15.08亿元。涉农贷款余额100.99亿元，减少12.38亿元。

【金融扶贫】 加强与区扶贫办协调，组织商业银行对接全区46个重点产业扶贫项目，累计发放扶贫贷款2990万元，同比增长64.67%，带动脱贫人口121人。发挥金融扶贫服务站效能，推动产业扶贫工作，支持黑麋峰高山水果和旅游、桥驿镇综合种养殖等农业产业项目。以“互联网+特色农产品”为依托，不断完善农户信用档案，进一步提升农户在支付结算、涉农信贷产品、零钞兑换等领域的服务水平。依托金融扶贫服务站，打造惠农支付综合服务点，全年共办理助农取现业务2.32万笔、取现金额3077.76万元；转账业务2266笔，转账金额2990.01万元；代缴业务3.10万笔，金额773.09万元。

【金融管理与服务】 2018年，湘江新区农村商业银行靖港、格塘、彩陶源、桥驿、白箬、茶亭、东城、金山桥8个分理处加入人民银行金融服务与管理体系。对农业发展银行望城支行，中国银行望城支行，建设银行望城支行，邮储银行望城支行，华融湘江银行望城支行，广东南粤银行长沙雷锋小微支行，长沙农村商业银行高塘岭支行、铜官支行等8家金融机构开展金融综合执法检查。鉴定残损人民币41笔，金额4.39万元，收缴假币12.4万元。全面考核评级辖内31家反洗钱报告机构，其中银行机构17家，证券保险机构14家。开展“3•15金融消费权益保护宣传”“防范非法集资宣传月”“征信知识宣传月”“金融知识普及宣传”等系列金融宣传活动。

【国库管理】 办理各级预算收入入库138.44亿元，预算支出193.39亿元，预算收入退库3.85亿元。组织对10家区级金融机构代理非税收入业务资格进行年检。发行储蓄国债18期，金额2209.98万元。

（陈守为）

中国工商银行股份有限公司望城支行

【概况】 中国工商银行股份有限公司望城支行内设办公室、业务经营部、公司业务部、个人金融业务部、个人贷款中心三部一室一中心，下辖景城苑支行和普瑞支行2个二级支行，在编员工63人。2018年，支行资产总额49.2亿元，各项贷款余额48.78亿元，各项存款余额36.67亿元，实现营业收入1.39亿元，缴纳营业税额1240万元。

【绩效考核】 支行制定绩效考核办法，分团队进行比拼，对重点指标进行挂钩，对重点项目设置特殊贡献奖励。制定分润制度。2018年，支行个贷业务发放贷款8.79亿元，累放额居长沙分行第五名，净增额居长沙分行第四名。分行对三类人员直通式考核按月及时足额发放到位，鼓励三类人员认真履职，分析差距，及时调整思路，改进方法，做大业绩获得更多份额。

【劳动竞赛】 支行年初制定旺季大会战劳动竞赛办法、代发工资拓户竞赛办法、青年员工营销竞赛办法。在旺季大会战劳动竞赛中，支行全体员工齐心协力，攻坚克难，储蓄存款较年初增加1.5亿元，完成分行下达任务的114%。在青年员工竞赛中，获评长沙分行团支部的优胜奖励。青年员工劳动竞赛中，把潜力客户分户到人，限额限期进行PK，个人客户提质显著，员工营销意识明显增强，营销能力大有进步。

【金融知识普及】 支行本部营业室采取多种形式开展金融知识宣传普及活动，增进公众对金融知识的了解，提升公众的金融风险意识，树立科学的金融消费观念。配合望城人行、金融办等部门一起进行非法集资的大型宣传活动，受到社会公众的喜爱；自行组织金融知识进门店的宣传活动、征信知识宣传、反洗钱、宪法日宣传等，广受百姓喜欢。建立畅通的咨询服务渠道，及时答复客户疑问，为客户全面介绍产品和服务，提高金融客户识别风险和自我保护能力，并形成长效机制。各网点服务类指标再创佳绩，客户评价满意度高，表扬工单20余件，微博表扬10余件。热忱服务地方财政，屡获好评。多年以来，望城支行通过“银财通”系统处理财政集中支付业务，高效快捷安全，领先于区内同业其他行，多次得到区财政、预算单位、人行肯定与嘉奖，在市场竞争中赢得好口碑。

【安全预防】 支行坚持以预防案件事故发生为重点，完善各项规章制度，加强对员工内控案预防教育，支行未发生任何经济案件和重大差错事故，业务健康发展。主管行长牵头组织分管部门人员经常学习《员工行为禁止性规定》等文件，督促员工守住底线，不闯红线。开展“学习监管规则 强化制度执行”大讨论活动。组织“以案说纪 以案说规”警示教育。剖析案例警示员工要遵章守纪，合规经营。不断完善内控案防分析会议制度。召开11次案防分析会议，查找剖析整改业务制度执行方面薄弱点20余起，每次会议做到会前有安排，会中有上次问题整改反馈，本次风险点、检查不足的提示及整改要求，会后有整改检查落实，做到闭环管理案防工作，逐步提升内控管理水平。在下半年的省分行“两个责任”落实抽检中获得肯定。

（戴葵阳）

中国建设银行股份有限公司望城支行

【概况】 2018年中国建设银行股份有限公司望城支行辖1个综合网点，在编员工20人。2018年，全口径存款31.33亿元，比上年减少2.24亿元，各项贷款12.96亿元，比上年增长3361万元，其中对公贷款不良额为零；个人贷款不良额179万元，在省行可控范围内。中间业务收入588万元，账面利润7730万元。

【夯实资产业务基础】 储备10亿元房地产开发贷款、10亿元超短期融资券项目，与区税务、市场局搭建合作平台，派出客户经理在区政务大厅驻点。落实“三大战略”。营销东马置业住房租赁，上线2户公益教育平台，普惠金融贷款投放创历史新高，遏制大环境影响下的公司存款下滑。

【开发个人金融业务】 新视电子金融生态圈项目成果落地，发放储蓄卡2000余张，同步签约电子银行、薪享通和信用卡1000余张，月均代发工资600万元。全量客户、有效客户数、一类账户总数、收单商户完成均排名兴湘第一；新发个贷1.4亿元，拓展联诚雅郡楼盘。

中国农业银行望城支行

【概况】 中国农业银行股份有限公司望城支行设个人金融部、公司业务部、财会运营部、综合管理部、风险管理部5个部室及个贷中心、法律清收等2个团队。支行下辖营业部、高塘岭分理处、铜官分理处、雷锋支行、星城支行、经开区支行、丁字支行、雷锋大道支行8个对外营业网点，有在职员工104人。2018年，支行各项存款43.65亿元，其中个人存款22.13亿元，较上年净增1.89亿元。各项贷款余额76.88亿元，其中个人贷款余额26.44亿元，较上年净增6.28亿元；对公贷款余额50.44亿元，较上年净增2.99亿元。存贷比176%，存贷款规模辖区内四大行中均排名第一。实现中间业务收入0.19亿元，营业收入2.20亿元。支行年度效益管理、发展转型等综合考核指标，系统内考核居前列，人均净利润系统居首位。

【服务实体经济】 优化资源配置，持续加大对政府主导的水利水电、

2018年12月13日，农行与长沙现代农业综合配套试验区管委会联合开展“小龙虾贷”产品推介会

基础设施建设、扶贫搬迁及房企开发的支持力度，推动地方经济快速发展。对湘江综合枢纽工程、长高集团、龙湖地产、新城国际花都等重大项目的投放贷款7亿元。新增住房按揭贷款8.46亿元，投放量和净增量创历史新高，在系统内排名首位。设立普惠金融服务专营网点，发挥“微捷贷”“采云贷”等网络信用融资产品优势，拓宽小微客户融资渠道，为区域内20余家小微企业、个体工商户、私营企业主发放普惠领域贷款0.2亿元。完成区域内4个征迁项目1.6亿元资金的代发。

【助力乡村振兴】 推出“惠农担”和“惠农e贷”系列产品，让利于农户，支持农业产业化发展。与长沙现代农业综合配套试验区合作，落地助农创新产品——小龙虾贷，扶植本地龙虾养殖特色产业，年度综合授信3000万元，被央媒《农民日报》和地方主流媒体红网、《望城新视界》、《望城发布》报道。响应精准扶贫政策，加大产业、项目帮扶。发放“精准扶贫·粮食贷”“精准扶贫·富农贷”“农民安家贷”累计325户，金额1.29亿元。践行“支持一户，带动一批”帮扶理念，落实区内精准扶贫工作要求。打造惠农通服务平台，推进“星火计划”实施，实现惠农通机具布放171台，覆盖行政村137个，覆盖率100%。开启交易性金融服务及水电费、话费代缴等，办理金融性交易笔数2.35万笔，交易金额2200万元，解决偏远乡镇金融服务缺失的难题，推进普惠金融的纵深发展。

【打造智慧农行】 开展网点智能化改造，优化机具和业务流程，提升客户体验。利用移动金融和电商金融，将产品嵌入线上场景，打造“智慧商户”“智慧缴费”等创新模式，推动“线下线上”相融合，为客户提供更全面、更方便、更快捷的金融服务。2018年，支行获评望城区人民政府授予的年度优质服务先进单位奖项。

举办银企对接会

中国农业发展银行长沙市望城支行

【概况】 2018年，中国农业发展银行长沙市望城支行内设办公室、客户业务部、财务会计部。有员工17人，党员11人。

【推动业务高质量发展】 2018年，支行各项贷款余额36.96亿元，其中中长期项目贷款36.03亿元，粮油挂账贷款0.93亿元。余额比上年增加4.03亿元，增长12%，发放贷款6.66亿元，收回2.63亿元。各项存款余额8.05亿元，比上年增加0.58亿元，增长12%；日均余额9.41亿元，同比减少6.89亿元，减幅42.3%。实现利润5259万元，完成目标任务的103%，办理国际结算业务303万美元，不良贷款继续保持零余额。

【聚焦棚户区改造战略】 支行积极响应上级党委的工作部署，主动对接地方融资需求，营销棚户区改造贷款项目5个，审批13.2亿元，投放6.66亿元，支付4.87亿元，为棚户区改造工作提供有力的资金保障，发挥棚户区改造贷款“压舱石”作用。做好国际结算业务。针对国际经济形势疲软、中美贸易战升级等困难形势，支行调整发展国际业务战略思路，为非信贷客户湖南华一贸易有限公司办理国际结算业务303万美元，主动支持实体企业“走出去”。优化客户群建设。营销新客户省级农业产业化龙头企业——湖南大北农农业科技有限公司，完成评级和授信，填补粮棉油条线实体客户空白。

中国邮政储蓄银行望城支行

【概况】 中国邮政储蓄银行望城支行内设综合业务部、综合管理部2个部室、下辖望城营业部1个自营网点，在职职工55人。2018年支行实现收入6080万元，完成市行预算的107%；实现利润3630万元，完成市行预算的121%，收入利润均超额完成。零重大责任事故与风险事件，完成全分行开展的各种业务经营竞赛且成绩优异。

【负债业务】 以本外币储蓄存款为主的负债业务规模平稳增长。自营网点个人储蓄存款余额2.70亿元，比年初净增 0.13 亿元，增长幅度为 5.05%；对公存款余额 3.98 亿元，比年初净增 0.21 亿元，增长幅度为 5.6%。

【资产业务】 信贷各项贷款余额 28 亿元，比上年净增 6.5 亿元，增长幅度为 23%。其中小额贷款余额 0.68 亿元，比上年净增 0.4 亿元，增长幅度为 150%；个人商务贷款余额 0.97 亿元，比上年净增 0.4 亿元，增长幅度为 68%；消费类贷款余额 25 亿元，比上年净增 5 亿元，增长幅度为 25%；小企业贷款余额 1.2 亿元，比上年净增 0.4 亿元，增长幅度为 47%。“三农”贷款净增全省排名第 4，消费类贷款净增全省排名第 2，小企业贷款净增全省排名第 4。

【不良资产】 信贷不良资产控制有效得当，逐年压降，各项贷款逾期余额 1095 万元，比年初增加 –426 万元，逾期率为 0.39%；其中不良贷款余额 955 万元，比年初增加 –75 万元，不良贷款率为 0.3%。资本回报率、利润增长率、不良贷款率、拨备覆盖率和经济利润率等关键指标达到银行同业优秀或良好水平。

【风险管理】 支行坚持把开展基础管理工作作为业务经营正常运行的重要保障措施，按照一级抓一级，层层抓规范的要求，狠抓规章制度的落实，并进一步规范业务操作，不断加强岗位制约、岗位轮换和岗位强制休假制度。2018 年无一例资金安全事件，在省、市行的内控评价检查中均取得好的成绩；内控形势平稳，不良资产逐年下降，2018 年清收回 550 万元，完成市分行下达的清收任务的 114%，不良率 0.14%，下降 0.2%。确保支行经营工作稳健运行。

（余　慧）

长沙农商银行望城支行

【概况】 长沙农村商业银行股份有限公司望城支行内设运营管理部、市场拓展部、授信与风险管理部、综合管理部 4 个职能部室，下辖 1 个营业部、17 家二级支行，有在职员工 182 人。2018 年，望城支行各项存款余额 793837 万元，各项贷款余额 281028 万元。2018 年获评省联社首批“湖南农信示范党支部”；获评望城区政府“优质服务先进单位”；获评望城区公安局“先进单位”；获评长沙农村商业银行股份有限公司“突出贡献奖”“客群营销优秀奖”“先进党总支部”。

【市场拓展】 通过与地方政府部门积极沟通，争取社会保险费征缴专用户代理行资格。营销适应市场需要的福民卡和潇湘卡产品，联动“微信圈”“亲情圈”“同业圈”，凝聚合力，深入辖内工业园区、学校等单位“问需”，成功对中航起落架、望城六中等单位进行面对面信用卡业务知识宣传，获得较高的客户满意度。利用 Q 惠邻打通金融服务“最后一公里”。在总行普惠金融部的大力协助下，6 月中旬，“Q 惠邻”金融便利店分别在靖港支行、乔口支行上线运行，实现客户足不出户，就能享受方便快捷的金融服务。重点推动移动支付在便民支付领域的广泛运用。支行 5 月正式启动存量收单商户开通银联扫码支付和“双免”业务的工作，在辖内二级支行的积极配合下，全支行完成 44 户存量收单商户（54 台 POS 机具）的银联扫码支付和双免开通工作。同时，在望城人民银行的引导和组织下，支行开展云闪付 APP 用户推广工作，12 月末营销云闪付有效客户 485 户。

【主动服务】 助力地方经济发展。2018 年，支行向望城区税务部门缴纳税金 9338.60 万元。在贷款投向上，支行根据实际经营情况对客户类型、行业等适当引导，对授信方案进行合理规划，基本实现全行授信业务的合规、稳健发展，12 月末，支行审核发放的贷款 270 余笔（含展期、续贷），总金额约 6 亿元。强化管理，风险防控不断提升。支行根据年度稽核工作计划，组织工作人员从营业网点安全状况、票据业务合规状况、“九种人”排查状况、不良贷款时效保持状况、现金管理情况、重要空白凭证管理情况、登记簿登记情况、账户管理情况、案件风险排查制度执行情况等几个方面开展稽核检查。不断强化反洗钱工作。支行根据《中国人民银行关于加强反洗钱客户身份识别有关工作的通知》（银发〔2017〕235 号）、省联社《关于认真执行印发〔2017〕235 号文件要求的通知》（湘信联办〔2018〕98 号）的要求，按期完成 3404 户存量非自然人客户受益所有人身份识别工作。

【规范操作】 加强柜面业务管理。支行将柜面业务操作情况纳入支行柜面经理绩效考核和支行年度绩效考核，通过绩效促合规，提升支行行长、柜面经理对柜面合规操作的重视程度；规范单位账户管理。支行加大对单位账户开立资料、单位账户年检、单位账户使用等工作的检查力度，将单位账户开立情况、账户使用情况及账户对账率纳入柜面经理绩效考核，有效优化账户开立；强化反假币工作。支行认真执行反假币工作各项规定，严格按假币收缴流程办理各类假币收缴业务，开展“了解人民币、爱护人民币，提高假币识别与防范能力”知识专题讲座，进行人民币知识宣讲，提高广大群众反假意识和识假能力。2018 年，支行收缴假币 80285 元；加强人民币收付管理。支行严格按人行要求，做好现金清分工作，确保对外支付现金均实现全额清分，努力提升人民币收付质量，确保老百姓用上干净钱；抓实一线柜员培训学习。支行制定“每日四条”学习制度，细化学习内容，下发学习任务，要求各营业机构每天晨会安排柜员轮流主持晨会学习，每季进行一次业务知识考试，组织柜面经理、一线柜员进行各类培训 20 余次；认真做好科技运维保障工作。根据省联社洋湖数据中心切换安排，对辖内 18 个网点网络进行维护。对全支行200余台电脑设备，50余台自助设备等重新进行安全桌面终端及亚信防病毒软件的安装，对18个网点的柜面设备进行软件部署与更换。

【普惠金融】　支行与靖港镇福塘村、凌冲村40余户贫困户形成重点帮扶关系，支行派出12名党员干部参与扶贫“一帮一”工作。2018年在贫困户自身努力和支行党员的帮扶下，实现脱贫21户，贫困户剩余19户；建立扶贫堡垒，发展普惠金融，扩大辐射范围。支行在格塘镇杨家山村、乔口镇盘龙岭村、白若镇淑一村建立专门的金融扶贫服务站，以服务站为依托，与驻点村镇、街道形成合力，宣传金融扶贫政策，布放便民金融自助设备，发放扶贫贷款。2018年，支行发放扶贫贷款127笔、420.5万元。

长沙银行望城支行

【概况】　2018年，长沙银行望城支行下设6个职能部门、6家一级支行和6家社区支行，形成“6+6+6”的管理模式。其中6个部门分别为综合保卫部、人力财务部、风险合规部、公司业务部、运营管理部、零售业务部；下辖6个一级支行分别为营业部、金瑞支行、金山支行、钰龙支行、雷锋支行、丁字湾支行；以及营业部下辖的东马社区支行、行政中心社区支行、靖港社区支行，金瑞支行下辖的谷山社区支行，金山支行下辖的郭亮路社区支行，丁字湾支行下辖的铜官社区支行，计12个营业网点，在编人员135人。2018年，全行一般性存款时点数74.83亿元，时期数71.04亿元。表内外授信余额76.33亿元（含政府债务置换13.32亿元），较上年新增21.18亿元。在望城区域内15家金融机构中各项存款余额排名第二，储蓄存款余额排名第三，表内外各项贷款（含表外融资）余额排名第三。

【支持实体经济】　支行践行“拓中小，走园区”的转型发展理念，将投贷重点放在中小微企业，支持辖区内实体经济发展。对接望城经济开发区、铜官循环工业园区、望城区税务局，取得一批有色金属、先进制造、食品医药等行业园区企业、税务企业名单，跟进企业融资用款需求，加大资金支持力度，保障企业提质增效的顺利推进，及时促进实体经济的发展与壮大。开展银企合作，为望城经济开发区、新华联铜官窑、亿达智造产业小镇智能制造产业园、湖南建工交通建设有限公司等一批优质企业提供信贷资金支持，助力其高效发展。其中新华联铜官窑融资租赁5亿元于10月发放到位。2018年，支行中小企业贷款余额4.74亿元，比上年新增2.56亿元。

【提升服务品质】　2018年，支行对现有账户进行补强，安排专人对财政结算中心、社保局、住保局、国土征拆办以及平台企业等重点单位、重点账户进行跟踪服务，充分发掘账户潜力；开辟与国家开发银行、农业发展银行合作渠道，通过信贷资金监管、专项征拆资金代发等形式提高支行存款份额。通过与望城区工商管理局、望城区住房公积金中心驻点合作，开展工商登记代办业务、开展企事业单位职工、灵活就业人员公积金归集缴纳业务，为客户提供便利。2018年长沙银行完成新核心系统投产上线工作，推动服务转型。望城支行在全行上下组织推广无纸化业务，对自助设备运维进行统筹管理，在12家网点安装30台柜外清设备，组织网点学习无纸化业务规范。在推广过程中，通过邀请客户现场体验，向客户征集意见等方式，不断优化无纸化业务服务水平。

【青年文明号集体创建】　响应青年文明号集体创建工作，结合支行实际情况，创建青年文明号活动领导小组，参加“守护长沙蓝”活动、“清洁家园 共创文明”为主题的志愿大清扫活动、“共建一片绿 快乐畅呼吸”为主题的植树添绿活动、“共建共享 便民惠民”志愿服务活动等，开展扶贫帮困送温暖活动，关爱农村贫困学生，向桐木中学的孩子们捐赠学习用品，开展金融知识进校园、户外拓展活动，为孩子们的未来助力加油，承担社会赋予企业的责任使命。2018年，长沙银行望城支行被总行评为“优秀青年志愿服务集体”，继续保持市级“文明单位”，获评2018年长沙市级“青年文明号”。

中国人寿保险股份有限公司望城支公司

【概况】　2018年，中国人寿望城支公司内设经理室、综合部、个险部，银保部，团险部、客服部，有员工28人，下辖城区营销一部、营销二部、营销三部、收展部、高塘、雷锋、莲花、望城坡、坪塘、靖港、铜官、桥驿、含浦、团险销售部、银保客户经理和理财经理团队16个专业营销团队，销售人员超过900人，公司有62个分布在银行、邮储的银行代理销售网点。2018年，公司完成保费1.35亿元，其中期交3068万元，健康险保费782万元，意外险保费1473万元，代理车险保费1280万元，赔款支出285万元，缴税251万元。2018年，望城客服中心抓技能训练，硬件和软件都得到改善，获评“湖南省行业协会三星级柜面”，柜面超时率管理排名全市第一，无纸化投保排名全市第一，2018年各项职能指标综合排名全市第二。

【个险业务】　公司通过“人多的地方就有发展，有发展的地方就是城区”这一理念，激活团队，大力发展新城区，通过资源配套驱动队伍发展，科技手段提升队伍素质；收展团队从无到有，由年初的框架人力10人发展到100人；含浦团队扩充到122人；坪塘团队发展达

47人。2018年，个险条线人力规模650人，有效人力320人。不断加强个险队伍基础，2018年望城创造十年标保过1299万元。优化功能组建设。7月开始，个险条线制定职场功能组方案，为职场培养人才，扩大团队。职场建设成效初显。通过“331”指挥系统的落地，横向以职场标准化建设为载体，大力发展职场建设。公司投入25万元，新租收展职场，承载日益壮大的收展队伍；着力打造地处经济快速发展区的“阳光100”含浦职场，开放中央空调；重视两乡发展，为铜官选定新职场。

【银保业务】 2018年，望城银保兼顾渠道和保险规划师队伍发展，稳固了中行、农行、工行、邮政的渠道关系，加强保险规划师队伍的增员扩量和育成提质，客户经理队伍统筹安排，实现队伍规模与银行网点基本匹配。达到省市公司“转型升级提升渠道价值内涵的根本性”的要求。

【团险业务】 年初，按公司总经理室工作意图，团险部挖掘空白业务，拿到民生保险128万元，填补这一空白区域。团险部加强与地方政府有关部门的紧密联系，在区内新上项目、新上工程后，第一时间内主动上门对接，把握市场主动权，赢得发展先机。

中国人民财产保险股份有限公司望城支公司

【概况】 2018年，中国人民财产保险股份有限公司望城支公司内设经理室、综合部、农村保险事业部、直销业务部、中介业务部、营销业务部、分散性业务部、续保业务部8个部门，下设黄花塘、靖港、含浦、铜官4个“三农”营销服务部。有三版员工34人，其中经理室成员4人。2018年，人保财险望城支公司实现保费收入1.1612亿元，首次实现保费过亿元；缴纳和代收税款1480.4万元，在区域内所有保险公司中排名第一。

【保险保障】 人保财险望城支公司主动承接政府释放的保险保障与社会管理需求，借力保险杠杆参与社会管理，在政保合作服务、保障社会民生方面开展大量尝试与探索。2018年，为全区近2.7万台车辆提供专业车险保障；为中建五局、五矿二十三冶等企业的164个安全生产建设项目保驾护航，为经济社会发展增添助力；推进食品安全责任强制保险试点工作，为乡镇村民及全区中小学学生承担风险责任金额近2亿元；治安险项目在区政法委的大力支持下，在试点乡镇全面铺开，为乡镇村民提供治安保险保障；在全市率先开展精神病责任险，为近千人的人身和财产安全提供的风险屏障；开展企业环责险，成为企业环境风险的后盾；开展全区校园方责任险、学意险等项目，为中小学生提供全面保障和关怀。

【服务“三农”】 人保财险望城支公司承保能繁母猪12818头，为7314户农户提供1281.8万元风险保障，承保育肥猪146008头，为182户农户提供7300.4万元保障，支付赔款302.2万元。望城支公司的4个“三农”营销服务部，在所属乡镇区域内大力宣传保险知识，切实做好保险下乡工作，发挥保险对于预防因病、因灾致贫返贫的重要作用。

交通·邮政·电力·通信

责任编辑◎刘湘东

交通

【概况】 长沙市望城区交通运输局内设综合科、财务审计科、安全企业法制科、交建科、运政科（行政审批科）5个科室，下辖交通建设投（融）资管理中心、路政执法局、交建中心、交通运输管理所、交通质量监督管理站、交通行政处罚中心6个二级机构，管理航运总公司、运输总公司2家企业。

【交通项目建设】 完善骨干路网：岳望高速、湘江大道一期等重大项目竣工通车，地铁4号线试运行，新阳公路、巷复公路、双黑公路、东城联络线以及丁字片区的丁字大道一期、丁字联络线、湖外湖、园区路、污水管网等项目完成建设。逐步形成公路网络与城际铁路、地铁、石长铁路、湘江黄金水道等纵横交错的综合交通运输体系。建设农村公路助力脱贫攻坚：完成农村公路建设140千米；完成安保工程101千米；完成灵云公路、茶杨公路、西洲公路、羊角塘公路、红南公路、浴池公路等交通专项扶贫项目，助力乡村振兴，惠及广大人民群众。2018年望城区获评“四好农村路”省级示范县。实施站场建设项目：完成郭亮路、望府路、黄桥大道、铜官窑古镇周边等路段的116个公交候车亭建设。茶亭、乔口公交首末站即将建成投入运营，铜官公交首末站、望城汽车站公交枢纽化改造即将启动建设。

【城乡公交一体化】 新开及优化公交线11条，投入公交运力193台，其中新开W216、W221填补319国道没有公交车的空白。2018年全区开通公交线路57条，全区14个乡镇街道主干道公交线路覆盖率达100%。新建47根公交充电桩，全区140台出租车均更新为油气混合动力车，公交车及出租车清洁能源车辆投放比例达100%。提升服务质量。针对铜官园区开通5条公交线路，解决铜官园区企业员工出行需求；开通W176、W177等线路，为新华联铜官窑的开园提供便利公交服务保障。引入第三方专业测评机构对全区57条公交线路进行服务质量测评，督促公交企业将工作重心逐渐转移到服务质量上。

【行业综合治理】 安全监管常抓不懈。推进“隐患清零”行动升级，突出重点领域，全年开展领导带队安全生产检查113次，排查治理安全隐患1300余处；压实企业安全生产主体责任，持续开展“强执法、防事故”、农村交通安全“集中攻坚”“四货三客三混”百日攻坚等专项行动，发现并整改问题321起；坚持常态化“打非治违”，与乡镇、街道、社区配合，开展网格化“打非”治理工作，采取定点纠察与流动巡查相结合、一线督查与联合执法相结合的方式进行实时监管；引入第三方机构开展安全监管，实现道路客运和危货运输企业全覆盖。加大行政执法力度。开展全系统案卷评查、执法检查，行政执法评议考核，进一步规范执法行为，提升依法行政能力，无一起行政复议和行政诉讼案件发生。围绕蓝天保卫战，打非治违、隐患清零等工作加大执法力度，立案调查500余起，经济处罚118.24万元；集中对38家一、二类汽车维修企业开展专项治理，VOCs（挥发性有机物）治理系统全部安装到位；对全区驾培市场进行为期6个月的专项整治，查处非法教练车50余台，关停28处非法场地。治超方面集中开展“道路货运车辆违法超限超载联合整治行动”“边界区域超限超载车辆联合整治”等行动，巡查线路约18.8万千米；检测货运车辆25.38万台次，查处超限超载车辆610台次，卸载货物9318.24吨，罚款234.51万元，路面货运车辆超限超载率为0.2%，治超工作考核居全省综合排名第一。质量监管持续加强。建立健全“政府监督、业主负责、中介检测、社会监理、企业自检”五级质量管理体系，对园区路、湖处路、新阳线、巷复线、双黑线、丁字联络线、东城联络线、良溅桥、坪田桥、越近桥等项目实行质量监督全覆盖；乡镇负责实施的农村公路建设项目，质监站与交建中心密切配合，定期对项目进行质量监督检查，确保工程始终处于受控状态。

·公路管理·

【概况】 望城区公路管理局下设养护中心，养护中心设5个公路管养站（不包括县乡站体制外移交的8个农村公路工班），有在职在编干部职工59人。管养国省干线及农村公路总里程2534.9千米，其中干线公路：国道2条，管养里程40.581千米；省道2条，管养里程55.313千米；省管县道6条，管养里程67.56千米，总里程163.5千米；桥梁23座，长度1798.4延米。农村公路：新升级的国道里程7.18千米、省道44.91千米、县道379.89千米、乡村道路1939.5千米，总里程2371.5千米，桥梁204座，长度4148.03延米。

【公路日常养护】 做好日常保洁工作。各路段保洁人员加大上路率，及时清扫路面尘土等杂物，清理路肩堆积物，清扫疏通水沟，营造整洁美观的路域环境。做好小修工作。发现路面坑槽、设施破损、桥梁病害等各类问题后，及时进行修补，确保公路畅通和行车安全。加大预防性养护力度。对G319国道、雷锋大道等线路的沥青路面裂缝进行灌注，防止雨水渗入路面，遏制病害蔓延，延长公路使用寿命。加大日常养护巡查力度。基层管养站做到每天上路巡查，养护管理中心每星期巡查不少于1次，及时准确掌握公路桥梁技术状况，做到有问题早发现、早处治，把各类安全隐患消除在萌芽状态，确保路况稳定和人民群众生命财产安全。完成主要工程量：沥青路面清灌缝109千米、水泥路面清灌缝60千米、恢复水沟2811米、路面坑槽修补1.8万平方米、安装涵管533米、桥梁伸缩缝修复327.8米，水毁护砌860立方米，年末综合优良路率96.17%。

【工程项目管理】 委托有资质的设计单位做好施工图设计并经专家评审通过，作为指导施工的依据，编制预算并送财评审定作为合同控制价。施工过程中安排专人负责管理协调，委托监理单位进行全过程监理，确保工程项目进展顺利，工程质量和安全始终处于可控状态。完成沙河服务区和黄金西路路面改造、路长制公示牌的安装、翻身垅桥维修加固、县道1500平方米路面中修项目，质量合格率100%。指导督促有关乡镇街道完成坪田桥、跃进桥、卞桥等危桥改造任务。做好长望路（望城段）建设项目的牵头协调工作。

【精准对接扶贫】 局党委领导班子在加强养护经费透明化、建立追踪问责体系、形成多层次有效监管等方面积极探索，对“部门统筹、乡街管理、村（社）实施”的扶贫方式进行细化分解，让部分公路沿线建档立卡的贫困户参与道路桥梁保洁，实现家门口就业，让部分贫困人员劳有所得，形成常态化扶贫助困机制。铺排道路保洁资金101万元，让55名贫困人员参与道路桥梁保洁，实现家门口就业。被《湖南日报》“新湖南”等权威媒体以《公路保洁对接精准扶贫》实时报道，是2018年上半年长沙地区唯一入围“中国社会扶贫网”的新闻题材作品。

邮政

【概况】 望城区邮政分公司设综合办公室、市场营销部、寄递事业部，有员工346人，区内有农村投递邮路56条，省级二级干线邮路2条，市趟邮路3条，区内转趟邮路4条，邮运线路里程405.6千米，区内邮件日均2次直达省会中心邮政局。29个邮政储蓄网点（不含邮储银行）全部实现通存通兑和电子化汇兑。2018年望城区邮政分公司各项业务发展达到预期目标，完成业务收9538.55万元，较上年增长14.86%，其中邮务类收入1704.2万元，金融类收入6246.79万元，速递物流收入1514.92万元；期末邮储余额40.17亿元，余额净增2.13亿元。

【农村电商】 渠道平台中心完成收入639.36万元。其中：批销业务完成1189.79万元；分销业务实现收入317.2万元；代开国税129013笔，实现收入304.44万元；完成车辆保险594台，商业险总额110.75万元，实现收入17.72万元。邮政公司制定招商、建设、推广三组同步实施计划，明细落实推进表，开展农村电商工作。市、区两级帮扶人员帮扶到点，出台配套政策激励业务发展，招商工作初有成效，上架商品逐渐增多，仓储建设加紧落实，商品逐步配送到位。

【项目营销】 “双11”前后望城邮政快包收寄量23.13万件，创收近125.93万元，较2017年同期增长近157.4%。2018年，寄递事业部收寄量332.34万件，完成收入1499万元。2018年，重新续签所有走邮的快递包裹合同，全面调整简单的从追量到提质，毛利率由负到正。在省市公司要求量质并重的基础上，尽最大可能提高快包价格；积极与老客户加强沟通，较大范围的提高走单量，并通过老客户转介绍，签约新客户4家，均已走邮，日出货量在200件以上。省市公司对快递包裹专业提出毛利率必达正5%的高要求，通过近半年的结构与价格的调整，区公司快递包裹月毛利率达标，较2017年12月毛利率提高近4个百分点。1月集邮专业在区公司办公楼5楼举办生肖邮品鉴赏暨客户答谢会，邀约80余位高端客户前来品鉴、观摩和收藏，现场收款20余万元，集邮鉴赏会整体销售额110余万元。抓常年报刊收订，《潇湘晨报》增加132份订量，拓宽订阅市场。大宗邮件创收27.2万元；第四套人民币销售236套，创收14.58万元；第五套人民币销售1000套，创收32.8万元。6月召开文化商演儿童剧门票创收2.74万元。开发湘雅医院定向邮品1单，创收18万元。发行业务，2018年完成投递流转额1131万元，完成计划的105.1%，其中党报、党刊504万元，大中专院校流转额52万元，行业报刊110万元，重点报刊85万元，专业收入完成332万元，完成年计划的114%。2019年度报刊大收订完成投递流转额1390万元，完成计划的119%，其中党报党刊254.65万元，微信订阅188万元，重点报刊95万。

【安全服务】 2018年，通过开展一系列对网点的业务操作、规章制度执行情况的服务质量检查，进一步规范网点营业员的业务操作流程，提升全体职工的服务意识和金融案件风险防控能力。开展金融从业人员风险排查。每季度进行一次人员排查工作，对132名金融从业人员进行建立电子档案和纸质档案。档案袋内装有：个人自报信息、个人征信记录、企业查询记录、法院查询记录、排查表、访谈表、家访表、预警数据、各项相关的个人检查数据。建立建全员工轮岗台账，每月对下月达到轮岗年限人员进行上报。加强金融业务培训。对各项新业务和新规定通过会议或纸质文件形式及时进行转达和培训。强化业务检查、督导。每月按时限及频次要求对网点进行业务检查，相关检查内容及时进行系统录入，并对各级检查进行整改回复。特别是省公司“5·9”会议以后，全公司相应提升服务级别、提高内控检查要求，层层签订承诺书，严把收寄关、服务关，确保邮件“5个100%”的安全出口。开展营业现场、投递场所服务质量检查326天（次），下发整改24余份；开展安全检查142天（次），下发整改通知书10余份；开展金融业务检查126天（次）。

中国电信

【概况】 望城电信分公司下辖星城、丁字、桥驿、茶亭、铜官、靖港、格塘、乔口、乌山、黄金、白若、雨敞坪、莲花等14个支局和渠道、政企、重客、城区、商客、校园六个专业营销支撑部。全区（包括城区和农村）门店代办点160家，全面承接望城区综合信息服务整体经营和建设维护。2018年实现业务收入12083.5万元，完成年预算的103.52%，同比增长11.05%；移动过网市场份额同比提升1.88个百分点，保持全省战略经营单元（SBU）称号。2018年，移动用户达到43795户，创历史新高。宽带用户净增16409户，iTV净增12169户。

【业务增长】 政企市场快速增长，2018年政企市场移动新增13669户，同比增长60.68%，高校市场共新增移动9723户，同比增长39.95%。农村宽带平稳增长。全年农村宽带新增12860户，同比上年基本持平。

【质量提升】 推进光网能力建设。开展网络质量双提升，开展光衰全面整治，提高网络质量，解决无资源装机困扰，提升光端口利用率至47.46%。承接省市公司装维“六项服务承诺”和“无忧受理”的整体方案。望城装维精品窗口指标从年初50分提升至88分，装维工单服务时限从平均24小时，提速至10小时，得到用户对电信装维服务的好评。新建光缆设备，完成23个A设备环路同沟同缆的隐患改造，在市公司的大力推进下，完成5个A设备环路第二路改造新建工作。白箬区域新建莲花至雨敞坪的光缆，完成雷锋—白箬—雨敞坪—莲花—雷锋光缆的环路，在城区新建邮政局至火车站的光缆，完成中心局—邮政局—火车站—中心局光缆的环路，在河东区域新建丁字湾—铜官—桥驿的光缆，整个望城区域形成一个完整的光缆结构。全区家庭网络基本提速至200M。

（蒋　涛）

中国移动

【概况】 中国移动通信集团湖南有限公司长沙分公司望城区分公司内设综合部、市场部、网络部、政企大客户中心3部1中心，有员工159人。2018年，望城移动分公司业务总量6.5亿元，同比增长29%。移动电话用户65万户。

【网络全覆盖】 望城移动基站建设进度和网络覆盖全市第一、全省领先。建设开通4G基站1900多个；移动宽带有线端口数25万个，望城主城区的覆盖率98%，乡镇驻地覆盖率95%，行政村覆盖80%，4G网络实现区内主要交通干线、单位、学校、密集型商业中心、景区以及街道、乡镇、村的连续和深度覆盖。移动光宽带，以全范围的覆盖、快捷的网速、实惠的资费、优质的售后，为望城百姓提供优质便捷的宽带服务，提升望城整体信息化发展水平，真正实现光纤宽带全民化。为防汛抗旱、新华联铜官窑古镇开放、国际铁人三项赛等重大活动提供有力的通信保障。

【移动改变生活】 望城移动以“移动改变生活”的战略愿景为指引，主动迎接经济发展的新常态和移动互联网发展的新机遇，积极响应区委区政府“建设美丽、富强、幸福的名望之城”的号召，充分利用已覆盖全区的4G通信网络及成熟的宽带网络，在望城区广大行政企事业单位、大型国企、民营企业、集团单位、商业区、景区全面推进移动信息化产品项目的建设，积极与园区取得对接，做好通信服务，为中信戴卡、伟创力、中航起落架、证通电子等企业降本增效，从多方面助力“智慧望城·互联网+”发展。

中国联通

【概况】 中国联合网络通信有限公司望城基层单元（以下简称望城联通）是中国联通在长沙区县级分支机构，负责经营在望城区行政区域内的基础电信业务即2G业务、3G业务、4G业务、固定电话业务、互联网宽带业务、国际国内长途、IP业务、数据通信业务和增值电信业务。2018年，望城联通有职工123人，内设支撑中心、市场营销中心、政企客户部、校园业务拓展部、宽固中心、存量中心，自建自营厅1个，自建他营厅17家，沃店61家，社会专营店10家，特约店26家共计115家，业务收入目标过亿元，综合绩效评比和各项业务完成比例名列长沙市前茅。

【业务发展】 截至2018年，望城联通通信网络遍布望城城乡，3G/4G基站共计1048个。2018年3G/4G完成新建59个宏站的开通入网，重点解决县城城区和乡镇4G覆盖。通过室内分布解决5处重要场景的信号覆盖。规划5G站点4个，已完成开通1个，其余3个预计2019年4月底可以开通。重点解决7处楼盘的深度覆盖问题。新建传输管道及杆路光缆70千米。响应政府号召，实施惠民光纤宽带工程，全面加速推进光纤宽带资源覆盖，全面实施老项目光网提速改造，为全面推进光纤到户奠定了良好的基础。积极响应省政府十户联防号召，加强十户联防群防群治工作。

电力人员紧急抢修供电线路

【基础管理】 不断完善现有制度和流程，确保公司整体运转顺畅，适应市场竞争的需要；狠抓财务及内控管理，夯实财务基础管理，降低经营风险；加强安全生产工作，全年无重大安全事故发生；物资管理、施工建设管理、客户服务管理等工作不断进步。推进公司民主管理，畅通管理层和一线员工的信息。

【企业文化】 秉承以客户为本，市场为先、重点聚焦、创新合作四个理念，围绕团队建设，做好排头兵，争创省会城市一流本地网企业。在“创新转型”思想的引导下，有效落实降本增效，不断优化工作流程，实现营销模式、服务模式、管理模式、网络支撑模式的转型，用互联网思维开拓工作思路，全面完成市公司下达的任务，合力开创望城联通发展新局面。

供电公司

【概况】 国网湖南省电力有限公司长沙市望城区供电分公司（以下简称国网长沙市望城区供电公司），辖10个部室、8个班组和5个供电所。2018年，有全民员工108人、供电服务职工295人。望城电网有220千伏变电站2座，主变容量540兆伏安；110千伏变电站9座，主变容量683.5兆伏安；35千伏变电站7座，主变容量101.3兆伏安；110千伏线路17条，35千伏线路8条，10千伏配电线路185条，配变3126台。完成供电量25.07亿千瓦时，同比增长16.41%；城市、农村电压合格率分别为99.99%、99.92%，供电可靠率分别为99.97%、99.86%；电网最高负荷47.5万千瓦，同比增长1.6%。2018年公司获评省公司电网“630攻坚”先进集体、会计基础工作四星级单位。抄表一班、配电运检一班、靖港供电所分别获省公司先进班组。

【区域电网】 全力推动项目建设，多次组织省、市公司与区委区政府召开电网发展建设对接会，区电力建设协调指挥部每周“统一调度”，协调解决电网建设推进相关问题。2018年投产110千伏普瑞变，改扩建110千伏郭亮变、宝雍变、35千伏乔口变，开工建设220千伏谷山变。完成15个变电站选址选线，其中2019年开工的9个新建变电站均完成省发改委核准前的选址意见书、蓝线和用地预审意见办理。完成历史遗留的110千伏富民变等5座变电站土地权证。强化电网发展与城市功能定位相匹配，将10千伏配网建设纳入望城区城市整体发展规划，2019年农网改造升级共申报10千伏线路42条、村网台区230个，金额1.22亿元。

【安全生产】 组织开展春、秋季安全大检查，扎实深入推进“本质安全实践”活动。严控现场安全，落实“四不两直”稽查要求，全年共稽查294个作业现场，现场把关稽查265次，计划工作稽查率100%。强力推行配网主动运维，完成68个低电压台区、63个重过载台区治理，对30个公配间开展运行环境排查。大力开展电缆及通道专项治理，落实配电设备主人管理责任，对97处电缆井、440处电缆、1.83万根电杆进行综合整治。深化配网外人触电及“两跨”隐患排查治理，治理跨鱼塘和“六类”隐患1094处。完成中高考、“两会”等56项重点保电任务，经受暴雨洪涝、夏季高温、抗冰保网以及电网负荷创历史新高的多重考验，保障电网的安全可靠运行。

【供电服务】 深化“互联网+”营销服务，大力推广湖南电力微信公众号。构建走访园区和大客户常态机制，了解其生产经营、用电需求等情况，收集客户诉求。继续开展每周对接“电管家”服务，提前对接重点项目，搜集项目信息，主动对接政府平台公司和在建楼盘，宣贯政策要求，畅通直接交流渠道，围绕项目投产要求建立里程碑计划，用时86天完成伟创力一期项目生产投产，力求以最快的速度、最优的质量和最好的配套服务，搭建快捷高效的“绿色通道”。攻坚克难，完成乌龙塘重建地用电秩序整顿，破解十年难题。配合政府完成1232户专变客户转供电逐户走访，启动222户国有企业“三供一业”用电分离改造工作。推进营配业务前端融合，实体化运作供电服务指挥中心，以投诉管控为出发点，协同生产、营销、电网建设等专业，对每一起投诉“说清楚”，采取“现场调查”和“现场分析会”进行管控。

城乡建设与管理

责任编辑 ◎ 杨英占

建设管理

【概况】 2018年，区住房和城乡建设局机关内设办公室、财务审计科、政策法规科、城镇建设科、房屋安全鉴定办、行政审批科、建设市场管理科（加挂绩效办、文明办牌子）、限价办、政工人事科、节能办、总工室、海绵办、信访办（加挂应急办牌子）13个科室，下设质安办、建筑建材站、城建档案馆、招投标（造价）办、燃气热力办、给排水办6个二级机构，另有受国资局委托管理的拓望检测公司。有在编干部职工125人，政府雇员9人。

【污水治理】 截污（排污）三年行动计划及乡镇污水管网建设行动计划有序推进，启动截污（排污）建设项目70个，完工项目18个，完成乡镇管网建设16千米。污水处理厂提标扩容工作加快推进，望城一污正在进行施工前临时设施建设，乡镇污水处理厂提标改造完成可研编制工作。流域治理稳步推进，制定沙河、八曲河、马桥河流域系统性污水治理设计方案，并依托“河长制”工作机制对计划任务进行交办。代拟出台城镇黑臭水体整治实施方案，铺排黑臭水体治理项目18个，计划投资1.14亿元（含丁字中心片截污纳管6740万元）。

【海绵城市建设】 对纳入示范项目的27个项目进行重点技术服务，定期采用电话回访、现场查勘的形式对示范项目进行跟踪了解，基本完成相关课题研究。6月，省财政厅的第三次海绵城市建设绩效评价中，望城区海绵城市建设工作在四个试点区县内排名走在前列。

【推广生态环保建筑理念】 牵头制定出台区加快推进装配式建筑发展的实施方案，要求政府投资项目原则上采用装配式技术建造，单体建筑装配率原则上不低于40%。斑马湖中学、乌山龙王岭村灾后集中安置项目等已投入使用。铺排停车场7个、泊车位1200个，步行道54.2千米，自行车道69.7千米，文化步道1.7千米。2018年“一场三道”建设项目均超额完成，完成人行道清障5处。

【安全监管工作】 严格履行在建工地监管职责，累计出动2400余人次，下发限期整改通知书88份，停工整改通知书94份，机械设备限制使用通知书47份，不良行为告知书21份，不良行为记录认定2次。打响“蓝天保卫战”，对标施工现场扬尘治理“8个100%”，累计出动3784人次，检查项目3350次，发现问题1021处，下发整改通知书196份，不良行为告知37份。对28个项目移交区行政执法局，立案查处22起，处罚金额132.8万元，全区建设工地扬尘污染行为得到较好遏制。落实建筑企业主体责任，6月，集中对区属27家总承包一、二级企业进行落实安全生产主体责任情况检查，同时采用各种方式进行不定期督查。加强标后稽查工作，全年共计检查项目27项，下发整改通知书9份；代拟出台《区政府投资工程标后施工现场关键岗位人员监督管理办法（试行）》，进一步加强对政府投资工程施工项目部、现场监理部关键岗位人员监管。全年未出现较大以上安全生产事故。

【审批服务极简便民】 推动审批服务向“极简”模式转变。压缩审批时间，项目投资初步设计审批由3个工作日压缩为2个工作日，核发施工许可由2个工作日压缩为1个工作日。推行容缺受理。对初步设计审批、施工许可证核发等8个报建环节相关事项，在主件齐全的情况下实行预先受理审查，可容缺附件资料35项。

【建筑产业引强做大】 积极引进企业，2018年新增11家建筑企业，其中一级企业1家、二级企业4家、三级企业6家。搞好企业服务支持，牵头制订《关于进一步支持我区建筑企业加快发展的若干意见》《长沙市望城区建筑业施工企业信用综合评价办法》《2017年度望城区促进建筑业发展专项资金奖励方案》，落实帮扶、奖补制度。举办全区房地产企业和建筑施工企业工程项目对接推介会，搭建产业合作平台。2018年建筑业总产值为333.7亿元，同比增长24.7%。

【农村危房改造和限价商品房建设稳步推进】 分3批向各街镇下达农村危房改造指标任务479户，公示后开工率达100%。已完成148户4类重点对象农村危房改造竣工验收和资金拨付。完成盛腾雅苑、月亮岛三润城项目预售，共提供住宅房源1641套，共计约16.9万平方米。完成月亮岛戴公庙地块、经开区地块（两块）、大泽湖地块四个地块摘牌，按计划推进相关项目。

【新型城镇化建设试点成绩斐然】代拟出台《长沙市望城区2018年小城镇建设工作方案》，全年铺排小城镇建设项目48个，投资2.6亿元。通过省住建厅组织的新型城镇化试点中期评估工作，望城区获评试点区县第一名，获批试点奖补资金360万元；完成2018年度新型城镇化试点以奖代补项目申报，乌山街道灾后集中安置点项目、茶亭镇人工湿地项目、靖港镇众兴社区道路提质项目通过省、市住建部门评审，并纳入2018年省级示范项目；茶亭镇、白箬铺镇获评长沙市农村生活垃圾治理示范镇，茶亭镇苏蓼村等8个村获评长沙市改善农村人居环境示范村。

2018年7月20日，月亮岛片区天际线调研座谈会

城乡规划

【概况】 2018年，望城区规划分局机关内设5个科室，下设规划信息服务中心、规划建筑勘测设计院、城市规划展示馆3个二级机构，共有干部职工169人，其中在职在编人员34人，政府雇员5人。

【规划编制工作】 强化规划对城市发展的引领作用，针对望城新一轮的发展建设，加强宏观层面的规划研究，编制长沙市总体规划望城区专题研究报告以及望城区区域融合发展规划，为望城长远发展争取主动。坚持民生优先，组织编制望城区电力专项规划、“一圈两场三道”等专项规划，科学规划城市基础设施，不断完善城市便民服务。坚持城乡统筹，继续推进靖港镇、乔口镇等乡镇总体规划，组织编制桥驿镇黑麋峰村、乌山街道团山湖村等10个村庄规划，镇村规划稳步推进。坚持精细管理，开展斑马湖片区、雷锋大道两厢城市设计街区层面城市设计工作，为规划精细化管理提供技术支撑。总结城市建设经验教训，以城市问题为导向，开展老城区、月亮岛片区城市双修规划研究，优化城市功能布局，改善人居环境。加强向上沟通对接，积极与市规划局、湘江新区等上级部门衔接，参与省市重点领域及项目规划研究，配合湘江新区编制《长沙市高铁西城产业规划报告》《长沙高铁西城片区概念规划》《长沙高铁西城片区产业策划》，积极推动高铁西城规划建设。

【规划管理工作】 坚持高品质审查，在审查程序上，坚持按照设计论证、专家审查、区土规委会审定的程序对项目进行层层审查把关。在项目审查内容上，严格实施《品质望城设计管理导则》《长沙市望城区城市道路代征绿地建设实施办法》等制度，对建设项目的广场、退让、立面、天际线等外部环境，以及公共配套、绿化景观、间距日照等内部环境从严把关，提高项目建设品质，打造华润桃源里、印湘江、时代年华、万润滨江天筑等精品工程。

坚持高标准验收，严格执行《城市道路代征绿地建设实施办法》以及竣工验收相关规定，组织专人对色彩、园林绿化、环境、配套工程进行测量、验收、把关，对不符合规划要求的，要求项目单位一一进行整改，切实维护规划实施的严肃性。自办法出台以来，共对润和又一城、润和紫郡、南山苏迪亚诺、正荣财富中心等16个楼盘的绿化带建设进行指导、整改，新增绿化面积2.18万平方米，绿化带总长5200.38米，城市形象和品质大大提升。坚持常态化巡查，有序开展建设项目批后监督管理，开展日常监察巡查128次，配合乡镇、街道及执法部门做好违法违章建筑的技术认定及听证工作，发送违法建设告知函10份，回复规划认定函50件，参加听证7次。

【提高服务质量】 落实“极简便民审批（服务）”的改革要求，对内设科室的职能职责和人员进行优化调整，将8个科室合并精减至5个，将行政审批事项及科室全部进驻综合审批专区，实现行政审批“三集中、三到位”。下放部分规划审批事项权限，简单审批事项由首席代表直接审核，及时核发证件，做到项目单位跑一次办结。重新梳理优化办事流程，压缩审批时限，将规划审批总时限压缩为18个工作日，推行全区联审机制，提高审批效率。拓宽公开渠道。以政府门户网站、城市规划展示馆、项目现场公示、微信平台、办事指南等为媒介，全方位、全过程做好规划公示公开工作。对长沙新华联铜官窑旅游度假区等56个项目的总图审查，对融创城、正荣·财富中心等23个项目的总图调整进行批前公示，召开听证会5次，每月发证记录在规划分局网站进行批后公布。加强规划宣传，利用“望城规划”微信公众号宣传平台，及时发布规划动态，全年共发布信息140余条，至年底公众号关注人数5.6万。充分发挥规划展示馆素质教育基地作用，积极开展规划进中学、两型宣传等主题活动，每周四组织学生参观，全年共接待学生5120人。

【组织编制《望城区“一圈两场三道”专项规划》和《望城区“一圈两场三道”两年行动计划》】 贯彻落实市委、市政府关于“一圈”“两场”“三道”的工作部署，由规划局牵头，先后通过多次区长办公会调度、组织各区属职能部门负责人、街道、社区代表座谈，前往各社区进行实地踏勘，依托《长沙市“一圈”“两场”“三道”两年行动计划(2018—2019)》，制定分期实施行动计划，形成近期项目库。专项规划将都市区范围全部纳入15分钟生活圈范围，总面积376.62平方千米，涉及9个街道，共规划82个生活圈，2018年需完成41个生活圈的建设，建设项目总数14个，目前已建设完成“15分钟生活圈”35个，建设完成各类设施11个。

【望城规划展示馆获2017年度“长沙市青年文明号”】 2月11日，长沙市青年职工工作委员会下发《关于命名表彰2017年度长沙市青年文明号的决定》(长青职发〔2018〕1号)，望城规划展示馆获2017年度“长沙市青年文明号”。望城规划展示馆自创建市级青年文明号工作开展以来，以传承当代文明，争做行业先锋为主题。在一流服务、一流管理、一流人才、一流业绩上做出较好成绩，使规划展示馆成为一支奋发有为、蓬勃向上、为弘扬雷锋精神这项事业而奉献青春和智慧的优秀群体。

住房保障

【概况】 2018年，区住房保障局内设办公室、工会、住房保障科、产业发展科、计财科、政策法规科共6个科室，下设7个直属二级机构，有在职在编干部70人，政府雇员2人。

【征收工作】 启动征收项目12个，坚持“服务大项目、实现大突破”的理念，政策公平、工作暖心，其中区委党校项目、金穗路项目、杨丰小学项目、职业中专理实楼一体化项目全面完成征收签约和拆房腾地工作，超额完成年度目标任务。

【物业管理工作】 区、街镇、社区、小区“四位一体”的物业管理格局全面形成，建立物业管理工作监管新体系，实现监管重心下移，由社区负责辖区内物业服务的组织领导和日常物业服务的监督管理。指导楼盘社区成立物业矛盾纠纷调解室，已有效处理3700余件物业矛盾纠纷，有效强化小区治理、维护社会稳定。引进一级诚信物业服务企业6家，开展9场专题培训讲座，将行业文明创建与提升物业服务管理融合，推进物业小区文明创建工作，建立月亮岛街道楼盘小区管理服务试点工作物业管理与服务联席会议制度。

【政务服务工作】 落实“放管服”改革要求，强化服务意识，实现窗口业务当场办结、立等可取。2018年，网签商品房436.08万平方米，网签总数4.17万笔，购房资格审查业务3.72万笔，完成商品房交易备案类业务4.97万笔，落实刚需优先选房7044户，100%无错案。完成1772名人才购房资格审查，助推企业人才引进，发放人才购房补贴75笔225万元。开通物业维修资金微信公众号，对物业维修资金保值业务系统进行2次升级，归集物业维修资金6.52亿元，派息3964万元。完成白蚁预防施工面积228万平方米，质量检测30个合格率达100%，义务为贫困户上户灭蚁96次。完成商品房、工业厂房等房屋面积预测和实测（预实测）业务1924宗，完成面积测算1381万平方米，同比增长73%，为全区商品房确权、房屋征收等工作提供精准测绘数据。

2018年9月7日，区委书记孔玉成（右三）调研中南社区提质提档工作(许慧芳 摄)

【房地产业稳健发展】 认真落实房地产调控政策，严格维护市场秩序，搭建银企对接平台，提振企业发展信心，“房住不炒”落地生根，实现调控升级严峻形势下的产业领先发展，全年商品房供应量居全市第二和销售量第二。2018 年全区房地产实际开工 389 万平方米，同比增长 5.9%；新竣工面积 369 万平方米，同比增长 14.7%。批准预售 431 万平方米，同比增长 20%；商品房销售 435 万平方米，同比增长 26.5%；成交金额累计 291 亿元，同比增长 35.3%。开展房产大课堂 11 次，宣讲新政策、新形势、新要求，交流新举措、新成效、新经验，提升房地产业从业人员政治意识、政策水平和服务质量。强化企业帮扶，将在企业调研走访中收集到的 7 类 85 个问题进行分析、责任分解和办理跟踪，帮助企业解决实际困难。

【项目建设创出样板】 有序组织实施雷锋路、中南、湘陵、望府路、石韵、桃花井和金瑞 7 个社区提质提档的人居环境建设，市对区社区提质提档考核部分的项目建设基本完成，其开工率和公共服务中心配套设施建设两项指标排名 4 区县市第一。完成公共租赁住房分配 752 户，发放租赁补贴 602 户，156.6 万元。完成公租房配套设施建设项目 14 个 237 套。公共租赁住房和租赁补贴实现“应保尽保”，公租房阳光操作模式获湖南日报、红网等主流媒体推介；全面完成年度 10 个项目 1654 户的棚户区改造，其中纳入省计划的 5 个项目共 756 户，纳入市计划的 5 个项目共 898 户。全年共争取到中央、省、市安居工程专项资金 9824 万元，棚改项目融资到位资金 14.45 亿元，有力助推人居品质提升。

2018 年 7 月 20 日，城市管理人员检查唯罗克路口路灯维修

城市管理

【概况】 2018 年，区城市管理局（与区城市管理执法大队机关合署办公）内设 10 个科室，大队设 4 个科室，派驻街镇执法中队 14 个，直属中队 5 个，有广告办、渣土办 2 个二级单位。全局有干部职工 417 人。负责统一行使城市市容、拆违控违、广告、道路照明及城市景观亮化、城市公共自行车、渣土等城市管理方面的职能；执法大队负责行使城市管理、拆违控违、城乡规划、建设、房产等领域的行政处罚权，负责受理城市管理领域中的投诉、行政应诉和行政复议答复工作。

【城市管理】 全面提升一线执法能力。局领导班子带头学法，积极参加培训，4 月，组织全局干部职工参加“违法建设分类处置中行政处罚与行政强制专题培训”；8 月，组织局领导班子、各执法中队长和法制专干参加市城管局举办的“强基础、转作风、树形象”法规业务培训；健全执法人员学法制度，保证行政执法人员每年至少参加 40 小时的法律知识学习，切实提高依法行政的能力和水平。深入群众开展法制宣传活动，切实增强行政相对人的知法、守法观念和自律意识。积极引导公民、法人和其他组织依法维护自身合法权益，营造良好的外部执法环境。全年共组织开展专项执法行动 5314 次，出动执法人员 4.81 万人次，办理行政处罚案件 1808 件，罚没款 898.91 万元，开拓违法串标、违规注册执业案、售房过程中未明示《商品房销售管理办法》等执法办案新领域，2 例行政处罚案件被市蓝天办评选为蓝天保卫战典型案例，一举补齐执法短板，执法能力大幅度提升。推进违章建筑拆除行动。围绕“产业发展突破年”要求，全面推进拆违促拆迁、司法强拆、协助拆除、维护性施工“四项服务”。年底建立项目扫尾攻坚小组，协助各片区指挥部强力推进拆违促拆迁行动，抽调全局法制专干，进驻中南社区，实现 248 户 10 天之内签约 232 户，全面服务社区提质提档工程建设；委托长沙市规划勘测设计研究院对悦禧山庄自建户进行现场专业测量，全面摸清悦禧山庄违建底数。全年共拆除项目内违章建筑 248 处、楼盘小区违建 100 余处，拆除违规庙宇 19 处，清除违规摆放佛像 50 余尊，拆违面积共计 24.42 万平方米。精简行政审批流程。坚决落实“三集中、三到位”行政审批制度，精简建筑垃圾、渣土、户外广告等行政审批流程。全年共办结受理行政审批事项 751 件，行政审批收费 780.79 万元。深入社区，服务群众，推行公共自行车办卡、销卡进社区，完成主城区90个站点的升级改造，着力使用技术推动便民服务，全年累计办卡2363张，全年有卡借还车次数约3万余次。4月，升级微信扫码借还车功能，微信借还车次数累计5000余次。

【创新城市管理模式】 普及智慧城管。顺应“互联网+”发展趋势，为推动望城区由数字城管向智慧城管的转变，强力推进智慧城管项目建设，建立局领导班子带班制，24小时通过公安天网系统和城管高清视频监控系统，发现问题并及时调度相关单位进行处置，形成“管理网格化、责任清晰化、流程科学化、机制常态化”的智慧城管交办处置工作模式，提高整改率。建立高效交办机制。依托城市管理委员会办公室，建立区直相关部门、街道的议事机制，全年召开城市管理个案调度会104次，配发城管通手机256部，集中精干力量确保交办件快速高效办结，全年市考问题一共486条，全部交办下发至全区各责任单位，已整改477条，整改率达98%以上。创新管理模式。提高城市管理效率，保证没有责任清单外的“空白地带”，加强区内城市管理责任区域划分和个案调度，组织大泽湖街道、金山桥街道就废旧品市场城市管理区域划界；加强区外城市管理责任区域划分，完成黄金西路金地亚小区的城管责任边界认定。

【抓实项目建设】 编制出台《长沙市望城区城市照明管理实施办法》，印发给各相关单位，并严格执行。全年共组织夜间巡查120次，及时发现并整改问题961起，确保路灯的完好率和亮灯率，达到全国文明城市水准。2018年度先后完成污水处理厂2.35公顷闲置用地绿化建设项目，“一圈两场三道”项目8条道路的自行车道划线工作，月亮岛、大泽湖、铜官、茶亭等8个街镇41条社会路口2.74万平方米的路面硬化工作等政府投资性项目建设，申报2019年度政府投资项目建设7个。强力推进自身项目建设，抓好智慧城管项目，整合全区城市管理数字平台和智慧渣土云平台，共享公安“天网系统”4000多个视频监控点，自建40个城管高清视频监控点，视频接流进100多个工地出入口视频影像，全面实时监控全区的城市管理工作和渣土运输动态，提高城市管理工作的智能化水平。

【打响蓝天保卫战】 坚持24小时轮流值班，通过城管指挥中心信息系统、指挥对讲系统，及时调度指挥一线执法力量，强力开展渣土扬尘、市容市貌、大气污染源等专项执法整治工作和应急执法工作，全年依法规范在建工地出入口9000余次，依法规范渣土运输行为4662起，依法查扣违法行为渣土车546台次，组织道路清洗保洁和冲洗降尘2797次；依法规范违规经营夜市门店、摊贩6513次，督促规范餐饮门店油烟排放1605次，责令270多家餐饮门店安装油烟净化器，依法查扣违法经营工具274车，处置焚烧秸秆、焚烧垃圾等行为451起，严管重罚，助力蓝天保卫战。

【开展创建国家食品安全示范城市活动】 强力开展农贸市场、校园周边、餐厨垃圾等综合整治行动，建立蔬菜自产自销区，“疏”“堵”结合合理规范农贸市场经营秩序；学校周边安排专人值守，严厉打击校园周边流动摊贩；深入村组明察暗访，严厉打击非法收运餐厨垃圾行为，捣毁非法提炼潲水油窝点44处，收缴潲水油60余桶，约16.2吨；11月1日起，全区14个街道（镇）2574家餐饮门店实现餐厨垃圾全覆盖集中收集处置。

·市政维护·

【概况】 2018年，区市政局内设办公室、财务后勤科、督查勘核科、设施维护科、工程建设科5个科室，有在编在职人员25人，政府雇员1人，临聘人员14人。

【落实中心工作】 落实蓝天保卫战，督促干部职工从自身做起、从身边抓起，禁燃烟花爆竹、禁烧稻草秸秆等。落实环保督查整治，对八曲河沿线雨污水管道、马桥河沿线排水管道、沩水河沿线污水管道及汇流至河流的郭亮路、望府路、

2018年4月2日，金星北路与银星路交会处路面塌陷勘查

高裕路、黄桥大道的污水排口进行详细的排查及检测，并根据检测结果制定区域管道改流、整改方案，确保旱季污水不下河。积极响应群众诉求，实验小学居民区下水管道外溢、红旺市场排水管网堵塞、异味刺鼻等问题严重影响居民的生活，为避免施工时污水溢流及异味对附近居民及行人带来的不便，利用节假日及晚上时间加班加点进行作业，获得群众点赞。

【日常维护工作】 加强市政道路设施维护管理，截至10月底，修补改性沥青路面4122平方米，混凝土路面1420余平方米，更换井座井盖234套，修复人行道板1.64万平方米，更换泄水桥402个，树围石1229根，盲道板117平方米，侧平石4061米，更换防撞桶81个，换透水砖78平方米；管道开挖740米、管道疏通6700米。配合推进城管数字化考核，积极应对区长信箱、人大政协交办、城市管理数字化信息平台、“12345”热线和城市文明指数测评等反馈机制，接收数字化督办案件931件，无延迟和二次交办事件。

【保障下水管网运转通畅】 对雨污管道进行提质改造，完成三年截污行动计划的重要项目之一丽景华庭485米雨水管道、同心路至雷锋大道3.9千米的中线污水主干管改造工程；完成群众反映强烈的浩龙音乐界楼盘周边560米的排水管、电子街60米雨水管道的提质整改工程；新建检查井7座、清理化粪池3处；开展燕坡重建地、文源商贸城管道清淤工作，共计清淤管道3200余米，清理管道淤泥100余吨，处置旺旺西路黑臭水体的截流工程。

【推进市政管理规范有序】 加大节会和重大活动期间市政道路设施巡查。除节假日外，在环保督查、全国文明城市复查迎检、新华联铜官窑古镇开园等重大活动和重点工作期间，加强对道路巡查，及时整改，排除市政道路及设施安全隐患，保障人民出行安全和活动的顺利开展。健全行政审批制度，对进窗审批事项缩短办理时效，建立“现场勘核、科室审查、领导核定”的三级定审制度。

【落实文明创建工作】 秉承以人民为中心的工作理念，积极处置各类事件，积极呼应群众诉求。2018年，处置“12345”案件368件，应急平台案件1000余件，回应市长、区长信箱10件，无一例返工、延误事件发生。对“实验小学居民区下水管道污水倒流”区长信箱案件，克服地理形势复杂、技术成因困难等条件，经过一个多月加班加点施工，问题得以解决；如针对红旺市场黑臭水体、体育东路路面修整等在白天施工容易造成气味扩散及道路不畅等问题，市政局利用晚上时段进行施工，减少了对居民、车辆出行带来的不便。加大工作力度，主动作为，深入居民住宅小区、重建地、人群聚集区进行巡查，解决权责界定不清晰或无人管理的公用设施的维护问题。

【做好应急处突工作】 1—2月，为应对冰雪灾害天气对道路、桥梁的影响，成立冰雪处置突击队，在主要道路、桥梁、重要区域设立警示标志，安排专人值守。24小时不间断对易结冰道路、桥梁进行巡查，发现警情及时处置，确保道路安全通畅。4—8月，积极做好城区防涝排渍应急处置工作，应对强对流天气造成的城区内26个易堵路段大面积积水问题，第一时间疏通好雨污管道确保走水通畅；紧急抢修金星北路与银星路交汇处路面塌陷、金星路与普瑞路交汇处路面塌陷，银星路与金甲冲路交汇处、金甲冲路路面、旺旺中路路口塌陷工程，保障市民安全出行。

（丁月香）

·园林绿化·

【概况】 2018年，区园林局内设办公室（监察室）、监督管理科、技术管理科、工程建设科4个科室。有干部职工53人。其中在职在编干部职工35人，政府雇员2人，临聘人员16人。固定资产约225.26万元，公务用车1辆（用于绿化督查），洒水车2辆，绿化工程车1辆，督查车3辆。

【园林绿化管理养护工作】 全面梳理新建、新移交路段，并及时纳入维护管理，做到及时维护、不遗漏。通过招投标将雷锋公园38万平方米公共绿化用地推向社会化承包维护管养。突出抓好望城区城乡公园游园环境常态化、精细化、规范化管理，同时抓好月度《长沙市城乡公园运营维护管理情况督查通报》问题整改落实，给市民游客提供一个安全、整洁、舒适的游园环境。从3月开始着手望城区公共绿地维护管养新一轮社会化承包招标工作，从统计数据，到成立专项工作小组，制定工作方案、报批、审核等前期工作，扎实推进，力求维护管理工作实现无缝对接。

【配合“蓝天保卫战”工作】 通过积极传阅蓝天保卫战宣传册、张贴海报，展开“参与垃圾分类，共建美好家园”宣传活动、“保绿护绿，保卫蓝天”的亲子实践活动、“洁净靓丽迎中秋”大扫除等系列活动，广泛宣传，引导广大市民一起践行绿色环保理念，共建绿色、低碳、美好家园。加强日常巡查，确保城区公园无露天烧烤经营场所；垃圾分类处理，严禁焚烧园林垃圾；加大维护工作力度，根据实际对绿化带、公园等进行洒水降尘，露黄地块补栽补种复绿，补种面积3万余平方米。强控施工工地扬尘治理，对“绿色城市”建设在建项目实行月督查，形成督查档案，严格落实“8个100%”措施。保证每月一调度，上传下达，保证蓝天保卫战工作信息及时报送。抓好城市管理相关工作。从提高品质、美化环境的角度出发，在抓牢精细化管养不放松、严格落实督查考核强机制、服务中心工作，不断推进城市管理工作。按照区文明委、区城管委相关工作要求，截至11月中旬，完成城管考核、文明创建等交办案卷18宗；各类交办函案卷22宗；电话投诉案卷116宗；局督查案卷273宗；督查暗访案卷53宗，办结率100%，圆满完成文明城市建设和城市管理考核相关工作任务。

【开展园林绿化项目初设评审工作】 通过邀请省市专家库、市园林局及高校专家共同把好园林绿化工程初审关和验收关，对全区政府投资项目和社会投资项目（楼盘等）绿化部分从初步设计审查、施工程序、竣工验收等环节上基本形成三位一体的监管机制，从源头上为品质园林建设提供了保障。收到投资项目（初步设计园林专项审查）116个，通过审查的项目有114个；园林专项验收项目90个，通过竣工验收的项目88个。期间，共要求2个项目进行整改，并下发整改通知，截至12月底，2个项目完成整改。

【启动2019—2021年望城区公共绿地维护社会化承包作业】 针对城区绿化维护管理任务重的实际情况，经报请区人民政府同意，启动2019—2021年在城区范围内实行维护管理社会化承包作业。范围包括河西建成区范围内、雷锋北大道（至乔口）沿线、河东芙蓉北大道、航电大道、湘江北路等主干道沿线所有已完成的市政道路、广场、社区公园、街道小游园、综合性公园等公共园林绿化实施期限从2019年1月1日起，至2021年12月31日止，期限为3年。

·市容环卫·

【概况】 2018年，区环卫局内设办公室、财务科、信息科、征缴科、市容维护科、基建设备科、绩考科等7个科室，有干部职工35人。主要承担新、老城区1203万平方米的主次干道、背街小巷、广场、重建地等公共场所的清扫保洁、垃圾清运、洒水降尘和清洗；负责城区交通护栏的清洗；负责全区63座公共垃圾站14座公厕和所有垃圾桶、果皮箱等环卫设施的维护和管理；负责城区卫生有偿服务费的收取；负责城区生活垃圾的收集、运输等工作。

2018年1月28日，环卫工人在铲雪

【环卫基础设施建设】 对使用年限较长、损坏率较高的垃圾站和公厕进行维修改造20余次，投入资金40.7万元；对城区主干道双果皮桶进行维修、更换、安装，全年更换240升垃圾桶632个、双果皮桶279个，新增蝴蝶型环保垃圾箱200个、仿古环保垃圾箱50个，维修双果皮桶280余个次；完成望城区生活垃圾转运站建设选址、规划、调整、公示、可研初评等前期工作，专家评审工作正在筹划当中；开展中南社区公共卫生间的提质改造和雷锋东路、啤酒广场公共卫生间光伏发电试点，为市民提供便利和舒适的公共环境。

【重大活动保障工作】 2018年，完成中央环保督查组望城巡视、水利部领导到望城区现场踏勘、市政工程观摩和中央、省、市等各级领导望城调研考察观摩等中心接待任务70余次，做好2018雷锋精神论坛、新华联铜官窑古镇开园系列活动、望城国际铁人三项赛、全国交通运输行业职业技能比赛等10余次重大活动的环卫保洁工作，高效处置城区道路内涝、山体滑坡、汽油撒漏、交通事故等急难险重任务10余次，共出动作业车辆100余次台，作业人员800余人次。

【督查考核工作】 修订完善《2018年市容环境卫生督查考核细则》，全面实行“双最”评选机制，严格按照“八无、八净、三亮”的环卫作业标准进行日常维护，按照《考核细则》加大督查考核力度，做到日督查、周通报、月评选。全年共派出督查组2000余组6800余人次，受理区平台数字化案卷554起，局下发督查案卷10874起，所有案卷的结案率100%。强化督查考核结果的导向运用，全年共扣除社会化承包公司经费82.8万元，奖励先进单位和个人24万元。

【做好清冰除雪工作】 1月26日，望城区迎来第一场雪，凌晨时分城区的条条道路就已被冰雪覆盖。针对雪情，环卫局迅速行动，出动人员1040人次，车辆77台次，重点对城区主要干道和人群密集区域路面进行大清扫，对主次干道、桥梁、涵洞和坡道进行撒盐作业，共撒盐24吨。1月28日下午，开始新一轮降雪，区环卫局再次紧急调度，采取“铲、推、碾、装、运、卸”作业法，白天实施人机结合方式清除积雪，夜间集中机械清雪作业，从28日晚6点至30日早9点昼夜不间断工作，共计出动人员880人次，车辆156台次，撒盐66吨。雷锋大道、金星大道、芙蓉北大道、黄桥大道、普瑞大道、航电枢纽、旺旺路等通往城市的主干道持续畅通，有效保障人民群众的生产生活和出行安全。

【开展“微行动传递爱心、为环卫工人送早餐、送荫凉”志愿服务活动】 7月，区环卫局、区文明办组织开展“微行动传递爱心、为环卫工人送早餐、送荫凉”志愿服务活动，得到社会各界的广泛关注和广大爱心企业、爱心人士的大力支持，共收到爱心捐款和物资60余万元，爱心人士和企业认领的荫凉棚40个，170余家微行动爱心点挂牌，为环卫工人提供免费茶水、空调、座椅等志愿服务，确定24家爱心早餐门店，为主城区范围449名一线环卫工人提供免费早餐，《湖南日报》、中新社、凤凰网、《长沙晚报》、长沙新闻频道、望城电视台等省市区媒体争相报道。

城市经营

【概况】 2018年，区城市建设投资集团有限公司内设党群工作部（纪检监察室）、行政人力资源部、财务部、融资部、投资发展部、设计管理部、社会事务部、土地储备部、风控审计部等9个机构。有区基础设施建设有限公司、区置地有限公司、长沙溪谷投资发展有限责任公司、区保障性安居工程投资有限公司、区金星大道建设开发有限责任公司、长沙长银望投投资合伙企业等下属全资子公司6家；有区城市资源投资发展有限公司、区沿江建设开发有限公司等控股子公司2家；参股长沙先导文化旅游投资有限公司。集团公司设置57个岗位，有员工153人，其中在编人员18人及政府雇员6人，其中80%具有本科以上学历，40%具有中级以上职称。

【项目建设】 全力推进年度目标，全年铺排的44个项目（市重大项目22个）中21个建成投运，新增通车里程40千米，新增建筑面积16万平方米，新增绿化面积103万平方米，建设难度、建设速度、建成个数均数历年之最。计划外铺排的“一圈两场三道”14个民生工程高品质规划建成，“三年截污行动计划”15个片区污水管网建设项目高效推进，片区配套得到提升，市民生活更加便捷，城市环境更加优美。中石化长株成品油管道迁改数十次赴北京、武汉对接协调，双方合作得以破冰，困扰望城发展长达六年的区域性难题终于破解。220千伏威天线迁改主动协调岳麓区、市林业局、省供电公司等单位，克服工期紧、协调难等因素，如期迁改通电，扫清影响片区开发的重大障碍。

【项目管理】 践行工程6S管理标准，加强标准制定、流程制定、过程介入、管理执行及风险防控，出台《长沙市望城区城市道路设计导则》《项目管理综合测评办法》等系列实施细则，标准化管理和品控模式逐步建成。打造标准试验段样板，采用先行试点、逐级审定、全线铺开的方式，长郡斑马湖中学环保装配式建筑样板、工农东路海绵城市试点建设得以推广，银星湾公园、潇湘北路绿化景观试验段建设得以推进，建设工艺、品质获社会各界高度认可。推广技术创新运用，注重规划引领，发扬钻研精神，推行品质管控，主导编制的《望城滨水新城核心区控制性详细规划及总体城市设计》，获国家级“优秀城乡规划设计三等奖”；主导申报的“无损路基型过水过车保护装置”及“圆管带式输送机固定支架”两项技术获国家专利；长郡斑马湖中学获评“湖南省优质工程”。

【要素保障】 融资争资难中有进，面对国家出台去杠杆、调结构、化解政府性债务风险系列政策，实行“联合共治”“穿透审查”系列举措的严峻形势，结合自身债务情况，启动全面化债，截至11月底，存量债务较2017年年底减少14.98亿元，下降幅度14.62%；高效应对15亿元公司债提前2年回售的突发事件，三天内赴北上广深10多家证券公司路演，将回售金额由15亿元降至9.4亿元，系统性债务风险有效化解；主动开源，到位三湘银行、北京银行审批流贷资金3亿元。全年争取资金9亿元，其中岳麓尾水下移工程争取上级资金2.6

潇湘北路

亿元，土地收入到位0.97亿元，区财政税费及利息返还1.18亿元，“两安”指标资金回款3.57亿元，收回兴工大道征拆垫资0.45亿元。土地报批更有作为。在全省用地政策收紧、大地2000坐标系转换全面调整及全区水田指标严重不足、推行多规合一改革的情况下，打破用地报批空前艰难局面，抢抓机遇，报回商学院地块、斑马湖中学等6批次共73.4公顷用地红线图；完成蓝线、勘界等前期工作共计56公顷；与龙山县、洞口县、辰溪县合作，顺利交付增减挂钩指标103.13公顷，第一时间满足了公司、交建投、经开区及高新区重点项目用地指标需求，为全区项目建设的顺利推进做出积极贡献。征拆瓶颈逐一破局。2018年，全区征拆环境变化，征拆政策因调标暂不明朗，发扬“钉子”“蚂蟥”精神，以重点片区和重点项目为核心，联合片区指挥部、征地办、征拆事务所、街道等单位推动项目征拆扫尾，紧密联系公安等部门联合成立巡勤组，重点打击非法阻工，切实维护施工环境，全年铺排的47个项目实现28个征拆清零和雷淼地块交地，为重大项目推进和片区土地出让奠定了基础。

【盘活资产资源】 资源运营有亮点，充分挖掘油气电站土地提升价值，成功出让3座加油站，成交总价6850万元，同比增长35%。完成自持同福加油站用地调规报批，即将摘牌开建，预计年营利900万元；积极探索“项目＋运营”的户外广告新模式，打造长租公寓，预计年增收25万元；重新谈判签订弱电管网运营协议，年收益同比增长7%；提质改造桑梓农贸市场，营业额环比增长5倍，并作为全区“一圈两场三道”观摩项目受到省、市各级领导好评。产业投资探索创新。首次采用财务投资模式，参与黑麋峰垃圾清洁焚烧发电项目，获市、区政府认可。开辟新能源领域，与先导快线达成望城共享汽车充电桩战略协议，在银星湾公园成功运营。拓展高品质物业管理领域，与先导物业管理公司达成合作，共同承接区内新建公共物业管理，在银星湾公园先行试点。置换经营成效显著，主动对接国土、规划、财政等部门，启动大泽湖8宗地置换工作，完成置出地和置入地规划条件、土地评估、审计复评、置换方案及协议拟定等工作，确保国有资产保值增值。推进土地出让，长郡月亮岛西侧2宗与连江路1宗地块通过市土委会审定，完成连江路地块挂牌及华润地块协议出让。

【提升运营效能】 管理效能优化提升，推行项目试点全过程审计，全面排查招投标定队、财务支付、合同管控等核心业务，梳理风险防控点，通过发现问题、改进问题，促进业务工作更加科学规范。进一步优化审批权限，修订党风廉政建设、人力资源、招投标、工程管理、财务、后勤、档案管理等45项制度，制度建设更加完善。统筹项目档案和文书档案归口，建立档案管理标准体系，完成档案整卷1604卷，工作更加严谨规范。充分发挥绩效考核指挥棒作用，层层下达考核指标，力求责任到人；建立联合督查机制，整合交办工作任务，实行项目倒排看板管理，员工执行力得到提升。人才活力持续释放。加强人力资源管理和激活，通过修订《绩效管理制度》《专业技能员工管理办法》，组织内部竞岗竞聘，实行员工轮岗，开展集团内训外训，进一步打通人才晋升通道，优化员工职业发展体系，激发干事创业的氛围。大力培育“比情怀、比追求、比责任、比质量、比奉献”的国企文化，开展“红黑榜”“点亮平凡”等评选活动，员工获得感、幸福感明显增强。基础公司刘丰获评全区最美建设者、土地部胡真铁获省市媒体重点报道。战略转型基本敲定，多次赴湘江集团、星城发展等公司考察，聘请国内知名咨询公司驻点研究，完成集团战略、资产、债务等情况梳理分析，拟定集团公司战略规划方案和公司治理方案。开展集团战略发展管理、房地产市场研究及投资测算、宏观政策分析及解读等多场转型相关培训，转型发展深入人心，集团工作提前进入“转型常态”。探索房地产二级市场开发，与万达达成“轻资产”合作模式获区委、区政府审批，城投二级市场开发正式布局启动。企业帮扶有成绩。助推经开区企业天卓塑胶公司产品纳入“两型产品”范畴，通过公开采购与其签订10余个项目合同，承销产品达2052万元。针对帮扶办关于湖南营养港房地产地块遗留问题交办任务，妥善处置石长铁路坡下排水改道和星月路推进问题，获企业高度认可。精准扶贫取得实效，全年通过资金扶贫、项目扶贫、产业扶贫等方式，实现茶亭镇望群村、西湖寺村53户建档立卡户贫困户中的48户脱贫摘帽，摘帽率达91%。全年精准扶贫投入共计近300万元，其中投入10余万元帮扶光伏发电、平菇种植等产业发展，投入50万元完善望群村、西湖寺村阵地建设，投入120万元完成西湖寺村2条村道建设，计划投入100余万元完成望群村农田水利项目提质，帮扶成效显著。

【岳麓污水处理厂尾水排放工程竣工】 作为中央环保部重点督查项目、洞庭湖区水环境综合治理重大项目、湘江保护与治理第二个“3年行动计划”重点项目，岳麓污水处理厂尾水下移工程于2018年2月通水，切实承担起保长株潭一库清水的重任。岳麓污水厂尾水管道全长20.2千米，管径2.2米的钢管单根长12米、重达10吨以上。如此大规模、大管径的地下钢管工程属省内首例，国内罕见。历经近500个日夜奋战，力克工艺复杂、工期紧等重大难题，提前10个月竣工通水，圆满完成中央环保督察组交办任务，率先在全省顺利销号，省环保厅将该项目作为整改实施典型案例经验已报至国家环保督察组。

【潇湘北路全线通车】 潇湘北路位于滨水新城核心区，南起三汊矶大桥，北至沩水河桥，全长20.1千米。其中三汊矶大桥—望府东路段长15千米，路幅宽60米；望府东路—雷锋东路长约1.3千米，路幅宽46米；雷锋东路—沩水河桥段长约3.8千米，路幅宽36米。全线双向6车道，主路设计时速60千米/小时，辅路设计时速40千米/小时。经过一年多不懈努力，潇湘北路开工18个月即完成涉铁、涉水、涉油、涉高速、涉文物等繁杂的手续办理，230户房屋拆迁，于2018年12月实现主线通车，破解国家级、省级等跨区域、跨行业协调难题，望城再添连接市区快速通道，以湘江为主轴、黄桥大道和芙蓉北大道为两翼的城市开发框架下，望城河西五纵五横的交通主骨架成型，交通引领的融城蝶变已然显现。

【长郡斑马湖中学建成开学】 长郡斑马湖中学位于望城区白沙洲街道，办学规模设计为初中39个班、高中39个班，共78个班(另预留12个班教学楼建设用地)，可提供学位4500个。项目规划总用地面积12.2万平方米，规划建筑面积约9.32万平方米。长郡斑马湖中学是望城区与长郡教育集团联合办学的又一力作，于2018年9月一期工程建成开学，迎来建校第一批师生。学校在规划设计之初便突出绿色发展、文化传承，秉承人文性、功能性、实用性的理念，对建设施工各环节进行严把关、严管理，采用装配式建筑技术，节省大量建筑材料消耗和建设周期的同时，保障了工程质量、满足了环保要求。

【银星湾公园建成开园】 2018年10月建成开园，游人如织，好评如潮，成为市民亲水、休闲绝佳场所，为长沙新增一处城市“绿肺”。

银星湾公园是集休闲、生态、文化和科普多功能为一体的滨水新城门户公园，是望城海绵城市和城市双修典型示范公园，也是长沙市三年造绿复绿活动的重点建设项目。公园南起三汊矶大桥、北至石长铁路，总面积约52公顷，建设总投资约2.5亿元，设计游客容量为3000人。公园秉承以人为本、生态保护优先的原则，综合考虑整个湘江沿岸带的布局，将江滩与江岸进行有机结合，全面贯彻人文关怀、景观体验和绿色发展的理念。有“石、花、亭、望、骑、江、月”七景，南北建筑两座。

【万达商业广场开工】 2017年12月31日，城投集团下属全资子公司斑马湖土地开发有限公司与万达商业管理集团有限公司签订《斑马湖万达广场合作协议》，负责项目投资与建设。万达商业广场位于望城区中心城区，项目净用地9.9公顷，其中商业用地约4.1公顷，总建面约13万平方米，住宅用地约5.7公顷，总建面约15.42万平方米。合作大商业总投资约8亿元，住宅部分总投资约9亿元。2018年城投集团破解土地、调规等系列瓶颈，于2018年12月进场清表、开挖土方，正式开工。望城万达商业广场项目是万达集团在湖南的首个轻资产合作项目和第一个落户望城的项目，项目将打造集购物、休闲、娱乐等功能为一体的“体验式家庭主题商业中心”，初步确定的业态包括电影院、娱乐、儿童乐园、餐饮小吃、精品购物、时尚服装、大型超市等，为望城市民提供“一站式”的便捷、高端的消费体验。万达项目的落地对加快望城片区开发、推动区域社会经济发展、丰富居民文娱生活有重要意义。

（肖洁、何鲁飞）

环境保护

责任编辑◎杨英占

概述

【概况】 2018年，区环境保护局内设办公室、水环境管理科、大气环境管理科、土壤环境管理科、行政审批科和法制宣教科6个科室，下设环境监察大队和环境监测站2个二级机构。有在职干部职工76人。

【优化环境质量】 空气环境质量稳步提升。2018年，望城区累计空气质量优良天数324天，较2017年同期增长18天，优良率88.8%，较2017年同期提升5%；PM2.5与去年同比下降16.3%，PM10与2017年同比下降13.4%。水环境质量持续好转。沩水河胜利断面（国控断面）水质1月为五类水质，2月、3月、8月为劣五类水质，4月、6月、9月为四类，5月、7月、10月、11月、12月为三类。入境水质不能稳定达标和上游无法保证足够的生态流量是导致胜利断面不达标的主因，市、区两级相关部门加强沩水流域现状调查，水质持续好转。千龙湖和望城水厂取水口水质稳定在三类。

【办理环保督察】 抓好中央环保督察及回头看工作。2017年，中央第六环保督察组督察期间，全区共收到交办信访件81件，主办72宗，协办9宗；2017年7月31日，督察组向省委、省政府反馈督察意见，交办长沙市整改任务12项，涉及望城区3项。其中81件交办信访件已全部及时上报办结销号，已基本整改到位。2018年10月30日至11月30日，中央环保督察“回头看”工作组进驻湖南省。截至11月30日，共收到本次中央环保督察组交办信访案件62件，其中由望城区主办54件，协办8件，已按时序进度回复55件（含协办），办结34件，追责1人。严格办理省环保督察工作。省环保督察组到长沙督查期间，望城区共收到省环保督察交办件69件，其中信访交办件57件，督察交办件12件，所有信访交办件均第一时间办理，紧急调度，迅速行动，积极处置，全部69件信访交办件已按时间节点要求将办理情况上报省环保督察组，办结销号62件，正在整改的案件7件，责令整改企事业单位45家，立案处罚12家，拟处罚金额66.23万元，省级环保督察取得明显成效。

【强化环保监管】 危险废物监管成绩明显。辖区内仅一家危险废物经营单位，根据检查结果，该单位能达到危险废物规范化管理要求。对全区在册企业的危废产生单位进行日常监管及现场抽查，现场抽查企业均能按要求做好危废管理工作。2018年市对区危废考核排名望城区在全市排名第一。重点领域环境监管进展顺利。严把环保准入关，严格执行《环境影响评价法》和《建设项目环境保护管理名录》规定，按照国家产业政策，严格环境准入，审批建设项目环评127个，总投资194.14亿元，环保投资2.51亿元；环评审批过程中否决7个项目，坚决杜绝高污染高能耗项目进驻望城区；加强环境监管执法，积极开展蓝天保卫战，加强部门联动，按要求做好大气污染防治特护期各项工作。完成集中式饮用水水源地环境问题整治工作，完成所有7个问题销号，并报市局进行备案。

【严格环保执法】 调动全局执法力量，采取联合执法、日常监管、日查夜查、突击检查等多种方式，高频次、高密度，充分利用“双随机”、环保“网格化”平台，精准发现环境违法行为，严格依法依规进行查处。通过行政处罚、限期整改、查封扣押和移送拘留等相关措施。累计开展各类执法行动175次，检查企业850家次；共立案查处环境案件143起，处罚金额443.2万元，罚款金额超50万的1件，其中，一般行政处罚案件107起；重大案件36件，包括查封扣押14起，拟移送行政拘留18起，拟提请政府关闭4起。

【开展环保宣教活动】 2018年，开展多次环保法律法规培训会，分批次分层次对本机关干部职工、街镇负责人和专干、企业负责人组织学习。“6·5”环境日开展多种形式宣传教育活动，号召全民低碳环保、绿色出行。为推进望城区生态文明建设，进一步加强环境宣传教育工作，营造公众参与环境保护良好氛围，联合区教育局组织开展绿色社区和环境教育基地创建，绿色示范社区已完成创建并验收，环境教育基地已经创建。

【推动马桥河系统治理】 牵头负责，组织住建、水务、农林、畜牧、经开区等单位对马桥河进行系统治理，经开区建设10余条路网，新铺设雨污管道4.1千米，并委托大麓科技公司对普瑞以北，航空路以南，沿河路以西，望城大道以东67.4千米管网探查，其中雨水管网45.5千米，污水管网21.9千米。排查雨污混接点24处，检测管网障碍、堵塞、沉降等功能性缺陷2000余处。总投资1.3亿元，完成马桥河（同心路—金星路）约2.1千米河段清淤工程，清理淤泥量约2万立方米，将沿岸边坡打造成绿化景观风光带，对建成区及集镇范围14个项目开展黑臭水体治理工作。

【开展环保整治行动】 开展集中式饮用水源专项整治，清查饮用水水源地内存在的问题，全面完成整治任务，有效保障饮用水安全，积极组织开展对全区饮用水源地排查行动，发现问题及时整改。全面完成禁燃区燃煤整治清零。组织环保、城管、镇街、市场监督等部门开展13次联合执法行动，属地街道牵头负责组织专项执法115次，共收缴燃煤炉灶1560余个，彻底整治到位315家餐饮门店，取缔4个散煤制作点，拆除1个燃煤锅炉，实现望城区禁燃区燃煤清零。综合整治辖区内散乱污企业。整治到位散乱污企业145家，超额完成市蓝天办要求取缔整治20家目标，散乱污企业整治取得显著成效。积极推进挥发性有机物治理。制定整治方案，明确整治目标任务和时间节点，认真摸排汽车4S店及工业企业的详情，并建立台账。已完成8家汽车4S店和33家工业企业的挥发性有机物治理。开展长江经济带化工污染排查整治。根据《长沙市长江经济带化工污染专项整治工作实施方案》要求，积极开展化工企业专项执法。对辖区化工园区及行业进行专项执法，重点对各类化工企业19家进行执法检查，督促相关责任主体落实各项整改措施，推动化工园区按规定自行监测，设置自动在线监控装置，逐项消除环境安全隐患，确保整改到位。

爱国卫生

【概况】 2018年，区爱国卫生运动委员会办公室（以下简称区爱卫办）挂靠区人民政府办公室，有在职在编工作人员6名。

【城乡环境卫生整洁行动】 制定《2018年长沙市望城区城乡环境卫生整洁行动管理考评办法》，采取日常巡查交办和季度集中检查相结合的方式对全区14个街道（镇）的城乡环境卫生情况进行考评，并严格按照考评结果对各街镇和村（社区）兑现奖惩。开展“迎新春，大扫除”“新华联铜官窑开放活动”“2018长沙·望城国际铁人三项赛”“全市落实乡村振兴战略现场观摩活动”等一系列重大活动的环境卫生整治行动，组织人员对活动线路沿线进行环境卫生督查，发现问题，及时交办，限时整改。全年交办台账1800余次，全部整改到位。坚决打赢蓝天保卫战。将爱卫日常工作和“蓝天保卫战”相结合，安排4名专职人员对全区14个街镇开展环境卫生乱象专项督查，针对焚烧垃圾、污水直排等乱象重点交办，督促整改，全区城乡环境卫生面貌明显改善。

【推行垃圾分类减量】 制定《长沙市望城区生活垃圾分类制度实施方案》《长沙市望城区农村生活垃圾分类减量三年攻坚行动方案（2018—2020）》，明确三年的工作目标、工作举措以及各部门职能职责，促进垃圾分类减量工作的规范化运作。筹建镇级垃圾分类回收总站6个，村级垃圾分类回收中心82个，105个涉农村（社区）基本实现垃圾分类全覆盖，43个村（社区）创建成市级垃圾分类减量村。在城区10个小区楼盘开展生活垃圾分类试点工作。月亮岛街道杨丰社区尚公馆小区垃圾分类经验材料上报住建部，黄都港社区润和紫郡小区通过“党建引领、物业牵头、群众参与”的模式，垃圾分类工作取得实效，得到市城管局肯定，全市城区垃圾分类观摩推进会在望城召开。采取政府补贴，市场运作的方式，明确由一家专业公司进行有毒有害垃圾、低价值可回收垃圾和大件垃圾的资源化处理。引入社会资本建设4个建筑垃圾资源化利用处置场，规划选址由政府平台公司为主体的年处理建筑垃圾约70万立方米的建筑垃圾资源化处理中心。在乔口镇、白箬铺镇建立有机垃圾资源化处置中心。10月18日，《湖南日报》以《望城区试点小区垃圾分类模式是可供复制推广的成功模式》为题对尚公馆小区垃圾分类工作进行专题报道。在改革开放40周年之际，市属三大媒体对望城区的垃圾分类工作进行专题报道。

【农村改厕】 制定《长沙市望城区2018年农村改厕项目实施方案》《长沙市望城区“厕所革命”三年攻坚行动方案（2018—2020）年》，邀请市级专家对改厕技术员进行业务培训，严格督查指导农村改厕工作，确保农村改厕“建设一个，管好一个，用好一个”。全区共完成改厕1848座（旱厕585座，三格式无害化厕所1263座），市对区考核任务，超额完成市级1500座改厕任务。

【健康教育】 深入开展各类宣教活动。在第30个爱国卫生月的4月，各街道（镇）开展以“关注小环境共享大健康”为主题的春季爱国卫生运动，倡导健康生活方式，开展文明健康知识宣传等形式多样的爱卫月活动，共发放宣传资料3.5万余份，清除卫生死角286处，开展各类大型宣教活动50余场次，提高广大群众的爱国卫生意识。组织开展除“四害”活动。城区公共地带、区直机关单位、街道（镇）、村（社区）“四害”密度大幅降低，继续保持在国家规定标准以下。

（陈浪波）

医疗卫生和计划生育

责任编辑 ◎ 赵运良

综述

【概况】 2018年，区卫生和计划生育局机关内设办公室、行业作风建设管理办、财务科、政工人事科、党群宣教科、文明创建科、公共卫生科、政策法规科、项目办、医改药政科、家庭发展科、基层指导流动人口管理科12个职能科室，区血吸虫病防治领导小组办公室、区计划生育协会挂靠卫计局办公，下属单位财务集中核算中心、药具站与局机关合并办公，有在编干部职工29人。

2018年，全区有医疗卫生机构432家，其中区属医疗卫生机构7家，乡镇卫生院、街道社区卫生服务中心17家，其他民营医院15家，卫生所145家、诊所113家，享受财政补助的村卫生室135个。全区各级各类医疗机构有卫生技术人员3822人，其中医师1554人、护士2032人、药师160人、检验76人每千人拥有卫技人员数6.2人。全区医疗卫生单位拥有床位3748张，每千人拥有床位数6.07张。

【生育管理】 广泛开展全面二孩政策宣传，狠抓计划生育基层基础管理，继续推行“三级联创四到基层”考评，2018年度全区出生人口10534人，符合政策生育率98.38%，性别比105.1，圆满完成各项指标任务。坚持以人为本，完善“政府主导、部门协作、社会参与、注重常态”的扶助关怀机制，建立健全“双岗”联系人制度，开通绿色就医通道，提升计划生育家庭自身发展能力，全年发放各类计划生育奖励扶助2.7万人，累计发放奖励扶助资金约2000万元，资格确认率和资金到位率均100%。2018年2月，卫生计生国家级权威报刊《中国人口报》对望城区计划生育特殊家庭关爱机制进行专题报道推介。以流动人口健康管理为重点，扎实开展流动人口基本公共卫生计生服务均等化示范街道（镇）创建，全面提升流动人口健康素养和健康水平。晟通科技集团有限公司、星城实验第二小学分别获评全国流动人口健康促进示范企业、示范学校称号。发挥基层计生协会主力军、生力军作用，推进生育关怀行动，开展基层群众自治示范创建，大泽湖街道、高塘岭街道计生基层群众自治示范创建工作得到省、市领导的高度评价，高塘岭街道斑马湖社区计生协社区服务融入改革创新模式在全市进行推介。

【医药卫生体制改革】 全面落实国家基本药物制度，公立医疗机构药品、耗材全部实行网上集中采购，建立健全基本药物制度绩效考核机制，着力提升药品使用效率。持续推进城市公立医院改革，全面取消药品加成，落实药品零利润8:1:1补偿政策。深化上下级医院对口帮扶机制，区、乡两级与省、市医院搭建医联体12个；积极探索紧密型医共体合作模式，打造以区人民医院为龙头，镇卫生院、街道社区卫生服务中心为网络的医疗共同体，群众就医更加便捷。与财政、人社、民政等部门协同配合，全面铺开健康扶贫“一站式”结算，进一步加大贫困人口门诊医疗救助保障力度，积极争取区财政支持，在医保、民政救助基础上，对农村贫困人口43种大病、特殊慢性病、长期慢性病门诊医疗费用予以补助，力争个人实际报销比例提高到80%，缓解“因病致贫、返贫因病”问题。5月9日，《长沙要情》以《望城区‘三个覆盖’扎实推进健康扶贫》为题，对望城的医疗扶贫工作给予肯定。以庆祝“首届中国医师节”为主线，组织开展岗位劳动技能竞赛、廉洁诚信行医宣誓、一线医务人员慰问、“好医生、好护士”评选等系列活动。全面推行6S精益管理，突出“整理、整顿、清扫、规范、素养、安全”6项核心内容，优化各级医疗机构就医环境，提升医务人员工作效率与服务意识。加强大型活动医疗保障，全年派用“120”救护车268台次、医务人员684人次，为“铁人三项”“消防演习”等大型国际赛事和省、市、区级重大活动保驾护航。发挥区医调中心穿针引线、牵线搭桥的作用，深化“三调解一保险”医患纠纷预防和调处机制，全年调解医患纠纷40余起，调处成功率92%。

【卫生计生体系建设】 深入实施基层医疗卫生机构服务能力提升三年行动计划，贯穿做强龙头、夯实枢纽、扎牢网底的工作思路。推进区人民医院整体迁建项目，完成征拆、立项、初步设计编制等前期工作；启动区疾控中心综合楼和区精神病医院附属设施建设，完成区血防站办公用房、星城卫生院提质改造和乌山街道高冲村、双兴村村卫生室标准化建设。制定出台第三个卫生计生人才五年培训规划，区财政每年安排专项资金200万元，重点对卫生专业人才招聘引进、职称晋升、进修培训、临床医疗质控中心建设、全科医生规范化培养和住院医师规范化培训等进行补助；切实加强医学重点学科（特色专科）建设，出台《长沙市望城区创建医学重点学科（特色专科）实施细则》，对成功创建国家、省、市级医学重点学科（特色专科）的单位，分别给予100万元、50万元、30万元奖励。保障专项投入。不断加大财政投入力度，区财政自2018年起连续三年投入1200万元，拟采取一次性采购分期付款的方式，为基层医疗卫生机构配备医疗设备23台件，提升基层医疗机构诊疗服务水平。

【基本公共卫生服务】 在抓好常住人口14项国家基本公共卫生服务项目的基础上，率先全市安排专项经费200万元，用于提供流动人口基本公共卫生服务，截至2018年12月底，全区建立居民健康档案57.9万份，建档率95%，各类国家免疫规划疫苗接种率均保持在95%以上。组织开展团体预约无偿献血，全年团体预约献血2780人次，超额完成市人民政府下达的目标任务，完成率位居全市第一，获2018年度区县（市）无偿献血组织工作先进单位称号。以建立“1+N”家庭医生组合签约模式为抓手，推动婚前医学检查、产前筛查、新生遗传代谢疾病筛查等全覆盖，开展孕期全程健康管理和产后访视，提升出生人口质量。2018年11月，《中国人口报》头版大篇幅刊登报道望城的签约服务助推妇幼服务工作经验。加大艾滋病、结核病、手足口病等重点传染病防控力度，不断完善卫生应急机制，全年无重大传染病暴发流行。紧扣公共场所、生活饮用水、医疗卫生、“两非”等重点领域，开展卫生计生综合监督执法，望城区作为长沙市唯一区县代表在湖南省学校与公共场所卫生执法工作推进会上进行先进经验交流。

【廉政建设】 将15个卫生院党组织收归局党委管辖，组建民营医院党总支，实现行业党建全覆盖，通过在各单位配齐党务专干、组织开展党组织书记“双述双评”、实行党员积分制管理、推进党支部五化建设等举措，全面加强公立医院党的建设。特别是在区党建指导员的指导下，组织开展党员“亮身份、作承诺、当先锋、树形象”活动，全体党员佩戴党徽，窗口科室晒出服务承诺，通过抓党建引领，助推诊疗行为规范化、标准化。认真落实全面从严治党主体责任，严格落实党组织书记第一责任人、分管领导一岗双责责任制，将主体责任层层分解。强化监督制约，加强廉政风险控制，针对全系统13类“三重一大”事项，排查廉政风险点58个，制定53项防范措施；制定出台《进一步加强财务管理若干规定》，严格执行《卫计系统建设工程内控项目管理规定》，多措并举强化对权力运行的监督制约，2018年6月代表望城接受市纪委调研。充分准确运用“四种形态”，全年开展各类廉政谈话130余次。开展专项整治，严格执行中央“八项规定”，收受红包礼金和医药回扣等行为得到遏制，行业作风实现根本好转，2018年4月，《湖南日报》和长沙电视台予以专题报道。

【王柯敏、吴桂英到望城区调研基层医疗服务能力】 2018年5月25日，湖南省人大常委会副主任王柯敏、湖南省政府副省长吴桂英等领导率省人大教科文卫委、省政府办公厅、省发改委、省卫生计生委等相关部分负责人和部分省人大代表到望城区黄金乡卫生院开展基层医疗服务能力调研。调研组详细了解基层卫生院在基本医疗保障、公共卫生服务、医院财务运转等方面的基本情况，察看黄金卫生院特色专科——中医骨伤科和公共卫生服务中心，听取医院在慢性疼痛、小关节复位、创伤治疗、骨质增生等方面积累的丰富经验，对医院在推广中医、服务群众方面取得的成绩予以好评。吴桂英强调，基层社区卫生服务机构是落实公共卫生服务的重要桥梁，加强基层卫生服务机构的能力建设是各级卫生计生委的重点工作之一，针对此次调研发现的问题，各级政府和卫生计生委一定要全力以赴协调解决。要求望城区黄金卫生院继续发挥特长，自主经营，在推进分级诊疗、中医药服务、家庭医生签约、慢性病管理、健康服务等方面继续努力。湖南省卫生计生委主任陈小春，长沙市卫计委主任周敏、长沙市卫计委党委副书记王新良，望城区人民政府区长范炎斌、望城区人大常委会副主任邓建华、望城区政府副区长苏敏芳等领导陪同调研。

【计划生育工作获《中国人口报》多次头版推介】 坚守党政一把手亲自抓负总责、计划生育目标管理和“一票否决”的制度底线，切实加强综合治理部门沟通协调，健全完善信息共享机制，形成齐抓共管计划生育工作的强大合力，2018年度全区出生人口10534人，符合政策生育率98.38%，性别比105.1，各项指标维持在稳定区间。以“一盘棋”机制为依托，率先全市启动流动人口卫生计生均等化服务示范区创建，开展重点治理、协同管理、区域协作和动态监测，深入开展计生基层群众自治示范村（居）创建。晟通科技集团有限公司、星城实验第二小学分别获评全国流动人口健康促进示范企业、示范学校称号。创新和完善各项计划生育利益导向政策，全年发放各类计划生育奖励扶助资金约2000万元，惠及2.7万人，资格确认率和资金到位率均100%。《中国人口报》头版相继刊登《望城区计生协会惠民服务亮点纷呈》《望城区“四部曲”情暖计生特殊家庭》《湖南长沙市望城区推进流动人口健康促进“十百千万”工程》经验推荐文章，专题报道推介望城的计生优质服务、特殊家庭帮扶、流动人口管理等方面工作做法。

【健康扶贫工作获各级媒体宣传推介】 推进贫困人口基本医疗、大病救治、健康管理全覆盖，在精准调查、精准投入、精准保障、精准宣传、精准建设等方面重点着力，出台《长沙市望城区健康扶贫暖心服务活动实施方案》，落实“三个一批”、大病集中救治和先诊疗后付费政策，对农村贫困人口43种大病、特殊慢性病、长期慢性病门诊医疗费用予以补助，贫困人口区域内住院报销比例90%。2018年4月7日，《中国人口报》头版刊登报道《望城区完善贫困人口健康监护机制》，5月15日《大众卫生报》头版刊登报道《长沙市望城区：“三个覆盖”拔掉致贫病根》，5月29日《新湖南》刊登报道《酷暑将至，望城医疗保健箱助贫困户健康过三伏天》等经验文章。望城的健康扶贫工作得到市委高度肯定，长沙市委办公厅主办的《长沙要情》2018年5月9日作题为《望城区三个全覆盖扎实推进健康扶贫》推介报道。

【湖南省中医药健康养生文化三湘行公益活动走进望城】 10月27日，湖南省老科学技术工作者协会、湖南省湖湘文化交流协会、湖南中医药大学、长沙市望城区人民政府联合主办，湖南省湖湘文化交流协会中医药与养生分会、湖南省中医药和中西医结合分会、望城区卫计局、望城区老科学技术工作者协会、望城区湖湘文化交流协会共同承办的湖南省中医药健康养生文化三湘行公益活动走进望城启动仪式在长沙市望城区行政中心雷锋大剧院举行。启动仪式由望城区人民政府副区长苏敏芳主持，区委常委、宣传部部长姚建刚向与会人员介绍望城区中医事业发展的基本情况。湖南省人民政府原副省长唐之享、国家级名中医熊继柏、湖南中医药大学副校长葛金文和湖南省湖湘文化交流协会会长阳盛海、原湖南省卫生厅厅长刘家望等参加启动仪式。启动仪式后以湖南省中医药大学附属医院、湖南中医药研究院附属医院主的长沙市内多家医院的中医药专家教授领衔组队的多个义诊宣讲小分队以义诊赠药、中医药健康讲座多种形式，开展公益活动。原湖南省卫生厅老厅长刘家望以《健康长寿靠自己》为题，以切身体会，从心理平衡、合理膳食、适量运动、戒烟限酒几个健康重要因素方面通俗易懂的为望城居民作一场生动的健康教育讲座；医学博士、中美双博士，副主任医师，硕士生导师谢雪姣讲述《睡眠养生及失眠防治》；湖南中医药大学教授，中医学博士、博士后，主任医师，硕士研究生导师肖碧跃讲授《中医对“三高”的认识和防治》；医学硕士，湖南省针灸学会湖湘针灸科普大讲堂讲师罗坚讲授《中医疼痛痹症的针灸外治逻辑与方法》。义诊现场，各知名专家教授领队的义诊小分队（每队成员3~5名医生）分别接待不同需求的居民患者。擅长各种疑难杂症的国医大师熊继柏教授以高超的技术赢得患者的敬爱。到场专家教授的细心问诊，让每一位受众感受到中医药文化的魅力与和谐的医患氛围。三湘行公益活动旨在以精准义诊、精准宣教、和精准帮扶基层适宜技术的方式，推进中医药普及发展，促进建设一批中医药健康养生示范（镇）村，在全省形成“信中医、爱中医、用中医”的浓厚群众氛围。将通过本次活动把老百姓最关心、最需要的基本健康需求和中医药适宜技术送到群众身边去，让中华民族五千年的中医药文化造福农村、造福百姓，造福全社会，让中医药健康养生保健知识的种子在广大乡村落地生根，结出硕果，为乡村振兴贡献力量。活动从望城开始，在至少为期5年的时间，推送到湖南全省三湘四水的每一个县每一个乡镇，掀起广大群众热爱中医药文化、学习中医知识的高潮，并影响更多的中医药专家走进社区、走进乡村，奉献爱心、传扬中医药文化。

区人民医院

【概况】 区人民医院是一所集医疗保健、科研教学于一体的综合性二级甲等医院、爱婴医院。是望城区的产科、儿科、“120”急救中心，是望城区的医疗、药学、医学影像、检验、护理等10个专科质控中心；是湖南省卒中中心联盟医院。

2018年医院开设内、外、妇、儿等临床医技科室25个，开设床位706张，有职工1014人，其中高级职称人员100人，正高6人，副高94人；有中级职称人员312人，博士1人，硕士20人，本科452人。2018年接待门诊、急诊312345人次，较上年增长9.1%；收治住院病人31554人次，同比增长6.9%；手术6644台次（含分院），同比增长23.5%；病床使用率85.2%（本部91.9%），出院者平均住院日6.9天，同比增长3.0%。

【医疗质量和医疗安全】 医疗安全和医疗质量是医院的立院之本，是医院的生命线。加强和规范处方点评、病历点评、临床路径管理、单病种付费管理及床位使用率管理。2018年完成临床路径管理病例12738份，占出院病人数的42%；重点突出临床医师考核，严格绩效管理，规范临床技术操作，不断提高基础理论和基本技能操作水平，培养和练就一支技术精湛、医德高尚的临床医疗队伍，确保医疗质量，保证医疗安全。落实各项核心制度，完善医疗质量控制体系，强化医疗服务质量管理，建立医疗质量持续改进机制。成立区级医疗质量控制中心，规范临床技术应用管理，完善限制性技术备案，组织学习医疗纠纷预防和处理条例，加强临床用血管理和“四个不合理”的整治。在护理方面：强化护理能力建设，提高护理服务水平，确保护理安全，全年组织6次12课时的业务培训，组织1次全区护理管理干部培训班；3—11月护理部创新操作培训模式，组织更贴近患者、更贴近临床的操作培训，取得满意效果。成立各专科小组。静疗小组组织安全输液、携手前行活动，规范静脉治疗，撰写2篇护理论文，并以竞赛的方式产生10名静疗能手；伤口小组开展HEAL培训项目，并在手术室开展压疮百日行动，让慢性伤口管理达到市级医院水平。强化护理服务，树立护理良好形象。邀请外院专家对医院护理队伍进行一次护理礼仪培训，成立14人的护理礼仪队伍，多次参加院内外的各项礼仪活动。

智慧医院自助挂号、缴费机

【推进公立医院改革】 实施公立医院运行机制改革。采取多种措施控制医药费用不合理增长，制定切实可行的多种举措，进一步规范药品、耗材招标采购，全年药占比控制在30%以下、耗材使用占比接近20%；推行抗菌药物科学化（AMS）管理体系，抗生素使用各项指标达到要求，基本药物使用率稳步增长，接近40%。积极推动优质医疗资源和卫生健康服务共享。以互惠互利为纽带，建立多种形式的医疗联合体：先后与多家医院签订医疗联盟协议，与中南大学湘雅三医院建立紧密型医联体合作关系，开展学科共建和远程医疗工作，实施多次疑难病例会诊；与全区15家乡镇卫生院及社区卫生服务中心牵手授牌、推行“三固定”的帮扶模式，建立6个紧密型医联体，落实“7项医联新举措”；指导各单位6S精益管理，专家下乡镇（街道）基层帮扶364次、提供免费培训30余人次、组织业务大查房180次、义诊、健教等活动50次；医联单位门急诊、住院人次年增长幅度10%以上；病人满意度90%以上。落实健康扶贫政策。实施“一站式”结算，实行“先诊疗，后付费”，实现住院双向转诊、大病、特殊慢性疾病、长期慢性病疾病门诊救助、住院费用兜底报销等，在门诊、住院收费大厅窗口等醒目位置设置健康扶贫政策宣传栏，在医院网站、院区各显示屏进行滚动宣传健康扶贫医疗救助各类优惠政策，力求做到扶贫对象明明白白就医；加大医保惠民政策的社区宣传力度，全年发放宣传资料2000多份，利用网络平台宣传相关工作20余次。

【基础设施建设】 加强医院法制建设。培育医护人员的法制意识，严格按照医院要求规范作业，在“自律”上做文章，在“规范”上下功夫，把医德医风作为生命线来抓，增强全院医务工作者的法律意识，提高执业的自觉性和主动性。积极推进医院整体搬迁项目建设。成立医院整体迁建筹备工作领导小组，配合相关部门做好整体迁建前期的土地规划、建筑设计等工作。征拆工作进入扫尾阶段，完成立项、蓝线规划、节能评估、控规调整、选址意见、规划条件、规划批复、可研审查、初步设计审查、环评审查等工作。强化科学决策机制。健全医院党委会、院长办公会等议事决策流程，明确各自决策事项和范围，同时强化医疗质量安全管理、药事管理委员会等专业委员会职能职责，充分发挥专家作用，为专业性、技术性强的决策事项提供技术咨询和可行性论证。完善绩效考核制度。引进绩效考核系统，以知识价值为导向，对不同岗位、不同职级人员进行分类考核，考核结果与岗位聘用、职称评定、个人薪酬等挂钩，进一步调动医务人员的积极性。全面推行6S精益管理。经过全院干部职工88天的同甘共苦、不懈奋斗，打造面积34353.2平方米，39个部门科室全部验收合格，医院环境明显改善，职工的服务意识进一步增强，患者满意度明显提升。全面推进“智慧医院”建设，新增自助挂号缴费、胶片自助打印、网上预约挂号、微信自助缴费等服务，简化挂号流程，进一步提高群众的就医体验。优化医院现有资源。调整优化健康管理中心、中药房、门诊诊室、党建活动室等的功能布局，增设综合内科（内五科），缓解内科病人住院难的问题。

【学科和人才队伍建设】 按照三级医院医疗质量管理标准和学科建设要求，1个急危重症救治体系、2个急救中心、3个重点科室的学科发展规模已初具雏形。2018年成功加入湖南省胸痛中心联盟、湖南省卒中中心联盟，通过长沙市卒中地图医院的评估。积极引进新技术新项目。内一科成立体外反搏中心；内二科开展肺功能检查、经鼻高流量氧疗、快速血酮检测、新一代胰岛素泵治疗糖尿病等；内三科开展色素内镜技术、放大内镜技术、内镜下黏膜剥离术等早癌的诊断和治疗技术；神经内科开展急性脑梗死静脉溶栓术；康复科开展经络火疗、平衡针灸、穴位埋线等康复治疗；重症医学科开展纤支镜辅助直视下气管切开技术、彩超引导下锁骨下静脉置管技术、床旁彩超心输出量测定技术、俯卧位通气技术、连续动态 CVP 监测技术、腹内压监测技术、支气管肺泡灌洗技术；外一科开展腰椎 PVP 及椎间孔镜手术；外二科开展乳腺微创手术；外三科开展腹腔镜下肝叶切除、脾切除、结肠癌根治术、ERCP 治疗胆管疾病、经脾肝胆囊穿刺造口术；神经外科开展颅内肿瘤及椎管内肿瘤的显微手术；麻醉科开展微创腰麻、将超声技术应用于围麻醉期。妇产科自制球囊用于计划分娩引产促宫颈成熟，降低剖宫产率。积极引进、培养人才。根据迁建后三级医院建设人才储备需求，2018 年，调入编内医师 1 名，聘用医师 17 名、护士 20 名；晋升正高级职称 1 人，副高职称 7 人；34 人在上级医院进修学习；400 多人参加国家、省市学术活动和继续教育短期学习班；20 多位医务人员完成本科继续再教育；上级医院到医院进行授课、查房、大会诊、坐诊约 100 次；承办区级学术活动 5 次，组织院内学术活动20多次。促进中医药事业发展。设立中医药文化健康知识角、组织中医义诊活动、筹备中药资源的普查，积极参加上级组织的中医药文化活动并获得个人一等奖。提升院前急救能力。2018 年，120 急救中心共接诊患者 8407 人次，院前现场急救 90 余人次，接送“三无人员、特困户、精准扶贫户”150 余人次，政府医疗保障用车 192 天，大型医疗保障 11 次。

【医院文化建设】 通过 6S 精益管理的打造，全院各科建立具有学科特色的科徽科训，有力助推科室特色、科室品牌、科室文化的内涵建设。推行晨会制度，统一标准、统一流程，6S 专员定期督查、现场点评，通过近半年的推广，确保了政令畅通，建立出一个个高素养的专科团队，形成上下一盘棋的有效格局。开展丰富多彩的文体活动。开展“好家风、好媳妇之最美媳妇”评选活动、庆“五四”“话改革、颂辉煌”征文比赛活动、庆“六一”亲子读书评比活动、中国首届医生节“不忘初心，拥抱未来”庆祝活动、“赏古镇文化·享健康生活·传敬老家风”重阳节活动、以“强身健体、绳彩飞扬”为主题的冬季职工跳绳比赛等，同时积极参加上级工会组织的趣味运动会、排球赛、羽毛球赛等，丰富了职工的业余生活，舒缓工作压力，营造积极向上的文化氛围。开展志愿者服务。积极推行“志愿服务在医院”活动，实现全院 365 天无假日志愿服务。3—12 月医院职工累计志愿服务时长 4964.5 小时。暑期开展以“大手拉小手，志愿服务我先行”的社会志愿者招募活动，招募 140 名志愿者，累计爱心服务近 300 小时，服务内涵进一步提升。创新形式开展文化宣传。升级医院网站、加强公众号建设管理，每周定期将医院动态以“周资讯”的形式报道，资讯内容丰富多彩，全年发布专题 100 篇，一周资讯 31 期，关注人数 3499 人，点击量 195651 次，阅读人数 96466 人；微信公众号单项点击最高 1.1 万次；省、市、区媒体转载医院新闻报道 57 次，医院新风尚、新动态得到及时传递。

【举行“望城区人民医院医联体大会暨医联单位授牌仪式”】 为落实国家公立医院综合改革的重点，有效推进“双向转诊、分级诊疗”的中心任务。打造望城区“大病不出区、小病不出镇街”的有序医疗格局，促进健康望城建设。4 月 10 日下午，区人民医院举行以“共建共享共谋健康望城人口，同心同德同创造优质高效医联”为主题的“望城区人民医院医联体大会暨医联单位授牌仪式”。区人民医院制定个性化帮扶计划，定期、持续、系统的指导。重点落实帮扶指导的 7 项举措：“专家坐诊；专家手术指导；专家多学科会诊；专家健康讲座、协助健康体检；专家教学、质控培训；专家合理用药指；协助公共卫生及家庭医生签约服务工作”。探索做好住院患者的双向转诊工作，缓解一床难求的局面，并着力协助“群众满意乡镇卫生院”的打造。希望通过全区医联体的互联互通共享共治，建立“望城健康大数据”，成立区健康管理中心，分析评估区内疾病发生率、发病的年龄、性别情况。分析疾病谱的高发原因，针对发病情况制订干预计划。将医联体工作做到既有形式又有内涵，以求实效。

【医院自助终端机投入运行】 7 月 20 日，区人民医院自助服务机投入运行。自助服务机集发卡、挂号、门急诊住院缴费、化验单打印、费用查询等功能于一体，患者携带身份证通过一台机器就可以完成非就诊的全部环节。多功能智能机实现患者分流，缩短患者排队等候时间，缓解长期以来困扰门诊患者的“排队等候时间长”等问题，进一步优化就医流程，改善医患关系，节省人工成本，提高医院管理运行效率。截至 12 月 31 日，区人民医院引进自助终端机 12 台，分别置于门诊相关楼层、住院部、急诊以及健康管理中心。

【成功开展椎管内肿瘤摘除术】 3 月 23 日，区人民医院成功为患者周某施行“脊髓圆锥占位性病变切除 + 神经根管及椎管减压”手术。现年 66 岁的周某因反复腰痛 10 多年，再发加重伴左下肢疼痛麻木 2 周辗转到医院就诊，经神经外科胡继实主任会诊并经过详细检查，考虑“脊髓占位性病变（圆锥占位）”，有手术指征。经湘雅医院奚健教授会诊指导诊治后，由神经外科胡继实主任领导的手术团队经过 4 小时手术，为患者成功施行“后椎管探查：脊髓圆锥占位性病变切除、神经根管及椎管减压、硬膜外引流术”，术中在显微镜下切除脊髓圆锥处一 3 厘米 x2 厘米 x2 厘米的肿瘤物。术后经过医护人员的精心治疗恢复良好，康复出院。

【盆底与产后康复中心正式对外开放】 6 月 20 日，区人民医院盆底与产后康复中心正式对外开放。盆底与产后康复中心开设盆底检查室、盆底治疗室、产后康复室，引进国际盆底生物反馈治疗仪等先进的康复仪器，对子宫复旧、乳腺疏通、产后形体恢复、产后疲劳恢复、产后尿潴留、尿失禁、雷火灸、盆底进行筛查与治疗。医院以 " 康复为主，预防优先 " 为理念，为产后女性提供咨询与指导产后康复方案及全程恢复治疗。

【肺功能室投入使用】 7 月，区人民医院引进的英国 BTL-08Spiro 肺功能仪投入使用，为患者进行肺通气功能检查、支气管舒张试验、支气管激发试验。肺功能检查是呼吸系统疾病临床诊断、严重度评估和疗效评价等最重要的检查项目之一，是慢性阻塞性肺疾病、支气管哮喘等慢性气道疾病诊断的金标准，常被应用于内科的临床诊断、治疗和外科的手术风险评估。可诊断气道阻塞的部位，评估肺功能损害的性质与程度，辅助指导临床用药，预测手术风险和术后恢复能力，肺功能检查在临床治疗上具有非常重要的实用意义。

（周　硕）

疾病预防控制

【概况】 2018 年，区疾控中心设办公室、后勤保障科、财务科、传染病预防与控制、艾滋病与性病预防控制科、卫生监测与体检科、劳动卫生 / 学校卫生与职业病预防控制科、公共卫生健康危害因素控制科、免疫规划科、结核病预防控制科、检验科、卫生应急及质量控制科、诊疗服务科和慢性非传染性疾病预防控制科 13 个科室。有在职在编职工 62 人，临时聘用人员 13 人，其中副高级职称 4 人，中级职称 24 人。

【卫生应急】 建立三级防控网络，完善各类应急预案。成立 5 个疫情处置机动队、1 个后勤保障组、1 个检验组，保障 24 小时常态值班和预警事件的及时出动。全年采购救灾防病药械 9 万元，应急装备达到三级防护标准，药械齐全，出入库台账明晰。建立风险排查机制，开展风险排查（督查）2 次。全年处置卫生应急事件 16 起，其中一般性突发公共卫生事件 3 起，其他未分级事件 13 起，应急事件处置及时、规范，无二代及死亡病例发生。派 10 人次参加区政府组织的抗洪救灾模拟演习，派 11 人参加市级中东呼吸综合征应急演练。组织一期“望城区 2018 年卫生应急职业中毒处置模拟演练”，提升全区卫生应急处置能力。

【数字化预防接种门诊建设】 全面落实《关于印发长沙市疾病预防控制创新项目实施方案（2017—2019）的通知》精神，根据预防接种门诊硬软件现状，按标准统筹规划，分步实施数字化预防接种门诊项目建设。完成星城卫生院、乌山街道社区卫生服务中心、月亮岛街道社区卫生服务中心数字化预防接种门诊项目建设。

【传染病防控】 加强人禽流感、霍乱、狂犬病、手足口病、艾滋病、结核病、疟疾等重点疾病的预防控制，采取有效控制措施，防止传染病的暴发流行。全年区内医疗保健机构传染病疫情和死亡病例漏报调查覆盖率 100%。全年累计报告乙类法定传染病 13 种 1648 例，总发病率 285.35/10 万，无甲类传染病报告，疫情趋势总体平稳。

【儿童免疫规划】 全区接种一、二类疫苗 34.7 万针剂次，建证建卡率 100%；一类疫苗接种率均达到 95%，基础疫苗、加强疫苗均达标。开展疫苗相对传染病监测。报告 26 例麻疹疑似疫情，血清学检测率 100%，排除病人 24 例；报告 2 例 AFP 病例；无 15 岁以下乙型肝炎病例报告、无新生儿破伤风、流脑、乙脑等病例报告。调查处置 44 起疑似预防接种异常反应，无严重 AEFI 报告，处理预防接种信访事件 8 起，有效应对长春长生狂犬病疫苗事件，无投诉纠纷信访舆情事件发生。

2018 年春季传染病督察

【慢性非传染性疾病管理】 慢性非传染性疾病监测工作取得较大突破，肿瘤报告病例955例，死亡病例报告723例，获评“省肿瘤登记工作优秀奖”，数据首次被《中国肿瘤登记年报》收录。进一步加强慢性非传染性疾病病人的管理，高血压病规范管理率76%，血压控制率74%，糖尿病规范管理率72%，血糖控制率71%。加强老年人健康管理及中医药健康管理，为65岁以上老年人建立健康档案5.23万人，免费体检3.59万人，体检率68%。中医体质辨识完成率49%。加大严重精神障碍患者管理工作力度，登记严重精神障碍患者2595名，报告患病率4.5‰，规范管理率96.62%，患者服药率93.77%。

【疾病防控能力建设】 招聘专业人才，开展各类培训。引进3名全日制本科专业技术人才，为中心注入新的活力。组织人员参加省、市级业务培训42期120人次，组织自训20期240人次，组织基层卫生单位开展区级业务培训及指导28期962人次。开展“精神卫生”“肿瘤防控”2期职业技能竞赛活动。先后选派40人次到上级业务部门跟班学习、现场观摩。选送1名技术骨干参加省流行病学高级研修班脱产学习1年。启动中心业务用房新建项目，启动中心业务用房新建项目，全面提升实验室检验检测水平,为县级疾控中心等级评审达标、职业健康监护等核心能力打下坚实基础。积极参加实验能力验证，提高技术能力，参加省级能力验证活动3次，均获得优秀。完成公共场所、生活饮用水、外环境、食品、医疗器械、突发事件、疟疾、禽流感、艾滋病等各类检测7088份，为疾病预防控制工作提供科学依据。

【获评全省肿瘤登记工作优秀奖】 12月21日，区疾病预防控制中心获评2018年度湖南省肿瘤登记工作优秀奖。望城自2012年开展肿瘤登记工作以来，区委、区政府高度重视，出台一系列政策及措施，推动全区肿瘤防治工作快速发展；区卫生与计划生育局成立肿瘤防治领导小组，建立并完善肿瘤登记三级网络。区疾病预防控制中心加强数据管理，设立62项数据信息的Excel表格肿瘤数据库，建立肿瘤登记月报制度。设肿瘤登记处19个，覆盖全区57万人口，较为全面地掌握望城的癌症发病、死亡、生存状况及发展趋势；坚持培训到位、报告到位，确保确诊病例不漏报、不误报。全区肿瘤登记步入常态化，肿瘤登记数据各项质量控制均达到国家统计指标，纳入湖南省肿瘤年报，并被《中国肿瘤登记年报》收录。

【开展职业中毒应急处置模拟演练】 11月22—23日，由区卫生与计划生育局举办、区疾病预防控制中心承办的卫生应急职业中毒处置模拟演练在千龙湖举行。区卫生与计划生育局、区疾病预防控制中心、各镇（街）卫生院（社区卫生服务中心）的卫生应急机动队员和相关专业技术人员153人参加演练。活动分为集中训练、理论知识培训和现场处置演练阶段，旨在加强队伍建设，提高实战技能和整体协同作战能力。集中训练分6个小组依次进行卫生应急职业中毒处置模拟演练，对在有毒环境下的个人防护、职业中毒环境应急监测进行模拟演练，演练过程中，队员个人防护装备齐整，操作规范，监测设备操作熟练，监测布点正确，动作迅捷，测量数据精确，具备现场应急监测能力。演练活动达到将理论联系实践、以演促教、锻炼队伍和提升实战能力的目的。

【开展“4·25全国儿童预防接种日”主题宣传活动】 4月24日，区卫生与计划生育局、区疾病预防控制中心区在桥驿镇洪家村开展以“预防接种，守护生命”为主题的全国儿童预防接种日宣传活动，桥驿镇政府、桥驿中心卫生院、洪家村村委、桥驿镇童心幼儿园、桥驿镇博才幼儿园等单位的干部职工、老师、家长、儿童参加活动。活动通过咨询答疑、免费义诊、预防接种知识家长课堂、发放资料、摆放展板、悬挂条幅、文艺会演、查漏补种、有奖答题等方式，对前来参加活动的儿童家长就为什么要接种疫苗、疫苗的分类、接种疫苗后的注意事项及国家免疫规划政策等知识进行全方位宣传。活动现场发放预防接种宣传折页2000余张，悬挂横幅2条，查验预防接种100余本，接受健康咨询300余人次。

（曾　理）

卫生计生综合监督执法局

【概况】 2018年，长沙市望城区卫生计生综合监督执法局设办公室、医疗卫生监督科、计划生育和传染病监督科、学校卫生监督科、公共卫生监督科5个科室。全区有监管对象1970家，其中公共场所1095家，供水单位93家，学校125所，托幼机构155家，医疗机构490家，职业卫生技术服务机构1家，餐饮具集中消毒服务单位11家。

全年受理公共场所、供水单位、放射诊疗卫生许可申请297件，发放许可266件。按一般程序立案处罚65起（其中公共场所8起、生活饮用水4起、消毒产品5起、传染病防治10起、医疗卫生24起、食品安全1起、母婴保健1起、计划生育3起、学校卫生3起、放射卫生6起），结案61起，罚款25.01万元；按简易程序立案查处174起。受理投诉举报31起，其中医疗16起、传染病1起、母婴保健1起、公共场所7起、生活饮用水6起，均按时办结与反馈，行政处罚案卷获评市卫监局一等奖，3份行政处罚案卷获评市级优秀。

【创建国家食品安全示范城市和全国文明城市】 重点监管农村集中式供水单位。望城是长沙市唯一纳入洞庭湖生态环境专项整治三年行动计划考核对象的县市区，区卫生计生综合监督执法局每月对全区10家集中式供水单位开展“一江七河两湖库”水质监督监测，针对发现的问题，及时下达整改意见，并通报区水务局。对于农村饮用水工程中的洪家洲水厂和苏蓼水厂水质检测不合格问题，报请区政府召开专题会议研究，进行提质改造。针对隐患较大的桥驿镇雨潭岭移民安全饮水工程，提请水务局纳入农村安全饮水安全工程进行改造，或接驳市政供水管网，确保群众饮水安全。全面摸排二次供水单位。对93家二次供水单位的卫生监督全覆盖；与住建、水务、自来水公司对接，全面核查主城区老旧小区二次供水情况。参与水安全专题询问，回应社会对二次供水及学校直饮水关切问题。加强餐饮具集中消毒服务单位监管。完善全区11家餐饮具集中消毒单位信用档案，督促建立自查制度、落实生产过程质量控制措施。开展集中消毒餐具卫生监督抽检199批次，合格196批次。抽检结果在政府网站上公示，同时，将抽检不合格的单位及时通报区食安办，并责令加强消毒管理。环城达消毒服务有限公司作为长沙市4个考核点之一，通过市食安示范城市创建的省检考核。强化公共场所卫生监督。在主城区开展公共场所信息牌公示，提升公共场所“两证”持证率。联合区疾控中心对128家公共场所经营单位开展国家双随机监督抽检。全面推行公共场所量化分级，对1016家公共场所经营单位进行卫生信誉等级评定。

2018年4月13日，卫监局在区人民医院开展污水处理检查

【医疗行业执业监管】 日常巡查重点化。完成490家医疗机构依法执业巡查，组织镇街执法人员和协管员收集并核查涉嫌非法行医线索25条。专项整治精准化。传染病防控方面，开展“保卫蓝天·整治医疗废物废水”、医疗废水处理系统运营情况等专项检查，给予当场行政处罚12起，立案7起；在长沙医学院结核病聚集性疫情应急处置中，对确诊结核病的学校及医疗机构开展定向追踪，开展医疗机构传染病防治分类监督、综合评价，协同疾控开展二级以上、5%未定级机构监督抽检。对35家生活美容机构开展打击非法医疗美容专项行动；针对全区唯一一家医疗美容机构接连不断的相关投诉，进行立案查处，并持续跟进。重点清查口腔科出租和技师无证行医等问题，并结合医疗机构校验，全面清查不规范执业的口腔诊疗机构。开展中医医疗机构、母婴保健、精麻药品、预防接种、病原微生物实验室等专项检查。问题反馈常态化。组织召开医疗机构依法执业工作会、病原微生物实验室生物安全工作会，通报医疗机构在放射诊疗、口腔、母婴保健技术、医废、病原微生物实验室等方面的突出问题，要求医疗机构认真落实依法执业主体责任。

【学校卫生监管】 联合区教育局、区疾控中心组织开展学校传染病防控培训及专项检查。对全区280家学校开展春秋两季卫生监督专项检查，对学校教室环境质量、黑板设置不符合标准的给予警告10起。“三考”（高考、中考和学业水平考试）期间，派出执法人员进驻考点，确保广大考生饮用水安全。针对学校饮用水、传染病防控、医疗安全等方面存在的问题，函告教育局，建议教育局督促校方落实相关工作；同时，向区政府报告，努力争取政府重视与支持。在区人大调研水安全活动中，向人大反映工作开展情况和学校饮用水存在的问题。为加强学校分质供水卫生管理，函告区教育局分质供水的申请主体、条件等，同时约谈第三方水杯子公司。联合区疾控，在长沙医学院开展预防艾滋病宣传活动，被“湖南教育”网宣传推介。

【推进卫生计生综合监督执法体系建设】 2018年2月11日，联合区编办、区财政局、区人社局下发《关于进一步加强卫生计生综合监督行政执法工作的实施意见》（望卫政发〔2018〕11号），要求建立区、街（镇）、村（社区）三级卫生计生综合监督行政执法机构和队伍，明确机构职能、确定人员编制、规范业务工作。全区14个镇街（另加托管的雷锋、白马街道）均加挂卫生计生综合监督所的牌子，每镇街配备2名人员。4月3日，组织召开区、镇街两级卫监体系及信息化建设推进会，开展业务知识授课，提升基层监督执法能力和水平。区级监督员充分发挥“传帮带”作用，帮助街镇执法人员尽快熟悉相关业务知识。为区局和14个镇街配备执法终端信息设备，制定《执法终端使用管理规定》《行政执法全过程记录制度》，明确执法终端的使用和管理，执法设备记录的方式、内容、保存等事项。执法人员通过使用执法记录仪、测试APP执法平台、简易文书打印等方式，逐步实现执法信息化。

【学校卫生执法经验在全省学校与公共场所卫生执法工作推进会上进行经验交流】 3月16日，湖南省卫生计生综合监督局在长沙召开全省学校与公共场所卫生执法工作推进会，望城作为长沙市唯一市县区代表，在会上就学校卫生执法工作进行经验交流。近几年来，区卫生计生综合监督执法局采取联防联控、齐抓共管、多措并举等方式，结合学校卫生综合评价、“双随机”国家监督抽查要求、“食品安全护苗行动”，进一步加强辖区内学校传染病防控、饮用水卫生、教学环境卫生等各项监督管理，有效保障师生身心健康。

妇幼保健

【概况】 2018年，区妇幼保健计划生育服务中心主要开设妇、产、儿科门诊，妇产科住院部（以产科为主）、医技、药剂、妇女保健科、儿童保健科等科室。有工作人员122人，其中在编人员65人，临聘人员57人。在职在岗人员中正高职称1人，副高职称6人，中级职称26人，初级职称67人；医药卫技人员100人，占81.9%，开设床位45张，全年业务收入约1800万元，接诊门诊病人5.7万余人次，住院人次1400余人次，年分娩量1100人。

【稳步推进妇幼健康服务工作】 通过重点落实高危人群管理、畅通急救绿色通道、完善孕产妇评审和新生儿死亡评审流程、降低剖宫产率、加强新生儿窒息复苏培训等有效措施，切实控制孕产妇死亡和5岁以下儿童死亡。2018年，全区孕产妇死亡率为13.2/10万，5岁以下儿童死亡率5.30‰，新生儿死亡率1.82‰，婴儿死亡率3.65‰，均较好的控制在上级标准以内。妇幼健康服务其他各项指标率均达上级要求标准。

【全面推进民生工程项目】 2018年全区开展宫颈癌检查及乳腺癌检查各1.54万例，其中确诊宫颈癌2人，确诊乳腺癌5人，均已进行手术及相关治疗。新筛、听筛机构筛查率分别为97.2%、97.5%，耳聋基因等检测均达上级要求。全区有5521名孕产妇享受免费产前筛查服务，全区目标人群覆盖率116.4%，免费孕妇外周血胎儿游离DNA筛查项目任务数3720人，年底完成5503人。免费孕前优生检测目前完成4218对，超额完成任务。

【加强重大公共卫生服务项目工作】 对婚孕检服务对象进行孕前保健知识、优生优育指导，免费发放叶酸片，提高目标人群增补叶酸知晓率和叶酸服用率；进一步规范叶酸发放流程，落实区、街道、社区多种发放途经，全区孕妇叶酸增补叶酸率96.5 %，依从率为94.4%。孕产妇艾滋病孕期检测率99.7%，梅毒孕期筛查率99.7%，乙肝孕期筛查率99.7%；艾梅乙项目孕早中期检测率均为96.8%；“一站式”婚孕检中心迁至新址，环境整洁，服务质量得到稳步提高，2018年免费婚前医学检查率82.73%。孕前优生检测及信息化建设工作继续居全省前列。

【健康教育】 2018年7月12日，与麓山国际实验中学联合开展“青春之夏、生命之光”主题健康教育活动，提高青少年的互救自救能力，预防和降低青少年群体的意外伤害事件，星辰在线等多家媒体对活动进行报道。在多家学校、社区等人流集中地，开展“世界母乳喂养周”“世界艾滋病日”等不同形式的大型健康教育活动共15场次，受益人群5万余人，发放宣传手册、光盘、折页、打印文稿15万余份。

【临床医疗业务】 强化业务管理，优化服务质量。实行服务质量（即群众满意度测评）及绩效目标管理，年初制定总体目标任务，努力拓宽服务领域，坚持以临床、以服务对象为中心，为技术服务提供重要保障，各科室积极配合，同心协力做好服务工作，努力拓展各类临床、四维彩超、检验等技术服务新项目，2018年4月，望城区产筛中心通过省市首批验收。服务对象的满意度95%以上。加强队伍培养，提高整体服务能力。为提高妇幼保健工作的服务能力和医疗水平，着重加强队伍建设。安排10余人赴省、市妇幼保健院进修深造，同时选派多名工作人员到湘雅医院及省市内多家医疗单位进行业务培训，提高技术人员服务水平和服务质量。加强对医疗人员的业务培训工作，每季度组织医务人员培训、学习，全年共培训40余次，定期考试15次，合格率达到90%以上，人员听课率达到95%。另外，每季度举行“三基”业务考试，内容涵盖临床、影像、检验、药学、公卫等多个科目，提高业务人员的整体素质，取得不菲的成绩。在2018望城区卫计系统劳动技能竞赛中，获临床医疗类团体一等奖，儿科谢先锋获个人一等奖，妇产科李丰艳、杨慧获个人二等奖。多人获评首届医师节长沙市好医生、望城区好医师荣誉称号，中心妇产科获评长沙市“巾帼文明岗”。加强各类硬件软件建设，改善服务条件。积极响应上级号召，在全院全面推行6S精益管理，通过全院职工精心打造，院容院貌焕然一新，1月21日全票通过区卫计局专家验收。完成院内信息化系统升级改造，全区两癌信息化平台市级试点工作及微信平台预约挂号等多项便民工作也在逐步完善中，中心的服务环境进一步得到提升。

（张　开）

血吸虫病防治

【概况】 2018年，区血吸虫病防治站设预防科、宣教科、医疗门诊科、办公室、财务科5个科室。有在职在编人员26人。血吸虫病疫区覆盖大泽湖、白沙洲、高塘岭、乌山、靖港、乔口、铜官、茶亭8个乡镇（街道）20个行政村（社区），疫区总人口约7.8万人。全区有钉螺面积358.95万平方米。2008年以来，无本地居民、牲畜感染血吸虫病，未发现阳性钉螺，连续12年无急性血吸虫病病例。2018年获评湘鄂赣皖苏五省“送瘟神”60周年宣传工作先进集体。

【查螺、灭螺、灭蚴】 2018年系统抽样调查钉螺面积624.51万平方米，总查螺14997框，未发现钉螺，环境抽样调查1017.79万平方米，查螺3365框，未发现钉螺。4月，联合湘阴县城南血吸虫病防治站对望城区茶亭镇苏蓼村的泥洲子和湘阴县樟树港镇的白梅洲外滩进行同步灭螺，联合灭螺。全年药物灭螺总面积220万平方米，投放氯销柳胺药物4400千克。6—7月，组织对洪家洲、新康社区湘江外滩等重点地带水体药物灭蚴98万平方米。10月对湘江沩水河闸至岳临高速桥河堤外洲滩实施翻耕垦种环改灭螺，环改灭螺面积17.74万平方米

【疫区人群查病】 在感染季节后的10月、11月，组织区人民医院、疫区街道社区卫生服务中心（乡镇卫生院）、村卫生室对腾飞村、黄田村、裕龙村、高塘社区、胜利村、八曲河村、柳林江村、大龙村、东城社区、苏蓼村10个疫区村的陆上居民进行血吸虫病检查。5—11月对各疫区的居民、航运、水利及湘江望城段重点工程建设水上作业人员、下水人员进行登记和病情调查。在区人民医院、乔口镇卫生院和茶亭镇东城卫生院设立固定监测点，对流动人员进行血吸虫病筛查。全年查病5111人次，未发现居民血检阳性及粪检阳性者。4月，在疫区乡镇开展以“不忘初心送瘟神，科学防治谱新篇”为主题的血防宣传月活动，增强疫区居民血防意识。

【急性血吸虫病感染防控】 加强组织领导。成立区急性血吸虫病感染防控工作领导小组，层层落实急性血吸虫病感染防控应急处理预案，强化责任、严防死守。完善应急装备。应急配备灭螺机5台，氯硝柳胺灭螺药物6.36吨，吡喹酮化疗药物3000片，防护膏1500支，防护套鞋30双，宣传资料3.5万份。开展巡查。在苏蓼村、柳林江村、谭洲社区、芦江社区等重点疫区地段设立哨卡，聘请血防巡查员，进行劝阻和教育。加强对湘江水上作业人员防治工作。重点加强外来传染源的输入和对湘江望城段渔船民及水上作业人员的监测，全年摸底排查下水人员。对疫区村医生、血防专干、血防学校老师进行血防业务知识培训班，提高基层血防队伍应急反应能力。严格执行急性血吸虫病感染防控值班制度、周报和零报告制度，定期对各疫区村、哨卡、疫区学校进行急性血吸虫病感染防控工作督导。完成国家监测点工作。按照全国监测方案内容和要求，对茶亭镇苏蓼村国家监测点开展螺情、病情监测工作，螺情监测179.82万平方米，病情监测血检603人，粪检10人，未查到钉螺孳生，无血吸虫病新感染病例。

【机构能力建设】 为整合卫生资源，方便服务群众，根据区人民政府批示，血防站将整体搬迁至区疾病预防控制中心四楼办公，对机构房屋和监测实验室进行改扩建、添置部分仪器设备，办公楼改扩建工程已竣工验收，监测实验室已进入验收评审阶段。

【获评湘鄂赣皖苏五省“送瘟神”60周年宣传工作先进集体】 12月17日，区血吸虫病防治站获评湘鄂赣皖苏五省“送瘟神”60周年宣传工作先进集体。4月，区血吸虫病防治站以纪念毛泽东《送瘟神》60周年为契机，开展多种形式的血防健康教育活动。制作血吸虫病科普宣传动画片，委托区电视台在急感高发期（6—10月）进行滚动播出；在茶亭镇和铜官街道开展《送瘟神》60周年为专题文艺会演宣传活动，

望城区与湘阴县联合灭螺

将血防健康教育宣传送进社区；在乔口学校开展血吸虫病防治知识抢答比赛、“送瘟神”诗二首读后感作文比赛，让血防健康教育宣传走进校园。活动中发放宣传资料3.64万份，油膏150支，纸杯4.4万个，桶子盆子680个。对沿河堤8所重点疫区中小学校学生发放给家长的一封信及保证书500份，血防教案8份，血防测试卷300份，血防告居民书1200份。开展专题宣传活动，提高疫区居民的血吸虫病防控意识，为望城实现消除血吸虫病目标奠定坚实的基础。

2018年3月，全区精神病患者巡检访视活动

【环改灭螺】 10月，投入28.4万元，启动面积为17.72万平方米的湘江沩水河闸至岳临高速桥河堤外滩翻耕垦种环改灭螺工程。工程采取机械清除杂草、灌木并搜扒芦苇根予以填埋，平整洲土、深翻土层40厘米以上、扎碎、扒平土坯后种上油菜，将有螺地带适宜钉螺生长的表层土质肥沃部分深埋，改变有螺地带环境状况，抑制钉螺生长。12月7日，工程通过竣工验收。环改灭螺工程实施后，该外滩查不到钉螺，达到切断血吸虫病传播途径的目的。

精神病医院

【概况】 区精神病医院为区属二级专科医院，承担全区精神疾患的管控防治及周边群众的基本医疗服务。2018年开设预防保健科、全科医疗科、内科、外科门诊、精神科、康复医学科、医学影像科、医学检验科、中医科，开设病床300张，有职工98人，其中卫生技术人员66人，有高级职称2人、中级职称5人、初级职称53人。2018年全区在管精神病人2590人，发放救助卡2190张；收治在床精神病患者300余床，其中流浪精神病人20余人次。

【规范医院管理】 通过创新改革和科学决策，加强医疗质量与医疗安全的管理，加强核心制度的完善和落实，注重医疗安全和质量管理，加强环节质控，提高医疗服务能力，医院管理理念和服务理念逐步提升。开展以整理、整顿、清洁、规范、素养、安全为主要内容的6S管理，提升医院形象，塑造医院文化，提高管理水平及安全文明服务水平，营造让患者有幸福感的医疗环境。稳步提升医疗质量。在建立健全医院管理的基础下，医疗及护理业务培训有序开展，大查房、质控定期开展，对疑难病例进行讨论分析，对住院病历定期检查分析，发现问题及时讨论处理，保证医疗文书书写质量。采取多种形式开展业务培训，不断提高各科室的专业技术能力。实行院科二级责任制，严格实行管理和操作规程，形成一套自主实用、规范高效、运转顺畅、监管有力的管理体系。

【医疗配套服务能力提升】 10月，预算成本867.89万元的食堂及附属工程启动建设，解决住院病友及职工近500人的就餐问题；征收原西湖粮店0.65公顷，总建筑面积8000平方米的门诊住院综合楼建设项目进入前期研究阶段，预计总投资5453万元；为给精神病患者住院提供良好的、安全的医疗环境，保障其生活需求，投入近30万元完善监控、空气能热水系统、全自动生化仪器、数字彩色超声诊断系统、便携式彩色多普勒超声系统等设施设备，医疗水平提升。在人才培养上采取“派出去、请进来”的方式进行人才培养，打造一支“留得住、用得上”的人才队伍。组织单位人员到郴州湘南学院、长沙医学院等专业技术学院招聘专业技术型人才；组织单位骨干到浏阳市精神病医院等专科医院学习管理、医疗业务及机构搭建的经验；与湖南省脑科医院保持医联体合作，与长沙市精神病医院开展对口帮扶合作，对疑难病例进行远程诊疗，定期开展业务培训；完成湖南警察学院实习学生指导工作。全年选送10余名医务人员到上级医院进修培训，招聘具有高级职称的卫生技术人才1人、中级职称1人、医护技人员4人。定期组织全院医务人员“三基”知识温故学习、“三基”考试和技能操作竞赛。开展慢性小脑电刺激术、经颅磁刺激术等新诊疗技术，结合基因检测，为患者制定个性化治疗方案，使患者得到更加高效、安全、准确的治疗。

【规范治管病人】 医院精神科现开设精神一科、精神二科，设精神病区5个，截至2018年11月底收治新病人 297 人次，其中流浪精神病人 20 人次。通过合法有效渠道成功将 35 名历年收治的流浪精神病人找到家属，送回到家人身边接受在家监督服药。应急处置 52 人次。综合科全年收治病人近 1000 人次。为让病人出院后更好地回归社会，医院安排专人负责文娱工作，在精神科病房和精神病人康复活动中心广泛开展丰富的文娱活动，组织丰富多彩的户外病友活动，为其社会功能的恢复提供基础。同时进一步完善精神病人免费药品发放程序，开展为期一个月的精神病患者巡检访视工作，确保将党的惠民政策落实到每一位需要帮助的弱势群体，通过全面排查、积极救治、准确采集信息、实时监测等方式，使精神障碍患者管理趋于系统化、精细化，最大限度控制精神病患者肇事肇祸事件的发生，维护社会和谐稳定。

【开展精神病患者巡检访视】 3 月，区精神病医院联合民政、公安及全区各医疗单位开展为期 1 个月的精神病患者巡检访视工作。对全区 16 个镇（街）精神障碍患者进行摸排，对发现的病人进行危险性评估和体格检查。全区摸排后在管精神病患者 2261 人（不包含雷锋和廖家坪）；危险性评估 1059 人次，其中三级及三级以上有肇事肇祸行为的精神障碍患者 25 人；体检 1048 人次，项目包括血常规、尿常规、肝肾功能、血糖、血脂、心电图、一般体格检查等；领药 1055 人次，上门随访 51 人，疑似病例诊断 37 人。在随诊的同时，工作人员对相关政策进行宣传，对患者及家属发放宣传资料并进行直面的健康教育。巡检访视活动为患者提供安全有效的救治平台，展现政府对精神病患者的关怀、关爱，最大限度减少精神病患者肇事肇祸事件的发生，维护社会和谐稳定。

【开展精神卫生日专题活动】 2018 年 10 月 10 日是第 27 个“世界精神卫生日”，主题是“健康心理，快乐人生”——关注儿童青少年心理健康。10 月 8—10 日，区精神病医院联合白箬中心卫生院、黄金卫生院、乌山街道社区卫生服务中心，开展以“关注儿童青少年心理健康、快乐心情、健康行为”为主题的大型义诊及健康宣教活动。活动由望城区精神病医院院长易志雄带队，组织医务人员 20 余人在现场对精神卫生、心理健康知识科普及政策进行宣讲和解读，引导公众正确认识精神心理问题，进行健康讲座和答疑咨询，义务进行心理健康咨询，受到群众的热情关注。参加活动的群众 400 余人，发放宣传资料 400 余份，现场咨询 60 余人次。通过多途径的宣传教育，让儿童青少年掌握精神卫生、心理健康相关知识，使家长、学校、社会了解儿童青少年心理特点，全社会共同维护和促进儿童青少年心理健康，拥有健康快乐的人生。

（易雅迪）

望城区心脑血管病专科医院

【概况】 2018 年，区心脑血管病专科医院设心电图室、超声科、彩超室、心血管超声速、检验室、生化室、康复室、理疗室、药剂科、普通门诊、专家门诊、办公室、财务科、医保科 14 个科室科室，有在职职工 50 人，有副主任医师 1 名（望城名医），中级职称 15 人，开放床位 62 床。2018 年，医院门诊量 12736 人次，住院病人 2165 人次，业务总收入 1128 万元。

【公立医院综合改革】 根据《长沙市城市公立医院综合改革试点实施方案》（长政办函〔2015〕157 号）等文件精神，医院从 2017 年 10 月 1 日正式实施公立医院改革，所有药品实行零利润销售。调整经营方式，增设中药房，促进民族中医药发展中药占比 15%。推进市、区医联体工作，与长沙市第四医院、湘雅附三医院建立专科联盟型的城市医疗联合体。

【特色专科建设】 根据医院病种群体的特殊性，制定完善医院特色专科发展规划，与附三、市四医院建设对口指导及双向转诊关系，发挥医院独有的体外反搏、脑动脉注射、穴位注射专科特色，安全、有效地服务于住院病友。全年为脑梗塞病人开展体外反搏 3400 余次、颈动脉穿刺 2000 余次，疗效明显，赢得患者满意和认可。

【服务能力建设】 采取人才外出培训、请专家讲座及自训相结合的方式，重点加强心血管内科、神经内科的能力建设。全年选派 60 人次参加全国各种培训学习，各科室开展自训 280 余次。开展无缝隙整体护理工作，严格落实“十八项核心制度”，严格执行“三查八对”工作。改进护理模式，实行精细化的护理分工，实行护士长领导下的责任组长制，住院病人的入院宣教、衣食起居、注意事项、床单位护理、服药检查全方位到位，患者满意度 95% 以上。

（朱颂尧）

教育

责任编辑 ◎ 任俊国

教育管理

【概况】 2018年，望城区教育局内设办公室、教育督导室、人事科、财务科、教育科、民幼科（加挂行政审批科牌子）、监审法规室、综治安全科、规建科、文明办、党建办11个科室，有群团组织区教育工会，下设区大中专毕业生就业指导中心（加挂学生资助管理中心牌子）、区招生委员会办公室、区教育信息中心（加挂区校车管理办公室牌子）、区青少年校外活动中心、区中小学教师发展中心、区教育后勤产业管理办公室6个二级机构。教育局机关在编在岗人员46名。全区有中小学校102所，其中普高5所、职业中专1所、初中22所、小学73所、教学点1个，在校中小学生近7.2万人；幼儿园154所，其中公办幼儿园33所，普惠性民办幼儿园92所，在园幼儿约2.6万人。有中小学在职教师4612人，其中在编教师3331人、编外合同制教师916人、校聘教师365人。2018年，全区教育事业呈现优质均衡发展的良好势头，创建为全国中小学校责任督学挂牌督导创新县（市、区），获评国家义务教育质量监测实施工作“县级优秀组织单位”；平安校园建设工作经验、中小学教师发展中心“转型发展”经验全省推介，“三区”支教等工作经验全市推介；相关工作被国家、省、市级媒体正面宣传报道百余次。

【强化党建引领】 强化学习教育。以“不忘初心，牢记使命”主题教育为重点，持续推进“两学一做”学习教育常态化制度化，通过理论中心组学习、党委书记讲专题党课、支部学习会、知识竞赛等方式，把学习宣传贯彻中共十九大精神与习近平新时代中国特色社会主义思想引向深入，切实提升教育系统党员干部政治理论水平和党性修养。强化组织建设。着力提升全区教育系统基层组织的组织力，相关工作经验在全区党务工作业务培训会上推介。成立民办教育党委，积极开展“两新”党组织“两争一创”活动，推进党的组织和工作全覆盖。广泛开展党员干部“四个一”工程，即联系一个学校（或班级）、牵手一名教师、帮扶一名困难学生（或留守儿童）、结对一名学生家长，先进经验在全区基层党建掠影中推介。扎实推进党支部“五化”建设和星级创建工作，全区教育系统所有党支部均达到星级标准。抓实党组织书记抓基层党建述职评议和考核工作，湖南教育电视台、湖南教育网等媒体进行报道。强化辐射带动。认真落实党建带工建、带团建、带妇建工作，切实增强工青妇组织的凝聚力，“党建带团建”工作被湖南教育电视台报道。15个先进集体在全市教育系统共产党员示范岗（班）评选活动中获得表彰。

【坚持立德树人】 扎实推进“雷锋精神引领品格教育”德育项目化建设，周锐弛同学获评湖南省第三届“最美孝心少年”，周锐驰、万艳芳、张佳林等学生获评长沙市“新时代好少年”。出台管理办法，建立承办机构推荐目录库，规范全区中小学生研学旅行活动。承办2018姚基金希望小学篮球季全国集训及联赛等重要活动，组织长郡月亮岛学校、星城实验小学等学校参加央视少儿频道《银河之声》节目录制，望城教育的美誉度进一步提升。教研教改不断深化。大力实施教育质量提升攻坚行动，坚持开展常规督查和专项督导，分片区开展教学视导活动；积极组织大教研组活动和校本教研活动，立项省级课题6项、市级课题8项、区级微课题99项，教育教学质量持续提升，中考一次性合格率较2017年提高4个百分点，高中学业水平考试一次性合格率跃居四县（市、区）第二名，高考二本及以上上线率较2017年提高7个百分点。特色办学扎实推进。大力推进“一区一特色、一校一品牌”的特色教育，东马小学获评“全国国防教育特色学校”，湖南第一师范学院斑马湖小学、砂子塘新世博学校、光明小学获评“湖南民族民间艺术普及与传承基地示范学校”，明德小学获评“湖南省语言文字规范化示范学校”，区一中获评“长沙市心理健康教育示范学校”，长郡月亮岛学校获评长沙市首批“创建儿童友好型试点学校”，新康中学、郭亮小学获评“长沙市特色学校”，师大附中星城实验学校创建为“长沙市两型示范单位”，明德中心小学创建为“长沙市两型创建单位”。2018年，全区有国家级特色学校14所。

【优化资源配置】 抓项目建设，办学条件持续改善。长郡斑马湖中学、周南望城学校、长郡月亮岛学校三小2018年秋季开学，新增中小学优质学位8000余个，有效缓解“大班额”问题，全区中小学起始年级大班额为0。新建、改扩建公办幼儿园3所，局直属幼儿园三润园等4所公办园开园，新增优质普惠学前教育学位1000余个。大力推进教育信息化建设，“校校通”实现100%、“班班通”98.9%。抓融合发展，优质资源不断扩充。引进长沙市一中、麓山国际实验学校、南雅中学合作办学，引进长沙市明德教育集团对望城六中等3所学校实施对口帮扶；优化基础教育集团化办学，5个中小学教育集团托管12所中小学校；成立9个幼教集团，结成12对帮扶对子，进一步扩大区域内优质教育资源覆盖面。抓热点难点，事业水平大幅提升。坚持学前教育公益普惠性质，加强普惠园的动态管理，新认定普惠园18所，取消2所，公办园和普惠园的占比为81.2%。探索解决“3点半难题”，在中岭小学、高塘岭实验小学、周南望城学校实施“快乐奋家”工程项目，着力解决城区低保户家庭子女和进城务工困难家庭子女“3点半难题”。推进职业学校现代学徒制试点，深化校企合作，区职业中专开设预备员工制班12个，企业满意度高。区职业中专创建为第三批“国家中等职业教育改革发展示范学校”抓学生资助，扶贫政策全面落实。持续推进教育精准扶贫工作，全年发放国家政策资助资金7569.54万元、区级教育扶贫政策资助资金约711.8万元，确保全区无一学生因贫失学。

【激发队伍活力】 师德建设切实加强。启动师德师风建设三年行动计划，出台中小学教师师德考核负面清单，召开全区师德师风建设工作推进会，与各学校（单位）签订《师德师风建设工作目标责任书》，组织广大教师签署《承诺书》。邹祝君、邹革文两位老师的先进事迹分别被《湖南日报》和湖南经视报道。开展师德师风专项整治活动3次、常规督查2次，严肃查处教师违纪违规案件。队伍结构持续优化。加大引进力度，公开招聘引进教师660名，与29名部属师范院校2019届湖南籍公费师范毕业生签订就业意向书。遴选区级以上学科带头人15人、优秀骨干教师70人、教学能手82人；新增名师工作室6个；表彰2018年“望城教育奖”先进集体2个、先进个人97名，充分发挥名优、骨干教师和优秀教师的典型示范作用。加强人才梯队建设，在全区教育系统公开遴选41名中小学校长后备人才，逐步建立完善人才储备长效管理机制。教师待遇大幅提高。2018年区财政保障一线教师奖补资金3900万元；2017年度教育督导奖发放标准提高到人均2.05万元；编外合同制教师工资待遇提高到人均8万元/年。扎实推进教师幸福工程，通过开展“园丁杯”“三球”（乒乓球、羽毛球、篮球）联赛、建设母婴室、打造模范职工之家、慰问绥宁支教教师、帮扶困难职工等活动，增强教师职业荣誉感和幸福感。师训模式不断创新。大力实施教师专业发展助力工程，打造“研赛培”区级教师培训新模式和新聘教师双导师培养模式，年培训教师4857人次，教师整体水平大幅提升，在省、市教学竞赛中，7名教师获省一等奖，16人获市一等奖。

【提升服务效能】 党风廉政建设纵深发展。进一步压实“两个责任”，成立局党委巡查组，对6个学校（单位）进行全面巡查，共走访师生619人、家长124人、群众66人，查处举报件7起；组织区教育局局务会成员、党员、中小学校长、书记到湖南省反腐倡廉警示教育基地接受警示教育；运用监督执纪“四种形态”，支持派驻纪检监察组全面履职，强化廉政监督，进一步营造风清气正的教书育人环境。依法治教工作强力推进。在全区各中小学校设立法律顾问工作室和校园法律服务站，以政府购买服务的形式为中小学校聘请法律顾问团；为101所中小学校聘请法制副校长，实现全区中小学校法律服务全覆盖。大力推进无证办学和违规办学专项治理，排查无证机构142家，取缔关停87家，审批发证55家，整治率100%。扎实推进城镇小区配套幼儿园建设和移交工作，2018年小区配套幼儿园移交任务完成率达到83.3%，进一步缓解“入园贵”问题。抓住教师待遇得到有力保障的契机，切实规范学校食堂管理，出台区教育系统食堂伙食收入国库集中支付操作流程及处理办法，对食堂伙食收入实行专户专账管理，在四县市区率先实现学校食堂“零利润”经营。教育督导工作再创佳绩。顺利通过国家督学专家组实地核查，被认定为全国中小学校责任督学挂牌督导创新县（市、区）。参加2018年国家义务教育质量监测实施工作，获评“县级优秀组织单位”。学校安全管理全面加强。大力开展平安校园建设工作，严格落实安全工作“一岗双责”，加强校园及周边治安综合治理工作，开展寄宿制学校夜间巡查，创建省级安全文明校园1所，市级安全文明校园3所，市平安校园24所。改革校车运营管理模式，实施“政府主导、市场运作、公派公用、定额补贴”的市场化运营模式，将228台不符合现行国家标准的校车退出运营市场。区财政投入1200余万元对运营中的238台新国标校车进行定额补贴。校车运营管理模式改革被《湖南日报》、湖南教育电视台等媒体深度报道。圆满完成高考、自考、成考等各类大型考试的组考工作；完成创建更高水准全国文明城市各项工作任务。后勤管理、政府采购规范有序；教育基金会、老科协、老干、关工委、计划生育、征地拆迁、城市管理、建议提案办理等工作均取得实效。

【创建全国中小学校责任督学挂牌督导创新县（市、区）】 2月5日国务院教育督导委员会办公室发布《关于公布第二批全国中小学校责任督学挂牌督导创新县（市、区）名单的通知》（国教督办〔2018〕1号），望城区榜上有名，被正式认定为全国中小学校责任督学挂牌督导创新县（市、区）。2017年11月15日，国家督学专家组对望城区全国中小学校责任督学挂牌督导创新县（市、区）创建工作进行实地核查。望城区在教育督导管理体制、工作机制、结果运用等方面的创新做法及成效获得专家组的高度肯定。

【平安校园建设工作经验全省推介】 9月27日，国培计划（2018）湖南省市县教育行政部门安全稳定管理干部专题研修班学员到望城区现场观摩学习“平安校园”建设工作经验。望城区教育局党委书记、局长李树先以《全面筑牢安全防线 确保校园安全稳定》为题，从落实安全责任、强化安全教育、加强部门协调、加大保障力度、推进校车改革等方面，就“平安校园”建设的理念、探索和有效经验作典型经验介绍。研修班学员还到长郡月亮岛学校和星城实验小学现场观摩学校安防体系建设工作。

【中小学教师发展中心“转型发展”经验全省推介】 11月29日，望城区教师发展中心应邀在2018湖南省教师培训机构专业化建设主题高研班“教师培训机构改革与发展”论坛上，就全区中小学教师发展中心“转型发展”作经验介绍。望城区以推进湖南省“中小学教师发展中心转型发展试点单位” 建设为契机，改革部门设置，优化职能职责，建立研究、指导、培训、管理和服务五位一体的区级教师发展机构；遴选和培养一支专兼结合的研训队伍；创新“送教下乡”“研赛培”“联片研训”等研训一体模式，探索出一条适合望城区情的区级教师培训机构专业化建设道路。

【“三区支教”工作经验全市推介】 8月17日，长沙市举行2018—2019学年“三区”支教工作培训动员会，望城区教育局在会上进行典型发言。从2014年开始到2018年，望城区已选派5批共92人次到绥宁支教。四年多来，望城“三区”支教团建立了流动党支部，组建了管理机构，搭建了交流平台，创办了支教纪实团刊，支教工作有序开展，取得实效。支教教师带去的先进教育理念、教学方法，为当地教育注入了活力；由支教教师牵线搭桥发起的捐资助学、结对帮扶等活动多达90余次，共募集爱心衣物9800余件，课外书籍近5700册，爱心资金47.5万元，和价值近74万元教学用具，充分展示雷锋家乡人民教师的使命与担当，受到当地师生、家长和教育行政部门好评。2016年、2018年，分别选送援藏教师1名、援疆教师2名。

【召开望城一中发展建设现场办公会】 11月11日，望城区委书记孔玉成，区委副书记、区长范焱斌率区四大家领导和区直相关部门负责人到望城一中现场办公，着力解决一中建设与发展中的难题，进一步加强保障，加快推动望城一中实现“建设一流省示范、再创一中新辉煌”的奋斗目标。区领导张毅、余学辉、骆志平、周志辉、姚建刚、戴水文、陶建军、文菊华、苏敏芳、周正茂出席现场办公会。望城一中是望城的百年历史名校，办好望城一中是全体望城人民的目标追求，是历届区委、区政府始终牢牢抓住的工作重点，也是望城一中广大教职员工和校友的共同心愿。区领导对望城一中的发展寄予厚望，要求全区各部门认真学习贯彻习近平总书记在全国教育大会上的重要讲话精神，坚定发展信心，凝聚全区力量，办好望城一中，振兴本土品牌，努力推动望城教育高位优质均衡发展。

【改革校车运营管理模式】 望城区改革校车运营管理模式，实施“政府主导、市场运作、公派公用、定额补贴”的市场化运营模式，将228台不符合现行国家标准的校车退出运营市场，购置国五排放标准新校车。全区有238台新国标校车有序运营，区财政投入1200余万元进行定额补贴；投入70万元，保障467名建档立卡和低保户学生（幼儿）乘坐校车费用全免。校车运营管理模式改革平稳落地，有效保障乘坐校车的学生、幼儿上下学交通安全，《湖南日报》和湖南教育电视台进行深度报道。全省市县教育行政部门安全稳定管理干部专题研修班到望城区考察学习校车运营管理先进经验。

【建立中小学校长后备人才库】 为进一步加强中小学校长梯队建设，推进全区教育事业健康持续高质量发展，望城区教育局于11月24日至12月12日开展中小学校长后备人才选拔活动，面向全区教育系统在编在岗教师、编外合同制教师公开遴选中小学校长后备人才。本着公平竞争、择优选拔、宁缺毋滥的原则，经个人报名、面试、考察、公示等环节，最终从77名符合条件的报考者中遴选出41名后备人才，建立全区中小学校长后备人才库，实行动态管理，每三年充实调整一次。若全区中小学校长出现缺员，原则上从该人才库中提拔任用。

【启动师德师风建设三年行动计划】 为加强教育行风建设，打造一支师德高尚、业务精湛、结构合理、充满活力的教师队伍，2018年望城区教育局启动中小学教师师德师风建设三年行动计划，部署实施一系列举措。印发《长沙市望城区中小学教师师德师风建设三年行动计划（2018—2020年）》，明确从建设机制、宣传机制、激励机制、监督机制、惩处机制、考核机制、保障机制等方面，推进全区师德师风建设工作深入开展；召开全区中小学教师师德师风建设推进会议，与各学校签订《师德师风建设工作目标责任书》；出台中小学教师师德考核负面清单和师德师风违规行为专项整治方案，开展专项整治行动，严肃查处违纪违规案件，实行师德“一票否决”，实现师德师风建设三年行动计划的良好开局。

【合作办学再添三所名校】 6月20日，望城区人民政府与长沙市一中、麓山国际实验学校签订合作办学协议；9月20日，望城区人民政府与长沙市南雅中学签订合作办学协议。截至2018年，望城区共引进湖南师大附中、长郡中学、湖南第一师范学院、周南中学、雅礼中学、长沙市一中、麓山国际实验学校、南雅中学8所省市名校的优质教育资源，已开办或正在建设的合作办学学校有13所，形成名校齐聚、引领发展的良好局面。

【全面推行兼职法制副校长制度】 为进一步贯彻落实《中华人民共和国未成年人保护法》和《中华人民共和国预防青少年犯罪法》，望城区教育局联合区公安局在全区中小学校全面推行兼职法制副校长，从全区公安系统中遴选42名热爱青少年法制教育工作、政治思想好、业务素质高、精通法律知识的优秀民警，担任全区101所中小学校的兼职法制副校长。12月6日，在望城区雷锋大剧院举行聘任仪式，42名民警正式受聘为法制副校长，履行协助学校开展法制宣传教育、创建法治示范校园、开展校园周边治安综合治理、对违法违纪学生进行教育转化、预防和遏制校园“暴力”案件发生等工作职责。

【举办全区首届幼儿文化艺术节】 为丰富幼儿文化生活，弘扬幼教正面形象，办好人民满意的幼儿教育，望城区举行首届幼儿文化艺术节，以“用爱为成长护航”为主题，历时2个多月，活动内容丰富、形式多样，充分展现了望城幼儿文化活动和幼教事业的丰硕成果。1月6日，望城区首届幼儿文化艺术节展演活动在长郡月亮岛学校剧场举行，共有19个节目参加竞演，集中展示了艺术节的活动成果。经评委组评审，本届幼儿文化艺术节共评选出特等奖节目3个、一等奖节目5个，先进单位1个，先进个人19名。

【开展全区首届“雷锋杯”研赛培活动】 为进一步提升中小学教师教育教学能力，推动教育教学改革，促进教师专业发展，提高全区中小学教育教学质量，望城区教育局、区中小学教师发展中心组织开展望城区首届“雷锋杯”研赛培活动。该活动设小学和中学两个组别，按学区校、学校初赛—片区竞赛—区级决赛三个阶段，分学科进行教学竞赛和研训活动。其中小学组活动于2018年上半年完成，共开展11个学科的教学比赛，199名教师参赛，1980人次参加研训活动；中学组活动于2018年下半年开展，共进行15个学科的比赛，360名教师参赛，2370名教师参加观摩、研讨和培训。每场比赛之后，均有省、市专家进行点评或专题讲座。整个活动理实结合，赛培结合，有力地推进了全区中小学学科建设，提升教师的教学水平。

（罗婷婷）

长沙市望城区中小学教师发展中心

【概况】 2018年，长沙市望城区中小学教师发展中心内设办公室、教研部、师训部、电大部、装备部5个部门，有教职员工46人；高级教师27人（其中特级教师1人），一级教师15人，二级教师2人，科员1人，工人1人。

【教育科研】 认真探索教育教学规律，在开展课堂教学开放日等研讨活动的基础上，创新“一师一优课、一课一名师”竞赛和集研训一体、研赛培结合的“雷锋杯”课堂教学竞赛模式。上半年完成小学阶段11个学科的初赛与决赛，199名教师参赛，1980名小学教师参加研训；下半年中学组15个学科360名教师参赛，2370名教师参加观摩与研训。2018年所有学科教研活动全面铺开，小学组片区开展教研活动35次，展示教研课79节次；中学组以学科建设为主，重在“补短板 强弱项 抓重点”，教研员蹲点联系基地学校，进行为期2~3周的区内名优教师送课到班研讨，尝试单元教学研讨模式，开展专题问诊式调研，教研员、送课名优教师与学科任课教师共同分析单元教学重点难点，一起探讨提高课堂教学效果的方法和策略。课题研究注重学科核心素养与立德树人结合，在一师斑马湖小学举行“小微课题集中开题报告暨课题研究培训”会，全年收到申报课题158项，有99个区级小微课题、9个市级课题、6个省级课题成功立项；成功申报长沙市“十三五”规划课题13项。

【教育教学】 积极对接新高考，根据考纲精心组织高三复习备考研讨会和高三模拟考试及高二学业水平考试备考专项调研。以乡镇、街道学区校、区属学校为单位，分河东片、大众垸片、西南片、区属片4个片区开展以改进教学为目标的“联片教研”；在附中星城实验、金海等21所学校进行基于课例研讨的重点视导。组织肄业年级的期末质量抽测，形成翔实的学科抽测质量分析报告供区教育局决策参考，为一线教师改进教学提供可行教学建议。组织两轮常规教学调研，听课568节，查阅教师教学常规落实情况1908人次。指导一线教师参加省、市教研部门组织的教学竞赛，7位教师获省一等奖、16位教师获市一等奖、22人获市二等奖、6人获市三等奖；学生参加学科竞赛，119人获省、市一等奖。区中小学教师发展中心获评“2018年度长沙市教育科研管理工作先进单位”。

【师资培训】 2017年成功申报“湖南省中小学教师发展中心转型发展

试点单位”，2018年努力促进研训融合，探索转型发展新路子。加大培训力度，邀请省教师发展中心国培办主任黄佑生和转型办主任石少腾前来单位举办专题讲座进行单位转型发展思想动员，单位领导带领骨干力量赴湖北省武汉市武昌教研培训中心开展“研训一体”模式新探究、赴重庆和平江参加“湖南省2017—2019年教师发展中心转型发展试点工作管理者省外研修班”和“教师培训机构专业化建设主题高研班”等“国培计划”培训，学习研训一体模式下教研员、科研员、培训员的工作职责和工作模式；暑假组织教职工、师训专干、名师工作室首席名师、兼职教研员、中小学校长、教导主任代表60人赴浙江金华参加“望城区教师培训团队转型研修项目（A335）”培训。进行大胆的尝试与实践，教研员身份逐渐向研训员身份转变，承担全区范围为期9天72学时的“2017—2019年教师发展中心转型试点单位送教下乡培训项目（B207）”培训任务，培训一线教师300人。组织全区教师参加省级培训、市级培训、纯网络研修，培训教师1048人次。获评“湖南省中小学教师网络研修工作先进单位”。

【电大与社区教育】 电大春秋两季招收新学员171人，其中，招收电大开放教育和农民大学生学员103人，完成市电大下达150人招生和120位学员毕业工作任务。严格教学管理，加强业务学习，指导并督促学员按时参加网上学习和考试，帮助学员提高网上学习和考试能力。打造“农民大学生培养计划”靓丽名片。指导高塘岭街道斑马湖社区学习中心、靖港镇前榜村社区学习中心成功创建市级示范性社区学习中心，全区社区学校覆盖率保持100%。

【教育技术与实验教学】 坚持抓常规装备建设和管理、学校紧缺设备增补工作，重点完成长郡斑马湖中学、一师斑马湖学校、师大附中星城实验小学、长郡月亮岛学校、长郡月亮岛第二和第三小学、周南望城等学校共12076万元的内部设施装备任务。推进现代教育技术应用，开展“一师一优课、一课一名师”的优质微课上传和人人通平台应用工作，围绕信息技术与教育教学的深度融合与创新、《教育信息化2.0行动计划》目标与措施落地、变革教学模式提升课堂教学质量等问题进行深入的探索，举办全区小学科学教师实验技能竞赛暨实验技能培训班，辅导教师参加小学科学教师实验竞赛和中学化学教师实验能手竞赛，2人获省二等奖、3人获市一等奖、2人获市二等奖，获评4个优秀组织奖。

（刘兰竹）

【长沙市望城区中小学教师发展中心挂牌】 从2014年开始，单位落实《教育部关于深化中小学教师培训模式改革 全面提升培训质量的指导意见》（教师〔2013〕6号）文件精神，积极争创示范性县级教师培训机构，2017年9月，湖南省教育厅授予单位“湖南省2017—2019年教师发展中心转型发展试点单位”牌匾。经区教育局、区机构编制委员会同意，2018年6月22日将原名称“长沙市望城区教研培训装备中心”更名为“长沙市望城区中小学教师发展中心”，机构职能不变。

【创新“研赛培”等“研训”一体教师培训模式】 2018年，严格落实常规教学，积极推进教育教学改革，创新“研赛培”“联片研训”等研训一体教师培训模式，分小学组和中学组分别开展历时3个月望城区首届“雷锋杯”研赛培研训活动。上半年完成小学阶段11个学科7个片区14场次区级比赛、11场次决赛。下半年完成初高中学段14个学科45场次区级比赛、28场次决赛。559位教师参赛，培训教师4350人次。一大批年轻教师从教学竞赛活动中脱颖而出，其中一师斑马湖小学王晨、东城中学李王婵两位老师在接下来的省级教学竞赛中获一等奖。《湖南日报》、《湖南教育》、湖南教育电视台、“星辰在线”等媒体以专题形式推介“研赛培”研训一体模式。经省、市教师发展中心推荐，先后有河南省县级教育局局长、进修学校校长培训班和郑州市、濮阳市教师进修学校管理者培训班及湖南省华容县、安乡县、永兴县、洪江市等教育考察团前来参观学习，“研赛培”模式在2018年湖南省教师培训机构专业委员会年会上作典型经验交流，受到全省教师培训机构专业化建设主题高研班的隆重推介。5月9日，望城区教研培训装备中心在金海学校初中部举行初中语文、数学、外语、历史4个学科中考复习研讨会。安排金海4位学科老师各上一堂示范课，市、区教研员结合复习课进行总结和讲评，以微型讲座为参与活动的各学校初三备课组长指明中考复习方向。9月18日，长沙市教育局高教处丁郭处长、市社区大学刘雅青老师一行，在区教育科戴金利科长、黄朝晖主任及区社区学院龙飞跃副院长、电大部主任陈小红、社区教育专干朱立新陪同下，对高塘岭街道斑马湖社区和靖港镇前榜村创建市级示范性社区学习中心工作进行实地考察。丁处长充分肯定斑马湖社区学校和靖港镇前榜村社区学习中心阵地建设，鼓励他们创新思维，整合资源，打造特色。

望城区第一中学

【概况】 2018年，长沙市望城区第一中学（以下简称望城一中）内设办公室、教务科、学生科、保卫科、总务科、西藏部、督导室、教科室（下学期名为学科建设中心）、群团组织有工会和团委。教学班级53个，在校学生近3000人，在职在岗教职员工278人。有正高级教师、特级教师3人，全国优秀教师、优秀班主任4人，省、市、县（区）级名教师、骨干教师60

多人，高级教师 99 人。学校教学设施设备先进，多媒体教室，心理辅导室，科技馆，体艺馆，图书馆。学校坚持“严谨、朴实、奉献、进取”校训精神、“校风好、校园美、管理科学、质量一流”办学目标、“培养改造世界的主人”和“为立人、为立业、为发展、为卓越”办学理念，获评“民族团结学校”“长沙市共产党员示范岗”“基础团务优秀校”“长沙市心理健康教育示范校”“望城区红旗团委”“望城区消防工作先进单位”“望城区百姓城管先进中队”“长沙市第二届青春诗词大会优秀组织单位”“长沙市高考考务工作优秀考点”“望城区 2018 年望城教育奖优秀教育团队”“望城区阳光下成长校园文化艺术节展演一等奖”“望城区法制征文优秀组织奖”“望城区单位内部安保工作成绩突出集体”。

【党的建设】 党总支制定 2018 年党建工作计划和实施方案，不断加强政治建设、组织建设、作风建设、廉政建设，发挥党组织领导核心作用、党员先锋模范作用。坚持以习近平新时代中国特色社会主义思想指导工作实践，坚决做到“两个维护”，牢固树立“四个意识”，切实增强“四个自信”。积极支持和配合区委对学校校级领导班子调整工作，顺利实施新老校长交接，及时调整校级领导班子分工，开展中层干部竞争上岗，职能科室及其人员得到精简，5 名中层干部被明确为副科级职级；成立纪检监察室；成立学科建设中心，突出学科建设地位和职责。开展党支部换届工作，明确“党支部书记及支部委员工作职责”。加强党支部“五化”建设工作，全面推进党员积分管理，制定《望城一中 2018—2019 学年度党建工作要点》《望城一中第三届“两学一做·党员示范课”大竞赛活动实施方案》《长沙市望城区第一中学教师师德师风建设行动计划(2018 － 2020 年)》。坚持开展党风廉政建设教育工作，继续在党员教师中宣传“准则”“条例”、《中小学教师职业道德规范》等党纪条规和教育规章。举办望城一中第三届“两学一做·党员示范课”大竞赛活动，在职党员教师授示范课近 100 堂。开展“三严三实”教育、“准则”“条例”学习、青年党校培训等系列活动。西藏部获评长沙市教育局“党员示范岗”，434 班获评区“共产党员示范班”。

【教研教改】 学校致力于教研教改，重视课堂教学研究。落实备课组活动，明确每次备课组活动目的、任务等，取得良好效果。推行“推门听课”活动，开展三个年级“教学调研”活动，大力推进“生本课堂”建设。明确班子成员、校务委员会成员到教研组制度，促进课堂教学规范和管理。2018 年，学校有 1 个省“十二五”规划课题结题，1 个省“十三五”规划课题立项；老师参与省“十二五”规划课题 1 个，参与国家级课题子课题 1 个。学校获评长沙市心理健康教育示范校，历史教研组获评 2016—2017 年度市级“优秀教研组”，语文教研组获评 2016—2017 年度区级“优秀教研组”；刘宇获评“长沙市首届名校长”。在首批区、市卓越教师评选中，学校入选市级学科带头人 1 人，骨干教师 2 人，教学能手 6 人；区级学科带头人 3 人，骨干教师 6 人，教学能手 6 人。在教学比武中，2 人获得全国一等奖，2 人获得全国二等奖；市优课 1 堂，市赛课二等奖 3 人；同时，有 7 篇论文在刊物上发表，在论文评比中，获得省一等奖 1 篇，省二等奖 3 篇、省三等奖 1 篇、市一等奖 1 篇、市三等奖 1 篇。

【教学质量】 为提高教师做好教学常规工作的积极性和自觉性，促进课堂教学的规范和管理，学校提出落实“规范教学常规管理，提升教学质量”总体要求，加强教学工作精细化管理，进一步规范教师教学行为。2018 年高考二本及以上上线人数 707 人（二本 300 人，一本 407 人），上线率 80.71%；学考全科合格率 98.76%。2018 年在“聚龙小镇”杯全国体育项目传统学校田径联赛（西南赛区）中，黄宇钦获男子乙组第三名，侯思琪获女子甲组第四名，李紫怡获女子乙组第四名，何迪珊获男子甲组第七名，杨淼获男子甲组第八名；肖嘉诚、刘泽华、李昱澄、侯思琪、李紫怡、黄宇钦、王禹博达国家二级水平，均获得参加运训单招资

2018 年 9 月 26 日，望城一中举办 2018 年“望城一中教育奖”颁奖典礼

格。在2018年湖南省中学生田径比赛中，李紫怡获得女子组跳高第一名；杨淼获得男子组七项全能第一名；黄宇钦获得男子组跳高第五名，男子组三级跳远第八名。在湖南省青少年机器人竞赛中，殷婕妤同学获金牌，徐樱了同学获银牌。望城一中代表队在VEX工程挑战赛中获省二等奖、WER工程创新赛获省二等奖。程奥、黄晨曦、易之旋同学DV作品在第39届湖南省青少年科技创新大赛科学DV作品获一等奖。在第十六届全国“叶圣陶杯”现场作文大赛决赛中，秦佳薇《点灯》获一等奖，文叶倩《一点烟尘任华年》、谢晓《我只需一点点》获二等奖，范昕宇《星火燎原》、危笑《那只是我生命中的一小点》获三等奖。在第三届“登峰杯”全国中学生学术科技创新大赛全国总决赛中，高二学生黄一鸣、陈勐、陈俊杰、蒋孝贤4名同学获得一等奖。

【群团工作】 为丰富校园文化生活，营造积极健康向上校园文化氛围，学校工会、团委组织一系列精彩纷呈文体活动。积极参加区教育局组织的“园丁杯”“三球”（篮球、羽毛球、乒乓球）联赛，学校获得羽毛球第三名、乒乓球第二名、篮球第四名、团体第三名的好成绩。开设教师健身房，教职工积极参与健身锻炼。开设教师书吧，为建设书香校园营造良好的阅读氛围。组织教职工篮球比赛，增强教职工战斗力和凝聚力。坚持以理想信念教育为核心，利用每周一德育讲话，在广大团员青少年中开展爱国爱校、中共十九大、传承国学经典、最美青春等主题学习教育活动。大力推进社团活动阵地建设，学校自2014年10月开始组织各类学生社团活动，并在实践中不断改进与完善社团管理工作，学习有文学社、合唱团、书法社等优秀社团为代表的25个社团，涉及文学、艺术、体育、工艺、益智等多个种类，其中文学社已经连续两年获评“全国示范文学社团”，校合唱团多次走出校门参加省市级比赛，舞蹈社学生参加望城区文化艺术展演获特等奖。着力推动学生成长成才阵地建设，本着“实施精致教育，培养完全人物”办学理念，以体育节、艺术节为平台，开展田径运动会、校园歌手大赛，艺术节画展等活动，并利用班团活动促进读书活动向纵深方向发展，营造一个良好学习氛围和成长环境。

【德育工作】 学校定期进行校长午餐（每周）、升旗仪式、主题班会、班主任培训、学生干部培训、生活辅导老师培训、星级文明寝室评比、户外德育体验活动、体育艺术节等各项活动。加强特殊群体学生排查和心理健康教育工作，依托学生科、班主任、心理学专业教师，针对性做好心理辅导与服务，使学生心理问题及早发现、及时预防、有效干预，促进学生身心健康和谐发展。结合时政和形势，利用国旗下讲话、主题班会等形式，每周一专题，对学生广泛进行各类专题教育，帮助学生正确认识国内外形势，养成关心国家大事良好习惯，激发爱国主义情感，树立正确政治观点和价值观。坚持每月召开一次班主任专题工作会议，邀请长郡中学优秀班主任李剑玲、伍果平到校讲座。定期召开家长会，加强家校沟通，形成育人合力。组织高一、高二学生前往石燕湖研学基地、书堂山铜官窑研学基地开展研学旅行活动，让学生在旅行过程中陶冶情操，拓展视野，增长见识，丰富知识，体验自然和人文环境，加深与自然和国学文化亲近感，增加对集体生活方式和社会公德的体验，培养学生自理能力、创新精神、团队精神和实践能力，全面提升学生综合素质。开展丰富多彩的德育活动，“蓝天保卫战·环境保护宣传日”活动被红网、区政府网和望城电视台报道。举行第三届“五一”表彰会，给予172位同学十类奖学金166万元的奖励。协办长沙市第二届青春诗词大会，节目《我是中国人》获评特等奖。开展体育节、艺术节活动，参与面广，影响力大，育人效果好。

【后勤服务】 提高服务意识，细化制度管理，确保学校各项工作有坚实的后勤保障。争取区委、区政府大力支持，11月11日，区委书记孔玉成召开现场办公会，明确学校未来发展蓝图，全力支持保障一中发展。加强基础设施建设与维护，每期开学前，做好学生宿舍床铺和课桌凳维修，学生宿舍和教室灯具更换和安装等工作。学期中，组织后勤人员定期和不定期对学校校舍、水、电等设备进行检查、维修、更新，确保师生正常生活和生命财产安全。节假日或周末，适时组织人员对损坏的课桌凳、床铺、门、窗等财物进行维修，保证教育教学顺利进行。物业及校医务室定期对全校公共区域做好消毒工作，做好相关文字、图片记录。装备教师健身房、母婴室，改造图书借阅室，完善教师阅览室。开展校园卫生整治，美化绿化校园，根据季节特点和学校实际，安排专门工人对校园进行进一步的绿化美化，定期对校园内的各种苗木修剪、施肥、浇灌、杀虫、防蚁等，保证苗木顺利生长，创造良好的工作和育人环境。坚持“星级服务”工作标准，实行食堂人员竞聘上岗，定期公布采购菜蔬品种、对学生膳食进行搭配、向师生发放问卷调查，学校食品安全工作落到实处。加大安全知识宣传力度，从思想源头上杜绝安全事故，利用升旗仪式及班会课、黑板报、品德课对学生进行教育，举行消防疏散演练活动。学校实施综治安全治理责任制，严格落实“一岗双责”职责要求，明确安全责任分工，确保安全工作责任到人；加强安全工作自查和互查，对所查隐患及时整改，确保学校的安全、稳定。举行“2018年安全教育日”主题活动，内容涵盖夜间应急疏散演练、交通安全、防溺水和疾病防疫，涉及“法制安全教育”“消防知识讲座”“人身安全教育”等，增强学生安全意识，掌握基本的消防知识、灭火技能和逃生方法。获评“望城区法制征文优秀组织奖”“望城区单位内部安保工作成绩突出集体”。

（何 逍）

【第三届“五一”学生表彰颁奖大会举办】 4月28日，望城区一中第三届五一学生表彰颁奖典礼在学校体育艺术馆隆重召开，激励少年求知育德。颁奖典礼奖励金额达166万元，望城区人大常委会副主任邓建华、区政府副调研员张泽军、区政协副主席李建龙、区教育局副局长曹小平、富基集团魏朝阳公益基金会秘书长赵长春、毕业于清华大学的刘宏校友、毕业于中国人民大学的李霞林校友、爱心企业代表湖南建工集团姚文经理等到场表达对同学们的勉励，并表达将不遗余力地支持望城一中以及在这里成长的莘莘学子。

【“望城一中教育奖”颁奖活动举行】 9月26日，望城一中举行2018年“望城一中教育奖”颁奖典礼，刘宇获评“优秀校长”，高三年级获评“优秀团队”，何玲获评“突出贡献奖”，阳彪、郑柯获评“优秀教师”，彭学军获评“优秀班主任”，严文鸳获评“雷锋式园丁”，汤韬获评“青年教学能手”，杨清华获评“优秀教育工作者”。学生家长作为颁奖嘉宾为获奖老师颁发荣誉证书。

【西藏自治区党委慰问西藏班师生】 12月4日，西藏自治区党委副书记、区人大常委会主任洛桑江村率西藏自治区党政代表团到学校，看望慰问西藏班师生。西藏自治区授予学校“民族团结学校”荣誉称号，长沙市教育局党委授予西藏部“共产党员示范岗”荣誉称号。

【《丝路张骞》获省第一名】 2018年12月13日湖南省第六届中小学生艺术展演活动中，望城一中谢昊、陈海萍老师指导的朗诵节目《丝路张骞》获朗诵类一等奖第一名。

长沙市望城区职业中等专业学校

【概况】 长沙市望城区职业中等专业学校创建于1956年，是望城区内唯一一所全日制公办职业中等专业学校，占地面积120060平方米，建筑面积88300平方米。2018年，学校设党政办、教务科、招生就业科、培训科、总务科、保卫科、督导室、团委、财务科，有教师223人，在籍学生近3000人。学校开设有机械加工技术（工业机器人方向）、机电设备安装与维修、汽车运用与维修、汽车车身修复、汽车整车与配件销售、旅游服务与管理、焊接技术应用、数控技术应用、计算机应用、电算会计、音乐11个专业。2018年注册新生849人，培养中职学历教育毕业生797人，毕业生人数比2017年增加100人，学生本年度巩固率96.59%。作为长沙市就业技能培训定点机构，2018年开展育婴师、低压电工、脱贫攻坚干部等各类培训20场次，培训人数1529人，培训合格率达98%。2018年，学校获国家、省、市、区级荣誉30余项，在区教育系统绩效考核中获一等奖，省重点建设项目——机械加工专业示范性特色专业群项目顺利通过验收。学校被教育部等三部委正式授予“中等职业教育国家改革发展示范校”。

【校园提质改造】 学校争取政府支持，投入200多万元完成现代化的多媒体设备和高规格的智慧教室建设，为提升老师们的信息化教学水平及参加各类教学竞赛提供良好的条件；理实一体化教学楼建设项目获批2000万元中央财政资金，已完成征拆，启动建设；投入650万元完成机器人、VR设备和服务采购；原御樽酒店收回后改名“敏行楼”，争取资金380万元重新装修。

【教育教学】 2018年，99位老师获区级以上的教育教学奖励360项；在中职学生技能大赛中，75名学生获得市级以上的奖励，其中获17个省级奖，5个国家级奖（含3个行业国赛奖）；在区第二届青少年科技创客节比赛中，3名学生获一等奖；学校经典诵读节目获省、市、区级一等奖，市中小学建制班合唱比赛获得二等奖；高三对口升学班本科录取17人，中高职衔接班27名同学通过单招进入湖南省交通职业学院继续深造，多名学子被湖南师大、湖南农大、湘潭大学等一本院校录取。

【雷锋精神立德树人】 党政办、教务科、团委、各专业组齐抓共管形成合力，构建全员、全程、全方位育人的德育体系，唱响雷锋精神育人的主旋律。发挥媒体主阵地作用，校刊《诗蕾》、校报《燃梦望职》各出版2期，学校官网及微信公众号及时推送校园动态，校园电视台节目定期播出，校园宣传栏和滚动电子屏适时展示，弘扬社会主义核心价值观，学校特色办学经验在《湖南教育》杂志上刊登；团委开通“望职青年”公众号，发布新闻40多篇，线上线下齐互动，推选并宣传学生自己身边的榜样30人，得到1000多人关注。丰富多样、健康高雅校园文化活动成为展示学生良好精神风貌的舞台：运动会、艺术节、经典诵读活动、观看主题教育电影活动、校园科创活动等开展得有声有色；文学社、足球社等10多个社团丰富学生课余生活；继续推行“雷锋实践周”活动，校园“红马甲”由校内走向社区、敬老院；利用各专业的技能特长，开展青年志愿者特色服务活动；开展“温暖三月，扶贫帮困”活动，赢得广泛的社会赞誉。学校获评“望城区百姓城管先进中队”，在区教育系统文明创建测评中多次名列前茅。

【动态调整专业设置】 主动对接产业，按照“做强主体专业，拓展新兴专业，改造传统专业”的思路加强专业建设。学校在充分进行专业调研、论证的基础上，对部分专业进行动态调整：机械加工专业的专业方向调整为工业机器人方向；计算机及应用专业与湖南大众传媒职业技术学院进行中高职衔接，开设1个VR班。实现毕业生对口就业和高品质就业。高二就业班学生顺利进入上汽大众公司、望城各幼儿园等单位顶岗实习，特色班按协议进入订单企业顶岗实习，对口就业率达85%以上。拓展新校企合作单位5家，签订校企合作框架协议。在汽修、机加、机电专业推进“工学交替”和学徒制试点工作。设置联合办学专干，负责校企协调与沟通工作。加强对顶岗实习的学生管理和完善实习资料，对已就业毕业生跟踪服务，定期回访。

【李胜、周心怡获2018年全国职业院校技能大赛三等奖】 6月11—13日，2018年全国职业院校技能大赛酒店服务赛项（中职组）在内蒙古包头隆重举行，学校旅游专业选手李胜、周心怡同学从全国的37个代表队106名实力选手中脱颖而出，双双获国家级三等奖。本次比赛由教育部、文化和旅游部等35个部委主办。酒店服务赛项（中职组）由中餐宴会摆台与服务实操、客房中式铺床实操、仪容仪表展示、专业英语和专业理论口试几个部分组成，重在检验选手酒店服务意识及安全操作意识、现场发现问题及处理问题能力、专业技能操作的规范性和熟练程度、心理抗压能力等整体素质，要求高，难度大。经过2天精彩激烈角逐，由杨芳老师指导的旅游34班李胜同学、李妙老师指导的旅游35班的周心怡同学，以其大气、高雅、自信仪态，干净、利落、娴熟动作，充分展示学校旅游专业实力。职业院校技能大赛被喻为职业教育“奥运会”，在2018年技能竞赛中，还有计算机应用专业蔡金成等3人获行业国赛三等奖，旅游专业曹诗雨、刘俊武、谢盈分别获省级一、二、三等奖，会计电算化专业任希等3位同学获省一等奖，郭璇等8位同学获省二、三等奖，音乐专业周绚获省二等奖。

（王英姿）

科学技术

责任编辑 ◎ 任俊国

科技管理

【概况】 2018年，区科学技术局（加挂区知识产权局、区科学技术协会两块牌子）内设综合科、工业科技科、农业科技科、科普宣传科4个科，下设专利办公室、技术市场管理办公室和生产力促进中心3个二级机构，有干部职工31人（含科协班子成员3名）。

望城区入围2018年全国科技创新百强区，名列第47位。1—12月，区R&D经费投入19亿元；前3季度完成高新技术产值322.6亿元，增长率29.1%（增速列四县市第一），贡献率24.2%；1—10月，发明专利申请量454件，增长率133%；办理假冒专利案件60件，完成105%，办理版权纠纷案件2件，完成100%。

【国家可持续发展实验区】 新华网和新华社《经济参考报》以《湖南望城绿色+创新实现高质量发展》为题、新华社《经济参考报》以《湖南望城以科技创新驱动可持续发展》为题、《长沙晚报》以《名望之城打造可持续发展新名片》为题对望城的国家可持续发展实验区建设情况进行专题宣传报道，推介可持续发展的"望城模式"。推进省科技成果转移转化示范县建设。改革科技成果转移转化项目立项方式，发布项目申报指南，按照后立项的方式进行支持，更加注重项目实效性，助推主导产业做大做强。深化科技成果转移转化服务体系建设，委托专业机构与企业建立常态化服务机制，提供技术需求对接、培训等线上线下服务。怀化市中方县、邵阳市新邵县、岳阳市湘阴县等单位到望城学习科技成果转移转化示范县建设经验。加强科技创新创业载体建设。加强与中南大学、湖南有色集团沟通对接，推动三方筹建中南大学科技园望城孵化基地。强化平台对产业发展的支撑，五矿有色众创空间获国家级众创空间备案，广发隆平获批省级科技企业孵化器。指导浩威特、国银新材、绿建科技等3家单位成功获批省级工程技术研究中心，万家乐获批市级工程技术研究中心。鼓励企业开展技术合同登记，全区技术贸易合同成交额4.93亿元。

【科技项目服务】 按照区委、区政府"产业发展突破年"工作部署，围绕"抓重点、补短板、强弱项"要求，组织开展"新型轻合金产业链创新发展""'研发人员在望城'实证研究"等调研活动，详细了解制约产业发展的瓶颈问题和人才需求，宣传"1+2"科技创新政策体系，在高新技术企业和科技小巨人企业培育、校企对接、科技平台建设、知识产权等方面提供点对点帮扶指导，帮助全区企业争取市级以上科技计划（奖补）项目近100个，项目资金2000余万元。加快培育壮大高新技术产业，指导300余家科技型中小企业完成备案工作，培育科技小巨人企业13家，培育高新技术企业40家，其中，新认定高新企业26家。科技引领乡村振兴。围绕乡村振兴战略，以农业科技品牌建设为抓手，鼓励、引导望城区蔬菜产业向靖港镇集聚，邀请科技专家"把脉"望城农业科技创新，制定《湖南靖港蔬菜科技示范园总体规划（2018—2025年）》。鼓励

2018年4月19日，长沙市望城区科技创新创业大赛在大汉金桥举行

涉农企业开展院企、校企合作建立研发平台，邀请省农科院院长、工程院院士邹学校率省蔬菜研究所作为专家团队共同在八佳兴创建院士专家工作站。制定《望城区蔬菜产业公共技术服务平台建设方案》。打造现代农业基地品牌，指导鼎盛、湘柳源2家企业成功获批长沙市现代农业特色产业科技示范基地，云游茶业等5家单位成功创建“12396”科技助农直通车市级信息服务示范站。扎实开展农业科技特派员工作，充分利用科技人才资源，深入开展产业扶贫工作，市区两级科技特派员按专业领域分组服务全区贫困村某一领域产业发展，分别赴白箬铺淑一村、茶亭镇大龙村、桥驿镇禾丰村等省定贫困村，开展黄桃、花椒、栝楼、小龙虾、野鸭等种养加技术培训和指导，推动当地优势产业和特色产业的技术升级与发展壮大。组织各类培训和现场指导30余次，培训人员3000多人次。

【创新创业】 举办2018年长沙市望城区科技创新创业大赛。精心组织2018年长沙市望城区科技创新创业大赛，收集参赛有效项目35个，其中小微企业组23家、初创团队组12家。通过项目现场答辩、专家评审，评选小微企业组和初创团队组一等奖各1名，二等奖各2名，三等奖各3名，在2018年知识产权宣传月主题日活动会上进行颁奖，浓厚全社会创新创业氛围。承办湖南省创新创业大赛。2018年8月10日，望城区承办“长沙银行杯”第七届中国创新创业大赛（湖南赛区）暨第五届湖南省创新创业大赛新材料行业半决赛，省科技厅授予区科技局大赛优秀组织奖。组织大型科技宣传活动。以世界知识产权日、科技活动周、全国科普日等契机，组织开展创新创业交流表彰和业务培训会，宣传推介创新创业典型，进一步提升创新意识，激发创新创业活力。

【知识产权】 加强知识产权组织领导，成立以区长为组长，常务副区长为副组长的长沙市望城区知识产权和打击侵权假冒工作领导小组，统筹推进知识产权各项工作。严格开展知识产权执法。区“双打办”联合区农林局开展农资打假专项行动2次，依法查处不合格农资产品；开展执法巡查3次，调处版权纠纷1起，查处版权案件2起，假冒专利案件60起。扎实推进软件正版化工作。制定出台推进软件正版化工作的系列文件，通过网上公开竞价统一购买150套微软操作系统软件和国产金山办公软件，开展正版软件安装操作培训，将正版软件分配至全区相关单位。积极指导企业开展贯标。联智智能、华望科技、绿道节能、军信环保、国银新材5家企业通过知识产权管理规范化第三方认证。加强知识产权创造。发挥知识产权特派员作用，深入企业和高校挖掘专利，促进专利增量提质。1—12月，全区专利申请数1551件，同比增长30.78%，其中发明专利申请量600件，同比增长65.75%；专利授权量802件，同比增长24.73%，其中发明专利授权130件，同比增长7.44%。专利质量进一步提升，金龙铜业、联智桥隧、航天磁电3家单位专利获评2017年湖南省专利奖三等奖。开展区首届专利奖评选，评出望城区首届专利奖金奖1个、优秀奖2个，其中澳优乳业获专利金奖，黑金刚和航天磁电获专利优秀奖。促进知识产权运用。帮扶企业开展专利布局及预警分析。重点指导绿建集团“新型绿色自保温体材料行业”和航天磁电“永磁铁氧体材料及器件产业”做好专利布局及预警分析，为产业进一步发展指明方向。企业专利转化运用效益提高。泰嘉新材发明专利“在线检测双金属带锯条焊接质量的方法”和“用于双金属带锯条的焊接对齿方法及焊接方法”，快速确权后，其成果转化时间至少缩短50%，预期可降低产量不良率2%，支持打破国外技术壁垒，显著提升公司竞争优势，极大促进传统带锯条生产模式向柔性化、智能化、精益化方向发展。完善知识产权服务。开展专利快速预先审查与确权服务。泰嘉新材、中航起落架等30家企业在长沙市知识产权保护中心快速确权通道备案，大大缩短专利审查授权周期。深入实施知识产权特派员服务。聘用徐邵华、文玉良、罗霞为2018年度知识产权特派员，扎实做好知识产权代理服务。积极搭建知识产权特派员与高校、企业沟通桥梁，利用知识产权特派员的专业知识在区内高校、企业开展专利培训服务，深入挖掘专利。

【科学普及】 实施“科普中国·百城千校万村行动”，加强科普信息化建设，望城区科协获评“湖南省科普中国·百城千校万村行动县市区级优秀组织单位”。青天寨乡村科普e站示范点建设工作卓有实效，被市科协作为“科普中国·百城千校万村行动”典型案例推荐宣传。在高塘岭街道白芙塘社区、月亮岛杨丰社区建立望城区社区科普e站示范站点，高塘岭街道湘陵社区科普e站示范站点正在建设中。广泛开展科普大篷车进学校、进基地、进社区巡展活动，开展巡展活动31次，接待参观1万余人次。推进科普示范创建活动。组织实施科普惠农与科普益民行动计划，指导农技协、科普基地、科普社区和个人积极开展科普示范创建工作。创建省市区级科普教育基地2个、科普示范单位（个人）12个，其中光明蝶谷松鼠谷获评省级科普教育基地，贝拉小镇获评市级科普教育基地；月亮岛杨丰社区获评“省级科普示范社区”，获得省级社区益民资金支持，创鸿农业科技、高塘岭街道湘陵社区获评市级科普示范单位。区渔业协会获评先进农技协会，湖南乡里里手农业科技发展有限公司等9个单位（个人）获评区级惠农、益民科普单位（个人）。落实科协改革工作任务。按照中央、省、市改革要求，推进区科协深化改革工作，区委办印发《长沙市望城区科协系统深化改革实施方案》，实现科协独立建制。

【望城区获评全国科技创新百强区】 2018年，中国中小城市科学发展指数研究报告发布2018年全国科技创新百强区，望城区跻身前50强，名列第47位。

（范 超）

【举办2018年长沙市望城区科技创新创业大赛】 4月19日，2018年长沙市望城区科技创新创业大赛在大汉金桥创客大学举行。本次科技创新创业大赛由长沙市望城区小微企业创业创新工作领导小组主办，区科技局、区经信局、区财政局、区金融办共同承办。比赛启动仪式上，长沙市望城区人民政府副区长苏敏芳作动员讲话，创新是民族进步的阶梯，创业是时代发展的主题。科技创新创业大赛，是深入贯彻落实中央、省、市科技创新大会精神的重要举措，也是推动“大众创业、万众创新”的生动实践。通过比赛发现一批优质企业、优秀团队，进一步激发全区创新创业的热情和活力，为长沙创建国家中心城市、打造更加美丽强盛幸福的名望之城提供更加强劲的创新动力。比赛采取现场答辩形式，每组答辩时间为15分钟，按照“8分钟自我陈述+7分钟评委提问”方式进行。参赛选手通过PPT、影音视频、产品展示等多种方式向评委展示项目情况。评选出小微企业组和初创团队组一等奖各1名、二等奖各2名、三等奖各3名。获奖单位在长沙市望城区2018年知识产权宣传月主题日活动会上进行颁奖。

（周利君）

【举行2018年知识产权宣传月主题日活动】 4月26日，长沙市望城区2018年知识产权宣传月主题日活动在国家级望城经济开发区金桥创客大学举行。长沙市知识产权局党组书记局长孙进、区人民政府副区长苏敏芳、区政协副主席、科协主席李建龙，区直部门和乡镇街道负责人、区内部分企业知识产权负责人、知识产权服务机构和银行代表160余人参会。活动由国家级望城经济开发区管委会副主任杨智主持。主题日活动上，望城区表彰首届专利奖和2018年科技创新创业大赛的获奖单位。会上，专利金奖获奖者澳优乳业（中国）有限公司就如何加强创造运用和管理知识产权进行经验交流。科技创新创业大赛小微企业和团队组一等奖获奖单位湖南中锐高新材料有限公司、长沙市馥叶植物反应器创新团队分别进行精彩项目路演。苏敏芳讲话，总结望城在2017年知识产权工作并提出三点意见：进一步提高对知识产权工作重要性的认识。应该充分认识到知识产权支撑和保障作用，认识到知识产权创新与竞争发展辩证关系。进一步强化企业创新主体地位。企业要更好发挥知识产权激励创新保障引领作用，为创新驱动发展和供给侧结构性改革提供有力支撑。进一步加大知识产权保护力度。加强知识产权保护是知识产权工作的重中之重，要加大对知识产权工作的指导，完善保障体系，强化统筹协调，增强知识产权执法能力，千方百计为企业创新保驾护航。

（张 柱）

科技普及

【概况】 2018年，望城区老科技工作者协会（以下简称老科协）有街道（镇）分会14个、区直机关活动组9个，有会员1096人，其中中、高级专业技术职称537人，占49%。获评省老科协“先进老科协”。

【协会队伍建设】 精心组织换届。区老科协驻会人员新增4人，街道、镇调整分会长2人，机关分会调整3人。2018年2月，区老科协率先在全区协会组织中成立“功能型”党支部，由李文斌会长任书记。严格按照“五化建设”标准“细则”开展工作，建立党支部活动室，参加区委组织部在区委党校举办的党员培训学习班、新党章理论知识考识、“两型”党员党课学习等活动。为进一步提升老科协会员政治站位，提升社会影响力，2018年，区老科协在会员中开展“八带头、八提高”活动，以明确的条件，适量的标准，具体的要求，来激发老科协会员活力，来提升老科协会员自身素养修为。

【助力乡村振兴】 2018年，老科协组织举办科学普及、科技宣传34场次，举办种植、养殖、花卉、苗木、药材、农副产品加工等实用技术培训班58期，培训学员8680名，举办专业技能初级工、中级工、特色行业培训班11期，培训学员846名。基层分会组织人员在全街道巡回宣讲，宣讲社会主义核心价值观，宣讲中共十九大精神，宣讲征拆新政。桥驿镇老科协2018年举办培训班11次，参加培训人员2000多人，专门聘请长沙市新农村职业农民培训教师举办为期2天的新型职业农民线上线下培训班，培训农民86名，乔口镇老科协举办水乡养殖培训班4期，培训学员400多人，盘龙岭村“稻田+荷花+小龙虾”养殖，成为农民主导产业。乌山街道老科协主办农技、植保、农机、水产养殖及农业生产实用技术培训班6期，培训职业农民700多人，靖港镇老科协把有专业特长农技师组织起来，到田间地头为种养大户现场解决科技问题12个。老科协城建分会协助质监、建安、建筑、环保等职能部门，办农民工工种适应技能培训10期，参训人员370人。

【发力精准扶贫】 2018年7月8日，区老科协全体理事赴湘西十八洞村参观，领略国家精准扶贫战略的现实作用和历史意义，提高老科协会员发挥专业技能，增强精准扶贫自觉性和积极性。全区街道、镇老科协帮扶贫困户86户。黄金园街道老科协精心组织青天寨，同心创业、丰收生态农庄、奕辉农业等业主会员，形成抱团发展，互利共赢。实施点对点帮扶、结对帮扶等多种形式，帮扶贫困户20户。桥驿镇朝蓬农业生产合作社老科协会员罗军，解决村14户贫困户人员就业，联系特困户3户，获评“长沙市百名最美扶贫人物”。乌山街道老科协副会长、长沙广滋油茶有限公司董事长李广芝，2018年联系乌山街道双兴村2户贫困户，2018年10月捐赠1000公斤价值近4万元纯菜油给双兴村困难户，获评湖南省老科协“科技致富能手”。靖港镇老科协副会长、长沙云游茶业有限公司董事长杨正武，连续三年不间断帮扶12户贫困村民，给他们送茶苗、送技术、送资金，受到当地老百姓点赞。区老科协理事，长沙望城金成水乡农业科技有限公司董事长王成，始终心系贫困村民，帮助解决劳动力就业和种植、养殖生产中的技术难题及生产资金困难，受到街道、村和群众好评。茶亭镇老科协会员长沙佳景生态农业发展有限公司总经理谭小见，积极开展产业扶贫，根据贫困户的情况，制定帮扶计划，签订帮扶协议，积极向上级农业部门专家联系，免费提供农业技术指导，安排贫困户劳动力来合作社打工，按市场价格给予劳动报酬，对没有劳动力的贫困户免费提供鸡苗、鸭苗、饲料，成熟后按市场价格收购鸡、鸭、蛋，2018年为贫困户提供种、养专题讲座4场，向农民传授科学种养技术，为14户贫困户免费发放饲料、肥料，价值5000多元。

【给力三轮“百创”】 2018年，在创建百岁健康区的整体规划中，推出第三轮创建百岁健康示范村（社区）工作。全区各创建村（社区）主动申请踊跃报名，创建的积极性一年比一年高，创建的标准一年比一年好，创建的条件一年比一年成熟、创建的效果一年比一年大。乔口镇为抓好、抓实创百，党委书记王涧波主持召开全镇各村（社区）党支部书记、主任，老科协小组长会议，进行工作总动员，从人力、物力、财力上给予支持。2018年12月14日，省老科协、市老科协领导到乔口镇检查验收创百工作，给予高度的肯定和赞誉，获评湖南省创建百岁健康示范镇。高塘岭街道西塘街社区，在创百活动中打造出高档次的文化长廊，建设一批老年人活动健身场点，在老年人棋牌活动室安装高清晰录像机，以保证老年人娱乐安全，让社区居民享受到创百活动所带来的快乐。高塘岭街道湘江村，在开展创百活动中，把老年人健身与娱乐有机结合起来，把创百硬件建设与村基础设施建设有机联合起来，把营造创百文化与农村经济社会发展有机联系起来，把打造创百景点与美丽乡村建设有机融合起来。在打造创百文化长廊时，别具一格添置2副价值上万元的石头象棋。2018年12月15日，《长沙晚报》以“美丽的湘江”为专题，进行大篇幅的专题报道。白箬铺镇的龙莲村所绘制的创百宣传栏，最为完美、准确地诠释老科协工作性质、地位、作用、目标及老科协会员“八带头、八提高”标准。丁字湾街道老科协举办创百保健知识抢答赛，开展党群同心创百岁活动文艺会演。月亮岛街道杨丰社区在创百工作中，用爱心打造出楼盘敬老、助老、爱老、帮老新模式，接地气效果好。

【致力作用发挥】 开展学术建言献策调研活动。年初，区老科协以望老科字（2018）4号文件，专门下发建言献策调研课题47个，对各街道、镇、区直机关分会下发建言献策调研论文任务。各级老科协组织先后召开座谈会、汇报会38场次。收集会员调研论文68篇，上报市老科协53篇，出版学术调研论文专集，分别呈送给区委四大家、区直相关单位主要负责人。学术论文受市老科协高度重视，李文斌会长《抓实创百，助力乡村振兴》获评一等奖。组织会员参观活动。10月中旬，先后组织区老科协理事、街道、镇、区直机关各分会副会长、秘书长参观长沙市“三馆一厅”、望城铜官窑博物馆，以活动促激活力，提升会员感知长沙、爱我长沙、拓宽长沙科技进步、美好生活的发展视野，提升会员知我望城、爱我望城、为望城社会经济发展知情出力自觉性和工作热情。承办由湖南省老科协组织的“湖南省中医药保健养生文化三湘行”为期5年的大型公益活动走进望城启动仪式。省中老名医养生讲座，省中老名医10个医师团队义诊，省相关医疗单位捐献70多万元药品，惠及望城上千名群众，给望城700多名中老年人送上一份健康大餐。庆祝中国改革开放40周年暨望城恢复建制40年征文活动。会员踊跃参与撰稿，活动征集作品75篇，书文由区委宣传部姚建刚部长亲自作序。征文聘请区作协专家，采用匿名评审方式，评选一类优秀作品6篇、二类优秀作品10篇、优秀作品29篇。

文化·体育

责任编辑◎任俊国

文体建设

【概况】　区文化体育广播电视局机关内设综合办公室、文化事业科、体育事业科、产业发展科、社会管理科5个科室，有干部职工12人。系统下设文化馆、雷锋图书馆、雷锋艺术团、电影发行放映公司、文物管理局、文化市场综合执法局、体育事业发展中心7个二级机构。

【公共文化服务】　民俗文化艺术节吸引数以万计的群众积极参与，成为盛况空前的百姓狂欢节，人民网、《湖南日报》、《长沙晚报》等主流媒体推介报道。“每日有书、每周有戏、每月有约、四季欢歌”系列群众文化活动成功打造成望城群众文化活动品牌。“每日有书”全年推书近200本，赠书2万多册，“每周有戏”复排演出《春草闯堂》《打猎回书》《女驸马》等经典剧目29场。“每月有约”邀请国家艺术基金扶持项目云南省原创民族音乐剧《爱如星火》、花鼓戏《耀邦回乡》、杂技+戏剧跨界融合舞台剧《加油吧！少年！》、童话剧《白雪公主与七个小矮人》等艺术精品近10场，“四季欢歌”全面启动免费培训、指导进行集中展演。新推“万颗红心向党·万场文艺下乡”活动，3000多场送文艺活动下乡、300多场送文化作品下乡、3000多场送影视作品下乡，成为2018年望城人民的重要文艺文化生活。第六届湖南省艺术节，望城区斩获多项重量级荣誉：精准扶贫题材小品《进退两难》获银奖，代表长沙市参加湖南省艺术节优秀作品巡演。“每日有书、每周有戏、每月有约、四季欢歌”系列群众文化活动获项目类奖。歌舞《四季欢歌》《守望未来》、小戏《初心无改》获银奖；歌舞《靖港姑娘》、舞蹈《戏缘》获优秀奖。雷锋艺术团获长沙市“杜鹃花”专业文艺会演组织奖。全面完成“一圈两场三道”建设任务77项文体项目建设。完成柏叶村等15个市级示范性村（社区）综合文化服务中心建设。专项治理街镇综合文化站，提升建设、管理和服务效能。积极探索“政府主导+社会力量参与”公共文化建设模式，科学铺排图书总分馆体系建设，高标准建成的简名分馆成为全市图书分馆的标杆，《湖南日报》等专题推广。望城影剧院提质改造完成，成为全区艺术生产基地、演艺惠民高地。全年公益电影放映近2000场次，送戏下乡180余场次，开展全民阅读系列活动30余项，公益培训及各类讲座近百场次，完善构建起一张全覆盖的文化公共服务网。大力推动文化产业发展，持续打造特色文化消费品牌，不断提升文化消费的吸引力与凝聚力。“一带一路”建设样板工程、湖南省和长沙市重点工程的大型综合文产项目新华联铜官窑古镇盛大开放。铜官窑考古遗址公园等16家企事业单位成功入选“长沙市国家文化消费试点第二批合作单位”；积极研讨产业发展方向，充分调研形成《望城区文化地标建设调研报告》。以湘江古镇群和千龙湖、贝拉小镇等美丽乡村为依托，打造望城特色，引领望城文化消费市场的快速形成，获评长沙市文化消费试点工作“先进单位”，在长沙市文化消费试点总结及成果推介座谈会上作先进经验推介。

【全民健身运动】　先后举办各类全民健身活动25场次。“健康湖南”的触角触及乡村，首届“健康

“每月有约 星动望城”音乐汇惠民演出《加油吧，少年》

湖南”全民运动会长沙市望城区篮球海选赛暨2018“乡村振兴杯”第三届百村篮球争霸赛吸引全区各街镇138个村（社区）球队参加，姚明现场指导，赛事作为“参赛队伍最多、覆盖领域最全、影响人群最广、组织难度最大”的篮坛盛会，成为望城区篮球爱好者期待的一年一度的盛会。百村拔河比赛、百村跳绳比赛、百村广场舞比赛等形式多样、覆盖全面的全民健身运动赛事的举行，为全民健身奠定广泛的群众基础，引爆全民健身运动热潮。依托自身行业优势，首次尝试在桥头驿社区举办农民欢乐运动会，群众好评如潮、参与热情高涨。承办省自行车联赛·望城站黑麋峰自行车登顶赛、省第四届县域乒乓球赛、省第三届跆拳道双节棍大赛、“王者归来”湖南垂钓大奖赛等省、市级体育赛事活动50余个，更进一步带动活跃望城全民健身的氛围。大力推广体育旅游融合模式，连续3年获评全国群众性体育先进县，赛事展示望城的人文特色，推动第三产业转型升级，走在全省前列。按照奥运会标准打造原创赛事2018长沙·望城国际铁人三项赛，吸引来自澳大利亚、美国、法国等9个国家近800名精英选手汇聚望城。CCTV5+、湖南卫视国际频道等37家主流媒体对大赛全程跟踪报道。该项赛事组织难度、媒体关注度、志愿者参与度、社会各界美誉度再创望城同类活动之最。赛事宣传望城区千龙湖国际休闲体育小镇和湘江古镇群特色建设成果，加快推进望城全域旅游示范区建设。体旅深度融合，大幅提高望城知名度和美誉度，为望城带来一系列内在改变，形成体育产业聚集洼地，引来一大批知名体育品牌企业，省奥体中心落户望城，成为发展全域旅游、实现乡村振兴、推动区域经济转型发展的新引擎。“望城以赛为媒、以体兴旅，大力推广体育旅游融合模式，推动区域经济转型发展”得到《长沙晚报》头版头条推介。参加第六届中国中（小）学生舞龙舞狮锦标赛，初中组女子队获冠军；参加中华龙舟大赛总成绩第一名；组织跳绳、广场舞、羽毛球等队伍参加首届“健康湖南”全民运动会，获最佳竞赛组织奖；参加湖南省第十三届运动会龙舟赛获100米、200米、500米第一名。参加长沙市“公仆杯”男子篮球赛，获四连冠。参加第三十届全国一汽大众苗苗杯小篮球赛，获U13全国第五名、U15全国第九名。苗苗足球俱乐部洪文艳入选U13女足国家队赴美拉练。

【文化传承交流】 积极响应“一带一路”倡议，组织望城文化技艺大胆走出去交流宣传。国家级非遗项目铜官窑陶瓷烧制技艺代表湖南非遗项目在捷克首都布拉格以及波兰的华沙、克拉科夫等国外城市举行的“湖湘风华 盛放东欧”活动上展出。铜官窑陶瓷烧制技艺重磅亮相登陆美国纳斯达克大屏幕，望城民间剪纸项目传承人秦石蛟老先生在长沙市博物馆举行望城折迭剪纸艺术展，推广宣传望城“非遗”。区文化馆、雷锋艺术团带方言小品赴怀化会同参加全省精准扶贫文艺交流。促进中国传统文化的推广和传播，引进举办全国“探寻唐彩瓷，传承古窑技艺”铜官窑文化交流会，10余位专家学者齐聚望城，为如何传承和发扬长沙铜官窑的古窑技艺建言献策。引进举办第十七届全国院线国产影片推介会，来自全国电影行业全产业链上各类公司260余家受邀前来参与。引进举办首届“千龙湖杯”湖南花鼓戏艺术节，吸引省内外戏迷共聚一堂。参与组织书堂山全国书法名家作品邀请展，中国书法家协会主席苏士澍等100位当代书坛名家的100幅古今诗词楹联作品展出，展示望城改革开放的卓越成果和楷圣故里的文化隽美。邀请引进乌克兰荒诞滑稽幽默剧《亚历山大与汪星人》、《蒙太奇的时间》经典电影视听音乐会、全球最好的手风琴手之一波兰手风琴绅士马切伊·费龙茨凯维奇独奏音乐会等国外优秀文化项目到望城交流演出，望城文化与国内国际先进文化成功接轨。邀请引进2018姚基金希望小学篮球季集训及联赛（全国）落户望城，来自全国13个省50余所希望小学踊跃参与。引进承办2018“雷锋杯”全国幼儿足球交流大会，唐九红、孙长亭、郑海霞等出席，全国18个省36支队伍参与交流竞技。邀请引进2018高尔夫美巡系列赛第三场（望城·龙湖），144名选手参赛，其中外籍选手占60~70%。

【文化遗产保护】 文物管理和保护工作经验在全省文物安全培训会典型推介；汉代长沙王陵墓群不可移动文物专业巡护模式获省级主流媒体积极推介；汉长沙国考古遗址公园安防工作队获中国文物保护基金会“薪火相传——文化遗产筑梦者杰出团队”入围奖。完成湖南和平解放秘密电台工作站旧址修缮工程。全力推进湘江古镇群文物保护，《湘江古镇群历史文化概览》正式出版发行，《乔口古镇保护规划》编制完成；新增19处第三批不可移动文物；完成古镇群范围内万寿宫、洗笔泉石刻、宁乡会馆、宏泰坊、外兴窑遗址5处省级文物保护单位申报工作。刘坤庭获评国家级非遗传承人，刘志广获评省级“非遗”传承人，七项“非遗”晋级市级“非遗”保护项目，居全市首位。紧扣“国家博物馆日”“文化和自然遗产日”等重要节点，积极组织文化和自然遗产宣传活动，举办长沙市望城区非物质文化遗产优秀传承人颁奖典礼，充分展示望城“非遗”保护取得的显著成果，新华社、人民网、中新社、《湖南日报》等主流媒体推介报道。望城文化遗产项目和传承人的“匠心精神”获《人民日报》、《光明日报》、《中国文化报》、人民网重磅报道。长沙铜官窑遗址博物馆建成开馆，全面展出1000余件文物，其中162件（套）从海外征集归国的“黑石号”沉船打捞出水文物首次面向公众开放，诠释出千年的历史文化，《人民日报》等多个主流媒体推介。引导陶瓷、湘绣、铜艺、蛋画等全省重点“非遗”项目入驻长沙铜官窑古镇，全面展示特色湖湘文化。挖掘、培植“陶

幸福之城

2018年，望城坚持民生优先，不断增进福祉。全年教育、医疗、文化等民生支出占一般公共预算支出的71%，完成省市民生实事重点项目27个。完成23所标准化学校改造、92所普惠性幼儿园认定，长郡斑马湖中学、周南学校等5所学校交付使用，新增中小学优质学位8000个。湘江新区滨水新城医院主体竣工，区人民医院与15家镇（街）卫生院、社区卫生服务中心建立医共体，城乡居民养老保险、医疗保险参保率分别达98%、96%，健康扶贫年救助医疗困难对象1.8万人次。创业带动城乡就业1.2万人，居家和社区养老服务信息平台建成运营，完成11所农村敬老院消防改造。完成棚户区改造1654户，农村危房改造479户，商品房销售430万平方米增长25%。“放管服”改革成效明显，281项政务服务事项下放到基层、园区“就近办”，打通联系企业、服务群众的“最后一公里”。

同心之声“从精准扶贫到精准脱贫”主题对话暨社会扶贫纪实

2018年11月20日，精准扶贫辅具捐赠仪式

湖南第一师范斑马湖小学

应急救援直升机进一步提升服务能力

“两节”期间超市安全检查

2018年10月23日，食品安全执法检查

一站式购物休闲中心——正荣财富中心

WANGCHENG
YEARBOOK

日常治安巡逻

西塘街社区儿童之家

共绘多彩童年

青少年足球训练

WANGCHENG
YEARBOOK

欢呼雀跃

民俗文化艺术节

茶亭镇村民舞龙

嗲嗲们在雷锋图书馆阅读

糖画之远大前程（李娟 摄）

老有所乐

元宵喜乐会

WANGCHENG
YEARBOOK

村(社区)服务中心的法律援助服务

望城区婚姻家庭调适服务中心

蔬恋窖藏坛子菜”晋级市级“非遗”项目，新增民间陶瓷“非遗”展馆“铜官窑坛子博物馆”。

【扫黄打非“执法”】 狠抓“扫黄打非”、规范综合执法，日常监管各类文化阵地，重点监管广播、电视、铜官窑古镇、酒店、影院、歌厅等重要领域和场所，确保全区文化阵地安全。扎实开展“清源”“净网”“秋风”“护苗”专项行动，以校园周边、重建地、居民区为重点区域监管网吧健康、广电网络传输安全；以车站、书店、音像店等为重要点位，严厉清查打击制售非法出版物行为。在雷锋路社区、望府路社区、一师斑马湖附小、职业中专等地方开展“扫黄打非”专项宣传，雷锋路社区参评全国“扫黄打非”标兵单位。

（蒋南翔）

望城区民俗文化艺术节

·群众文化·

【概况】 2018 年，望城区文化馆内设办公室、财务室、文艺部、活动部、文学部、非物质文化遗产保护中心 6 个部门，有干部职工 14 人。2018 年，全区有文艺团队 140 支，其中已注册团队 103 支，总人数近万人。在“欢乐潇湘”大型群众文化活动中，望城各群众文艺团队积极参与，创作出许多精彩的原创文艺作品。其中舞蹈《戏缘》《手鼓舞》获市广场舞决赛金奖。区文化馆自编自导的小品《进退两难》，参加第六届湖南艺术节获评市金奖、省银奖。2018 年，区“非遗”传承人刘坤庭、刘志广分别被认定为国家级、省级非物质文化遗产代表性项目长沙窑铜官陶瓷烧制技艺的代表性传承人。2018 年，全区组织开展 20 余次丰富多彩群众文化活动。举办“我们的中国梦”文化进万家系列文化活动，2018 年“我们的节日·元宵”望城区民俗文化艺术节元宵喜乐会，参与人数近 10 万余人。举办“望城区非物质文化遗产杰出代表性传承人颁奖晚会”“第二个文化和自然遗产日”“我们的节日重阳”，望城折选剪纸艺术展等大型群众文化系列活动。

【“每月有约 星动望城”】 组织“每月有约 星动望城”音乐汇系列惠民演出活动，以国内外话剧、音乐剧、舞剧、交响乐、戏曲、歌剧等高雅艺术为活动载体，免费向市民开放，有《亚历山大与汪星人》《扬帆新时代》《蒙太奇的时间》经典电影片段视听音乐会、音乐剧《爱如星火》《加油吧！少年》《白雪公主与七个小矮人》成功演出。每月有约惠民演出活动开演，每一场音乐汇都是座无虚席。文化惠民活动大大提高人民群众艺术欣赏水平，丰富人民群众业余文化生活，得到人民群众热烈欢迎。

【“欢乐潇湘 品质长沙 幸福望城”】 开展“欢乐潇湘 品质长沙 幸福望城”系列群众文化活动，分为广场舞和文艺会演两部分。欢乐潇湘系列活动是全区规模较大、群众参与较多的一次群众文化活动。其中，6 月进行 2 场“百姓大舞台 有艺你就来”的选拔赛，选出 16 个优秀节目，并在 11 月举行总决赛。参加广场舞总决赛的队伍是在广泛宣传发动，村（社区）组织海选，乡镇（街道）组织比赛选送的队伍。望城区选送 2 支优秀队伍参加市决赛，均获评市广场舞决赛金奖。

【群众文化辅导】 为提升群众文化艺术水平，区文化馆采取集中培训与下乡指导相结合形式，进行辅导工作。2018 年，组织 2 次大规模集中培训，请市文化馆业务干部和外聘教师组成师资队伍，以“面向基层、面向群众、面向弱势群体”为重点，以“本部培训与走进镇村（社区）互动培训结合，普及培训与提高培训结合，现场授课与教学成果展示结合，数字文化与网络传播结合，专题培训与日常辅导结合”工作方法开展书法、戏曲、合唱、乐理等课程集中培训。特别是定期下乡辅导，较好地提高全区基层文艺工作者服务能力与艺术水平，丰富广大基层群众文化生活。

【非物质文化遗产宣传】 贯彻落实《中华人民共和国非物质文化遗产法》，继承和弘扬中华民族优秀传统文化。6 月 9 日，在文化和自然遗产日我馆开展区内优秀文化遗产展示和宣传活动，吸引大批群众前来观看，为非物质文化遗产宣传和传承奠定良好基础。2018 年 7 个“非遗”项目成功入选市级“非遗”名录，2 名代表性传承人成功晋级国家级和省级代表性传承人，至此，望城共有区级非物质文化遗产项目代表性传承人20人，市级非物质文化遗产项目代表性传承人9人，省级非物质文化遗产项目代表性传承人2人，国家级代表性传承人1人。被列入区级非物质文化遗产保护项目名录8个，市级非物质文化遗产保护项目名录有10个，省级非物质文化遗产保护项目名录2个，国家级非物质文化遗产保护项目名录1个。

（赵 沙）

【举行望城区民俗艺术节】 3月1—2日，望城区2018年“我们的中国梦”文化进万家系列文化活动2018年“我们的节日·元宵”望城区民俗文化艺术节在雷锋大剧院正门外围广场举行。在活动中，展现给大家的有国家级“非遗”保护项目铜官陶瓷、省级“非遗”保护项目望城剪纸以及10多项市、区级“非遗”保护项目。同时，参加这次活动还有舞龙、舞狮、打陀螺、踢毽子等民俗文化项目，有大米、茶叶、坛子菜、蔬菜等本土特产项目；有棉花糖、臭豆腐、甜酒、香干、烤鱿鱼等各色民俗小吃。现场还有“你阅读、我买单”趣味猜影名赠奖券、文物知识有奖问答、“民间歌王争霸赛”等文化互动项目等，喜欢拍照的游客还和穿插在活动现场卡通人偶进行合影留念。活动当晚，开展形式多样、令人惊喜连连。元宵猜灯谜活动，其谜面多达1000余个，种类多，涉猎广，既有传统字谜、成语谜、歇后语，也有新兴词汇，礼貌用语和知名电影歌曲名等。活动吸引数万人前来观赏、游玩，活跃全区群众文化生活，宣传丰富的民俗项目，弘扬中华民族的传统文化，给2018年新春带来热闹、愉快、喜庆的节日气氛，更给望城人民带来浓郁的年味。

·图书阅览·

【概况】 望城区雷锋图书馆位于望城区高塘岭街道郭亮北路278号，建于1985年，原名望城县图书馆，1993年更名为雷锋图书馆。初步形成以“总馆+分馆+农家书屋”的公益图书建设体系，农家书屋123家，图书分馆7家，其中较有特色且已纳入全市通借通还体系的图书分馆有行政中心分馆、简名书苑分馆、松果分馆、花香分馆、八曲河分馆，望府路社区自助图书馆（起点分馆）馆舍总面积约4000平方米，藏书13万余册。

2018年，雷锋图书馆开展一系列全民阅读推广活动。中心馆及分馆的各类活动、培训、展览达到150场次，其中中心馆80场次，分馆70场次，吸引上万人参观，媒体报道达到33多篇，其中省级以上媒体报道4篇、市级媒体报道3篇。春节期间开展的送图书进基层文化志愿服务活动，丰富基层群众春节期间的精神文化生活；寒假期间开展的剪纸培训和“小小图书管理员”活动丰富小读者的课余生活，培养他们的责任感，增强动手能力、管理能力、团结协助能力。开展元宵喜乐会“竞猜灯谜赢红包”活动，通过手机扫微信竞猜灯谜的形式，为现场老百姓派送现金红包，增添浓厚节日氛围，弘扬中华传统文化，丰富春节期间的市民文化生活。每周六开展的“阳光周末”手工课活动、“圈圈故事会”活动以及暑假期间开展的儿童画课程、主题群文阅读、古典诗文教学等公益课，吸引大量小朋友的参加，增加图书馆的人气，带动了小朋友的阅读热情。开展“我们的队伍向太阳”望城区文化志愿服务，深入全区14个街镇为街镇分管负责人、街镇综合文化站长、街镇、村（社区）文化专干等直接服务的最基层文化干部开展培训，提升基层文化队伍的综合素质和服务能力。开展全区“阅读与我”演讲比赛，吸引160多名社会各界选手报名参赛，积极引导广大读者“读好书，好读书，多读书”。开展“每日有书·书香望城”活动，每日荐书、每日赠书、每日评书，营造全民阅读的良好氛围。向群众推荐近200本优秀书籍，在《望城视界》《望城发布》微信公众号上发布近400篇推文，向读者赠送400多本书籍，开展习近平新时代中国特色社会主义思想征文活动。推动习近平新时代中国特色社会主义思想在望城“天天见、天天新、天天深”。

·戏曲演出·

【概况】 2018年，雷锋艺术团内设办公室、财务室、演出队，有干部职工30人。

2018年，雷锋艺术团坚持将“舞台达到老百姓家门口”，积极开展“送戏下乡”及“周末有戏 好戏连连”等惠民活动，演出182场，观众多达20多万人次。新创节目9个，复排节目21个，演艺惠民脚步遍布全区大街小巷，丰富全区人民的精神文化生活。为传承和发扬经典文化，外请国家二级导演陈年秋驻团进行戏剧指导，复排传统戏剧。8月，选送青年骨干演员周霞、刘赛波参加国家艺术基金人才培养项目，复排传统花鼓戏《书房调叔》。“周末有戏 好戏连连”惠民演出29场，场场爆满，一票难求，让更多人领略传统戏剧魅力。1月，雷锋艺术团参加由长沙市举办“杜鹃花”专业文艺会演，选送花鼓戏《五更劝夫》、小品《自食其果》、舞蹈《飞天》，获评“优秀组织奖”，周霞获评演出二等奖。《进退两难》在第六届湖南省艺术节获评银奖，并获评长沙市“群星奖”金奖；原创戏曲《初心无改》获评长沙市“群星奖”银奖；易辉洪获评湖南省“星级文化志愿者”；周霞参加2018湖南基层院团地方戏曲青年演员电视大奖赛或“十佳新角”“最佳新角”“现场最受欢迎新角”三项大奖。

·文物管理·

【概况】 2018年，区文物管理局下设综合科、文物安全执法科、文物保护管理科、郭亮纪念园、汉长沙国考古遗址公园安防工作站，有干部职工13人，政府雇员1人，聘用人员15人。2018年，全区拥有不可移动文物点160处，其中全国重点文物保护单位2处，省级文物保护单位7处，市级文物保护单位17处，县级文物保护单位35处；文物管理局库房现有馆藏文物939件（套）。文物管理局认真贯彻执行文物保护法律法规政策；做好全区文物保护管理与利用、文物调查勘探审核和考古发掘；依法开展全区文物安全执法监督。获评长沙市文物局“不可移动文物安全管理先进集体”。

【文物安全管理】 2018年，开展文物安全巡查120余天次，排除安全隐患10余处，1月、9月，联合区公安消防大队对全区范围内文物古建筑、文博场所开展冬、春季和夏季消防安全检查，切实保证区内古建筑消防安全。3—5月，文物管理局与区公安消防大队联合下发《关于成立“全区文物消防安全管理联合工作机制”的通知》，进一步加强建设工程地下文物调查勘探，完成54项建设工程地下文物评估审核及岳麓污水处理厂、滨水新城加油站等重点项目文物考古调勘发掘和行政审批，实现文物保护与区域经济发展两利双赢。

【文物保护工程】 汉王陵安防二期增补工程完成竣工验收，获湖南省文物局批复，共布设摄像头84个，地下声敏传感器102个，广播音响23个，实现汉代长沙王陵墓群各个山头监控全覆盖，为王陵墓群安全打造一张科技防护网络。湖南和平解放秘密电台工作站旧址保护工程边坡支护、麻石挡墙、防空洞、旧址建筑本体维修等修缮工程全面完工，通过上级文物部门验收。望城影剧院维修改造工程全面完工，移交雷锋艺术团使用，正式对公众开放。长沙铜官窑博物馆于5月14日建成开馆，设专题展厅对千年沉船“黑石号”征集文物进行展示利用。

【文保基础工作】 根据上级文物部门统一部署，区文物管理局完成7处省级文物保护单位科学记录档案工作，完成第三批不可移动文物数据登录工作，实现区域内文物档案数字化、规范化。湘江古镇群历史文物资源调查最终成果《湘江古镇群历史文化资源概览》丛书2000套（共1万册）正式出版发行，该丛书包括铜官·书堂山篇、靖港篇、丁字湾篇、高塘岭·新康篇、乔口篇五册，为古镇群开发建设提供更为有力文化支撑。

【文化遗产宣传】 以元宵节、综治宣传月、文化和自然遗产日、扶贫日等重要节点为契机，开展宣讲、发放宣传资料、播放宣传教育短片等活动。利用报纸、电视、网络等媒体进行文物知识文物保护宣传普及：中央电视台新闻频道、湖南卫视等媒体，《人民日报》《光明日报》等纸媒相继对望城区汉代长沙王陵墓群、郭亮纪念园等文物保护工作进行相关宣传关报道20余次。

【文物知识进校园】 6月5日，以“文化和自然遗产日”为契机，区文物管理局走进望城区砂子塘新世博学校，举办“文物保护知识进校园”活动。活动以“新时代青少年的历史使命与担当”为主题，通过摆放文化遗产系列宣传展板、开设“文物知识知多少”小课堂、文物知识互动问答等形式，重点宣传望城区物质文化遗产，普及文物知识，树立文物保护意识。活动现场，学生认真听讲、踊跃发言、积极参与互动问答，充分展现新时代青少年的风采。活动让更多青少年了解望城、认识望城、热爱望城，进一步提高青少年学生物质文化遗产保护意识。

·文化市场综合执法·

【概况】 区文化市场综合执法局，为区文化体育广播电视局管理的正科级事业机构。2018年，内设办公室（政策法规室）、市场办、网吧执法中队、娱乐执法中队、广电执法中队和新闻出版执法中队6个股室，有干部职工18人。2018年，文化市场综合执法局按照“一手抓繁荣、一手抓管理”的方针，以规范求繁荣，以创新求发展，努力健全文化市场管理体系，积极完善文化市场管理机制，严厉查处违法违规行为，不断促进全区文化市场健康有序繁荣发展。出动执法人员3800余人（次），检查文化经营单位1360余家次，收缴盗版音像制品600余张（盒）和各种盗版书刊、书籍1500余册，取缔出版物零售店档摊点2个，立案50起，办结50起。

【市场监督】 严格市场监管，规范经营秩序。网吧市场落实日常巡查制度，“清朗暑假”暨“利剑”专项整治行动取得显著成效，加强无证网吧打击力度，对全区15家无证经营网吧去函告电信部门切断互联网接入服务。进一步加强对歌舞娱乐场所播放内容审查和监督，认真落实区环委会督办案件，结合“蓝天保卫战”开展对娱乐场所噪声整治行动，不定期开展夜查整治行动，对娱乐场所超时经营以及噪音扰民现象进行强力整治，处理“12345”歌厅投诉152起，回复率、满意率均为100%。加强商业电影院、广播电视播放、传输监管，对辖区内所有电影院、广播电视站、星级宾馆、酒店不定期巡查。积极开展全区黑广播专项整治工作，确保全区广播频率传输安全。

【“扫黄打非”】 扎实开展2018“清源”“净网”“秋风”“护苗”和学校校园周边社会文化环境综合整治等系列重大行动，全面开展春节、“两会”期间出版物市场专项整治，加大对出版物市场日常巡查监管力度，深入辖区尤其是校园周边的书店、报刊亭、电子音像等出版物经营单位，查处和封堵反动、邪教、迷信、暴力、色情等各类侵权盗版非法出版物，特别是盗版教材和教学辅导读物、盗版工具书，有效规范出版物市场经营秩序。10月9日，全国“扫黄打非”办汤清淇副司长一行到望城区高塘岭街道雷锋路社区复核

“扫黄打非”进基层标兵单位创建工作。4月24日，在斑马湖小学礼堂举行“绿书签行动·网络安全课堂”宣传活动，师生、社区居民300余人参加，“中国扫黄打非网”进行宣传报道。

【网络执法】 4月下旬，湖南省文化厅双随机巡查系统发现望城区境内注册的长沙市么么达网络科技有限公司涉嫌经营宣扬赌博的网络游戏《斗牛》，执法局高度重视，精心部署，经过执法人员半个多月坚持不懈调查取证，破获望城区第一起网络案件。

2018年4月24日，开展“绿书签行动·网络安全课堂”宣传活动

【市场安全】 开展隐患排查，确保市场安全。全面落实管行业就要管安全执法理念，按“一岗双责”要求，明确责任到岗到人，强化在日常执法中对安全生产巡查。全面落实日常监管和消防安全检查相结合，根据全市统一部署，扎实开展全区文化市场人员密集场所消防安全、文化市场春夏火灾防控以及大型商业综合体文化经营场所消防安全专项整治工作，做到痕迹化管理。同时，加强节日期间文化市场安全检查，确保全区文化市场安全稳定。

·体育事业·

【概况】 2018年，区体育运动中心主要负责体育中心场地管理、体育训练及区内大型活动、体育赛事后勤保障工作；实施体育产业开发工作。有干部职工11人。体育运动中心占地面积为5.1公顷，设有综合训练房1栋、田径运动场1个、门球场3片、游泳池1个、综合体育馆1个、文体活动广场1个、全民健身路径1条。谷山体育公园占地面积16.4公顷，设有游泳馆、羽毛球馆、健身房、专业馆（含篮球、羽毛球、乒乓球、网球）、5片室外篮球场、8片室外网球场、2片室外足球场、健身步道、儿童游乐沙坑、极限运动场、游人广场、3000平方米山顶用房等。

【赛事活动】 先后举办、承办、协办体育赛事活动20余次，参与活动人数近20万余人次。其中有影响的体育赛事活动有：由长沙市体育局和望城区人民政府共同主办的原创性国际赛事——首届2018长沙·望城国际铁人三项赛，来自美国等9个国家的精英选手汇聚长沙望城，比赛线路以长沙望城区“山水洲镇”为主线，将望城得天独厚自然风光和人文景观通过传媒向国内国际推广；2018“雷锋杯”全国幼儿足球交流大会；2018“乡村振兴杯”第三届百村篮球争霸赛；姚基金发起人、著名篮球运动员姚明出席本次赛事开幕式；湖南省第三届“美利达杯”长沙·望城—张家界·武陵源300千米不间断骑行挑战赛；组织开展长沙市望城区春节民俗文化艺术展演；长沙市望城区第二届“苗苗杯”区直、街镇机关女子跳绳比赛；长沙市望城区“公交杯”区直机关事业单位羽毛球赛；2018望城钓协千龙湖钓鱼邀请赛；湖南省自行车联赛·望城站黑麋峰自行车登顶赛；“巅峰湖南·2018”六大名山连登积分联赛（黑麋峰站）；湖南省第四届县域乒乓球赛；湖南省第四届业余乒乓球赛；湖南省首届裁判员乒乓球比赛；湖南省第三届跆拳道双节棍大赛；长沙市第九届老年人运动会广场舞比赛；首届“健康湖南”全民运动会长沙市钓鱼选拔赛等。

【体育产业】 推进体育事业发展，促进体育产业日益兴旺，体育彩票销售快速增长，2018年销售总额达7230万元，较2017年的2150万元增加236.28%。积极培育体育健身市场，引导大众体育健身消费，培育扶持一大批体育服务业。

广播电视

【概况】 2018年，区广播电视台内设综合办公室、新闻中心、播控中心（总编室）技术中心、广告传媒（活动）中心；湖南有线望城网络公司设综合事务部、财务部、楼盘发展部、市场营销部、高星经营部、望城坡经营部、网建技术部、丁字站、乔口站、黄金站、含浦站，有工作人员150人，其中在职在编人员35人，聘用人员115人；在编人员中，干部11人，工人24人。全台综合年收入5000多万元，有线用户12.6万户。播出电视新闻331组，播出新闻稿件3183篇；16件作品获国家、省、市奖励；272条新闻稿件被央视、湖南卫视、长沙新闻频道等中央、省、市媒体采用，是2017年上送稿件的6倍。

【夯实党管意识形态】 按照中央、省委、市委、区委的统一部署和相关文件精神，制定落实《中共长沙市望城区广播电视台党组党管意识形态工作责任制实施细则》，成立意识形态工作小组，由党组书记任组长，其他班子成员任副组长，制定意识形态任务分解表，层层压实，责任到人；台党组定期学习意识形态工作内容，分析研判意识形态工作形势；完善出台《播出机房应急事项列表》《广告传媒（活动）中心节目送审播出制度》《安全播出信息沟通和事故（事件）报告制度》《节目三审制和重播重审制》等一系列安全播出制度，将目标责任逐层分解到部室，明确到个人，确保意识形态工作落实落细。

【推进媒体融合】 10月25日，望城区融媒体中心挂牌。区融媒体中心与区广播电视台实行“一套人马，两块牌子”的机构模式，望城区广播电视台和望城区新媒体中心实现媒体资源、平台、人员的融合发展。强化互联网思维，致力于推动传统媒体与新媒体从“相加”到“相融”，选派骨干参加全国县（市）台节目推优暨县级融媒体建设论坛、参加国家广播电视总局网络视听节目审核员培训班，获得专业证书；邀请湖南卫视媒体大咖进行媒体融合授课，进一步拓宽干部职工融媒体思维。依托新湖南、红网技术和人才优势，新湖南望城频道顺利开通，红网望城云平台建设有序推进，名望之城APP进入测试阶段。促进互联网和有线网齐头并进，通过内容策划、话题设置等方式，形成“大屏”与“小屏”的良性互动，努力推进有线电视专网和三大通信运营商的良性竞争互动，全面拓展传播渠道，更好地讲好望城故事。

【丰富荧屏内容】 2018年，播出新闻331组，播出新闻稿3183篇，272条新闻稿件被中央、省、市媒体采用，新闻宣传不断深化。策划“新时代 新征程”“在习近平新时代中国特色社会主义思想指引下——新时代 新作为 新篇章”“新时代奋斗者说”等系列报道，推动习近平新时代中国特色社会主义思想“天天见、天天新、天天深”；围绕全区中心工作，推出“辉煌四十载”“产业发展突破年”“推进环境大治理 打赢蓝天保卫战”“精准扶贫看望城”“千人帮千企”“ 廉洁望城”“文明创建”“ 经开区动态”“我是雷锋家乡人”、聚焦两会《奋进，名望之城》等20多个主题报道；播发《崛起的园区》《幸福望城大家谈》《望城故事》等专题节目84期；全年播出《这里是铜官》《特色小镇 各美其美》《奋楫扬帆立潮头》《美丽望城新画卷》等望城各类形象宣传片12篇，用形象生动的画面和语言，展示望城大美形象。策划执行最美建设者、最美社会贤达、纪委“510”等活动，并精心制作活动VCR展形象。精心策划，新推出《望城故事》专栏，深入挖掘望城深厚历史底蕴和人文魅力；新推出《成长秀》栏目，宣传推介全区关心下一代工作举措。新推出《少儿荐读》栏目，牵手小主播播出节目70多期。精心接洽和挑选，与中广天泽传媒合作，购入《有话直说》《生活大参考》《影行天下》栏目，与益阳专业花鼓戏公司签约，购入高质量《花鼓戏》节目，增加荧屏可看性，进一步满足观众需要。根据阶段宣传重点及市区工作要求，制作一系列宣传片，制作、播出公益广告72条，内容涉及社会主义核心价值观、生态文明、蓝天保卫战、安全生产、勤俭节约、文明出行等。开设“万颗红心永向党”爱国主义教育电视剧展播，引导全区精神文明建设。顺应媒介融合发展新趋势，争取统筹非税收入400余万元、市县文化产业项目资金100多万元进行设备升级改造，启动高清融媒体专业设备升级改造项目，建设融媒体中央厨房，对融媒体摄录设备进行高清改造，完成演播厅、高清非编网、播控机房等融媒体专业设备高清改造，对全台网络进行重新梳理布局，进一步增加网络稳定性和安全性；对全台监控系统进行完善，加强安保工作；更换演播厅空调，提升演播厅节目录制环境。

【抓活生产经营】 策划开展“2018望城首届少儿春晚”“望城经开区市场群欢购节”“雷锋家乡，阳光之星表彰活动”、“6·5”全国环境日、“人生灯塔·雷锋日记”主题演讲比赛活动、“长沙市望城区庆祝首届中国医师节系列活动之好医生、好护士颁奖典礼”、全区精神文明建设主题原创文艺节目大征集活动、长沙市网络文明传播暨“望城好人·身边雷锋”“文明市民”“文明示范门店”发布和全区精神文明建设主题原创文艺节目展演，顺应合作单位和受众需求，充分运用直播手段，开展两场以“迎蓝而上”“司法公正望城行”为主题的望城区人大常委会司法公正工作专题询问会、“元宵节主播带您逛灯会”“正荣吃货大团战”“望城春季马路赛”等活动的微信直播合作，并完成现场摄像30场，抓好伟创力企业招工区内外宣传。

【加强机关管理】 组织学习中共十九大精神和习近平新时代中国特色社会主义思想，组织中心组学习，落实“三会一课”制度，围绕“学习十九大，我们怎么干”“推进媒体融合，我们怎么干”“向先进模范黄称忠同志学习”等主题开展专题讨论，邀请党校老师讲廉洁党课，邀湖南卫视老师围绕媒体融合授课，全方位提升干部职工专业水平。开展老干部新春座谈会、“三八”妇女节礼仪讲座、重阳节老干部活动、中秋端午等扶贫慰问活动，积极组织干部职工参加全区跳绳比赛、全区精神文明建设主题原创文艺节目比赛等活动，增加团队凝聚力。进一步规范财务报账及绩效核算制度，聘请专业审计公司进行审计，规范财务管理；加强公车出行、办公用房管理；敢于直面历史遗留问题，推进房产证办理工作，处置网络公司含浦站原负责人经济犯罪问题；聘请专业律师，对全台合同签订、法务等方面内容进行全面把关，规范工作流程，更好地维护单位形象。廉政建设天天喊，作风建设时时抓、纪律督查周周动。签订党风廉政建设责任书，从源头上杜绝索拿卡要、收送红包等不良倾向。开展谈心谈话，班子成员与干部职工交心谈心 55 次。在春节、清明、“五一”、端午、中秋等重要节假日开展纠“四风”专项监督检查 25 次，确保广大干部廉洁自律；始终把作风建设摆在突出位置，引导干部职工切实弘扬优良作风，保持清廉本色。

(黄　格)

【望城区融媒体中心挂牌成立】 2018 年 10 月 25 日，望城区融媒体中心挂牌成立，与区广播电视台实行“一套人马，两块牌子”的机构模式，归口宣传部管理。望城区广播电视台和望城区新媒体中心实现合署办公，新媒体中心（网宣办除外）人、财、物和工作职能职责成建制整体移交区广播电视台（融媒体中心），人员、内容、工作磨合稳步推进。按照“中央厨房”运行模式，推动传统媒体与新媒体从“相加”到“相融”，构建“一次采集、多次生成、多元发布”的现代传播格局。

【《国宝“回家”》获全国市县台推优展播一等奖】 2018 年，区电视台精心组织创优参评，16 件作品获全国、省、市奖，其中电视专题《国宝“回家”》获全国市县台推优展播一等奖、湖南新闻奖二等奖。千年沉船“黑石号”文物的回归，举世瞩目，也是铜官窑的牵挂。记者前后历时 2 个月，走访 10 多位事件亲历者，采访文博、金融等相关行业人士，搜集到大量一手资料。节目通过访谈的形式，引导当事人回忆事件经过，真实还原了文物回归的历程，生动展现家乡人对国宝回家的期盼和决心、文博人守护中华文化遗产的责任感和使命感。

图书销售

【概况】 2018 年，湖南省新华书店有限责任公司长沙市望城区分公司内设综合管理部、财务部、市场一部、市场二部和市场三部，市场二部下设岳麓实验中学校园书店、长郡月亮岛学校校园书店、望城一中校园书店（国学馆）、湖南师大附中星城实验中学“校园读书吧”；市场三部下设中心门店、区行政中心机关书店。在职干部职工 36 人，退休职工 16 人。

2018 年望城区分公司紧紧围绕“开拓市场、扩大发行、创新发展、提高效益”的经营思路，严格执行“不触碰政策红线”的教辅发行总要求，紧紧围绕年初上级公司下达目标任务，强化管理，扎实工作，较好地完成上级公司下达的各项经济指标和各项工作。实现销售 4731.13 万元。

认真落实区委、区政府《关于推进学习型城区建设开展“书香望城”全民阅读学习活动的通知》精神，以“推广全民阅读，建设书香望城”为主题，大力开展全方位、多层次的全民学习活动，努力营造浓厚的学习氛围，不断提升全民素质，促进望城经济建设发展。

运营书香望城公众微信号新增“全民阅读”“书粉专享”等子菜单功能，通过扫描二维码直接查找到门店库存，方便读者查找书目，微信平台更直观了解书店营销活动、跟读者互动，扩大书店影响力；积极开展“湘版好书榜”宣传推介活动，在中心门店比较醒目位置设置“湘版好书榜”专柜，陈列湘版好书、新书，宣传展示近三个月湘版好书。优化库存结构更好地满足了读者需求。通过一年的调整和充实，2018 年年底全店有品种 19778 种。琳琅满目的商品充分地满足了望城百姓购书需求。

贯彻落实总公司《门店管理中心标准化手册》，加强对门店员工业务技能提升，加大业务练兵和绩效考核力度，秉承“为书找读者，为读者找书”服务理念，不断转变服务观念，优化服务环境，达到内练素质外树形象；以市场为导向，加强进销管理，丰富图书品种，优化购书环境，以满足广大人民群众日益增长的精神文化需求。为助推名望之城区建设，繁荣望城文化事业，打造文化望城书写“望城速度”新篇章发挥积极作用。

(王　果)

【创新校园书店运营模式】 校园书店建设是公司未来战略转型的重要抓手，10 月 19 日，望城区湖南师大附中星城实验中学“校园读书吧”正式开业。新华书店开辟师生阅读新阵地，培养学生良好阅读习惯。加大校园书店一般图书发行销售工作力度。做到畅销书、重点书终年陈列，其他图书根据实际情况备足备好。调动员工积极性，团结拼搏创业精神，变坐家等客为主动出击，大力开展推销服务，走进校园，开展“书香长沙 爱心阅读”“工具书进校园”、9 月开学季流动售书、“名家走进校园”讲座活动。

电影放映

【概况】 2018 年，望城区电影发行放映公司内设办公室、财务室、农村电影工程服务中心、雷锋影视文化中心，有干部职工 20 人。

【送电影下乡】 2018 年，公司将工作重点放在农村公益电影放映工程上。坚持送电影下乡，做到每村、每月至少放映一场电影，电影下乡达 1842 场次，观众达 60 多万人次。同时，紧紧抓住送电影下乡有利时机，广泛开展政策法制、科普、健康、移风易俗、乡风文明等宣传教育，深受群众欢迎。

【公益电影】 为确保文化惠民工程落到实处，电影公司积极开展“公益电影进社区、进工地、进敬老院”

等一系列电影放映活动，为城镇低收入群众等特定人群提供优惠观影服务。放映382场次，观众人数达10万余人次。雷锋影视文化中心，充分发挥自身优势，精心策划，广泛宣传、改进服务，切实做好影院免费公益电影放映工作，放映达320场次，观众达12万人次。

（刘志远）

公益电影下乡

地方志工作

【概况】 2018年，区史志档案局内设地方志办公室，负责年鉴编纂和全区地方志业务指导工作，有在职在编干部3人。

【树立优质年鉴品牌】 《望城年鉴（2017）》获全国第六届年鉴编纂出版质量评比二等奖、中国地方志指导小组年鉴质量评比提名奖、全省年鉴编纂质量评比一等奖。《望城年鉴（2018）》顺利出版发行，收录2017年望城区各镇街、各部门、各行业的基本情况、主要工作和重要事件，旨在客观反映望城2017年度经济社会发展状况及存在的问题。针对2017年的实际工作，增设精准扶贫、抗洪救灾、项目建设提速提标、党风廉政建设等4篇专文；在内容上，增补表格、数据，以更加科学的反映行业发展情况；在彩页设置上延续五位一体整体布局，反映望城年度特色亮点工作；后附《望城现存岁时节令（节选）》，展现地方特色。《湖南年鉴（2018）》《长沙年鉴（2018）》望城区部分的组稿均顺利完成，获评《长沙年鉴》组稿先进单位。

【加强方志业务指导】 指导靖港镇、光明村积极申报名镇名村志文化工程，《靖港镇志》经过3次修订确定框架，开始撰写初稿，《光明村志》写作班底配齐，名镇名村志工程纳入全区乡村振兴战略实施办法。继续对《长沙市望城区公安志》框架进行业务指导，指导编纂的《望城经济技术开发区志》率先全市13个经开区完成公开出版，12月7日举办首发式。全区方志编纂呈现多领域共同发展态势，逐渐形成具有望城特色地情丛书体系。

【传播特色方志文化】 与区湖湘文化交流协会等单位共同举办“爱的春天——2018湖湘文化走进敬老院”活动，向乌山敬老院赠送地方志书籍。开展《湖南乡镇简志（长沙卷）》中望城部分的组稿、编纂工作。协助市志办完成“乡村振兴”课题调研及《中国地情报告2018》望城区相关篇目撰写。完成《长沙市志（1988—2012）》人物篇、城镇篇、人口篇等篇目供稿和资料补充。撰写《望城地方志事业发展报告（1985—2017）》，向市志办报送地方志事业发展相关图片和编研成果，配合纪念改革开放40周年系列活动，推荐周锐驰、千年沉船号“黑石号”162件（套）文物回归长沙铜官窑、望城公安消防大队被国务院、中央军委授予全国“学雷锋模范消防大队”称号分别入选《长沙年鉴》2017年度人物、年度事件。

【向乌山敬老院赠送地方史志书籍】 4月10日，“爱的春天——2018湖湘文化走进敬老院”活动在乌山街道敬老院启动。区档案局向乌山敬老院赠送近年来望城区史志档案局编辑出版的地方志和党史书籍30余册，丰富老人们的文化生活。史志书籍走进敬老院，是区档案局开展史志宣传“六进”、助力文化振兴乡村的重要举措，旨在让更多的人通过阅读，了解乡土，找到自身文化的根源，爱上乡土，激发建设家园的动力。

【李富强获省方志工作荣誉奖】 3月26日，在2018年度长沙市地方志工作会议上，省地方志编纂委员会在全省范围内首次颁发“湖南方志工作荣誉奖”，区档案局党史办主任李富强成为全市唯一获奖者。李富强从1987年至今，从事地方志工作30年，作为修志骨干参与两届《望城县志》编写；主持编修《望城县组织史》《望城县编制志》《望城县政区大典》《望城历史上的今天》《望城区历史展览（脚本）》《长沙市望城区街镇简志》，作为副主编参与编写《望城年鉴》10余册，为望城的地方志事业发展做出了积极贡献。获评望城县修志工作二等奖、省地方志学会“优秀论文”奖、“望城区优秀共产党员”。

（张理希）

社会生活

责任编辑 ◎ 宁利宏

民政事务

【概况】 2018年，区民政局机关内设办公室、救灾救济科、基层政权建设科、优抚安置科、规划财务科、社会事务和社会福利科6个科室，下设社会救助局、救助管理站、老龄委办公室、社会组织管理局、婚姻登记处、殡葬管理站、军队离退休干部休养所、福利彩票发行中心、慈善会办公室、按摩医院、光荣院11个二级机构。局班子成员5人，在职在编干部职工73人。

【社会救助】 提高城乡低保保障水平，农村、城市低保补助分别提至267元/人·月、406元/人·月，较2017年分别提高5.16%和2%，高出省级标准97元/人·月、86元/人·月，发放城乡低保金4610.71万元、特困供养金2631.27万元。开展春节走访慰问，为全区低保、特困、优抚、残疾家庭等困难群众送钱送物、排忧解难，慰问对象2万余户，发放慰问金2264.19万元；实施未脱贫建档立卡低保户"不愁吃、不愁穿"保障，按"愁吃且愁穿"3000元/户、"单愁吃单愁穿"1200元/户和配套550元/户的米、油、棉被等物资进行救助，为1352户对象发放救助金215.52万元。出台《长沙市望城区特困供养人员照料护理实施办法》和丧葬费补助发放办法，以政府采购方式引入专业社会组织开展特困供养人员生活自理能力评估，采取区、街镇、村（社区）三级联审方式，认定全自理2047人，全护理、半护理922人，发放照料护理补贴455万元、丧葬费61万余元。落实《长沙市城乡困难居民医疗救助办法》和建档立卡贫困户医疗救助政策，将农村特困供养人员、低保对象和建档立卡贫困户重特大疾病救助纳入健康扶贫"一站式"结算系统，按照救助比例实施住院治疗"一站式"结算，重度精神病人实施定点住院免费医疗和兜底保障集中结算，累计救助17660人次，发放救助金3077.3万元。

【基层治理】 牵头落实社区提质提档任务，发挥统筹协调作用，有序推进7个社区提质提档建设。出台《关于进一步规范城市社区设立的意见》，指导月亮岛、金山桥、丁字湾等街道科学设立8个城市社区，社区治理架构更趋合理。提升基层民政经办能力，制定《长沙市望城区乡镇（街道）社会工作服务站项目实施方案》，指导14个街镇完成站点建设，优化便民利民服务，打通服务群众"最后一公里"，通过政府购买服务，引进专业社会组织，先行先试打造丁字、乔口、桥驿3个示范点。

【养老服务】 高龄津贴从50元、100元人·月、300元/人·月分别提至100元人·月、200元人·月、500元/人·月，并实现全区80周岁以上所有老人普惠，享受人员从1675人增至12895人，发放津贴1625万元。提升养老服务水平，建成并运营区居家和社区养老服务信息平台，开发养老服务实时监控APP，实现民办养老院、日照中心和居家养老上门服务等全部纳入监

社区提质提档打造"一社一特"——雷锋路社区处处充满雷锋元素

管，养老服务走上“互联网+”。创立“落实一个阵地、搭建三个平台、建设三支队伍、创建四套机制”为主要内容的农村居家养老服务模式，形成以居家为基础、社区为依托、社会力量为主体、医养结合的居家和社区养老服务体系，不断满足老年人日益增长的多样化需求，通过政府购买专业社会组织为年满65周岁以上失能、半失能老人开展（居家）养老服务，月平均服务对象237人，上门服务次数4万次，发放补贴金116.76万元。

【民生改革】 推进“极简便民审批（服务）”改革，牵头组织人社、公安、卫计、残联、教育、住保等16个部门，梳理群众个人、企事业单位职工个人办理的民生服务事项274项。同时，按照“能放则放、应放尽放、就近办理”原则，下放园区、街镇、村社、网上及其他方式办理227项（其中79项下沉园区、街镇办理，125项下沉村社办理，23项实现其他方式办理），民生事项实现“就近办”，群众办事更加便捷。

【事务管理】 优抚对象、军休干部待遇全面落实，全年发放各类抚恤、补助金6607.6万元，完成2018年度66名转业士官安置，涉军群众整体稳定；社会组织培育力度不减，培育孵化10家公益类社会组织，组织公益慈善类社会组织助力龙山县洗车河镇扶贫济困；慈善助学、助医、助困范围不断扩大，首次设立青少年尿毒症专款账户，帮扶救助辖区内35周岁以下尿毒症患者，全年发放慈善资金566.39万元；集中实施社会救助专项治理和残疾人“两项补贴”清理认定，及时清退不符合条件对象，救助对象识别更加精准，全年发放“两项补贴”1286.76万元；深入开展殡葬领域整治、“夏日送清凉”救助、婚姻登记建档管理专项活动，全区死亡人员火化率、流浪乞讨人员救助和婚姻登记建档合格率均为100%；福彩销售1.9714亿元，福彩公益金投入扶贫、助老、济困等民生事项超过1155万元。

【基础建设】 稳步推进五化民政进程，纳入2018—2019年度五化民政建设重点县市区。全力推动民生实事工程建设，完成退役军人联席会议办公场所、救灾物资储备仓库、社会组织孵化基地提质改造建设；实施11所敬老院消防改造、5个特护区建设，敬老院服务质量明显提升；创建婚姻登记示范窗口；扎实开展全国地名普查、地名地址库试点工作，取得阶段性成果；实施双拥宣传“三个一”工程，打造双拥一条街、标语一座桥、示范一个点，双拥氛围进一步浓厚；启动集中治丧场所和骨灰寄存塔建设，完成立项批复；区光荣院和社会福利中心建设完成选址，列入2019年政府投资项目。

【望城区社会组织联合会成立】 截至2018年11月，望城区登记注册的各类社会组织443家，形成一支强有力的社会服务力量。为激发社会组织活力、促进社会组织标准范围有序运作，推动全区公益事业进一步发展，望城区率先全市成立社会组织联合会。2018年11月28日，望城区社会组织联合会成立暨第一次会员大会在雷锋大剧院召开，全区179家社会组织负责人和代表参加会议。会议表决通过《长沙市望城区社会组织联合会章程》《长沙市望城区社会组织联合会会费收取标准与财务管理办法》和《长沙市望城区社会组织联合会第一次会员大会选举办法》；选举产生联合会首届理事、监事和理事会负责人。

【探索养老服务改革】 率先全省实施空巢老人巡访服务制度，为老年人进行生活料理、精神慰藉、法律咨询、康复理疗等服务，参加志愿者养老服务人员超过2400余人。积极探索养老服务改革，建成居家养老服务站点94个，每个中心服务老人超过1万人次，投入1557万元完成11所农村敬老院消防改造和5所敬老院特护区建设；建立居家和社区养老服务信息平台，将所有民办养老院、日照中心的养老服务和居家养老上门服务等全部纳入监督范围，居家和社区养老服务走上“互联网+”。通过落实阵地、搭建平台、建设队伍、创建机制，全区形成以居家为基础、社区为依托、社会力

附：

表2　2018年长沙市望城区各街镇80岁以上老人数据统计表　单位：人

乡镇（街道）名称/类别	80~89岁	90~99岁	100岁以上	合计
丁字街道	532	44	1	577
金山桥街道	245	31	0	276
黄金园街道	304	36	1	341
桥驿镇	828	104	4	936
大泽湖街道	279	33	1	313
月亮岛街道	385	53	0	438
茶亭镇	1025	104	2	1131
铜官镇	1280	111	3	1394
靖港镇	1521	170	2	1693
乔口镇	865	90	2	957
乌山街道	1305	142	4	1451
高塘岭街道	1947	209	6	2162
白箬铺镇	957	114	1	1072
白沙洲街道	314	44	0	358
合计	11787	1285	27	13099

量为主体、医养结合的居家和社区养老服务体系，不断满足老年人日益增长的多样化养老服务需求。

【社区提质提档工作】 秉承“提城市品质、优服务效能、树特色品牌”创建理念，2018年，区民政局继续牵头实施社区提质提档，发挥统筹协调作用，争取区财政专项资金1亿元，以老旧小区为重点，按照“一社一特”的思路，坚持整体成片推进，不留死角，集合城市基层党建、“三供一业”改造、“一圈两场三道”、“老旧小区油污治理”等中心工作，有序推进中南、湘陵、望府路等7个社区提质提档建设，着力将中心城区打造成为精致精美、宜居宜业的高品质城区，让老百姓的获得感幸福感在家门口不断升级。

【防灾减灾救灾工作经验获省级推介】 3月13日，全省防灾减灾救灾工作会议在长沙召开，会上，望城区以《立足“救”与“安”保证受灾转移群众安置工作有力、有序、有效》为题作经验交流。望城区坚持“救”与“安”结合，有效应对2017年超历史特大洪涝灾害，在转移安置过程中，区委、区政府高位指挥调度，领导干部靠前指挥，区防指集中调度，各街镇全面宣传发动，科学开展疏散，择优选址安置，抓实救助工作，保证受灾群众转移有力、有序。坚持救灾安置点制度化管理，责任分工明确、入住流程清晰、功能分区合理，耐心做好思想疏导和心理安抚，科学调度救灾物资，同时搭建捐赠平台，广泛发动社会各界捐款捐物，全力落实受灾群众吃、住、医等生活保障。望城应对重特大自然灾害的成功实践，防灾减灾救灾工作经验获全省推介。

（邓 虎）

社会保障

【落实健康扶贫“一站式”结算】 2018年，立足民生为本，社会保障呈现新亮点。牵头落实健康扶贫“一站式”结算工作。依托城乡居民医保系统，综合农村贫困人口享有的全部医疗保障政策，建立“一站式”结算服务中心和建设平台，贫困人口平均报销比例94%，极大减轻农村贫困户患者垫资压力和经济负担。

【推进社会保险费征管移交工作】 有序推进社会保险费征管移交工作。根据上级部门社会保险费征管体制改革精神，结合全区实际，进一步清理社会保险历史存量征缴数据，梳理社保征管法规政策，确保社会保险费征管职责划转稳步推进。

【实施社会保险阶段性降费政策】 落实社保减负政策。按照“千人帮千企百日大行动”安排，发挥好职能和牵头作用。全方位梳理就业、人才、社保等人社政策13项内容，制作政策汇编，多渠道开展宣传，推动惠企政策全面落地落实；严格实施社会保险阶段性降费政策，2018年，企业养老保险、失业保险共为企业减负2000万元；积极推动区内旺旺公司、晟通科技等130家企业从2018年5月起实施养老保险单位缴费费率试点；充分发挥失业保险预防失业、促进就业作用，对符合条件的73家参保单位发放稳岗补贴117万元。

【保险基金监督管理】 严格监督管理，维护基金安全。加强内部管理和监督，形成以“日常自查自检为主，重点专项检查为辅”的内控监督机制。对城乡居民养老保险业务数据进行内部核查，发现重复享受待遇人员1055人，追回基金120万元；开展定点医疗机构专项检查，重点整治辖区内协议医疗机构挂床住院、虚假住院以及小病大治等违约行为，采取摇号方式开展监管检查60余次，严肃处理20家医保协议医药机构医保违规行为，拒付医保费用33万元，维护了基金安全。

【社会保险征缴】 社会保险量化指标完成情况：企业养老保险征缴基金95492万元（106%），同级财政补助100万元（100%）；机关事业单位养老保险在职参保9213人（113%）；城乡居民养老保险征缴基金4258万元（204%）；城镇职工医疗保险征缴基金49000万元（145%）；城乡居民医疗保险征缴基金28712万元（104%）；工伤保险参保6.4万人（107%），征缴基金3934万元（154%）；生育保险征缴基金1400万元（128%）。社会保障卡持卡人数46.47万人。

（周弘舟）

住房公积金管理

【概况】 2018年，长沙住房公积金管理中心望城区管理部内设综合科和业务科，有干部职工10人。全区归集住房公积金5.48亿元；新增住房公积金开户单位147个；新增开户职工9117人；提取住房公积金17197万元，提取人数4638人，其中住房消费提取9503.32万元，占总提取额的55.26%；发放住房公积金个人贷款4001户，17.7亿元。

【强化风险管理】 对照上级政策规定和业务工作实际，对多项政策执行情况和缴存、提取、贷款、财务管理、信息数据管理5个类别30项具体业务进行全面排查，深入查找关键领域的薄弱环节和潜在风险点，做到排查全覆盖、无盲区。以市委第七巡察组的巡视巡查工作为契机，针对发现的10项问题，及时制定整改措施，明确完成时限和责任人，确保问题的及时整改到位。

强化业务流程管控，紧抓资金风险防控管理，从归集提取和公积金贷款两条业务主线同时发力，有效遏制骗提骗贷行为。在提取业务办理上，重点强化对客户婚姻状况核实，防止客户利用虚假婚姻状况规避真实房产查询，以违规骗取公积金提取。此外针对异地购房及还贷提取、二手房还贷提取、重大疾病提取虚假资料较多的现象，采用互联网查询、电话或微信求证、发函调查、上门调查等方式核实相关情况。加强公积金贷款贷前贷中贷后全过程管理，牢牢把握中心制定的信贷政策尺度，严格执行“保一、限二、禁三”差别化贷款政策和三级审批操作流程，始终树立信贷“三品”（人品、押品、产品）风险意识，确保贷款资料真实、抵押如实和服务优质，做好风险防控，杜绝违规审批现象发生。针对中心的几次公积金贷款政策调整，通过强化对客户的购房网签日期以及首付款 POS 单和银行流水的核查，扎实认真地做好新政实施过渡期的贷款工作，保障公积金新政的出台落地实施。

【提升服务效能】 树立客户至上的服务理念，提升工作效率。2018 年以来，随着望城房地产市场的迅速发展，大量的楼盘开盘，申请住房公积金贷款的客户人数迅猛增加，贷款的申请量和办理量远超 2017 年，针对公积金贷款客户大量增加的情况，为了更好地为客户提供公积金贷款服务，提升公积金贷款审批效率，望城公积金管理部在部门人手本紧缺且提取等归集类业务量大的情况下，将贷款进件审批窗口增加至 3 个，同时每天排班接收 6~7 个楼盘的贷款件，尽量使公积金贷款的进件审批速度达到楼盘和客户期望。同时强化对楼盘置业顾问的公积金贷款政策及流程的培训，使置业顾问熟练地掌握贷款业务规则和流程，能正确地指导贷款客户按照公积金中心的要求提供贷款的资料，提升客户公积金贷款申请的效率，进一步加快审批的流程。采取多项措施提高热线接通率，窗口前台设置 4 部电话机专门用来受理客户的公积金政策的电话咨询，减少客户等待时间，积极协调解决疑难问题，为广大公积金缴存职工咨询政策、查询信息、解决问题提供更多便利。全年共接听群众来电 8000 余个，客户满意率始终保持在 90% 以上。

人民生活

【概况】 2018 年，望城区全体居民人均可支配收入 40255 元，同比增长 8.7%，全体居民人均生活消费支出 27078 元，同比增长 9.9%。

【居民收入】 全区城镇居民人均可支配收入 47201 元，同比增长 8.4%。其中：城镇居民人均工资性收入 26286 元，占城镇居民人均可支配收入的 55.7%；人均经营性收入 13100 元，占比 27.7%；人均财产性收入 4387 元，占比 9.3%；人均转移性收入 3428 元，占比 7.3%。全区农村居民人均可支配收入 32232 元，同比增长 8.4%。其中：农村居民人均工资性收入 21146 元，占农村居民人均可支配收入的 65.6%；人均经营性收入 9058 元，占比 28.1%；人均财产性收入 606 元，占比 1.9%；人均转移性收入 1423 元，占比 4.4%。

【居民消费】 全区城镇居民人均生活消费支出 32252 元，同比增长 9.3%。其中：食品消费支出 8086 元，占城镇居民人均生活消费支出的 25.1%；衣着支出 2228 元，占比 6.9%；居住支出 5468 元，占比 17%；生活用品及服务支出 2015 元，占比 6.2%；交通通信支出 6217 元，占比 19.3%；教育文化娱乐支出 6148 元，占比 19.1%；医疗保健支出 1373 元，占比 4.2%；其他商品和服务支出 715 元，占比 2.2%。全区农村居民人均生活消费支出 21102 元，同比增长 10.3%。其中：食品消费支出 5808 元，占农村居民人均生活消费支出的 27.5%；衣着支出 1074 元，占比 5.1%；居住支出 4571 元，占比 21.7%；生活用品及服务支出 1217 元，占比 5.8%；交通通信支出 3274 元，占比 15.5%；教育文化娱乐支出 3625 元，占比 17.2%；医疗保健支出 1249 元，占比 5.9%；其他商品和服务支出 285 元，占比 1.3%。

（胡　亮）

街镇

责任编辑 ◎ 任俊国

丁字湾街道

【概况】 丁字湾街道地处望城河东，南接开福区青竹湖街道，东壤桥驿镇，北邻铜官街道，西与望城主城区隔江相望。2018年，街域总面积39.89平方千米，总人口5.7万人，下辖石韵社区、兴城社区、丁字湾社区、金云村、翻身垸村、双桥村。丁字湾街道区位优势明显、交通便捷，是省、市、区明确规划的"水运、公路、铁路中转联运中心、仓储物流中心和大运量工业基地"。境内盛产麻石，已探明麻石储量达37亿立方米，至今已有2000年的开采历史，素有"麻石之乡"的美誉。街道干部务实团结，有在编干部58人，聘用干部50人。2018年7月，获评2017年度"长沙市经济社会发展综合实力十强乡镇(街道)"。2018年完成固定资产投资15.88亿元，实现社消零10.24亿元，财税收入3.6亿元。

【持续增强发展动力】 2017年，丁字湾街道获评"长沙市经济社会发展综合实力十强乡镇(街道)"。2018年，继续保持又好又快的发展态势，完成财政税收3.6亿元，其他性营利性服务业营业收入2.1亿元，社会固定投资15.88亿元，社消零10.24亿元，新增"四上企业"27家，全面超额完成各项经济指标。按照区"产业发展突破年"总体要求，2018年，铺排53个项目。强力推行"项目建设服务制度"，以党政领导为项目服务负责人，机关干部、村(社区)干部、片区民警为主要成员，提质提速项目发展，湾田五金C区、美来美、嘉宇、湖南外国语学院等重点项目顺利推进。同步攻坚征拆新项目和扫尾项目，集镇、滨江、双桥3个征拆片区，成立3个片区指挥部，制定征拆目标管理考核办法，充分调动干部征拆工作的积极性，7个新项目全面完成任务，12个扫尾项目实现"四清交地"，腾地180公顷。

【充分彰显丁字魅力】 "四纵三横"路网体系不断完善，嘉宇、美来美商业广场、湖南外国语学院等项目的启动和建设，新镇和高校片区的发展格局进一步提升，人气商气持续变旺，商业服务业发展环境优越。大力开展蓝天保卫战与垃圾分类工作，制定《丁字湾街道2018年度城乡环境卫生整洁行动管理考评办法》，严格考评标准，街道整体面貌焕然一新。精心组织开展"麻石之乡实在人"寻找系列活动，挖掘丁字独特的"实"文化，"实在精神"在全市引发高度关注和赞扬。石韵社区以"实在"文化为主题，完成社区提质提档工程，获评市级示范点。文明创建取得新成绩，扎实推进移风易俗，弘扬文明新风。成立新时代文明实践雷锋志愿服务大队，下辖8支分队，全方位开展志愿服务活动。切实加强意识形态工作，严格落实意识形态责任制。持续扩大宣传广度和深度，发表宣传报道36篇，其中国家级、省市级媒体20篇。

【切实发挥党建引领】 夯实党建基层基础，发挥党建引领作用。精心组织"麻石之乡实在人"系列活动，塑造丁字"实在党建"精神。推行"一对一指导、一月一走访、一季一排查"的支部"五化"常态管理模式。"红色剧院"、"湾田党群服务中心"等党建阵地成为丁字新风景。增强党建合力凝聚共识。与区委党校开

湾田商贸物流园党群服务中心

展党建共建，组建“丁字讲习团”开展微宣讲，坚持每日微信推送“学习语录”，筑牢意识形态主阵地。推行区域化党建联席会议机制，落实党建项目26个。做实党建服务促进发展。力推“大兵团作战”和“党员分组包户”工作法，组建“党员突击队”，推动湾田、嘉宇北部湾、融创等多个重点项目建设。

【扎实办好民生实事】 狠抓脱贫攻坚突出问题整改、实行街村干部结对帮扶、支持产业发展等措施，全街道124户345人贫困对象，有131户贫困户与张果老种植专业合作社合作，获得产业帮扶资金近23万元，10人享受到大病医疗救助补贴，60名符合条件的贫困家庭学生享受各类教育补贴。坚持严格把握政策，杜绝关系和人情，186户485人享受城乡低保，发放低保金249万元。城乡居民医疗保险参保缴费17621人，为45户困难群众落实大病医疗救助金44万元；街道牵头组织，号召企事业单位和党员干部向丁字湾慈善协会积极募捐，筹集善款140余万元，用于资助贫困学生和困难群众，获评全市人口和计划生育优秀单位。社会大局和谐稳定，2018年获评全省“安全生产示范街道”。

存在的困难和问题：街道基础设施较为落后，自来水给排水等公共基础设施建设跟不上城市化发展速度。地处城郊结合部，楼盘小区、安置小区、农村片区以及项目施工现场都存在城市管理难问题，现代化新城区建设工作任重道远。

【获评“湖南省安全生产示范街道”】 丁字湾街道以创建省级安全生产示范街道为目标，结合实际，夯实基础，创新工作，抓出特色，全方位排查安全生产隐患，全面提高全街人民安全生产意识。严格落实安全生产“一岗双责”“党政同责”责任制，认真开展专题教育培训、应急演练、专项整治行动，全年未发生一例安全责任事故。加强基层基础管理，从组织领导、队伍建设、制度建设、基础建设、宣传教育、监督检查、隐患治理等全面发力，创建工作开展顺利有效，成功创建“湖南省安全生产示范街道”。

【丁字湾社区获评全国综合减灾示范社区】 丁字湾社区通过建立健全综合减灾的组织与管理机制，加强灾害风险评估和灾害风险隐患排查治理，制定应急预案并开展演练活动，组织开展各类防灾减灾专题教育活动，落实减灾设施和装备，提高居民减灾意识与技能，动员社区多元主体参与，加强日常管理与考核，强化管理，成功创建全国综合减灾示范社区。

铜官街道

【概况】 2018年，铜官街道辖9个行政村，5个社区。总人口5.3万余人，总面积90.3平方千米。全年完成税收1.6032亿元，同比增长19.8%；完成规模工业产值38.06亿元，完成固定资产投资13.59亿元，社会消费品零售总额3.28亿元，同比增长43%。

【项目建设】 全力服务园区发展。不断优化项目建设环境、园区和企业发展环境。港区一期、铭远等7个社会投资项目已经建成调试或投运，五矿、方盛、兴嘉、松源、关西二期、金浩、和顺石油等11个项目正在抓紧建设。举全街道之力服务好省、市重点工程新华联铜官窑国际文化旅游度假区项目建设，及时协调解决项目建设中遇到的各类问题，确保8月28日盛大开放。抓统筹、抢时间、赶进度，迅速完成湘江大道北延线项目征拆工作，畅通铜官旅游黄金大通道。全力优化保障彩堂路、华城路、白杨路等项目建设环境，确保项目建设进度。全力推进项目征拆，签约378户，拆迁腾地近67公顷。

【产业发展】 以高新区新型材料、铜官窑文化旅游、铜官陶瓷为主的三大产业基本成熟，相辅相成，日益发展繁荣。一批重大旅游景点在2018年陆续开放，年接待游客量达87万人次，同比增长20%以上。陶瓷产业坚持突出产业特色，培育核心竞争力，陶瓷产业规模年产值达15亿元。大力实施乡村振兴战略，鼓励传统农业向特色产业、适度规模经营转型发展，彩陶源龙虾养殖基地、书堂山乡里里手微循环水养鱼基地、中山蓝莓基地、万星铜亮合作社等特色产业崭露头角。农业种植结构调整面积达454公顷。

【国家建制镇示范试点工作】 国家建制镇示范试点工作有序推进，创新发展“铜官模式”获得上级好评。从深研政策、提升规划、完善配套、创新机制、做强产业五个方面开展铜官陶瓷文创小镇建设，代表望城在全市特色小镇创建会议上以“坚持产业主导，激发小镇活力”为主题作经验推广发言。充分发挥“互联网+”优势，提速电子商务发展，成功创建“长沙市电子商务小镇”。充分发挥铜官创客中心平台作用，完善孵化体系，获评市级重点文创楼宇，铜官创客中心被纳入2018年省旅游发展专项资金旅游新业态建设项目。大力实施乡村清洁工程。积极开展城乡环境卫生整洁行动，全面开展垃圾分类减量工作，实施“厕所革命”，全面完成农村旱厕改厕任务。大力实施“美丽乡村”建设，万星、郭亮、中山村成功创建市、区示范村和特色村。大力推进小城市建设。实施丰盛苑小区环境综合整治，道路提质改造，污水处理配套管网建设工程，修建明德路等主干道，完成古镇多处背街小巷改造，集镇基础配套设施品质不断提升，在全市特色小镇评比中获评一类单位。

【民生事业】 脱贫攻坚成效显著。以产业扶贫为重点，17家企业与贫困户结对，落实产业扶贫到户项目。全面实施健康脱贫政策、教育扶贫政策，贫困户子女享受“雨露计划”教育补助130人次。社会保障不断提高。新增城镇就业730人，带动城乡就业680人。居民养老保险覆盖1.2万人，城乡居民基本医疗保险覆盖3.4万人。社会事业全面发展。新河小学、书堂中学标准化学校建设任务，双合垸、新河幼儿园建设任务均顺利完成。基层卫生院和社区卫生服务机构标准化建设全面完成，基本公共卫生服务水平不断提升。社会治安不断稳固。深入推进“平安铜官”建设，定期开展“月月亮剑”行动，持续开展扫黑除恶专项斗争工作。建立社区康复中心、微型消防站，完善各村（社区）综治中心，调解矛盾纠纷140余起，化解信访积案3起。

【党的建设】 全面推进“城市基层党建年”工作，完善社区服务体系和服务功能，实行365天不打烊，打造雷锋驿站服务群众。全面推进区域化党建工作。坚持开放融合，统筹推进，形成以街道党工委为核心、社区党组织为基础、街道党员为主体、驻区域单位党组织共同参与的区域化党建新格局。全力推进党支部“五化”建设工作。机关、9个行政村、1个农村社区设立党总支部，新成立党支部28个。推进“两学一做”学习教育常态化制度化。深入开展习近平新时代中国特色社会主义思想“天天见、天天新、天天深”行动，通过“红星云”“微党课”“铜官党建”等多种途径，组织党员自学、听党课、谈体会，提升学习效果。

【新华联铜官窑古镇盛大开放】 8月28日，新华联铜官窑古镇正式开园迎客。全国政协原副主席、全国工商联名誉主席黄孟复，中央编办原主任李铁林，中央统战部原副部长胡德平，国土资源部原部长孙文盛，国务院参事谢伯阳，中国旅游协会会长段强等国家部委及行业协会领导嘉宾，湖南省委常委、统战部部长黄兰香，湖南省委常委、长沙市委书记胡衡华，湖南省副省长何报翔，湖南省委原常委、省军区原政委、中国国际文化传播中心湖南联络部部长杨忠民，湖南省人大常委原副主任陈君文，湖南省政协原副主席，省文联原主席谭仲池，长沙市委副书记、市长、湖南湘江新区党工委书记胡忠雄，湖南省商务厅副厅长周越，长沙市委副书记徐宏源，长沙市人大常委会主任程水泉，长沙市政协主席文树勋，长沙市委常委、秘书长夏建平，长沙市委常委、宣传部部长高山，长沙市委常委、统战部部长谭小平等省、市领导，望城区委、区政府、区人大、区政协全体班子成员出席开园仪式。新华联铜官窑古镇投资过100亿元、总建筑面积达110万平方米，历时三年打造为“文化＋旅游＋科技＋休闲＋娱乐＋商业”大型综合文旅项目，涵盖8大博物馆、5大演艺中心、3个星级酒店、20家民宿客栈、18处人文景点和4大亲子游乐项目等，是湖南省首个投资超过百亿元的文旅项目，被列为全国旅游优选项目、“一带一路”倡议样板工程、湖南省和长沙市重点工程。2018年新华联铜官窑旅客接待量达34万人次。

【洪家洲实施整体搬迁】 洪家洲是长沙15个江心洲之一，位于铜官街道，全洲1.58平方千米，有1200余名居民。由于洪家洲屡遭洪水侵害，洲上人民的安全一直是最大的隐患。2017年、2018年两次就洪家洲实施整体搬迁展开民意调查，赞同搬迁的分别达到93.5%和88.6%。2018年7月6日正式启动搬迁项目第二批集中签约（第一批已于2018年5月完成），项目签约逾200多户，签约居民均已上岸定居，恢复了正常的生产生活。

高塘岭街道

【概况】 2018年，高塘岭街道下辖高塘岭、西塘街、雷锋路、高塘、白芙塘、莲湖、航运、斑马湖、望府路、新康社区10个社区和胜利、裕农、长联、新阳、六合围、月圆、湘江、新河、名盛9个建制村以及中南、湘陵2个央企移交社区。总面积70平方千米，总人口15万人。2018年实现经济总产值197亿元（同比增长5.3%），其中第一、二、三产业分别8.5亿元、50.8亿元、137.7亿元；完成财税总收入7.5亿元（同比增长17.1%）；城镇、农村居民可支配收入分别为36571元、22826元。获评省“基层药具服务示范窗口”，省卫生示范点、市“文明标兵单位”、市“第三次全国农业普查先进单位”、市“食品安全示范街道”、市“扫黄打非先进单位”等。

【经济发展】 面对“稳中有变”宏观经济新形势，街道主动优化服务，千方百计保增长调结构，广泛培育财源项目，规范税收征纳秩序，街道经济运行呈现出总体平稳、稳中向好、稳中加快良好态势。完成财税收入7.5亿元（其中国税5.8亿元、地税1.7亿元）。加大“四上”企业培育，新引进“四上”企业14家，超额完成全年任务目标，主要涵盖工业、商贸、服务业等产业，产业结构持续优化，经济发展量质齐升。

【征地安置】 按照区“产业发展突破年”要求，街道坚决推行“指挥长负责制、分组责任制、业务归口制、经费统管制”四制工作模式，紧盯征拆重点难点，全力以赴集中攻坚，完成区人民医院、2014年第四批次建设用地、斑马湖酒店、莲湖学校、大众垸防洪整治工程、职业中专礼司楼等6个新铺排项目，实现腾地100公顷，掀起征地拆迁安置新高潮。其中区人民医院迁建项目，街道创新“党建＋项目”模式，充分激发“指挥部、临时支部、村组、涉拆单位、职能部门”五方面合力，主要领导一线调度，干部包户比拼业绩，党员争先带头签约，项目征拆启动仅14天实现红线内122户全部签约清零，刷新街道近年来重大项目签约清零最快纪录，树立全区项目征拆标杆典范。职业中专礼司楼作为街道首个国有土地征收项目，街道主动适应征拆新模式，做实做细工作，10天实现18户全部签约清零。湖南信息职院、西气东输、沩水北岸综合整治工程等重点项目正高效推进，为区域经济社会发展注入不竭动力。扫尾清零攻城拔寨。坚持以“拆迁带扫尾、扫尾促拆迁”双轮驱动，狠抓历史遗留问题化解工作，街道借春季大会战、征拆清零大会战东风，成立克难攻坚组，逐户制定方案，历经艰辛抓突破，千方百计促签约，全年实现2013年第八批次、家园北路、东湖西路等8个遗留项目“拔钉清零”，工作成效名列全区前茅。斑马湖板块拆迁项目，广大干部夜以继日连续奋战2个月，历尽艰辛克难攻坚，最终取得签约17户、拆房22栋的良好成绩。万达广场、半岛公园、雷锋公园等项目，街道克服重重阻力，“三拆同推”强势推进，妥善化解遗留问题，逐一突破项目瓶颈，实现扫尾清零，顺利启动建设。

提质改造后的城市小区

【城市管理】 强化“大城管、大创建”理念，突出城市管理、拆违控违、环保爱卫三大重点工作，狠抓数字化考评、社会化监督、痕迹化管理三大考核机制，齐抓共管，协同推进，把最严城市管理推向深入、形成常态。完成城管数字化平台案卷9956宗，“12345”热线办案件1780宗，完成数量和质量均居全区前列。拆违亮剑绝不手软。坚持对私搭违建实行“零容忍”铁腕整治，坚决发现一起，查处一起，坚定拆违，绝不手软，责令停止新建违建66处，组织各类拆违行动102次，拆除违法建筑160处，拆违面积超2.4万平方米，妥善处置燕坡重建地违建、湘台观音露天佛像等拆除工作，持续保持高压整治态势。坚持以拆违促拆迁，全力服务项目建设，拆除斑马湖板块、莲湖九年一贯制学校、中南社区提质提档等项目内违章建筑70余处，其中中南社区提质提档项目内违建均系20世纪90年代厂方同意兴建，因成因特殊、体量大、高度集中，加之社情民意十分复杂，拆违难度前所未有。区委书记孔玉成过问、全力支持，聂荣副区长亲自调度，街居干部7个攻坚组分组包户日夜奋战，全力攻坚，248户实现签约232户，拆违工作取得重大突破，提质提档项目推进顺利。蓝天保卫战深入人心。街道上下广泛宣传发动，层层压实责任，强化对露天焚烧秸秆、垃圾巡查执法，严管重罚有力震慑，全力打赢蓝天保卫战。坚持问题导向，标本兼治，狠抓城区散煤清理、裸露黄土整改、汽修厂喷漆房等专项整治，开展散煤整治执法行动27次，收缴煤炉761个，取缔作坊3个，完成裸露黄土整改7.7万平方米，关停整顿烤漆房7家。大力推进村（社区）环保网格建设，健全完善网格化环保监管体系，扎实开展污染源普查工作，完成中央、省环保督察组交办案件11起，市区交办案件31起，协同配合职能部门完成交办案件9起，坚决打赢污染防治攻坚战，生态环境质量持续好转。精心打造湘江、高塘岭社区等村（社区）省、市卫生示范点，推进望府路、斑马湖、六合围等垃圾分类减量试点工作。积极推进洞庭湖水环境生态治理，湘江村水环境和小微水体治理工作成为省、市示范，扎实推进戏乡污水管网建设，新康、白芙塘社区黑臭水体治理、农村旱厕改厕等综合环境治理工作，城乡面貌焕然一新。

【戏乡建设】 突出活动引领，强化宣传推介，着力打造新康戏乡文旅品牌，相继举办“中国年，望城味”系列春节活动、“戏曲达人闹元宵”等活动，人民网、新湖南、《长沙晚报》等主流媒体纷纷报道。理顺管理机制，深入推进景区环境卫生整洁行动，环境卫生、绿化养护、水面整治得以有效管治，营造干净整洁、清新靓丽景区环境。高标准完成戏曲展览馆布展、星级旅游厕所建设等，着力补齐短板，戏乡基础设施建设再升级。全力服务乡村振兴，夯实农业发展基础，全面推进公路、水利等基础设施建设，大众垸防洪整治工程、河湖连通工程的顺利实施，全面提升街道防洪抗灾和排渍抗旱能力，新阳线整修一新，粉行西线启动建设，新修村级公路25.8千米，农村交通出行条件不断改善。有序推进土地确权、农业普查、集体产权制度改革、养殖退出、种植结构调整、非洲猪瘟防控等工作，全区唯一一个种植结构调整万亩示范片花落街道，街道获评市“第三次全国农业普查先进单位”，湘江村、新康社区争创市级乡村振兴示范村，湘江村被定为省、市乡村振兴现场观摩点。积极配合长沙市洞庭湖区防汛抢险应急演练活动，全面提高防汛备汛、应急处险能力，获省市区领导高度评价。全力推进河湖长制工作，精心编制“一河一策”“一湖一策”，目标任务细化到位，管护责任明确到位，1月4日中央电视台新闻频道《新闻直播间》栏目以《湖南长沙水葫芦爆发侵占河道，上下游联动清理53.34公顷水葫芦已打捞近八成》为题重点推介高塘岭街道河长制工作。

【社会事业】 高效推进极简便民审批服务，优化办事流程，提升服务效能，227项民生服务实现“就近办”“一次办”。扎实推进城乡低保、医疗保障等工作，加强动态管理，严格审核把关，城乡低保工作更加规范。率先全区出台敬老院工作人员及工程项目管理办法，规范敬老院管理，提升服务水平。大力推进科教文卫等工作，充分整合资源，高标准打造街道综合文化站，高塘岭、雷锋路、西塘街等社区示范性综合文化服务中心建成开放，长联、新阳、六合围村改造完善村级服务中心，获群众纷纷“点赞”。物业管理迈上新台阶。积极推进业委会组建，加强居民自治，相继启动丽景华庭等14个小区业委会筹备工作，成立业委会6个。积极协调江岸花城、兴邦花城等38个小区处理物业矛盾纠纷149起，切实维护楼盘小区和谐稳定，街道获评区“物业管理文明创建工作先进单位”。扎实推进廉租房管理工作，2018年，有365户入住廉租房，精心选聘了专业物业公司，提升管理优化服务。精准扶贫暖热人心。街道“因村施策、因户施措”积极推进产业扶贫，通过种植养殖、创办农业合作社等方式实施“造血”工程，有10个村参与产业扶贫项目，产业链覆盖率超90%，产业培训率超95%，实施贫困户危房改造19户，全年实现脱贫144户，精准扶贫成效明显。

存在的困难和问题：街道基础设施还有待进一步完善，特别是背街小巷的提质改造、重建地配套设施和管理服务亟待跟进。辖区范围内征拆项目多，压力大，有的项目还未实现全面清盘，由此造成的信访维稳压力较大。城市管理工作任务艰巨，尤其是实施数字化城管后提出更新更高要求，城市管理方式方法亟待创新。受土地利用规划的瓶颈制约，招商引进企业和个人建房用地规划需求矛盾十分突出。新常态下村级财务管理水平有待规范和提高。

【创新党建工作方式】 创新“党建＋项目”模式，将支部建在项目上，建立人民医院、中南社区提质提档等项目临时党支部，发挥组织优势，激发党员活力，更好地服务经济社会发展，《湖南日报》以《望城支部建在项目激活“新动能”》为题重点推介街道工作经验。积极探索城市基层党建引领城市基层治理新路径，率先全区建立“街道工委—社区总支—小区支部—楼栋小组”四级党组织架构，成立12个楼盘小区党支部，打造4个成型的“邻里中心”，形成城市基层治理的有效合力。创新商圈党建模式，正荣财富中心商圈党总支成为全区首个商圈党总支。

【提质提档持续推进】 全力推进社区提质提档工作，斑马湖、高塘岭、航运3个社区通过全市社区全面提质提档考核验收，街道连续两年取得“两示范一先进”优异成绩。2018年，按照区委、区政府要求，再接再厉，全力推进中南、湘陵、望府路、雷锋路4个社区提质提档，工作推进顺利，成效明显。雷锋路社区以“十个雷锋”为主题作为全区“一圈两场三道”建设示范点，代表全区迎接市级观摩考察，获市区领导高度评价。

【生态宜居再提质】 加大乡村旅游资源整合力度，推进样板工程建设，完善区域配套，提升服务档次，强力实施环城绿带、花色道路等项目建设，精心组织开展绿化美化活动，着力打造湘江、六合围、月圆、长联、名盛、新康6个美丽乡村示范村（社区），新河、新阳等村发动群众积极投入美丽乡村和垃圾分类减量工作，持续提升农村环境品质，优化乡村旅游环境，营造整洁、清新、靓丽良好风貌，湘江村获评省、市“美丽乡村建设示范村”，月圆村获评市级“美丽乡村建设特色村”，六合围村获评市“改善农村美丽宜居示范村”和市“乡村公园”，新康、西塘街社区获评全市“绿色示范村（社区）”。

【社会治理卓有成效】 积极开展安全生产打非治违行动和“强执法防事故”安全监管执法行动，2018街道组织执法行动45次，检查经营单位569家，排查整改隐患256处，行政处罚22起，同比增长83%，以强有力执法倒逼企业自查自改，压实企业安全生产主体责任。积极开展“一桌餐”“私房菜”等无证无照餐饮单位专项治理行动，完成30家小餐饮“透明厨房”提质改造工作，街道辖区范围内未发生一起安全生产和食品安全责任事故，获评市级“食品安全示范街道”。深入推进“扫黑除恶”专项斗争，切实抓好综治维稳等工作，组织开展平安创建活动，开展义务巡防“红袖章”工程，有效提升群防群治效能，群众幸福指数不断提升，综合民意调查街道排名市、区前列。认真落实信访包案责任制，坚持矛盾化解先行，责任压实到位，积极化解信访积案，干部“五包一、人盯人”等有效措施，及时掌握信息、化解矛盾，做好特护期信访维稳工作，新街道合并以来连续三年实现“零进京、零非访、零登记”的“三零”目标，综治维稳勇夺三连冠。深入开展“无毒酒店、娱乐场所”创建活动，人民禁毒网、中国湖南网等各级媒体重点报道，胜利村成功创建市级社区戒毒（康复）示范点，街道获评区“禁毒工作一等奖”。

乌山街道

【概况】 乌山街道辖黄花岭、金树、双丰、维梓、八曲河、团山湖、乌山、龙王岭、双兴、原佳、高冲 11 个建制村，徐家桥、旺旺路、喻家坡、仁和 4 个社区，356 个村民小组，6 万余人，面积 97 平方千米。2018 年，乌山街道财政总收入 2.44 亿元，同比增长 13.5%；完成固定资产总投资 1.29 亿元；受乌山中小企业园划归望城经开区管理影响，规模工业总产值 20 亿元，同比减少 77.2%；社会消费品零售总额 2.05 亿元，同比增长 30.5%。

【坚持党建引领】 始终坚持党建引领，坚定不移全面从严治党，不断夯实思想作风建设基础，营造团结实干的良好发展氛围。深入学习宣传贯彻中共十九大精神，积极推动习近平新时代中国特色社会主义思想在乌山落地生根；召开党政联席月例会、党政办公会、班子成员逐个交心会、大走访大调研座谈会，充分掌握街情实际和班子特点，相继理顺班子分工，调优整合办线设置，配强办线力量；先后出台机关管理、财经管理、工程建设管理、征拆管理、意识形态工作、人事管理等 16 项制度，先后成立人事、财经、工程、征拆等工作领导小组，加强政策理论业务，学习强化工作意识、理顺工作机制、压实工作责任，进一步严格规范工作纪律，进一步改进干部作风。班子成员学习教育常态化、制度化扎实推进，坚持开展每季度理论中心组学习、每月街道班子成员讲党课、“三会一课”、党风廉政建设专题会、民主生活会、谈心谈话等活动，班子战斗力明显提升，党员干部“四个意识”显著增强，以对党的绝对忠诚看齐，同上级党委、政府保持高度一致。狠抓意识形态及宣传思想，创新临时党支部建立在项目建设上，大力发扬党员干部先锋模范作用，特色打造 12 期“先锋汇”“先锋监督员”“爱心赶集”系列党建宣传品牌，被省市级以上新闻媒体采用的稿件 52 篇。践行以人民为中心的发展理念，始终干在工作第一线，置身矛盾最前沿，全面强化软弱涣散党组织第一书记责任制，党员干部驻点直联群众制度常态化推进，根植广大群众中。

【注重队伍建设】 始终坚持把忠诚刻在心上，把担当扛在肩上，把落实抓在手上，“乌山的发展引领全区、工作领先全区、干部享誉全区”成为全街干部的奋斗目标。对街村两级干部同步实行重要事项报告制度，完善党员积分定等管理模式，认真落实民主评议党员制度，全面推进党支部“五化”建设，积极稳妥开展不合格党员处置工作，坚持“有为有位”用人导向，着力建立能者上、平者让、庸者下干部激励机制。始终坚持发展是第一要务，民生是第一目标，安全稳定是第一责任，脱贫攻坚是第一大事，抓好党建是最大业绩，以“清晨之问、静夜之思、案无积卷、事不过夜”的工作状态，推动高质量发展，创造高品质生活，打造乌山版本、乌山实践和乌山风采。始终保持身在“舞台中央、聚光灯下、放大镜下”和“旁若有人、常若有人”的警醒，立政德、明大德、守公德、严私德，做到清清白白做人，干干净净做事，坦坦荡荡为官。下发督查通报 5 期，开展作风督查 5 次，专项督查 5 次，例行廉政谈话 9 人次，发出主体责任提醒函 11 件、监督责任提醒函 16 件。

【推进项目建设】 严守“三个严禁、四个一律”工作要求，以党建促征拆，强化舆情研判，集中力量，连续作战，全力推动项目征地拆迁。2018 年“四清交地”274 公顷、签约 240 户、拆房 319 户，其中：货运板块项目 9 月 9 日启动集中签约，11 天内实现签约 197 户，10 月初实现拆房 170 余户、腾地 75 公顷，基本移交施工作业面；同心协力全面完成亿达智能制造小镇 1~3 号地块、长益扩容乌山段全线、智能二期、泉康物流、沩水南岸、西气东输等项目清表交地；乘势而上高效推动扫尾项目顺利拆房 133 户、签约 43 户；强势推进协助拆除和司法拆除程序，开展维护性施工拆违行动 10 余次，逐步化解项目遗留问题、难点问题。

【经济转型升级】 始终持续推动辖区经济转型升级，全力抓好重点项目建设，不断激发乌山发展新活力，获评长沙 2017 年度“十快乡

2018 年 8 月 1 日，乌山街道召开产业扶贫培训会议

镇街道”、2018年度长沙市统计系统“双基”建设流动观摩点，乌山贡米获“国家地理标识”，辖区经济稳中有进。新增“四上”企业8个，税收入库1.052亿元，提前超额完成任务的115%；工业总产值完成17.57亿元，社会消费品零售总额1.78亿元，同比增长36%，固定资产投资1.9亿元。街道各项主要经济指标以接近10%速度增长，展现出蓬勃、强劲发展态势。

【改变城乡面貌】 全面落实中央环保督察“回头看”整改。坚决杜绝重点问题回潮，取缔煤炉145个，拆除非法洗沙场22处、搅拌场12处、碎石场3处；开展拆违行动26次，拆除违章建筑总面积近2万平方米；开展市容秩序和户外广告集体整治行动50次，处理渣土扬尘治理和市容秩序整治案件137起，全覆盖裸露黄土34万平方米，播撒草花籽12万平方米，复绿复耕整改到位38处，复绿“回头看”工作基本完成。文明创建成效显著。“洁净提升”“三乱治理”“垃圾不落地”等工作全面铺开，城市管理考核二季度获市级第二名，区考核排名位于A类乡镇街道一类单位，三季度区排名位于A类街镇一类单位第一名，徐家桥集镇已通过市级城市示范集镇验收，龙王岭村成为市区两级垃圾分类示范村，旺旺路家馨园小区获城市垃圾分类减量市级示范点，乌山环境和大气质量明显好转；开展秸秆禁烧、禁燃禁放等大气污染防治行动，密集发放2万余份宣传资料，“蓝天保卫战”取得明显成效。全面贯彻落实“河长制”。取缔沿河小作坊，封堵入河排污口，做到河岸整洁、河流畅通，基本实现“水清、河畅、岸绿、景美”河湖管护目标；完成涵管涵闸机电设备、堤防工程、涉堤涉河在建工程隐患排查整改55处，防汛器材、防汛物资、防汛通道照明设施储备充足、准备充分。

【保持社会稳定】 全面落实安全生产责任制及“一岗双责”制度。大力开展安全隐患排查及食品安全整治专项行动，集中开展各类安全生产执法检查171次、暗访督查78次、排查并消除一般安全隐患200余处；开展食品安全工作专项行动20余次，筛查食品加工流通、餐饮消费及畜禽屠宰等环节商户300余家，为街道稳定和经济发展营造良好环境，《长沙晚报》、红网、掌上长沙等主流媒体进行宣传报道。持续开展扫黑除恶、红袖章巡防“亮剑”等行动。深入推进城市社区楼盘商场、学校、车站等人流密集场所涉恐涉暴要素管理全覆盖，社会治安防控基础进一步夯实，提高群众安全感。坚持领导接访和包案制度。强化“两安用地”、涉军群体等重点人员的动态管控责任制，没有发生越级进京上访案件，人民调解及司法调解各类矛盾纠纷440起，调处成功率近100%，迅速处置各类突发事件，有效防止纠纷矛盾演化成不稳定因素，获评“全省依法办事示范窗口”“湖南省优秀人民调解委员会”，八曲河村被国家司法部评为“全国民主法制示范村（社区）”。坚持“创建为民、全民创建”工作思路。狠抓落实，浓厚宣传氛围，引领社会新风尚，评选朱跃辉、谭正元、张笑等同志为“最美社会贤达”“雷锋之星”等模范典型，开展“移风易俗”“微爱心行动点”“普法宣传教育”“关爱空巢老人留守儿童”等以“关爱他人、奉献社会”为主题的志愿服务活动，社会反响热烈，深入人心。

【改善民生社会】 完善党务、政务、村务公开，提高居民参政意识。优化业务办理设备和阵地，推行“极简便民”，规范办事流程和窗口人员行为，让数据“多跑路”，让群众“少跑腿”，形成横向到边，纵向到底政务网络，群众广泛点赞。稳步推进民生项目。农业项目、土地确权工作依法建设完成；地质灾害预警有序开展，地质灾害重点防范区域逐步加固；全力推进乡村振兴，完成市级美丽乡村团山湖村、双兴村建设任务及团山湖雷锋文化广场规划编制，完成危房改造67户，其中龙王岭村通过市级特色村验收达标；精准扶贫扎实推进，强化对驻村工作队和结对帮扶干部培训，街道建档立卡贫困户516户1627人，实现脱贫446户1448人，其中2018年脱贫122户394人。推行“四跟四走”产业模式，完成12个一般产业扶贫项目验收及公示，成功申报区级重点产业扶贫项目2个，帮扶项目进度走在全区前列。进一步加强基层民生保障。加大公共投入，全面推进城乡统筹就业，落实支持伟创力用工，大力推进城乡居民基本医疗保险和居家养老服务站建设；深入贯彻《中华人民共和国劳动合同法》，全面开展人力资源市场清理整顿等；落实民生社会福利救济，发放各类保障金、补助、救济金等1067.6万元；大力发展教育卫生事业，对2018年199名中高考优秀学生进行表彰奖励发放奖金29.35万元，对历年教育项目遗留问题进行调度，解决对辖区内无证办学机构进行排查、整改；实施食品药品放心工程，扎实开展专项整治活动，完善农产品质量安全和重大动植物疫病监管监测工作，免疫率达到100%。进一步加大文化体育事业建设投入。“一社区一文化品牌”深入实施，“樱花节”“老支书说廉”、手绘廉政文化墙等一批各具特色的文化精品声名远播，2018年在区文体赛事中获得男子篮球百村争霸赛第三名、团体跳绳第三名，营造良好文化氛围。

【举办“不忘初心·为爱赶集”爱心赶集活动】 7月18日，由望城区委组织部主办，区直机关工委、区总工会、团区委、区妇联、区工商联、乌山街道共同承办，以“不忘初心·为爱赶集”为主题的"爱心赶集"活动在望城区乌山街道玉湖公园举行。望城区委组织部、区直机关单位、望城经开区、乌山街道后盾单位、各爱心企业、乌山街道村社党员群众等2000余人参加活动。区委常委、组织部部长陶建军出席并讲话，强调爱心赶集很好的回应了基层党建工作项目化推动、区域化联动、一体化撬动的工作理念，希望这样的探索更多一些，与人民群众的心拉得更近一些，也希望后续的跟踪更实一些，真正把实事办扎实，让爱心暖民心！活动在“不忘初心 为爱赶集”故事分享中开始，通过“爱的汇聚”“爱的力量”“爱的期盼”“爱的回应”“爱的叮咛”5个篇章展开一段暖心之旅。在爱心义卖环节，烈日当空，人气火爆。望城区委组织部、区直机关单位、望城经开区、乌山街道、爱心企业、学校等爱心单位纷纷摆起小摊，24个展台上摆满生活用品、书籍、文具、玩具、小家电，还有自家种植的蔬菜、农家水果等，这些义卖物品都是由望城各个领域的党员干部、爱心企业家和群众自发捐赠或捐款采购所得。前来购买爱心物品群众络绎不绝，现场工作人员忙得不亦乐乎。此次“不忘初心 爱心赶集”活动是望城区为庆祝中国共产党成立97周年“不忘初心”系列活动的一项重要活动。乌山街道作为承办单位之一，爱心赶集活动已成功举办5年，为将此次“不忘初心 为爱赶集”活动组织好，乌山街道将线上宣传与线下发动同步推进，活动辐射影响全区，参与的党员干部更多，受到帮扶的困难群体也更加广泛，活动形式也从单一的义卖升级为“爱心物品义卖”“农副产品代销”“服务项目众筹”三措并举；同时，此次活动将基层党建与精准扶贫有机融合，既积极响应上级扶贫攻坚战要求，也点对点回应困难群众的诉求，将爱心赶集推向了一个新的里程。本次活动募集25.83万元，所有活动募集资金通过雷锋慈善会，全部用于捐助精准扶贫立卡户。

【取缔非法潲水油生产窝点】 5月28日，乌山街道组织街道城管办、城管乌山执法中队、安委办、高塘岭派出所以及市场所近40人的联合执法小组，取缔原佳发祥湾一非法潲水油窝点，窝点非法生产业主张某持刀抗法被当场制服，现场收缴潲水油成品36桶计近7000公斤。同时，对抗执法的张某被移送派出所。此次打非治违行动不仅捣毁非法窝点，从根源上消除危害群众食品安全问题源头，也是一次实实在在的安全生产法宣传行动，对类似违法违规行为起到良好震慑和警示作用，保护人民健康、促进街道安全发展。从4月开始，乌山街道便对辖区内农贸市场、小餐饮店、食杂店等进行全面摸排清查。每到一处，街道检查人员都要对经营户相关证件、食品货物进货渠道、储存条件以及店内消防设施等情况进行严格核查，对在检查中发现问题、隐患，及时提出整改意见，要求店主按时整改到位。

【省人大农业与农村委员会到乌山街道团山湖村调研】 7月25日，省人大农业与农村委员会主任委员刘宗林、副主任委员罗述勇、副主任委员刘慧雄等13人到乌山街道团山湖村开展支部联基层活动并调研美丽乡村建设情况。调研组深入团山湖村石牛塘组示范片、湖南福祥农业有限公司等地调研农业及美丽乡村建设情况，听取相关汇报。调研组表示，美丽乡村建设是一项惠及千家万户、造福人民群众民心工程。座谈会上，团山湖村支村两委详细介绍近年以来团山湖村在基层党建、生态环境、村级经济等方面发展情况。座谈会上，省人大农业与农村委员会主任委员刘宗林表示，与团山湖村党总支结对共建，要善于总结经验，强化基层党组织建设工作水平。同时，刘宗林充分肯定团山湖村班子建设强、党建工作实、乡风治理好，要不断探索、加快步伐，大力推进团山湖村美丽乡村建设，让更多村民享受新型城镇化成果，让美丽常驻乡村。

【召开产业扶贫培训，表彰爱心产业致富带头】 8月1日，乌山街道召开产业扶贫培训，表彰爱心产业致富带头人。望城区精准扶贫办主任李准超、乌山街道党工委委员李再武、全街道12名一般扶贫产业项目负责人、2名区级重点扶贫产业项目负责人，各村（社区）驻村第一书记、扶贫专干及街道农办（精准扶贫办）全体成员参加会议，会议由街道农办副主任张霞主持。会上，街道扶贫专干文馨晨通报2018年度产业扶贫情况，张霞代表乌山街道党工委、办事处向与会的14名扶贫产业项目负责人授予“乌山街道爱心产业致富带头人”荣誉称号，鼓励大家珍惜荣誉、踏实作为，用实际行动带领贫困户脱贫致富。李准超以产业扶贫为主题做系统性培训，主讲12条业务知识和政策要求，讲解通俗易懂，让人受益匪浅。同时，在交流和讨论环节，12个村（社区）一般扶贫产业项目负责人纷纷介绍各自工作经验，分享产业扶贫实施开展中一些技巧和方法，各村（社区）第一书记围绕年度脱贫攻坚、产业扶贫财务管理、提高贫困户积极性等议题展开热烈精彩讨论，纷纷表态将用心用情完成好产业扶贫任务。李再武强调要进一步强化责任担当，围绕“真、准、实、惠、特”总体要求，加强组织领导，用心、用情、用力开展扶贫工作，坚决打赢脱贫攻坚战。产业扶贫要做到产业实在、效果明显、结果圆满，经得起考核验收。

（黄　锐）

金山桥街道

【概况】 2018年，金山桥街道辖桐林坳社区、金山桥社区、金坪社区、黄金社区、观音湖社区5个社区，108个居民小组，6595户、1.95万人，总面积24.07平方千米。实现财税收入5.5822亿元，完成规模以上工业产值10.1亿元、社会消费品零售总额1.99912亿元，引进“四上”企业7家，超前完成全年财税任务。

【落实管党治党】 政治统领严规矩。突出党的政治建设，在规范党内政治生活上下功夫，将政治建设融入“三会一课”、主题党日活动、党员发展等，切实提升基层党组织的政治功能。出台相关制度文件，进一步完善党员教育、监督、激励、问责措施，持续着力引导党员干部自觉在政治方向、政治立场、政治言论、政治行为方面守规矩、讲纪律。思想引领强信念。党工委认真履行党管意识形态责任制，坚持理论学习中心组制度，积极开展中共十九大精神学习宣传活动和“不忘初心，牢记使命”主题活动，深入推进“一带两联”和“五讲”活动，多层次多方位开展党性教育培训活动20余次，用党中央最新部署和习近平总书记的最新指示、最新思想有力地统一党员干部思想意识，坚定不移地推进习近平新时代中国特色社会主义思想在金山桥落地生根。强基固本抓队伍。全面推进党建“四级网格”建设，扎实推进党支部“五化”建设和党小组标准化建设，继续开展“五好、五强、五带头”评选活动，在党支部和党小组开展党员学雷锋志愿服务和“星火——党员微故事”征集活动。强力推进城市基层党建工作，相继成立黄金社区和观音湖社区两个楼盘社区，在职党员进社区报道有序开展，区域化党建联席会议实现常态化制度化，党建核心和统揽全局作用不断强化，支部战斗堡垒作用和党员先锋模范作用不断凸显。从严治党树清风。不折不扣落实党工委全面从严治党主体责任，积极配合开展二届区委第八轮巡察工作，结合存在的实际问题，建立整改台账，做到立行立改。进一步完善落实党员干部管理和督查通报制度，全力支持街道纪工委履行监督责任，在人力物力财力等各方面给予充分保障，旗帜鲜明支持纪工委加大监督执纪问责力度。坚持以零容忍态度，严肃查处发生在群众身边“雁过拔毛”式腐败问题和“四风”问题。查处法纪案5起，自办案5起，给予警告以上处分5人，确保街道风清气正政治生态。

【推进项目建设】 昼夜攻坚抓项目。始终将项目建设作为街道发展的生命线，街道党工委带领全街党员干部，以临战姿态、实战标准、决战勇气，披星戴月赶时间、不舍昼夜抓进度、争分夺秒抢工期，通过“扫尾清零月”“百日攻坚会战”等一系列组合拳，完成长益复线联络线、香桥小学、长沙市一中金山桥学校、威天线等新铺项目78户43公顷拆迁腾地任务，用辛苦指数换取项目攻坚合格答卷。“三拆并进”保进度。面对历年以来项目遗留扫尾问题，党工委、办事处以坚定决心、果断措施、周密铺排，积极开展司法拆迁、协助拆除、拆违行动，完成碧桂园项目、三环线互通项目等8户拆除，实现5个项目全面“四清”交地，有力地保障政策平衡，淳化辖区民风，确保辖区内项目建设推进速度。精细服务树形象。坚持执行政策零折扣、服务零距离、生产零干扰、处理问题零缺位的“四零”标准，班子成员带头主动服务、靠前服务、精细服务，及时调处新城国际花都、龙湖、时代等在建项目发展、建设中的问题困难，确保项目顺利施工建设，营造良好经济发展环境，展现街道党员干部担当作为优良形象。

【稳定社会大局】 直面稳定形势的严峻考验，坚持巡防结合，强化调解，综合施策，社会大局持续稳定。着力跟进防控。切实履行“五包一”责任要求，按照“一天一调度，一天两上报，特殊情况随时报”工作方针，实现全国“两会”、“6·4”、国庆期间信访维稳“三零”目标。着力化解矛盾。采取街道综治牵头，社区为主原则，实现矛盾调解进社区、进小区、进楼盘、进项目，摸排化解各类矛盾纠纷168件，接待疏导信访人员200余人次，回访重点信访人员30人次，对时代地产、金地、“两安用地”等群众性上访事件，持续深入做好思想疏导工作，切实做到矛盾早化解、隐患早平息、萌芽就遏制。着力扫黑除恶。深入开展扫黑除恶专项斗争，充分利用宣传标语、横幅、会议、微信群等形式，开展宣传活动6场次，发放宣传资料1万多份，党员干部签订承诺715人，形成群扫群治态势。深入开展重点领域、重点群体“问题”和“苗头”双重梳理摸排活动，第一时间摸排上报线索案件，为社会大局稳定保驾护航。着力整治除患。严格落实安全生产党政同责、一岗双责、失职追责要求，全力推进市级安全生产示范街道创建，持续开展全方位、拉网式安全生产检查28次56家，发现隐患31处，现场整改31处，下发责令限期整改指令书24份，纠正各类不安全行为24个，确保隐患整治到位，安全意识提升到位，应急管理处置到位，创建安全稳定发展环境。

【推进民生事业】 进一步深化“放管服”改革。坚持“以人民为中心”理念，不断优化办事创业和营商环境，大力推进卫计、工商、社保等企业和群众密切关注的“帮代办”服务，真正做到变“群众跑”为“干部跑”，切实解决企业和群众办事难、办事慢，多头跑、来回跑等问题，增强群众和企业对改革的获得感。切实履行脱贫攻坚政治责任。按照脱贫攻坚要求动态调整清退11户29人建档立卡户，脱贫24户89人，带动城乡就业850人，发放各类惠农资金125万元，上报11户危房改造户。扎实推进产业扶贫，社区利用自身特点投入产业扶贫资金近20万元，关联带动46户建档立卡贫困户实现增收。深入推进乡风文明建设。在街道辖区积极开展文明城市创建活动，广泛开展移风易俗整治行动和主题宣传活动，加大群众文体基础设施投入力度，社区活动室、老年居家养老中心不断完善。积极开展“送戏下乡”“五老服务”等活动，支持木棉花等本地群众文化团体发展，群众素质不断提升，文明节俭氛围不断浓厚。

【改善城乡环境】 国土、环保督查问题整改有力。对中央环保督察组交办的7个问题、省委环保督查组交办的6个问题和国土检查4处问题及时处置，全部整改销号，建立长期监管机制，杜绝反弹回潮。污染防治严实推进。对辖区项目工地扬尘按照“五个100%”落实情况整治，立案渣土扬尘类案件30余起，下达责令整改通知36处，对辖区内83万平方米裸露黄土进行覆盖复绿，消除裸露黄土区域56个。散煤整治“清零”行动成果显著，执法过程中共收缴成品藕煤18吨，大型煤炉65个，小型煤炉125个，烧烤架11个。全面推进禁燃禁烧，查处违规燃放烟花爆竹、焚烧垃圾秸秆案件10起，处罚2人次，劝退烟花爆竹经营户1家。认真落实河湖长责任，黄金河、马桥河水系治理有效改善，沿线污染源排放主体全面退出。城市秩序不断优化。强力推进“城市管理百日会战”行动，持续在全辖区26个重建地开展环境卫生、城市管理整治行动，一日一调度、一周一通报，人居环境不断改善提升。进一步完善巡违控违工作机制，建立日巡查制度，确保辖区内违建第一时间发现、第一时间处置、第一时间拆除。下发停工通知书27份，组织拆违行动32余次，拆除违章面积6107平方米，特别针对悦禧小区违建乱象，果断出击、铁腕整治，纠正拆除违建近1860平方米，有效遏制辖区违法违建行为。

存在的问题和困难：党建工作创新不够，党建统揽全局作用发挥有待加强。历史存量项目扫尾任务艰巨。城市管理、环境保护工作任重而道远。

【金山桥街道党小组建设】 金山桥街道始终把党小组建设作为提升基层组织力的重要抓手，推动基层治理规范化。立好规矩，让党小组建设有基本遵循。制定出台《金山桥街道党小组考核实施细则》和《关于加强党小组建设发挥党小组作用的意见》2个制度性文件，分别从党小组具体职责、工作方法、学习制度、考核激励等方面进行明确。建好阵地，让党员活动有更优平台。街道党工委先后通过以奖代补形式投入资金80万余元，对全街道32个党小组阵地进行规范化、标准化建设。组织党小组开展环境卫生清扫、慰问困难党员群众、党员赴红色教育基地参观学习等主题党日活动，进一步凝聚党心民心。桐林坳社区良塘冲党小组组织党员成立夜间义务巡防队，让辖区居民安全感明显增强；金坪社区第八党小组发动群众自筹资金建设“花园式会话塘”。示范引领，让党员争优有标杆指引。以“一带两联”助推“两学一做”，“传帮带”形式以先进促后进；深入开展“五好、五强、五带头”评选，在全街形成“以学促做、以做践学”浓厚氛围。开展好党员标准大讨论，引领全街党员干部牢树“四个意识”，自觉践行“四个服从”。加强党小组建设，有力有效地促进长沙西站、长益复线等拆迁项目开展。

【金悦花园小区探索“五老”社会治理“四自”模式】 金山桥社区金悦花园小区是2006年建设的安置小区，有7个居民组99户，曾存在建设年代早、基础配套差、管理不顺畅等问题。从2014年开始，街道和社区请“五老”出山，由“五老”引领小区居民自主投入、自主建设、自主管理、自我提升。人称“牛五爹”的李海清担任社区第二党小组组长，2018年，李海清召集小区德高望重的张正春、李万明、龚限忠、邓文科等老人组成“五老班底”，创建“一室两会”——“牛五爹工作室”和议事委员会、理事委员会，成为小区自治主心骨。“五老”们听取居民的意见建议，小区治理大小事情由居民自定、自建、自管，改造项目由居民自主设计、集体采购、自主施工，将350万元的改造预算降到270万元。

黄金园街道

【概况】 黄金园街道位于湖南省长沙市望城区南部，面积28平方千米，常住人口约1.6万人，辖桂芳、黄金园和英雄岭3个村。2018年，街道完成国税、地税收入3101万元，完成全年任务的125.8%。完成财政总收入5675.7万元，比去年增长4.6%；社会消费品零售额1.35亿元，比2017年增长85.5%；规模以上工业产值4.56亿元，比2017年增长16.2%；其他营利性服务业营业收入1943.3万元，比2017年增长46.2%，引进“四上”企业7家，各项经济指标全面完成。

【党的建设】 街道有基层支部17个，其中3个村党总支（下辖12个村党支部）、1个机关总支（下辖2个机关支部）、2个非公党支部、1个社会组织党支部。党员598名，新发展党员10名，街道党工委严格按照省、市、区委关于党支部“五化”建设意见，完成2个机关支部、12个农村党支部标准化设置；结合各村历史文化地缘实际，成立木马坳党支部、桂芳佳园党支部、森林公园党支部、谢家新屋党支部等特色党支部，着力打造城市党建、红色教育、特色活动示范阵地，突出示范引领；推行党建工作联点责任制，将党员领导班子和机关党员干部分别与总支、支部、党小组联点结对，助力党支部建设整体提升，凸显政治功能和战斗堡垒作用。组织开展街村干部、“两新”党组织书记中共十九大精神应知应会知识竞赛，以赛促学不断将学习贯彻中共十九大精神推向深入，扎实开展“不忘初心、牢记使命”主题教育活动，持续发挥木马坳红色教育基地辐射带动作用，丰富组织生活内涵、充实党性教育内容，让全体党员在规范严肃组织生活中锤炼党性修养。

【项目建设】 按照“拆得快、拆得下、拆得稳”工作要求，严把政策关，坚持群众利益最大化，保证项目拆迁高速推进，为望城经开区招商引资提供条件。长益高速扩容提质工程58公顷、平安三期（马桥河路以东）55公顷，率先实现“四清”标准交地。街道历年来原拆迁项目有5户，街村党员干部的共同努力，借助司法拆迁的强大威慑，顺利签订拆迁协议并拆除房屋。新启动长益高速复线辅道、黄金河北路、货运物流，黄月加油站，金桥污水管网等项目共15公顷，拆除房屋24户，全部按时序按要求完成任务；杉木塔加油站、望雷加油站、桂芳变电站、金山路、金河路、黄金园路、黄金中学扩建、黄金园派出所、限价商品房、大汉月亮河畔等项目建设顺利。街道征地拆迁和项目建设环境维护得到区委、区政府高度肯定，获评望城经开区综合目标管理考核一等奖。

【民生保障】 统筹推进就业服务、社会保障、文化体育等工作，全年新增城镇就业142人，新增创业主体391个，带动城乡就业470人，组织112位农民工参加职业技能培训，为下岗失业人员和失地农民提供就业和自主创业的有利条件。进一步扩大社会保障覆盖面，全年城乡居民医疗保险缴费11674人，城乡居民养老保险缴费83万元；有居民低保83户192人，发放64.9万元；向34人提供医疗救助，发放资金26.6万元；春节期间统筹各类资金60多万元，对辖区范围内低保户、特困户等开展走访慰问活动；全力支持教育事业，设置“黄金园街道教育奖”，投入教育工作经费130万元。深入开展脱贫攻坚，更新和完善贫困户档案信息，有建档立卡贫困户125户427人，2018年脱贫44户157人，计划2020年全面完成脱贫任务；不断提升卫计服务水平，为1200余名育龄妇女进行一次免费妇科检查，为300多名育龄妇女进行免费“两癌”检查。强化动物防疫管理，辖区无疫情发生；开展农村集体资产清产核资工作，有效保护村集体合法权益。不断巩固简政放权成果，优化减少办事流程，提升政务服务水平；强化示范性综合文化站、健身文化广场、日间照料中心、乌山森林公园等管理和配套服务，组织开展“树文明新风 建美丽家园”送文化进基层、太极拳比赛等活动。

【社会稳定】 街道注重加强农村法治宣传，深入开展“法治街道”“民主法治示范村”等法治创建活动，处理矛盾纠纷百余起，持续实现信访“三无”目标，深入开展扫黑除恶、扫黄打非等专项斗争，开展4次“亮剑”行动，加大“红袖章”巡防力度，切实做好重点领域风险防控、矛盾纠纷排查及化解、七类人员稳控等源头治理，各类案件发案率显著降低；推动青天寺“一单四制”整改，未发生影响社会稳定宗教事件；建立黄金园街道社区戒毒（康复）中心，夯实全街道禁毒基层基础；建立健全党政领导带队检查、安全生产监督检查等工作制度，继续保持“零事故”“零伤亡”目标，2018年获评“长沙市安全生产示范乡镇（街道）”，综治工作被市委评为优秀街道。积极推进国家食品安全示范城市创建工作，开展食品生产专项整治19次，取缔无照无证经营户19家，立案处罚15起，行政处罚6.5万元。严格国土管理，规范新建房屋规划管控，开展“大棚房”专项整治行动，坚决遏制农地非农化；强力推进拆违控违工作，全面清理违章建筑，拆除非法洗砂场5处，违章建筑38户，面积1.08万平方米，效果明显，辖区内无新增违章建筑。

【生态环境】 以谢家新屋、大塘冲美丽乡村示范点为基础，新增球塘湾组等美丽庭院100余户，乌山森林公园生态旅游开发建设已初具成效，举办春笋节活动，进一步提升公园知名度、美誉度、影响力。蓝天、碧水、净土保卫战全面推进，加大对黄土裸露、渣土扬尘、秸秆焚烧、禁燃禁放等大气污染治理力度，对排查的黄土裸露区域进行防尘网覆盖，覆盖面积达17万平方米，播散草籽区域达5万平方米。依法规范渣土运输行为40余起，行政处罚金额8万余元；对秸秆焚烧进行动态监管，全体机关干部与支村两委对网格责任区域进行野外禁烧宣传和巡查，发现一处，处理一处；系统推进生活污水、畜禽粪水、生态流水等治理，全面完成农村旱厕和农村改厕任务、畜禽养殖退出工作任务，以河长巡河、小微水体管理员管护、保洁员日常清理等方式，

2018年2月27日，黄金园街道组织召开“破除社会陋习·共树文明新风”动员大会

落实河道、小微水体管护责任，水体污染得到全面良好控制。街道以垃圾分类减量示范村创建为抓手，全面推进垃圾分类回收工作，配置分类垃圾箱和垃圾清运工具，英雄岭村通过城乡生活垃圾分类减量工作验收。

工作中存在的困难问题："四上"企业引进困难，街道辖区属于经开区控规，企业基本为经开区项目，街道自身经济总量不大，区下达的"四上"(指规模以上工业企业、资质等级建筑业企业、限额以上批零住餐企业、国家重点服务业企业）企业引进考核任务难以完成。

(何　韵)

【召开"破除社会陋习 共树文明新风"动员大会】 2月27日，黄金园街道组织召开"破除社会陋习，共树文明新风"动员大会。街道全体机关干部、支村两委、党员代表、大学生村干部、企事业主要负责人等800余人参加会议。会前，与会人员纷纷在"破除社会陋习，共树文明新风"主题活动签名墙上签字，积极承诺自觉做移风易俗、勤俭节约、文明办事的表率。签署移风易俗承诺书，带头号召身边人争做移风易俗的宣传者、践行者、引领者。望城区人民政府副区长聂荣传达区委、区政府关于移风易俗工作要求，街道党工委书记龚国华强调广大党员干部要严格遵照文件精神，模范带头，引导革除操办婚丧喜庆事宜中的讲排场、摆阔气等不良旧习，树立文明新风尚，实现党风带社风、正民风。各村书记递交《破除社会陋习、共树文明新风》承诺书，会议现场反响热烈，党员干部表示一定要争做移风易俗弘扬时代新风带头人，活动发放宣传册折页800余份，移风易俗深入人心。

【举办首届"春笋节"】 4月15日，望城区黄金园街道在乌山省级森林公园举办首届春笋节。本次活动以"山水黄金园 笋间亲子乐"为主题，邀请100组亲子家庭约300人，前往乌山森林公园参与亲子挖笋大赛。启动仪式现场气氛火爆，互动环节精彩纷呈。捏面人、做糖人、编竹编、做棉花糖等民间艺人现场展示绝技，小朋友们参与体验DIY，挖笋比赛正式开始后，100组亲子家庭以家庭为单位，每组家庭分配一把锄头，限时20分钟，进行挖笋比赛，竹林间一片欢声笑语，比赛结束后进行称重评比，评选出家庭协作挖笋"首届春笋王"，大赛还设置"金锄头奖""玉笋奖""最佳默契家庭奖""靓丽家庭奖"，家长们都表示，今后要积极参加这种活动，不仅锻炼身体，还能陪伴孩子们亲近大自然、了解大自然、热爱大自然。乌山森林公园内景观资源类型丰富多样，竹林繁茂幽深，生态环境十分优美，森林覆盖率为80.2%，更有"洞庭南岸第一山"美誉；景区内以"龙泉漱玉""鹰石凌云""瀑布挂峰"等乌山八景著称。乌山省级森林公园正逐步实施建设，原有景观经规划建设后变得更加富有特色，将成为长沙休闲度假好去处。

白沙洲街道

【概况】 2018年，白沙洲街道下辖马桥河村、腾飞村、黄田村和同心园社区，108个村民小组，区域面积25.44平方千米，人口约2.1万。有30个党（总）支部，28个党小组，697名党员。完成财税收入4476万元，完成年度任务的120.61%，其中国税3057万元，地税1419万元。完成规模工业产值48000万元，完成社会消费品零售总额14616万元。

【项目建设】 街道铺排新项目5个，面积约57公顷。其中限价商品房项目涉拆户37户，在第一阶段顺利实现签约清零，7月上旬完成全部房屋拆迁。家政学院项目房屋一、二批次基本完成征拆任务。铺排扫尾项目6个，面积约31公顷，确保张家湖东路项目、邵商仓储区项目、三江一期项目、凯尔置业项目等4个项目的顺利开工，知贤东路项目、三江四期项目进入扫尾攻坚阶段。

【城市管理】 稳步推进小城镇建设。严格执行审批程序，规范个人建房管理；加快同心重建地管网维护及照明工程、"一圈两场三道"、马桥河村居家养老服务站项目建设；成立物业管理办公室，指导同心园社区按程序成立晟通城业主委员会。提升城市管理效益。继续对街道全域进行全方位、立体化、高频率巡违控违，开展拆违行动10次，依法拆除纯违章建筑8处，全面禁止新增违法用地和违法建筑；坚持"常态管理促长效、集中整治攻难点"，突出抓好流动摊贩、渣土扬尘、广告招牌、餐厨垃圾等工作，开展专项整治行动24次，办理各类执法案件80件，积极营造良好市容环境、市场秩序，提升城乡品质。严格落实"河长制"，编制街道小微水体名录，河道水体巡查成为常态，街道总河长刘国富书记作为基层一线河长代表参与录制望城电视台"幸福望城大家谈"系列节目"推行河长制，守护一汪清水"，为河长制工作做全民宣传推广。推进垃圾分类减量工作，强化垃圾分类收运，注重源头分类和分类收运的齐头并进，不断推进各村（社区）垃圾分类减量工作迈向深入。2018年11月，街道获评"长沙市环境卫生四星级乡镇"。狠抓散煤禁燃工作，实现辖区内41家散煤门店和烧炭夜宵店全部更换为清洁能源，美丽家园更加干净整洁。

【社会治安】 加强扫黑除恶监管排查。开展砂石土方工程涉黑、金融领域涉黑和"黄赌毒"等领域线索摸排，建立重点人员管控台账，大力地开展扫黑除恶行动，营造平安和谐环境；加大信访纠纷处置力度。积极化解历史积案，实现减存量无增量；引导群众依法依规表达诉求，街道无人员进京上访；认真办理上级交办各类信访案件，完成中央巡视组交办件2件，确保办复、回复率100%；积极做好纠纷调处，排查各类矛盾87件，成功调解率95%。高度重视辖区安全生产。强化“打非治违”“专项治理”和“隐患整改”三个常态，安全生产形势持续向好，街道安监站完成省级标准化安监站创建。

【民生事业】 认真落实社会保障政策。积极开发就业岗位，为下岗失业人员和失地农民就业和自主创业提供有利环境，新增城镇就业302人，带动城乡就业210人，完成农民工职业技能培训54人，城乡低保、特困供养、大病医疗、精神病人药物救助、临时救助396人，发放救助资金40余万元。扎实有效开展扶贫帮困。及时采录全部精准扶贫户家庭变更及收入情况，提高精准识别率和脱贫质量。推荐就业68人，成功就业54人，产业扶贫通过发放鸡鸭苗以及饲料与贫困户达到60%的利益联结率。教育扶贫13人次，教育扶助资金17万元，健康医疗扶贫、特惠保意外商业医疗保险全覆盖。严格城乡低保一体化政策，确保低保对象审核精准。持续提升社会服务水平。积极落实民生实事项目，超额完成孕产妇免费产前筛查、无创产前基因检测、孕前优生健康检查、农村适龄妇女“两癌”免费检查项目工作计划。广泛开展以“让家庭拥有医生，让医生走进家庭”为主题的家庭医生签约服务活动，为全面健康保驾护航。食安工作多次代表望城区接受省市检查，效果良好。积极组织群众文化活动，大力开展文明创建，讲文明、树新风氛围进一步浓厚，人民群众获得感进一步增强。

【党的建设】 创新方式做活党员教育管理。扎实开展党员冬春训，分别组织骨干示范班和分支部的轮训班，黄田村党总支以中共十九大精神为主题，分流动党员“微视频”、党小组“微党课”、党员骨干“微论坛”3个板块创新培训方式，被新湖南、掌上长沙、红网、星辰头条、今日头条、长沙新闻频道等多家媒体专题报道。统筹推进城市基层党建工作。认真做好在职党员进社区，组织联点单位开展“齐颂家国梦·共筑同心家”结对共建活动，经验做法在长沙党建、先锋潮等媒体进行推介。深入挖掘社区人文资源，挂牌成立钟华党员工作室和齐文英党员工作室，定期开办公益书画班和国学班，为社区居民免费授课。在社区建立党群微信群和QQ群，着力推进“群众线上点单、党员线下服务”同频共振的“大数据”共享，党员群众可以在微信和QQ平台上获取知识、咨询政策、提出诉求，社区派专人落实服务。全面开展“项目一线党旗飘”活动。在项目一线成立临时党支部，完善各项相关制度，充分发挥党组织战斗堡垒和党员干部先锋模范作用。限价商品房项目在第一阶段全面签约清零；家政学院项目有序推进顺利，真正实现立足项目抓党建，抓好党建促项目良性循环。扎实开展纪念中国共产党建党97周年系列活动。组织“践行宗旨强党性·不忘初心做先锋”迎“七一”主题系列活动，由“美丽白沙洲，我是行动者”“书香白沙洲，我是诵读者”“红色白沙洲，我是传承者”“奋进白沙洲，我是建设者”4个篇章组成。党风廉政建设常抓不懈。纪检宣教工作亮点纷呈。举办“剪‘廉’字，送春‘廉’”活动，送“廉戏”下村2场，积极宣传廉政文化，浓厚风清气正社会氛围。执纪审查工作力度不减。运用教育监督管理党员干部“四种形态”25人次，其中第一种形态20人，占比80%；第二种形态5人，占比20%；给予党纪政纪从轻处分5人，其中，行政记过2人，有效地警醒广大党员干部，纯洁党员队伍。

【在职党员进社区】 为深入贯彻中共十九大精神，落实市委、区委城市基层党建相关要求，白沙洲街道实行三大举措扎实推进在职党员进社区工作。发出公开信，召唤在职党员“认家”。街道通过在辖区显著位置张贴报到通知，并依托微信群、QQ群发布《致党员的一封公开信》，让每一名在职党员对报到事项能够应知尽知，深切感受到“家”的召唤。设置采集点，迎接在职党员“回家”。街道切实要求辖区范围内社区岗位前移，“走出去、迎进来”，在各楼盘小区、主要路口设置现场信息采集点，主动迎接在职党员“回家”报到。建立交流群，携手在职党员“建家”。统一建立在职党员微信群和QQ群，做到“报到即入群”，方便在职党员与居住社区日常交流互动，引导在职党员线上献计献策、线下提供服务，尽快融入社区、参与治理，共同服务群众，共建美好家园。

【创新党员教育管理】 3月31日，白沙洲街道“畅想新时代 学‘习’进行时”农村党员主题教育活动在黄田村村委会举行。4名在外地工作的流动党员发来“微视频”，向组织汇报，离乡不离党，流动不流失；7个党小组分别派出代表，分享“微党课”，同台竞技，比学赶超；4名党员骨干依托“微论坛”，围绕村组工作，传播正能量。通过这种身边人讲身边事说身边理的形式，进一步增强基层党组织号召力、凝聚力和向心力。

【“项目一线党旗飘”活动】 抓党建，促发展，“红色引领”激活“红色细胞”。5月11日，白沙洲街道开展“项目一线党旗飘”活动启动式暨家政学院项目临时党支部党员大会。临时党支部是由参与项目建设的党员和项目内涉拆的党员组成，将通过开展党员“1+1”、公开承诺、项目建设竞赛等活动，切实发挥基层党组织堡垒作用和党员先锋模范作用，推动项目加快建设，为加快建设新时代名望之城做出积极贡献。

大泽湖街道

【概况】 2018年，大泽湖街道辖南塘村、回龙村、西塘村和东马社区，面积25.33平方千米，127个村（居）民组，户籍人口2.63万人。街道党工委下设29个党（总）支部，有党员588人。2018年，实现经济总产值20.61亿元，其中第一产业1.63亿元、第二产业8.82亿元、第三产业10.16亿元，分别占7.9%、42.78%、49.32%；完成财政税收1.0593亿元、规模工业产值31.3亿元、工业投资4.4亿元、社会消费品零售总额1.14亿元、新增入规“四上”企业5家，经济指标均超额完成区级目标任务。

【党的建设】 研究制定《村（社区）党建工作考核办法》和《党小组长管理考核办法》，坚持贯彻落实民主集中制、“三重一大”、个人重大事项报告、“末位表态”等各项制度，实现用制度管人管事，促进管党责任落地生根。推进支部“五化”建设。制定《党支部推进“五化”建设实施方案》，将机关和各村（社区）党组织升格为党总支，科学设置党支部和党小组。组织召开区域化党建联系工作会议，整合辖区内党建资源，实现共建共享。打造党建工作特色亮点，2018年年底所有党支部达到三星级、4个党支部达到四星级。强化党员教育管理，出台党员积分定等实施细则，推行党建工作季度考核，落实“每月一重点工作调度，季度一考核讲评”，以“两个考核办法、积分定等”为抓手，推动党建日常运行规范化。开展红包礼金歼灭战、扶贫领域腐败和作风问题、提篮子问题、涉砂涉矿、违反中央八项规定精神突出问题、乱建庙宇治理等专项整治，风清气正的良好氛围初步形成。

【项目建设】 坚持新发展理念，按照高质量发展要求，蹄疾步稳抓好项目建设。全力以赴抓项目拆迁。以“产业发展突破年”为契机，主动担当、奋发作为，坚决贯彻拆迁“四三制”模式，实行项目建设“五定五包制度”，项目拆迁稳妥推进。2018年签约59户，拆房82户，腾地面积33公顷。精准发力抓项目服务。建立党政领导、机关干部、村组干部“三位一体”协调服务责任体系，“零距离、全方位、保姆式”服务项目，高效推进润和总部等20余个项目建设。随着一大批项目开工建设和一大批项目建成投运，街道融入大河西、建设新城区步伐进一步加快，城市化水平不断提升。面对经济下行压力，主动适应经济发展新常态，多管齐下激发经济发展内生动力。优化营商环境，吸引社会投资，稳增长，挖掘投资创业潜力。重建管，增税源，积极对接项目投资方与承建方，全力服务项目建设，经济指标增长速度位居全区前列。

【基础设施】 以“组组通硬化路”为目标，推动农村公路通畅工程向村舍、院落延伸，新修村级、组级公路4千米，投入30余万元对4个社会路口进行硬化，畅通交通“最后一公里”。全面落实“河长制”“湖长制”责任，扎实推进6.8千米湘江、100公顷大泽湖湿地公园的管护工作。投资20万元重点对荷塘撇洪渠道等险工险段进行全面整治，保障河道防洪安全、供水安全和生态安全。扎实推进农村土地承包经营权确权颁证工作，确权承包户2530户376公顷。

【脱贫攻坚】 街道有建档立卡贫困户101户293人，2014—2017年脱贫59户175人，2018年脱贫23户72人；2018年实施教育扶贫119人，健康扶贫109户，春季雨露计划补助6人，秋季雨露计划补助8人，产业扶贫102户。组织开展新型职业农民、失地农民等培训，培训技工人员100余人。加大创业扶助，新增创业主体396户，扶持大学生创业15人，带动就业792人。

【蓝天保卫】 坚决打赢蓝天保卫战。坚持全民动员、户户参与，全面推行垃圾分类减量，群众生活环境明显改善，群众满意率100%，其中回龙村、西塘村获评全市垃圾分类减量示范村，东马社区获评区级垃圾分类减量示范村。强力推进“禁烧秸秆”和“禁烧散煤”行动，从源头上杜绝大气污染源。开展黄标车集中整治，30天时间取缔报废黄标车120台。强力打击河道非法采砂行为，开展集中行动3次，取缔非法砂场4处、无证采砂船、僵尸船40余艘。专项活动整治成效明显，生态环境持续改善，空气质量优良率明显提高。严格管控违章建筑。根据《长沙市望城区关于采取拆违控违工作八条断然措施的通知》等文件要求，依法依规开展拆违控违

2018年5月29日，望城区星城学区校举办“中华经典美文诵读”大赛

工作，坚决果断拆除违章建筑4.5万平方米、违章广告180处，确保“杜绝增量、消化存量、减少总量”总体目标。着力紧盯环保治理。实施畜禽退出工作，退出养殖户112户，发放补偿资金1057万元。投入190万元对长沙医学院黑臭水体进行全面治理，坚持“三年造绿大行动”，推动环城绿带生态圈二期植绿造绿，辖区人居环境明显改善。

【文明创建】 加强治理体系建设，推进农村精神文明建设，着力发挥村级自治作用。深入挖掘传统节日文化内涵，精心组织传统节日活动，把社会主义核心价值理念融入传统节日活动中，引导人们弘扬传统。开展“破除社会陋习，共树文明新风”主题活动，引导党员群众革除操办婚丧喜庆事宜中的讲排场、摆阔气、搞攀比等不良旧习，树立文明新风尚，真正做到“婚事新办、丧事简办、余事不办”，营造更加祥和、奋进社会氛围。2018年3月，街道获评“市级文明单位”。

【民生实事】 投资800多万元的街道公办幼儿园已竣工验收；大湖中学新建教学楼按期投入使用；“一圈两场三道”实事工程全面铺开，15分钟便利生活圈初见雏形，街道老年人日间照料中心功能日趋完善，东马社区群众综合文化站、街道文体活动中心免费对外开放，实现群众的安居乐业。扎实开展，全面完成城乡居民养老保险和医疗保险收缴工作。残疾人两项补助、大病救助、临时救助、失地少地农民生活补助、养老保险等补助补偿类民生资金，按时足额打卡发放到户。城镇新增就业660人，新增农村奖扶4个，享受农村奖扶人数77人，享受特别扶助人数10人。保障困难群众住房安全，对5户困难对象进行危房改造。“极简便民审批（服务）”改革加快推进，投入40万元加快街道、村级政务服务中心建设，确保227项民生服务事项可在家门口就近办理。创新服务方式，率先制定联系单制度和联席会议制度，提高行政审批效能，提供“保姆式帮代办”服务，努力做到让群众“最多跑一次”，办理各类民生事项625件。强化基本公共卫生服务，免费“两癌”筛查300人次，妇女病普查完成994例；国家免费孕前优生健康检查56对、产前筛查120人次、无创DNA检测126人次，家庭医生签约318人。

【社会管理】 坚持街道主导、社会共治，综合施策，社会大局平安稳定，获评“市级平安街道”。加强应急管理队伍建设，加强巡查管控，制定应急管理预案演练，全面提升应急处置能力，做到突发事件发生时第一时间到位。深入推行网格化管理，开展矛盾纠纷大排查、大调处活动，排查各类矛盾纠纷27起，成功调处26起，调处成功率96.3%。强化专项整治。坚决打赢扫黑除恶专项斗争，重点打击有组织的阻工闹事、强揽工程行为，深究充当保护伞的干部，维护良好的工程建设环境。持续推进“红袖章”月月“亮剑”行动、巡防人员巡逻布控等，有效震慑和杜绝“两抢一盗”等犯罪现象。认真抓好信访积案化解，多措并举对重点上访人员落实包户稳控，通过政策与感情帮扶等手段，抓好帮扶化解工作，重大特护期进京非访为零。落实“两个责任”，形成安全生产合力。按照“压实企业主体责任年”要求，严格按照“一岗双责”“党政同责”要求，落实安全生产责任制，织密、筑牢党政领导责任、行业主管责任，以“五落实五到位”为标准，落实企业安全生产主体责任。紧盯“两个突出”，抓好安全隐患排查。突出抓重要节假日、庆典活动和抓人员密集场所两个重点，开展大排查大检查，组织安全生产检查17次，检查36家生产经营单位，排查整改隐患80处，安全生产实现零事故，继续保持省级“安全生产示范街道”。

存在的问题和困难：随着项目征拆有序推进，安置任务繁重，房源不足，矛盾突出，有待加快大泽湖街道片区限价房建设，确保征拆户安居乐业。有待加快重建安置小区提质提档，完善增强基础设施。

（陈　庆）

【慰问见义勇为人员，弘扬社会正气】 2月8日，大泽湖街道主要领导到西塘村见义勇为人员喻国庆家中进行走访慰问，送上荣誉证书及慰问金，同时代表市、区综治委及街道办事处向喻国庆致以崇高的敬意，送上诚挚的节日祝福。

【望城区星城学区校举办中华经典美文诵读大赛】 与经典同行，读千古美文，传华夏文明。5月29日，望城区星城学区校中华经典美文诵读大会在望城区大湖中学多媒体室举行。参加朗诵比赛的学生分别朗诵《少年中国说》《巍巍中华、筑梦千年》《弟子规》等名篇佳作，让人激情澎湃、豪情干云，彰显星城学子为国家富强和民族复兴努力奋斗的决心和意志。少年智则国智，少年强则国强。整场诵读会历时近两个小时，比赛选手倾情演绎，极具感染力，使在场师生产生极大共鸣，也让经典诗篇散发出新的光芒。望城区星城学区校举办中华经典美文诵读大会举办，不仅让少年学子充分感受到中华文化魅力，而且通过诵读经典美文，陶冶学生们情操，提高中小学生文学艺术欣赏水平，激发继承和弘扬民族精神和优秀文化热情，推动中华优秀文化传承。

【恒康医院确立为老科协、老年保健协会康养基地】 11月8日，望城区老科技工作者协会、老年保健协会康养基地揭牌仪式在望城恒康医院六楼会议室隆重举行。长沙市老科协会长史罗坤，望城区老科协会长李文斌，区老科协副会长李爱武，望城恒康医院党支部书记、院长周斌等领导出席揭牌仪式。恒康医院建立以来，在院党支部书记、院长周斌带领下，全院上下6年多共同努力，使恒康医院逐步发展成学科齐全，专科特色、亮点突出的综合性医疗机构，成为望城民营类医院的排头兵、领航员。医院在完善自身建设的同时，也承担着相应的社会责任，每年在公益事业方面的投入均在20万元以上。

【让新时代文化元素融入雷锋精神促推西塘村发展】 12月18日，西塘村召开“叙乡情弘扬雷锋精神谋发展 共建红旗西塘”座谈会，邀请湖南省总工会原纪检组组长、省劳动模范、雷锋同志生前好友冯健等10位老同志畅叙乡情，共谋地方发展。望城区委常委、组织部部长陶建军指出，西塘村历史底蕴深厚，特别是雷锋同志曾经在此工作，留下许多优秀文化。希望街道和西塘村要深入学习好、传承好雷锋精神，并充分融入新时代文化元素，进一步擦亮雷锋品牌，让雷锋精神在传承中熠熠生辉；要发挥党建引领作用，大力挖掘老同志留下的好做法、好经验，把群众工作做好做实；要利用好雷锋这个望城人民共同的道德名片，让老同志积极建言献策，促推地方经济社会发展，努力实现群众对美好生活的向往。

月亮岛街道

【概况】 2018年，月亮岛街道辖银星、中华岭、戴公庙3个行政村和月亮岛、黄都港、黄狮岭、桑梓、杨丰、名都、桃花井、金瑞、金甲、天鹅塘10个社区，总面积22.77平方千米，总人口近20万人，党员1149人，设13个党总支，57个支部。2018年，完成财税总收入14.0392亿元，完成率达102.09%，增长达16.7%，其中国税7.9941亿元，地税60451万元。完成规模以上工业产值1.2316亿元、社会消费品零售1.6亿元、固定资产投资5.91609亿元，相比上年同期增长146.3%、33.3 %、80.9%。

【谱写党的事业新篇章】 街道主动适应城市发展需求，以“城市基层党建年”为契机，坚持党建引领，发挥政治优势、组织优势，着力破解城市化过程中社会治理、城市管理、信访维稳等难题，积极探索以党建为龙头、以居民自治为基础的城市社区发展新途径。抓实意识形态工作。街道党工委以习近平新时代中国特色社会主义思想为指导，义不容辞地担起意识形态工作主体责任，为街道经济社会发展筑牢思想基础。确保限价商品房开盘工作、戴公庙庙会工作的顺利进行。开展中心组学习、全民教育活动。在全街掀起观看《厉害了，我的国》、《大国重器》热潮，激发广大干部群众的爱国之情。以新要求抓网络阵地，进行全方位监测，提高对互联网发展趋势、规律的把握能力，牢牢掌握领导权和主动权。强化党建引领理念。将加强基层党建、深化社会治理作为街道党工委“一号课题”，强力推进落实。将“党建引领基层治理，解决城市化突出问题”作为首要职能职责，积极构建“三级联动、四方融合、五位一体”社会治理组织架构，指导社区按照“一居一品”“一社一特”原则，开展党建项目创新，红港专列、银龄服务、华洋老兵等一批党建品牌初见成效。深化共建共享架构。推动党的组织从“一元管理”向“多元共治”转变。搭建“社区总支+小区支部+业委员会+开发商+物业公司”五方联动治理和服务体系，分别与省委第七巡视组、长郡月亮岛等12个机关、商会、学校、医院党组织结对共建，凝聚社会各方力量，实现共建共享共赢。先行区域化党建，指导黄都港、杨丰等4个社区率先建立区域化党建制度，落实“三个清单”，实现资源共享、问题共商。积极推进社区、小区和物业公司、业委会相互交叉任职，搭建起“资源众筹，服务共享”开放式服务大平台。党员教育严抓严管。全面实施社区党员兜底管理，联合开发商、物业掌握党员底数。创新教育方式，在社区和小区党群服务阵地，设立“讲习所”“周末课堂”，以书记上党课、党员上讲台等方式，广泛开展中共十九大精神进小区、进楼栋活动。深化动态管理，利用“三会一课”、主题党日等组织生活，细化积分管理、设岗承诺等，实现对各类党员动态管理服务，确保各类党员主动融入亮身份、示范引领亮承诺、志愿服务亮真情。完善党员关怀机制，政治上关心、生活上暖心、工作上贴心，凝聚党员力量、激发党员智慧，挖掘和培育出小区好书记罗汉才、中国好人徐正清、巾帼先锋李江等一批优秀党员、基层骨干。

【迸发社会经济新活力】 街道紧以“产业发展突破年”为引领，扎实推进征拆安置“春季大会战”“四清腾地突破年”活动，坚持阳光刚性、公平公正的原则，实现项目建设全面突破，经济实力迈入新的台阶。经济发展势头强劲。财税任务13.7516亿元，完成财税总收入14.0392亿元，完成率达102.09%，经济实力继续稳居全区第一。项目建设成效显著。2018年，街道先后铺排谷山变电站、金潇小学、思源小学等24个项目，腾地项目11个，腾地40余公顷，完成资料收集和二轮会审工作项目13个，涉拆400余户，签约139户，转户参保88户，496人。顶住压力，成功开好以人民为中心的限价商品房。为新项目建设铺平道路。项目扫尾强力推进。转接历年扫尾项目8个，涉及扫尾户26户：成功签约10户，三拆行动12户，扫尾项目中有4户未拆除，转接2017在拆及扫尾征拆“清零”项目3个，腾地20公顷。

【展现城市面貌新姿态】 街道以“深入创建更高水准文明城市”活动为契机，强势发动、强力推进、强制规范，打响环境综合整治战役，进一步优化辖区居民的生活环境。致力专项活动常态化。开展城市管理集中整治活动160余次，处理环境卫生各类垃圾问题640余处，获评区百姓城管志愿者协会半年“门前三包”示范门店6个、“文明经营”示范门店8个，其中新月农贸市场百姓城管志愿小组示范小组被湖南日报作为典型报道。致力于平安创建持久化。建立健全街道、村

(社区)、组的三级人民调解网络。建立完善矛盾纠纷排查、预警、调解、处置4个机制,在全街道形成上下联动、纵横联网、责任落实、运转有序的大调解格局,基层司法行政整体职能得到充分发挥。积极推进矛盾纠纷排查,收集各类矛盾隐患、不稳定因素等512条,整改处置502条,调处各类矛盾纠纷178起,成功调处174起,调处成功率97%,其中重大伤亡纠纷6起。化解历时疑难案件14起,有效地减少群众上访。开展“月月亮剑”行动2次,深入开展打击传销活动,制作悬挂横幅24条,开展5次联合打击行动,清理传销窝点12个,劝返遣散传销人员55人。集中开展集中站点宣传、手抄报比赛、法律“七进”等活动,印发宣传资料4.7万份,制作横幅860余条,大力开展扫黑除恶行动,召开工作部署及调度会议12次,督察督办12次,工作调研8次,发放宣传资料12万张。致力基础设施完备化。向区住建局申报张家瓦屋生态文化广场、戴公庙村生态文化广场、老戴公庙前坪道路顺接工程、老戴公庙前坪民房立面改造4个小城镇建设项目,总投资515万元。完成张家瓦屋西端社会路口硬化改造工程、长沙谷山220千伏变电站等建设。桑梓社区被纳入区“一圈两场三道”建设示范社区,打造为长沙市示范性15分钟生活圈,上级投资约110万元,完成桑梓社区停车场建设。

【呈现社会事业新风尚】 街道以构建社会和谐、安全、稳定为目标,以居民服务、生活保障为重点,以网格化管理为手段,构建多层次、广覆盖的社会管理体系,实现社会事业高效务实的发展。民生保障更加有力。完成区级低保年审工作,2018年有低保、五保户160户300人;完成各类社会救助57人次,发放救助金23.4万元;走访慰问1400余人,发放慰问金85.08万元,积极开展老年人意外保险推广工作,按时完成区级1818人次的工作要求,430人发放高龄津贴13.96万元;办理灵活就业330人次,调解农民工工资纠纷55起,协调成功案件50起。社会管理不断创新。强化街道统筹协调服务职能,大力推进人财物向社区小区倾斜。积极落实社区(小区)用房,主动对接、合力攻坚、强势争取,新成立5个楼盘社区,新建楼盘均按最新标准进入规划,整合楼盘物业、业委会用房,规划设计小区服务用房,为社区发展奠定好的基础。标准化打造服务阵地,按照功能齐全、方便群众、美观实用原则,规划和打造一批党群众服务点,结合社区提质提档,启动桃花井、金瑞社区公共服务中心建设,杨丰社区尚公馆居家养老中心在重阳节正式启用,加紧推进桑梓社区“一圈两场三道”建设。科教文卫事业蓬勃发展。定期对辖区内中小学、幼儿园开展调研和检查;配合区教育局对辖区内无证培训机构和违规培训机构进行清理整治,完成整改无证培训机构和违规培训45家。组织街道文艺团队参与各类大型活动17次。积极做好村(社区)公共文化服务中心阵地建设,完成全民健身工程。街道新生儿出生1047人,计生率98.85%;2032名育龄妇女进行妇女病杂症检查;完成两癌筛查600例,率先在全区超额完成全年任务;无偿献血完成120例,超全年任务171.42%,获评市优秀单位,街道红十字会获评市模范单位。便民惠民持续推进。率先全区在城市社区实行365天开放服务,方便群众节假日办事,在职党员周末进小区报到、参加活动。大力选培全岗通能手,做到“一人多岗”“全能值守”。立足“放管服”改革,以制度建设为抓手,提升窗口办事效率,利用互联网等渠道,加快推进“极简便民审批(服务)”,确保民生服务事项在社区一次办结,让居民“最多跑一次”。不断延伸和拓展服务群众区域,在小区邻里中心设立帮代办便民点,组织小区负责人、志愿者、义工开展帮、代、办值岗服务,真正让居民在家门口办事。

存在的问题和困难:城市化引发的新旧矛盾错综复杂,信访维稳压力大;优质服务有差距,群众工作水平有待提升;党的建设有待进一步加强。

【三润星城限价商品房开盘】 4月12日,月亮岛街道三润星城限价商品房项目在普瑞大酒店多功能厅隆重开盘。推出可售房源1037套,采取摇号的方式确定选房顺序号全

2018年4月12日,限价商品房开盘

部摇出。根据相关政策，此次选房对象仅为月亮岛街道范围已按长沙市人民政府103号令拆房腾地、持有原始购房指标的拆迁户。为保证公平有序开盘选房，街道全体干部全程参与，积极主动做好相关工作，确保限价商品房开盘工作顺利进行。三润星城限价商品房开盘既解决望城区月亮岛街道一批拆迁户安居乐业问题，也推进月亮岛街道后续征拆工作。

雷锋街道

【概况】 2018年，雷锋街道辖4个行政村、3个社区居委会，10250户，总人口3.6万余人，总面积60.2平方千米。2018年，全镇完成农村经济总收入5.455亿元，农民人均纯收入23824元，同比增长5.5%。

【提升党建水平】 召开4次党建大会，专题研究部署基层党建，强化党管意识形态工作。邀请省委党校专家授课1次，街道党工委书记给全街1272名党员上党课1次，街道中心组开展集中学习10次，上党课10余堂，组织学习中共十九大精神，开展中共十九大知识测试，举行党建“微理论”宣讲，创办雷锋街道新时代讲习所，开展《信仰的力量》等宣讲活动。推荐7名村（社区）书记参加市委组织部、区组织人事局组织的专题培训4次。先锋活动常态长效。组织215名在职党员进社区报到，参与社区活动；机关党员每月到党小组报到，开展党小组“五联共创”活动；机关党支部及村（社区）党支部按月开展参观党建示范点、红色教育基地、观看《厉害了，我的国》、《邹碧华》和廉政警示片、重温入党誓词等各类主题党日活动。街道党员在蓝天保卫战、黑臭水体治理、治安巡逻中义务投工2000余人/次。分类管理抓细抓实。全面落实村（社区）党支部“五化”建设，坪山党支部和机关党支部率先完成阵地改造，利用“15分钟生活圈构”建契机完成荷花塘社区和和润园社区阵地提质改造。制定《流出党员管理办法》《党小组目标管理考核暂行办法》《雷锋街道融合式党建实施方案》等一系列文件，抓实“三会一课”、民主评议和日常管理。“七一”表彰一批“先进党支部”“五星党小组”“优秀党务工作者”和“优秀共产党员”，依规依程序发展8名新党员。

【营造廉洁风尚】 以责促行明确职责。建立健全党风廉政建设责任制，明确党工委“主体责任”、纪工委“监督责任”、班子成员“一岗双责”和支部书记“直接责任”。继续开展村（社区）党支部和非公党支部书记党建述职，有针对性提高党风廉政考评权重。正风肃纪严明纪律。街道召开作风建设大会，传达市区关于落实中央八项规定及公务接待相关精神。根据作风建设的相关要求，街道腾退办公室5间，面积85平方米；完成从2013年起相关财务账目的自查自纠工作，有关责任人和经手人在规定时间内向长沙纪委廉政账户缴纳退款14万余元。街道纪工委办理党员违纪案件1起。督责问效增强实效。对机关干部的出勤、到岗到位和办公室内务管理等情况进行10余次明察暗访；对机关管理制度和机关财务制度进行修改和完善，下发到各办线，进一步增强党员干部的纪律意识，筑牢拒腐防变的思想防线，营造风清气正的干事氛围。

【谱写发展篇章】 新启项目全面清零。在延续2017年项目全面清零的基础上，上半年启动的看云路、水质净化厂主干管网四期、桑德产业园、雷锋派出所、杨梅塘路、浙江电咖6个新项目全部实现清零，征收土地约87公顷，动迁群众169户，其中桑德项目在11天内实现从签约清零到全面清表。9月底启动的中联智慧产业城项目一期194公顷，涉及真人桥村、桥头铺村、牌楼坝村29个村民组454户拆迁群众，完成全部房屋和青苗丈量。项目扫尾成效显著。街道各指挥部按照高新区项目建设“百日攻坚”行动的要求，先后突破于某某、刘某某、雷锋园林绿化公司、旺龙葡萄园等滞迁3~5年的难拆户和企业36个遗留问题，科技城桥头铺片区实现清零。街道遗留问题从上年42个减少到6个，扫尾工作取得重大进展。街道带征完成95户，其中红枫路3户、岳宁路17户、梧桐路27户、新材料园三期22户、健康产业园一期14户、真人桥安置地12户。项目建设快速推进。雷锋文化公园完成建设；岳宁路高新区段9月底实现通车；美丽乡村示范道路建成通车；完成建设综合管廊水质净化厂一期、杉杉能源、雷锋供水基地、三益变电站、大国传奇、桑德产业园等其他30余个在建项目推进顺利。其中，杉杉能源实现当年建设、当年投产，被选为全市重点观摩项目。中联智慧产业城一期12月底启动建设。安置工作再创新高，完成3587人的安置。完成3个批次的安置工作，安置拆迁群众2539人。其中第一批次完成岳宁路项目184人和儿童公园项目798人安置；第二批次完成科技城项目桥头片区946人安置；第三批次完成桥头铺安置、桥头铺安置补征、湘雅六医院、水质净化厂4个项目611人安置。启动第四批次夏鹃路379人和综合管廊桥头铺片区669人安置工作和润园三期、真人桥安置地完成迁坟清表，启动土方外运；坪山安置地启动清表。

【擦亮生态底色】 街道按照“六控”和“十个严禁”要求，绿化、绿网覆盖裸露黄土、建筑垃圾170余处面积40万平方米，清理非法消纳场、非法垃圾倾倒点15处，开展燃煤禁烧整治行动50次，关停55家油烟污染严重门店，安装油烟净化设备200家，拆除全部17家汽修店烤漆房，整治20家喷漆家具企业，完成116家“散乱污”企业整改，发放各类宣传资料和宣传手册1.5万余份，对露天烧烤、占道经营、垃圾秸秆焚烧等工作实现常态化巡查。黑臭水体治理通过验收。全面启动雷锋河流域水环境治理工作，关停散乱污企业58家（包含10家砂石场），排查污水源20多处，修复截污管道85米，清理河道淤泥1000多立方米，7千米截污干管建设基本完成，新建2处小型污水处理站投入运营，日处理污水达2万吨，顺利通过中央环保组验收和“回头看”检查。环境治理常态保持。拆除新增违章建筑43处，面积6610平方米；国土卫片执法5处，拆除面积6210平方米，处置数字化案卷例1880例，结案率100%；开展环境卫生大扫除39次，辖区内243家餐饮门店的餐厨垃圾实现集中收集；宣传发动推进垃圾分类减量工作。投资600多万元完成对雷锋汽车站提质改造工作，长沙获评“国家公交都市建设示范城市”。

【维护社会和谐】 矛盾化解及时有力。司法所接待来访群众518人次，调处各类矛盾纠纷110起，调解成功纠纷108起，预防纠纷60起。其中司法所直接参与指导调处复杂疑难纠纷19起，调处率100%，调处成功率100%，涉及金额563.4万元。圆满调处“湖南电子科技学院学生姚某某被同校学生殴打致死”等11起非正常死亡事件；调处谷某某骑车摔伤与中交隧道公司赔偿纠纷、袁某某与覃某某人身损害赔偿等重大矛盾纠纷。扫黑除恶工作经过走访摸底和广泛发动，收集5起线索上报。信访维稳精准有效，做到小矛盾不出村组，大矛盾不出街道。安全生产落实有力。2018年是“压实企业主体责任年”，街道精心谋划、多措并举，推进各行各业安全生产标准化建设，与企业签订责任状和承诺书120多份，各种预案完成率达到100%。开展危险化学品生产储存和运输、道路交通、消防安全、地质灾害点、电动车充电等领域专项检查和整治行动50余次，消除问题隐患320余处。持续开展打非治违“春雷”“飓风”“霹雳”等专项行动，出动800余人次，检查企业、门店、仓库400余家，60余家安全生产未达标的小企业、小作坊全部实施关停。举办“压实企业主体责任年”“烟花爆竹”“村（社区）信息员”等专题培训4次，发放安全宣传资料1.7万余份。

【推进民生福祉】 全面启动“十五分钟生活圈”打造工作，投资400万元对荷花塘社区和和润园社区进行提质改造，投资120万元完成和康园和桥头家苑农贸市场建设。完成街道政务中心的装修，全力推行服务群众“就近办”工作机制；在“四民”走访活动中，党员走访群众7127户，解决问题403个。全面启动第四次全国经济普查，推广“和包”支付工作。城乡居民基本医疗保险覆盖率100%，居民参保率97.9%；社会养老保险覆盖率100%，居民参保率达到99.28%；获评“2018年度长沙市城乡居民基本养老保险经办服务示范乡镇”。组织3场“春风行动”大型招聘会。在册享受低保待遇353人，发放低保待遇金和特困待遇金177.2万元。依规依程序发放救助、救灾、敬老、助残资金约246万元，发放优抚资金547万元。死亡人口208人，火化率100%。卫计服务持续优化。2018年，出生人数为643人，出生性别比为107%。政策内出生人数638人，符合政策生育率99.1%，人口自然增长率8.36‰。开展大型卫生计生群众性服务活动33次，其中讲座及宣传活动19次，义诊14次，服务群众1.6万余人次，发放各类宣传资料1.15万份，避孕药具5000余份。获评2018年“市计生模范乡镇”。食安创城持续发力。食品安全工作紧扣“全国食品安全城市”创建目标，开展校园、“私房菜”“一桌餐”等专项整治行动12次，出动执法人员1321人次，检查生产经营单位487家，指导农村集体聚餐106起，备案农村厨师32名，小餐饮明厨亮灶改造56家；受理投诉举报3起，移送案件1起，刑事处罚2人，收缴销毁问题食品总货值约3万余元，组织食品安全专业知识培训12次，培训600余人。农业工作稳中有进。农业农村工作细化量化目标，把握季节特点，早谋划、早部署、早行动，确保各项重点工作全面落实。遏制耕地抛荒工作纳入村（社区）年度工作目标管理考核，扎实推进秸秆禁烧工作，加快推进农村集体产权制度改革，注重做好防汛和森林防火工作。全面落实“河长制”和“路长制”工作要求，巡河1800余次，完成龙王港12.4千米清淤和水葫芦清理；开展占道经营专项执法行动2次。果蔬农残量和瘦肉精的抽样检测2300余批次，合格率100%；8月启动非洲猪瘟一级防控，开展执法行动3次，扑杀并无害化处理外来生猪42头。文化活动多姿多彩。组织开展3月5日“雷锋家乡学雷锋”志愿服务活动，举行拔河比赛，承办高新区禁毒文艺会演，开展第二届“雷锋榜样，感动你我”道德模范评选。在8月的网上投票过程中，浏览人数达到150万人次，投票30余万张。街道妇联完成换届选举，机关支部、团工委组织开展“五四”主题大讨论、意识形态座谈会等各类活动。

【雷锋水质净化厂项目启动建设】 4月18日，湖南湘江新区产业项目建设年集中开工月“奋进春之声”系列活动暨湘江集团项目集中开工动员仪式在街道水质净化厂项目驻地举行。此次集中开工建设雷锋水质净化厂（一期）、梅溪湖分布式能源站和新学士路西延线3大项目，总投资19.3亿元。其中水质净化厂项目位于街道坪山村范围，一期项目用地7.7公顷，土建规模25万立方米/吨。项目建设后纳污区面积约73.91平方千米，服务范围包括梅溪湖国际新城、长沙高新区等部分区域，将切实提高街道辖区污水和梅溪湖国际新城的城市污水处理标准，对改善雷锋河流域水质有重要价值。为确保项目顺利开工，街道坪山片区指挥部倒排工作计划，细化工作任务，强化节点倒逼，切实形成破难题、攻难关、提进度、抓落实工作合力，短短11天内完成水质净化厂项目100多冢坟墓迁移，为项目提前开工建设提供有力支撑。街道按照“一个项目、一名领导、一套班子、一套方案、一抓到底”项目服务机制，及时解决施工中和建设过程中遇到各种问题，确保政策执行“零折扣”，跟踪服务“零距离”，建设环境“零干扰”，为项目建设打造最优施工环境。

【雷锋家乡学雷锋扮靓园区风景线】 3月3日，长沙市纪念毛泽东“向雷锋同志学习”题词55周年暨长沙高新区“雷锋家乡学雷锋，扮靓园区风景线”志愿服务活动月启动仪式在雷锋纪念馆举行。湖南省文明办副主任李力明，共青团长沙市委书记叶妙，长沙市文明办副主任丁德喜，高新区党工委委员、总工会主席杨金林等领导出席活动。活动现场，全国道德模范廖月娥及省市道德模范代表、学雷锋标兵、最美志愿者与来自北京、上海、广州、深圳、成都等地青年志愿者组织负责人携手与会领导嘉宾一起按下手掌，向现场大屏幕注入好人力量，完成启动仪式。同时，在湖南省优秀志愿者赵明君的领誓下，全体人员共同发起“天下雷锋聚雷锋，志愿精神永传承”倡议，号召社会各界高扬新时代雷锋精神旗帜，把学雷锋作为涵养社会主义核心价值观的重要源泉，丰富内涵，引领浪潮，创新载体，与时俱进，展现雷锋精神的时代风采，唱响和谱写雷锋家乡学雷锋的最强音和新篇章。雷锋作为志愿服务、无私奉献、帮助他人的楷模和榜样，其精神已经超越了民族、国家界限。在雷锋精神哺育和激励下，长沙涌现出一批又一批学雷锋和道德建设先进典型。长沙市民获评全国道德模范4人，入选“中国好人榜”159人，学雷锋“双十佳”和“八创八评”先进典型540个。中国好人、湖南道德模范、“试管婴儿之母”卢光琇说：“每个人都应牢记人人为我、我为人人的雷锋精神，爱祖国、爱人民、爱劳动，将雷锋精神代代相传。”随后干部群众、志愿者们移步至对面的雷锋主题文化公园共同种植下志愿树。杨金林表示：“高新区不仅是长沙市的经济发展重镇，也是雷锋同志故里，雷锋的出生地和故居就在今天的雷锋街道。”近年来，高新区在经济社会取得大发展的同时，精神文明建设也取得累累硕果，如获评中国好人、湖南道德模范的“试管婴儿之母”卢光琇，中国好人雷孟宣，省级道德模范、切糕王子阿迪力，全国最美志愿者赵建恒等，这些先进人物都是雷锋精神在雷锋家乡生生不息的杰出代表，今后高新区将长期推进学雷锋志愿服务活动，致力建设新时代社会主义精神文明家园。

桥驿镇

【概况】 2018年，桥驿镇辖1个社区、8个行政村，398个村（居）民小组，镇域总面积103平方千米，总人口3.9894万人。2018年，农村经济总收入38.96亿元，其中第一产业8.46亿元，第二产业17.3亿元，第三产业13.2亿元，分别占21.70%、44.4%、33.9%；财政总收入2.1亿元，财税收入4053万元；规模工业产值21.7亿元，固定资产投资13亿元，社会消费品零售总额1.23亿元；农民人均可支配收入27545元，同比增长8%，镇域经济发展向好，综合实力进一步提升。

【项目建设】 2018年，完成桥驿集镇污水管道安装、童心二幼、固废场周边安全饮水、桥驿敬老院、白石集中居住区、杨桥集镇和菖蒲塘重建地提质改造、10千伏配电网改造、群众性体育设施等工程项目；有力保障固废场清洁焚烧、望城二中体艺馆等项目推进；快速推进213省道干线公路、固废场生活区等项目征拆腾地。稳步推进生态停车坪、青石河南路、西气东输三支线工程、兰桥花园配套设施、杨桥集镇污水管网等17个沙河截污治污项目建设。

【农业林业】 稳定耕种面积，狠抓粮食生产，水稻种植1400公顷。全面启动种植结构调整，结构调整270公顷。群力村千亩油葵示范片，吸引近3万名游客参观；黑麋峰村朝蓬种植合作社带动村民种植水果人均创收7200元；禾丰村鹅冠种植合作社带领群众种植特色瓜蒌，实现9万元/公顷的经济效益。扎实开展土地确权、清产核资等工作，完成10374户入户登记、指界、公示及纠错等工作。投入600余万元，完成85口山塘清淤复砌、桥头驿社区撇洪渠治理、杨桥村龙王石水渠2.5千米水毁恢复以及黑麋峰芙蓉溪景观水渠改造等水利工程。认真做好动物防疫，有效防控非洲猪瘟。深入落实林业工作，“五边”造绿60公顷，义务植树5万株，完成森林抚育70公顷、林相改造35公顷，完成白石、杨桥、黑麋峰村10千米生态防火林带建设。

【旅游产业】 持续推进黑麋峰国家森林公园整体保护开发。引入智能停车场管理系统，完成智慧景区一期、麋峰古道3D彩绘、芙蓉溪游步道延伸等工程，启动“福”字摩崖石刻工程，新建2个环保旅游厕所和1个游客旅游投诉点，安装双黑线路灯761套，提质改造管理处至鹅形坳2.17千米道路，景区设施功能不断完善。举办“元宵喜乐会”、桃花节、湖南自行车联赛、世界杯露营狂欢夜等赛事节庆活动，湖南卫视、《潇湘晨报》、《长沙晚报》等多家媒体宣传报道，景区知名度和美誉度持续提升。引进滑翔伞基地、山居半亩民宿等项目，有效带动周边30余名群众创业就业。2018年，景区累计接待游客14.8万余人次，同比增长38%，旅游经济总收入持续增长。

【精准扶贫】 坚持产业扶贫，全镇铺排8个一般产业扶贫项目（种养殖)和2个重点产业扶贫项目(稻虾养殖),省定贫困村铺排4个产业扶贫与公益设施建设项目;引导32户贫困户争取政府贴息贷款自主发展产业;联合教育部门对350名对象开展助学扶贫;对9户建档立卡贫困户落实危房改造政策;为每户贫困户购买扶贫特惠保险,财政兜底购买农村合作医疗保险,各项扶贫政策落实有力,促进推动153户431名贫困户脱贫。

【美丽乡村】 以乡村振兴战略为统领,突出"二十字"方针,全面推进美丽乡村建设,科学编制沙河以东区域乡村振兴规划,合理制定民福、沙田、群力等6个村的村庄规划。狠抓"五治"工作,完成旱厕改造46户,40户村民建设三格式化粪池;取缔13家非法洗砂场,拆除1.26万平方米违章建筑;新建垃圾分拣中心,全面推行垃圾分类减量;从严管控渣土、扬尘等问题,严禁秸秆焚烧;扎实组织推动畜禽退养,开展沙河截污治污和鸿家隆小区、菖蒲塘重建地和桥驿集镇的综合整治,生态人居环境不断改善。黑麋峰村、杨桥村获评市级绿色示范村庄,白石村获评市级示范乡村公园。

【社会保障】 组织筹措资金,优先保障社会事业,发放低保、五保救助金568万元,优抚金384万元,优抚医疗救助20人次,低保、五保户住院救助280人次,大病救助85万余元,开展精神病人药物救助221人次,住院救助54人次。帮扶救助孤儿和困境儿童9人,高龄老人936人。城乡居民养老保险参保率达98%,缴费金额占应缴金额比例为103.81%,基本医疗保险参保率为98.5%。新增城镇就业443人,新增创业主体260个,带动城乡就业527余人。完成农村危房改造42户。

【社会事业】 加强教育事业建设,加大学校基础设施、教学设备投入,完成学校薄改项目;推进环保、法制教育进校园,探索推行国学等传统文化教育,学区校连续7年在区考核中评定为一类。推进文化事业,着力保护好红色资源,启动湖南和平解放秘密电台旧址、周以栗故居、陈树藩墓等修缮工作,完成周炳文故居红色道德讲堂的改造工程,组织人员对相关史料、文献和故事进行挖掘;积极组织开展内容丰富、形式多样的群众文化活动,"红色七月集中观影""广场舞、太极拳进社区"活动、农民趣味运动会、"欢乐潇湘、幸福桥驿"群众文艺会演、"孝老爱亲、五福重阳"移风易俗专题志愿服务活动等,深受群众喜爱和点赞。着力完善基础设施,建设省通自然村公路19.46千米,完善通组、通户公路15.6千米,完成电厂大道13.4千米的白改黑、巷复线6.2千米的白改黑、11.5千米市计划公路等工程建设。扎实抓好公共卫生工作,全面开展14项国家基本公共卫生服务,落实家庭医生签约服务工作,办理生育服务证523本,全面落实妇女病普查、两癌筛查、免费产前筛查回补报销、二孩免费孕前优生检测等健康民生工作。

【社会治安】 全面推行依法治镇,广泛开展农民普法宣传教育等活动,深入做好护路护线、反邪教、禁毒、司法等工作,对23人进行社区矫正,无再犯罪现象发生。结合扫黑除恶专项斗争工作,突出组级财务和项目建设环境专项治理等问题,严厉打击各类社会不良风气和各种违法犯罪行为,进一步弘扬社会公平。全力推进固废场清洁焚烧项目运营,组建群众监督员队伍持续加强对固废场周边的环境监控,组织群众分批次到固废场参观项目运行,深入做好工艺科普和宣传解释工作,着力确保固废场及周边稳定。重视抓好信访工作,处理化解信访案件69件,实现"零"进京、"零"赴省市非正常上访。围绕企业生产、建筑施工等重点环节,组织检查、督查41次,持续强化安全生产的监管。落实食品安全城市创建工作,狠抓"四有两责"责任落实,规范农村集体聚餐管理,切实把好食品安全关。

(刘雄伟)

【举行"好好学习、向党献礼"庆"七一"专题活动】 6月29日,桥驿镇开展庆祝中国共产党建党97周年专题活动,有400多名党员参加,以重温誓词、聆听党课、知识竞赛、向党献礼等形式庆祝党的生日,区党建指导员李宏奇出席活动。镇党委书记姚杰从辉煌文明、民族苦难、党的历程3个方面讲授党课,教导党员回望历史、不忘初心、积极行动、共创未来,对党员干部提出务发展之实、务为民之实、务稳定之实工作要求。镇党委对2017年以来表现突出的党小组、党员进行表彰。同时,开展知识擂台赛,村(社区)代表队围绕党章党纪党史和中共十九大精神开展知识竞答,赛场气氛活跃、精彩纷呈,各组选手你追我赶,与台下党员一同回顾党史、学习党纪党规。村党员展示为党的生日精心准备的作品,禾丰村寓意"清廉"的湘绣作品《荷》、杨桥村传承民俗文化特色的剪纸作品《红心向党》、黑麋峰村歌咏家乡发展的原创诗词《沁园春·麋峰古驿》、沙田村祝福祖国繁荣昌盛的国画《繁花似锦》,一一传递出深厚的感恩与祝福之情;群力、洪家、白石村党员们带来的红歌和经典诵读,激情满怀,鼓舞人心。

【落实党代会年会制度】 11月30日,桥驿镇召开2018年党代会年会,全镇87名党代表、42位列席代表参加会议,长沙市委组织部党代表联络办主任喻果平、副主任杨凤祥,望城区委组织部副部长、基层办主任、"两新"工委书记黄彩;区委派驻桥驿的党建指导员、区政协正科级干部李宏奇出席指导。会议全面回顾总结过去一年工作,明确以强基固本,引领做黑麋峰古驿特色旅游、助推产业项目转型升级发展方向,号召各位代表努力拼搏,齐心协力重点打造以驿站文化为特色的一个核心集镇，以融城服务为特色的两条主干线，以产业发展为特色的三个村庄片区，实现“一心、两线、三区”发展蓝图。各与会代表围绕党风廉政建设、推动乡村振兴战略、提升党员教育管理、优化景区管理及发展等方面的16条高质量提案，为推动桥驿建设发展贡献重要智慧力量。市委组织部党代表联络办主任喻果平对桥驿镇本次党代会给予高度评价，认为此次党代会规范严谨、效果明显，值得全区甚至全市各基层单位学习借鉴，强调各级要深刻认识党代会年会制重要意义，党代表要充分履行职责，全体党员干部要紧紧围绕核心、围绕目标继续奋勇前行。

【完成集镇区域批量生态停车坪建设】 桥头古驿自秦汉时期而得名，桥驿集镇的历史文化悠久，自古热闹繁华，尤其近年来，随着小城镇建设和城镇旅游的开发推进，桥驿老街实现提质升级，重塑恢复古香古色的建筑风格，古代驿站重新焕发光彩，来往桥驿集镇的游客络绎不绝，作为桥驿的核心生活区和商贸旅游区，桥驿集镇人流车流量大，但因地域限制集镇停车位紧张，停车难成为附近居民和过往游客现实问题，一定程度上影响和限制了集镇区域的发展。2018年，桥驿镇政府下决心解决集镇难停车问题，筹集资金人力推进桥驿集镇生态停车坪建设，进一步盘整土地资源，对部分区域进行征拆改造，分A、B、C、D4个区域建成47个生态停车位，大力完善桥驿集镇基础设施配套建设。

茶亭镇

【概况】 2018年，茶亭镇辖静慎、大龙、望群、九峰山、谭家园、狮子岭、西湖寺、戴公桥、洪开桥、泉丰、杨家坪、苏蓼12个建制村，梅花岭1个社区，面积116.8平方千米，有484个村民小组，人口5.4万人。完成财政总收入2.4亿余元，同比增长1.98%，完成工业总产值41.2亿元，同比增长10.9%，社会消费品零售总额3.1亿元，同比增长32.6%，固定资产投资950万元，新增纳税企业近50家，其中“四上”企业2家。

【产业发展】 协鑫渔光互补项目并网发电，白泥湖鲌鱼循环养殖产业园项目一、二期已投产运营。积极推进农业供给侧结构性改革，扎实开展产业种植结构调整，土地确权全域完成，土地结构调整完成1114公顷，发展小龙虾养殖产业267公顷，油菜1000公顷，绿肥134公顷，冬菜334公顷，大豆、油葵、高粱等种植产业220公顷。传统农业来势喜人，东城生态椒、静慎红薯粉、特色小龙虾等本地农产品品牌在市场上崭露头角，区域休闲农家乐蓬勃发展。

【项目建设】 岳望高速如期全面通车；梅花岭安置小区扫尾工程全面完成；戴公桥安置小区、东城示范小区二期完成桩基础及附属工程建设，已交付群众建房；东城联络线提质改造工程顺利竣工；茶亭公交首末站建设进入后期扫尾阶段，即将投入使用；黄龙河农村公路竣工通车，绿化、亮化提质工程正加速推进；黄龙河四水治理、夹河堵口工程、夹河堤防加固工程、鱼尾洲南堤防洪保安工程、胜利机台已建设完工。改革试验区农民集中居住项目稳步推进，探索“带地入建”模式，引导农民集中居住，项目总规划20.2公顷，一期农民自建房12栋已完成主体建设，另10栋正加速推进，居住区道路管网、绿化亮化等配套设施建设如火如荼。

【基础设施】 交通路网全面提质提档，投入资金2400余万元，完成58千米农村公路提质改造；安全饮水工程全域推进，铺设自来水主管网80千米、支管网150千米，自来水入户7300余户；水利基础设施不断完善，完成大中型处险工程6处，渠系清淤38千米，骨干山塘清淤27公顷；望群村、大龙村配电网改造工程全面完成，全镇范围内的用电设施实现提质增容。

【美丽乡村】 完善两型基础设施、打造两型生态环境，实现两型创建与绿色发展双同步。扎实推进“美丽村落”和“美丽庭院”建设，实施近3万平方米露黄复绿、绿化提质工程。九峰山村、大龙村获评住房城乡建设部第一批绿色村庄；苏蓼村、西湖寺村分别获评长沙市改善农村人居环境整治示范村、美丽宜居示范村。静慎村作为全省美丽乡村建设示范村和两型建设示范村，持续推进美丽乡村大提质，乡村环境与农业产业、集体经济发展同步提升，为乡村振兴增添强劲活力，经验在全市推广，并被推介为全市乡村振兴现场观摩点。全面推行垃圾分类减量，继续拆除敞口垃圾池近300座，清除陈年垃圾300多吨，全镇垃圾由分类前的每天近80吨减少至50余吨，减量成效显著，13个村（社区）均成功创建区级垃圾分类减量示范村，其中泉丰村、西湖寺村、洪开桥村、望群村成功通过市级垃圾分类示范村验收。投入专项资金600余万元，加大城乡环境卫生整治工作力度，在长沙市城乡环境卫生整洁行动三季度督查中，镇获评一类乡镇，并顺利通过省级卫生镇复审考核，泉丰村通过省级卫生村验收。积极创建市级环境卫生“五星乡镇”，静慎村、泉丰村积极创建市级环境卫生“五星村”，均验收成功。继续加强城管网格信息化建设，强化镇、村两级城市管理常态巡查，建设“百姓城管”管理长效机制，开展部门联合执法行动13次，拆除违章建筑28处、7470平方米；开展集镇专项集中整治行动14次，劝导、规范、取缔流动摊贩和店外经营400余处，拆除违章广告180余处。严守资源开发红线，加强土地利用管理，从严控制非法采砂行为，关停非法洗砂场13家；联合执法处理大气污染案件12起，处理环保各类投诉案件 48 起，拆除涉污工厂、养殖场、散煤制作点 15 家；抓扣违规车辆 16 台；覆盖裸露黄土 44 余万平方米；完成镇域内 80 余家中小型企业的污染源摸底排查，“蓝天保卫战”成效显著。

【脱贫攻坚】 坚决落实健康扶贫、教育扶贫、就业扶贫、兜底保障等工作，实现全镇贫困人口专项措施全覆盖；把产业扶贫作为助推扶贫工作有力手段，积极争取资金，发展 28 个以种植业和养殖业为主的产业扶贫项目，惠及全镇近 700 户建档立卡贫困户，实现全镇 80% 以上贫困户与新型经营主体建立持续稳定增收利益联结关系，极大地促进贫困户增收致富，全年脱贫 312 户 990 人。

【民生保障】 坚持以人民为中心，对因灾、因病、因学致贫困难群众及时救助，推进扶贫济困工作常态化；切实抓好敬老院工作，让更多老人能够安享晚年；全面实施农村和城镇低保对象动态管理，低保审核坚持公平、公正、公开，做到应保尽保、应退尽退；全面落实各项优抚政策，着重解决重点优抚对象生活困难、子女就学、家庭成员就医等问题，发放救济补助达 130 万元；全面开展城乡居民基本养老保险和医疗保险缴费工作，医保参保、收缴工作全面完成；建立健全残联工作机制，为全镇 532 名重度残疾人申请生活补贴，其中，447 人同时享受 80 元 / 月的护理补贴。

【科教文卫】 注重教育事业发展，望一简文中学升学率连续多年位居全区前列，其他中小学校和幼儿园均衡发展；扎实开展校车安全检查，切实保障辖区内校车安全运行，全镇未发生一例校车安全事故；广泛开展“学习和争做美德少年”“网上祭英烈”“做一个有道德的人”等主题活动，强化未成年人思想道德教育，弘扬社会健康新风尚。关心关注医疗服务水平，持续加大两个卫生院设施建设投入，强化医疗服务人员业务技能培训；免费开展妇女病查治、两癌筛查、免费孕前优生检测、出生缺陷干预和爱心助孕工作，全面打造亲情计生。深入开展食品安全工作，集中开展食品安全宣传 20 余次，发放宣传折页 1 万余份，督促食品经营户办证 103 户，对全镇食品生产经营单位、学校食堂等开展专项整治行动，形成长效监管。创建国家食品安全城市工作成效突出，在各季度检查中均排名全区前列。

【移风易俗】 坚持拓展和深化乡风文明内涵，将自治、法治、德治有机结合，培育文明乡风、良好家风、淳朴民风。镇率先全区开展“除陋习，树新风”活动，建设“践行社会主义核心价值观”主题文化墙、文化广场、活动广场，以壁画涂鸦、发放日常宣传品等形式，把移风易俗工作带入日常、带进生活、带向群众。大龙村深入宣传移风易俗新风，推行绿色低碳生活方式，率先推广使用电子礼炮；静慎村打造“新乡贤”品牌，探索“乡贤治村”新模式，发挥乡贤示范引领作用，成效显著。《人民日报》《中国组织人事报》《湖南日报》《长沙党建》《长沙晚报》等十余家主流新闻媒体关注报道，先进经验全市推广，全市移风易俗经验交流暨农村精神文明建设现场推进会在茶亭镇成功举行，省、市领导及与会人员给予高度肯定。

【平安茶亭】 狠抓安全生产大检查，严格落实企业主体责任和政府监管责任，落实党政领导带队检查安全生产工作，全年检查企业 35 家次、烟花门店 58 家，发现问题和隐患 26 个，发放限期整改通知书 22 份，未发生较大以上安全事故。深化平安创建、扫黑除恶专项斗争，常态开展“亮剑”“铁拳”行动，严厉打击违法犯罪，有效清除社会治安隐患，优化经济发展环境。积极开展信访积案化解工作，妥善化解一批重大信访遗留问题。未发生恶性刑事案件和重大群体性事件，确保“三零”目标，人民群众满意度持续提升。

【模范评选】 围绕环境改善和乡风文明，先后组织 5000 名志愿者，开展重点路段及十字路口文明劝导、环境清洁、移风易俗、普法守法等志愿服务活动，在全镇营造浓厚的志愿服务氛围。深入开展道德

2018 年 9 月 21 日，茶亭镇开展“健康人生 绿色无毒”农村禁毒集中宣传活动

模范、身边好人推荐评选活动，充分发挥先进典型示范引领作用，通过层层遴选，推荐陈彬参加第二季度“长沙好人”评选，推荐沈良云、谭意等9人参加望城区“文明市民”评选活动，推荐郭德高参评“感动湖南人物”活动。继续宣传推广“乡贤”文化，6月，开展第二届“最美乡贤”评选表彰活动。在全镇上下掀起学模范、做模范浓厚氛围，社会反应热烈，好评如潮。

存在的问题和困难：区域发展不平衡较为突出，村（社区）之间经济发展和基础设施建设还存在着一定的差距；招商引资力度不大，优质产业项目过少；民生社会事业发展与人民群众期盼之间还存在着距离；政府行政效能和作风建设有待进一步改进。

(唐时盼)

【开展综治宣传月活动】 为进一步强化群众法律意识，提高广大人民群众依法维权能力和法律素质，5月11日，茶亭镇综治办、司法所、安监站、派出所、交警二中队在梅花岭集镇开展法治宣传活动。活动中，茶亭镇普法工作人员通过宪法宣传车、公共场所LED显示屏、设点发放普法读本、现场解读答疑等多种形式向集镇居民宣传有关宪法、扫黑除恶、平安望城建设、禁毒反邪、交通安全、安全生产等与老百姓生活息息相关法律知识。活动发放普法资料、宣传册、法治图书等2000余份，接受群众现场咨询100余人次。茶亭镇紧紧围绕“深化平安望城建设，不断提升人民群众安全感和幸福感”目标，在全镇上下营造浓厚知法、懂法、守法的法治文化氛围，唱响“共创平安，共享和谐”这一主题，为维护全镇安全稳定打下坚实基础。

【组织开展纪念“5·29”系列活动】 5月29日是中国计生协会成立38周年纪念日。为充分发挥计生协会和广大会员的优势和作用，营造关爱计生特殊家庭良好氛围，提高计生法律、法规和政策的知晓率，增强育龄群众关心计生、参与计生的自觉性和积极性，茶亭镇组织开展纪念“5·29”系列活动。活动以“生育关怀·我和计生协会的故事”为主题，从5月20日持续到6月5日。通过“三个一”（进行一次集中宣传服务、开展一次免费‘两癌’筛查、组织一次业务培训）系列活动，关爱育龄群众身心健康，提高卫计干部业务能力，营造有利于人口和计划生育事业发展良好氛围。茶亭镇通过有效利用现有资源、知识咨询、赠送计生宣传资料等形式，为广大群众送知识、送技术、送健康，大力宣传计生政策，积极倡导婚育新风，丰富广大育龄群众的婚育文化知识，取得良好社会效果，获得广大群众赞誉。宣传活动现场如火如荼，活动期间发放宣传资料1000余份、药具300余盒。

【召开长沙市移风易俗经验交流暨农村精神文明建设现场推进会】 9月28日，长沙市移风易俗经验交流暨农村精神文明建设现场推进会在茶亭镇东城政务中心召开。市委副书记、市长、湖南湘江新区党工委书记胡忠雄出席并讲话。市委副书记徐宏源，市委常委、市委宣传部部长高山出席。会前，胡忠雄一行前往望城区茶亭镇静慎村，实地了解移风易俗活动、乡贤文化建设和人居环境整治等工作。为认真落实中央、省、市整治农村人居环境及实施乡村振兴战略部署要求，长沙市大力整治婚丧陈规陋习，持续改善农村人居环境，不断加强农村文化建设，移风易俗工作和农村精神文明建设取得明显成效，县级及以上文明村（乡）数量占比达40%。

【望群村开展“廉洁进万家”主题党日活动】 11月2日，望城区第十二届廉政文艺节目“金秋颂清风、廉洁进万家”下乡活动在望群村官塘坡举行。为进一步严肃党内组织生活，促进党员廉洁自律，推进全面从严治党纵深发展，营造学习、遵守、维护党章党规的浓厚氛围，望群村党支部组织第五党小组党员开展“廉洁进万家”主题党日活动。活动现场，望群村第五党小组党员积极发动当地党员群众观看廉政文艺节目，与茶亭镇政府工作人员共同向党员、群众宣传当前党风廉政建设和反腐败工作的形势做法和成效，帮助望群村的党员、群众了解和认知廉政文化。开展主题党日活动，激发全体党员干部干事热情和动力，为进一步加强廉政文化建设指明方向。

乔口镇

【概况】 2018年，乔口镇辖柳林江、大垅围、田心坪、团头湖、蓝塘寺、盘龙岭、湛水7个行政村、乔口社区1个社区居委会，户籍总户数9573户，总人口3.5万余人，其中非农业人口2482人，区域总面积46.23平方千米，其中水田2178公顷、旱地74公顷、水面933.4公顷。2018年，完成地区生产总值3.835亿元，同比增长12%；全社会固定资产投资13.2亿元，同比增长4%；社会消费品零售总额2.23亿元，同比增长9%；全镇人均可支配收入达30600元，同比增长9%；财税收入完成2149万元，全镇呈现经济稳中向好、民生持续改善、社会和谐稳定良好局面。

【乡村振兴】 大力推动村集体经济发展，以盘龙岭村为试点，率先成立土地股份合作社，乔口镇率先进行长沙市第一宗土地租赁经营权公开拍卖后，成功引入五家种养殖大户，建设66.67公顷“荷花＋小龙虾”示范片，实现资源变资产、资金变股金、农民变股东的“公司＋合作社＋农户”模式。科学细致的推动农村集体产权制度改革，以“先试点、后铺排”方式指导各村（社区）结合实际不断完善工作方案，高质量完成7村1社区、165个村（居）民小组清产核资工作。加快推进“一村一社”建设，新增盘龙岭村、大垅围村、柳林江村、乔口社区4家村级土地合作社，超额完成区定目标任务。

【农业产业】 科学制定农业种植结构调整计划，引导农户和企业由传统水稻种植向“荷花+”“蔬菜+”、水产品套养等特色农业转变，打造乔口产业特色。“乔口荷花虾”“开天瘦身鱼”在第十六届中国国际农产品交易会暨第二十届中国中部（湖南）农业博览会上展销，省市区各级领导莅临视察均予以高度评价。大力培育肖家山传统原种黄瓜，加大营销力度，市场反馈初见成效。开天农业推进湖水工厂化循环微流水养殖模式，翘嘴鲌、“瘦身鱼”等优质水产品质量大幅提升。乔口与长沙龙头餐饮企业文和友洽谈万亩龙虾套养示范项目，积极探索“龙头带动、四方合作、共同受益”模式，该项目落地后，预计乔口镇每年将新增集体收入1000余万元。

【精准扶贫】 精准制定脱贫工作计划，与各村（社区）签订脱贫责任书，切实做好建档立卡工作与责任单位产业扶贫方案，精准实施“一户一档”，严格落实成效考核，充分发挥后盾单位资源优势，注重产业就业引导，确保脱真贫、真脱贫。同时严格落实低保、五保等对象评审，确保程序合法、社会公平。对五类人员重新审核，新纳入贫困人口13户44人，清退107户364人。携手后盾单位围绕“荷花+”“蔬菜+”、特色水产品养殖、农产品销售，延伸产业空间，创造就业机会，强力推进产业扶贫，推动种植专业合作社带动贫困户致富，脱贫“造血”功能显著提升。

【项目建设】 以全国特色小镇建设为契机，着力推动集镇建设和农村发展相结合，围绕道路交通、农业生产、民生环境等不断完善各类基础设施建设。乔朱线、撇洪渠风光道、红南公路拓宽提质改造、玉水渠公路建成通车，污水管网建设成效明显，撇洪河大堤整治，红南公路两厢立面改造全面完成，湛蓝路（乔朱线与红南公路连接线）、乔口公交首末站等项目有序推进，第二污水处理厂配套主管及支管项目协调难关有力攻克，城乡面貌焕然一新。注重深入一线调度，团结依靠群众，暖心解决难题，有效破解了撇洪河大堤拆迁群众安置难题。主动出击，强化对接，全力推进水产品交易市场项目招商，着力培育乔口渔都渔具大市场招商运营，渔都特色更加彰显，发展势头强劲有力。

【文化旅游】 围绕“古镇游、赏荷游、呷鱼游”三大旅游板块整体规划，坚持上门招商、精准招商、以商招商，进一步发展文化旅游产业，积极与湖南新康辉旅行社合作，率先在湘江古镇群开设首家品牌旅行社乡镇营业网点，精心推出乔口精品旅游线路，增加旅游附加值和乔口旅游对外吸引力。与望城文旅投深度合作，启动“荷里乔江”项目，全力打造“赏荷花、呷龙虾、当创客、住民宿、解乡愁”特色乡村旅游品牌。以全国文明城市创建和国家级全域旅游创建为契机，对古镇景区景点和基础设施进行维修升级，彰显古镇独特文化魅力，展示乔口良好营商投资环境，渔都古镇面貌焕然一新，文化旅游发展欣欣向荣。

【综合治理】 全面推进扫黑除恶。按照中央统一部署，强化“扫黑除恶”专项斗争工作。宣传摸排，线上和线下同步，明察和暗访互补，突出重点打击，全面“扫黑”“强基”，确保专项行动出声威，出实效，固本强基，维护农村稳定。强力推进“大棚房整治”。查处“大棚房”8处，拆除总面积1200平方米。认真贯彻落实中央“大棚房”整治精神，确保农地农用的基本原则。持续美化城乡环境。开展“五治五美”，完成农村厕改220处；回收垃圾金额20余万元，奖补保洁员金额13万余元；拆除违建24处，6610平方米；全面摸排黑臭水体污染，启动黑臭水体治理；大力倡导移风易俗，制定《村规民约》，禁燃烟花爆竹。强力推进垃圾分类减量，完成柳林江垃圾分类回收总站恢复重建，巩固全市五星级示范镇成果，全力打造全市“五治五美”亮点。

【自身建设】 发挥党建引领作用，强化机关干部职工作风建设，认真指导村、社区争创“五化”建设星

长沙品牌文和友与乔口镇共同打造4000亩生态旅游荷花园小龙虾养殖基地

级支部，开展观摩学习评比活动，精心打造湛水、蓝塘寺、大垄围、乔口社区、盘垄等支部示范阵地，以点带面，实现阵地建设标准化，注重抓好老年党支部、青年党小组建设，依托“学习强国”平台引导全镇党员干部常态化学习，让学习蔚然成风。严格落实“三会一课”、民主评议、党员联系群众制度、抓基层强基础、整顿软弱涣散支部，选派党委副书记到薄弱村任书记、支部战斗力和村级管理水平大幅提升。加强党风廉政建设，严肃查处违纪违规案件，用好“清廉乔口”公众号，建立“基层典型案例通报”微信群，及时向党员干部推送纪检监察信息，营造政治清明、政府清廉、干部清正良好环境。

【成立乔口镇盘龙岭村土地股份专业合作社】 2018年3月30日，以盘龙岭村为试点，率先成立土地股份专业合作社，进行长沙市第一宗农村土地租赁经营权公开拍卖，将全村194公顷土地划分为23~67公顷不等的5宗土地流转经营权进行拍卖。最终五宗土地五年经营权均已10500元/公顷的价格竞拍成功。以盘龙岭村土地合作社为典型示范，用心用情托起群众脱贫致富梦，掀起乡村振兴发展一轮又一轮高潮。乔口镇先后在田心坪村、蓝塘寺村、乔口社区等多村全面推进农村土地股份合作制改革工作。其中软弱涣散党组织田心坪村党总支全面突破，通过组织开展“百户千人大走访”活动，广泛征求党员群众意见，进行激烈的探讨，2018年初全面启动农村土地股份合作制改革工作，2018年11月注册成立乔口镇田心坪村土地股份合作社，吸引全村90%土地加入土地股份合作社，与1600户农户签订《土地经营权委托书》，推选5名理事会成员管理经营，3名监事会成员进行监管。12月对全村168公顷土地的7年租赁权进行公开拍卖，经过竞拍有8宗土地成功拍出，村级获得166万余元土地收益。田心坪村大胆创新，引进文和友集团，采取村企合作方式，共建千亩“乔口荷花是”标准化养殖示范基地。盘龙岭村和田心坪村等村土地流转拍卖是乔口镇乡村振兴的一次成功探索，通过多措并举、精准发力，抓好落实策划、协调、推动、督办等具体工作，真正发挥基层党组织、基层志愿者在乡村振兴中主力军作用，“点燃”了乡村振兴发展引擎，引领乔口镇乡村振兴做出特色，做出品牌。

【胡衡华调研乔口乡村振兴工作】 8月21日，省委常委、市委书记胡衡华深入乔口镇盘龙岭村调研乡村振兴工作，视察苏家塘片区“荷花+龙虾”养殖模式现场，听取土地股份合作社、土地流转、人居环境和精准扶贫方面情况汇报，对乔口镇更好发展新型村级集体经济、产业结构调整、人居环境整治等方面作了重要指示。

【举行第二届“新荷奖”颁奖仪式】 8月23日，乔口镇举行第二届“新荷奖”颁奖仪式。出席仪式的有区文明办主任蒋波，雷锋慈善会秘书长魏晋和乔口镇班子成员，参加仪式的有乔口部分人大代表，雷锋慈善会乔口分会会长、副会长、各村书记、主任、民政专干，66名2018年大学新生。在颁奖仪式开始之前，学子们参观乔江书院和三贤祠。感受乔口的厚重历史文化，缅怀祭奠先贤。颁奖会上，2018年大学新生刘璐作为新荷奖学金学生代表发言，向社会发出倡议，倡导文明新风，拒办升学宴，创新形式，崇尚节俭，广泛宣传，倡导新风，感恩社会，回报家乡。对66名大学新生进行颁奖，其中，一本院校新生24人，每人奖励1000元，二本院校新生42人，每人奖励800元，共发放奖金57600元。党委书记王涧波鼓励乔口学子在学习中加深对中国文化的了解，坚持系统性学习；树立明确目标，分阶段做计划，要成为讲究礼义廉耻、尊老爱幼、明辨是非、对国家和社会有益的人才。区文明办蒋波主任祝愿乔口大学新生刻苦学习和努力奋进，筑梦人生。希望学子们学会感恩、不负厚望、学有所成、报效祖国、建设家乡。

【参加湖南农业博览会】 11月1—5日，在长沙国际会展中心举行第十六届中国国际农产品交易会暨第二十届中国中部（湖南）农业博览会。乔口镇以荷花虾、瘦身鱼等特色产品参加活动并与其他品牌进行交流学习。农博会上，乔口镇党委书记王涧波与文和友总经理杨干军一起为乔口荷花虾“站台”。乔口镇与长沙品牌文和友将共同打造266.67公顷生态旅游荷花园小龙虾养殖基地，真正实现小龙虾产业链条的深度融合。乔口荷花虾正是作为乔口“赏荷花、呷龙虾、当创客、住民宿、记乡愁”发展思路下推出的新品牌，将成为乔口饮食文化中的一张新名片。望城区委书记孔玉成一行考察望城展位，亲口品尝乔口荷花虾和开天瘦身鱼，对其优质口感表示赞赏，同时肯定其为乔口带来的经济效益。他强调要进一步对水产品进行优化，加强与文和友等良好品牌合作，不断提升乔口水产品知名度和美誉度。

（袁　旺）

靖港镇

【概况】 2018年，靖港镇辖10个行政村、2个社区，镇域面积92.53平方千米，共19019户，7.1万人。完成规模以上工业产值7.3亿元；全社会固定资产投资4.26亿元；社会消费品零售总额3.24亿元；财政总收入3.12亿元；全镇人均可支配收入达24624元。获评湖南省创新创业带动就业示范乡镇、湖南省休闲农业示范镇、湖南文明风景旅游区、湖南省优秀人民调解委员会。

【发展文化旅游】 广西旅发集团退出古镇合作工作取得实质性进展，中青旅入驻古镇着手一期运营管理和二期开发建设，古镇迎来二次创业腾飞。对标国家AAAA级旅游景区，进一步提质微灯光夜景等旅游配套设施。“来靖港过传统节”系列活动引爆旅游市场，“在靖港过旺年”活动被中央电视台专题报道。编制《千龙湖国际休闲体育小镇总体规划》，成功举办首届长沙·望城国际铁人三项赛、长沙市第七届全民健身节自行车赛、首届花鼓戏艺术节、鲌鱼节等活动，不断丰富国际休闲体育小镇内涵。华夏泥爸爸亲子育学园5月顺利开园，持续火爆，举办“寻古品果—大美靖港、瓜果飘香”农产品采摘展销季和桃花节、桑葚节等活动，积极助推文化旅游与现代农业融合发展。积极筹建靖港文联，推动非物质文化遗产保护性发展，靖港八大碗、郭福嫔驰小钵子甜酒、靖港纸扎、怡华楼杠子面成功获批第六批市级非物质文化遗产。靖港古镇纪录片《热血丹心 果敢坚毅》在央视四套中文国际频道《记住乡愁》栏目首播。靖港作为古镇复兴典型，被载入新华社出版的《光影力量：中国村镇40年变迁（1978—2018）》一书。推动移风易俗工作，格塘村、复胜村成功通过长沙市文明村复审。组织“送戏、送书、送春联”、廉政文化下乡、“新时代好少年”表彰、文艺创作等活动，全镇文化蓬勃发展。

【推进现代农业】 制定《蔬菜科技示范园规划（2017—2025）》，抱团种植的西兰花、甜玉米效益明显。有序开展土地确权和清产核资工作，完成920公顷种植结构调整，扎实推进稻虾养殖示范片和蔬菜产业示范园的建设。加大农产品质量安全监管，非洲猪瘟防控工作扎实有效，成功创建长沙市农产品质量安全示范镇。积极打造名优特色品牌，云游茶叶产业园入选全省特色强农项目名单。

【加快项目建设】 深入开展“产业发展突破年”活动，全力推进河湖连通工程、玉泉山机台迁建、大众垸防洪综合整治工程等项目建设，仅用10天时间提前并超额完成古镇后街113户棚户区改造签约任务。产镇融合项目有序推进，农溪停车场如期竣工，环湖游道加速修建。环湖路和引水渠路提质改造、农村安全饮水、六中田径场、农村公路、水利建设等项目进展顺利。顺利召开全市自然村通水泥（沥青）路现场推进会，获评市农村公路管养示范乡镇。

【打赢“三大攻坚战”】 对上百个历年政府投资项目进行全面梳理，逐一破解手续完善、结算审核、资料整理等难题，严格规范、严格管控新铺排投资项目。落实脱贫攻坚作风建设年工作要求，多次组织开展交叉检查、比学赶超等活动，全年脱贫205户670人。依托农业企业、合作社开展产业扶贫，产业扶贫资金达110万元。认真推进中央环保督查“回头看”、省级环保督查问题整改，积极进行第二次全国污染普查。扎实打好“蓝天保卫战”，环境监管巡查30余次，出动人员300余人，检查企业120余家，狠抓秸秆禁烧，推行镇村组三级网格化监管体系，“三包、三查、三办”模式获得市、区高度肯定。落实河长制、湖长制，畜禽退养39户，拆除栏舍1.55万平方米，完成年度截污管网建设任务，加强黑臭水体治理，组织河道清洁、小微水体管护。

【建设美丽乡村】 全面开展“大棚房”“违规用地图斑”整改，立案查处各类案件77起，拆除违章建筑43处，取缔5处违规采砂场、8处地摊砂场、21处违规土场。强化集镇管理，完成专项整治行动32次，拆除违规灯箱96个，违章棚架9处。积极创建国家食品安全示范城市，加大对学校、超市、餐饮店、农村聚餐的管理。发挥百姓城管协会作用，成功创建100个会员小组，探索百姓城管靖港经验。大力实施“厕所革命”，完成130座三格化粪池建设和80座农村旱厕整改工作。实现垃圾分类减量行政村全覆盖，福塘村成功创建市级垃圾分类减量示范村。获评省级卫生村，获评全市城乡环境卫生整洁行动“四星级”乡镇。新建瓦雀园、梅家屋场、西塘屋场等美丽乡村示范点，众兴社区、杨家山村、新峰村完成美丽乡村市级示范村、特色村年度任务。人工造林、造绿58公顷，新增绿色示范庭院80户，凌冲村、

2018年1月26日，靖港古镇纪录片《热血丹心 果敢坚毅》在央视中文国际频道《记住乡愁》栏目首播

新峰村成功创建市级绿色示范片。

【抓好社会治理】 扎实开展扫黑除恶专项行动，召开千人动员大会，彻查高额借贷、非法传销、非法采砂案件11起。坚决落实一岗双责，狠抓综治维稳、武装、信访、安全生产、消防等工作，成功调处各类矛盾纠纷140余起。认真组织“万人红袖章”“月月亮剑”等行动，清查KTV、出租屋、网吧、旅馆等346家次，关停和整改31家。

【保障公共服务】 完善农村低保、特困人员救助供养、残疾人救助、临时救助等保障性措施，发放48类补贴3600万元。靖港敬老院顺利搬迁，格塘敬老院启动消防改造。老年人意外伤害保险任务完成率全区第一，获评长沙市城乡居民基本养老保险经办服务示范点。积极组织劳动者技能培训，认真统筹伟创力招聘工作，农村劳动力转移就业量稳步提高。成立芦江小区住户自治管理委员会，公租房管理服务水平显著提升。完成免费产筛299例、妇科病普查4500人、“两癌”筛查1050人。望城六中、靖港中学与明德中学合作办学，农村教育迎来共享优质教育资源的新篇章。

存在一些困难和问题：财源建设有待加强，历史债务有待化解，财政运转压力依然较大；产业整体发展质量亟待提高，创新发展动力还不够强劲。

【靖港名镇品牌走向全国】 1月26日，靖港古镇纪录片《热血丹心 果敢坚毅》在央视中文国际频道《记住乡愁》栏目首播，向全国展示这座千年古镇的“湖湘文化”。《记住乡愁》是由中共中央宣传部、住房和城乡建设部、国家新闻出版广电总局、国家文物局联合发起，中央电视台中文国际频道组织拍摄的大型纪录片。“到靖港过旺年”活动精彩纷呈、好戏连台，被央视专题报道，同时亮相CCTV-1和CCTV-13的《朝闻天下》。新华社出版《光影力量：中国村镇40年变迁（1978—2018）》一书，靖港从全国村镇脱颖而出，成为改革开放40年来的古镇复兴典型。新华每日电讯刊登《靖港：湘江古镇又芳华》，再次报道借水复兴的古镇。靖港镇历史人文荟萃，民间艺术丰富多彩，靖港纸扎、靖港八大碗、郭福嫔蚺小钵子甜酒、怡华楼杆子面入选市级“非遗”项目，全国历史文化名镇品牌不断走向全国，越擦越亮。

【靖港古镇迎来二次创业腾飞】 景区公共服务设施不断提质改造，新建环湖游道、停车场、微灯光夜景等，古镇棚改与产镇融合项目有序推进，仅用10天时间提前并超额完成古镇后街113户棚户区改造签约任务。12月31日广西旅发集团宣布正式退出靖港古镇景区的运营管理，古镇历史遗留难题终于破解。知名旅游运营商中青旅入驻古镇参与一期运营与二期水街、水寨等项目开发，靖港古镇迎来二次创业腾飞。

【《千龙湖国际休闲体育小镇总体规划(2018—2035年)》引领发展】 《千龙湖国际休闲体育小镇总体规划（2018—2035年）》规划区范围为旺旺路西延线、格塘村村界及望城区区界围合区域，面积约1316.12公顷，协调区范围北至团头湖，南至沩水河，东至雷锋大道，西至区界，面积约6755.75公顷。规划形成“一环、三心、四区”的空间结构，总建设用地规模为1.2平方千米，产业定位为“体育+”，以休闲、文化、旅游、康养等产业为补充。2018年千龙湖成功举办国际铁人三项赛、全市全民健身节自行车赛等活动，特色小镇内涵不断丰富，未来将建设成全省一流运动休闲特色小镇。

【邹学校院士站落户靖港】 湖南本土“辣椒”院士邹学校从1988年开始潜心研究辣椒，经过30多年的不懈努力，与团队建立了中国保存材料份数最多的辣椒种质资源库，育成中国栽培面积最大的系列辣椒品种，在辣椒优异种质资源创制、育种技术创新、新品种培育等方面已取得多项系统性创新成果。邹学校院士专家工作站落户靖港，不仅能发挥金字招牌作用，还可以解决产业发展中技术、人才、市场、风险等系列实际问题，加强服务指导。靖港镇将以院士专家工作站成立为契机，按照《蔬菜产业发展五年发展规划》要求，加强科技创新引领，努力把蔬菜产业打造成引领望城现代农业高质量发展主导产业，为推动乡村振兴提供强有力产业支撑。

白箬铺镇

【概况】 白箬铺镇地处望城西南部，西与宁乡经开区接壤，东与长沙高新区紧邻，南接岳麓区，金洲大道、长常高速、319国道横贯东西，京珠西线、白乌线贯通南北，为望城区生态涵养保护区、湖南省新农村示范区。全镇辖10个行政村、1个居委会，514个村民小组，13465户，总人口4.5万余人，区域总面积106平方千米。2018年，完成税收3603万元，完成工业总产值30.5亿元，完成社会消费品零售总额1.4亿元，“四上”企业31家，新增7家。

【“乡村振兴”战略实施】 以建设乡村振兴示范片区为契机，以农村“五治”（治厕、治水、治风、治房）和壮大集体经济为抓手，按照“政府引导、村企合作、农民参与”发展思路，探索实施“五建五享”村级集体经济发展新模式。主要为“一个平台引领，三类主体投资，六三一模式分成”，实现共建共治共享。产业发展优化升级。文旅业态更加丰富，光明大观园游客服务中心进一步提质提档，贝拉小镇、光明蝶谷、松鼠谷等核心景区持续火爆，2018年光明大观园共接待游客约60万人，同比增加20%，旅游收入1.8亿元。鼓励传统农业向特色经营转型发展，无花果、葡萄、黄桃、吊瓜等本地农产品在区域范围内已崭露头角。发展乡村服务型经济，将种植结构调整、农业品牌建设、乡村旅游、农村电商有机结合，建成一、三产业融合发展和农旅产业互促共赢结构体系。加强农村水利建设。实施水利综合整治，完成水利治理工程128处；开展截污工程和水井治理工程，修建隔离栅1800米，拆除排污口6处，完成水井治理1100个；加强小微水体治理，对全镇近千亩骨干山塘、重要干渠进行生态清淤及水利景观打造。继续推行河长制。制订《白箬铺镇河道保洁工作实施方案》，多次开展八曲河、白箬河河道保洁与砍青扫障大行动，镇级河长巡河210余次。乡村品质持续提升。深入推行垃圾分类减量，日垃圾量由原来40吨减少至8吨左右，垃圾分类减量成果丰硕。全面实施“厕所革命”，共完成三级化粪池改造8600余户，旱厕改造100余座，基本实现无害化卫生厕所全覆盖。坚决打赢蓝天保卫战，全面推行电子礼炮机，新建镇餐厨垃圾处理中心1个，积极整治散乱污企业，散煤作坊全部关停，关停碎石场3家、制管厂2家、搅拌场1处。成功创建市级秸秆禁烧示范乡镇、市级农村生活垃圾治理示范镇、市级卫生镇、市级城乡环境卫生整治行动“四星级”乡镇；龙唐村成功创建省级卫生村市级五星村，光明村、金峙村成功创建市级农村生活垃圾治理示范村，胜和村、大塘村成功创建市级垃圾分类示范村；大塘村成功创建市级美丽乡村特色村，光明村、黄泥铺村通过市级美丽乡村示范村验收。

【推进项目攻坚】 加大项目招商、征拆、建设和帮扶力度，为项目建设提供有力保障。重大基础项目相继建成。提质改造后的白箬中心卫生院住院楼投入使用；良溅桥建成通车；慧润民宿二期、帐篷营地、乡创学院等项目相继开门迎客。新铺排项目顺利实施。第二公办幼儿园项目已完成“四清”（标准为：清零，房屋全部签约，建筑物和构筑物全部拆除。清表，土地青苗全部完成丈量核算，青苗全砍伐、坟墓全迁移、水塘全干塘、杆线全迁移。清障，进场施工的障碍清除，施工环境有保障，项目单位能够顺利进场施工。清算，所有补偿资金全部核算并点对点拨付至相关权利人）交地；白箬敬老院提质改造、淑一村矿山复绿、长益支线天然气管道河西分输站、电力“630”等项目正有序推进。重点项目稳步推进。白箬、古冲、光明、金峰等学校启动提质改造；友仁、白箬铺集镇自来水管网开始铺设；汉琛体育、南方新材料、平水河治理，金洲大道交安工程等项目加快推进。

【镇村治理】 深入开展移风易俗。指导全镇11个村（社区）制定村规民约，成立红白理事会、乡贤理事会、村民议事会等村民自治组织，成立党员义务监督岗等自治队伍，在社会治安、土地管理、区域保洁、文明新风等方面分区域进行监督管理。扎实推进安全生产。落实领导责任，企业主体责任，部门责任和属地责任，开展10次安全生产大检查和8次专项治理检查。11月通过市级安全生产示范乡镇复查。深化建设平安白箬。推进“红袖章”工程，全面开展“月月亮剑”和扫黑除恶专项斗争行动，严厉打击违法犯罪。开展信访积案化解工作，妥善化解一批遗留问题。没有发生恶性刑事案件和群体事件，群众满意率持续提升。

【民生实事工程】 精准扶贫持续发力。全镇641户2060名贫困人口达到脱贫标准，全面完成全年脱贫攻坚任务。积极开展产业扶贫工作。申报一般产业扶贫项目12个，重点产业扶贫项目6个，新型经营主体与贫困户利益联结达98%，申报扶贫资金项目库56个。深化“放管服”改革。全镇11个村（社区）政务大厅完成升级改造，并配齐窗口人员2名，共办结民生事项5259件，实现零投诉，真正做到让老百姓办事“最多跑一次”。大力开展就业工作。扎实开展农村劳动力素质培训和劳动保障工作，新增城镇就业210人，完成任务数100%，带动城乡就业360余人。民生保障落实到位。积极抓好城乡居民养老保险、新型合作医疗保险等工作。全镇1470人享受城乡低保，发放低保金356.43万元；特困供养337人，发放五保金263.12万元；大病救助118人，救助资金106.34万元；临时救助70人10.22万元；城乡医疗保险和养老保险实现全覆盖，67户危房完成改造。科教文卫协调发展，策划举办4次大型文化活动，切实增强群众文化凝聚力；完善卫生和计生工作的目标管理责任制度，孕产妇免费产前筛查完成573人次，积极落实“全面二孩”政策，深入开展国家食品安全城市创建工作。

【胡衡华调研白箬铺镇乡村振兴工作】 8月21日，省委常委、市委书记胡衡华到望城区就乡村振兴工作进行专题调研，实地考察白箬铺镇。市领导夏建平、李蔚参加调研。白箬铺镇光明村是远近闻名的乡村旅游目的地，许多村民将闲置房屋改造成特色民宿，接待前来游玩的城里人。村支两委通过引进专业公司，打造独具特色的乡村度假、农产品增值、合作社运营、物流配送四大产业链。同时采用“生物处理＋生态过滤”工艺，实现污水生态过滤、达标排放。胡衡华要求白箬铺镇干部进一步开阔视野，因地制宜、因村施策，推进一、二、三产业融合发展，把优势利用好、把特色品牌打造好，带动村集体增收、群众致富，持续改善农村人居环境。要创新村级集体经济发展模式，因地制宜发展“一乡一特”“一村一品”、都市农业、乡村旅游等特色产业，推动新型村级集体经济持续快速健康发展。要牢固树立绿水青山就是金山银山的理念，坚持走人与自然和谐共生的可持续发展之路，充分调动农民积极性，扎实推进农村人居环境整治三年行动，打好乡村振兴第一仗。要进一步加强基层党组织建设，选优配强村支两委班子，增强基层党组织凝聚力、战斗力，培养更多的致富带头人，带领群众增收致富。

【南南合作高层论坛中外嘉宾点赞白箬铺镇美丽乡村建设】 2018年11月1日，出席全球农业南南合作高层论坛的外国代表到白箬铺镇光明村考察学习。来此考察的60个国家的相关部门领导，对光明村的发展给予肯定与赞赏。光明村近年来的规划发展情况，形成以亲子研学为核心的文旅产业群，形成以产业振兴的发展新格局，村内的闲置土地流转为特色民宿，让村民足不出户致富增收。

【垃圾分类减量工作在省住建厅作经验介绍】 2018年10月29日，省住建厅举办的乡镇规划建设管理干部培训班在长沙举行，白箬铺镇就“农村垃圾分类实际先进做法”这一主题在论坛和年会上发表主旨演讲。向各住建环保领域的领导、专家、媒体展示在垃圾分类减量工作上的科学管理和典型举措，充分展现魅力白箬美丽乡村建设。白箬铺镇按照望城区“垃圾分类减量和循环利用”要求，从2017年3月开始全面推进垃圾分类减量工作，取得良好成效，群众评价很高，领导充分肯定。在垃圾分类减量方面的具体做法，重点概括为“五抓”并举，分别是狠抓网络健全，实行井然有序的三级治理网络；狠抓人员队伍，实行齐抓共管的协调联动机制；狠抓资金投入，实行先进标准的专业分类管理；狠抓管理引导，实行科学有效的工作推动方法；狠抓督查考核，实行奖罚分明的绩效管理体系。

【白箬铺镇获评湖南省“同心乡村”】 2018年1月，白箬铺镇获评湖南省委统战部颁发的“同心乡村”奖牌。2016年以来，白箬铺镇携手社会各方共建美丽家园，组织光明、黄泥铺、胜和、金峙、大塘5个村，按照“一村一特”的形式，对5个村进行精心设计、布置、建设，合力打造光明大观园“同心乡村”片区，不断提升镇美丽乡村建设品质。

（彭　韬）

人物

责任编辑 ◎ 魏小超

纪红建 男，1978年10月出生，中共党员，本科学历，1996年应征入伍，历任警卫战士、政治部门报道员、《北京军事志》编辑。1994年开始发表作品。2006年加入中国作家协会。现任湖南毛泽东文学院文学创作一级(正高)长沙市文联主席团委员、市作家协会副主席，中国报告文学学会理事、青年创作委员会副主任，湖南省报告文学学会常务副会长兼秘书长。

他深入生活、扎根人民，笔耕不辍二十余载，已出版长篇小说《家住武陵源》，长篇报告文学《乡村国是》《哑巴红军》等10余部，在《中国作家》《当代》等发表长中短篇报告文学200余万字。获第二届"茅盾文学新人奖"、第十一届全军文艺优秀作品奖、首届《中国作家》鄂尔多斯文学奖、第二十八届湖南省青年文学奖、湖南省第十三届"五个一工程"奖等。2018年8月，长篇报告文学《乡村国是》获第七届"鲁迅文学奖"，实现长沙籍作家在鲁奖上零的突破，也成为湖南文学史上以报告文学摘取鲁奖的第一人。

2014—2017年，他深入六盘山区、滇桂黔石漠化片区、武陵山区、秦巴山区、乌蒙山区、罗霄山区、闽东山区，西藏山南、新疆喀什等脱贫攻坚主战场，走过湖南、云南、甘肃、宁夏、新疆、贵州、广西、福建、重庆、四川、湖北、江西、安徽、西藏等14 个省(自治区、直辖市)39个县(区、县级市)的202个村庄，实地采访脱贫的老乡和当地扶贫工作者，带回200 多个小时的采访录音，整理100 多万字的采访素材。整理、思考和创作，完成近40万字的报告文学作品《乡村国是》。该书全景式、纪实性呈现了中国脱贫攻坚的进程和成效。出版后，社会反响强烈。其题材重大，视野开阔，内容丰实，温暖人心，是一部庄严厚重、气势恢宏的文艺扶贫力作，入围央视推荐的2017"中国好书"、入选全国党员教育培训教材，并获得第七届"鲁迅文学奖"。

姚建刚 男，1961年8月出生，中共党员，现任望城区茶亭镇苏蓼垸堤委会书记、主任，多次被评为县(区)水利工作先进个人，2006年被市人事局和水利建设指挥部评为"芙蓉杯"水利建设竞赛先进个人并记三等功，2017年，被中共湖南省委、省人民政府评为"湖南省抗洪救灾先进个人"。2018年3月获评中央文明办评选的敬业奉献类"中国好人"。

苏蓼垸是洞庭湖南岸望城段的第二大堤垸，沿河堤岸长14.8千米，是望城抗洪的最北、最重要的防线。生在苏蓼、长在苏蓼的姚建刚，是一名在基层岗位工作了30余年的老水利，三十年如一日，无论刮风下雨，还是晴空万里，他都要到堤坝上走一走，看一看，每一个转弯，每一处改动，都已刻在了他的心里，但是按照他的话说，不亲自看看，我不放心。

1996年、1998年，望城遭遇两次特大洪水灾害，水位达到历史新高，堤坝防控刻不容缓，他不顾安危，冲在了第一线，与武警战士同进退，共同筑起5千米的堤防。"水位不退，不下堤坝"，他用实际行动感染着周围的干部群众，用坚定的决心和战胜灾难的信心，把大家凝聚在一起，最终保住了堤垸，战胜了洪魔，保护了人民生命财产。2017年6月22日起，湖南各地笼罩在暴雨当中，湘江水位持续上涨，至7月2日，水位达到历史最高值37.76米，8时零5分，苏蓼垸西、临湘江的夹河外堤终没能抵挡住漫堤高洪，溃口直袭夹河。9时20分，洪水直袭位于夹河内的渡口排渍机台，它破机房门窗而入，由机台提水管空隙直入排渍暗涵反灌入垸，在出口形成2米多高的水柱，险情危急，苏蓼垸危在旦夕。对此，姚建刚凭着多年的工作经验，提出一套"渡船+棉被+卵石"的创新处险方案，镇防指紧急指挥调来1艘运沙船、2艘渡船，发动群众捐献被褥200余张，将砂卵石装袋后裹入被褥中，用铁丝锁紧，再将这种特殊的"沙包"连接成串。然而管涵的漏水点在水淹没的机房内，必须要靠近漩涡，将机房的水泥预制平顶敲开才能堵涌。镇党委书记郑波和姚建刚带着随机组成的20人敢死队，分乘两条机船赶往漩涡处，冒着随时被卷进漩涡的危险，用铁锤将机房预制水泥平顶砸出一个用于堵涌的缺口，随后抢险运沙船通过砸开的缺口往机房内灌入砂卵石，再用连接成串的被褥"沙包"，一块一块往水漩涡中有节奏有技巧地精准投入，7月2日13

时，喷水终于被止住，险情得到有效控制。自启动防汛以来，他一直坚守一线、勇挑重担，把垸堤和垸内人民的安危压在心头，工作上丝毫不敢怠慢也不曾怠慢，7月4日中午，由于疲劳过度，重度中暑，血压升高，诱发老病根，晕倒在湘江大堤上，经湘雅附三医院抢救5小时后才脱离生命危险。近半个月的苦苦坚守，五天五夜的不眠奋战，就算是铁人也会生锈停工，然而直到躺在医院的病房里，姚建刚的嘴里还是不停念叨着："坝怎么样了，我要去看。"6日，他不顾医生的劝阻，签下"要求出院，后果自负！"承诺，回到大堤上，当天又带着干部群众成功处理了3处险情。在他的指挥下，茶亭镇累计除险122起，其中危及垮堤的大险4起，井喷、滑坡、溃决、管涵渗水、渗漏等118起，确保了一线大堤安全。他个人的先进事迹也被中央电视台等媒体报道，他被省委、省政府授予2017年度"湖南省抗洪救灾先进个人"荣誉称号。2018年3月获评中央文明办评选的敬业奉献类"中国好人"。

郭　铁　男，1980年6月出生，中共党员，本科学历，1999年12月入伍，服役期间曾荣立三等功3次。2010年转业至望城区交通运输局工作，先后任区交通运输局党建办主任、扶贫办主任、区政府派驻靖港镇三桥村党组织第一书记，驻村工作队队长。2016年被评为长沙市文明市民标兵，2017年被评为望城区扶贫攻坚表现突出干部、"群众点赞工程"先进个人，2018年被中共湖南省委、湖南省人民政府授予"湖南省脱贫攻坚先进个人"荣誉称号。

2015年，他响应上级号召，脱产投身到脱贫攻坚的一线靖港镇三桥村。驻村以来，他以强烈的主人翁责任感，昼夜深入田间地头，查找制约群众致富的瓶颈、分析每条渠道、道路的走向利弊。跑上协调，下户做工作，在修路修桥、养鸡的过程中，总能看见他手握尺子丈量、满头大汗的身影。哪条路影响多少户贫困群众进出、鸡什么时候需要预防疾病，他都了如指掌。四年来，他为村清污修渠、主道提质、硬化进出道路、环境卫生整治等争取省、市、区各级扶贫资金近400万元，修建和提质改造扶贫村道路30余千米。道路通了、环境美了，如何让产业发展起来始终萦绕在郭铁心头。在日夜工作实践和10多万字的走访记录中，他探索提出绿壳鸡蛋养殖"3+2+1"扶贫发展的模式和脱贫攻坚监督员理念。通过宣传发动和身边第一批饲养户带动，创业的星火在贫困户中形成燎原之势，25只、50只绿壳鸡蛋养殖项目在贫困户家中普遍开花，110户贫困户找到了自己的产业梦，每户增收近万元。绿壳蛋鸡和黑土鸡饲养、繁殖成为村级经济不断链的发展动力。

四年帮扶，他从内心深处真正把村民群众当成了亲人，总是千方百计地为他们排忧解难。他成了贫困户的贴心人。曾桂云儿子、李清明孙子伏学、候雪辉女儿择校……这些繁杂的小事背后，都有他忙碌的身影。贫困户何征波从三楼摔下来躺在重症室晕迷，其妻子乳腺癌每周化疗，儿子才毕业未经世事，面对家庭的重大变故，束手无策。近两个月的时间里，他带着暑假无人照料的女儿一起工作，白天跑筹款，晚上陪护在医院，用大爱支撑起了何征波濒临破碎的家。驻村期间，他利用扶贫日建立起"交通爱心银行"，筹集交通爱心善款近10万元，帮扶困难群众60多人次；解决贫困户子女就学8人、帮贫困户争取房屋改造资金50多万元、组织各类慰问近20万元。

工作之余他还利用湖南省扶贫网、湖南省文明网等平台先后发表《扶贫：弱势文化向强势文化的转变》《一栏花猪一间房》等作品40多篇，形成各类调研文字10余万字。长沙电视台新闻频道、《长沙晚报》等多家媒体对他进行推介时，他都时刻不忘记借平台推介三桥村的土鸡、土鸡蛋。驻村办公室那面墙上的锦旗，是群众对他的赞赏，更是他奉献的动力。

李新民　男，1963年2月出生，中共党员。2003年10月，任东城镇黄龙村党支部书记，2014年至今任大龙村党支部书记。他带领村支两委班子，脚踏实地，辛勤耕耘15年，实绩突出。在他的带领下，大龙村获评2016年省级宜居宜业人居环境示范村、省级卫生村、2017年全国文明村镇、2018年省级示范性社区建设先进村、2018年度省级农村幸福社区建设示范单位、2016—2018年连续三年获省级美丽乡村建设示范村等众多荣誉称号。2018年12月，湖南省委组织部对李新民等174名在三大攻坚战中积极担当作为的先进典型予以表扬。

2003年10月，原黄龙村支部书记辞职外出打工，李新民临危受命。放弃自己在外打拼的事业，回村当起村干部。上任后做的第一件事就是进行农电整改。当时全村只有2个变压器，电杆电线等基础设施不达标，村民用电很不稳定，离变压器距离较远的地方连照明都很困难。为加快改造进度，节约开支，李新民带领村民自己动手抬电杆、安装杆线等，通过两年多的辛勤工作，全村的农网改造全面完成。

大龙村是典型的纯农业贫困村，基础设施落后，资金资源短缺，建档立卡贫困户有108户360人。为打好大龙村脱贫攻坚战役，李新民牵头制定党员"六做六不做承诺书"，并组织党员签订承诺书，切实按承诺内容执行，提升党组织的活力。同时为不断增强党员的责任感和使命感，在李新民带领下全体党员积极开展"四联系"制度（即扶贫帮困、环境卫生清扫、综治维稳、美丽乡村建设），给每位党员设岗定责，积极发挥党员在基层工作中的示范引领作用。在脱贫攻坚整改工作中，他挨家挨户走访，深入了解全村贫困户基本情况，倾听群众意见和建议，制定帮扶措施，因户施策。在他的民情日记本上，详细地记录着各家各户村民的诉求，逐一帮助解决。正是这份执着与踏实，赢得了群众的认可，为大龙村脱贫攻坚打下了坚实的群众基础。

李新民通过招商引资，从统筹产业发展着手，抓思路理念提升，利用产粮工程完善山塘清淤、沟渠维修工作，促进现代农业发展壮大。为了发展农村新模式，结合共赢和渔光土地合作社，进行土地流转，三权分置管理，农民可享有土地流转金和利润分红。同时引进协鑫、鼎泰、亮派、能腾、水上陶园、萧家园里、稻蔬源等10余家重点农业企业，进行光伏发电、稻虾共养、鸭稻共生和特种水产养殖，为村民就近创业创富开辟了新渠道。建成了小龙虾养殖产业、野鸭饲养产业和渔业产业，独具规模的养殖小龙虾的农业公司和合作社共6家，野鸭养殖农业公司1家，100只以上的养殖野鸭的贫困户68户，6.67公顷渔业养殖农业公司7户，0.67公顷以上渔业养殖户30户，将大龙村做成了产业特色鲜明、环境优美的美丽乡村。村民人均纯收入由2014年的6100元增长到2018年的28921元。

15年来，李新民带领村民们修公路、搞水利、建农民文化广场，开展美丽乡村建设，推进改水改厕，实施精准扶贫，为大龙村办成了许多实事，解决了行路难、小孩上学难、贫困农民创收难、养老难等问题。乡村振兴，他勇挑重担，勇往直前，身上那股使不完的劲生动诠释了共产党人为民服务的宗旨，村民们亲切地称他"牛"书记。

汪科华 女，1978年5月出生，中共党员，二级警督，现任望城区公安局高塘岭派出所副所长兼雷锋警务区社区民警。她用自己的一言一行，扎根社区，心系群众，践行"群众利益无小事"的为民理念，赢得广泛赞誉。多次被评为"优秀公务员""公安工作先进个人"，2016年被评为长沙市"我最喜爱的人民警察"，2018年被评为望城区"雷锋之星"、长沙市"长沙好人 身边雷锋"、全省优秀人民警察。

她从警21年，先后在"110"指挥中心、刑侦大队工作。因工作实绩突出，2005年提拔为区局政工室副主任。2016年，她主动请缨到一线雷锋社区当了一名社区民警。她从事社区警务这项工作可谓"半路出家"，为了尽快适应新角色，她抓紧时间沉下心来学习社区民警业务，每天深入走访群众，了解社区的治安状况，定期开展法治宣传和安全防范教育。作为长沙市公安局培养的一名国家三级心理咨询师，她经常利用休息时间为辖区的单亲家庭学生、留守老人、留守儿童、中风病人等做心理健康安抚咨询。在与群众相处的过程中，她用一件件小事凝聚成群众对她的一声声感谢。

为让辖区的群众有事能随时找到自己，她通过每家每户张贴警民联系牌公布手机号码、微信号码等各种方式，建立一个随时能联系的发送各类信息（防盗、防诈骗、防毒、防事故等）的平台，辖区群众的安全防范意识得到进一步提升，同时，也能很全面的掌握社情民情。她结合警务区实际，因地制宜、因人施策的开展社区警务工作。针对辖区老年人占比重大的特点，开展防诈骗宣传工作，通过在警务室播放防电信、防保健品视频宣传片；在菜市场门口张贴防诈骗宣传海报；印制并发放宣传防范的购物袋；利用短信、微信平台、辖区电子屏发布案情和防范措施；主动与工商部门协调，在辖区卖保健品、集资点开展集中清查行动等多种措施，加大对电信诈骗等的宣传、防范力度。针对入室盗窃发案问题，她采取群众能接受的防盗"小窍门"，建议并帮助群众更换防盗级别高的门锁；建议群众通过网购渠道，购买价格便宜的家用摄像头、防盗报警器安装在家门、窗外等重点部位，并在门口装贴醒目的"你已进入24小时监控区域""本宅安装24小时智能防盗报警器"的标识。在辖区的入室盗窃发案后，她主动上门，做到每一起案件都与失主取得联系，实地查看现场，并联系刑侦技术力量开展专业现场勘查，寻找破案线索。在她的用心工作下，辖区发案不断下降，群众的安全感和满意度不断提升。

她视社区居民为家人，在日常走访中，看到一些因各种原因致贫、返贫的家庭、留守儿童、失独老人，她总是从物质上和精神上给予支持，第一时间帮助解决。她专门组建一支社区爱心公益团队，募集爱心款3.8万元，召集爱心义工18名，已帮扶12户困难家庭，3名困难学生，1对失独老人。辖区居民赵某因吸、贩毒罪被判无期徒刑，与妻子离异后，15岁女儿与80多岁患老年痴呆症的奶奶一起生活。汪科华主动联系中南村社区干部一起帮助她解决生活实际困难，并用自己所学的知识为她做心理辅导，帮助其走出心理阴影，走上正常的学习、生活、心理轨道。辖区14岁女孩何某，父亲早逝，母亲残疾，家庭生活困难。为了让她成年后能找一份工作养活自己和母亲，汪科华多方联系，几经周折，在何某初中毕业后，帮助她进入了望城职业中专就读幼师专业。何某80岁的老外婆特意从湖北老家带着土鸡蛋登门道谢。

杨志伟 男，1961年2月出生，中共党员，2007年任高塘岭街道安监站站长至今。他用责任和坚守捍卫着街道的生产安全，履职以来多年零事故，把自己锻造成了忠诚的"安监尖兵"。安监站及其个人连续多年被区委、政府授予安全生产"先进单位""先进个人"称号，2012年高塘岭街道被评为省级安全生产示范街道，2018年他被国家安全监管总局、国家煤矿安监局授予"安全生产监管监察先进个人”称号。

他积极争取安监工作硬件投入，改变过去脏乱差的状态，将街道安监站打造成“六有”标准安监站，并拥有全区唯一的省级安全生产示范街道安全监管执法车辆1辆。软件方面，他带领队伍定期开展全面摸底排查，分类建立“一企一档”，完善安全生产监管各类工作台账，确保安监监管“情况清、底子明”有据可查。同时创新举措，率先应用安监执法软件开展执法活动，优化工作流程，提高工作效率。并通过统一阵地建设和安全宣传栏，配备安全生产信息员等措施，将安全管理触角延伸到21个村（社区），推动安全管理责任落实到最基层。企业诉求群众期盼件件回应，任职以来，他累计受理各类安全生产投诉举报案件100余起，在处理群众投诉举报过程中，始终坚持“三个凡是”：凡是群众举报，一律由他都亲自处理；凡是当天能够办结的，一律当天办结；凡是短期内不能办结的，一律3天内及时予以回复，做到件件有结果、事事有回音。2016年5月，接到群众关于高塘社区五组非法储存烟花爆竹存在安全隐患的举报后，他带领安监站及相关单位工作人员上门开展执法检查，严格按照相关法律法规将非法储存的烟花爆竹依法收缴，及时排除一处严重安全隐患。针对辖区内安全监管点多、线长、面广的特点，他根据工贸企业、烟花爆竹门店、加油站等企业不同性质，分类施策，开展有针对性安全监管执法检查，对排查发现的隐患和存在的问题，安排专人督促整改，直至整改到位。2016年至今，他带队开展执法检查126次，排查各类安全隐患245处，其中，现场整改198处，限期整改47处，按照闭环管理全部整改到位，确保生产经营安全有序。

2018年，市安委办提出安全生产“一体两翼”工作思路，即抓好安全生产宣教培训和严格的监管执法来落实企业主体责任。他紧扣目标，创新培训教育方式，根据不同受众，精心制作安全生产PPT课件，在街道各个村（社区）、规模企业开展政策宣传、知识宣讲、案例警示，发动广大群众、企业员工参与到“我要安全”和掌握安全防范知识中来，组织开展培训20多次，培训人数4000多人，“润物于无声”的大宣传扩大了基层安全宣传教育辐射范围。同时创新大宣传模式，着力打造包含350多家公司、门店、双向总长约1000米的“安全生产示范街”，以点带面，营造“人人关心安全发展、人人维护安全发展”的良好社会氛围。

他深知安全监管工作责任重大，多年来，他用自己的默默付出坚守着保护人民生命的初衷。一次次执法检查、隐患排查、整改处置，以查促改、严格执法，抓企业安全生产主体责任落实，促企业安全管理和资料台账完善。他说每一起安全生产责任事故的背后都有血淋淋的教训，平时工作中多付出一点，监管更严一些，就能挽回很多支离破碎的家庭。多年的努力与付出，辖区内企业负责人安全生产责任监管逐渐由被动应付走向了主动配合，企业创造出更好更安全的经济效益。

周漫鑫 男，1977年12月出生，中共党员，本科学历，高级工程师。1997年8月到望城县水利局设计室工作，2012年任望城区水利水电勘察设计室主任，2018年兼任望城区靖港机电排灌站站长。2010年被评为望城区“防汛救灾先进个人”，2012年以来，他带领区水利水电勘察设计室多次获得全区水务系统“先进集体”“目标管理一等奖”等荣誉。2018年被湖南省人力资源和社会保障厅、水利厅评为全省“芙蓉杯”水利建设管理先进个人。

他先后独立设计、主持参与望城区多个大型水利工程项目设计规划工作，深入工地现场解决技术问题，为水利工程建设提供了有力的技术保障。在水利设计项目中，使用PPT和效果图进行汇报，使领导和专家在项目评审和审查中更直观的感受项目建设的对比效果，在评审和决策中更好地掌握相关实际情况。在水利建设项目中，第一个使用坐标放样施工，最大程度避免了施工放样中线型控制偏差和工程量计算不准的问题。2012年6月，在全省中小河流治理试点县（区）遴选中以全省第二的成绩成功入选，为全区水利建设项目资金的争取做出贡献。

除了从事设计工作，每到汛期和旱季时，都配合全区防汛抗旱工作，深入一线，掌握第一手资料，为领导的决策提供参考。1998年，他经历了当时历史最高洪水位的防汛抢险工作，并参与完成全县30多处水毁工程的恢复方案。2010年以来，凭借过硬的专业水平和实践经验，成功组织处理了胜利垸一处特大涌砂冒水溃垸性的险情；科学制定并顺利实施特大旱情期间全区应急供水方案、洪涝期间现场处险及团头湖排涝分洪调水方案；先后多次完成区防指下达的堵口补堤、排渍方案等紧急任务，并参与全区水毁工程、处险工程现状调查，组织科室人员加班加点制定处险工程设计方案，为全区防汛抗旱工作取得胜利做出重要贡献。在水利工程建设中，前往现场为项目进行技术服务，放弃休息时间，任劳任怨，工地单位两头忙，做到两不误。患有腰椎间盘突出期间，仍带病坚持工作。曾连续多年被评为望城区水务系统“先进工作者”和“优秀共产党员”。

2009年，在乌山团山湖垸白马堤段除险加固工程中，他牵头多次组织专家和技术人员对施工方案进行专题论证，首次采用粉喷桩处理堤基软弱土层，并获得成功，治理后历经多次洪水和降雨检验，再没产生新的险情或变化。在其他项目建设管理中，对工程的建设、验收、签证、结算资料管理严格，在接受省、市对工程建设领域档案管理检查中也多次受到好评，并作为样板被推广学习。任职靖港电排站站长后，第一时间拿出靖港区电排远程控制系统恢复方案并取得局领导支持后，恢复了该站瘫痪近10年的远程控制系统，提高了电排站的操作管理效率和管理水平。

光荣榜

责任编辑◎魏小超

长沙市望城区获省部级奖励(命名)单位名单一览表

表3

获奖单位	奖励(命名)名称	授奖(命名)单位
望城区人民法院	第一届"全国法院审判管理优秀业务单位"	最高人民法院
望城区人民检察院	全国检察机关派驻监管场所一级规范化检察室	最高人民检察院
望城区人民检察院	2018年度全国检察宣传先进单位	最高人民检察院 检察日报社
望城区乌山街道八曲河村	全国民主法治示范村(社区)	司法部
长沙市望城区	第四批"全国法治县(市、区)创建活动先进单位"	全国普法办
望城区司法局	人民调解宣传工作先进集体	中华全国人民调解员协会
望城区血吸虫病防治站	湘鄂赣皖苏五省"送瘟神"60周年宣传工作先进集体	湘鄂赣皖苏五省血吸虫病联防联控领导小组办公室
望城区公安局刑事技术室	全国公安示范刑事科学技术室	公安部
望城区教育局	全国中小学校责任督学挂牌督导创新县(市、区)	国务院教育督导委员会办公室
望城区职业中等专业学校	第三批"国家中等职业教育改革发展示范学校"	教育部 人力资源和社会保障部 财政部
湖南省委组织部 长沙市委组织部 望城区委组织部	《农村(社区)不合格党员案例动漫释纪》在第十四届全国党员教育电视片观摩交流活动中被评为一等奖作品	中共中央组织部
湖南省委组织部 长沙市委组织部 望城区委组织部	《农村(社区)不合格党员案例动漫释纪》在第十四届全国党员教育电视片观摩交流活动中被评为十佳策划作品	中共中央组织部
长沙市望城区	农业农村部渔业健康养殖示范县	农业农村部
国家税务总局长沙市望城区税务局办税服务中心	工人先锋号	中华全国总工会
望城区教育局	2018年国家义务教育质量监测实施"县级优秀组织单位"	教育部基础教育质量监测中心
汉长沙国考古遗址公园安防工作队	第十届"薪火相传——文化遗产筑梦者杰出团队"入围奖	中国文物保护基金会

续表3

获奖单位	奖励(命名)名称	授奖(命名)单位
丁字湾街道	2018年度省级安全生产示范街道	湖南省人民政府
望城区信访局	2018年度全省“三调联动解纠纷 防控风险促发展”专项调解活动“先进集体”	湖南省高级人民法院 湖南省公安厅 湖南省司法厅 湖南省信访局
望城区公安局交警大队巡逻中队	全省道路交通安全管理工作成绩突出单位	湖南省公安厅
望城区公安局基础警务工作平台(HISS二维码“三实”管理 信息系统)	全省公安机关第二届微改革微创新大赛银牌项目	湖南省公安厅
望城区公安局黄金派出所	全省反恐工作先进基层单位	湖南省公安厅
望城区公安局入境大队	湖南省巾帼文明岗	湖南省公安厅
望城区公安局刑事技术室	全省公安刑事技术工作成绩突出单位	湖南省公安厅
靖港古镇	2018年度文明风景旅游区	湖南省精神文明建设指导委员会
千龙湖	2018年度文明风景旅游区	湖南省精神文明建设指导委员会
望城区人武部	先进人武部	湖南省军区
望城区人武部	安全稳定工作先进团级单位	湖南省军区
望城区人武部	新闻舆论工作先进单位	湖南省军区

长沙市望城区获省部级奖励(命名)个人名单一览表

表4

获奖人	所在单位	奖励(命名)名称	授奖(命名)单位
吴　翔	望城区人民检察院	全国羁押必要性审查精品案件	最高人民检察院
袁志颖	望城区人民检察院	全国检察宣传先进个人	最高人民检察院
佘振涛	望城区公安局刑侦大队	2017年现场勘查优秀勘查民警	公安部“三打击一整治”专项办公室
姚建刚	茶亭镇苏蓼垸堤委会	敬业奉献类“中国好人”	中央文明办
杨志伟	高塘岭街道办事处安监站	全国“安全生产监管监察先进个人”	国家安全监管总局国家煤矿安监局
刘坤庭	长沙泥人刘陶艺有限公司	国家级非物质文化遗产代表性项目长沙窑铜官陶瓷烧制技艺的代表性传承人	文化和旅游部
郭　铁	望城区交通运输局	湖南省脱贫攻坚先进个人	中共湖南省委 湖南省人民政府
姚　武	金山桥司法所	湖南省“三调联动解纠纷 防控风险促发展”专项调解活动先进个人	湖南省高级人民法院 湖南省公安厅 湖南省司法厅 湖南省信访局

续表4

获奖人	所在单位	奖励(命名)名称	授奖(命名)单位
陈　俊	望城区人民检察院	三等功	湖南省人民检察院
汪科华	望城区公安局高塘岭派出所	全省优秀人民警察	湖南省公安厅 湖南省人力资源和社会保障厅
吴　渺	望城区公安局入境大队	全省人口与出入境管理文秘工作先进个人	湖南省公安厅
杨　斌	望城区公安局治安大队	湖南省空军招飞政治考核工作先进个人	湖南省公安厅
陈　俊	望城区人民检察院	援疆先进个人	湖南省援疆前方指挥部
陈金华	望城区华珍金银饰品销售有限公和珍华广告有限公司	诚实守信类“湖南好人”	湖南省文明委

长沙市望城区获市厅级奖励(命名)单位名单一览表

表5

获奖单位	奖励(命名)名称	授奖(命名)单位
长沙市望城区	2018年度全省综治工作考核评估先进县市区	中共湖南省委办公厅 湖南省人民政府办公厅
铜官街道彩陶源村	2018年度湖南省文明村	中共湖南省委宣传部
长沙市望城区	湖南省优秀县市区政府门户网站	湖南省人民政府办公厅
长沙市望城区政务服务中心	湖南省文明窗口单位	湖南省文明办
靖港镇调委会	湖南省优秀人民调解委员会	湖南省司法厅
乌山街道调委会	湖南省优秀人民调解委员会	湖南省司法厅
望城区光明蝶谷法治公园	湖南省第三批“全省法治文化示范项目”	湖南省司法厅
靖港镇	2018年度湖南省休闲农业示范乡镇	湖南省农业农村厅
桥驿镇工会	2016—2017年度湖南省“六好”乡镇(街道)工会	湖南省总工会
乔口镇盘龙岭村	省级美丽乡村示范村	湖南省委农村工作领导小组
望城区人民检察院	全国检察宣传先进单位	检察日报社
高塘岭街道	省卫生示范点	湖南省爱卫办
望城区科学技术局	“长沙银行杯”第七届中国创新创业大赛(湖南赛区)暨第五届湖南省创新创业大赛新材料行业半决赛优秀组织奖	湖南省科学技术厅
望城区科学技术协会	湖南省科普中国•百城千校万村行动县市区级优秀组织单位	湖南省科学技术协会
乔口镇	湖南省创建百岁健康镇示范单位	湖南省老科学技术工作者协会

续表5

获奖单位	奖励(命名)名称	授奖(命名)单位
乌山街道司法所	2016—2018年全省依法办事示范窗口单位	中共湖南省委法治 湖南建设领导小组办公室
望城区公安局交警大队	2016—2018年全省依法办事示范窗口单位	中共湖南省委法治 湖南建设领导小组办公室
望城区信访局	湖南省信访工作基础业务“百佳业务规范单位”	湖南省信访局
望城区台办	2018年中央台办两刊“对台”宣传工作先进单位	中共中央台湾工作办公室宣传局
望城区财政局	2018年度湖南省财政系统会计报刊宣传发行优秀集体	财政部《中国财政》杂志社 财政部中国财经报社
望城区财政局	2018年预算绩效管理先进单位二等奖	湖南省财政厅
国家税务总局长沙市望城区税务局	2017年度“一窗一人”联合办税先进单位	湖南省国家税务局 湖南省地方税务局
国家税务总局长沙市望城区税务局档案室	湖南省档案工作规范化管理省特级	湖南省档案局
国家税务总局长沙市望城区税务局雷锋税务分局	省级巾帼示范岗	湖南省妇联
望城区交通运输局	治超工作考核全省综合排名第一	湖南省治超办
望城区人民政府	“四好农村路”省级示范县	湖南省综合交通运输工作领导小组
望城区人民政府	贯彻落实粮食安全省长责任制成效明显区(县)	湖南省粮食和储备局 湖南省财政厅
望城区水务局	湖南省水利建设“芙蓉杯”先进单位	湖南省水利厅
望城区妇女联合会	2018年度湖南妇联舆论宣传阵地建设先进单位	湖南省妇女联合会
望城区公安局人口与出入境管理大队	湖南省“巾帼文明岗”	湖南省妇女联合会
国家税务总局长沙市望城区国税局雷锋税务分局	湖南省“巾帼文明岗”	湖南省妇女联合会
高塘岭街道望府路社区儿童之家	“湖南省示范儿童之家”	湖南省人民政府妇女儿童工作委员会
望城区食品药品工商质量监督管理局食品生产监督科	湖南省食品药品监督管理先进集体	湖南省人力资源和社会保障厅 湖南省食品药品监督管理局
望城区雷锋纪念馆	《学习雷锋好榜样》展览获湖南省“弘扬优秀传统文化、培育社会主义核心价值观”主题策划方案优秀奖	湖南省文物局

续表5

获奖单位	奖励(命名)名称	授奖(命名)单位
望城区城建投	长郡月亮岛学校(二、三、四标段)获评湖南省建设工程芙蓉奖	湖南省建筑业协会
桥驿镇	湖南省赛车运动基地	湖南省赛车运动协会
望城区工务局	望城区人民医院迁建项目设计方案被评为“达实杯”第四届“中国十佳医院建筑设计方案”	第二十届全国医院建设大会组委会
望城区财政局	全省农业信用担保公司2017年先进集体	湖南省农业信贷担保有限公司
望城区财政局	2018年省农信担“春风行动”优秀办事处	湖南省农业信贷担保有限公司
农业银行望城支行	大新特县域项目营销工程先进支行	中国农业银行湖南省分行
农业银行望城支行	存款市场份额领先奖	中国农业银行湖南省分行
农业银行望城支行	中间业务收入领先奖	中国农业银行湖南省分行
农业银行望城支行	信贷风险管理奖	中国农业银行湖南省分行
农业银行望城支行	县级三农事业部达标奖	中国农业银行湖南省分行
丁字湾街道石韵社区	2018年度长沙市社区提质提档工作示范社区	中共长沙市委 长沙市人民政府
丁字湾街道	2018年长沙市文明单位	中共长沙市委 长沙市人民政府
丁字湾街道双桥村	2018年长沙市文明村镇	中共长沙市委 长沙市人民政府
丁字湾街道丁字湾社区	2018年长沙市文明社区	中共长沙市委 长沙市人民政府
高塘岭街道	市级文明标兵单位	中共长沙市委 长沙市人民政府
望城区公安局交警大队	市级文明标兵单位	中共长沙市委 长沙市人民政府
丁字湾街道	2017年度“经济社会发展十强乡镇街道”	长沙市人民政府
丁字湾街道	2018年度全市人口和计划生育工作优秀单位	长沙市人民政府
丁字湾街道	2018年度全市综治工作红旗街道	长沙市人民政府
乌山街道	长沙市城乡环境卫生整洁行动三星级街道	长沙市人民政府
望城区人武部	军事训练先进单位	长沙警备区
望城区人武部	安全稳定工作先进单位	长沙警备区
望城区人武部	新闻报道标兵单位	长沙警备区
望城区公安局入境大队	集体嘉奖	长沙市公安局

续表5

获奖单位	奖励(命名)名称	授奖(命名)单位
望城区公安局拘留所	全市公安监管工作成绩突出集体	长沙市公安局
望城区公安局看守所	全市公安监所安全管理成绩突出单位	长沙市公安局
望城区公安局拘留所	全市公安监所安全管理成绩突出单位	长沙市公安局
望城区公安局警保室	全市公安机关派出所(警务室)提质改造成绩突出单位	长沙市公安局
望城区公安局刑侦大队	全市公安机关集打斗争“冬春攻势”成绩突出基层大队	长沙市公安局
望城区公安局高塘岭派出所	全市公安机关集打斗争“冬春攻势”成绩突出二类派出所	长沙市公安局
望城区公安局星城派出所	全市公安机关集打斗争“冬春攻势”成绩突出二类派出所	长沙市公安局
望城区公安局国保大队	维护政治安全工作维稳安保成绩突出集体	长沙市公安局
望城区公安局国保大队	维护政治安全工作网上斗争成绩突出集体	长沙市公安局
望城区公安局丁字派出所	长沙市公安局先进基层党组织	长沙市公安局
望城区部督“2018-173号”毒品目标案件专案组	集体二等功	长沙市公安局
望城区公安局	2018年长沙市公安局大演练比武野外搜捕科目第三名	长沙市公安局

长沙市望城区获市厅级奖励(命名)个人名单一览表

表6

获奖人	所在单位	奖励(命名)名称	授奖(命名)单位
李新民	茶亭镇大龙村	三大攻坚战中积极担当作为党员干部先进典型	中共湖南省委组织部
周漫鑫	望城区水务局	全省“芙蓉杯”水利建设管理先进个人	湖南省人力资源和社会保障厅 湖南省水利厅
张伟刚	乌山司法所	湖南省优秀人民调解员	湖南省司法厅
冯志龙	大泽湖街道西塘村人民调委会	湖南省优秀人民调解员	湖南省司法厅
刘志广	望城区铜官窑广华鑫陶艺文化发展有限公司	非物质文化遗产代表性项目长沙窑铜官陶瓷烧制技艺省级代表性传承人	湖南省文化和旅游厅
肖建国	望城区发改局	价格认定学习提升年活动优秀个人	湖南省价格认证中心
李富强	望城区史志档案局	湖南省方志工作荣誉奖	湖南省地方志编纂委员会
袁志颖	望城区人民检察院	全国检察宣传先进个人	检察日报社

续表6

获奖人	所在单位	奖励(命名)名称	授奖(命名)单位
高　伟	望城区公安局刑侦大队	三等功	长沙市公安局
裴　鸿	望城区公安局星城派出所	三等功	长沙市公安局
刘宇贵	望城区公安局科信办	三等功	长沙市公安局
李发禄	望城区公安局刑侦大队	三等功	长沙市公安局
袁　源	望城区公安局交警大队	三等功	长沙市公安局
胡凌志	望城区公安局警保室	三等功	长沙市公安局
吴　博	望城区公安局刑侦大队	三等功	长沙市公安局
徐　虎	望城区公安局高塘岭派出所	三等功	长沙市公安局
钟兴伟	望城区公安局星城派出所	三等功	长沙市公安局
张建军	望城区公安局刑侦大队	三等功	长沙市公安局
徐国荣	望城区公安局拘留所	三等功	长沙市公安局
刘　鑫	望城区公安局星城派出所	三等功	长沙市公安局
邓　智	望城区公安局茶亭派出所	三等功	长沙市公安局
梁　熊	望城区公安局黄金派出所	三等功	长沙市公安局
黄应波	望城区公安局刑侦大队	三等功	长沙市公安局
朱建涛	望城区公安局刑侦大队	三等功	长沙市公安局
胡远帆	望城区公安局刑侦大队	三等功	长沙市公安局
吴　翔	望城区人民检察院	三等功	长沙市人民检察院
欧阳妮	望城区人民检察院	三等功	长沙市人民检察院
汪成立	望城区人民检察院	三等功	长沙市人民检察院

统计资料

责任编辑 ◎ 张姣美

长沙市望城区 2018 年国民经济和社会发展统计公报

2018 年，面对复杂严峻的宏观经济形势，全区上下在区委、区政府的坚强领导下，以习近平总书记新时代中国特色社会主义思想为指导，坚持稳中求进工作总基调，坚定信心，主动作为，努力推进区域经济高质量发展，全年经济稳中有进，各项社会民生事业全面发展。

一、综合

初步核算，全年实现地区生产总值 671.42 亿元（含雷锋街道），比上年增长 8.6%。其中第一产业增加值 40.39 亿元，增长 3.8%；第二产业增加值 444.59 亿元，增长 8.6%；第三产业增加值 186.44 亿元，增长 10.1%。第一、二、三次产业分别拉动 GDP 增长 0.2 个、6.1 个、2.3 个百分点，三次产业对 GDP 增长的贡献率分别为 2.8%、70.7%、26.5%。

三次产业结构调整为 6.0:66.2:27.8，与上年比较，第一产业所占比重下降 0.4 个百分点，第二产业比重下降 2 个百分点，第三产业比重上升 2.4 个百分点。工业对经济增长的贡献率 52.3%，拉动 GDP 增长 4.5 个百分点，全部工业增加值占 GDP 比重 49.3%，较上年下降 3.2 个百分点。

2018 年地区生产总值构成情况表

指标名称	2018 年（万元）	2017 年（万元）	增长 (%)	本年 GDP 占比 (%)
地区生产总值	6714233	6146670	8.6	100
第一产业	403990	394516	3.8	6.0
第二产业	4445887	4194188	8.6	66.2
其中：工业	3313134	3227231	8.0	49.3
第三产业	1864356	1557966	10.1	27.8

二、农业、农村

全区完成农林牧渔业总产值 70.5 亿元，比上年增长 3.9%。其中，农业产值 46.18 亿元，增长 4.0%；林业产值 1.38 亿元，增长 6.9%；牧业产值 12.74 亿元，增长 1.6%；渔业产值 4.83 亿元，增长 5.5%；农林牧渔服务业产值 5.36 亿元，增长 7.1%。

年末，全区总播种面积 9.31 万公顷。全年粮食播种面积 3433 公顷，其中：水稻播种面积 4.76 万公顷。全年粮食产量 33.96 万吨，其中水稻总产量 32.42 万吨。全年蔬菜播种面积 2.85 万公顷，比上年增加 0.10 万公顷，蔬菜产量 101.90 万吨，增长 6.2%；茶叶产量 0.06 万吨，增长 3.4%；水果产量 4.29 万吨，增长 5.2%。

全年出栏肉猪 53.34 万头，当年肉类总产量 4.52 万吨。其中：猪肉产量 4.18 万吨，牛肉产量 0.05 万吨，羊肉产量 0.01 万吨，猪牛羊肉产量均与上年基本持平。水产品产量 1.18 万吨，增长 6.7%，其中：鱼类（含鳝鱼、泥鳅）产量 1.08 万吨，增长 6.9%；虾蟹类产量 0.96 万吨，增长 6.6%；贝类产量 0.01 万吨，与上年基本持平。

2018 年主要农产品产量表

指标名称	单位	2018 年	2017 年	增长 %
粮食	吨	339569	342836	–0.9
油料	吨	11629	11355	2.4
茶叶	吨	580	561	3.4
蔬菜	吨	1019005	959437	6.2
水果	吨	42905	40769	5.2
水产品	吨	11831	11090	6.7
出栏肉猪	万头	53.34	54.65	–2.4
肉类总产量	吨	45155	44134	2.3
牛奶	吨	1750	1845	–5.2

三、工业和建筑业

全年工业增加值比上年增长 8.0%。其中规模以上工业增加值同比增长 9.2%。实现规模以上工业总产值 867.05 亿元，其中望城经开区规模以上工业总产值 608.20 亿元（含挂靠园区企业），同比增长 39.7%，占全区规模以上工业的 70.1%，对规模以上工业增长的贡献率达 112.3%。

规模以上工业中，食品制造业产值 143.66 亿元，占规模以上工业的比重为16.6%；有色金属冶炼和压延加工业产值136.06亿元，占比15.7%；非金属矿物制品业产值93.17亿元，占比10.7%；电力生产和供应业产值29.20亿元，占比3.4%。

在规模以上工业产值中：国有企业完成26.68亿元，占规模以上工业总产值的3.1%，比上年增长3.7%；集体企业完成4.45亿元，占比0.5%，增长7.0%；股份合作企业完成1.52亿元，占比0.2%，下降7.7%；股份制企业完成634.94亿元，占比73.2%，增长20.7%；外商及港、澳、台投资企业完成190.89亿元，占比22.0%，增长38.7%；其他经济类型企业完成8.58亿元，占比1.0%，下降51.9%。

年末规模以上工业企业347家，其中2018年新增规模以上工业企业39家。全区规模以上工业企业全年实现主营业务收入610.75亿元，比上年增长3.4%；利润总额32.60亿元，增长2.9%。

全区资质以上建筑企业64家，完成建筑业总产值457.59亿元，比上年增长8.3%。全年房屋建筑施工面积1708.54万平方米，增长24.6%；房屋建筑竣工面积77.78万平方米，增长10.5%。

四、固定资产投资

全年完成固定资产投资比上年增长11.3%。全区计划总投资超过5000万元的在建项目（不含房地产）261个，完成投资占固定资产投资总额的74.4%。

在固定资产投资中，第一产业（不含水利建设投资）完成投资比上年下降78.9%；第二产业完成投资增长66.5%，其中工业投资增长80.3%；第三产业完成投资下降12.9%。全年基础设施建设完成投资增长1.2%。

全年完成房地产开发投资126.28亿元，比上年下降5.9%。全区商品房销售面积471.51万平方米。全区商品房销售额310.60亿元，其中住宅销售额275.00亿元，增长27.7%。

五、国内贸易

全年实现社会消费品零售总额196.07亿元，比上年增长17.6%。按经营地统计，城镇消费品零售额173.49亿元，增长17.3%；乡村消费品零售额22.58亿元，增长19.6%。按行业统计，批发业16.33亿元，增长61.6%；零售业161.67亿元，增长13.2%；住宿业2.59亿元，增长29.8%；餐饮业15.48亿元，增长30.2%。

限额以上单位商品零售额148.38亿元，比上年增长20.0%。分类别看，粮油、食品类下降4.1%；石油及制品类增长10.3%；烟酒类增长11.3%；建筑及装潢材料类增长3.5%；汽车类增长3.8%。

六、交通和邮电

境内铁路总里程60千米，设火车站6个。公路总里程2590.99千米，其中高速公路88.1千米，国、省干线公路153.03千米，全区路网密度272.45千米/百平方千米。

全年完成邮政业务总量1.01亿元，比上年增长21.9%。全年完成电信业务总量1.21亿元，比上年增长11.05%，年末固定电话用户4.53万户。

七、对外经贸和旅游

全年完成外贸进出口总额70542万美元，比上年增长26.4%。其中进口总额40023万美元，同比增长70.5%，出口总额30519万美元，同比下降5.0%。

全区共有各类景区、点91处。其中：主要景点13处，国家AAAA级旅游景区4家，国家AAA级旅游景区7家。全年接待游客2000.17万人次，同比增长21.2%；实现旅游综合收入105.03亿元，同比增长29.5%。

八、财政、金融

全区一般公共预算收入90.31亿元，比上年增加10.28亿元，增长12.9%。其中地方一般公共预算收入49.66亿元，比上年增加3.59亿元，增长7.8%；上划所得税17.79亿元，增长36.4%；上划中央“三税”17.55亿元，增长8.5%；上划省“五税”5.31亿元，增长12.0%。全区一般公共预算支出95.58亿元，增长18.6%。全区政府性基金预算收入67.11亿元，比上年增加21.47亿元，增长47.0%。其中：国土基金收入55.55亿元，比上年增加10.51亿元，增长23.3%。

金融机构年末各项存款余额612.72亿元，同比增长3.3%，其中居民储蓄存款余额271.56亿元，增长4.1%。年末各项贷款余额480.73亿元，增长16.2%。

九、科教文卫事业

推广转化重大科技成果30项，专利申请1551件，授权802件。实现高新技术产业产值521.71亿元，同比增长24.5%；实现高新技术产业增加值140.54亿元，同比增长17.6%。

2018年年末全区共有普通中学27所，中等职业中学1所，小学74所。普通中学专任教师2508人，中等职业中学专任教师162人，小学专任教师1749人。普通中学在校学生人数24527人，中等职业中学在校学生2514人，小学在校学生数44872人。当年学龄儿童入学率100%；初中升学率为99.3%；高中升学率为89.0%。

全年送体育赛事下乡900余场，送戏下乡180余场，送电影下乡2000余场，送图书下乡2万余册。建成市级示范性村（社区）文化活动室（中心）15个，全面完成“一圈两场三道”建设任务77项文体项目建设，全民健身工程覆盖率100%。

年末拥有各类医院、卫生院、社区卫生服务中心36个，床位3746张，卫生技术人员3847人，其中执业医师1353人，执业助理医师382人。婴儿死亡率由

2010 年的 5.6‰下降到 2018 年的 3.19‰。

十、人口、人民生活和社会保障

年末户籍人口 58.9 万人（不含雷锋街道），比上年年末增加 1.8 万人。户籍人口中男性 29.1 万人，女性 29.7 万人。人口出生率为 15.6‰，人口死亡率为 6.7‰，人口自然增长率为 8.9‰。年末汽车保有量为 17.07 万辆。

全体居民人均可支配收入 40255 元，增长 8.7%。其中，城镇居民人均可支配收入 47201 元，增长 8.4%，农村居民人均可支配收入 32232 元，增长 8.4%。城乡居民人均消费支出 27078 元。

城镇新增就业 8086 人，农村劳动力转移就业 3640 人，零就业家庭实现动态清零，城镇登记失业率 3.2%。五项社会保险参保 97.97 万人，归集社会保险费 29.27 亿元，发放保险金 19.10 亿元。城乡居民养老保险、城乡居民医疗保险参保缴费率分别为 98.0% 和 98.0%。

限价商品房建设项目实现 1 个预售，启动 5 个项目建设前期工作。完成农村危房改造 266 户。

十一、环境、节能和安全生产

全年环境污染治理完成投资额 15.15 亿元，比上年增长 7.9%。全年空气质量优良天数 324 天，优良率为 88.8%。饮用水源地达到或好于III类水体比例为 100.0%。

单位 GDP 能耗下降 4.25%。全社会用电量 25.08 亿千瓦时，其中工业用电量 10.58 亿千瓦时，居民生活用电量 8.05 亿千瓦时。

2018 年，全区共发生各类安全生产事故（不含火灾事故）6 起，死亡 2 人。与上年相比事故减少 9 起，同比下降 64.7%。死亡人数减少 3 人，同比下降 60%。全年未发生较大以上安全生产事故，亿元 GDP 事故死亡率为 0.0032 人，万人火灾事故死亡率为 0 人，万人交通事故死亡率为 0.446 人。

说明：

1．本公报部分数据为初步统计数；

2．地区生产总值、各产业增加值绝对数按现价计算，增长速度按可比价计算；

3．由于统计制度规定的口径调整、统计执法、剔除重复数据等因素，2017 年 GDP 及内部构成、固定资产投资总额、规模工业产值、规模工业增加值数据均有调整，部分指标与 2017 年公报数据不可比；

4．金融机构贷款余额不含小贷公司数据；

5．单位 GDP 能耗下降率为初步测算数据。

（望城区统计局 2019 年 4 月 16 日）

附录

责任编辑◎张姣美

长沙市望城区主要机构及负责人名录

中共长沙市望城区委员会

书　　记　孔玉成
副 书 记　范焱斌　张　毅　余学辉
常　　委　彭保刚（2018年7月任）
伍少林（2018年9月任）
周志辉　姚建刚
刘要明（2018年9月免）
苏春光　戴水文　喻霞元
陶建军（2018年2月任）
秦国良（2018年7月免）

区委办公室

主　　任　戴水文
副 主 任　高　明（2018年2月任）
易又文（2018年7月免）
杨志军　龙　军　袁文科
陈际明（2018年4月免）
李　敏　王　卿
万成模（2018年7月任）
纪检组组长　刘　勇（2018年7月任）
王　卿（2018年7月免）

区直属机关工作委员会

常务副书记　李文沙
纪工委书记　谢　泉
副 书 记　彭　伟　夏迎春
机关联合工会主席　周千合

区委组织部

部　　长　陶建军（2018年2月任）
周志辉（2018年2月免）
副 部 长　郭文波　黄　彩
朱争波（兼）
陈宏武（兼）
周剑波（兼）
派驻纪检监察组组长　陈　艳

区委宣传部

部　　长　姚建刚
副县级干部　李　宏
副 部 长　周立仁（常务）　黄跃新
姚　静　周登攀
派驻纪检监察组组长　仇定文
区文明办主任　蒋　波

区委统战部

部　　长　喻霞元
副 部 长　唐晓卫（2018年4月任）
毛正标（2018年4月免）
邓　义（2018年7月免）
苏景文　刘　平　刘艺苗

区委党校

校　　长　余学辉
常务副校长　黄辉宏
副 校 长　李果实　王　勇

区史志档案局

局　　长　　朱凌云
副 局 长　　简　艳　龙　宇

望城区委党史联络组

组　　长　　高　潮

区委老干部局

局　　长　　朱争波
副 局 长　　罗淑冬
　　　　　　王　宏（2018年4月任）

关心下一代工作委员会

主　　任　　张学军

区信访局

局　　长　　贺锡泉
副 局 长　　陈曙光　李光祥　罗思敏
　　　　　　杨罗群（2018年挂职）

长沙市望城区人民代表大会常务委员会

主　　任　　喻金平
副 主 任　　文菊华
　　　　　　杨金其（2018年11月辞职）
　　　　　　丁四明　陈亮伟　邓建华
副县级干部　杨德明
　　　　　　陈义文（2018年4月免）

长沙市望城区人民代表大会专门委员会

财政经济委员会
主任委员　　阳立强
副主任委员　沈　勇
　　　　　　冯海强（2018年4月免）
法制委员会
主任委员　　向章平
副主任委员　李小阳（兼）　王卫军

长沙市望城区人民代表大会常务委员会常设机构

区人大常委会办公室
主　　任　　徐志辉
副 主 任　　王亚平（2018年4月任）
选举任免联络工作委员会
主　　任　　李长春（2018年4月免）
　　　　　　毛正标（2018年4月任）
副 主 任　　蔡　英
内务司法工作委员会
主　　任　　李小阳
副 主 任　　熊　伟（2018年4月免）
　　　　　　周　虹（2018年4月任）
教育科学文化卫生工作委员会
主　　任　　刘文术
副 主 任　　周智敏
农业工作委员会
主　　任　　王　彬
副 主 任　　冯　峥（2018年8月任）
　　　　　　谭铁安（2018年4月免）
城乡建设环境与资源保护工作委员会
主　　任　　杨立新
副 主 任　　曾永胜

长沙市望城区人民政府

区　　长　　范焱斌
副 区 长　　周志辉　苏敏芳　刘洪波
　　　　　　凌泽民　聂　荣　周正茂
　　　　　　易文龙
副调研员　　李湘清　杨建湘　周恩保
　　　　　　兰志刚　邓桂军　周国忠
区长助理　　黄　彪

长沙市望城区人民政府办公室

主　　任　　万畅红
副 主 任　　刘　佳　何建新
　　　　　　邹　金（兼）　熊奇志
　　　　　　贺锡泉（兼）　甘志武
　　　　　　王立志　邹　勇　刘海林
纪检组长　　欧　茂

区机构编制委员会办公室

主　　任　　冯群芳
副 主 任　　杨继承　张　浩

区人力资源和社会保障局

党组书记、局长　　陈宏武
党组副书记、副局长　范新建
党组成员、副局长　　袁彬文　余晓阳
党 组 成 员　　魏胜国
党组成员、总会计师　黄炎刚

区工务局

党组书记、局长　黄海文
党组成员、副局长　李春生　田　维
孔伟锟（2018年8月任）
肖　华（2018年8月免）

区征地办公室

主　　任　余　波（2018年8月任）
袁圣洁（2018年7月免）
副　主　任　柳森柯　周智勇
周　勇（2018年8月任）
王　宏（2018年4月免）
余　波（2018年7月免）

区行政综合执法局

党组书记、局长　易　涛（2018年4月免）
副书记、副局长　黄纳新
副局长、执法大队大队长　唐华大
副　局　长　言福明

金融管理

主　　任　邹伟泽
副　主　任　肖　宇　朱小彪　程　华

区政务服务中心

党组书记、主任　黄　定
党组书记、副主任　谢文武　黄果平

区机关事务管理局

局　　长　苏跃宇（2018年11月免）
副　局　长　谭　灿　程新平

区移民开发管理局

局　　长　吴华林
副　局　长　周云凌　李代良

区应急联动指挥中心

主　　任　张　亮
副　主　任　樊　锋
王新怀（2018年10月免）

政协长沙市望城区委员会

主　　席　骆志平
副　主　席　凌立霞　严毅夫　蔡　锋
李建龙（兼）　张锰辉
秘　书　长　肖泽晋

政协长沙市望城区委员会常设机构

办公室
主　　任　肖泽晋
副　主　任　冯　恋

提案法制委员会
主　　任　朱红胜
副　主　任　邓志宏

经济科技委员会
主　　任　高　峰
副　主　任　周英姿

群团联络委员会
主　　任　李树发（2018年7月任）
舒慧颖（2018年7月免）
副　主　任　周　玲

文化教育卫生体育委员会
主　　任　凌小妹
副　主　任　周　可

人口资源环境委员会
主　　任　王　准
副　主　任　胡　灿

中共长沙市望城区纪律检查委员会

区纪委书记　彭保刚（2018年12月任）
秦国良（2018年7月免）
常务副书记　黄祥明
副　书　记　余卫东　王志华
纪委常委　陈宇旭　罗茂林　寻献中
李　书　熊铁兵

长沙市望城区监察委员会

主　　任　彭保刚（2018年7月任）
秦国良（2018年7月免）
副　主　任　黄祥明　余卫东　王志华
委　　员　陈宇旭　罗茂林　寻献中
谢哲明　吕景俊

区工商业联合会

主　　席　苏敏芳
党组书记　刘　平
副 主 席　易小玲
陈光宏（2018 年 4 月任）
杨日平（兼）方　鸿（兼）
毛　铁（兼）王德良（兼）
魏朝阳（兼）许　愔（兼）
魏海京（兼）
秘 书 长　易小玲（兼）

区总商会

会　　长　苏敏芳
副 会 长　易小玲
陈光宏（2018 年 4 月任）
朱桂洪（兼）邹建成（兼）
代志国（兼）刘先麟（兼）
陈　露（兼）刘师伟（兼）
颜小冬（兼）何厚廷（兼）
傅　济（兼）袁　虎（兼）
李小英（兼）

区总工会

主　　席　杨奇才
副 主 席　王冬梅
谭　舟（2018 年 8 月任）
杨　红（2018 年 8 月免）
张　萍（挂职，2018年11月任）
李栋梁（兼职，2018年11月任）
潘丽娜（兼职，2018年11月任）

共青团长沙市望城区委员会

书　　记　熊　昭（2018 年 8 月任）
毛　柯（2018 年 4 月免）
副 书 记　张璐琪
骆　韵（2018 年 8 月任）
喻　灼（挂职，2018年8月任）
熊　昭（2018 年 8 月免）

区妇女联合会

党组书记、主席　刘群英
副 主 席　彭　阳
党组成员、副主席　吕红梅
副 主 席　蔡孝妮（挂职）

区残疾人联合会

副主席、理事长　李　峰
党组书记、副理事长　舒慧颖（2018 年 7 月任）
李树发（2018 年 7 月免）
党组成员、副理事长　廖应林

区归侨侨眷联合会

主　　席　刘艺苗
副 主 席　彭　英　刘达五（兼）
严　娟（兼）毛　铁（兼）
沈　科（兼）莫小代（兼）
秘 书 长　莫小代

区红十字会

会　　长　苏敏芳
常务副会长　罗立新

区社会科学界联合会

主　　席　李　宏
副 主 席　黄国梁　张红元　夏志刚
李果实　严　璐　秦岳良
肖正祥　吴　琪
秘 书 长　李思晓

区民政局

党组书记、局长　丁　翔（2018 年 4 月任）
唐晓卫（2018 年 4 月免）
党组副书记、副局长　张志敏
党组成员、副局长　谭浩波　严　娟
副 局 长　黄小娟

区委政法委

区委常委、政法委书记　苏春光
政法委副书记、区综治办主任　瞿礼义
政法委副书记　黄国梁
政法委副书记（兼）、区委防范和处理邪教问题领导小组办公室主任　秦国宏
政法委副书记、区委维稳办主任　欧文武

纪检组组长　瞿钢冰
综治办副主任　黄　刚
　骆　端
维稳办副主任　熊立宏
　张洪亮

区公安局

区人民政府副区长、区公安局党委书记、局长　凌泽民
党委副书记、政委　彭　亮
党委副书记、副局长　刘勇兵
区纪委派驻公安局纪检组长、党委委员、副政委　彭文格
党委委员、副局长　杨智明　黄建刚　梁志刚
　陈炯辉(2018年11月免)
党委委员、副政委、工会主席　李志良
党委委员、政工室主任　胡凌志(2018年11月任)

区公安局交通警察大队

大队长　唐　波(2018年11月任)
　胡　鑫(2018年11月免)
教导员　毛明辉(2018年11月任)
　杨志斌(2018年11月免)
副大队长　李　钢　吴　浩　彭震益
　张　勇(2018年7月任)

区消防救援大队

大队长　张志军(2018年6月任)
　姚银然(2018年6月免)
教导员　邹伟民(2018年6月任)
　肖亚华(2018年6月免)

区检察院

党组书记、检察长　宫　平
党组成员、副检察长　李　翔
　刘文广(2018年7月任)
党组成员、副检察长　曾陕青
党组成员　张　平
副检察长　江　朔

区人民法院

党组书记、院长　李才坤
党组成员　周　丹
副院长　郭　峰
党组成员、副院长　黄胜华　刘昌济
党组成员、副院长、政工室主任　江　革
党组成员、执行局长　李　为

区司法局

党组书记、局长　廖忠宇
党组副书记、副局长　姚建明
党组成员、副局长　张树雄
党组成员、政工室主任　王炽炎

区人民武装部

部长　肖三军
政治委员　伍少林
副部长　张运年(2018年8月任)
　肖尚武(2018年8月免)

武警长沙支队望城中队

政治指导员　罗天一
中队长　蔡冰晶(2018年12月任)
　蒋世民(2018年12月免)

区人民防空办公室

主任　徐　高
副主任　周晓辉　肖新民

区发展和改革局

党组书记、局长、两型办主任　舒　勇
党组成员　杨政海
党组成员、副局长　吴世昌　刘　洋
副局长　邱　进

区统计局

党组书记、局长　冯德亮
副局长　胡　可
党组成员、总统计师　唐启平

区市场和质量监督管理局

党组书记、局长、食安办主任　朱飞跃

党组副书记、副局长　徐文昌（2018年4月任）
沈建林（2018年4月免）
党组成员　刘小松
党组成员、副局长　周建刚　蒲宏卫　莫正波
许德山　唐　伟　谭志波
易智文（2018年4月免）
党组成员、食安办专职副主任　夏　平

区审计局

党组书记、局长　任长庚
党组成员、副局长　朱海波
副局长　梁　茜
党组成员、总审计师　何永忠

区国土资源局

党组书记、局长　张宏彬
副局长　陈舸夫　李园红　廖运华
总工程师　彭　沙（2018年7月免）
土地执法监察大队队长　李再军（2018年2月任）

区安全生产监督管理局

党组书记、局长　周宏杰
党组副书记、副局长　杨文广
党组成员　汪曙光
党组成员、副局长　吉光明　李月兰
黎文林（挂职）

国家统计局望城调查队

队长　谭正强
副队长　任建良
纪检员　谢　意

区财政局

党组书记、局长　吴南军
党组副书记、副局长　姚正祥（2018年4月任）
区纪委派驻财政局纪检组组长、党组成员　杨铁军
党组成员、副局长　张亚波　刘建春
党组成员、总会计师　何志强
经开区财政分局局长　廖建武

国家税务总局长沙市望城区税务局

党委书记、局长　朱浩光
党委副书记、副局长　阳国锋　朱清平
党委委员、副局长　丁寿斌　杨习宇　杨　高
熊志勇　王斌辉　朱　峰
龚红吉　杨　忠
党委委员纪检组组长　平金明

区农业和林业局

党组书记、局长　刘文勇
党组成员、区纪委派驻纪检组组长　黄海辉
党组成员、副局长、原种场场长　李　奇
党组成员、副局长　刘健康　骆孟国　周红宇
张建林　陈　杰　何泽恩
肖建新
叶干强（2018年4月免）
党组成员、副局长、总农艺师　卞罗坤（2018年4月免）

区农业机械管理局

局长　李志刚
支部书记、副局长　程润强
副局长　黄岳元　童瑞金　周　准

区畜牧水产局

党组书记、局长　胡阳光
党组成员、副局长　胡　伟
肖剑龙（2018年4月任）
副局长　严佑红（2018年4月免）
党组成员、工会主席　王望成

区水务局

党组书记、局长　朱起志
党组成员、副局长　虢昀晖　周建清　朱小平
副局长　袁　艺
纪检组组长　黄海辉
总工程师　罗谷雨
系统工会主席　周文武

区气象局

局长　张果军
副局长　邹　胤　陈久塍

长沙现代农业综合配套改革试验区

常务副主任　　杨志军
副主任　　何泽恩　叶剑楠　谢启明

区经济和信息化局

党委书记、局长　　黄建平
党委委员、副局长　　佘君武
陈涛(2018年2月任)
副局长　　李玲

湖南望城经济技术开发区管理委员会

区委副书记、党工委书记　　张毅
党工委副书记、管委会主任　　周剀(2018年8月任)
党工委委员、纪工委书记　　刘彪
党工委委员、总规划师　　李彦波(2018年2月免)
党工委委员　　李小平
管委会副主任　　郑以仁　佘浩宇　姚罗光
曾志勇(2018年7月任)
肖逸(2018年9月任)
杨智(2018年9月免)
工会联合会主席　　瞿宏斌
办公室主任　　杨文耀
招商合作局局长　　谢鸿超
社会事务局局长　　任代伟
产业发展局局长　　夏志刚
规划建设局局长　　李雄辉
财政分局局长　　廖建武

湖南望城国家农业科技园区管理委员会

党工委书记　　杨文东(2018年10月免)
党工委副书记、管委会主任　　黄立武
党工委委员、纪工委书记　　符刚耀
党工委委员、管委会副主任　　胡震
管委会副主任　　李思慧

铜官循环经济工业基地管理委员会

党工委书记　　郑以仁
党工委副书记、管委会主任　　丁永胜
党工委委员、纪工委书记　　万海波
党工委委员、管委会副主任　　虢军　彭国祥　王鹏

滨水新城管理委员会

党工委书记　　余学辉
党工委副书记、管委会主任　　文德霖
党工委副书记、管委会副主任　　张朝辉
党工委委员、纪工委书记　　李丹
党工委委员、副主任　　任谷良

综合管理部

部长　　赵卓炜
副部长　　罗明军　刘峥

规划建设部

部长　　宁静宇
副部长　　龚细武　陈立祝

招商项目部

部长　　杨彬
副部长　　王惠良　苏侃

区商务局

党委书记、局长　　谢洪波
派驻商务局纪检组组长　　莫泽伟
副局长　　陈端霞　罗懿
曾伟军　杨旭明

区商业管理中心

主任、党委书记　　杨旭明
党委委员、工会主席　　杨厚敦
党委委员　　吴罗元
副主任　　叶宏伟　文一五

区物资管理中心

主任　　梁捍红

外贸公司

董事长　　梁捍红
董事会成员　　唐鑫博　欧阳文杰
莫定荣　徐峰辉

民爆公司

董事长　　张汉文
监事会主席　　李松柏

区供销合作社联合社

党委书记、理事会主任　　杨军
党委委员、理事会副主任　　李红玉　尹志强

区粮食局

党委书记、局长　余亚军
党委委员、副局长　黄勇军　文志勇

烟草专卖局

党组书记、局长、经理　吕劲松（2018年7月任）
罗小明（2018年7月免）

区旅游局

局　长　何迎春
党组书记、副局长　龙　波
党组成员、副局长　邵志军

区文化旅游投资有限公司

董事长　陈际明
总经理　龙　波
副总经理　吴　峰（兼）
佘　威
朱　宁（兼）

长沙金星文化产业园

管委会主任　罗丽华
管委会副主任　吴　峰　朱　宁

雷锋纪念馆

馆　长　余旭阳
党支部书记　刘宏伟（2018年10月免）
副馆长　廖志军
刘　燕（2018年7月任）
严　璐（2018年7月免）

长沙铜官窑遗址管理处

主　任　刘洪波
副主任　叶剑楠　何　莉

长沙黑麋峰国家森林公园管理处

主　任　陈　浪（2018年11月任）
姚　杰（2018年11月免）
副主任　周　勇　饶　欢

中国人民银行望城支行

行　长　罗　栋
副行长　刘志刚　陆文贤
纪检组组长　陈　皓

中国工商银行股份有限公司望城支行

支行行长　张　璐
副行长　周新平　刘　军　谢慧敏

中国建设银行股份有限公司望城支行

行　长　尚朝晖（2018年12月任）
罗　庆（2018年9月免）
副行长　李海燕
营运主管　彭晓霜

中国农业银行望城支行

行　长　廖　旺
纪委书记　熊　滔
副行长　孙　承　刘　潇

中国农业发展银行长沙市望城支行

党支部书记、行长　李赞斌（2018年7月免）
党支部书记、代理行长　杨　艳（2018年7月任）

中国邮政储蓄银行望城支行

行　长　廖文波
副行长　刘希岩（2018年10月任）
杨　朝（2018年10月任）
李向安（2018年3月免）
张迪（2018年3月任，10月免）
曹博洋（2018年10月免）

长沙农村商业银行股份有限公司望城支行

行　长　刘鸿军

长沙银行望城支行

行　长　王　礼
副行长　刘红伟　李　婷

中国人寿保险股份有限公司望城支公司

经　理　胡　觉

中国人民财产保险股份有限公司望城支公司

经　理　王　储

区交通运输局

党委书记、局长　周建波
纪检组组长、党委成员　莫泽伟
党委委员、副局长　李　溪　王向阳　陈　浩
党委委员、总工程师　骆　晟

区公路局

党委书记、局长　杨　谦（2018年11月免）
党委副书记、副局长　曾召速（主持全局工作）
党委委员、副局长　肖　华（2018年8月任）
　虢林宏（2018年7月免）
党委委员、工会主席　罗　军

区邮政公司

党委书记、局长　詹向军
副　局　长　李浩南　李亚敏
寄递事业部常务副总　魏　甫

中国电信股份有限公司望城分公司

经　　理　彭　力

中国移动通信集团湖南有限公司长沙市望城区分公司

经　　理　温　泉

中国联合网络通信有限公司望城分公司

总　经　理　倪　斌

区供电公司

总经理、党委副书记　彭信淞
党委副书记、副总经理　刘利冰
纪委书记、工会主席　戴远力
副总经理　曾　鹏

区住房和城乡建设局

党组书记、局长　熊建新
区纪委派驻局纪检组组长　郭佳华
副　局　长　焦放军　黄建波　廖　勇
总工程师　刘日刚

区城乡规划分局

党组书记、局长　舒志清
副　局　长　欧　洋
　陈立祝（2018年8月免）
党组成员、副局长　李　军（2018年11月免）
党组成员、总规划师　李　华

区住房保障局

党组书记、局　长　邓树林
党组成员、副局长　黄志勇　谭　刚　肖新苗

区城市管理局

党组书记、局长　周国如
区纪委派驻区城管局纪检组长、局党组成员　唐永岗
局党组成员、副局长（兼），城管执法大队大队长　李　栋
局党组成员、城管执法大队教导员　谭　勇
党组成员、副局长　彭亚拉
局班子成员、副局长　鲁　进
城管执法大队副大队长　阳　勇　吴　昊

区市政局

局　　长　易又文（2018年8月任）
　肖宇杰（2018年7月免）
副　局　长　刘航舟　夏炼佳

区园林局

局　　长　冯文主
副　局　长　陈凡辉　夏　强

区环卫局

局　　长　肖泽锦
副　局　长　吴　霞　彭运霞

区城市建设投资集团有限公司

董　事　长　刘灿辉（2018年2月任）
总　　裁　谭　磊
纪检组组长　谭未明
副　总　裁　钟德星　易　文
　余　双　胡清明

区环境保护局

党组书记、局长　王　宏
党组副书记、副局长　彭　亮
副　局　长　徐佳辉　虢再华
纪检组组长　唐永岗

区爱国卫生运动委员会办公室

主　任　谢　孟
副　主　任　洪　峰　冯双炎

区卫生和计划生育局

党委书记、局长　刘迎秋
党委副书记、副局长　陈泽军
纪检监察组组长、党委委员　熊　冰
党委委员、副局长　程新和　李国军
李征斌（2018 年 1 月任）
副　局　长　张　林

区人民医院

院　长　张曙林
书　记　吴　超

区疾病预防控制中心

主　任　赵劲良
书　记　程　发

区卫生计生综合监督执法局

局　长　段　琼

区妇幼保健计划生育服务中心

院　长　廖哲辉

区血吸虫病防治站

站　长　张　伟

区精神病医院

院　长　易志雄

区心脑血管病专科医院

院　长　陈学云

区教育局

党委书记、局长　李树先
区纪委监委派驻区教育局纪检监察组组长、党委委员　杨永红
党委委员、副局长　曹小平　肖　跨　李　晟
督学室主任　李力行
党委委员、教育工会主席　王艳平

长沙市望城区中小学教师发展中心

主　任　龙飞跃
副　主　任　唐　卓　周国庆

望城区第一中学

校长、党总支副书记　夏育华（2018 年 6 月免）
副校长、党总支副书记　刘宇（6 月主持学校行政工作）
党总支书记、副校长　李玉上
党总支委员、副校长　姚武良　谢永兴
工　会　主　席　杨清华

望城区职业中专

校　长　陈建国
书　记　李颂武
副　校　长　文学兵　陈昆明　汪志明

区科技局（区知识产权局）

党组书记、局长　杨东方
党组成员、副局长　刘　英　任成进
党　组　成　员　文革委

区科技工作者协会

科　协　主　席　李建龙
科协党组书记、副主席　严　璐（2018 年 8 月任）
科协副主席　刘　艺（2018 年 5 月免）
杨　红（2018 年 8 月任）
张海斌

区老科技工作者协会

会　长　李文斌

区文化体育广播电视局

党委书记、局长　张红元

副局长	周景光　胡正科 刘　厚　冯静妮

区文化馆

党支部书记、副馆长	朱净波

长沙市望城区雷锋图书馆

馆长	任　卓

雷锋艺术团

书记、团长	易辉洪

区文物管理局

局长	刘　厚

区文化市场综合执法局

局长	周景光
副局长	毛刚强　何青山

区体育运动中心

副主任	伍　亮　袁翠平

望城区广播电视台

党组副书记、台长	周伟红
党组书记、副台长	李小春
党组成员、副台长	肖　敏　龙　双
总编辑	黄称忠

湖南省新华书店有限责任公司长沙市望城区分公司

经理、党支部书记	黄　涛
副经理	杨　翼　魏　萍

区电影发行放映公司

经理	谭　超

区民政局

党组书记、局长	丁　翔（2018年4月任） 唐晓卫（2018年4月免）
党组副书记、副局长	张志敏
党组成员、副局长	谭浩波　严　娟
副局长	黄小娟

长沙住房公积金管理中心望城区管理部

主任	左爱莲
副主任	喻灿坚

丁字湾街道

党工委书记	曹　文（2018年4月任） 刘灿辉（2018年4月免）
党工委副书记、办事处主任	刘倍求（2018年4月任） 曹　文（2018年4月免）
党工委副书记	胡　勇（2018年7月任）
党工委委员、人大工委主任	王　彪（2018年7月任）
党工委委员、政协联络工作负责人、办事处副主任	方尉茗
党工委委员、纪工委书记	余高建
党工委委员、办事处副主任	方尉茗　蔡海龙　杜江军
党工委委员、组织委员	张高照（2018年7月任）
办事处副主任	李　花
人大工委副主任	王　铭

铜官街道

党工委书记	周志国
党工委副书记、办事处主任	余　款
党工委副书记	毛　旭
党工委委员、人大工委主任	毛　柯（2018年4月任） 徐文昌（2018年4月免）
党工委委员、政协联络负责人	龙　尧
党工委委员、纪工委书记	刘　灿
党工委委员	余匹雄　严春帆　曾向阳 严海砂　何　柳　宾　臻
办事处副主任	刘海波　谭佳惠 周　旺　余　彪
人大工委副主任	秦学峰

高塘岭街道

党工委书记	吕凯兴
办事处主任	易　涛（2018年3月任） 梁志辉（2018年3月免）
人大工委主任	李智勇
党工委副书记	梁志辉　李智勇　易　涛 崔　林　文　侠
政协联络处负责人	姚帅军（2018年11月任） 崔　林（2018年11月免）
党工委委员	何铁亮　徐铁武　陈望福 周志刚　姚帅军　周曼红 杨　磊　潘志高　李　林

办事处副主任	徐铁武　陈望福　姚帅军 李　林　李　达　粟　强 唐　勇　方　起　余艳辉
人大工委副主任	王晓东

乌山街道

党工委书记	梁志辉（2018年4月任） 丁　翔（2018年4月免）
党工委副书记、街道办事处主任	毛　斌
党工委副书记（挂职）	黄　彩
党工委副书记、人大工委主任	谭建刚
党工委副书记	舒　泽（2018年7月任） 张玲英（2018年7月免） 冯　峥（2018年7月免）
党工委委员、办事处副主任、政协联络工作负责人	刘志国（2018年2月任） 李跃平（2018年2月免）
党工委委员、纪工委书记	刘树松
党工委委员、办事处副主任	杨　胜
党工委委员	李再武　唐海凡 刘　佶　文曙光
办事处副主任	徐　昆　袁　鑫 杨　进（挂职） 彭跃军　戴　宇　刘贞勇
人大工委副主任	李　科

金山桥街道

党工委书记	杨　毅
主　　任	周建武
人大工委主任	欧阳钟
政协联络工作负责人	任斗霓
党工委副书记	刘　燕（2018年8月免）
党工委委员	欧阳钟　任斗霓 易正民　李先知　彭雄伟 袁本超（2018年8月任） 朱　浩（2018年8月免） 熊　昭（2018年4月免）
副　主　任	任斗霓　易正民 彭雄伟　姚旭科
人大工委副主任	夏　昊（2018年3月任）

黄金园街道

党工委书记	龚国华
办事处主任	张　勇
人大工委主任	谢立雄
党工委副书记	张　勇　谢立雄　谢定伟 杨文耀（2018年4月任）
党工委委员、纪工委书记	周志兵
党工委委员、政协联络工作负责人、办事处副主任	文杰林
党工委委员、办事处副主任	刘　真　黄志国
党工委委员	谭芝藩 肖剑龙（挂职，2018年4月免）
办事处副主任	余洪波
人大工委副主任	刘　奇

白沙洲街道

党工委书记	刘国富
办事处主任	资　涵
党工委副书记	孙　亮
人大工委主任	梁海波（2018年8月任） 郑文艺（2018年8月免）
政协联络处负责人	黄海军
党工委委员	梁海波（2018年8月任） 黄海军　胡湘海 姚　铁　陈伟胜 伍斐妮（2018年4月任） 王　彪（2018年8月免）
办事处副主任	黄海军　姚　铁 陈伟胜　陈　畅 王　彪（2018年8月免）
人大工委副主任	张志勇

大泽湖街道

党工委书记	谭志龙
办事处主任	邹　文
人大工委主任	李　飒
政协联络负责人	易　亿
党工委副书记	邹　文　李　飒 朱　浩（2018年8月任） 舒　泽（2018年7月免）
党工委委员	易　亿　卢建群　王　帆 周新颜（2018年8月任） 丁　立（2018年11月任） 陈铁武（2018年7月免） 彭文明（2018年10月免）

办事处副主任	易　亿　王　帆　陈雪娥 周新颜（2018年8月任） 陈　飞（2018年4月任） 李　旭（挂职、6月任） 陈铁武（2018年7月免） 谢　攀（2018年3月免）
人大工委副主任	陈　武

月亮岛街道

党工委书记	周辉军
办事处主任	张妹辉
党工委副书记、人大工委主任	郭荣辉
党工委副书记	易新宙（2018年4月任） 周登攀（挂职，2018年6月任） 谭　华（2018年4月免）
党工委委员（挂职）	杨子江（2018年6月任）
党工委委员、纪工委书记	何　勇
党工委委员、办事处副主任	徐小勇　熊正国 朱栋超（2018年8月任） 余　波（2018年4月免） 谭　舟（2018年8月免）
党工委委员、组织委员	曾日峰
办事处副主任	王　奇 张　勇（2018年8月免）
人大工委副主任	肖大为

雷锋街道

党工委书记	唐鄂桥
党工委副书记、办事处代理主任	金胜利
党工委副书记	何铁刚
党委委员、人大工委主任	周立良
党委委员、组织委员	陈英强
党委委员、政协联络处负责人	周　豹
党委委员、纪工委书记	罗　钢
党委委员	杨　灵　王　倡
人大工委副主任	吕正良

桥驿镇

党委书记	姚　杰
镇长	郑文艺（2018年2月任 刘海林（2018年2月免）
人大主席	黄智峰
党委副书记	周　昕 郑文艺（2018年2月任） 陈　浪（2018年11月任） 刘海林（2018年2月免）
政协联络处主任	周桂林
党委委员	黄智峰　周桂林 王泽林　周炎明 周双旗（2018年2月任） 刘志国（2018年2月免）
副镇长	周桂林　周炎明 蔡　江　李海波 周双旗（2018年2月任） 刘志国（2018年2月免）
人大副主席	周鹏志（2018年8月任） 吴　锋（2018年8月免）

茶亭镇

党委书记	李　勇（2018年11月任） 郑　波（2018年11月免）
党委副书记、镇长	易　超（2018年12月任） 李　勇（2018年12月免）
党委副书记	肖伟亮
党委委员、人大主席	易　皋
党委委员、政协联络工作负责人、副镇长	彭　阳
党委委员	曾文武
党委委员、纪委书记	龙成宇
党委委员、副镇长	龙曙光　熊和平
党委委员、组织委员	徐　欣
副镇长	邓　义（2018年12月任） 姚铁军　余　青 冯俊凯（2018年12月任） 余洪波（2018年3月免）
人大副主席	钟巍伟

乔口镇

党委书记	王涧波
党委副书记、镇长	李刚民

党委副书记	舒　鸥
党委委员、人大主席	吴弘毅
党委委员、副镇长、政协联络负责人	刘　城
党委委员、纪委书记	程　维
党委委员、副镇长	邓传军
党委委员、组织委员	贺　艺（2018 年 7 月任） 冯双炎（2018 年 7 月免）
党委委员、副镇长	邓　望
副　镇　长	刘　臻
人大副主席	粟　钦

靖港镇

党 委 书 记	李志钢
镇　　　长	陈　浪
人 大 主 席	崔　林（2018 年 11 月任） 罗丽华（2018 年 11 月免）
政协联络工作负责人	李　意
党委副书记	陈　浪　佘敏威
党 委 委 员	崔　林　罗丽华 李　意　邓治国 杨　涛　刘新辉 张德智
副　镇　长	罗　瑜　刘　杰 胡宇波　李思蓓（挂职）
人大副主席	周志红

白箬铺镇

党 委 书 记	吴　刚
镇　　　长	夏岳峰
人 大 主 席	熊　彪
党委副书记	夏岳峰 李　军（2018 年 11 月任）
政协联络处负责人	王姣妍
党 委 委 员	熊　彪　王姣妍　胡　宇 易小宇　刘　波　曾洪波
副　镇　长	王姣妍　刘　波 曾洪波　张力大 杨子江　王添乐
人大副主席	肖炜琪

资料文献

肩负时代使命　强化责任担当 奋力开创名望之城高质量发展新局面

——在区委二届十次全体(扩大)会议上的讲话

2018 年 12 月 23 日

中共长沙市望城区委书记　孔玉成

这次会议的主要任务是:以习近平新时代中国特色社会主义思想为指导,深入落实中央和省委、市委决策部署,回顾总结2018年工作,安排部署2019年工作,动员全区上下担当时代使命,加快赶超步伐,奋力谱写新时代名望之城高质量发展的崭新篇章。下面,我受区委常委会委托,向全会作报告。

一、深入学习贯彻习近平新时代中国特色社会主义思想和党的十九大精神,全区各项事业发展迈上新台阶

今年以来,区委常委会在以习近平为核心的党中央坚强领导下,认真贯彻省委、市委决策部署,以强烈的省会担当和新区作为,推动经济、政治、文化、社会、生态文明建设和党的建设取得新成效,名望之城高质量发展迈出坚实步伐。预计全年地区生产总值同比增长9%;规模以上工业增加值增长10%;财政总收入增长12.5%,突破90亿元;固定资产投资增长11%;社会消费品零售总额增长14%;空气质量优良率提升至89%。

——*学习贯彻习近平新时代中国特色社会主义思想和中共十九大精神持续深入*。按照学懂、弄通、做实的要求,区委常委会示范带头、逢会必学,每月开展一次区委理论学习中心组集中学习,大力推动习近平新时代中国特色社会主义思想"七进",推进中共十九大精神轮训党员全覆盖,在全区上下掀起学习贯彻热潮。牢固树立"四个意识",出台《关于坚决维护党中央集中统一领导的有关规定》等文件,切实把"两个维护"落到实处。定期传达习近平总书记系列重要指示批示精神,坚决贯彻省委、市委安排部署,推动各级决策在望城落地生根。开展庆祝改革开放40周年暨望城恢复建制40周年系列活动,引导广大党员干部群众坚定"四个自信"、砥砺奋勇前行。

——*产业发展取得重大突破*。扎实开展"产业发展突破年"活动,产业链和"五个100"项目建设卓有成效,先进制造业发展取得历史性突破,成功入围全国工业百强区。智能制造重大项目建设成果丰硕,伟创力一期年产2400万台手机项目,从开工建设到产品下线仅用86天,二期年产4500万台项目加快建设,华为全球智能终端生产基地正式落子;五矿国家新能源材料产业基地一期即将投产;中信戴卡一期实现满负荷生产,二期竣工投产,三期即将建成;澳优乳业智慧工厂投入生产,成为全市第一家百亿级食品企业。产业园区加速崛起,望城经开区新型轻合金、先进硬质材料和乳制品行业龙头、单项冠军培育有力推进,电子信息产业发展呈现井喷之势,"两主一特"产业产值增长24%,获评"国家新型工业化产业示范基地";望城高新区新材料、医药产业快速发展,高新技术产业产值实现倍增。战略性新兴产业加快布局,新一代半导体产业链"科创中心""应用智造中心"成功落户。创新创业生态持续优化,出台"人才新政10条",成功获评一批国家级省级众创空间、科技型企业孵化器、工程技术研究中心和创业创新示范基地,预计全区高新技术产业产值增长29%。现代商贸业取得重大进展,京东亚洲一号、苏宁云商等一批项目加快落地,千亿级商贸流通产业板块雏形初显。湘江古镇群"二次创业"成效显著,铜官窑古镇盛大开放,书堂山国学小镇一期顺利投运,中青旅托管靖港古镇,铜官窑博物馆正式亮相,慧润民宿等一批文旅项目广受青睐,全区接待游客、旅游综合收入快速增长。持续

践行“三到”服务，深入开展“千人帮千企”“项目攻坚季”等活动，全力破解伟创力招工等难题，有效推进了项目、提振了信心、稳定了预期，营商环境系列推介节目《故事比逻辑更有力量》得到广泛关注和各方点赞。大力践行“精准、舍得、执着”理念，全年新引进项目82个，其中各类500强项目8个，行业20强项目16个。

——“三大攻坚战”强力推进。把污染防治攻坚战作为高质量发展的重要战役，争当洞庭湖生态环境治理排头兵，争创国家生态文明建设示范区。持续推进蓝天保卫战，全区空气质量优良率提升幅度位居全市前列。全力推动固废场清洁焚烧项目实现投运，彻底解决困扰望城区多年的“邻避效应”难题。全面落实“河长制”“湖长制”，“一江七河两湖库”水质持续改善。抓好中央、省环保督察交办件办理及反馈问题整改，以强烈担当推动岳麓污水处理厂尾水排放工程如期通水运行。把脱贫攻坚作为重大政治任务和第一民生工程来抓，今年实现脱贫4792人，建档立卡贫困户危房改造基本清零。把防范化解政府债务风险和服务区域发展统筹起来，打好控增量、化存量、调结构的主动仗。坚持“房住不炒”定位，房地产业实现平稳健康发展。

——乡村振兴战略开局良好。强化顶层设计，出台系列文件，突出规划引领，致力打造全省都市近郊乡村振兴样板。因地制宜发展新型村级集体经济，全区30个集体经济薄弱村实现摘帽。突出抓好现代都市农业，完成8.58万亩农作物种植结构调整，启动蔬菜产业发展计划，望城区被评为全省农村一、二、三产业融合发展示范区。把农村人居环境整治作为实施乡村振兴战略的第一仗，“五治”取得阶段性成效，个人建房管理全面加强，移风易俗、垃圾分类、“门前三包”走在全市前列，做法被新华社、人民日报推介。坚持典型引领，光明村“五建五享”发展模式、静慎村“九贤治村”治理模式、盘龙岭村农业结构调整模式成效明显。

——城市功能格局基本奠定。主体功能区战略深入实施，四大主体功能区产业定位、空间布局、发展格局更加明晰。开放交通运输体系加速形成，高铁长沙西站、渝长厦高铁长益常段规划建设顺利推进，长益高速扩容工程全面建设，岳望高速、长株潭城际、望城大道全线通车，地铁4号线年底试运行，铜官港区一期投入运营，融入长沙、策应全省、辐射全国的交通枢纽作用日益彰显，望城的战略优势、空间优势、区位优势得到历史性和飞跃式提升。城市框架全面拉开，潇湘北路、金星大道北延线、湘江大道北延线一期等融城“动脉”已经或即将通车，高铁西城建设正式启动，中心城区、新兴组团发展其形已备、其势已成、其兴可待。省奥体中心规划选址基本确定，万达商业广场即将开工，银星湾公园对外开放，“一圈两场三道”建设、社区提质提档、电网“6·30”攻坚扎实推进，城市承载力、集聚力持续提升。

——全面深化改革扎实推进。全力攻坚重点改革，281项政务服务事项实现“就近办”，96%事项落实“最多跑一次”，望城经开区整体托管望城高新区和乌山中小企业园，应急联动指挥体系建设全省领先。大力推进统筹实施改革，党的纪律检查体制和国家监察体制改革全面完成，机构改革和群团组织、统计体制、民兵调整等改革有序推进，知识产权强区建设进展明显。积极探索试点示范改革，城乡一体化体制机制建设加快推进，“带地入建”农村集中居住模式得到农业农村部肯定。

——宣传思想文化和宗教工作切实加强。压实意识形态工作责任，组建区融媒体中心，快速有效处置网上舆情，为改革发展凝聚正能量。深入推进更高水准文明城市建设，禁止和限制燃放烟花爆竹，城乡文明程度持续提升。精心组织纪念毛泽东等老一辈无产阶级革命家“向雷锋同志学习”题词55周年系列活动，出台《学雷锋鼓励保护暂行办法》，成立区雷锋精神研究会，全新开放雷锋生平事迹陈列馆，望城区做法获中央政治局委员、中央书记处书记、中宣部部长黄坤明批示肯定。成功举办国际铁人三项赛等大型活动，群众精神文化生活更加丰富多彩。切实加强党对宗教工作的领导，集中开展乱建庙宇专项治理，宗教工作法治化、规范化水平全面提升，治理经验和成效得到市委充分肯定，全国宗教系统先进区县品牌持续擦亮。

——民生福祉持续改善。落实稳就业各项举措，新增城镇就业8160人、农村劳动力转移就业3633人、创业主体6002户。坚持办好合作名校、振兴本土品牌、推进融合发展，望城一中朝着“建设一流省级示范性高中”目标迈出坚实步伐；长沙市一中、麓山国际等省市名校齐聚望城，长郡斑马湖中学、周南望城学校等投入使用。湘江新区滨水新城医院完成主体建设，区人民医院整体迁建即将启动。深入化解信访积案，进京非访人数大幅下降。落实安全生产责任制，安全生产形势保持稳定。深入推进扫黑除恶专项斗争，望城区刑事案件发案率保持全市最低，综治公众满意度测评连续六年位居全市前列。

——全面从严治党向纵深发展。以政治建设为统领，认真抓好中央巡视整改，扎实办好省委巡视交办件，政治生态建设切实加强。落实新时代组织路线，狠抓干部教育、培训、管理，加强年轻干部培养选拔，大力选树新时代新担当新作为先进典型，不断营造见贤思齐良好氛围。以党支部“五化”建设为抓手，全面加强城市基层党建，大力推进6项重点任务，探索基层党建引领基层治理新路子，《不合格党员案例动漫释纪》获全国党员教育电视片“一等奖”。严格落实“两个责任”，深入开展违反中央八项规定精神突出问题、红包礼金、“提篮子”等专项治理，充分发挥区委巡察利剑作用，把握运用“四种形态”，查办一批典型案件，中央电视台报道望城区全面从严治党做法。

一年来，我们坚定推动党中央和省委、市委决策部署在望城落地见效，办成了不少大事、难事和实事，交出了新时代雷锋故乡发展的崭新答卷。实践证明，只要我们牢固树立“四个意识”，坚决落实“两个维护”，始终坚持和加强党的全面领导，强化省会担当、新区作为，望城的发展航船就一定能乘风破浪，我们的各项事业就一定能无往不胜！

在总结成绩的同时，我们也清醒地认识到面临的挑战和存在的不足，主要是：学习贯彻习近平新时代中国特色社会主义思想有待深入；新旧动能转换仍处于滚石上山、爬坡过坎阶段，产业发展还需迎难而进、乘势而上；城市集聚辐射功能、规划建设品质有待提升，乡村振兴还要加大力度；污染防治任务依然繁重，意识形态、安全稳定、扫黑除恶专项斗争还要持续发力；从严管党治党氛围还需进一步浓厚，一些领域腐败和作风问题比较突出，少数干部不担当、不作为、乱作为现象仍然存在。解决这些问题，需要区委常委会带头，全区上下齐心协力、真抓实干、久久为功。

二、科学谋划明年工作，在高质量发展进程中奋力赶超

党的十九大作出了我国经济已由高速增长阶段转向高质量发展阶段的重大判断。习近平总书记指出，推动高质量发展是当前和今后一个时期确定发展思路、制定经济政策、实施宏观调控的根本要求。今年4月，习总书记在深入推动长江经济带发展座谈会上强调，要以长江经济带发展推动经济高质量发展；省委、市委就深入实施长江经济带发展战略、大力推动高质量发展相继作出了系列安排部署，为我们指明了前进方向。全区上下要提高政治站位，统一思想认识，切实把高质量发展要求内化于心、外化于行，全面担当起时代和历史赋予的光荣使命。

*要理解高质量发展的深刻内涵。*高质量发展，就是能够很好满足人民日益增长的美好生活需要的发展，是体现新发展理念的发展，是创新成为第一动力、协调成为内生特点、绿色成为普遍形态、开放成为必由之路、共享成为根本目的的发展。推动高质量发展，首先是一场思想观念上的变革。我们要把思想观念提升到新境界、新高度，从“老路”中走出来，从“框框”中跳出来，以思想观念的变革引领质量变革、效率变革、动力变革，决不能身子进入了新时代，思想还是旧观念。

*要明确高质量发展的目标任务。*省委、市委对望城发展高度重视、寄予厚望，提出了“望城要在高质量发展进程中奋力赶超”的明确要求。目标引领方向。在高质量发展进程中奋力赶超，是当前和今后一个时期引领望城发展的目标要求，也是推进新时代改革开放的奋斗追求。落实这一目标，就是要瞄准高质量发展这条“新赛道”，紧扣“一城三区”建设，着力在创新、协调、绿色、开放、共享发展上高点定位、集中发力、实现突破，构筑新时代望城发展的战略优势、竞争优势、领先优势，勇立高质量发展的时代潮头。

*要把握高质量发展的战略要求。*必须坚持稳中求进总基调，把握好“稳”和“进”的辩证统一，落实“六稳”要求，充分发挥投资关键作用和消费基础作用，确保稳得更牢、进得更优。必须把握“生态优先、绿色发展”的路径指向，坚持四大主体功能区定位，以环境治理留住绿水青山，用绿色发展赢得金山银山。必须把新时代改革开放继续推向前进，大力实施创新引领、开放崛起战略，深化市场化改革，扩大高水平开放，发展创新型经济，致力在新旧动能转换中率先突破。必须持续强化省会担当和新区作为，在推动高质量发展中落实赶超要求，保持主要经济指标增速在省市领先。必须坚定不移抓重点、补短板、强弱项，为高质量发展打牢根基。

*要坚定高质量发展的信心决心。*要看到，我国发展仍处于并将长期处于重要战略机遇期，保持长期稳中向好的总体势头，新一轮产业变革方兴未艾，沿海地区产业转移趋势明显，为我们推动赶超发展带来了重要机遇。要看到，近年来望城发展进入快车道，产业要素加速聚集，城市格局基本奠定，区位优势日益彰显，为我们赶超发展积蓄了强大动能。要看到，望城区发展空间大、开放潜力足，动能转换包袱少，有利于轻装上阵、加速起跑，为我们赶超发展提供了有利条件。我们一定要坚定信心决心，主动担当作为，奋力迈过高质量发展的重要关口，努力在“换道”中实现“赶超”。

2019年是新中国成立70周年，也是决胜全面建成小康社会、推进高质量发展的关键之年，做好各项工作，意义十分重大。明年工作的指导思想是：以习近平新时代中国特色社会主义思想和中共十九大精神为指导，认真贯彻中央和省委、市委决策部署，坚持稳中求进工作总基调，践行新发展理念，深入实施创新引领、开放崛起战略，落实全面建设现代化长沙的要求，着力打造现代产业聚集区、城乡统筹样板区、文明宜居首善区，努力建设美丽强盛幸福的名望之城，奋力开创高质量发展新局面。

明年发展的预期目标是：地区生产总值增长9%以上；规模工业增加值增长9.5%以上；财政总收入增长10%以上，迈上百亿元台阶；固定资产投资增长11%以上；社会消费品零售总额增长12%以上；城乡居民人均可支配收入分别增长7.6%、7.8%以上，全面完成精准脱贫各项任务；城镇登记失业率控制在4%以内；研发与试验发展(R&D)经费占地区生产总值比重达到3.95%以上；高新技术产业增加值占地区生产总值比重达到35%以上；产业投资占固定资产投资比重达到40%以上；空气质量优良率达到85%以上。

明年发展的重点任务是：

*1. 加快推进新旧动能转换。*坚持把先进制造业作为经济发展的第一选择，把扩大产业投资作为重中之重，开展“产业发展攻坚年”活动，以滚石上山不松劲、爬坡过坎不避难的决心和勇气，推动望城在新旧动能转换中迎头赶上、后发赶超。抓产业升级攻坚。打造先进制造业升级版。产业高质量发展，首要的是先进制造产业集群高质量发展。要以智能制造为统领，加快企业智能化改造，促进互联网、大数据与实体经济深度融合，努力打造长沙智能制造中心的示范高地。以产业链为核心，突出智能终端、新型轻合金、先进硬质材料、先进储能材料、乳制品及休闲食品、生物制药、水性涂料、新一代半导体等重点产业链，确保产业链建设措施更实、推进更快、成效更好。

以招商引资为抓手，聚焦智能制造、高端环节、核心配套，突出世界500强、中国500强、民营500强和行业前10强，努力在招优引强、集聚集群上取得更大成果。依托伟创力构建产业招商、集群入驻、量身定制的服务链条，打造华为全球第二供应中心，加快培育千亿级智能终端产业集群。依托晟通、戴卡等龙头企业，推动转型升级、产业培育，着力构建新型轻合金产业集群。依托五矿新能源集聚作用，致力培育先进储能材料产业集群。加快新一代半导体等战略性新兴产业聚集，抢占新经济发展先机。打造现代服务业升级版。大力发展电商产业群，做旺专业市场群，构建线上线下融合发展、区内区外快速流通的千亿级商贸流通产业集群，加快形成经济增长新引擎。以中心城区、月亮岛片区为重点，推动总部经济、现代商贸、文化体育、休闲旅游等业态聚集发展，加快万达商业广场建设，力争省奥体中心正式落户，发展壮大滨江现代服务产业集群。打造文化旅游业升级版。以全域旅游示范区建设为引领，以湘江古镇群二次创业、光明大观园深度开发为重点，聚焦核心景区，推动专业化运营、优质化配套、品牌化营销，致力成为长沙文化和休闲旅游的首推之地。抓园区重塑攻坚。望城经开区、高新区作为新旧动能转换的主阵地、主战场、主力军，要在推动园区产业重塑、形态重塑、环境重塑上取得新突破。坚持“精明增长”，强调“以亩产论英雄”，开展项目绩效评价，构建产业发展新格局。围绕生产、生活、生态“三生融合”，打造产城融合、创新驱动、复合经营的新型园区。完善园区管理体制、审批体制、托管机制，加快智慧园区建设步伐，推动园区一体化管理、智慧化运行、高效化服务。探索构建劳动用工长效机制，以人力资源服务提升招商引资优势。抓创新引领攻坚。坚持把创新作为第一动力，进一步加大创新投入、提升创新能力、优化创新生态。加强知识产权保护与服务，发挥资本撬动作用，创优人才落地环境，在激活创新主体、聚集创新要素上取得更大成效。推动高等院校、科研院所、产业园区、企业主体结成创新共同体，在拓展创新空间、转化创新成果上实现更大突破。

2. *加快推进开放融合发展*。坚持开放崛起不动摇，在高水平全面开放中迈出更大步伐，在全方位融合发展中彰显更大作为。强化规划引领。坚持一张蓝图管到底，加快推进“多规融合”。落实区域融合发展规划，深度融入湘江新区、长沙中心城区，主动对接洞庭湖生态经济区、长江经济带，促进区域基础设施紧密对接、产业经济互补发展、生态环境协同治理、公共服务统筹融合。加快实施中心城区发展战略，大力推进高铁西城规划建设，提升月亮岛、经开区产业新城等新兴组团建设品质，统筹推动丁字、铜官等片区规划建设，形成“梯度开发、协调联动、独立成片、整体成市”的融合发展格局。构建开放交通。把重大交通建设作为稳投资、补短板、促开放的重要抓手，在构建综合开放交通运输体系上谋求更大突破，以时空距离的改变，厚植开放发展的优势。大力推动渝长厦高铁长益常段、长益高速扩容工程及联络线、桥汨线等项目建设，协调启动长株潭城际与石长铁路联络线建设，在长沙向西向北辐射中发挥“桥头堡”和开放枢纽作用。启动银星路快速化改造，力促地铁4号线北延线前期工作提速，加快长望路西延线等区间道路建设，加速向东向南融入长沙中心城区。加快铜官港区二期建设，促进水运产业发展，切实将港口优势转化为经济优势。优化营商环境。落实全省对接“北上广”优化大环境行动，以更大决心、更大力气深化“放管服”改革，打好“抓改革、降成本、提效能”的组合拳，推进“网上办、园区办、社区办”，努力在营商环境建设上走在全市前列。大力支持民营企业发展壮大，着力构建国企、民企、外企公平竞争、一视同仁的法治化制度环境。持续开展企业帮扶，落实减税降费等政策措施，着力解决企业特别是民营企业的实际问题，鼓励中小企业加快成长。

3. *加快推进乡村振兴战略*。把握农业农村现代化总目标，拉高标杆，发挥优势，推动望城乡村振兴干在实处、走在前列。推进“五个振兴”。产业振兴要坚持绿色发展、融合发展、品牌发展，加快由传统农业大区向现代都市农业强区转变。人才振兴要加大“引、育、用”力度，造就一支懂农业、爱农村、爱农民的“三农”工作队伍。文化振兴要坚持兴文化、破陋习、树新风多管齐下，为乡村振兴提供精神滋养。生态振兴要突出生态修复、环境整治和个人建房管理，持续打造美丽宜居乡村。组织振兴要围绕组织力提升，突出“领头雁”工程，全面提高农村基层党建质量。突出主攻方向。围绕“消除薄弱村、壮大中等村、打造示范村”目标，因地制宜发展新型村级集体经济，激发乡村振兴内生动力。高标准、大力度推进农村人居环境“五治”，不断提升群众满意度。以蔬菜产业链建设为重点，以休闲农业、健康水产为特色，加快培育一批龙头企业和新型经营主体，打造一批优质绿色产品和优势特色产业。注重改革创新。充分发挥国家农科园、长沙现代农业试验区平台作用，扎实推进农村集体产权制度、土地制度和集中居住等改革，积极探索农村改革的望城样本。注重顶层设计与基层首创相结合，创新推进乡村振兴示范片建设，努力形成一批在全省有分量、全市树标杆、全区可推广的典型经验。

4. *加快推进生态文明建设*。紧盯“双争”目标，推动生态环境治理取得突破性进展。打好污染防治攻坚战。扎实推进蓝天保卫战，全面落实“六控”“十严禁”举措，加快推进固废场清洁焚烧二期项目及环保主题公园建设，确保空气质量持续提升。扎实推进碧水攻坚战，推动“一江七河两湖库”水质持续改善。强力实施截污排污工程，确保到2020年城镇生活污水实现全收集、全处理、全达标。加快推进农村分散式污水处理设施建设，积极推广“三池一地”污水处理模式。扎实推进净土持久战，强化土壤污染治理管控。开展中央、省环保督察整改“回头看”，严防整改问题反弹回潮。加强生态保护。统筹推进山水林田湖草生态系统保护与修复，探索推进退耕还林、还草、还湿，加快推进水系连通、堤防工程等项目建设，不断提升自然灾害防治能力。推动绿色发展。牢固树立在生态环境容量上“过紧日子”的思想，严格落实四大主体功能区定位，把好项目审批、产业准入关口，打造一批污染零排放示范企业。全域推行垃圾分类减量，积极倡导绿色低碳生活方式。

5. 加快推进民生福祉改善。坚持以人民为中心的发展思想，让高质量发展成果更多更公平惠及人民群众。打好精准脱贫攻坚战。突出目标导向，确保2019年全区建档立卡贫困户全部达到脱贫标准。突出问题导向，全力攻坚因病、因残、因灾致贫返贫问题，实现政策兜底保障全覆盖。突出质量导向，积极探索产业振兴、集体经济与贫困户的利益联结机制，让更多贫困户稳定增收脱贫。优化公共服务。推进城乡基础设施共建共享、互联互通，加快构建全民覆盖、普惠共享、城乡一体的基本公共服务体系。坚持质量为先、开放办学，推进省市名校引进和建设，加快本土品牌培育和振兴，支持望城一中建设“一流省示范”，力促中招与市并轨，不断提升教育竞争力和人民满意度。深化医药卫生体制改革，加快推进区人民医院整体迁建项目，实现滨水新城医院建成投运，切实提升医疗卫生服务水平。加快完善文体设施，积极举办赛事活动，不断提高群众获得感。强化社会保障。实施就业优先政策，提高就业质量和居民收入水平。强化社会政策的兜底保障功能，不断提升养老、住房、救助等社会保障水平。

6. 加快推进社会治理现代化。推进社会治理社会化、法治化、智能化、专业化，加快形成现代化治理体系。打好重大风险防范化解攻坚战。全面排查化解各领域风险隐患，做到早识别、早预警、早处置，坚决守住不发生重大风险的底线。健全应急管理体制机制，依托大数据提升应急管理能力。创新社会治理方式。完善立体化、网格化社会治安防控体系，持续深入开展扫黑除恶专项斗争，努力建设更高水平的平安望城。压实安全生产责任，健全信访工作机制，不断提高民族宗教事务管理水平和舆情应对处置能力，坚决守住安全稳定底线。提升社会文明程度。以开展新时代文明实践中心建设试点为总抓手，培育和践行社会主义核心价值观，深化文明创建，推进移风易俗，完善雷锋百姓城管长效机制，不断提升全社会文明程度。加强雷锋精神研究，建设雷锋学院，讲好雷锋故事，发挥“五老”、社会贤达、“雷锋之星”等先进典型的示范作用，让“好人基因”在雷锋故乡薪火相传。

三、坚决贯彻新时代党的建设总要求，为高质量发展提供坚强保障

办好望城的事情，关键在党，根本在人。要将“严”字长期坚持下去，突出问题导向，保持战略定力，为新时代名望之城建设提供良好政治生态和坚强纪律保障。

1. 旗帜鲜明把政治建设摆在首位。坚持以政治建设统领新时代党的建设。坚定政治立场。牢固树立“四个意识”，坚定“四个自信”，认真开展落实习近平总书记重要指示精神“回头看”，坚决维护习近平总书记党中央的核心、全党的核心地位，坚决维护党中央权威和集中统一领导。强化思想建设。把坚定理想信念作为党的思想建设的首要任务，进一步学深悟透用好习近平新时代中国特色社会主义思想。牢牢掌握意识形态工作的领导权、管理权、话语权，充分发挥区融媒体中心作用，不断巩固壮大主流思想舆论。净化政治生态。深化中央、省委巡视整改，进一步严明政治纪律和政治规矩，坚决杜绝“七个有之”，切实做到“五个必须”。以典型案例为镜鉴，引导党员干部吸取教训、查找漏洞、筑牢防线，消除钱权交易、利益代言等问题的滋生土壤。

2. 贯彻落实新时代党的组织路线。坚持党的组织路线精准服务党的政治路线，不断提升组织工作质量。打造坚强有力的战斗堡垒。牢固树立大抓基层的鲜明导向，全面加强各领域党建，大力提升各级党组织的政治功能和组织力。推进党支部“五化”建设，持续整顿软弱涣散党组织，落实村支部书记区级备案管理、社区支部书记区级宏观管理要求，培优建强“带头人”队伍，推动基层党组织全面进步、全面过硬。坚持以基层党建引领基层治理，深入推进小区党组织建设和区域化党建联席会议全覆盖，创建一批“零上访、零事故、零发案”的乡镇(街道)、村(社区)。锤炼忠诚干净担当的干部队伍。完善干部队伍建设“五大体系”，切实做好干部培育、选拔、管理、使用工作。坚持好干部标准，严格政治标准，聚焦事业发展，注重近距离观察、全方位考察、精准化识别，充分运用领导干部状态动态评估成果，选优配强各级领导班子。大力发现储备年轻干部，注重培养选拔年轻干部，发挥好党内外各个年龄段干部积极性。加快推进区委党校改扩建，创新教育培训方式，把理想信念教育、知识结构改善、能力素质提升贯穿干部成长全过程。身处新时代，各级党员干部一定要提高专业素养，增强实践能力，练就应对挑战、破解难题的过硬本领。

3. 坚定不移正风肃纪反腐。以永远在路上的执着，把从严管党、从严治党落实到每一个党组织、每一名党员。保持反腐定力。坚持有案必查、有腐必反，巩固发展反腐败斗争压倒性胜利。锲而不舍落实中央八项规定及实施细则精神，紧盯不敬畏、不在乎、喊口号、装样子的问题，坚决破除形式主义、官僚主义。坚持把扫黑除恶与反腐败、基层组织建设结合起来，确保“摧网打伞”、强基固本同步推进。用好“四种形态”。坚持纪严于法、纪法协同，坚持惩前毖后、治病救人，精准实践监督执纪“四种形态”，落实做细关爱帮扶措施，真正让迷途者重新回到正确轨道上来。强化监督管理。建立从严管理体系，打好纪律监督、派驻监督、巡察监督和监察监督“组合拳”，着力在日常监督、长期监督上探索创新、实现突破。提升巡察全覆盖质量，更好发挥政治“显微镜”“探照灯”作用。

4. 新时代要有新担当新作为。在高质量发展进程中奋力赶超，各级党员干部尤其需要担当作为。把新担当新作为体现在对党忠诚上。对党忠诚就要将不忘初心、牢记使命落实到行动上，以愈难愈进、愈进愈勇的精神状态，竭尽全力为雷锋故乡谋发展、为望城人民谋幸福。把新担当新作为体现在为人民服务上。走好新时代群众路

线，从一件件老百姓关心的操心事、烦心事抓起，把工作做到老百姓的心窝里，把党旗树到老百姓的心坎上。把新担当新作为体现在对事业尽责上。争做新时代的奋斗者、进取者、搏击者，推动望城发展奋力赶超，向全省第一方阵大步迈进。新一轮机构改革是中央部署的重大政治任务，也是检验党员干部是否对党忠诚、对人民负责、对事业担当的“试金石”。各级党员干部既要提高政治站位，圆满完成改革任务，又要正确看待人事隶转，坚决服从组织安排，主动适应新的岗位，全面展示党员干部应有的忠诚、责任和担当。区委将坚持讲担当重担当的用人导向，建立健全激励机制和容错纠错机制，旗帜鲜明为敢于担当、清正廉洁的干部撑腰鼓劲。

同志们，奋斗开启新征程，实干赢得新未来。让我们更加紧密地团结在以习近平同志为核心的党中央周围，以习近平新时代中国特色社会主义思想为光辉指引，激扬赶超之志，永葆奋斗之姿，努力开创新时代名望之城高质量发展的崭新局面，以优异成绩迎接中华人民共和国成立70周年！

名词解释：

1.“七进”：进企业、进农村、进机关、进校园、进社区、进军营、进网络。

2.“五个100”：2017年省委经济工作会议提出，扎实开展“产业项目建设年”活动，着力抓好100个重大产业项目、100个重大科技创新项目、100个重大产品创新，引进100个五百强企业、100个科技创新人才。

3.“五治”：治厕、治垃圾、治水、治房、治风。

4.“一圈两场三道”：“一圈”指15分钟生活圈；“两场”指停车场、农贸市场；“三道”指人行道、自行车道、历史文化步道。

5.党支部“五化”建设：支部设置标准化、组织生活正常化、管理服务精细化、工作制度体系化、阵地建设规范化。

6.“六稳”：稳就业、稳金融、稳外贸、稳外资、稳投资、稳预期。

7.“六控”“十严禁”：“六控”指控尘、控车、控排、控烧、控煤、控油；“十严禁”指严禁渣土车、混凝土搅拌车、运砂车等各类车辆带泥上路，严禁违法倾倒渣土，严禁工地裸露黄土，严禁重污染天气下土石方施工，严禁燃烧散煤，严禁燃放烟花爆竹，严禁露天焚烧垃圾，严禁露天烧烤，严禁露天焚烧秸秆，严禁拖拉机等高排放车辆进城。

8.“三池一地”：隔油池、堆沤池、三格式化粪池和人工生态湿地。

9.“七个有之”：搞任人唯亲、排斥异己的有之，搞团团伙伙、拉帮结派的有之，搞匿名诬告、制造谣言的有之，搞收买人心、拉动选票的有之，搞封官许愿、弹冠相庆的有之，搞自行其是、阳奉阴违的有之，搞尾大不掉、妄议中央的也有之。

10.“五个必须”：必须维护党中央权威；必须维护党的团结；必须遵循组织程序；必须服从组织决定；必须管好亲属和身边工作人员。

11.干部队伍建设“五大体系”：源头培养、跟踪培养、全程培养的素质培养体系；日常考核、分类考核、近距离考核的知事识人体系；以德为先、任人唯贤、人事相宜的选拔任用体系；管思想、管工作、管作风、管纪律的从严管理体系；崇尚实干、带动担当、加油鼓劲的正向激励体系。

长沙市望城区人大常委会工作报告

——在长沙市望城区第二届人民代表大会第三次会议上

2018年12月30日

长沙市望城区人大常委会主任　喻金平

2018年工作回顾

2018年是全面贯彻落实中共十九大精神的开局之年,也是改革开放暨望城恢复建制四十周年。一年来,在区委的正确领导下,区人大常委会认真学习贯彻中共十九大精神和习近平新时代中国特色社会主义思想,发挥人民代表大会制度优势,牢记使命、依法履职,扎实推进监督、重大事项决定、人事任免、代表工作和自身建设,圆满完成区二届人大二次会议确定的目标任务。全年共举行常委会会议10次、主任会议17次,听取和审议"一府两院"工作报告20项,开展执法检查5次,视察调研和工作评议25次,依法作出决议、决定16项,为望城经济社会发展和民主法治建设做出了积极贡献。

一、围绕中心服务大局,在依法履职中体现担当

常委会牢固树立政治意识和全局观念,紧紧围绕区委中心工作和群众关注的热点难点问题依法履职行权,在服务全区发展、保障改善民生中体现新时代人大的政治担当和责任担当。

1. *维护核心,旗帜鲜明讲政治*。常委会把坚持党的领导作为人大工作不可动摇的生命线,在思想上坚持正确政治方向,深入学习贯彻习近平新时代中国特色社会主义思想特别是习近平总书记关于坚持和完善人民代表大会制度的重要思想,牢固树立"四个意识",坚定"四个自信",自觉做到"两个坚决维护"。在工作上坚守正确政治立场,坚持党总揽全局、协调各方的领导核心作用,自觉把人大置于区委领导下开展工作,主动服从服务工作大局,严格执行请示报告制度,主动向区委汇报党组工作,及时向区委请示报告年度人大工作要点、重要会议、重大事项。在行动上坚定正确政治定位,毫不含糊地贯彻党委意图,坚定不移地执行区委决策,确保区委的主张通过法定程序转化为人民的共同意志和自觉行动,始终保持与区委思想同心、目标同向、工作同步。坚持党管干部原则和人大依法任免有机统一,不折不扣落实党组织人事意图,全年共依法任免"一府一委两院"国家工作人员和法律职务43人次,依法补选3名市人大代表和13名区人大代表。

2. *突出重心,团结一致促发展*。坚持把项目建设作为望城工作的重中之重,广泛汇聚人大智慧和力量,专心、用情、尽力,助推经济高质量发展。紧扣区委"产业发展突破年"活动主线,持续开展政府性投资项目部门评议,力促全区形成抓产业项目、强实体经济的浓厚氛围。先后两次集中走访调研经开区、城投集团等项目业主单位及178个项目现场,广泛征求意见建议,及时向被评议部门下发整改意见书并督促整改落实,年底开展集中测评,15个被评议部门办事程序进一步优化、服务效能进一步提升。组织主任会议成员视察中信戴卡、伟创力、五矿新能源等新项目,支持园区招优引强、集聚集群发展,加快产业转型升级。专题调研先进装备制造产业链,突出建链、强链、补链,推动园区开展产业链精准招商。落实区领导联系重点项目要求,常委会领导坚持在一线研究、在一线调度、在一线服务,及时协调解决拆迁安置、要素保障等制约项目推进的突出问题,促进湖南外国语职业学院、长益高速扩容(望城段)、高标准农田、西气东输、石长铁路望城货运站等重大项目加快建设。

3. *瞄准靶心,紧盯焦点解难题*。主动结合打赢"三大攻坚战"来谋划、部署和推进人大工作,助力破解发展瓶颈,决胜全面建成小康社会。围绕防范化解重大风险攻坚战主动作为,重点调研政府性债务及平台公司债务情况,督促政府及其相关部门摸清债务底数,严控债务规模,整合融资平台,规范融资行为,科学融资偿债。围绕污染防治攻坚战履职尽责,听取和审议区人民政府2017年环境状况和环境保护目标完成情况的报告,开展环境保护专题询问,督促加强环保能力建设,推动开展三年截污行动、雨污分流改造、工地扬尘污染防治等专项整治行动,有效解决一批突出的环保问题,让习近平生态文明思想更加深入人心。审查批准《长沙市望城区生态文明建设示范区规划(2016—2020)》,全区生态文明建设系统化、科学化水平进一步提升。围绕精准脱贫攻坚战动员全系统参与,对全区乡村振兴、产业扶贫工作进行深入调研,提出加强规划引领、整合涉农资金、激活土地资源、实施人才兴乡工程、培育和引进农业龙头企业等建议,助力形成稳定脱贫增收长效机制。

二、深化依法监督实践，在创新方式中增强实效

常委会始终坚持正确监督、有效监督，牢牢把握依法监督的基本定位，大力弘扬监督为民的价值取向，不断创新监督方式方法，着力增强监督工作的实效。

1. *以专题询问为抓手，彰显人大监督力度。*有序推进专题询问常态化，主动增加频次、拓展主题、改进方式，先后开展环境保护、司法公正和水安全专题询问，专题询问的质量不断提高。规范询问组织程序，强化问前调研，充分发扬民主、集中民智；精准选取问题，询问方式实现从“开卷”到“闭卷”的转变，增强专业性、严肃性和权威性；狠抓询问整改，严格督促履行承诺，初步形成从方案制定到问后督办的系统化、制度化流程，确保问到关键、问出深度、问明责任。扩大询问公开，专题询问全程网络直播，让老百姓能够看到政府及其相关部门解决问题的诚意和决心，切实发挥专题询问回应关切、凝聚共识的作用，体现人大监督的人民立场和人民情怀。

2. *以预算审查为重点，拓展经济监督深度。*依法审查批准区人民政府2018年部门预算、2017年财政决算，听取和审议2018年上半年财政预算执行及其他财政收支情况报告，审查批准2018年财政预算调整方案，预算“硬约束”进一步凸显。突出财权与事权相匹配的基本原则，前移预算审查关口，深度介入预算编制前期工作，推动预算编制与项目铺排同步启动、及时对接，着力提升预算的科学性、前瞻性和严肃性。坚持为审计监督“撑腰打气”，对2017年“同级审”反映问题进行跟踪整改，开展满意度测评，审计发现问题和涉及金额逐年减少，部门预算执行及专项资金使用更加规范。紧盯支出预算和政策拓展，最大限度地发挥财政资金的使用绩效和政策引导作用。

3. *以增进福祉为导向，加快民生改善速度。*坚持人民利益至上，着眼于满足人民群众美好生活需要，持续释放人大监督力量。高度关注望城水安全，开展水安全专题询问，督促政府及其相关部门加快弥补基础设施欠账，尽快实现湘江一线堤防全部达标；加强地下排污管网建设和农村自来水管网改造，重点抓好马桥河、新沩水等河流治理，努力提升水安全保障能力。坚持听取和审议全区城乡规划实施情况汇报，要求政府及其相关部门提升规划编制理念，强化规划法治意识，让规划更好地服务民生。聚焦教育医疗等民生事业优先发展，加强对PPP模式的审查监督，助力解决污水处理厂三期扩建及提标工程、房地产配套学校建设等项目融资难题；开展学前教育调研，促进规范办学行为，合理布局资源，满足群众“好入园”“入好园”需求；加强征拆等前期工作协调，助推区人民医院整体迁建项目加快建设。推动发展成果普惠共享，视察爱卫工作，促进全区加大垃圾分类减量和农村改厕力度；持续倡树文明新风，大力推进移风易俗；积极探讨发挥雷锋名人效应，呼吁加强非物质文化遗产传承载体和人才建设，更好塑造望城全域旅游品牌；听取民政工作情况汇报，促进加强优抚安置、敬老养老、救灾救济等服务保障。

4. *以法治望城为目标，提高法律监督精度。*发挥人大主导作用，紧盯法治建设短板实施精准监督，全面推进依法治区进程。率先开展司法公正专题询问，通过严肃问答、严明要求、严格整改，促进案件侦查、审查起诉、审判执行、社区矫正等司法全过程的公平正义，彻底打通实现公平正义的“最后一公里”，让望城人民切实感受到更多的司法安全感和获得感。坚持听取全区依法行政工作报告，推动政府及其相关部门行政负责人出庭应诉，贯彻落实法律顾问及公职律师制度，不断加强法治政府建设。突出司法监督常态化，积极开展听庭评议活动，累计向司法机关和行政机关反馈庭审意见建议30余条。紧盯基层贯彻实施难点，加大执法检查力度，对《中华人民共和国道路交通安全法》、《人民防空法》、《公共文化服务保障法》、《档案法》、《广播电视管理条例》等5部法律法规开展执法检查。积极协助参与上级立法3部，10余条建议得到采纳。关注黑麋峰森林公园生态旅游资源保护，推动市人大研究启动相关立法工作。深化备案审查工作，努力做到“有件必备、有备必审、有错必纠”，全年备案审查规范性文件22件，提出修改意见建议11条。积极开展宪法宣传教育活动，自觉弘扬宪法精神，树立宪法权威。认真办理来信来访，切实落实公众合法诉求。

三、筑牢代表工作基础，在支持保障中激发活力

区人大常委会始终坚持代表主体地位，积极探索新时代代表工作的有效途径，更好地发挥代表作用。

1. *提升服务保障，让代表更舒心。*深化人大代表联络站建设，完善硬件设施，丰富日常活动，使之真正成为学习交流的阵地、联系群众的桥梁和为民履职的平台。积极组织代表参加市、区“一府两院”半年度工作通报会，轮流安排代表列席区人大常委会会议300余人次，邀请代表参加常委会调研、视察、执法检查等活动150余人次，切实保障代表知情知政权利。加强代表履职学习，指导乡镇、街道人大开展人大代表培训，代表履职能力得到有效提升。

2. *拓展履职空间，让代表更尽责。*持续开展精准扶贫、关爱孤寡老人等特色“双联”活动，展现了人大代表履职尽责、奉献爱心的良好形象。加强乡镇、街道人大工作指导，坚持开展代表接待日、部门评议等活动，代表履职热情不断高涨。坚持代表“对人民负责、受人民监督”的原则，县乡两级人大代表向选民述职32人次，让选民了解代表履职情况，让代表接受选民群众监督，密切了代表与选民群众的联系。

3、*加强建议督办，让代表更满意。*坚持把解决议案建议提出问题摆在首位，完善督办工作机制，加强督办全过程协调、沟通和反馈，努力实现部门负责、代表满意、群众受益。区二届人大二次会议期间和闭会期间收到的71件建议，均已办理并答复代表，面商率、办理态

度满意率均为100%,办理结果满意率达90%以上,建议提出问题解决率保持在70%以上。

四、加强人大自身建设,在严格管理中提升能力

常委会紧紧围绕中共十九大报告提出的“两个机关”要求,坚定不移地加强自身建设,锤炼过硬作风,全面提升依法履职能力和水平,努力打造忠诚干净担当的人大干部队伍。

1. *强党建勤学习,锤炼履职本领*。坚持以党章为根本遵循,大力加强常委会党组及机关党的建设,成立区人大机关党总支,下设三个支部,严肃党内政治生活,落实“三会一课”、民主生活会、组织生活会等组织制度,不断增强党组织的凝聚力和战斗力。切实把政治建设摆在首位,通过党组学习、主题讲座、专题党课、“微课堂”等多种方式深入学习习近平新时代中国特色社会主义思想,及时学习宪法、监察法等重要法律,实现理论学习和业务学习经常化,努力提升人大干部能力素质。加强人大工作对外宣传,精心编印《望城人大》内刊,办好办活官方微信公众号,努力畅通联络渠道、传播人大声音、讲好人大故事。一年来,全国人大和各地省、市、区县人大到望城考察调研20余次,人大工作影响力不断提升。

2. *建制度增效能,提高工作质量*。突出程序规范、效率优先,深化机关制度建设,着力提高常委会工作科学化水平。制定《区人大常委会专项工作评议暂行办法》,规范专项评议工作流程。审议通过《区人大常委会关于进一步提高人大常委会会议质量的若干规定》,建立会前调研和重点发言制度,会议审议质量得到有效提升。

3. *扬正气树新风,塑造良好形象*。按照新时代管党治党要求,坚定不移落实全面从严治党主体责任,坚持党组书记讲党课,邀请区委常委、纪委书记讲廉政党课,组织机关干部集中观看警示教育片,坚持把纪律规矩挺在前面,严格执行和维护党的六大纪律,让人大机关党员干部知敬畏、存戒惧、守底线。驰而不息纠“四风”,深入开展违反中央八项规定精神突出问题、红包礼金、“提篮子”等专项治理,弘扬人大清风正气;密切常委会机关与群众的联系,持续推进常委会领导联村联户和人大机关干部与高塘岭街道长联村结对精准帮扶行动,开展扶贫走访200余人次。

各位代表,过去的一年,区人大常委会所取得的各项工作成绩,是在区委正确领导下,全体代表、常委会组成人员、各专门委员会及工作委员会组成人员和人大机关工作人员尽心履职的结果,是“一府一委两院”和各乡镇、街道人大团结协作的结果,是望城历届老领导、老同志关注厚爱的结果,是全区人民信任支持的结果。在此,我代表区人大常委会向所有参与、关心、支持人大工作的同志们表示崇高的敬意和衷心的感谢!

回顾过去一年的工作,我们清醒地认识到,常委会工作还存在一些差距和不足。主要是监督工作的跟踪问效还不够刚性,代表工作的成效还不够突出,常委会自身建设还不够扎实等。在今后的工作中,我们将认真听取各方面的意见建议,切实加以改进。

2019年工作思路

2019年,是新中国成立70周年,是实施“十三五”规划、决胜全面建成小康社会的关键之年。区人大常委会明年工作的总体思路是:认真贯彻习近平新时代中国特色社会主义思想和中共十九大精神,全面落实区委二届十次全体(扩大)会议工作部署,坚持党的领导、人民当家作主和依法治国有机统一,实施正确监督、有效监督,做到民有所呼、我有所应,努力将常委会建设成为全面担负起宪法和法律赋予职责的工作机关和同人民群众保持密切联系的代表机关,为开创名望之城高质量发展新局面而不懈奋斗。

一、提高政治站位,更加自觉地坚持党的领导

牢牢把握党的领导这一重大政治原则,不断增强“四个意识”和“四个自信”,自觉将坚持党的领导贯穿于人大工作的全过程和各方面。不断加强理论武装。全面学习领会习近平新时代中国特色社会主义思想,深入学习贯彻习近平总书记关于坚持和完善人民代表大会制度的重要思想,切实把“十个坚持”作为新时代人大工作的根本遵循,在学懂弄通做实上下功夫,进一步加强理论武装,增强履职能力,更好发挥地方国家权力机关作用。自觉维护区委权威。坚持重要事项、重大问题主动及时向区委请示报告,全面贯彻区委的工作部署,紧跟区委的工作节奏,始终做到与区委同心协力、同频共振。依法决定重大事项。围绕区委重大决策、事关全区改革发展大局和人民群众切身利益的重大问题,针对“一府一委两院”提请审议的重大事项,依法适时作出决议决定,确保区委意图通过法定程序转变为国家意志和人民群众的自觉行动。做好人事任免工作。坚持党管干部原则,完善任免制度,规范任免程序,全力支持配合新一轮机构改革,不断增强任免工作的严肃性和权威性,确保党组织推荐的人选通过法定程序成为地方国家政权机关的领导人员。

二、忠诚担当尽责,更加主动地凝聚发展合力

紧紧围绕区委部署的重点、政府工作的难点和社会关注的焦点,依法履职行权,努力为名望之城建设凝聚共识、增添合力。紧扣中心为发展助力。开展产业项目建设专项评议,调研民营企业发展情况,促进优化营商环境,推动经济高质量发展。持续关注政府性债务风险防控,助力融资平台整合转型,有效促进债务化解。依法加强和改进财政预算审查监督,加强支出预算和政策全口径审查、全过程监管,力争年内实现预算决算联网公开;听取预算绩效评价报告,继续开展“同级审”整改满意度测评,不断提高财政资金的使用效益。关注民生为群众代言。主任会议视察全区教育、卫生等重大民生实事项目，开展优质教育资源均衡发展工作专题询问，促进公共服务质量提升。依法听取区人民政府关于环境状况和环境保护目标完成情况的报告以及城乡规划实施情况报告，专题调研农民建房管理、壮大村级集体经济、农村“五治”和倡树文明新风等工作，协调推进黑麋峰森林公园生态资源立法保护，着力推动解决与人民群众密切相关的生产、生活、生态问题。厉行法治为公正护航。听取区监委、区人民法院、区人民检察院专项工作报告，创新听庭评议方式，持续加强监察与司法工作监督。调研政务服务、残疾人权益保障、“七五”普法情况，开展行政处罚法、水污染防治法、河道管理条例等执法检查，促进依法行政、全民守法意识不断深化。提升规范性文件备案审查能力，管好政府“文件袋子”，加强乡镇人大决议决定备案工作，有效维护法制统一。

三、密切联系群众，更加贴心地做好代表服务

牢固树立代表主体意识，加强代表履职服务和保障，充分发挥代表来自人民、植根人民的独特优势和作用。严格落实“双联”制度。持续加强常委会组成人员联系代表和代表联系选民群众工作，常委会组成人员坚持每年走访联系代表3名以上，代表结对帮扶贫困户2户以上，代表每季度走访联系直选区选民群众1次以上。组织举办全区人大系统体育比赛，促进各级人大代表凝聚履职合力、增进团结友谊。发挥乡镇、街道人大职能作用，认真开展代表闭会期间活动，实现代表接待选民常态化，建立民意直通车等民意表达反馈平台，进一步密切代表与群众的联系。加强代表履职管理。组织开展代表履职学习，不断提升代表履职能力。开展代表廉洁自律教育，自觉维护代表形象，珍惜代表荣誉。完善代表履职登记制度，坚持按要求开展代表向选民述职活动，依法接受选民监督。督促政府部门增强代表主体意识和服务意识，全力支持代表依法履职。狠抓议案建议办理。建立代表议案建议办理实时跟踪机制，让代表能够全程了解办理进度，推动“阅评”建议办理和B类建议“二次评价”，形成办理合力，提高办理质量。

四、坚持务实创新，更加坚定地深化自身建设

主动适应人大工作新形势新要求，切实增强依法履职的底气、敢于创新的勇气和清廉干净的正气，推动自身建设迈上新台阶。大兴学习调研之风。弘扬马克思主义学风，认真开展读书会、“微课堂”“代表讲堂”等活动，定期举办集中学习和专题培训，大力建设学习型机关。深入基层一线和矛盾焦点开展调研，科学研究问题、寻求对策，力争形成一批精品调研成果。面向代表、面向人大工作者办好《望城人大》内刊，紧贴实践，增强指导性，努力成为人大代表的发声平台、联系纽带；进一步丰富官方微信公众号内容，凸显理论学习深度、讲好代表履职故事、挖掘人大特色工作，全面提升对外宣传水平。改进监督工作方式。加大专题询问问后跟踪督办力度，持续深入推进环境保护、司法公正、水安全专题询问审议意见的整改落实，确保善始善终、善作善成。探索常委会会议询问常态化，进一步提升常委会会议质量。更好发挥执法检查作用，完善执法检查工作程序，着力增强执法检查的质量和实效。严守廉洁自律底线。落实全面从严治党责任，以政治建设为统领，全面加强人大机关党的建设，维护风清气正的政治生态。注重理想信念教育和廉政教育，强化人大系统党员干部的规矩意识，自觉敬畏法律、遵守党纪、践行公德，牢牢守住做人、处事、用权、交友的底线。

各位代表，人民代表大会制度深深植根于人民之中，集中体现社会主义民主政治的特点和优势。我们必须切实坚持好、完善好、实践好这一国家根本政治制度，使之在新时代焕发出更加强大的生机和活力。让我们紧密团结在以习近平同志为核心的党中央周围，以习近平新时代中国特色社会主义思想为指导，在区委的坚强领导下，始终与全区人民群众同呼吸、共命运，牢记使命担当，坚持实干作为，努力为新时代名望之城高质量发展做出新的更大的贡献！

政府工作报告

——在长沙市望城区第二届人民代表大会第三次会议上

2018年12月29日

长沙市望城区人民政府区长　范焱斌

2018年工作回顾

2018年,在市委、市政府和区委的正确领导下,在区人大、区政协的监督支持下,区人民政府全面贯彻落实习近平新时代中国特色社会主义思想和中共十九大精神,以建设美丽强盛幸福的名望之城为目标,不忘初心、砥砺奋进,圆满完成区二届人大二次会议确定的各项目标任务。全区地区生产总值增长9%(预计值,下同),规模以上工业增加值增长10%,财政总收入增长12.5%,固定资产投资总额增长11%,社会消费品零售总额增长14%,城乡居民人均可支配收入分别增长7.8%、8%,存、贷款余额分别增长2.5%、17.1%,经济社会保持稳中向好、稳中有进的良好发展态势。

——获评中国工业百强区,望城经开区获“国家新型工业化产业示范基地”,泰嘉股份入选工信部制造业“单项冠军培育企业”,澳优乳业成功跻身百亿级乳企;全年引进重大产业链项目16个,其中伟创力一期年产2400万台手机项目从开工建设到试生产仅86天,二期年产4500万台项目加快建设,开启了望城智能终端产业发展的新纪元。

——乡村振兴战略深入实施,成功打造光明村“五建五享”发展模式、静慎村“九贤治村”治理模式、盘龙岭“荷花+”种养模式;精准扶贫扎实推进,4792名建档立卡贫困户实现脱贫,贫困发生率下降至0.32%。

——全域旅游亮点纷呈,投资100亿元的新华联铜官窑古镇8月盛大开放,铜官窑博物馆、书堂山国学小镇一期等相继建成开放,持续引爆长沙古镇旅游。

——交通建设取得重大进展,京港澳高速复线全线贯通,长沙港铜官港区、地铁4号线试运行,长益高速扩容工程、渝长厦高铁长益常段顺利推进,内联外畅的交通体系更加健全。

——“放管服”改革成效明显,281项政务服务事项下放到基层、园区“就近办”,打通了联系企业、服务群众的“最后一公里”。

——“一圈两场三道”建设推进有力,建成“15分钟生活圈”41个、“两场”12个、“三道”165.6千米,群众生活休闲更加方便。

——蓝天保卫战成效显著,全年空气质量优良率稳步提升,“望城蓝”成为品质生活新常态。

——平安望城建设深入推进,扫黑除恶专项斗争、安保维稳“百日会战”取得阶段性成果,刑事案件发案率全市最低,综治公众满意度测评连续六年居全市前列,市民安全感不断提高。

一年来,我们主要抓好了七个方面的工作:

一、落实新发展理念,“三大攻坚战”推进有力。强化政府债务风险防控,到期债务全部如期偿还;严格落实“调、停、缓、撤”要求,调减政府投资规模,力保民生投资项目;区级平台公司转型升级稳妥推进,乡镇融资平台逐步撤销。强化精准扶贫,铺排“四跟四走”产业项目159个,提供贫困劳动力公益性援助岗位100个,资助贫困学生4596人,贫困人口住院综合报销比例90%以上;持续开展“千金计划”等社会扶贫活动,以社会大爱帮扶建档立卡贫困户自主脱贫;龙山县洗车河镇对口帮扶扎实推进。强化环境污染防治,中央环保督察“回头看”、省级环保督察问题整改效果明显;严格落实蓝天保卫战“六控”“十个严禁”措施,城区禁止和限制燃放烟花鞭炮全面推行,渣土扬尘、挥发性有机物治理深入推进,秸秆粉碎还田成效明显;截污工程三年计划加快推进,岳麓污水处理厂尾水下移工程顺利通水,望城第一污水处理厂扩容提标启动建设,建成污水管网95千米;全面落实“河长制”“湖长制”,整治黑臭水体16处,成功打造湘江村等小微水体管护示范片区,严厉打击涉水违法行为,湘江水质持续稳定在Ⅲ类。

二、坚持高质量发展,实体经济加快推进。深入开展“产业发展突破年”活动,省“5个100”产业项目推进有力,证通电子一期、中信戴卡二期、中粮中茶、澳优乳业智慧工厂、托阳一期等重大项目建成投产,五矿新能源一期实现试生产,亿达智能制造小镇加快建设。率先全市优化整合产业园区,园区规模工业产值占全区70.6%。主导产业、骨干企业稳步增长,有色金属材料、食品医药等产业产值分别增长47.1%、25%,澳优乳业、金驰能源等企业产值分别增长50%、98%。出台支持建筑企业发展政策,新增建筑企业11家,建筑产业产值同比增长24.7%。扎实推进省科技成果转移转化示范县建设,积极筹建中南大学科技园望城孵化基地，黄金创业园获批“国家小型微型企业产业创新示范基地”，五矿中央有色研究院获批“国家制造业双创平台试点示范项目”，全区新增高新技术企业26家、科技创新小巨人企业13家，专利申请量增长40%，高新技术产值增长29%，投入研究与试验发展经费占GDP3.5%。强化产业要素保障，积极应对征拆安置政策提标，探索实施限价商品房配建模式，全力开展项目扫尾清零攻坚，全年“四清”腾地0.09万公顷；切实加强国土管理，处置违法用地451宗，盘活闲置土地70.20公顷，完成去存量供地245.86公顷；突出解决重点企业用工难题，依法严惩强揽工程、串标违标等违法行为，发展环境有效改善。全力开展“千人帮千企百日大行动”，帮助企业破解实际问题207个，兑现政策惠企资金6084万元，伟创力、晟通等区内131家企业获批社保过渡费率试点，营商环境推介专题《故事比逻辑更有力量》聚焦企业发展、讲好“望城故事”，获社会广泛关注和各方点赞。

三、推进乡村振兴，城乡融合发展加快。农村集体产权制度改革稳步推进，村级集体经济“四型”模式成效初显，30个薄弱村顺利摘帽，空壳村全面消除。现代都市农业加快发展，新增农产品加工企业15家；农业产业结构调整稳步推进，完成种植结构调整0.57万公顷，重点发展蔬菜、健康水产、休闲农业三条产业链，望城鮰鱼、乔口荷花虾、靖港西兰花、八佳兴雪里红等品牌不断擦亮。农村“一户多宅”“空心房”整治有序实施，“三池一地”等农村散户污水处理试点积极推进，完成改厕1800座，率先全省实现农村生活垃圾分类减量行政村全覆盖，全区文明节俭新风尚加快形成，农村“五治”效果显著。157处水毁工程和55处处险工程全部完工，大众垸防洪整治、河湖水系连通等重点水利项目加快推进，农村水利建设实现新突破。完成农村公路提质改造140千米、安保工程101千米，丁字联络线、新阳公路建成通车，获评“四好农村路”省级示范区(县)。加快实施湘江古镇群二次创业，全域旅游基础不断完善，智慧旅游大数据系统建成使用，文化旅游备受推崇，全区旅游综合收入增长29.5%。

四、注重建管结合，城市面貌持续改善。坚持以规划引领城市建设，编制完成2050远景发展战略规划、区域融合发展规划，开展高铁西城、一圈两场三道、滨水新城控规优化提升等专项规划编制，规划引领作用不断强化。坚持扩容提质战略，新型城镇化试点、海绵城市试点协同推进，高铁西城建设正式启动，中心城区和重点片区加快发展，新增建成区面积4.3平方千米。有序实施社区提质提档，改造老旧社区、楼盘小区、安置小区7个。着力完善城市功能，银星湾公园建成开园，紫鑫戴斯酒店、砂之船奥莱等开门营业，潇湘北路、望城大道、金星大道北延线、湘江大道北延线一期建成通车，新开通公交线路7条。加强燃气应急保障，西气东输三线长沙支线望城段顺利推进，望星门站、段家冲LNG应急储气调峰综合站启动建设。电力“630攻坚”进展顺利，110千伏桂芳变、郭亮变、宝雍变投产送电。加快智慧城管和智慧渣土云平台建设，城区主次干道、建筑工地、渣土运输实现24小时动态监管；推进“脏乱差”集中整治，依法拆除违章建(构)筑物24.4万余平方米。建立文明城市常态化机制，高标准通过全国文明城市年度复查。

五、夯实基层基础，治理能力不断提升。加强应急联动管理，将应急、环保、城管、综治、公安等部门业务纳入133个应急管理网格，实现“一张网格管到底”，平均每天处置交办问题300件以上。积极推进网上信访、初信初访办理，加大积案化解力度，全国特护期实现进京非访零登记。深入开展打非治违“百日行动”“强执法防事故”行动，严格督促企业落实主体责任，安全生产形势持续向好。探索“流动餐车+中央厨房+服务公司”农村集体聚餐模式，改造“透明厨房”122家，区产商品检测中心实验室通过“CMA”认证，食品安全抽检合格率99.7%，国家食品安全示范城市创建通过省级验收。加强疫情防控管理，全区未发生非洲猪瘟及其他重大动物疫情。全力打击非法传销，清理传销窝点142个。开展“四美”宗教场所创建，综合整治、拆除违建庙宇29处。民兵调整改革顺利推进，国防动员能力持续提升。

六、抓好民生实事，群众福祉稳步增强。坚持民生优先，教育、医疗、文化等民生支出占一般公共预算支出的71%，完成省市民生实事重点项目27个。持续稳定和扩大就业，创业带动城乡就业1.2万人，零就业家庭动态清零。城乡居民养老保险、医疗保险参保率分别达98%、96%。农村特困供养、低保对象和建档立卡贫困户重特大疾病救助纳入健康扶贫“一站式”结算系统，救助医疗困难对象1.8万人次。居家和社区养老服务信息平台建成运营，完成11所农村敬老院消防改造。完成棚户区改造1654户，实施农村危房改造479户，提前两年实现农村危房动态清零。坚持“房住不炒”定位，完成商品房销售430万平方米，增长25%，房地产市场健康平稳发展。学校建设五年计划稳步推进，完成23所标准化学校改造、92所普惠性幼儿园认定，长郡斑马湖中学、周南学校等5所学校交付使用，新增中小学优质学位8000个；成功引进长沙市一中、麓山国际实验学校合作办学，优质教育资源持续扩面。湘江新区滨水新城医院主体竣工，区人民医院与15家乡镇(街道)卫生院建立医共体，积极承办省中医药健康养生文化三湘行公益活动，优质医疗健康资源加快共享。区融媒体中心挂牌成立，望城电视实现高标清同步播出。雷锋纪念馆重新布展开馆，雷锋精神研究会成立，雷锋精神引领作用不断增强。改造升级6个街镇文化站，新建5个图书分馆、15个市级示范性村(社区)综合文化服务中心，成功举办国际铁人三项赛、书堂山全国书法名家作品邀请展等庆祝改革开放40周年暨望城恢复建制40周年活动，“每日有书、每周有戏、每月有约、四季欢歌”活动成为望城特色“文化大餐”。全民健身工程覆盖率100%，举办“姚基金”全国希望小学篮球赛等各类赛事近900场，掀起全民健身热潮。

七、加强自身建设，政府管理规范透明。深化政府管理创新，国地税完成合并，区纳税服务中心获评“全国工人先锋号”；智慧政务建设推进有力，覆盖全区的“互联网

+政务服务”办事平台上线运行；深化商事制度改革，电子营业执照、企业“多证合一、一照一码”全面推行，全年新增商事主体8221户，每万人市场主体达905户。深化法治政府建设，落实重大决策、招商合同合法性审查，规范法律顾问执业行为，获“全国法治县(市、区)创建活动先进单位”；自觉接受区人大法律监督、区政协民主监督和社会监督，共办理人大代表建议66件，政协提案79件；建成区、街(镇)、村(社区)三级公共法律服务实体平台，基层法律咨询、法律援助、人民调解等实现常态化服务。持续加强审计监督，强化领导干部经济责任、离任审计，严格项目预决算审计，实现增收节支1.7亿元。全力落实中央八项规定，严格办公用房整改腾退，三公经费明显下降；深入开展领导干部“提篮子”等突出问题专项治理，切实抓好中央、省委巡视问题整改，坚决支持纪检监察部门监督执纪问责，政府廉洁指数不断提升。

人民防空、外事侨务、史志档案、机关事务、统计、移民、气象、残联、老干、工青妇、关工委、百姓城管、红十字会、计生协、老科协、老体协、老年协会、湖湘文化交流等工作均取得新成绩。

各位代表，这些成绩的取得，是市委、市政府和区委正确领导、科学决策的结果，是区人大、区政协大力支持、有效监督的结果，是全区人民同心同德、奋勇拼搏的结果。在此，我代表区人民政府，向全区广大干部群众，向各位人大代表、政协委员，向驻区部队、武警官兵，向各民主党派、人民团体、工商联和无党派人士、离退休老同志，向所有关心、支持、参与望城建设与发展的同志们、朋友们，表示衷心的感谢并致以崇高的敬意！

在总结成绩的同时，我们也清醒地看到发展中的问题和不足：实体经济发展还存在一些困难，营商环境还需进一步改善，为企业纾困解难的力度还需持续加大；产业链还需更加精准发力，第三产业短板还需加快补齐；城市品质有待提高；大气、水等生态环境污染问题还需加大整改力度，教育、医疗、就业等公共服务还需加快向主城区看齐，一些部门作风不实、能力不足的现象依然存在等等。对此，我们将采取有效措施，切实加以解决。

2019 年主要任务

2019年是新中国成立70周年，是决胜全面建成小康社会第一个百年奋斗目标的关键之年，科学预判形势、做好明年工作尤为重要。从宏观形势来看，外部环境复杂严峻，世界经济不确定因素增加，我国经济运行稳中有变、变中有忧，但稳中求进总基调未变，中央提出做好稳就业、稳金融、稳外贸、稳外资、稳投资、稳预期工作，增强了我们应对各种风险挑战的信心和决心；从望城自身来看，作为省会长沙最大最新的城区，经过多年的艰苦奋斗和快速发展，全区商流、人流集聚效应明显，生态环境、营商环境持续改善，大众创业、万众创新全面发力，投资潜力、综合实力显著提升，特别是随着高铁长沙西站、渝长厦高铁、长益高速扩容工程、银星路过江通道的规划建设和京港澳高速复线、地铁4号线、潇湘北路、长沙港铜官港区的建成投运，望城交通优势、区位优势、生态优势日益凸显，名望之城建设其时已至、其势已成、其景可待，只要我们不忘初心、牢记使命，把握大势、乘势发展，就一定能在新一轮区域竞争中占得先机、赢得优势，推动望城经济高质量发展。

新的一年政府工作总的指导思想是：以习近平新时代中国特色社会主义思想和中共十九大精神为指导，认真贯彻中央、省、市决策要求，按照区委二届十次全会安排部署，坚持稳中求进工作总基调，践行新发展理念，深入实施创新引领开放崛起战略，落实全面建设现代化长沙的要求，着力打造现代产业聚集区、城乡统筹样板区、文明宜居首善区，努力建设美丽强盛幸福的名望之城，奋力开创高质量发展新局面。

全年经济社会发展的主要预期目标为：地区生产总值增长9%，规模以上工业增加值增长9.5%，财政总收入增长10%，固定资产投资总额增长11%，社会消费品零售总额增长12%，城乡居民人均可支配收入分别增长7.6%、7.8%，城镇登记失业率控制在4%以内，研究与试验发展经费投入占地区生产总值比重3.95%，产业投资占固定资产投资总额比重40%，高新技术产业增加值占地区生产总值比重35%。

为实现上述目标，我们将全力抓好以下七个方面的工作：

一、坚决打好“三大攻坚战”。坚持问题导向，精准施策、攻坚克难，高质量打好“三大攻坚战”。持续发力防范化解重大风险攻坚战。完善债务预警机制，实行债务规模控制和预算管理，坚决守住隐性债务不新增、借新还息不发生、“三保”资金不断链的风险防控底线。严格执行负面清单制度，坚持尽力而为、量力而行，科学铺排政府性投资项目，从源头控制债务增量。坚持“一企一策，分类处置”原则，加快推进平台公司市场化转型，切实增强资信和融资能力。持续发力精准脱贫攻坚战。强化扶贫动态管理，开展“销号”贫困村、脱贫人口跟踪监测，防止贫困户返贫，巩固精准扶贫成效。强化产业、就业、健康、教育等帮扶，确保建档立卡贫困户全部脱贫。继续加大龙山县洗车河镇对口帮扶力度。持续发力污染防治攻坚战。围绕争当洞庭湖生态环境治理排头兵、争创国家生态文明建设示范区目标，深入开展洞庭湖生态环境整治“五大计划”，推动生态环境持续好转。扎实推进蓝天保卫战，加大工地道路扬尘、工业粉尘、餐饮油烟、秸秆焚烧等污染源管控力度，全面推进燃煤锅炉淘汰升级，确保空气质量优良率达到85%以上。全面落实“河长制”“湖长制”，扎实推进“一江七河两湖库”整治，完成第一污水处理厂扩容提标和12座乡镇污水处理厂提质改造，建设污水管网75千米。加强垃圾分类终端处理，推进固废场清洁焚烧项目二期和环保主题公园建设，探索环境治理共抓、共建、共享机制。

二、全力发展先进制造业。坚持把发展先进制造业作为经济发展的第一选择，大力发展“四新”经济，加快新旧动能转换，推动经济高质量发展。壮大工业新兴及优势产业链。坚持以产业链建设为抓手，推动产业链条之间协调联动、共同发力，促进智能终端、新型轻合金、先进硬质材料、先进储能材料、乳制品及休闲食品、生物制药、航空零部件、水性涂料、新一代半导体等产业链做大做强。加快实现伟创力一期满负荷生产、二期量产，争取与华为、伟创力合作密切的供应链重点企业落户望城，全力支持华为建立1小时供应链生态圈，加速打造千亿级智能终端产业。紧紧瞄准“两图两库”中世界500强、中国500强、行业前10强精准发力，努力引进一批产业领军企业、行业龙头企业，推动产业链建设和产业招商提质增效。深入推进省知识产权建设强区、省科技成果转移转化示范区建设，推动企业科技创新和动能转换。加快重大项目建设。坚持园区产业定位，加强招商引资清理，盘活闲置土地资源，加快“腾笼换鸟”，深化简政放权，切实发挥园区产业项目建设的主阵地、主战场作用。紧盯产业链项目，推动资金、土地、政策等各类资源向产业项目集聚倾斜，提速项目前期手续办理，持续优化产业项目建设环境，构建项目快开工、快建设、快投运的良性循环。完善项目领导联系机制和调度讲评机制，加快实现伟创力二期、证通电子二期、中信戴卡三期等产业项目投产达效，启动华为HUB仓、华腾制药等项目建设，确保如期完成全年产业投资任务。全力优化营商环境。纵深推进“放管服”改革，加强行政审批服务规范化、标准化建设，加速实现审批服务“马上办、网上办、就近办、一次办”。积极发扬“不叫不到、随叫随到、服务周到”的店小二精神，完善企业帮扶联系机制，及时高效帮助企业破解实际困难，增强企业发展信心。完善企业激励奖补政策，健全涉企收费清单制度，降低融资成本，推进电力直接交易，推动各项惠企减负政策落地见效。实施“青年企业家成长计划”，依法保障企业家合法权益，营造企业家健康成长环境，弘扬优秀企业家精神，更好发挥企业家作用，着力构建“亲”“清”新型政商关系，让企业创造活力充分迸发、企业家创新源泉充分涌流。

三、着力壮大现代服务业。积极适应产业转型和消费升级需要，加快发展生产性和生活性服务业，促进先进制造业与现代服务业融合发展，补齐第三产业发展短板。全力培育和提升高端服务业。加快斑马湖片区、滨水新城现代服务业发展，重点引进现代金融、研发设计、文化创意等高端新兴业态，积极推进澳优总部、建筑企业总部、新一代半导体产业链科创中心研究院和总部建设，全力推动中南国家数字出版总部基地落户，构建现代服务业体系。加快发展互联网和数字经济，依托长沙“云谷”等基础大数据平台，推动信息技术与金融、物流、文化等行业深度融合，支持证通电子与华为打造智慧城市大数据运营中心，构建覆盖全省的智慧城市应用服务体系。支持和包支付应用推广，助力长沙打造“移动支付第三城”。着力发展商贸物流业。大力发展冷链物流和农村物流，支持湾田国际、金桥国际等专业市场群提质提档，扎实推进铜官港水运物流园、宝能智慧城市供应链中心等项目建设；加快长沙电商产业园发展，启动唯品会湖南总部、国美电商总部建设，推动京东亚洲一号等项目建设，确保苏宁云商湖南总部项目投入运营，加快构建千亿级商贸产业集群。大力发展外向型经济。支持区内进出口企业做大做强，支持湾田国际进军中东等地区，强化湖南（红星）进口肉类指定查验场功能，提升开放型经济发展水平。聚焦港区一体发展，加快铜官港口岸作业区申报，推进进港铁路规划建设，实现公铁水联运，打通外贸进出口通道。稳定发展房地产业。坚持“房住不炒”定位，严厉打击炒房行为，保持房地产市场平稳健康发展。坚持走高品质、差异化发展之路，完善综合配套，提升物业管理水平，支持条件成熟的楼盘加快组建楼盘社区，不断提高群众居住满意度。提质发展文化旅游业。以“旅游+”为引领，重点培育研学旅行、科普旅游、康养旅游等新产品，全面擦亮旅游品牌。强化文旅项目支撑，积极推进新华联铜官窑古镇二期、书堂山国学小镇二期、千龙湖国际休闲体育小镇等文旅项目建设，积极支持新华联铜官窑古镇一期产业培育和配套完善，推动长沙铜官窑申报世界文化遗产。加强旅游市场综合监管，完善景区服务配套，着力提升游客体验度，争创全域旅游示范区。

四、全面推进乡村振兴。以农村人居环境“五治”和新型村级集体经济发展为重点，持续推进农村人居环境改善，加快农业产业结构调整，不断壮大新型村级集体经济，确保乡村振兴走在省市前列。深化农业农村改革。高质量完成全国农村改革试验任务，有序推进农村集体产权制度改革，全面完成集体经济组织成员确认和股权量化任务。探索农村耕地、宅基地、集体建设用地“三块地”改革，完善“带地入建”集中居住模式，加快土地合作经营和流转，发展适度规模经营。加快农业产业扶持资金整合使用，探索推进财政资金“拨改投”，撬动更多金融资金和社会资金投入农村。加快农业产业发展。发挥都市近郊优势，推动农业与二、三产业融合发展。以全产业链思维发展现代农业，重点推进蔬菜产业链建设，积极培育和引进育种育苗、种植加工、销售配送等相关企业，推进靖港、茶亭等示范片建设，确保全区种植面积突破2000公顷；加快发展健康水产产业链，扶持乡里里手、白泥湖水产等一批现代渔业养殖龙头企业，打响望城鲌鱼、乔口荷花虾等一批健康水产品牌；着力提升休闲农业产业链，积极发展集生产、观光、科教等于一体的休闲农业，重点扶持一批“产业+休闲”的特色农庄。加快农业品牌建设，推动农业企业“三品一标”认证，支持陶蔬恋、八佳兴、农美科技等农业品牌建设。大力推广“四型”模式，推动新型村级集体经济发展多元化，消除薄弱村20个以上。建设美丽宜居乡村。坚持片区示范、典型引路，推进白乌片、大众垸、苏蓼垸等示范片建设，打造一批乡村振兴示范街镇、示范村。以农村“五治”为核心，推进农村人居环境建设，强化“治厕”攻坚，加快农村无害化厕所改造；全域推行农村生活垃圾分类减量回收模式，巩固“治垃圾”成果；突出农村“治水”，推广“三池一地”农村散户污水处理模式，加快农村人口聚集区黑臭水体治理；深化农村“治房”，全面落实最严个人建房管理规定，集中整治“空心房”“一户多宅”；全面推广静慎村“治风”成效，实现文明节俭操办婚丧喜庆事宜及农村精神文明建设常态化。强化基础设施建设，完成秋冬修水利建设542处，加快打造防洪闭合圈，构建安全可靠的防洪减灾体系；建成农村公路100千米。完成68个村庄规划，实现全区村庄规划全覆盖。

五、加快提升城市建管品质。树立“精明增长”理念，推动城市发展由外延扩张式向内涵提升式转变。突出规划管控作用。坚持里子和面子并重、地上与地下统筹，科学划定“三区三线”，开展城规、土规、产业规划等“多规合一”试点，增强规划刚性、权威性。加快滨水新城控规优化提升，深化高铁西城、湖南省奥体中心等规划研究，统筹丁字、铜官等片区规划建设，实现中心城区与其他区域融合协同发展。加快片区开发建设。深化城市设计及产业规划，精明开展土地经营，加大土地招商力度，完善出让地块周边配套，做到精准测算、有序出让，提高“亩产效益”。精致抓好城市建设，严格落实品质望城设计管理导则，高标准、高品质推进斑马湖片区、月亮岛滨江片区、高铁西城建设。突出规划审查、方案设计，扎实推进社区提质提档，加快背街小巷、重建安置小区提质改造，着力改善群众居住环境。完善城市功能配套。坚持交通先行，力促地铁4号线延长线前期工作提速，力争启动石长铁路望城货运站建设，加快推进长益高速扩容工程、渝长厦高铁长益常段、长株潭城际与石长铁路联络线等省市重大交通项目建设，全力推进银星路快速化改造、书堂大道、长望路西延、中青路北延、湘江大道北延二期等道路建设。加快推进电力“‘630’攻坚”，建成220千伏谷山变、楠竹塘变及110千伏金沙变、富民变等变电工程。加快西气东输三线长沙支线望城段、段家冲LNG应急储气调峰综合站建设，全力支持望星门站建成使用。提升城市管理水准。深入推进城市执法体制改革，推动城管执法重心下移。注重城市精细管理、网格管理，完善百姓城管长效机制，重点推进拆违控违，坚决遏制新增违建，加快治理存量违建。完善城管数字化平台功能，优化智慧渣土云平台，完善户外广告在线审批程序，切实提升城市管理信息化水平。

六、精心抓好民生社会事业。坚持以人民为中心的发展思想，努力让人民过上更加美好幸福的生活。完善社会保障。突出抓好高校毕业生、农民工、贫困户等重点群体就业创业，实现城镇新增就业7300人、农村劳动力转移就业2800人。持续推进社会保险扩面，加大被征地农民社会保障力度，完善城乡低保、农村五保、社会福利及各项社会救助制度，切实保障妇女、儿童、残疾人等群体合法权益。启动区光荣院、区社会福利中心建设，扎实推进日照中心提质改造。实施653户棚户区改造，加快限价商品房建设，完善住房保障体系。提升公共服务。完成“一圈两场三道”两年行动计划，新(改)建“15分钟生活圈”33个、“两场”12个、“三道”85千米。坚持教育优先发展，建成长沙市一中金山桥学校等6所学校，全面完成标准化学校建设任务；启动望城一中改扩建，全力打造全省一流示范性高中；加快小区配套幼儿园移交，实现公办和民办普惠幼儿园占比达78%；深化教育改革，推动中招与主城区并轨，促进城乡教育高位均衡发展。深化公立医院改革，稳步推进分级诊疗制度，启动区人民医院迁建，确保湘江新区滨水新城医院投入运营，加快乡村(社区)卫生室改造升级，着力提升医疗卫生服务水平。加快文体事业发展，深化三级公共文化服务体系建设，推进文化馆、图书馆及村(社区)综合文化服务中心建设，不断优化公共文化资源供给配置。建好雷锋干部学院，持续提升雷锋精神感召力和影响力，建设更高水准的文明城市。改善基层治理。深入开展“企业安全生产主体责任年”活动，强化领导责任、部门监管责任、属地管理责任三张“责任清单”，抓好重点行业领域打非治违专项整治，促进安全生产形势持续好转。强化食品安全监管，建立健全全链条可追溯监管体系，提升食品安全群众满意率，创建国家食品安全示范城市。严厉打击非法传销行为，创建无传销区(县)。深入开展平安望城建设，推进“扫黑除恶”专项斗争，落实“一村一辅警”，强化街面见警率和管事率，全面提升群众安全感。健全应急管理“五个一”工作机制，启动全区应急救援培训基地建设，完善以网格为基本单元的管理模式，实现应急管理网格化、专业化、智能化。健全社会稳定风险评估机制，畅通群众诉求表达、利益协调、权益保障渠道，注重从源头预防和减少信访问题。加强和完善村(社区)治理，强化资源统筹和社会力量协同，加大资金等要素保障，促进村(社区)治理体系和治理能力现代化。深入推进民兵调整改革，强化人民武装基层基础。

七、切实打造人民满意政府。全面正确履行政府职能，努力建设创新政府、法治政府、廉洁政府和高效政府。把讲政治作为首位要求。以政治建设为统领，深入学习贯彻习近平新时代中国特色社会主义思想和中共十九大精神，牢固树立“四个意识”，切实增强“四个自信”，坚决践行“两个维护”，把讲政治作为第一要求，把忠诚可靠作为第一标准，始终做政治上的明白人。将改革不断引向深入。统筹推进政府机构改革，确保如期完成机构组建调整任务。积极对接长沙市“政务云”平台，加快推进智慧政务建设，完善“互联网+政务服务”体系，不断推进审批服务便民化。落实政府会计制度改革，着力打造阳光财政。强化统计管理改革，全力做好第四次全国经济普查。使依法行政成为常态。认真遵守《政府工作规则》，完善“三重一大”事项决策制度，落实决策风险评估程序，确保依法民主决策。严格落实党政主要负责人推进法治建设第一责任人职责，深化领导干部和公职人员线上学法考法、线下学法用法制度，加快法治政府建设步伐。深化全民普法宣传教育，扎实开展“法律七进”“民主法治示范村(社区)创建”活动，压实“谁执法谁普法”责任，浓厚全区法治氛围。切实加强政务诚信建设，强化政务公开，着力提高政府公信力。自觉接受人大和政协监督，办好人大建议、政协提案，广泛听取民主党派、工商联、无党派人士和人民团体意见，主动接受社会和舆论监督。视廉洁奉公为基本操守。严肃财经纪律，加强财政预算管理，严控“三公”经费，推进财政预算绩效管理，着力提高公共资金使用效益。严格落实中央八项规定精神，警惕形式主义、官僚主义新表现，一以贯之反“四风”。坚持把纪律和规矩挺在前面，落实党风廉政建设主体责任和“一岗双责”，持之以恒正风肃纪，坚决惩治群众身边“微腐败”，筑牢拒腐防变的底线。让担当负责成为行动自觉。健全完善正向激励机制、纠错容错机制、澄清保护机制，旗帜鲜明地为敢于担当者担当、为敢于负责者负责，让想干事、能干事、干成事的干部有机会有舞台。注重政治上激励、工作上支持、待遇上保障、心理上关怀，切实增强基层干部的荣誉感和归属感，激励引导全区干部担当新使命、展现新作为，奋力把政府工作的宏伟蓝图转化为生动实践。

各位代表，我们正处在一个充满机遇和挑战的新时代，实干托起梦想、奋斗铸就辉煌，责任与重托鞭策我们奋发有为、昂首阔步。让我们在区委的正确领导下，在区人大、政协和全区人民的监督支持下，以逢山开路的闯劲、抓铁有痕的韧劲、攻坚拔寨的拼劲，为开创新时代名望之城高质量发展的崭新局面而不懈奋斗，以优异成绩庆祝中华人民共和国成立70周年！

名词解释：

1. “一圈两场三道”：“一圈”是指15分钟生活圈，“两场”是指停车场、农贸市场，“三道”是指人行道、自行车道、历史文化步道。

2. “四跟四走”产业项目：是指资金跟着贫困户走，贫困户跟着能人走，能人跟着产业项目走，产业项目跟着市场走。

3. 蓝天保卫战“六控”“十个严禁”：“六控”即控尘、控车、控排、控烧、控煤、控油；“十个严禁”即严禁渣土车、混凝土搅拌车、运砂车等各类车辆带泥上路，严禁违法倾倒渣土，严禁工地裸露黄土，严禁重污染天气下土石方施工，严禁燃烧散煤，严禁燃放烟花爆竹，严禁露天焚烧垃圾，严禁露天烧烤，严禁露天焚烧秸秆，严禁拖拉机等高排放车辆进城。

4. 集体经济“四型”模式：是指土地合作型、资源开发型、物业经营型、乡村服务型四种集体经济发展模式。

5. “三池一地”：“三池”是指隔油池、堆沤池、三格式化粪池，“一地”是指人工湿地。

6. “CMA”认证：即中国计量认证，是指根据《中华人民共和国计量法》的规定，由省级以上人民政府计量行政部门对检测机构的检测能力及可靠性进行的一种全面的认证及评价。

7. 洞庭湖生态环境整治“五大计划”：是指工业污染防治计划、城乡生活污水处理计划、农业农村污染治理计划、河湖水域治理计划、城乡生活垃圾分类减量计划。

8. “四新”经济：是指新技术、新产业、新业态、新模式的经济形态。

9. “两图两库”：“两图”是指产业链全景图、现状图；“两库”是指产业链招商项目库、客商库。

10. “三品一标”：是指无公害农产品、绿色食品、有机农产品和农产品地理标志。

11. “三区三线”：“三区”指生态空间、农业空间、城镇空间；“三线”指生态保护红线、永久基本农田控制线、城镇开发边界。

同心同向　共谋发展
为推动名望之城高质量发展建言聚力

——在政协长沙市望城区第二届委员会第三次会议上的报告

2018 年 12 月 28 日

政协长沙市望城区委员会主席　骆志平

2018 年工作回顾

2018年,望城区在以习近平同志为核心的党中央坚强领导下,认真贯彻省委、市委决策部署,以强烈的省会担当和新区作为推动经济、政治、文化、社会、生态文明建设和党的建设取得新成效,名望之城高质量发展迈出坚实步伐。一年来,区政协在中共长沙市望城区委领导下,深入学习贯彻中共十九大精神,牢牢把握团结和民主两大主题,紧紧围绕建设更加美丽强盛幸福名望之城目标,认真履行政治协商、民主监督、参政议政职能,积极发挥凝心聚力重要平台、协商民主重要渠道作用,不忘初心,履职为民,为区域发展贡献了政协智慧、政协力量。

一、突出政治引领,筑牢思想根基,政协事业在正确方向中阔步前行

人民政协是政治组织,必须旗帜鲜明讲政治。一年来,常委会准确把握政协性质定位,积极探索政协履职规律,始终确保政协事业沿着正确政治方向前进。

1. *着力加强政治引领*。始终将坚持中国共产党的领导作为政协履职根本政治原则,不断加强新时代人民政协党的建设工作,组织推动政协各参加单位和广大委员,把学习贯彻习近平新时代中国特色社会主义思想和中共十九大精神作为贯穿全年的重大政治任务,提高政治站位,坚决落实"两个维护",持续增强"四个意识",夯实团结奋斗的共同思想政治基础,提升履职尽责的思想自觉和行动自觉。

2. *始终维护区委权威*。坚持和区委同心同向,将政协工作紧紧融入全区大局,做到区委中心工作推进到哪里,政协工作就跟进到哪里,建言助力就体现到哪里,确保与党政决策部署无缝对接、合拍共振。自觉接受区委正确领导,及时请示重大事项、报告重点工作、反映重要情况。

3.*从严抓好党的建设*。坚持落实党要管党、全面从严治党,以党的政治建设为统领,全面推进政协党的思想建设、组织建设、作风建设、纪律建设。切实发挥政协党组作用,落实"三会一课"、主题党日活动制度,以民主集中制推动政协各项履职工作。

二、突出聚焦中心任务,精准建言献策,协商议政水平在服务大局中充分彰显

政协工作聚焦中心越紧密,履职成效就越显著。一年来,常委会自觉将政协工作放到全区发展大局中去思考、谋划和推进,力求各项工作围绕中心不偏离、服务大局不缺位。

1. *聚焦发展大局协商议政*。着眼大局开展全会协商,以区政协二届二次会议为平台,广大委员围绕全区2018年工作布局,提出建设性意见100余条,为全局工作建有用之言。注重实效开展专题协商,围绕"区直部门服务社会投资项目工作""'双争'工作"等课题,开展常委会专题协商4次,提出建议20余条,为重点工作献务实之策。搭建平台开展对口协商,围绕"耕地生态修复""推进精准脱贫长效化""医疗卫生工作""提升部门服务效能"等课题,开展专委会对口协商6次,提出建议30余条,为部门工作谋可行之道。

2. *聚焦发展重点调研献策*。以主席会议视察为载体,围绕全区各方面重点工作调研献计。关注基层工作推进,视察14个街镇特色工作,整理收集7个区级层面、18个街镇层面问题建议,提交区委、区政府决策。关注经济转型升级发展,视察"产业链招商""滨水新城建设发展",提出"在引导培育优势产业链建设上实现园区产业发展更加专业高端有特色""以高品质高标杆高效能推动滨水新城建设"等建议。关注生态文明建设,视察"生态城市创建""原生态文化旅游资源保护",提出"园林绿化要成为城市规划建设的品质外衣,生态文化保护要成为现代城区的本底""推动地方文化、旅游与特色农产品深度融合"等建议;发挥优势促进洞庭湖生态环境治理,全力配合省政协调研监督工作组民主监督调研,积极在省政协专题协商会、"两省四市一区政协主席联席会议"上推介"望城经验",提出"望城方案"。关注民生事业推进,视察"全区教育发展情况""医疗卫生事业发展",提出"进一步贯彻落实教育优先发展理念""持之以恒强基层,努力提

高医疗卫生服务能力”等建议。

3. 聚焦发展难点精准建言。以大会发言为载体，围绕全区发展难点聚智献策。推动二届二次大会发言课题全部转为重点提案，区政府分管领导领衔督办，相关建议得到区委、区政府高度重视，“极简便民审批（服务）”改革成效显著，债务风险防控措施到位。立足区域发展关键点，二届三次大会发言以推动区域高质量转型发展为主题，重点围绕“优化财政支持方式，充分利用政府产业投资基金撬动望城区实体经济发展”“打造人才竞争优势，推动实体经济高质量转型发展”“持续发力，推动望城文化旅游产业高质量发展”“进一步提升理念，推进城市高品质发展”“科学完善街镇考核机制，进一步释放基层活力”等5个子课题，动员近40名政协委员和相关单位干部参与，问计200余名调研对象，深入了解区内实际情况，积极考察学习外地成功经验，反复讨论研究意见建议，力求向区委、区政府精准建言。

三、突出以人民为中心，围绕热点难点，协商监督在履职为民中担当尽责

人民群众的需求就是政协工作的目标和方向。一年来，常委会积极践行履职为民宗旨，不断强化协商监督职能，让群众感到政协委员就在身边、政协履职离自己很近。

1. 围绕民生实事强化专题协商监督。根据区委统一安排，围绕区直部门服务社会投资项目情况开展民主评议，组成6个评议小组召集近40名政协委员参与，分区域对141个社会投资项目进行走访、座谈，当面听取119位企业负责人意见建议，收集各类意见建议102条，并多次组织专题视察、专题协商、问题对接协商，集中解决部分制约项目推进的各类问题。同时，将零散意见分析整理归纳形成评议报告呈送区委、区政府决策，重点指出“要素保障不全”等四个方面问题，提出“突出重视房地产问题，促进房地产业平稳健康发展”等六个方面建议，为区域经济发展贡献了政协力量。

2. 围绕重大部署强化提案协商监督。紧扣区委、区政府重大部署和群众关注点，有效发挥委员提案常规监督作用。坚持将协商贯穿提案提、立、办、督全过程，强化办前提前协商、办中跟踪协商、办后运用协商；加大提案督办力度，强化带案视察、重点督办和办理评议，提高提案办理实效。二届二次会议收到93件提案，推动7件区重点提案由区政府分管领导领办，推动“深化行政集中审批改革”提案成为省、市重点提案，有效解决一批民生热点问题，委员满意率保持较高水平。

3. 围绕民生热点强化社情民意协商监督。坚持将社情民意工作作为汇集民情、反映民意重要渠道，进一步打造平台、提升实效。全力办好《幸福望城大家谈》电视访谈栏目，围绕“电梯安全”“蓝天保卫战”“河长制”等主题，成功录制播放8期节目，邀请政协委员、专家学者、市民代表、职能部门负责人等社会各界人士，立足不同视角，共商解决之道。进一步完善社情民意信息收集、交办、反馈、奖励机制，组建骨干队伍，建立办理单位书面函复、政协领导现场踏勘制度，区一级编发社情民意信息44期，其中32篇建议得到相关部门采纳办理；另有1篇社情民意被全国政协采用，5篇被市政协采用，推动解决一批民生实事。

四、突出打造开放型平台，营造开门协商氛围，履职活力在开放包容中全面激发

团结汇聚力量，开放激发活力。一年来，常委会坚持扩大团结面，提高开放度，努力为实现社会各界有序政治参与，提供一个能说话、敢说话、说真话的多层次多维度开放平台。

1. 加强合作共事团结联谊。加强与党派团体合作共事，坚持民主协商、平等议事、求同存异、体谅包容原则，通过优先安排大会发言、联合开展调研、督办重点提案等形式，为其参政议政、发表见解创造条件、提供便利。举行政协系统庆祝望城恢复建制40周年座谈会，组织委员深情回忆望城40年来发展成果，激励政协系统上下继续砥砺奋进助力区域发展。加强与省内外政协组织联络联谊，接待深圳望城商会和天津、广东、山东等地考察团队50余批次，积极推介望城特色亮点助力引资引智。

2. 发挥委员主体作用。创新政协委员管理方式，制订《委员履职工作规则》，对委员履职内容、履职方式、履职保障、履职管理提出具体要求，并对委员履职实行评分制考核，进一步激发委员履职积极性。各专委会、区直活动组坚持创新活动形式，组织委员开展学习培训、调研视察、联络联谊活动，委员除全会外全年参与活动人均4次以上；各街镇根据自身实际，积极组织委员发挥优势参与调研献策、民主评议、扶贫帮困、政策宣传等工作，为当地发展贡献力量。深入推进委员“三个一”扶贫行动和精准扶贫工作，226名政协委员两年来帮扶联系3000多名贫困人员，各类爱心捐款达1100余万元，支持1797人实现创业就业。

3. 深化文史宣传成果。倡导“文化工匠”精神，潜心做好存史资政、团结育人工作。立足挖掘区内文化资源，搜集整理120处文化印迹图文资料，聘请60多位中书协篆刻名家精心篆刻望城文化印章，编辑出版《望城文化印谱》；着手整理区域诗歌历史，筹备编撰《望城历代诗赋词联曲选集》。立足讲活文史故事，依托区电视台，开办《望城故事》栏目，制作播出18期节目，深度讲述望城历史名人、历史事件故事。立足“以文会友、以文交友”，与省政协书画院，省、市书协合作，举办“楷圣故里 朝圣书堂”湖南省首届楷书作品展暨全国名家邀请展，邀请一批楷书名家，吸引省内2000余名楷书爱好者参与，所有参展作品将全部用于爱心慈善活动，进一步扩大楷圣故里影响；依托望城诗联，举办“纪念改革开放暨望城恢复建制40周年诗词联大赛”活动，编辑出版作品集《吟赏辉煌》。

4. 拓宽政协对外开放渠道。积极开拓各类履职渠道，推动政协履职进入“云时代”。搭建平台推动政协委员走进社区、走近群众，各街镇依托政务中心、社区或楼盘，建设1个以上智慧政协委员工作室，委员在基层的影响力进一步提升；沈科、胡凌志、刘云峰等委员还根据自身工作特点，建立特色鲜明的委员工作室，在特定领域发挥委员作用。持续推进委员履职现代化建设，“政协云”成为委员知情明政、履职尽责重要载体，“望城政协”微信公众号成为政协信息即时传送平台。加强与媒体合作，认真办好《幸福望城大家谈》《望城故事》等栏目，精心制播节目26期，政协影响进一步扩大。

各位委员、同志们，区政协一年来取得的成绩，是区委坚强领导的结果，是区人大、区政府及社会各界大力支持的结果，是广大政协委员、政协各参加单位以及全体政协工作者共同奋斗的结果。在此，我谨代表区政协二届委员会常务委员会表示衷心的感谢！

在总结成绩的同时，我们也清醒地认识到，我们在工作中还有许多亟待加强的地方。比如，参政议政水平还须进一步提高，民主监督作用有待进一步强化，常委骨干作用和委员主体作用仍须进一步发挥，政协工作开放度尚须进一步扩大等，我们将在区委正确领导下，不断探索政协履职新途径，进一步提升履职水平。

2019 年工作安排

2019年是新中国成立70周年，也是全面建成小康社会、推进高质量发展的关键之年。区政协常委会2019年工作总体要求是：全面贯彻习近平新时代中国特色社会主义思想和中共十九大精神，认真落实中共长沙市望城区委二届十次全会精神，牢牢把握团结和民主两大主题，聚焦中心任务履职尽责，围绕民生关切建言献策，广泛团结联谊增进共识，为推动名望之城高质量发展凝聚共识、凝聚智慧、凝聚力量。

一、坚持心中有向，把握时代要求，在履职方向上尽忠诚

将贯彻落实习近平新时代中国特色社会主义思想作为政协工作总纲，推动政协事业沿着正确方向发展。坚持忠诚履职。自觉以习近平新时代中国特色社会主义思想武装头脑，不断加强新时代人民政协党的建设工作，组织政协系统上下加强思想政治引领，提高政治站位，坚决落实“两个维护”，不断增强“四个意识”，切实做到与习近平总书记为核心的中共中央思想上同心同向、政治上旗帜鲜明、行动上紧紧跟随。坚持务实履职。自觉以习近平新时代中国特色社会主义思想指导实践，引导政协系统上下牢牢把握人民政协性质定位，大力倡导真抓实干之风，倍加珍惜话语权，真正做到察实情、说实话、献实招、见实效，以良好履职成效，不断提升政协影响力。坚持精准履职。自觉以习近平新时代中国特色社会主义思想推动工作，推动政协系统上下全面落实区委二届十次全会精神，将履职着眼点放在党政关注大事和改革发展难事上、放在重大决策部署和发展举措贯彻落实上、放在经济社会发展突出问题对策研究上、放在以人民为中心各项民生事业推进上。

二、坚持心中有责，聚焦中心大局，在议政建言上多作为

始终与党政中心工作同心同向、同频共振，努力做到建言建在需要时、议政议在点子上。着眼全局协商建言。围绕区委二届十次全会精神和区政府年度工作安排，充分发挥全会协商、常委会议协商、主席会议协商、提案办理协商作用，拓展专题协商、对口协商、界别协商、网络议政等协商新形式，选准切入点，找准突破口，确定年度协商计划，力争为区域发展发挥“人才库”作用。着眼重点视察建言。围绕新旧动能转换、开放融合发展、乡村振兴战略、生态文明建设、民生福祉改善、社会治理现代化等重点工作，切实发挥主席会议权威作用，开展专题视察，集聚各方智慧，提出一批针对性、启示性意见建议，力争为重点工作贡献“智囊团”力量。着眼难点精准建言。继续以大会发言为载体，积极转化二届三次大会发言成果，运用提案办理、视察调研等形式跟踪好落实情况；精心研究确定二届四次大会发言课题，广泛调研寻求良方，深入探讨力求精准，力争为难点工作推进贡献“参谋部”智慧。

三、坚持心中有民，紧扣重大部署，在民主监督上求实效

始终坚持党对政协民主监督的领导，自觉服从服务全区工作大局，切实把握方向和原则、节奏和力度，在参与中支持，在支持中服务，在服务中监督，不断增强监督实效。民主评议关注重大部署落实。继续将民主评议作为加强政协民主监督的重要形式，以区委、区政府重大部署落实情况为重点，确定2019年民主评议工作目标，坚持目标导向、问题导向、结果导向，推动重点工作效能提升。提案办理关注民生事业推进。积极践行以人民为中心理念，突出提案工作民生导向，围绕“三大攻坚战”、公共服务、民生保障等群众最关心最直接最现实利益问题务实履职，推动落实一批增进民生福祉提案办理。社情民意关注民生诉求回应。将民生热点问题作为履职重点，围绕文化教育、医疗卫生、社会保障、劳动就业、食药品安全、基础设施完善等问题，综合运用调研视察、社情民意信息、社会各界人士访谈等手段，推动解决一批民生关切问题。

四、坚持心中有情，深化团结联谊，在凝心聚力上见功夫

坚持“有事好商量，众人的事情由众人商量”，以协调各方关系为抓手，切实发挥政协组织凝心聚力作用。创造条件推进团结联谊。发挥联系面广、包容性强优势，切实加强同各阶层、各领域、各方面代表人士的沟通联系，做好民族宗教界人士、新社会阶层代表联谊工作，确保社会各主体有序政治参与，广开言路、畅所欲言，在把握大团结大联合主题中画出最大同心圆。拓展内涵深化文史宣传。发挥文史工作团结育人作用，组织欧阳询书法艺术专题研讨和唐楷小品展，整理编撰《欧阳询书法艺术溯源和传承》《望城历代诗赋词联曲选集》等文史书籍，以电视栏目形式讲好《望城故事》。以委员为纽带，推动“吟赏经典”读书会活动进社区楼盘，以文化感召人、滋养人、凝聚人。开拓创新推进队伍建设。按照“严”“实”要求深化委员队伍建设，健全完善学习培训、履职管理、考核激励机制，开展评选优秀委员、优秀提案等活动，增强委员创先争优意识；探索委员述职制度，建立关心关爱委员服务机制，有机统一委员政治荣誉与社会责任、权利与义务关系；持续推进委员履职平台建设，着力发挥专委会、活动组联络组织作用，规范建立“委员沙龙”“智慧委员工作室”“政协云”等基层委员活动服务平台，为委员履职提供条件、搭建平台，形成委员活跃在基层、服务在基层、奉献在基层工作格局。

各位委员，风正时济，自当破浪扬帆；任重道远，更需策马扬鞭。让我们紧密团结在以习近平同志为核心的中共中央周围，在中共长沙市望城区委的坚强领导下，以坚定的信念、担当的品质、为民的情怀、务实的作风，努力推进人民政协事业迈上新台阶，为推动名望之城高质量发展做出更大贡献！

特色栏目

历代名人题咏望城诗词(选编)

游谷山

〔唐〕黄思孝

大块茫茫多嵯峨，我足未至其如何。
泰岱不登终贻憾，终南涉想成蹉跎。
今且携伴游谷山，苦无足力劳跻攀。
倩人扶持临绝顶，四顾攒簇咫尺闲。
我生登高才历此，已觉宽旷无与比。
尚嫌烟雾复朦胧，纵目不能逾百里。
山腰一殿号龙王，碑勒谷王事不详。
山顶旧传神赐谷，事出野史皆荒唐。
下山歇足谷山寺，寺僧迎入方丈地。
叩之事迹亦茫如，说法犹为身世累。
甚怪此游焉所得，急鞭归来已曛黑。
古人游历拓心胸，日跻峰头览空色。

洞阳山

〔唐〕刘长卿

旧日仙成处，荒林客到稀。
白云将犬去，荒草任人归。
空谷无行径，深山少落晖。
桃园几家住，谁为扫荆扉。

云母溪

〔唐〕刘长卿

云母映溪水，溪流知几春。
深藏武陵客，时过洞庭人。
白发惭皎镜，清光媚奫沦。
寥寥古松下，岁晚挂头巾。

入乔口

〔唐〕杜甫

漠漠旧京远，迟迟归路赊。
残年傍水国，落日对春华。
树蜜早蜂乱，江泥轻燕斜。
贾生骨已朽，凄恻近长沙。

铜官渚守风

〔唐〕杜甫

不夜楚帆落，避风湘渚间。
水耕先浸草，春火更烧山。
早泊云物晦，逆行波浪悭。
飞来双白鹤，过去杳难攀。

北风(新康江口信宿方行)

〔唐〕杜甫

春生南国瘴，气待北风苏。
向晚霾残日，初宵鼓大炉。
爽携卑湿地，声拔洞庭湖。
万里鱼龙伏，三更鸟兽呼。
涤除贪破浪，愁绝付摧枯。
执热沉沉在，凌寒往往须。
且知宽疾肺，不敢恨危途。
再宿烦舟子，衰容问仆夫。
今晨非盛怒，便道即长驱。
隐几看帆席，云州涌坐隅。

石渚

〔唐〕李群玉

古岸陶为器，高林尽一焚。
焰红湘浦口，烟浊洞庭云。
迥野煤飞乱，遥空爆响闻。
地形穿凿势，恐到祝融坟。

答人寒夜所寄

〔唐〕释齐己

通宵亦孤坐，但念旧峰云。

白日还如此，清闲本共君。
二毛凋一半，百岁去三分。
早晚寻流水，同归麋鹿群。

寄谷山长老

〔唐〕释齐己

游遍名山祖遍寻，却来尘世浑光阴。
肯将的的吾师意，拟付茫茫弟子心。
岂有虚空遮道眼，不妨文字问知音。
沧浪万顷三更月，天上何如水底深？

访云母山僧

〔唐〕释护国

森然古岩里，净行一番僧。
松下滤寒水，佛前挑夜灯。
莲花国土异，贝叶梵书能。
想到空王境，无心问爱憎。

梦登云母山（据原题意所拟）

〔宋〕梅尧臣

昼梦与予行，早发江上渚。
共登云母山，不得同宫处。
何差不同宫，似所厌途旅。
树杪俯乌巢，坼鷇方仰乳。
雄雌更守林，号噪见飞鼠。
鼠惊竖毛怒，袅枝如发弩。
逡巡吼风云，远望射岩雨。
东南横虹霓，万壑水喷吐。
下寻归路迷，欲暮各愁语。
忽觉皆已非，空庭日方午。

秋江

〔宋〕释道潜

赤叶枫林落酒旗，白沙洲渚夕阳微。
数声柔橹苍茫外，何处江村人夜归？

书堂寺咏竹（据原题所简）

〔宋〕释惠洪

高节长身老不枯，平生风骨自清癯。
爱君修竹为尊者，却笑寒松作大夫。
未见同参木上座，空余听法石于菟。
戏将秋色分斋钵，抹月批风得饱无？

九峰夜坐

〔宋〕释惠洪

千峰万峰自云雨，一宿两宿心颓然。
不知人间岁云暮，但觉涧风吹夜泉。
地炉火燄水正泣，篝灯委昏僧未眠。
古人去我不甚远，何必想像临遗篇。

宿乔口（据原题所简）

〔宋〕释惠洪

老去生涯无寄子，隔城荒寺到人稀。
岁穷百里扣门乞，夜棹孤舟载米归。
隅坐小僧寒附火，联拳羸仆睡和衣。
故人醉里闻芗泽，应背银缸照翠帏。

湘阴桥口市别游子明

〔宋〕范成大

马首欲东舟欲西，洞庭桥口暮寒时。
三年再别子轻去，万里独行吾蚤衰。
遥忆美人湘水梦，侧身西望剑门诗。
老来不洒离亭泪，今日天涯老泪垂。

次乔口

〔宋〕释显万

乔口知名久，烟沉水国寒。
受风帆腹饱，歇雨橹脐干。
五渚源流异，长沙气象宽。
山川济吾胜，待月倚樯竿。

黑麋峰

〔宋〕释缶庵

一峰高倚碧云开，海日初升曙色回。
仙子遗踪余草木，山灵驱石断尘埃。
烟云待雨穿窗入，麋鹿乘春出洞来。
几度登临怀往事，石亭丹色锁莓苔。

题乔江书院

〔元〕许有壬

朱张挹洙泗，一滴沾资湘。
源远流不沱，导之日以长。
黄子鼓勇出，大川独力航。
忍贫如铁石，悦道逾膏粱。
乃眷作人地，举仆菜其荒。
万篑堙偃潴，数仞瞻宫墙。
铢积至山岳，拮据十五霜。
为善名莫逃，飞刻达庙堂。
署额等四院，职教尊一乡。
衿佩来济济，弦诵闻洋洋。
遂令锥刀子，薰德皆善良。
食焉怠其事，视此背负芒。

便当伐乐石，纪功大书黄。
且以勖后承，且以风四方。

游谷山

〔元〕刘贵一

步出城西隅，遥遥度空谷。
白云随行踪，石上或相触。
落花从风飘，去鸟凌虚速。
解缨临清泉，散发对疏竹。
悠悠只自得，扰扰竟何欲。

游灵云寺(位于白箬桃花冲)

〔元〕柯潜

朝回天尚早，骑马到岩扉。
涧水流花去，山云载鹤归。
和羹芹叶嫩，荐酒蕨芽肥。
适意坐来久，空岚吹满衣。

洞阳仙迹

〔元〕王瑄

悟得黄粱梦后身，悠悠人事总浮沉。
山中岁月临棋静，物外烟霞炼药新。
白鹤曾闻巢碧树，丹炉不见护青筠。
牧童指点南山麓，水外桃花别有春。

长沙竹枝歌十首(其一)

〔明〕李东阳

三十六湾湾对湾，人家多住白茅间。
直过洞庭三百里，长沙城北是彤关(铜官)。

乔口溯流往长沙

〔明〕薛瑄

楚岫无边翠，湘流不尽清。
香兰屈子赋，苦竹鹧鸪声。
风景当年事，云霞万古情。
沙头旧鸥鸟，谁肯与寻盟?

潇湘夜雨

〔明〕唐寅

鱼龙出没吼江涛，墨染烟云不断飘。
乔口橘洲何处是，满江芦荻夜萧萧。

上铜官渚

〔明〕詹士懿

逆水过洲渚，铜官旧得名。
屋斜深抱竹，湍激落霞明。
举网渔夜集，扬帆客虑轻。
星沙看咫尺，寒雁有遗声。

宿桥口

〔明〕释德清

落照浸湖天，沙明月在船。
鸟栖临水树，人语隔林烟。
浮世止一宿，余生能几年?
如何衰暮日，犹滞楚江边。

青天寨

〔明〕罗登选

封豕驱除已百年，居民犹记旧青天。
曾从虎旅寻金镞，久说狼烽散戍烟。
绝寨庄严成法界，上方游览半花钿。
向来夜静钟声动，时逐东风到枕边。

乔口

〔明〕车以遵

白露澄沙气，湖边青草长。
漾舟惟浩荡，接岸正微茫。
西岭岳同转，南天水亦荒。
昔人堪入想，此路异潇湘。

舟次桥口

〔明〕郭都贤

一叶飘然识是谁，绿阴流水访临岐。
怪看色着风尘少，为说山中久住师。

洗笔池

〔明〕曹廷用

洗笔迹存人去远，墨云浮水尚依然。
临池欲写当年事，碧草凄凄锁暮烟。

还新康江口

〔明〕陶汝鼐

江岸人烟废，鱼矶草木深。
羽鳞欣有托，天地似长阴。
无处询前辈，徒劳辨旧林。
余生还数过，未忍赋愁心。

泊铜官(据原题所简)

〔明〕钱澄之

江船夜泊铜官渚，幕客春从庾岭来。
姓字久逃方外变，须眉老被故人猜。
瘴消梧郡情偏切，烽锁梅关望不开。

却喜御风存二子，片帆天遣几时回。

洗笔池

〔明〕龙孔然

墨云池上蒸蓬勃，我欲邀之润笔花。
肉食阇黎消宿业，鹅群大令足传家。
非无宝甕宵烟贮，恐似丰碑霹雳哗。
莫把藏身乌鲗拟，千秋潭帖勒长沙。

潇湘怨词·铜官戍火

〔明〕王夫之

打鼓津头知野戍。万里归舟，认得云中树。
日落长沙春已暮，寒烟猎火中原路。
何处停桡深夜语？江黑云昏，莫向天涯去。
旧是杜陵飘泊处，登山临水伤心句。

铜官

〔明〕王夫之

湘近波千缬，湖馀势一青。
自然成气象，终古幻苍冥。
影转帆随曲，苍来雁落汀。
正余吟兴好，新发洞庭舲。

台城路·自龙阳至长沙

〔明〕查慎行

山穷水远苍茫外，楚天顿开心目。
紫草湾洄，白沙洲溆，都入郭熙横幅。
家家农牧。已闲却人牛，莳田早熟。
渔户风烟，插竿晒网出茅屋。
程程鹭眠鸥宿，长年能一一，指似遗俗。
岸阔三秋，湖平八月，又转清湘几曲。
浮青剪绿。趁细雨苹香，沽将醽醁，
好卸轻帆，古碑寻岳麓。

过乔江口

〔明〕江闿

奔走乔江口，春阴客思赊。
淹留牵墨绶，书疏隔就华。
空岸随烟断，孤帆引雨斜。
前贤曾去住，莫更怅云沙。

洞宾岩

〔清〕邓旭

神仙旧洞府，云际似城闉。
半掩娜嬛户，双盘日月轮。
碧桃然绝碧，铁笛散红尘。
安得随元鹤，潜窥壶里春。

立秋日抵靖港口

〔清〕陶之典

林叶飞官渚，商飙转日车。
只疑鼙鼓壮，吹出古云沙。

秋晓

〔清〕卢震

梧落阶除晓梦余，乘闲高卧竟何如。
凉风飒飒来征雁，朝旭霏霏上短舆。
易叹晨霜侵鬓短，敢忘国事博名虚。
潭州自古名贤地，洗笔池边拟结庐。

次沅江作

〔明〕屈大均

西从桥口入，一水最潆回。
自过沅江县，微茫湖欲来。
不知青草外，可有碧天开。
月落帆须宿，津人且莫催。

乔口夜泊

〔清〕高层云

玉湖流月倒涵天，旅泊凉生乔口船。
回忆君山空翠湿，湘娥淡扫立秋烟。

八曲溪

〔清〕王文清

帆转湘流清且碧，百里铜官流脉脉。
大江奔马贪回头，中有小溪才八尺。
此溪逶迤来深山，溯洄往往经予宅。
宅之上流一何远，探源直溯匪朝夕。
沿溪两岸开平原，苍苍者山白者石。
杨柳青丝带雨青，枫崖秋叶染霜赤。
溪流缭绕不肯去，高滩频扼篙师嗌。
凌晨尽日操舟行，傍晚棹歌声未隔。
小桥几度环其腰，百里堤防为稼穑。
木兰轻桨逐烟波，白眼叩舷天亦窄。
一蓑秋雨钓徒归，烹得细鳞供枕藉。
扁舟不系东之涘，自在中流随所适。
我闻善水有潜鳞，此中可独无耆硕。
考盘迈涧忘机心，野阔天空谁踽踖。
鱼龙出没随波涛，大江日夜情何迫？
岂知一回一折朝，东行小溪亦学九河逆。

乌山

〔清〕王文清

石梯危径几人过,引我寻高仗薜萝。
日落寒烟归寺院,天空宿雾恋山阿。
渴呼峰顶寒泉出,俯拾平原沃壤多。
极目长沙秋色远,祝融吹叶下湘波。

青天寨

〔清〕王文清

戎马承平不计年,犹余孤砦立青天。
国殇夜哭深秋雨,剑气朝横薄暮烟。
芳草烟花迷旧垒,断桥流水拾残鞭。
一夫能用当关力,好与清时镇楚边。

过乔口

〔清〕杨超曾

三十年前记此经,弱龄初著一衿青。
菜花黄处频关眼,村酒浓时每罄瓶。
自入樊笼身役役,有怀乡国水冥冥。
片帆风送曾游此,会见霜髭映浦汀。

由星沙泊金紫湾(丁字湾)

〔清〕张九镒

挂席三古里,晚风金紫湾。
天空惟白水,云断更苍山。
星月孤篷外,渔灯小市间。
悠然把盏坐,沙鸟一声闲。

入乔口步杜韵

〔清〕孙良贵

子舍行来近,君门万里赊。
一身轻似叶,两鬓渐生华。
市舶喧朝集,江村哄日斜。
田园芜尚未,聊复就长沙。

发长沙宿桥头驿

〔清〕杨鸾

萧然书剑出长沙,北望烟台路正赊。
社燕巢空犹恋主,宾鸿书远莫思家。
江干草映青枫色,古驿墙垂绿蔓花。
赖是初程眠较稳,西风一夜响蒹葭。

自湘阴抵桥头驿

〔清〕吴寿昌

乍暖乍凉衣带涩,时昂时伏马蹄悭。
修篁万个松千树,山在重云路在山。

湘中诗(其六)

〔清〕余廷灿

乔口铜官渚,飘零出峡身。
诸侯宾客老,先帝拾遗臣。
避盗仍戎马,高歌有鬼神。
中原归未得,花鸟友于亲。

由桥头驿至长沙

〔清〕姚鼐

杂树接行云,晨朝吐清气。
遥望西峰顶,已上丹霞蔚。
远山状一同,近岭行千汇。
涧雾忽成荫,岩萝密如衣。
冷风发空响,幽怆多仿佛。
渐出深谷口,始纵秋泉沸。
湘帆转昭旷,途夷画经纬。
遄往凑舟车,趋来孰泾渭?
物象倏以迁,亭午待犹未。
缅忆独居情,将毋徇俗畏。

铜官渚用杜韵

〔清〕唐仲冕

落槽浦溆出,掠柂浅深间。
风送黄陵庙,烟横紫气山。
病嫌船偶侧,欢怪酒常悭。
云母堪为饵,停桡欲一攀。

入乔口用杜韵

〔清〕唐仲冕

湘北洲渚近,湖东云水赊。
铜官初度影,玉笥已披华。
村市孤烟直,岸边小树斜。
因怀旧风景,落雁指平沙。

杜诗北风篇今次其韵

〔清〕唐仲冕

须飙催片席,息困胜皋苏。
影度桥头驿,光生竹火炉。
九秋一色水,三十六湾湖。
泽畔寒鱼跃,洲边落雁呼。
噌杭无滞穗,萑苇半芟枯。
望国村烟近,还家钓艇须。
虽留耽岁月,已渐尽程途。
天上长沙子,人间屈大夫。
昔贤当侘傺,吾道免驰驱。
遄过新康市,维舟岳麓隅。

书堂山

〔清〕彭开勋

欧阳曾筑室，山亦号书堂。
词翰追前代，诗名起后唐。
外夷求墨宝，中秘贮文章。
林下泉流处，如闻洗笔香。

沩水

〔清〕彭开勋

源远沩江水，寒烟一抹青。
下滩流浅濑，夹岸涌回汀。
四野田园乐，千家富庶形。
鱼虾生计足，编户满畦町。

靖港

〔清〕彭开勋

李靖攻萧铣，当年此驻兵。
令严师慑将，人去港留名。
沩水西来驶，湘流北会清。
客船云集处，残夜火犹明。

夜宿云母山

〔清〕沈乐善

一径缘松脚，岩扉锁石清。
溪云酿花气，山雨入泉声。
笋蕨僧厨味，壶觞旅客情。
薄眠空翠里，竹月夜深明。

泊靖江港　夜闻吴歌

〔清〕刘兴樾

靖江港内米千艘，灯火深宵满舵楼。
忽听吴娘歌一曲，画船箫鼓梦苏州。

智度寺

〔清〕毛国翰

兰若藏深壁，松杉立万柯。
垂藤蒙石角，断碉卧泉涡。
青霭寺门合，白云禅院多。
老僧漫煨芋，吾意在烟萝。

麋峰

〔清〕毛国翰

峰前支遁宅，春尽不开关。
石磴扪萝上，风门见鹤还。
晴天空翠合，远色夕阳殷。
盛夏想飞雪，松亭好待攀。

晚泊乔口

〔清〕毛国翰

辞家已昨日，长路方北征。
川深风色利，百里朝夕程。
倚泊集行舟，风止沙水清。
烟溆敛余景，芦洲连暮声。
远火湘南郇，螟色长沙城。
潭空水云夕，夜永羁愁生。
徒为生事牵，犹负沧洲情。
回首故山月，浩荡飞蓬轻。

新康途中杂诗

〔清〕邓显鹤

浓岚罨画四围遮，幂历荆榛拂帽斜。
一阵蜜蜂喧耳畔，回风乱扑藤萝花。
溪畔家家昼掩扉，饭香时节无人归。
门前水碓偶然落，惊起一双鸂鶒飞。

出湖泊乔口

〔清〕张祥河

才离波浩荡，即目景清佳。
浴鹭翘滩嘴，鸣鸡坐树怀。
巴童荷畚笠，浣女笥皮鞋。
惟有秋前涨，时闻水上街。

舟过乔口

〔清〕贺熙龄

日落气苍苍，长沙望渺茫。
一星高出树，百舸远连樯。
小市鱼盐聚，荒草灯火凉。
坐看秋色好，冷露湿衣裳。

丁字湾

〔清〕贺熙龄

翠竹亭亭舞碧霄，松杉千尺拂云梢。
悬崖绝径无人到，管领烟霞太古樵。

铜官渚守风

〔清〕贺熙龄

湘水澄清湾复湾，凭君留梦到家山。
寒香馆里梧桐雨，一夜潇潇鬓欲斑。
行尽江关十日程，潭州城郭尚分明。
西风萧瑟铜官渚，饱听潇湘夜雨声。

铜官

〔清〕吴振棫

三十六湾湾复湾，沙瓶贯酒向铜官。
一夜北风吹酒醒，舵楼吹笛看君山。

由彤关下十五里入乔口小河

〔清〕蒋启敭

曲岸平波别有津，喜辞浩荡就涟沦。
林枫霜后红初染，堤柳风前绿尚匀。
晒网老渔闲负曝，当垆少妇竞沽春。
篷窗徙倚浑忘倦，秋色萧疏最可人。

龙潭寺

〔清〕邹南英

潭下有毒龙，潭上有古寺。
老僧自安禅，潭水映空翠。

登麻潭山

〔清〕邹南英

北城四十里，天设此雄关。
㪷截三湘水，横开一障山。
风帆云外云，烟树镜中环。
知有仙人在，围棋几日闲。

白云庵(位于黑糜峰境)

〔清〕邹南英

一径拨云上，空阶长薜萝。
溪渲流水急，春云落花多。
对佛此心静，寻僧何处过?
平生有幽兴，安乐是吾窝。
一剑一琴囊，无多客子装。
书橱依佛座，草榻伴禅床。
般若生难读，蒲团坐亦忘。
偶然得佳句，高咏对空王。
暮鼓晨钟处，云偕月地间。
乾坤空世界，仙佛旧禅关。
白任关稀发，红休药驻颜。
还于读书暇，倚仗看春山。
眼界凭高阔，群山净晓岚。
翠围湘浦外，青满洞庭南。
言有隐君子，应名老学庵。
临风一怀想，幽意共谁耽?
蜡屐寻春罢，空山杖策归。
野花沿路发，山鸟见人飞。
暝色添牛背，晴岚上客衣。
牧童三五个，短笛弄斜晖。
七十年来老，多惭处士冠。
此身原措大，于世笑寒酸。
夜雨酴醿酒，春风苜蓿盘。
故人如问讯，翦韭一为欢。

晚泊乔口

〔清〕李星沅

夕阳倒射湘江水，赤龙蜿蜒触天起。
骊珠下上山半衔，爪甲蜚腾化金紫。
临流高咏谢公诗，何止余霞散成绮。
杜陵把酒甘夜醉，惜乎奇境未觏此。
留题烂漫艳乔口，长沙南下一百里。

彤关阻风

〔清〕李星沅

半江乌榜落篷低，杨柳阴阴水拍堤。
一片麓云呼欲语，长沙只在夕阳西。
回首湘流卅六湾，曲终犹唱念家山。
嫦娥似恐羞郎面，不照扁舟一夜还。

奉题桂舲军门《疏勒望云图》(节选)

〔清〕左宗棠

回众聚关陇，蠢动肆咆哮。
爪距虽自矜，不足膏斧钺。
持节督西征，远过洨河流。
荡平关内外，万里通置邮。
防秋戍姑墨，勒兵屯尉头。
高秋朔吹发，白雁飞南投。
郁郁龙城将，各起怀乡愁。
侯生感行役，亦有陟屺讴。
既筑望云台，复绘望云图。
今还领专阃，迎养荣八驺。
毋忘涅背言，叱咤抚吴钩。
当殄鲸鳄族，勿令犬羊羞。
援笔题斯篇，黾勉善所求。

舟行自永衡路过长沙

〔清〕欧阳辂

长江东极指天流，石马铜官路阻修。
多谢西风为料理，夜来歌舞过湘州。

书堂山

〔清〕郑板桥

麻潭长耸翠，石案永摊书。
双枫今夹道，桧柏古连株。
稻香泉水涌，洗笔有泉池。
书堂称故址，太子号围圩。

送丁果臣(丁取忠)由湖北之长沙

〔清〕刘熙载

丁仪共处久知贤，相送南归意惘然。
自昔骚人悲落木，于今看上洞庭船。

将至桥口 泊舟后登岸晚游

〔清〕龙启瑞

忽见江头鸿雁飞，白苹初放柳条稀。
吹烟几处人家晚，新月一声渔笛归。
谁解招魂悲屈子，曾闻鼓瑟怨湘妃。
残霞敛尽西风起，欲采蘅芜香满衣。

乔口

〔清〕龙启瑞

落日洞庭西，孤帆去鸟齐。
林空知雾重，江远觉天低。
野色连吴尽，春痕入楚迷。
年来江水上，芳草几萋萋。

白沙洲渔家竹枝词

〔清〕周寿昌

洲前雨过日微曛，洲面霞飞乱水纹。
明日南风宜下网，半天看起鲤鱼云。
白沙洲侧落乌篷，丁字湾前理钓筒。
朝去洲南暮洲北，同江日照两江红。
郎网银鳊鲙作羹，妾携双鲫带葵烹。
前途听说风波恶，只傍洲边十里行。
中秋无雨卜鱼饶，夜赛鄱官闹管箫。
三月三兼九月九，两番风信验鱼苗。

答丁果臣

〔清〕汪士铎

夜扣园扉若疾雷，传言谍者自京回。
昨朝御杖方巡狩，今日甘泉化草莱。
投袂勤王边帅计，剪灯痛哭小臣哀。
披缁屡遂遗黎志，尚冀呼鹰试筑台。

西江月·桥口

〔清〕张祖同

两岸柴门临水，人家卅六湾头。
片云无意觅行舟，偏在斜阳渡口。
笛韵横飘渔浦，钟声敲落僧楼。
暮鸦斜带一行秋，啼入西风杨柳。

铜官渚

〔清〕王先谦

暮色催人歇鸣橹，一钩月挂铜官渚。
旧传画界誓孙吴，尚忆治镕张马楚。
江山兴废意茫然，付与春秋一浪传。
不见当年湘水岸，只今惟有瓦窑烟。

靖港

〔清〕皮锡瑞

药师旧日屯兵地，云母溪边古港存。
此日秋风惊战鼓，当年故垒賸空村。
苍苍葭菼神犹王，寂寂蛟龙浪自横。
指点曾公覆师处，铜官呜咽不堪论。

过杲山寺呈一心老人

〔清〕释敬安

痛心吾道切，垂老不容闲。
昔住白霞寺，今开紫鹤山。
云烟生讲席，花雨落禅关。
怅别慈颜久，苍苍鬓发斑。

杲山题壁

〔清〕释敬安

林泉无俗韵，游赏及辰良。
倦鸟自知返，闲云不解忙。
钟鸣千嶂夕，花落一庭香。
老宿得真寂，身心俱坐忘。

题靖港紫云宫(据原题所简)

〔清〕释敬安

靖港古屯戍，熊湘资咽喉。
帆航接洞庭，津鼓连橘洲。
开士审其要，排云建飞楼。
秋霞澄夕阴，月影碎川流。
良辰集道俗，广座罗珍羞。
奇文耀华藻，玄论豁昏幽。
兹会吾不与，情往如同游。
川途咫尺间，来去千万舟。
取意各自适，谢彼波中鸥。

团山霜钟

〔清〕释敬安

团山宜宴坐，寒严转幽独。
一声霜外钟，禅心荡空绿。

晓发铜官渚

〔清〕程颂万

晨起推篷窗，蒙蒙一江雾。
不见江上人，但见江边树。
何处棹歌声，抽帆剪江去。

乔口行未十里雨甚仍泊

〔清〕程颂万

云气冥冥昼不开，轻舟聊复舣江隈。
波平断港穿堤入，帆挟犇雷送雨来。
一枕篷窗初破睡，三春花事递相催。
频年落拓江湖感，自遣荒村浊酒杯。

主题索引

说明：

一、本索引把年鉴的条目（特载、大事记、概况、统计资料、光荣榜、附录、单位领导名录、责任编辑、撰稿人、图片说明除外）用主题分析的方法，按英文字母顺序排列。

二、分目用黑体字标明。

三、索引名称后的阿拉伯数字表示内容所在的页码，拉丁字母（a、b、c）表示栏别（从左至右分别为1、2、3栏）。

A

B

C

D

E

F

G

H

J

K

L

M

N

P

Q

R

S

T

W

X

Y

Z